Pavel Kaplun

# PHOTOSHOP CS5

**Für die tägliche Praxis**

Pavel Kaplun

# PHOTOSHOP CS5

## Für die tägliche Praxis

ADDISON-WESLEY

Bibliografische Information der Deutschen Nationalbibliothek

Die Deutsche Bibliothek verzeichnet diese Publikation in der Deutschen Nationalbibliothek; detaillierte bibliografische Dateien sind im Internet über http://dnb.ddb.de abrufbar.

10 9 8 7 6 5 4 3 2 1

13 12 11

ISBN 978-3-8273-3018-5


© 2011 Addison Wesley Verlag,
ein Imprint der PEARSON EDUCATION DEUTSCHLAND GmbH
Martin-Kollar-Str. 10-12, 81829 München/Germany
Lektorat: Hans-Peter Kusserow
Produktmanagement: Hans-Peter Kusserow, hpkuss@me.com
Satz: Astrid Stähr, astaehr@gmx.de
Einbandgestaltung: Marco Lindenbeck, webo GmbH, mlindenbeck@webo.de
Druck und Verarbeitung: Firmengruppe APPL, aprinta-druck.de Wemding
Printed in Germany

## Vorwort

Die neue Version von Photoshop, CS5, hat – wie bei jeder neuen Version – wieder viele neue, geniale Funktionen im Gepäck, die es sich näher anzuschauen lohnt. In diesem Buch werden wir Ihnen nicht nur die neuen Optionen in der Praxis vorstellen, sondern darüber hinaus auch die wichtigsten Funktionen, die Photoshop zu dem machen, was es ist, dem Marktführer in der Bildbearbeitung.

Sie erhalten wichtige Informationen zur richtigen Nutzung der einzelnen Funktionen und erfahren viele Tipps und Tricks, mit denen Sie die Funktionen weiter ausbauen und verwenden können. Der ausführliche Index am Ende des Buches hilft Ihnen, schnell die Stelle im Buch zu finden, die Sie suchen.

Ich wünsche Ihnen viel Spaß bei der Lektüre und Umsetzung der Workshops und Tipps des Buches.


Viele Grüße

Pavel Kaplun

# Inhaltsverzeichnis

# *8*    *Freistellungstechniken*

# 10 Filter und Effekte

# Photoshop CS5 – die Neuigkeiten

In diesem Kapitel bekommen Sie einen ersten Überblick über die Neuigkeiten von Photoshop CS5. Die detaillierte Nutzung der einzelnen Funktionen wird dann im Verlauf des Buches in den entsprechenden Kapiteln näher erläutert.

## 1.1 64-Bit-Unterstützung: jetzt auch für Mac

Die neue Photoshop-Version CS5 unterstützt 64-Bit-Rechner mit der 64-Bit-Edition von Mac OS X. Bei der Vorgängerversion von Photoshop kamen lediglich die Windows-Nutzer in den Genuss besserer Leistungen. In der aktuellen Photoshop-Version macht sich die 64-Bit-Unterstützung besonders bei der Verarbeitung größerer Dateien bemerkbar.

Allerdings ist die Leistung überdies vom Arbeitsspeicher und den verwendeten Treiberdaten abhängig. Je nach Rechnerausstattung kann die Verarbeitungsgeschwindigkeit bis zu zehnmal verbessert werden. Wichtig ist der Photoshop zugewiesene Anteil des Arbeitsspeichers. Am Beispiel eines Rechners mit 4 GB Arbeitsspeicher ergibt sich die auf Photoshop entfallende Leistung von 70 % (ca. 2,5 GB).

Das Maximum, das Photoshop verwalten kann, liegt bei 3 GB. Auch bei größerem Arbeitsspeicher ist also eine Erhöhung der Arbeitsspeicherzuweisung über 3 GB nicht sinnvoll, da Photoshop nicht mehr verwalten kann. Im Gegenteil: Man sollte immer etwas weniger Arbeitsspeicherplatz zuweisen als die vollen 3 GB. In der Praxis hat sich, wie oben bereits erwähnt, dabei ein Wert von ca. 70 % als sinnvoll erwiesen.

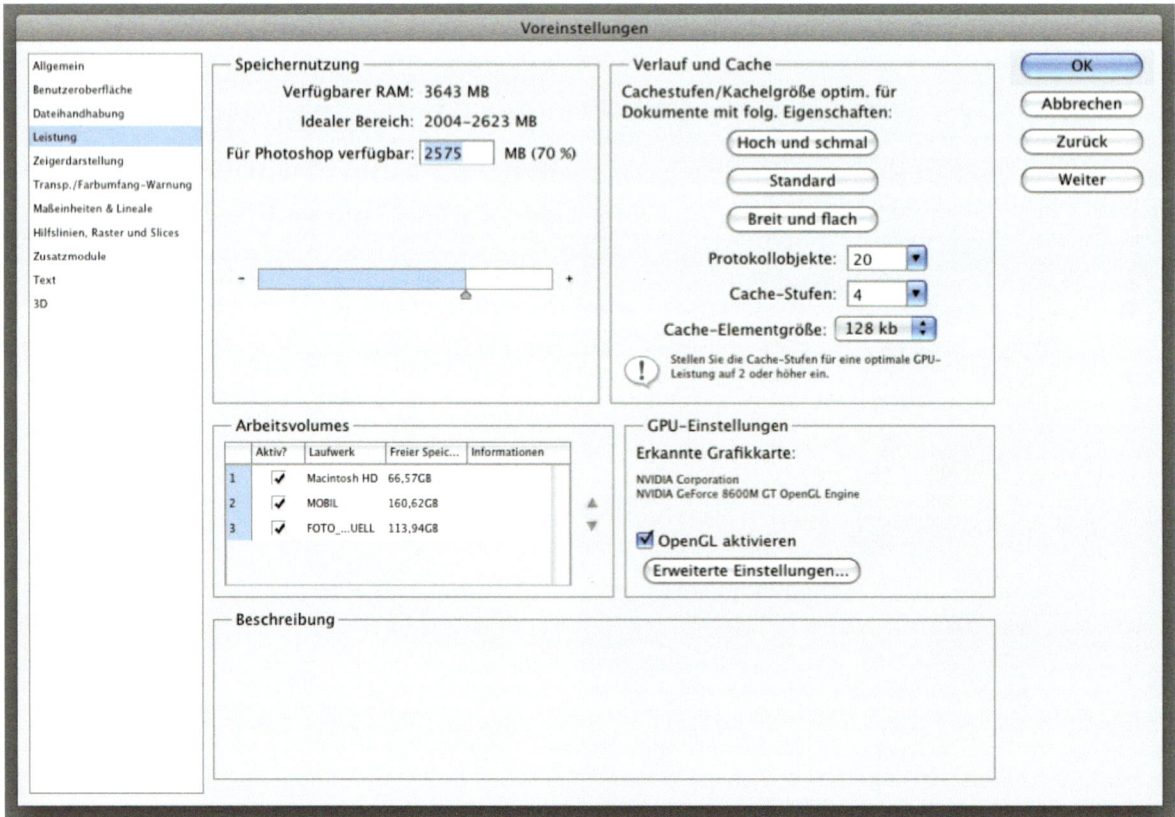

**Abbildung 1.1:** *Die Leistung des Programms kann in den Voreinstellungen präzise festgelegt werden*

## 1.2 Bilder schneller finden mit Mini Bridge

Für die Verwaltung der Bilddateien in Photoshop und den anderen Programmen der Creative Suite hat Adobe ein spezielles Programm – Adobe Bridge – mitgeliefert. Hier können einzelne Ordner, Kollektionen und Sammlungen angelegt werden. Darüber hinaus können Daten mit Schlagwörtern ausgestattet, markiert, bewertet und mit anderen Attributen versehen werden, die die Suche nach einem bestimmten Bild später erleichtern. Die aktuelle Version CS5 verfügt mit *Mini Bridge*über eine entsprechende Erweiterung, die sehr komfortabel ist. Bei dieser Erweiterung muss der Benutzer nicht von Photoshop oder anderen CS-Anwendungen zu Bridge switchen, um eine bestimmte Datei zu finden. Mini Bridge ist bereits als Palette in Photoshop CS5 integriert. Sie müssen daher Ihre Arbeitsumgebung nicht verlassen, um in Mini Bridge eine bestimmte Datei zu suchen. Wählen Sie die Datei direkt in dem kleinen Fenster von Mini Bridge aus und öffnen Sie diese in Photoshop.

Das Fenster von Mini Bridge können Sie nach Ihren Vorstellungen individuell anpassen, um z. B. Ordner oder Kollektionen durchsuchen zu können oder Bilder mit einer bestimmten Bewertung schnell zu finden.

**Abbildung 1.2:** *Mit Mini Bridge finden Sie Ihre Dateien schneller wieder*

## 1.3    Bessere Rauschreduzierung in RAW-Aufnahmen

Der Rauschreduzierung wurde in Photoshop CS5 sehr viel Bedeutung beigemessen. Denn speziell bei den Kompaktkameras ist und bleibt das Rauschen trotz immer besserer Technik ein großes Problem. Besonders bei höheren ISO-Werten oder nach dem Nachschärfen der Fotos ist das Rauschen deutlich zu spüren.

**Abbildung 1.3:**  *Das Bildrauschen: links unbearbeitet, rechts nach der Anpassung mit Photoshop CS5*

Die Palette *Details* von Adobe Camera Raw wurde im Bereich der Rauschreduzierung generell überarbeitet. Im Vergleich zur CS4-Version befinden sich jetzt mehr Regler in der Palette, mit denen Sie das Rauschen effektiv minimieren können.

**1**  Nachdem Sie die Schärfe im Bereich *Schärfen* erhöht haben, wird der Abschnitt *Rauschreduzierung* aktiviert und das Rauschen kann bearbeitet werden.

**2**  Es ist sinnvoll, zuerst den Wert für *Luminanz* auf ca. 50 zu setzen. Ausgehend von dieser Situation kann der Wert fein justiert werden.

**3**  Mit den Reglern *Luminanzdetails* und *Luminanzkontrast* holen Sie die Schärfe wieder ins Bild hinein, die durch die Erhöhung des Wertes für die Luminanz ein wenig zurückgegangen ist.

**4**  Die Unterdrückung eines Farbrauschens erfolgt über die Regler *Farbe* und *Farbdetails*.

Übrigens, in Camera Raw können Sie nicht nur die RAW-Dateien vom Rauschen befreien, sondern auch TIFFs oder JPEGs. Dazu müssen Sie lediglich die entsprechende Datei in Bridge mit dem Befehl *In Camera Raw öffnen* ausführen.

## 1.4    Objektivkorrekturen mit Onlineunterstützung

Die Objektivverzerrungen sind besonders bei Weitwinkelaufnahmen sehr ärgerlich. Es gibt bereits seit einigen Versionen die Funktion *Objektivkorrektur*, aber sie war noch nie so umfangreich wie bei der CS5-Version von Photoshop. Denn jetzt wird die Objektivkorrektur mithilfe einer hinterlegten Datenbank durchgeführt, in der die Parameter der Objektive, Kameras und Blende verglichen werden. Anhand dieser Daten werden von Photoshop automatische Korrekturen vorgeschlagen, die anschließend manuell nachjustiert werden können.

**1**  Wenn Sie im Menü *Filter/Objektivkorrektur* wählen, wird die Onlinedatenbank nach den Aktualisierungen für Ihr Kameramodell durchsucht und dann erst startet der *Objektivkorrektur*-Dialog.

**Abbildung 1.4:** *Onlinevergleich mit den aktuellen Datenbanken für Objektivprofile*

**2**  Im Dialog *Objektivkorrektur* wählen Sie den Reiter *Auto-Korrektur*, über den Sie die entsprechenden Optionen auswählen können, die korrigiert werden müssen, wie z. B. *Geometrische Verzerrung*, *Chromatische Aberration* und *Vignettierung*. Gefundene *Objektivprofile* werden im unteren Fenster angezeigt.

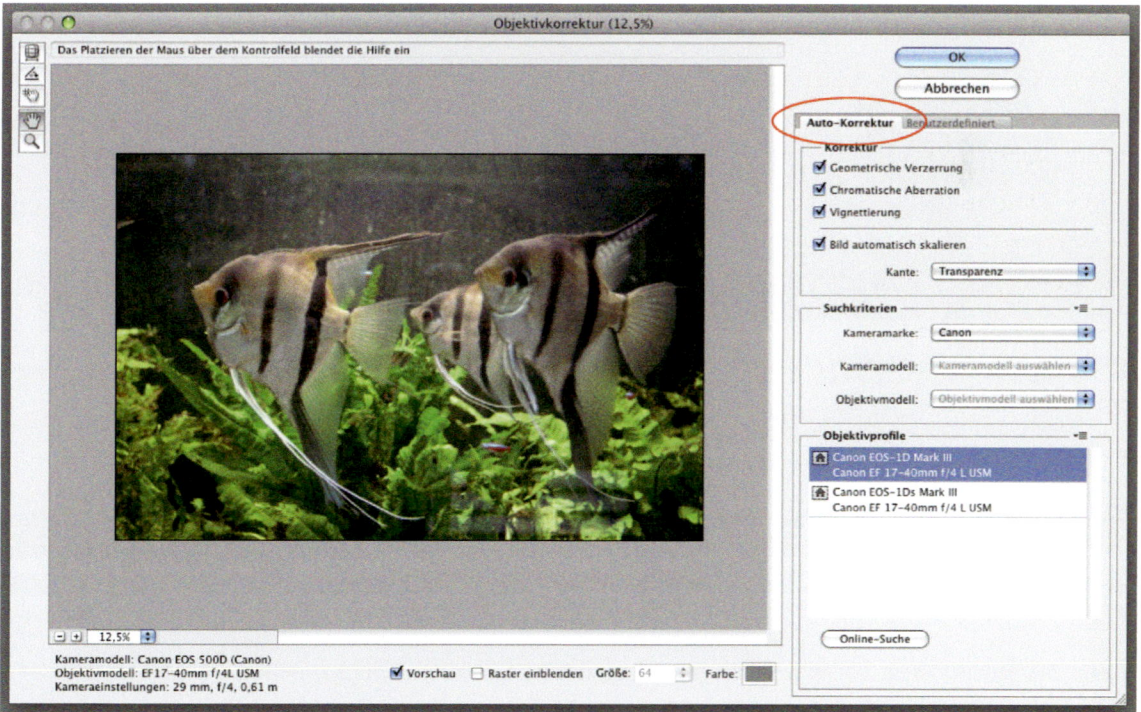

**Abbildung 1.5:** *Auto-Korrektur-Optionen*

**3** Wenn keine Profile gefunden wurden, können Sie auf den Button *Online-Suche* klicken, um eine erweiterte Profilsuche zu starten.

**4** Wenn auch danach kein passendes Profil gefunden wurde, können Sie die Option *Adobe Objektivprofilerstellung online durchsuchen* wählen und gelangen damit auf die Adobe-Webseite, von der Sie den Adobe Lens Profile Creator (zurzeit nur in Englisch) herunterladen können.

Das ist eine Anwendung, mit der Sie die Objektivprofile selbst erstellen und online für andere Anwender zur Verfügung stellen können. Übrigens, wenn Sie nicht gerade irgendein exotisches Objektiv verwenden, werden die meisten verwendeten modernen Objektive von dem Filter *Objektivkorrektur* problemlos gefunden.

Auch in Camera Raw werden die Profile der Objektive erkannt, und anhand dieser Daten können Sie die Objektivkorrekturen dann mit größerer Genauigkeit durchführen. Im Bereich *Objektivprofile* werden Marke und Modell des Objektivs angezeigt, dazu ein Profil aus der Onlinedatenbank (falls vorhanden).

**Abbildung 1.6:** *Palette Objektivkorrekturen in Adobe Camera Raw*

## 1.5 Kante-erkennen-Werkzeug

In älteren Photoshop-Versionen gab es das Extrahieren-Werkzeug, welches nicht besonders erfolgreich war, deshalb wurde ab der Version CS4 auf dieses Tool verzichtet. Photoshop CS5 hat dem Werkzeug eine zweite Chance gegeben, allerdings wurde es stark verbessert und bekam auch einen anderen Namen: Kante-erkennen-Werkzeug.

Wenn Sie ein Bild mit komplizierten bzw. feinen Umrissen freistellen möchten, kommen Sie mit dem neuen Werkzeug schnell zu brauchbaren Ergebnissen, vor allem, weil es Möglichkeiten für die feine Anpassung des Instruments gibt.

1   Zuerst sollte aber eine grobe Freistellung mit einem Werkzeug Ihrer Wahl erfolgen, zum Beispiel mit
    dem Schnellauswahl-Werkzeug.

**Abbildung 1.7:** *Vor der Feinarbeit die grobe Freistellung mit dem Schnellauswahl-Werkzeug*

2   Mit diesem Werkzeug können Sie zuerst große Flächen auswählen, in unserem Beispiel den Rahmen
    sowie die Räder, und dann können Sie mit einer kleineren Pinselspitze feinere Details wie die Speichen,
    Kabel und Rippen des Motors auswählen.

3   Wenn Sie die Auswahl beendet haben, wählen Sie in der Optionsleiste den Button *Kante verbessern*.
    Hinter dieser Option verbergen sich die schon bekannte Palette *Kante verbessern* sowie das dazugekom-
    mene Kante-erkennen-Werkzeug. Im Dialog *Kante verbessern* geht es dann um feine Korrekturen, also
    praktisch um eine sehr genaue Freistellung.

4   Sie können das Objekt, das Sie schon großzügig freigestellt haben, vor einem schwarzen, weißen oder
    maskierten (rot eingefärbten) Hintergrund darstellen lassen, um sich besser auf die Bearbeitung der
    Kanten konzentrieren zu können.

5   Sie können auch nur im *Maskierungsmodus* arbeiten, in dem die Auswahl als weiße Fläche auf schwar-
    zem Hintergrund dargestellt wird. Stellen Sie das Dialogfenster am besten neben dem Bild dar, damit
    Sie mit dem Kante-erkennen-Werkzeug besser arbeiten können.

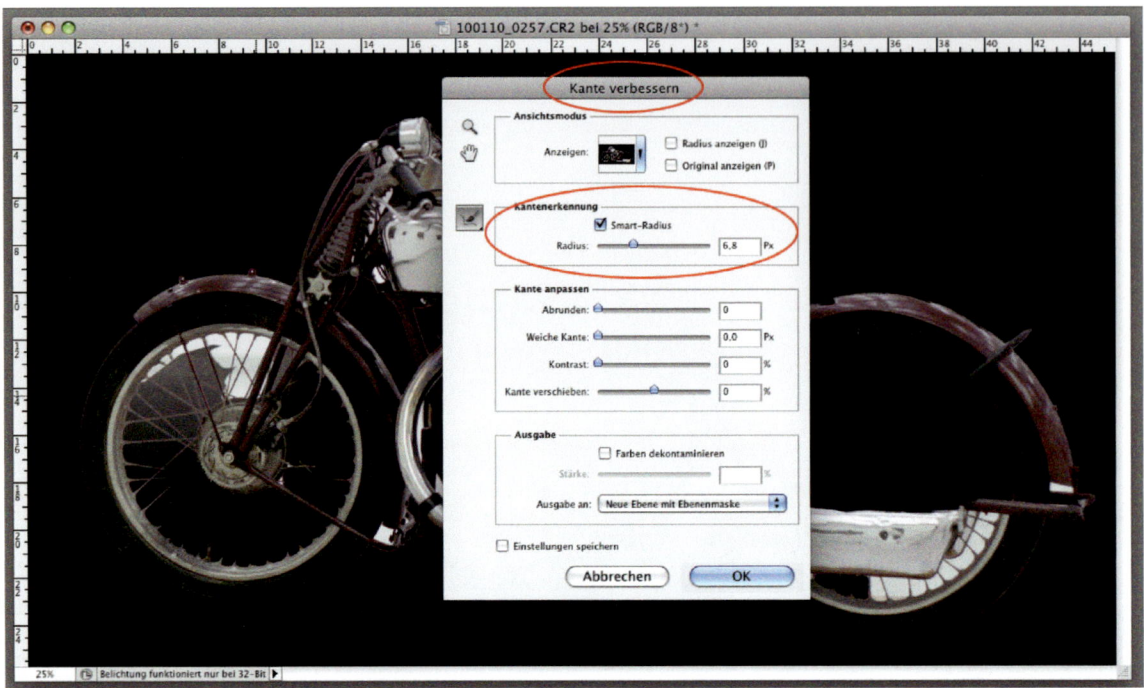

**Abbildung 1.8:** *Dialog Kante verbessern mit Kante-erkennen-Werkzeug*

**6** Aktivieren Sie die Option *Smart-Radius*. Diese passt den Radius der Strukturen der Kante automatisch an – das erleichtert die Freistellung bei unregelmäßigen bzw. komplizierten Umrissen.

**7** Mit den zwei Pinselarten Radius-verbessern-Werkzeug und Verfeinerungen-löschen-Werkzeug können Sie die Kante des Objektes bis ins feinste Detail ausarbeiten. Speziell in der Porträtbearbeitung, wenn es darum geht, eine Person freizustellen, um sie vor einem neuen Hintergrund zu platzieren, werden Sie diese neue Freistellungsmöglichkeit sehr schätzen. Wie diese Funktion in der Praxis genutzt wird, erfahren Sie in *Kapitel* 8 ab *Seite* 296 .

## 1.6    Unerwünschte Bilddetails mit neuen Techniken entfernen

Die Auswahl der Werkzeuge, mit denen Sie unerwünschte Objekte aus einem Bild entfernen können, wird immer größer. Und nicht nur das, die Werkzeuge werden dazu auch immer intelligenter. Die neuen Funktionen, die in Photoshop CS5 hinzukamen, arbeiten *Inhaltssensitiv*. Dabei wird die Struktur des Bildes erkannt und passend auf die Stelle aufgetragen, an der ein Bildelement wegretuschiert werden soll. Die inhaltssensitive Retusche kann mit zwei unterschiedlichen Werkzeugen durchgeführt werden.

Das Bereichsreparatur-Pinsel-Werkzeug ist schon seit Photoshop CS3 im Einsatz, wurde aber deutlich verbessert. Nicht nur die Strukturen, sondern auch die Kanten werden von diesem Werkzeug erkannt und passend auf die zu retuschierende Stelle aufgetragen.

**Abbildung 1.9:** *Bereichsreparatur-Pinsel mit der Option* Inhaltssensitiv

Eine weitere Möglichkeit der Retusche ist in die Funktion *Bearbeiten/Fläche füllen* integriert.

1   Hier brauchen Sie nur das zu retuschierende Objekt mit dem Lasso-Werkzeug auszuwählen und dann den Befehl *Fläche füllen* auszuführen (oder die Tastenkombination ⇧+F5).

2   Als Füllmethode wählen Sie die Option *Inhaltssensitiv*. Die Stelle des Objektes wird ziemlich passend mit dem Inhalt des Bildes gefüllt.

Hier gibt es natürlich einige Einschränkungen. Bei mehreren ähnlichen Objekten im Bild besteht die Gefahr, dass, wenn Sie eines dieser Objekte auswählen und mit dem Inhalt des Bildes füllen, das andere Objekt in die Auswahl kopiert wird. Auch bei einem einzigen zu retuschierenden Objekt kann es vorkommen, dass die Struktur des Bildes an den Grenzen der Auswahl etwas durcheinanderkommt und mit der Auswahl nicht übereinstimmt. Solche Nebenwirkungen können Sie später mit dem Kopierstempel- oder Ausbessern-Werkzeug korrigieren.

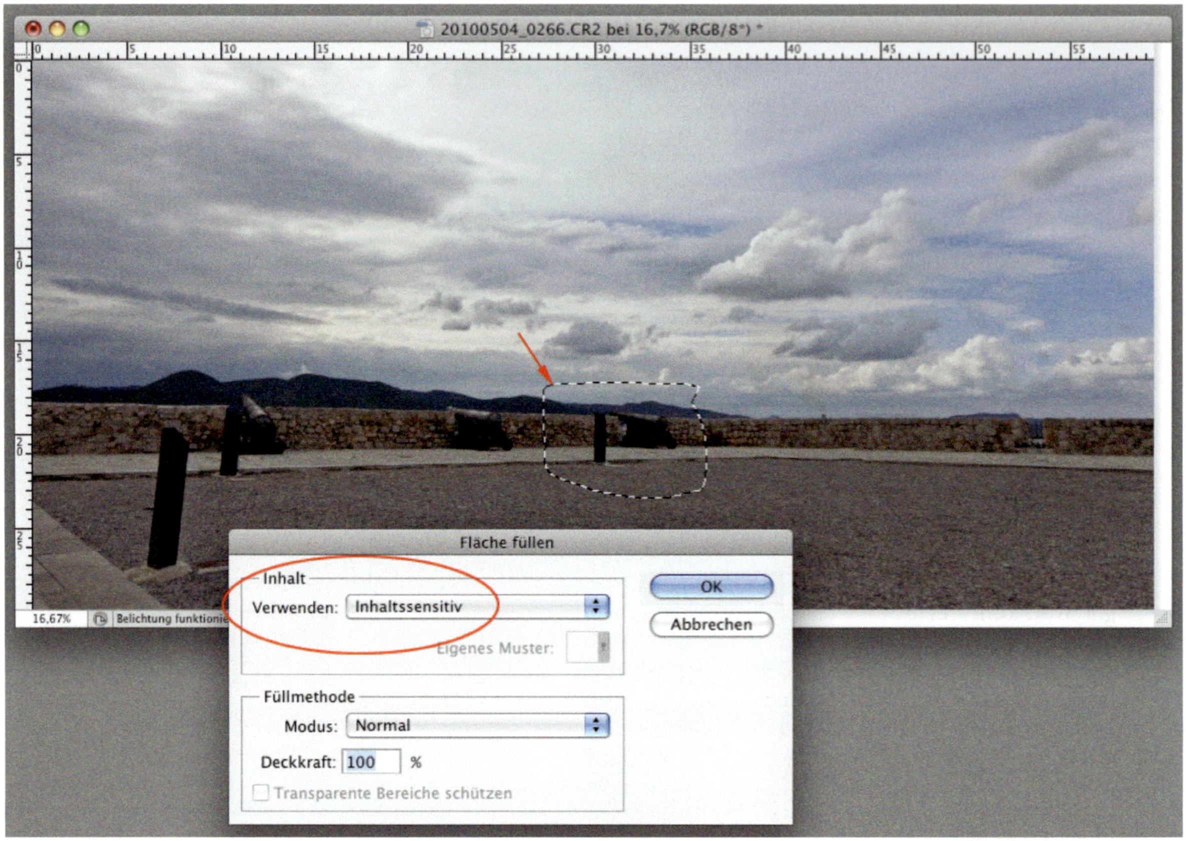

**Abbildung 1.10:** *Inhaltssensitive Füllung*

**Abbildung 1.11:** *Kleine Unstimmigkeiten können Sie nachträglich mit dem Kopierstempel oder Ausbessern-Werkzeug korrigieren*

## 1.7   Formgitter-Werkzeug

Eine weitere Neuerung in CS5 ist für diejenigen interessant, die sich mit Bildkompositionen beschäftigen. Mit dem neuen Formgitter-Werkzeug können Objekte, die bereits freigestellt auf einer neuen Ebene liegen, beliebig verformt werden.

In dem Beispielbild sehen Sie eine der Einsatzmöglichkeiten für dieses Werkzeug. Die Benutzung des Werkzeugs ist intuitiv und sehr einfach.

**1** Stellen Sie zuerst das Objekt im Bild frei, legen Sie dieses mit der Tastenkombination [cmd]+[J] ([Strg]+[J]) auf eine neue Ebene und wählen Sie dann die Option *Bearbeiten/Formgitter*. Die Ebene wird dann mit einem Gitter überzogen und kann jetzt bearbeitet werden.

**Abbildung 1.12:** *Bildteile verbiegen mit dem Formgitter-Werkzeug*

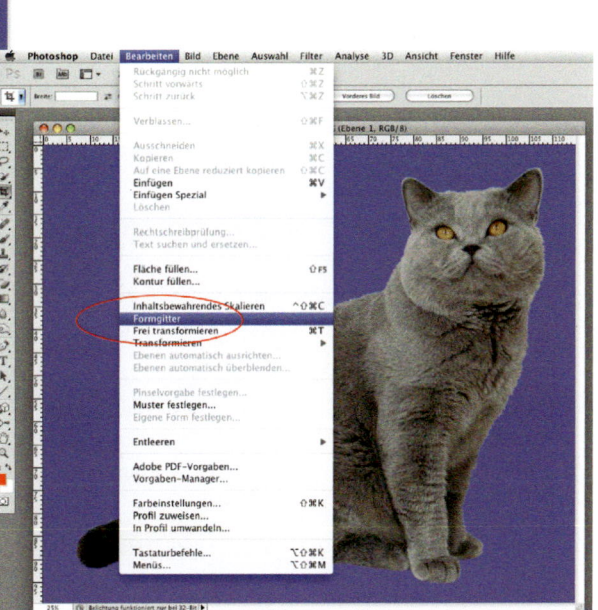

**Abbildung 1.13:** *Formgitter-Werkzeug aktivieren*

**2** Nachdem Sie das Formgitter aktiviert haben, setzen Sie mit der Pipette (sie startet automatisch) mehrere Pins ziemlich nah am Rand der Ebene.

Es ist hierbei wichtig, dass Sie die Pins überall entlang der Kante setzen. Die Pins sind nicht nur dafür da, um die Teile der Ebene zu bewegen, sondern sie sorgen auch dafür, dass die Teile der Ebene an anderen Stellen unbeweglich bleiben. Wenn Sie dann die Pins verschieben wollen, kann es vorkommen, dass die Ebenenbereiche, die nicht fixiert wurden, einfach verdreht werden.

**Abbildung 1.14:** *Pins setzen und verschieben*

## 1.8  Für Künstler: die neuen Pinseloptionen

Es ist schon lange nicht mehr viel in puncto Pinselspitzen in Photoshop passiert – jetzt ist es soweit. Photoshop CS5 bietet Ihnen neue Pinselspitzen, die gerade die Herzen der Künstler höher schlagen lassen. Mit dem Mischpinsel-Werkzeug können Sie innerhalb weniger Minuten ein Foto in eine gemäldeartige Grafik verwandeln.

**Abbildung 1.15:** *Neue Pinselspitzen – interessant für das Mischpinsel-Werkzeug*

Wenn Sie eine der neuen Pinselspitzen ausgewählt haben (diese sind schon an der Pinselminiatur zu erkennen), wird der Pinsel im Bild als eine kleine animierte Grafik angezeigt. Anhand dieser Grafik können Sie das Verhalten der Pinselspitze praktisch „live" erleben.

**Abbildung 1.16:** *Die Pinselform*

Bewegen Sie die Maus oder am besten den Stift eines Grafiktabletts und der Pinsel bewegt sich hin und her, die Borsten legen sich wie beim realen Malen auf den Untergrund – eine interessante Lösung! Die Pinselgröße wird ebenfalls als Pinselspitze mit entsprechender Größe angezeigt. Die Pinselform können Sie selbstverständlich auch bei diesen Pinselspitzen ziemlich genau an Ihre Vorstellungen anpassen. Jetzt können Sie die Details eines Bildes an den Konturen entlang bearbeiten, richtige Malstriche setzen und ein richtig schönes Malfeeling genießen.

**Abbildung 1.17:** *Ein Beispiel der Malerei mit dem Mischpinsel-Werkzeug*

## 1.9    Eingebautes HDR-Tönungs-Werkzeug

Effekte wie HDR-Tönung oder Tonemapping sind seit ein paar Jahren groß in Mode und die Fotografen versuchen, alle Mittel einzusetzen, um perfekte Kontraste, optimale Schärfe – alles in allem den perfekten HDR-Look zu bekommen. Als Hilfsmittel dienten dabei das ganze Arsenal von Photoshop-Werkzeugen sowie zusätzliche Programme, wie zum Beispiel Photomatix. In der neuen Photoshop-Version CS5 gibt es endlich auch ein HDR-Tool. Mithilfe von Standardeinstellungen sowie der Möglichkeit, den HDR-Look fein zu justieren, ergibt sich ein brauchbares Werkzeug, um den Fotos ein HDR-Aussehen zu verpassen.

Es ist ratsam, sich zuerst die HDR-Vorgaben anzuschauen, um sich darüber im Klaren zu sein, in welche Richtung die Korrekturen gehen sollen. Sie können dabei zwischen den monochromen und farbigen HDR-Umwandlungen wählen, die Gestaltung mit mehr oder weniger Kontrast ausstatten sowie eine surrealistische Tönung verwenden. Einige Vorgaben wirken ziemlich grob, aber das ist kein Problem, denn die genaue Justierung erfolgt dann in den drei Bereichen *Leuchtkonturen*, *Farbton und Detail* sowie *Farbe*.

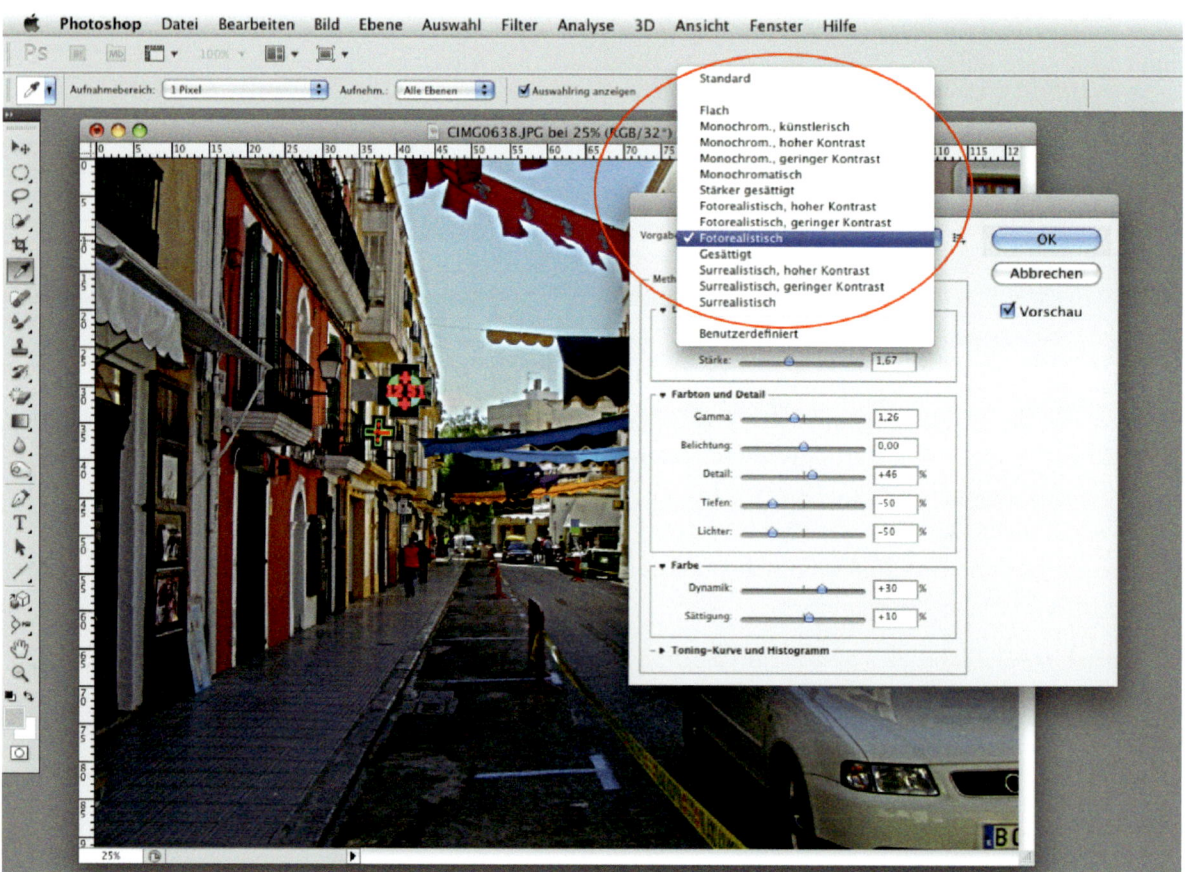

**Abbildung 1.18:** *HDR-Vorgaben*

Im ersten Bereich *Leuchtkonturen* legen Sie fest, wie stark der Kontrast der Kanten im Bild sein soll. Dazu stehen Ihnen die Regler *Stärke* und *Radius* zur Verfügung. Mit *Stärke* regulieren Sie die Intensität und mit

*Radius* legen Sie fest, welche Bildbereiche von der Korrektur angesprochen werden sollen. Im Bereich *Farbton und Detail* geht es dann zum Tonemapping. Hier können Sie die *Tiefen* und *Lichter* anpassen, mit dem Regler *Detail* geben Sie dem Bild den Kantenkontrast, was letztendlich für den HDR-Look verantwortlich ist. Im Bereich *Farbe* finden Sie die Ihnen schon aus anderen Paletten bekannten Regler *Dynamik* und *Sättigung*. Für fortgeschrittene Nutzer der HDR-Tönungs-Tools gibt es noch eine Möglichkeit, Tonemapping zu steuern, und zwar mit der Option *Toning-Kurve und Histogramm*. Mit dieser Funktion können Sie die Tonwerte ähnlich korrigieren wie mit der bereits aus früheren Photoshop-Versionen bekannten Gradationskurve.

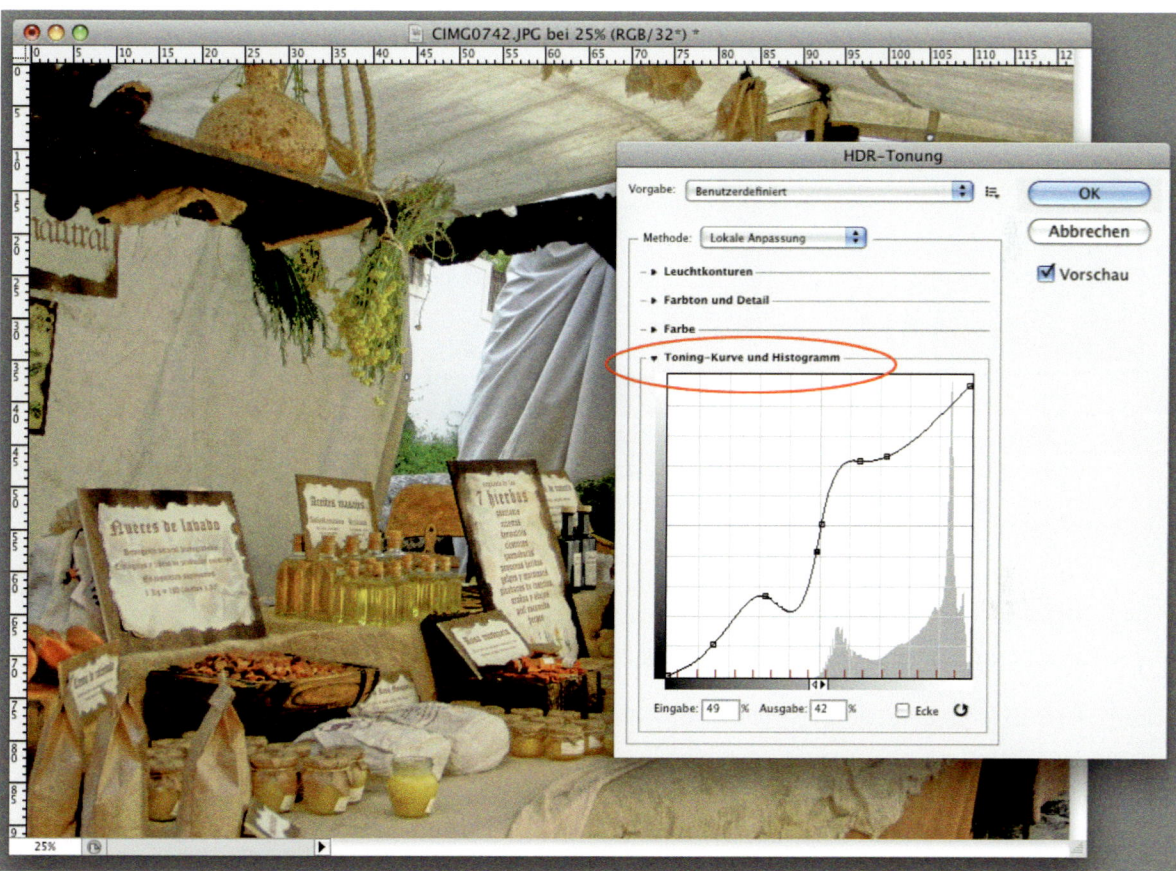

**Abbildung 1.19:** *Toning-Kurve und Histogramm*

## 1.10 Leistungsfähigere Schwarzweißumwandlung

Schon in den Vorgängerversionen kam die Einstellungsebene *Schwarzweiß* zum Einsatz. Auch in der neuen Version von Photoshop gibt es diese Palette, mithilfe derer Sie die Fotos optimal in Schwarzweiß umwandeln können. Sie können mit den Vorgaben arbeiten, die man – übertragen auf die analoge Fotografie – mit dem Einsatz verschiedener Farbfilter bei einem Schwarzweißfilm vergleichen kann. Einzelne Farbtöne können über die Regler angepasst werden. Wenn Sie die Option für die *Korrektur direkt im Bild* aktivieren, können Sie durch Klicken und Ziehen einzelne Farbbereiche in Helligkeit und Kontrast sehr genau anpassen. Die Umwandlung eines Bildes zu einem monochromen Effekt ist auch kein Problem.

1   Hierzu aktivieren Sie das Kästchen *Farbton*, wählen die passende Farbe und stellen die Helligkeit der einzelnen Farbbereiche noch etwas genauer ein.

2   Wenn Sie nicht mit einer Einstellungsebene *Schwarzweiß* arbeiten, sondern das Foto über *Bild/Korrekturen/Schwarzweiß* bearbeiten, steht Ihnen beim Erstellen der monochromen Bilder zusätzlich noch der Regler *Sättigung* zur Verfügung.

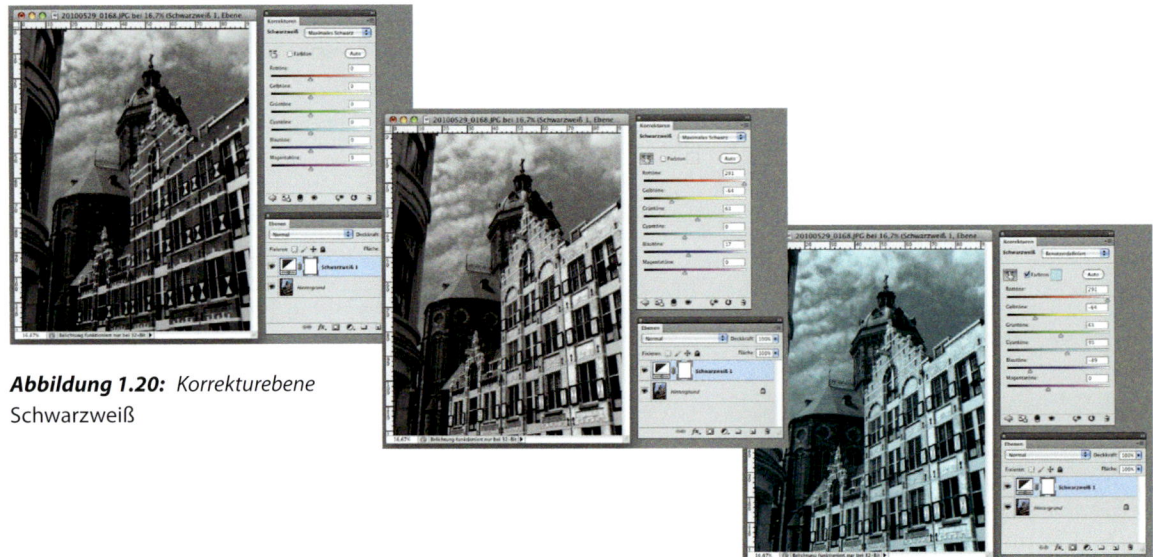

**Abbildung 1.20:** *Korrekturebene* Schwarzweiß

## 1.11   Erweiterte 3-D-Funktion (Extended Version)

Schon in der Extended Version CS4 gab es die Möglichkeit, 3-D-Elemente zu importieren, zu bearbeiten und mit Strukturen auszustatten. In der Extended Version CS5 ist Adobe in Richtung 3-D allerdings noch ein Stück weiter gegangen. Jetzt gibt es im Programm eine gute Möglichkeit, Pixelebenen in 3-D-Ebenen umzuwandeln und diese zu bearbeiten. Sinnvoll ist es beim Arbeiten mit 3-D, eine 3-D-Umgebung zu aktivieren. Am Beispiel einer Textebene sehen Sie, dass diese in eine 3-D-Ebene umgewandelt werden kann. Dabei haben Sie verschiedene Möglichkeiten, die Ebene zu extrudieren.

1   Klicken Sie in der Palette *Neues 3D-Objekt erstellen* auf die Option *3D-Repoussé-Objekt* und dann auf *Erstellen* und wählen Sie im darauf folgenden Dialog die Art der Extrusion, die für Ihre Gestaltung am besten passt.

2   In der Palette *3D* haben Sie dann anschließend die Möglichkeit, die Oberflächen der 3-D-Ebene zu bearbeiten. Sie können die Farbe, die Struktur, Schatten, Beleuchtung etc. festlegen. Auf dem rechten Bild können Sie sehen, dass die extrudierte Fläche mit einer Struktur ausgestattet wurde.

Die Möglichkeiten, 3-D-Objekte in Photoshop CS5 Extended zu erstellen, sind allerdings nicht so umfangreich wie zum Beispiel in 3-D-Programmen wie Cinema 4D oder 3D Studio Max, aber Sie können die Objekte, die in diesen Programmen erstellt wurden, problemlos in Photoshop CS5 integrieren. Photoshop unterstützt unter anderem die Formate *.3ds, .dae* (Collada). Öffnen Sie diese Dateien und verschieben Sie das 3-D-Objekt als neue Ebene in Ihre Arbeitsfläche.

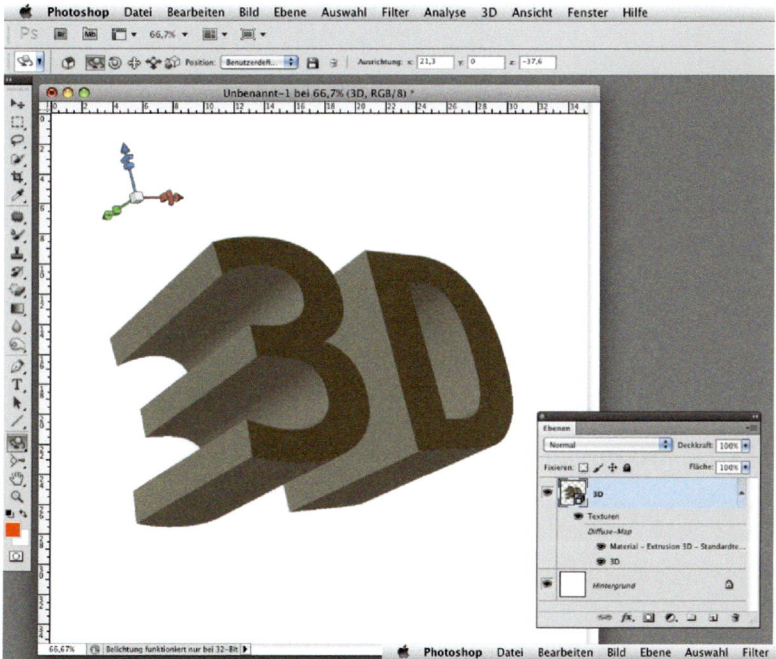

Die nächste Abbildung zeigt Ihnen eine Schachfigur, die in Cinema 4D erstellt, als *.dae* exportiert und in Photoshop CS5 geöffnet wurde. Anschließend wurde der Figur eine Holztextur hinzugefügt. Glanz, Umgebungslicht und Lichtreflexe wurden dann mit den Photoshop-CS5-Werkzeugen erstellt.

**Abbildung 1.21:** *Neue 3-D-Werkzeuge in der Photoshop CS5 Extended Version*

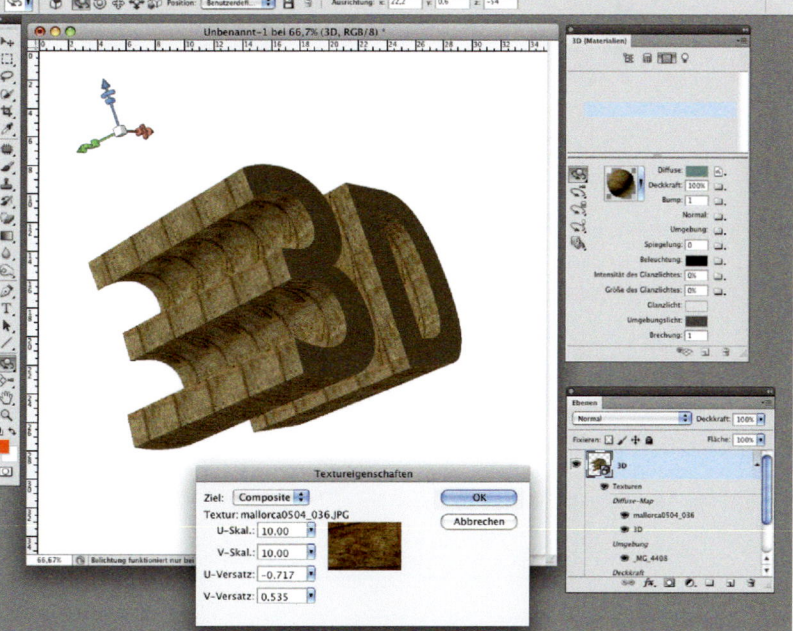

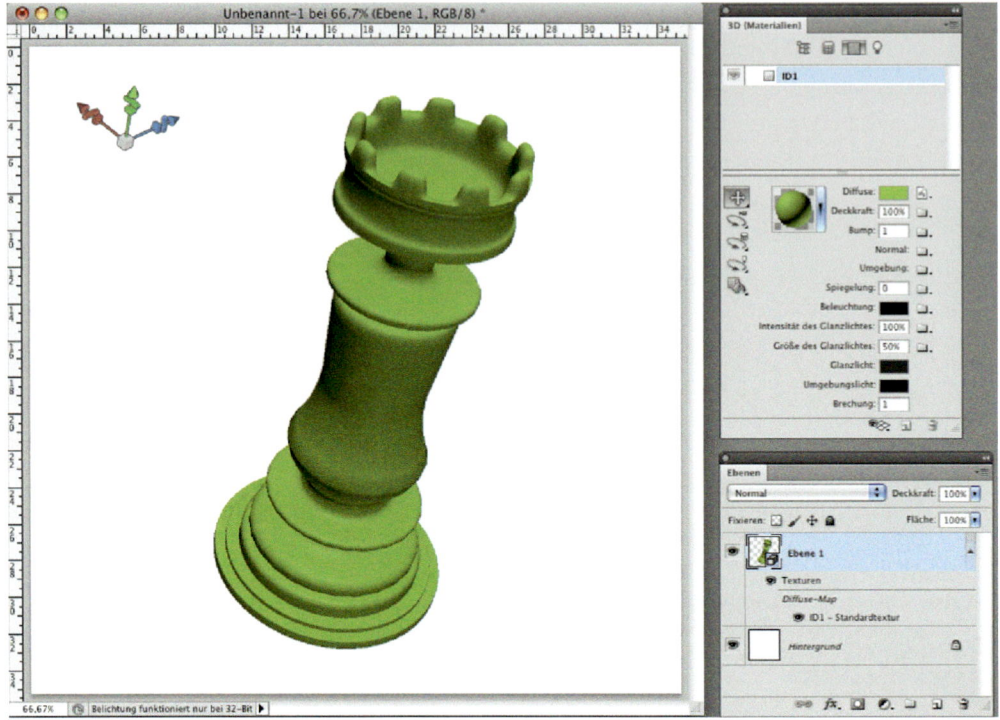

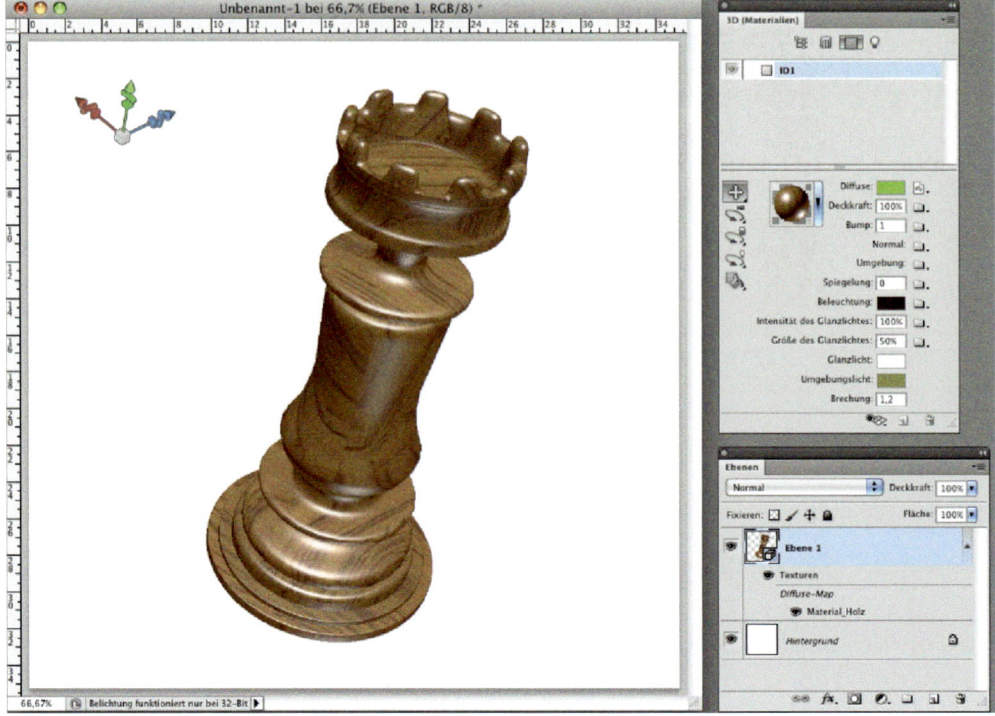

*Abbildung 1.22: Import und Verarbeitung von Objekten, die in 3-D-Programmen erstellt wurden*

## 1.12 CS Live – neue Onlineunterstützung

In der neuen CS5-Version von Photoshop ist auch CS Live integriert – ein Onlinedienst von Adobe, der Ihnen einige interessante Möglichkeiten bietet. So können Sie zum Beispiel auf verschiedene Diagnose-Tools zugreifen, die Ihnen helfen, dynamische Webseiten zu analysieren und zu optimieren. Wenn Sie zusammen mit externen Projektbeteiligten arbeiten, können Sie über CS Live Webkonferenzen organisieren und Dateien austauschen. Über Adobe CS Review können Sie die Abstimmungen über ein Projekt online durchführen und Feedback erhalten.

Um auf die CS Live-Inhalte zugreifen zu können, müssen Sie sich anmelden. In der ersten Zeit ist die Nutzung von CS Live kostenlos. Genaue Informationen über die Anmeldung zu CS Live und über die Nutzungsbedingungen erhalten Sie unter www.adobe.com/de/creativesuite/cslive.

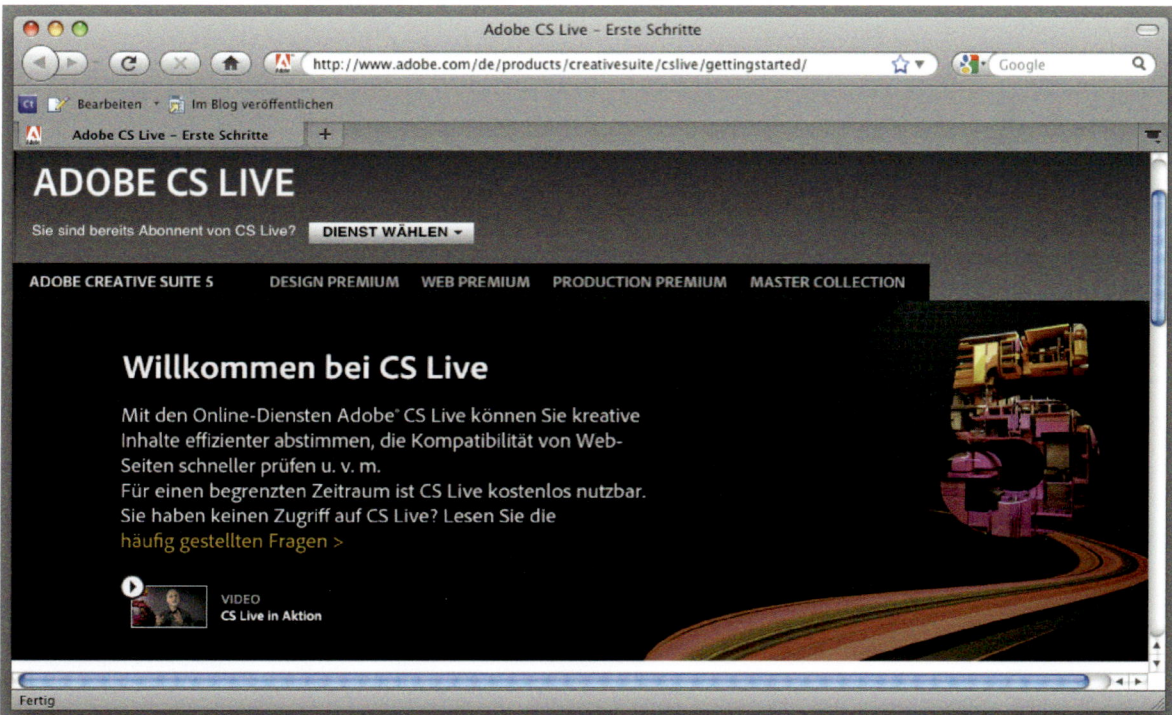

***Abbildung 1.23:*** *Neuer Dienst der Adobe Creative Suite – CS Live*

# 2

# Bilder mit Adobe Bridge importieren, verwalten und organisieren

Ordnung ist das halbe Leben und gute Informationen helfen einem sich besser zurechtzufinden. All das liefert Ihnen Adobe Bridge – ein leistungsfähiges Programm –, mit dem Sie Ihre Fotos nicht nur verwalten, sondern auch filtern und mit weiteren Informationen versehen können. Was das Programm noch alles kann erfahren Sie in diesem Kapitel.

## 2.1 Adobe Bridge versus Mini Bridge

Zum Importieren und Verwalten der Bilddaten in Photoshop wird seit mehreren Versionen zusammen mit Photoshop und anderen Programmen der Creative Suite Adobe Bridge ausgeliefert. In Photoshop CS5 ist dazu noch ein kleiner Bruder von Bridge integriert – Adobe Mini Bridge. Diese zwei Programme dienen einem Zweck – dem Verwalten von Dateien.

Allerdings verfügt Mini Bridge eher über eingeschränkte Möglichkeiten, was Import, Benennung und Verschlagwortung angeht. Dieses Programm, als Palette in Photoshop integriert, dient in erster Linie dem Schnellzugriff auf die Dateien, um diese, ohne die Arbeitsfläche von Photoshop zu verlassen, problemlos öffnen zu können.

Mini Bridge verfügt über eine reduzierte Funktionalität von Bridge und kann daher mit Adobe Bridge in puncto Werkzeuge nicht mithalten. Einige Anpassungen der Bedienoberfläche an Ihre Bedürfnisse können Sie über die *Einstellungen* vornehmen.

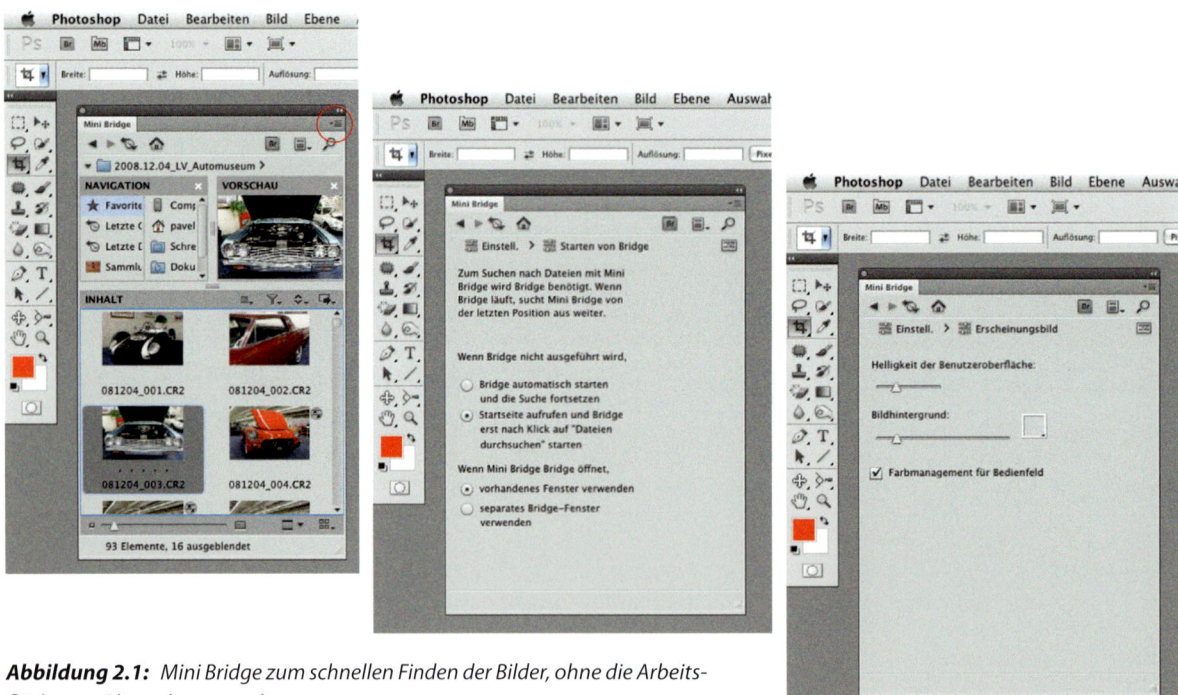

**Abbildung 2.1:** *Mini Bridge zum schnellen Finden der Bilder, ohne die Arbeitsfläche von Photoshop zu verlassen*

## 2.2 Die Arbeitsfläche von Adobe Bridge aufgabenspezifisch konfigurieren

Die Arbeitsfläche von Adobe Bridge ist sehr flexibel und kann entsprechend Ihren Aufgaben konfiguriert werden. Es existieren bereits Standardvorgaben, die aussagekräftig benannt sind und zwischen denen Sie hin und her schalten können. Beim ersten Öffnen von Adobe Bridge landen Sie in der Arbeitsumgebung *Grundlagen*, die die wichtigsten Paletten für die Bildverwaltung enthält.

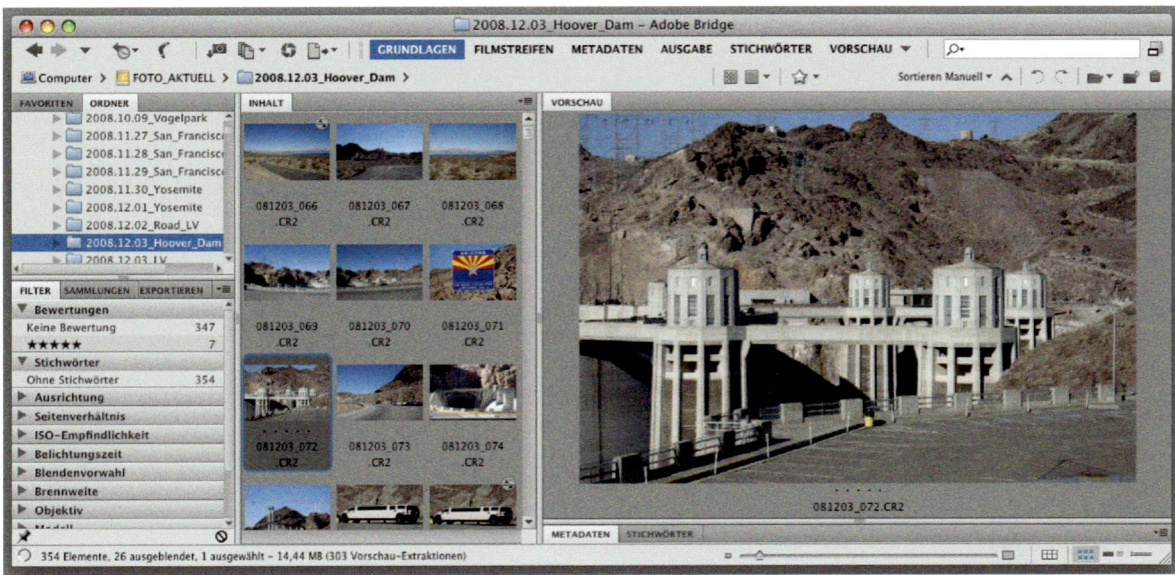

**Abbildung 2.2:** *Arbeitsumgebung Grundlagen*

In der Navigationsleiste von Adobe Bridge finden Sie neben den Standardarbeitsumgebungen noch folgende Befehle:

**Abbildung 2.3:** *Navigationsleiste Adobe Bridge*

| | | | |
|---|---|---|---|
| **1** | Zurück | **8** | In Camera Raw öffnen |
| **2** | Weiter | **9** | Ausgabe in Web oder PDF |
| **3** | Zum übergeordneten Element oder Favoriten wechseln | **10** | Schnelle Suche durch eingebettete Bilder |
| **4** | Letzte Datei anzeigen oder zum letzten Ordner wechseln | **11** | Qualität der Vorschaubilder festlegen (eingebettete Bilder oder hohe Qualität) |
| **5** | Zurück zu Adobe Photoshop (neu seit CS5) | **12** | Entsprechend bewertete oder zurückgewiesene Bilder anzeigen |
| **6** | Fotos aus Kamera laden | **13** | Sortierkriterien |
| **7** | Verfeinern (Überprüfungsmodus, Stapel-Umbenennung, Dateiinformationen) | **14** | Auf- oder absteigende Sortierung |

**15**   Bilder im UZS oder gegen UZS drehen      **17**   Neuen Ordner erstellen

**16**   Letzte Datei öffnen      **19**   Bild löschen

Wenn Sie die Aufgabe in Bridge wechseln, können Sie schnell zwischen den Arbeitsbereichen wechseln. Um zum Beispiel die Verschlagwortung der Bilder vorzunehmen, gehen Sie zum Arbeitsbereich *Stichwörter*. Die Arbeitsfläche wird so angezeigt, dass die wichtigsten Funktionen direkt im Vordergrund stehen.

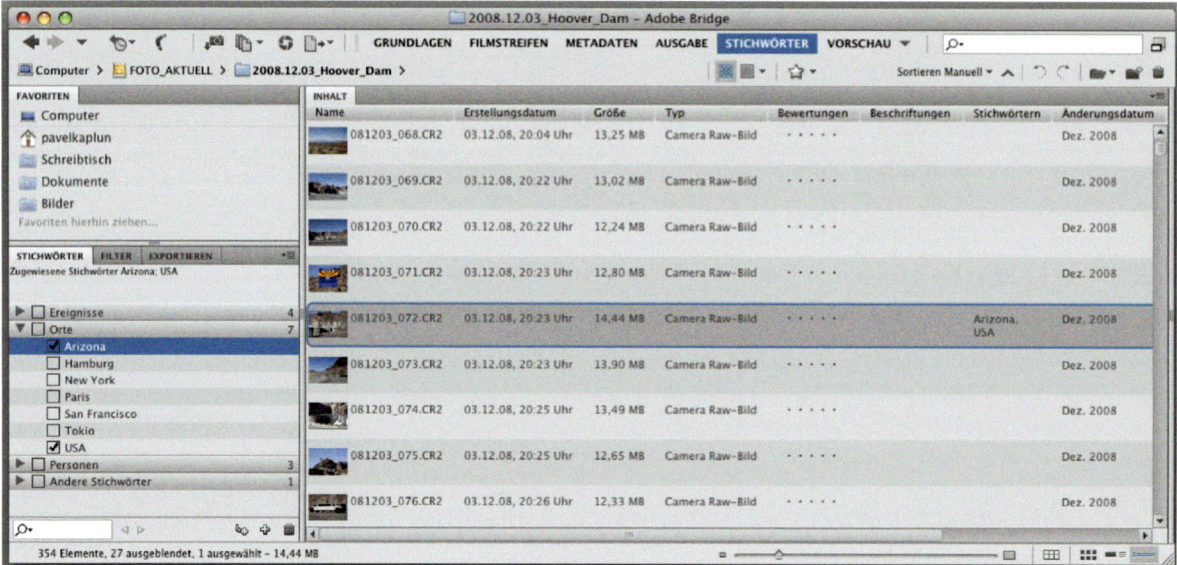

**Abbildung 2.4:** *Arbeitsfläche Stichwörter*

Über den Menüpunkt *Fenster* können Sie die Paletten, die Sie benötigen bzw. nicht benötigen, ein- und ausblenden. In unserem Beispiel wurden nur drei wichtige Paletten eingeblendet: *Ordner*, *Filter* und *Vorschau*. Auch die *Pfadleiste* kann ein- oder ausgeblendet werden. So eine Konfiguration ist in Standardarbeitsbereichen nicht mehr enthalten und kann als individueller Arbeitsbereich gesichert werden.

Wählen Sie *Fenster/Arbeitsbereich/Neuer Arbeitsbereich* und speichern Sie die konfigurierte Arbeitsfläche unter einem neuen Namen ab. Der zuletzt gespeicherte Arbeitsbereich erscheint vorne in der Optionsleiste. Die Reihenfolge der Arbeitsbereiche kann aber je nach Wunsch per Drag & Drop von Ihnen geändert werden.

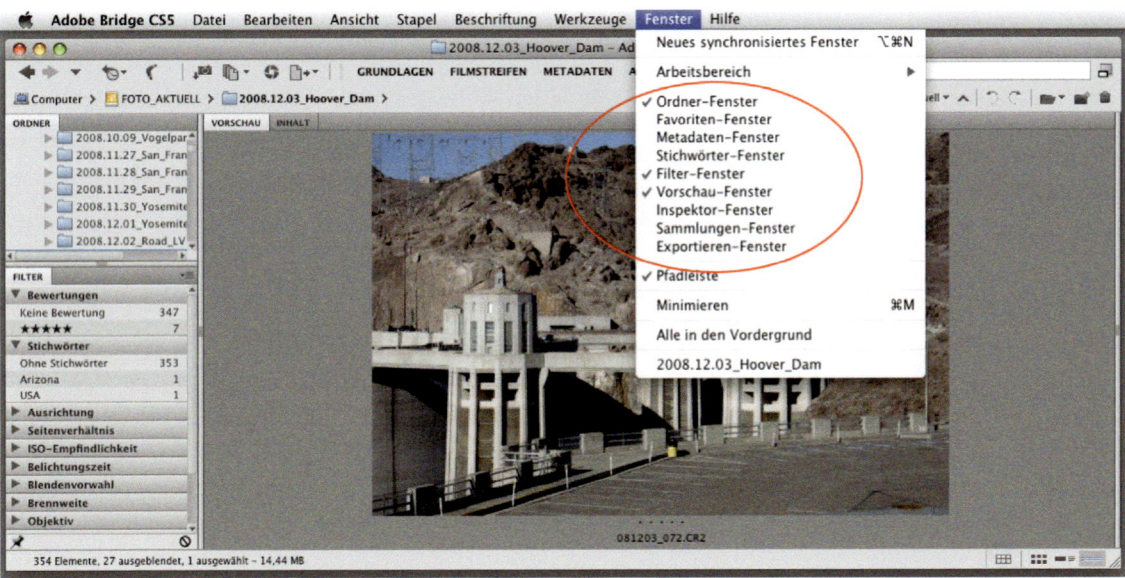

**Abbildung 2.5:** *Fenster ein- und ausblenden*

## 2.3 Die Leistung von Bridge durch richtige Voreinstellungen erhöhen

Wie jedes Programm, welches mit grafischen Daten zu tun hat, benötigt auch Adobe Bridge ziemlich viel Rechenleistung. Es ist daher sinnvoll, Adobe Bridge vor dem Benutzen ein wenig anzupassen, um es schlanker zu machen und die Ressourcen des Computers zu schonen. Öffnen Sie hierzu in Adobe Bridge die *Voreinstellungen*.

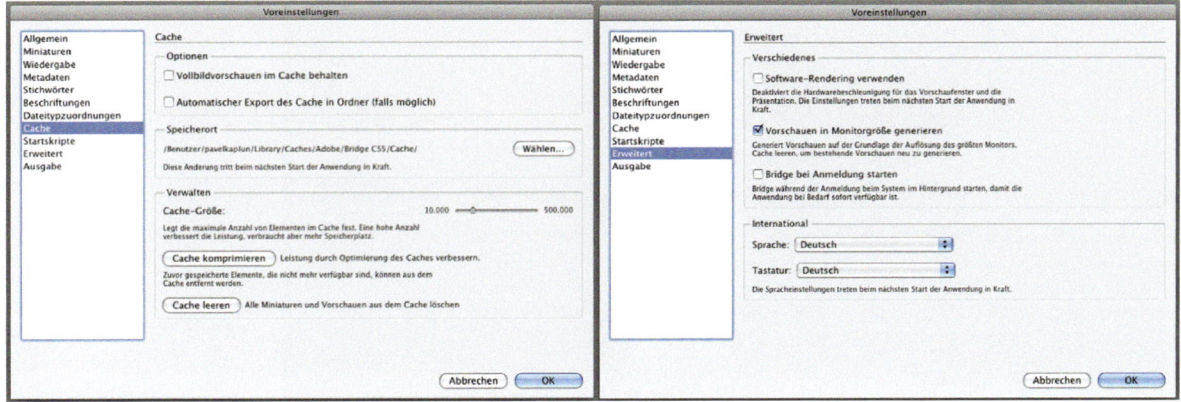

**Abbildung 2.6:** *Einstellungen von Adobe Bridge für mehr Performance anpassen*

Gehen Sie zuerst zum Eintrag *Cache*. Hier können Sie entscheiden, ob die Vollbildvorschauansichten im Cache beibehalten werden sollen oder lieber nicht. Wenn Sie die Vorschauen im Cache beibehalten, beschleunigt das den Suchprozess. Die Bilder, deren Vorschau schon mal angezeigt wurde, müssen dadurch nicht noch einmal geladen werden, sie werden direkt aus dem Cache abgerufen. Diesen Weg können Sie gehen, wenn Sie über keine allzu große Bildersammlung verfügen und Ihre Bilder nicht zu groß sind. Wenn Sie aber eine große Bibliothek zu verwalten haben und womöglich mit RAW-Dateien arbeiten, kann es schnell passieren, dass der Cache überladen wird und somit auch der Arbeitsspeicher des Computers.

In der gleichen Palette können Sie festlegen, wie viele Objekte jeweils im Cache behalten werden sollten. Je mehr Objekte Sie im Cache belassen, umso mehr Ressourcen werden verbraucht. Den Cache können Sie mit dem entsprechenden Button auch komprimieren, das verbessert ebenfalls die Leistung. Wenn Sie merken, dass Bridge langsamer wird, ist es sinnvoll, den Cache zu leeren.

Im Bereich *Erweitert* können Sie noch eine Einstellung ändern, um die Leistung zu steigern. Lassen Sie sich die Vorschaubilder abhängig von der Größe des Monitors anzeigen. Das ist besonders dann sinnvoll, wenn Sie mit einem Notebook arbeiten (diese haben oft weniger Leistung als Desktop-Computer und einen etwas kleineren Monitor). Alle Einstellungen, die Sie verändert haben, werden in Bridge erst nach dem Neustart des Programms aktiv. Wenn Sie also Bridge nach Ihren Wünschen angepasst haben, starten Sie das Programm neu, um Ihre Änderungen wirksam werden zu lassen.

## 2.4 Bilder importieren und en bloc umbenennen

Bilder können aus verschiedenen Quellen in ein Verzeichnis auf der Festplatte des Computers (oder einer externen Festplatte) importiert werden. Sie können Bridge daher so einrichten, dass nach dem Anschließen eines Kartenlesegerätes oder einer Digitalkamera Ihre Bilder automatisch importiert werden.

***Abbildung 2.7:*** *Übersicht der zu importierenden Bilder*

Natürlich können Sie den Import auch manuell starten. Öffnen Sie dazu Bridge am besten mit der Umgebung *Leuchttisch*, sodass Sie eine bessere Übersicht über die Bildminiaturen haben. Wählen Sie die Quelle der zu importierenden Bilder (der Pfad zu der Quelle wird in der Pfadleiste angezeigt) und schauen Sie sich zuerst einmal die Bilder an, um zu entscheiden, ob das eine oder andere Bild vom Import ausgeschlossen werden soll.

Markieren Sie alle Bilder mit der Tastenkombination [cmd]+[A] ([Strg]+[A]) und schließen Sie die Bilder, die Sie nicht importieren wollen, aus, indem Sie diese bei gedrückter [Alt]-Taste anklicken. Gehen Sie dann zu *Werkzeuge/Stapel-Umbenennung*.

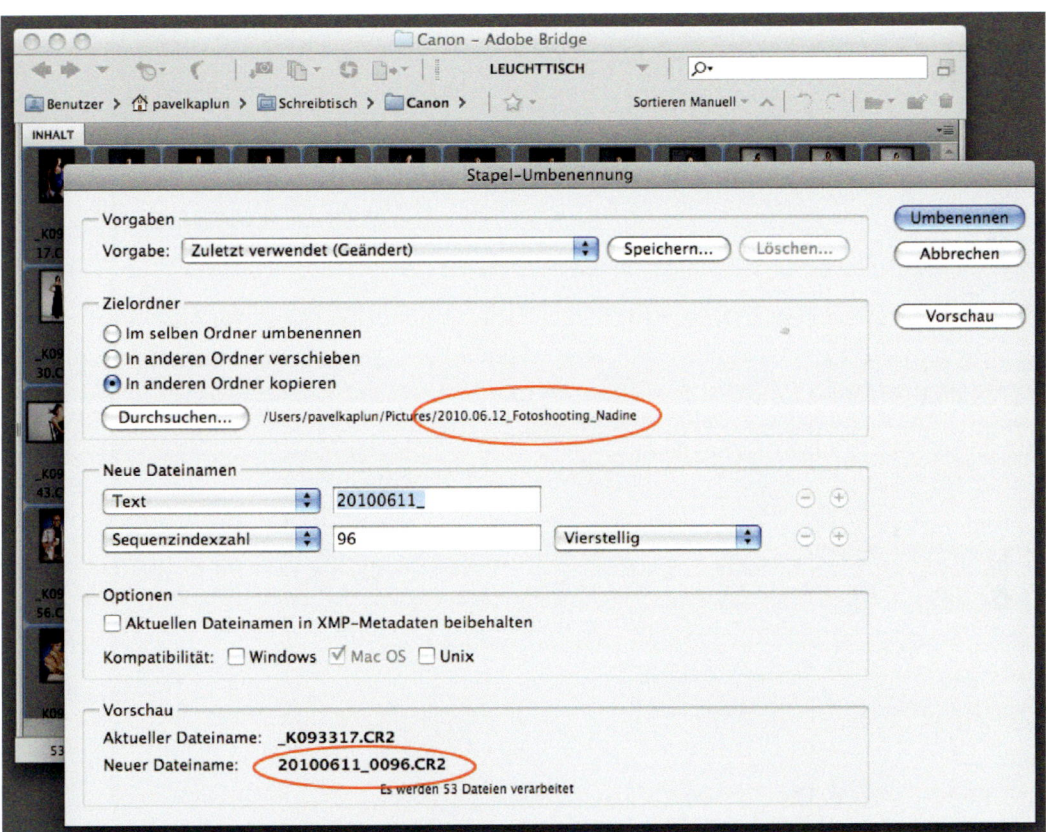

**Abbildung 2.8:** *Dialogfenster Stapel-Umbenennung*

Im Dialogfenster *Stapel-Umbenennung* entscheiden Sie, ob Sie die Fotos in den neuen Ordner kopieren oder verschieben wollen. Es ist sinnvoll, die Option *Zielordner/In anderen Ordner kopieren* zu wählen. Falls Probleme mit dem Speichern auftreten sollten, haben Sie Ihre Bilder immer noch auf der Speicherkarte und können den Kopiervorgang wiederholen.

Wenn Sie bei einem Störfall die Option *In anderen Ordner verschieben* gewählt haben, kann es passieren, dass die Daten unwiderruflich verloren gehen. Klicken Sie danach auf den Button *Durchsuchen* und wählen Sie das Zielverzeichnis auf der Festplatte.

Die Dateien können Sie beim Kopieren in den neuen Ordner direkt umbenennen, was sinnvoll ist, um aussagekräftige Dateinamen zu erhalten. Im Bereich *Neue Dateinamen* können Sie den Dateinamen in Blöcken festlegen. Wählen Sie etwa als ersten Block eine Zahl, die beispielsweise ein Datum darstellt: *20100617_* – das wäre der 17. Juni 2010.

Der Unterstrich nach dem Datum trennt den Datumsblock von dem nächsten Block. Als Nächstes können Sie die *Sequenzindexzahl* festlegen. Wählen Sie hier z. B. eine vierstellige Zahl. Bei großen Bildersammlungen ist das durchaus sinnvoll. Im unteren Bereich *Vorschau* wird dann bereits angezeigt, wie der neue Dateiname aussehen wird.

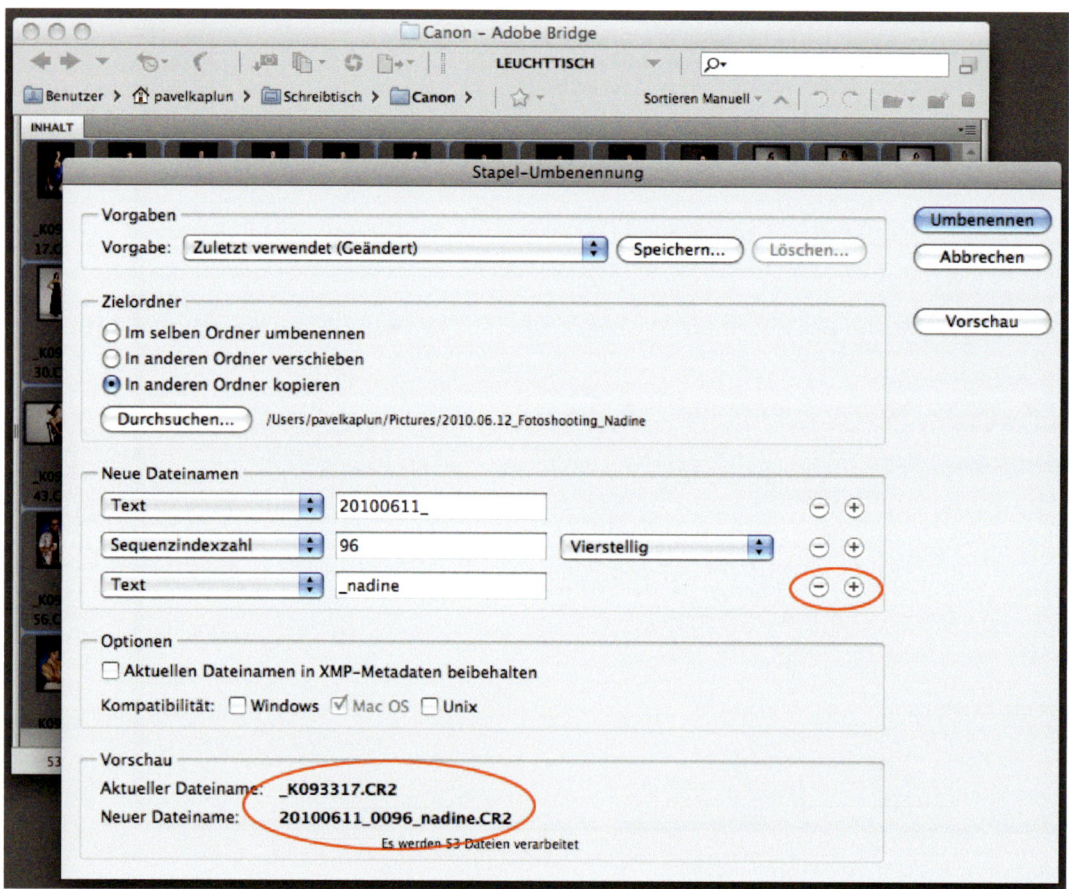

**Abbildung 2.9:** *Blöcke mit den Dateinamen erweitern*

Die Blöcke der Dateinamen können Sie beliebig erweitern. Es ist natürlich wenig sinnvoll, zu lange Dateinamen zu kreieren, aber zusätzlich zum Datum und zur Sequenzindexzahl können Sie noch einen Block mit dem Thema Ihrer Bilderserie hinzufügen. Wählen Sie dazu für den Block die Option *Text*, geben Sie zuerst einen Unterstrich und dann den Namen ein, z. B. *_nadine*. Klicken Sie dann auf den Button *Umbenennen* und starten Sie damit den Kopier- und Umbenennungsvorgang.

## 2.5 Favoriten und Sammlungen anlegen

Wenn Sie eine große Sammlung an Fotos haben, haben Sie die Ordner bestimmt sinnvoll benannt, zum Beispiel *2010.06.17_Strassenfest_Hannover* – so erkennen Sie sofort das Datum und das Thema der jeweiligen Bilderserie. Das Datum ist in umgekehrter Reihenfolge angeordnet, um alle Ordner entweder mit auf- oder absteigendem Datum in Adobe Bridge anzeigen lassen zu können. Oft jedoch reicht diese Hierarchie noch nicht aus. Was tun, wenn Sie einige thematisch verwandte Fotos aus verschiedenen Ordnern in einer Übersicht anzeigen lassen wollen? Immer wieder diese Fotos zu suchen oder in einen neuen Ordner zu kopieren, ist mühsam und kostet viel zu viel Zeit. Einfacher ist es, die Funktionen in Adobe Bridge zu nutzen, die extra für solche Sammlungen vorgesehen sind.

### 2.5.1 Sammlungen anlegen

Zuerst konfigurieren Sie Ihren individuellen Arbeitsbereich so, dass die Palette *Sammlungen* darin enthalten ist. Klicken Sie auf den Button *Neue Sammlung*. In der Palette erscheint das Symbol für die neue Sammlung, die Sie nun umbenennen können, zum Beispiel in *Autos*. Jetzt können Sie in diese Sammlung die Fotos aus verschiedenen Ordnern verschieben, die Darstellungen von Autos enthalten.

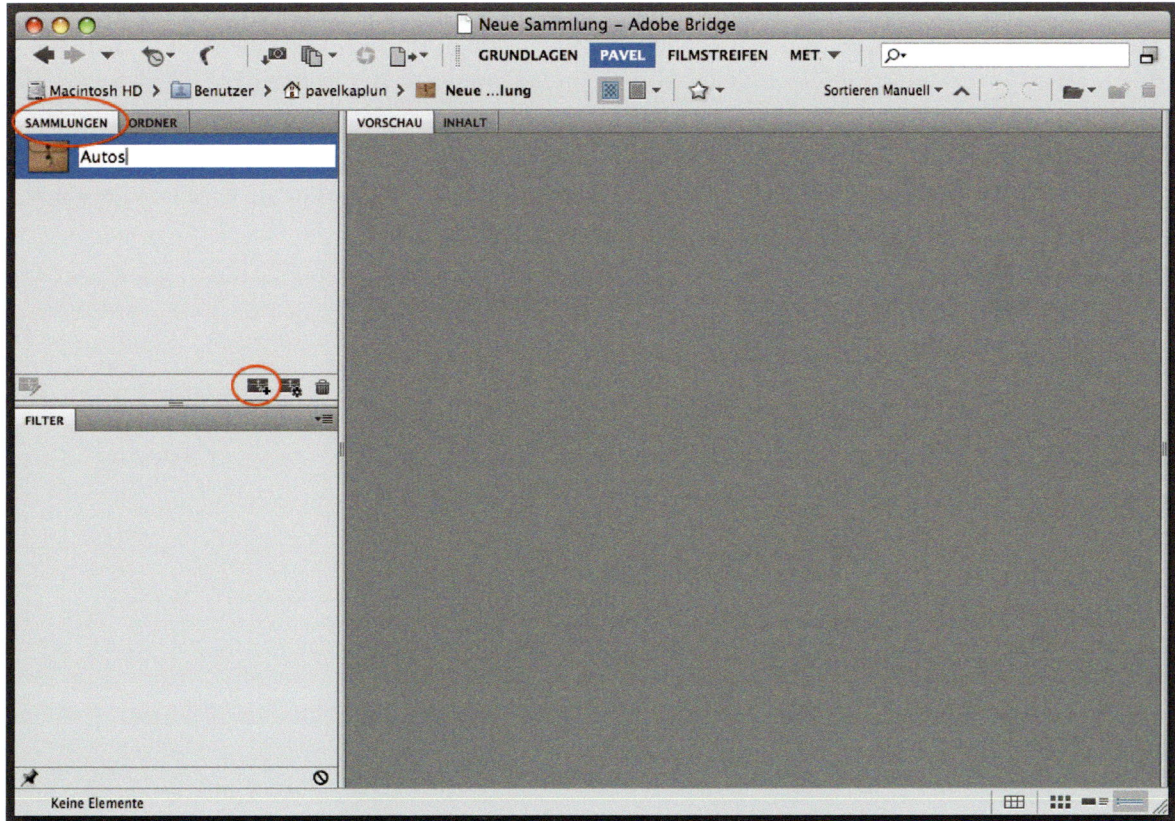

**Abbildung 2.10:** *Palette* Sammlungen

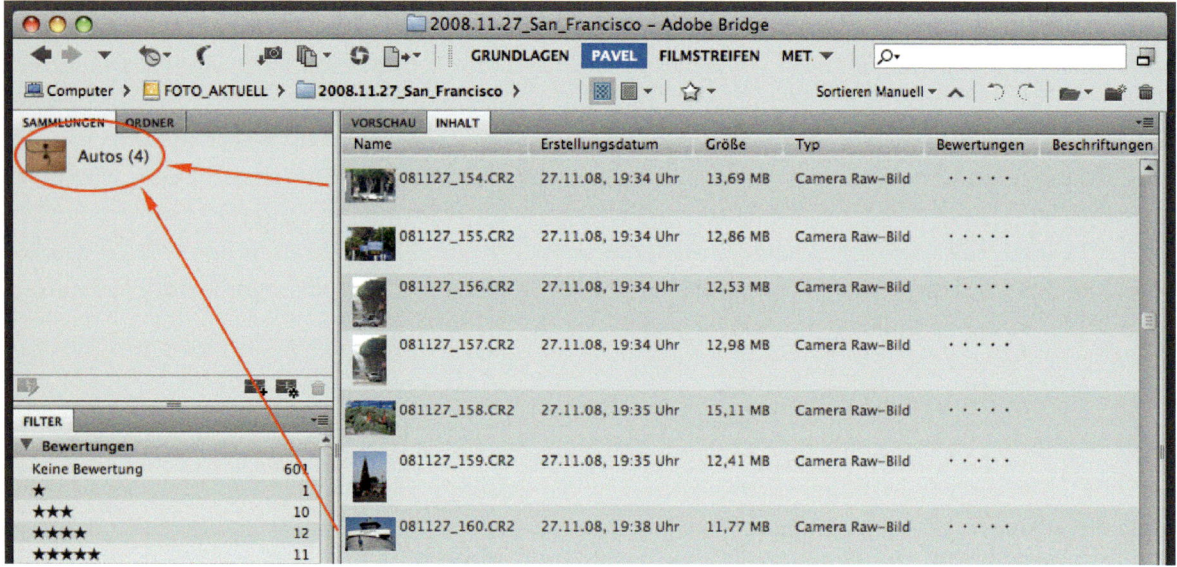

**Abbildung 2.11:** *Fotos in die Sammlungen verschieben*

Öffnen Sie jetzt einen Ordner, wählen Sie in der Palette *Inhalt* die Fotos bei gedrückter cmd-Taste (Strg-Taste) aus und ziehen Sie diese auf das Symbol Ihrer Sammlung. Wenn Sie die Fotos aus einem Ordner gesammelt haben, können Sie den nächsten Ordner wählen und die Fotos der Autos von dort in die Sammlung verschieben. Übrigens, „verschieben" wäre der falsche Ausdruck. Die Fotos werden aus den Ordnern nicht verschoben. In einer Sammlung wird lediglich eine Verknüpfung zu dem ausgewählten Foto erstellt.

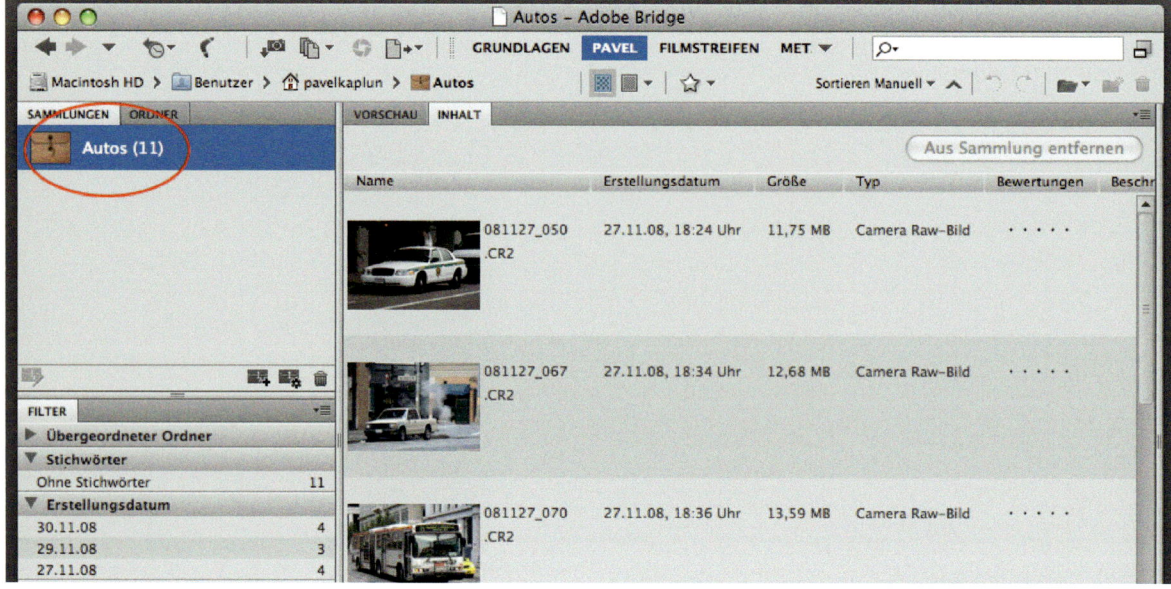

**Abbildung 2.12:** *Sammlungen anzeigen*

Ist eine Sammlung fertig angelegt, können Sie diese anwählen – in der Palette *Inhalt* werden dann die Bildminiaturen der Fotos aus den verschiedenen Ordnern angezeigt. So können Sie mehrere thematische Sammlungen anlegen und diese mühelos verwalten.

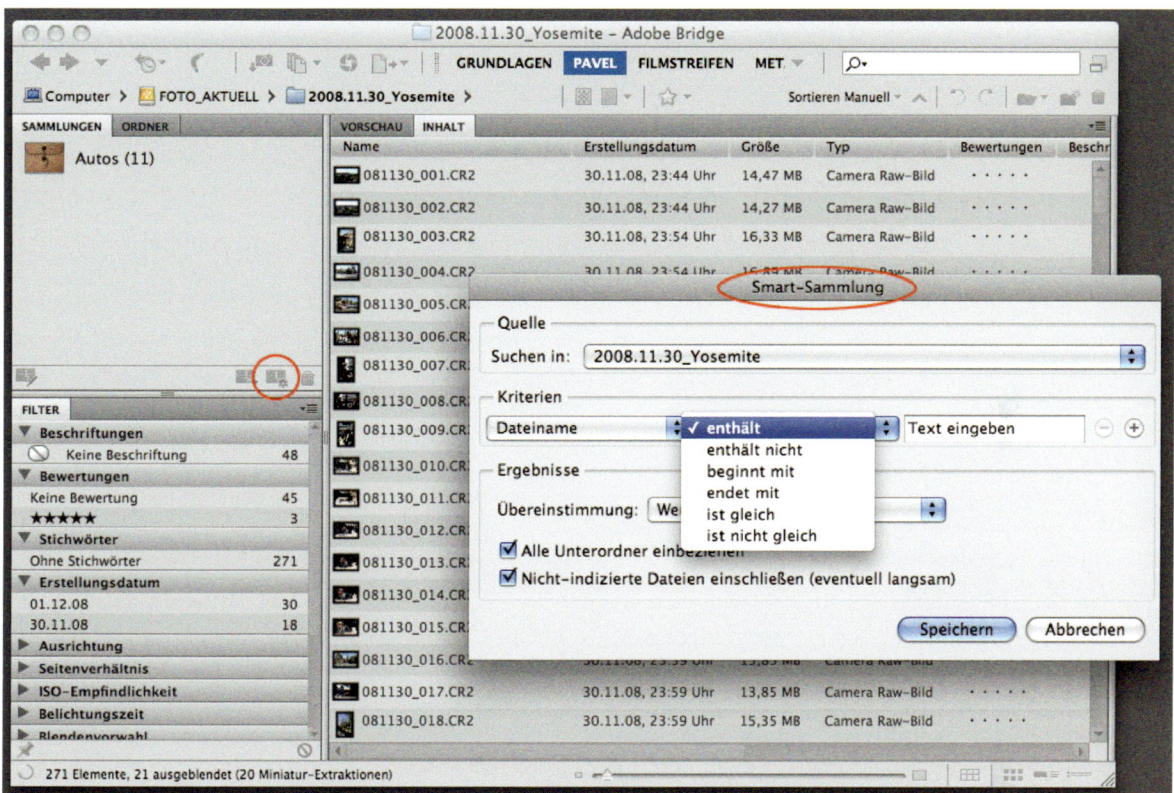

**Abbildung 2.13:** *Smart-Sammlungen*

## 2.5.2    Smart-Sammlungen

Es gibt zwei Arten von Sammlungen: Sammlungen wie die bereits beschriebenen und Smart-Sammlungen. Die Smart-Sammlungen erleichtern Ihnen die Arbeit, wenn Sie die Bilder nach bestimmten inhaltlichen oder technischen Kriterien in einer Sammlung vereinigen möchten, zum Beispiel Teile von Dateinamen, Erstellungsdatum, Farbraum etc. Aber auch die Größe der Bilder kann als Suchkriterium bestimmt werden. Wenn Sie die Suchkriterien im Dialog *Smart-Sammlung* festgelegt haben (es können auch mehrere sein, zusätzliche Kriterien wählen Sie mit dem Pluszeichen am Ende der Zeile), klicken Sie auf *Speichern* und starten somit den Sammelprozess.

## 2.5.3    Favoriten anlegen

Neben Sammlungen können Sie auch Favoriten anlegen. Das Anlegen von Favoriten funktioniert ähnlich wie bei den Sammlungen. Unter *Favoriten* können Sie entweder einzelne Fotos oder ganze Ordner ablegen.

Sammlungen können jedoch nicht zu den Favoriten hinzugefügt werden. Um Favoriten anzulegen, ziehen Sie einfach via Drag & Drop ein Foto oder einen Ordner in die Palette *Favoriten*. Um eine Datei (Ordner) aus den Favoriten zu entfernen, wählen Sie mit einem Rechtsklick die Option *Aus Favoriten entfernen*.

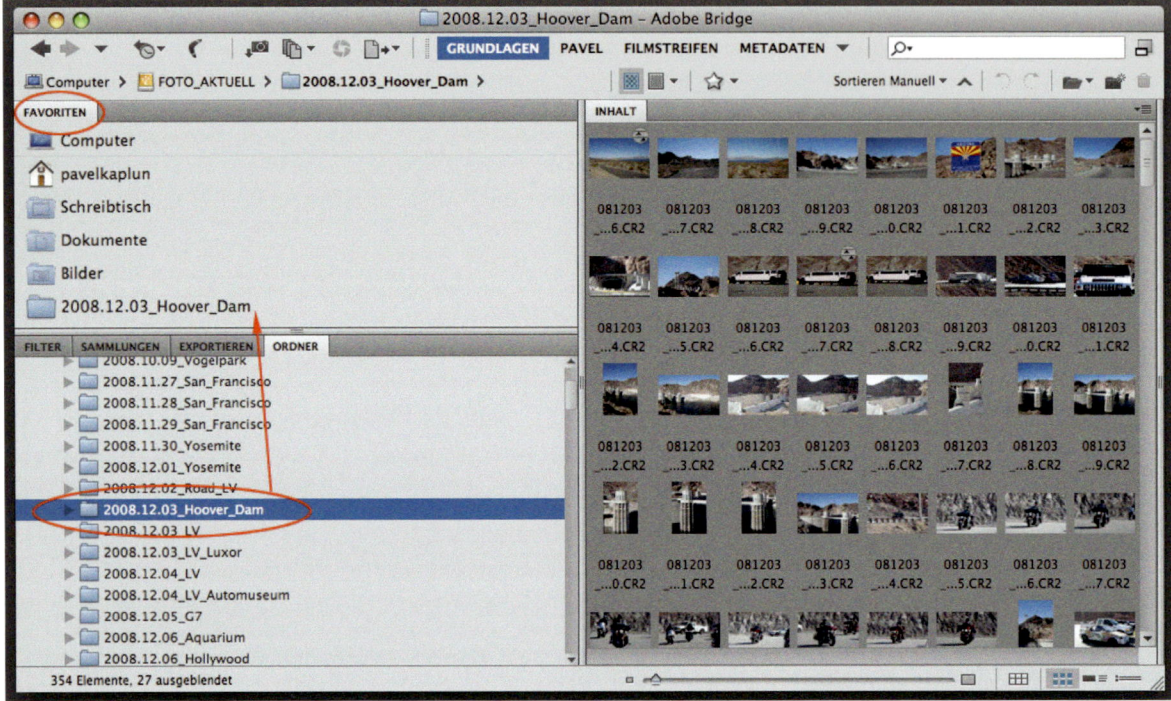

**Abbildung 2.14:** *Favoriten anlegen*

## 2.6  Für schnelle Suche: Stichwörter richtig zuweisen, Bilder nach Stichwörtern einfach sortieren

Für eine noch bessere Organisation Ihrer Bilddaten können Sie die Fotos mit Schlagwörtern ausstatten. Sie können entweder einzelne Bilder mit jeweils einem Stichwort oder gleich mehrere Bilder mit entsprechenden Stichwörtern versehen. Konfigurieren Sie Ihre Arbeitsumgebung in Adobe Bridge so, dass die Palette *Stichwörter* ebenfalls eingeblendet wird, oder benutzen Sie die Arbeitsumgebung *Stichwörter*. Standardmäßig sieht die Palette *Stichwörter* sehr übersichtlich aus, aber wenn Sie professionell mit Ihren Bildern arbeiten, zum Beispiel in der Zusammenarbeit mit Bildagenturen, dann wird diese Palette eine ziemlich verschachtelte Struktur bekommen.

Für eine einfache Verschlagwortung können Sie auf das große Pluszeichen unten in der Palette klicken und ein Stichwort eingeben. Sie können in einem Stichwort auch mehrere Begriffe verstecken. Diese sollten Sie dann mit einem Komma voneinander trennen. Es gibt aber auch die Möglichkeit, verschachtelte Stichwortstrukturen anzulegen. Für ein untergeordnetes Stichwort klicken Sie zuerst auf das erstellte Stichwort und dann auf das Symbol mit dem Pfeil und dem Pluszeichen. So können Sie zum Beispiel als Stichwort der ersten Ebene *Los Angeles* wählen, dann für die zweite Ebene *Long Beach*. Ein untergeordnetes Stichwort kann weitere untergeordnete Stichwörter enthalten, so können Sie für *Long Beach* z. B. als Unterstichwort den Begriff *Architektur* speichern. So bekommen Sie eine ziemlich genaue Struktur und können schnell erkennen, wo alle Fotos aufgenommen wurden und was sie enthalten, z. B. Aufnahmen aus Los Angeles/Long Beach, die Häuserabbildungen enthalten.

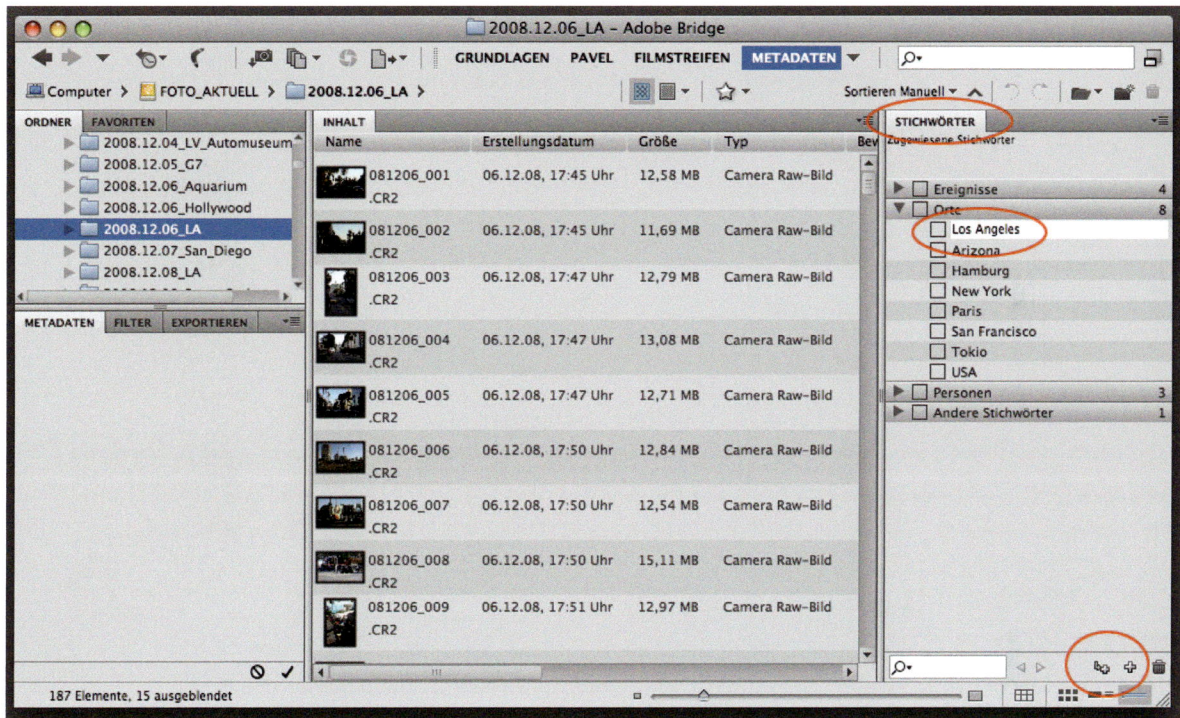

**Abbildung 2.15:** *Stichwörter-Hierarchie anlegen*

Zum Zuweisen der Stichwörter zu einem oder mehreren Bildern markieren Sie die Bilder (mehrere bei gedrückter ⌘- oder ⇧-Taste (Strg- oder ⇧-Taste) in der Palette *Inhalt* und aktivieren das Kästchen mit einem oder mehreren Stichwörtern in der Palette *Stichwörter*. Damit sind die Stichwörter den ausgewählten Bildern zugewiesen. Wenn Sie anschließend die Palette *Inhalt* vergrößern, sind die zugewiesenen Stichwörter in der Spalte *Stichwörter* zu sehen.

Wenn Sie die Fotos mit Ihren Stichwörtern ausgestattet haben, können Sie anhand dieser Stichwörter die Dateien sehr schnell wiederfinden. Um nach bestimmten Bildern in Ihrer Datenbank zu suchen, öffnen Sie die Palette *Filter/Stichwörter*. Aktivieren Sie dort die gewünschten Stichwörter. Jetzt werden in der Palette *Inhalt* nur die Bilder angezeigt, die Sie mit den entsprechenden Stichwörtern versehen haben. Ihre Stichwortkombinationen können Sie speichern, exportieren und importieren.

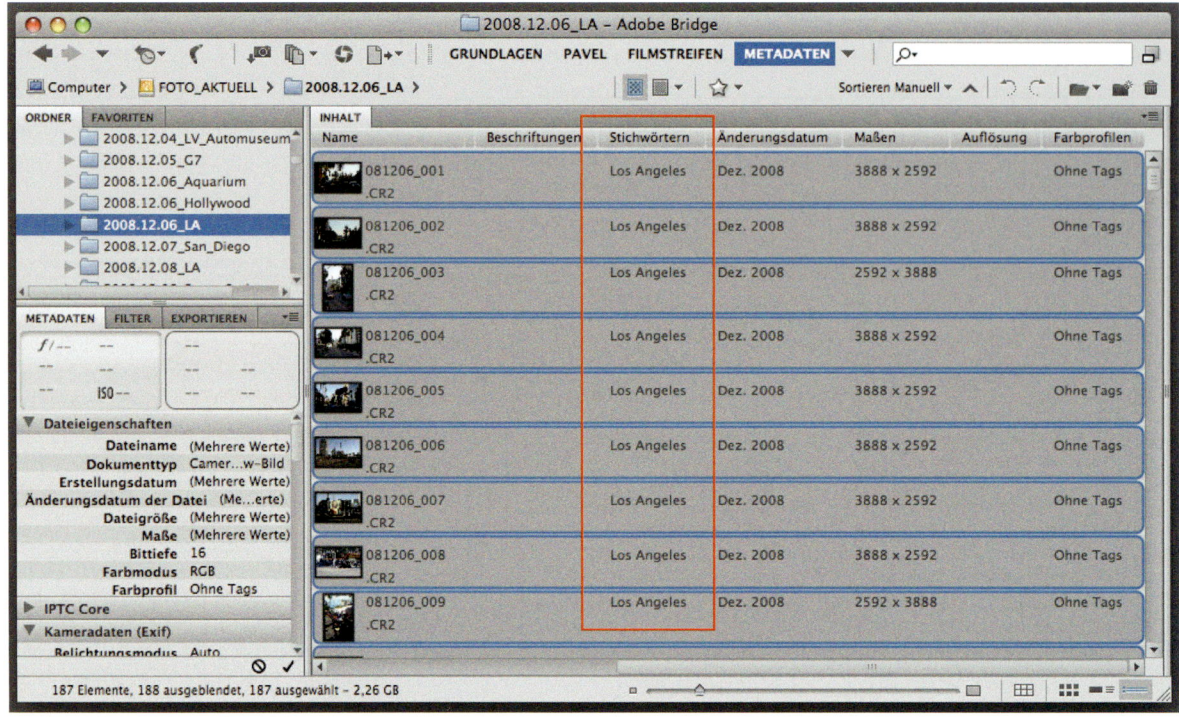

**Abbildung 2.16:** *Anzeige der zugewiesenen Stichwörter in der Palette* Inhalt

## 2.7    Metadaten anlegen

Metadaten oder Exif-Daten (Exchangeable Image File Format) sind jedem Bild bereits von der Kamera beigefügt worden. Darin sind alle technischen Daten über die Kamera, das Objektiv sowie alle Parameter wie Blende, Verschlusszeit, ISO-Wert, Weißabgleich, Brennweite des Objektivs etc. enthalten.

Doch die Metadaten können auch personalisiert oder erweitert werden. Sinnvoll sind die Erweiterungen, die sich im *IPTC Core* befinden. In diesem Bereich haben Sie die Möglichkeit, alle Copyright-Informationen, Themen, Beschreibungen sowie Stichwörter einzubetten. Auf diese Weise angehängte Informationen sind sehr wichtig, wenn Sie mit Bild- und Presseagenturen sowie Verlagen zusammenarbeiten.

Wenn Sie die Daten in *IPTC Core* eintragen möchten, gehen Sie wie folgt vor: Öffnen Sie zuerst die Palette *Metadaten*, gehen Sie zum Unterbereich *IPTC Core* und maximieren Sie diesen. Klicken Sie neben einem Feld auf das Symbol mit dem Stift. Das Feld wird freigegeben und Sie können Ihre Eingaben machen. Nachdem Sie Ihre Angaben eingegeben haben, klicken Sie auf das Bestätigen-Symbol unten in der Palette oder heben die Einträge auf.

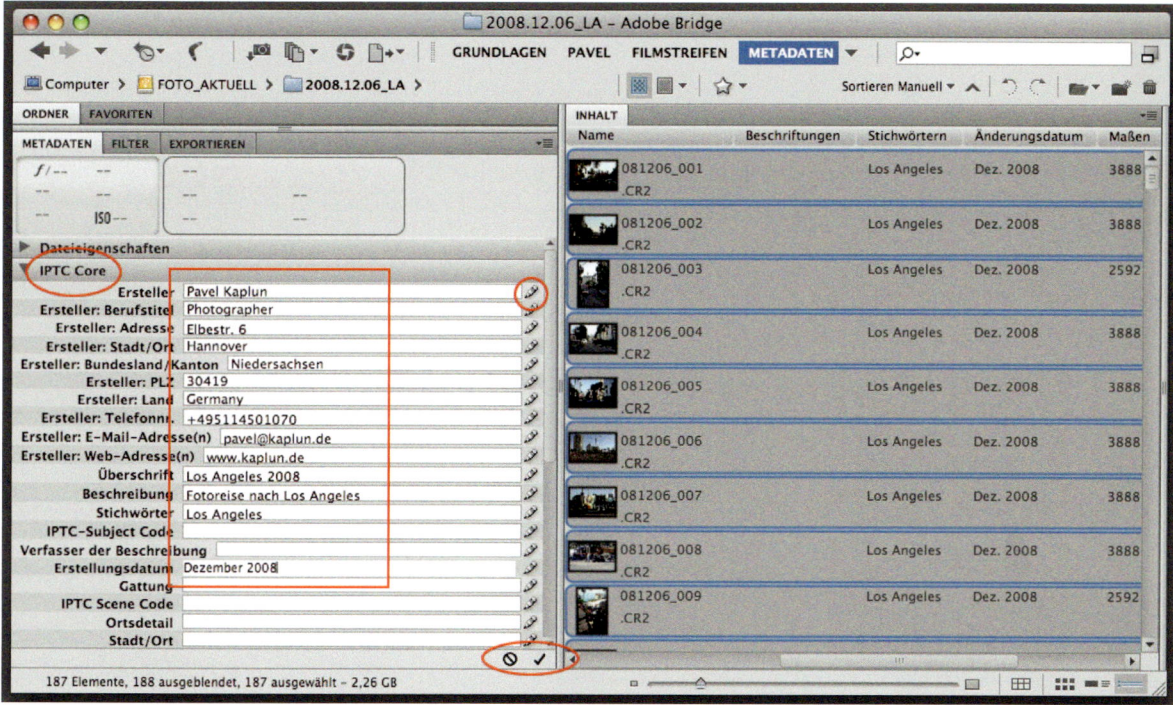

**Abbildung 2.17:** IPTC Core *der Palette* Metadaten

## 2.8    Bilder bewerten

Neben den bereits erwähnten Personalisierungsmöglichkeiten, die dazu dienen, bestimmte Bilder schneller auffindbar zu machen oder wichtige Informationen an die Bilder anzuhängen, existiert noch eine einfache, aber dennoch effektive Möglichkeit, die Fotos nach dem Bewertungsprinzip zu markieren. Sie können für die Bilder Sterne (1 bis 5) vergeben oder Bilder zurückweisen. Zurückgewiesene Bilder werden dann später gelöscht. Besonders bei Fotoshootings mit vielen ähnlichen Bildern ist so ein Sterne-System sehr hilfreich.

Das Markieren einzelner Fotos mit Sternen ist sehr einfach. Am schnellsten geht es mit Tastenkombinationen. Markieren Sie hierzu ein oder mehrere Bilder in der Palette *Inhalt*, halten Sie die cmd -Taste ( Strg - Taste) gedrückt und wählen Sie eine Zahl von 1 bis 5. Um ein Bild zurückzuweisen, wählen Sie die Kombination Alt + ← . Nach der Markierung können Sie nun die Fotos im Filter nach bestimmten Stern-Auszeichnungen durchsuchen. Auch mehrfache Kriterien in Kombination, z. B. 4 und 5 Sterne und ein bestimmtes Stichwort sind in der Palette *Filter* kombinierbar.

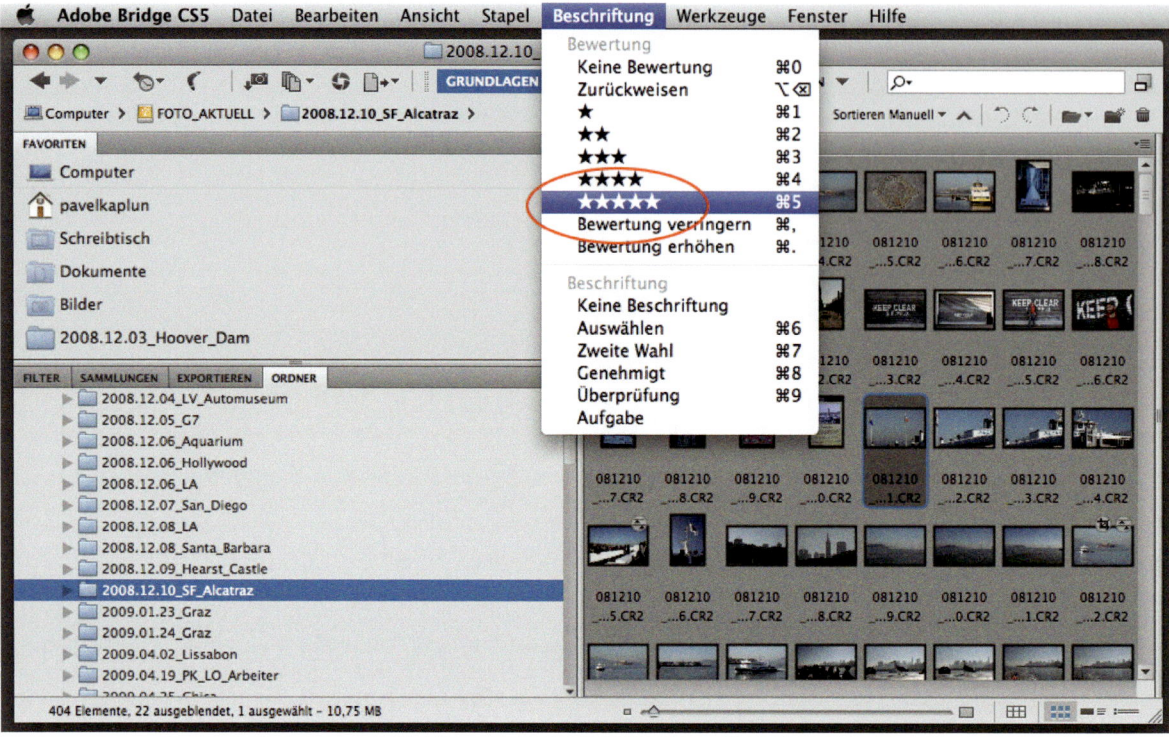

**Abbildung 2.18:** *Bilder bewerten oder zurückweisen*

## 2.9 Bildprozessor zum schnellen Verarbeiten nutzen

Für die Ausgabe der Bilder in verschiedenen Medien benötigen Sie häufig die Dateien in verschiedenen Maßen und in unterschiedlichen Dateiformaten. Natürlich gibt es semiprofessionelle und professionelle Digitalkameras, die eine Aufnahme gleichzeitig in zwei verschiedenen Formaten aufzeichnen, RAW und JPEG (bei Profikameras sind sogar JPEGs mit unterschiedlichen Pixelmaßen und verschiedenen Komprimierungsstufen möglich).

Oft wird beim Fotografieren nicht daran gedacht, dass es eventuell sinnvoll wäre, die Fotos in zwei verschiedenen Formaten zu speichern, oder man macht das aus platzsparenden Gründen nicht, zum Beispiel auf Reisen. In einer derartigen Situation bleibt dem Fotografen nichts anderes

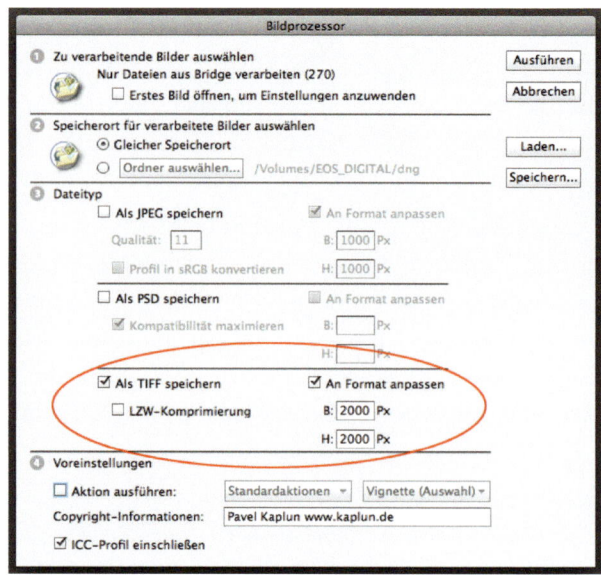

**Abbildung 2.19:** *Bildprozessor starten*

übrig, als die Bilder eines Ordners einer Konvertierung zu unterziehen, bei der eine Reihe von Aufnahmen in einem anderen Format, anderen Pixelmaßen oder einer anderen Komprimierung vorliegt.

Um die Verarbeitung der Bilder auf solch eine Art zu starten, wählen Sie zuerst in Adobe Bridge in der Palette *Inhalt* (optimal ist der Arbeitsbereich *Leuchttisch*) die Fotos aus, die Sie konvertieren möchten: Wenn Sie alle Bilder auswählen wollen, nutzen Sie die Tastenkombination ⌘+Ⓐ (Ⓢⓣⓡⓖ+Ⓐ). Wählen Sie dann in Adobe Bridge *Werkzeuge/Photoshop/Bildprozessor*. Falls Photoshop noch nicht geöffnet ist, wird das Programm gestartet. Im Dialog *Bildprozessor* können Sie Ihre Angaben festlegen.

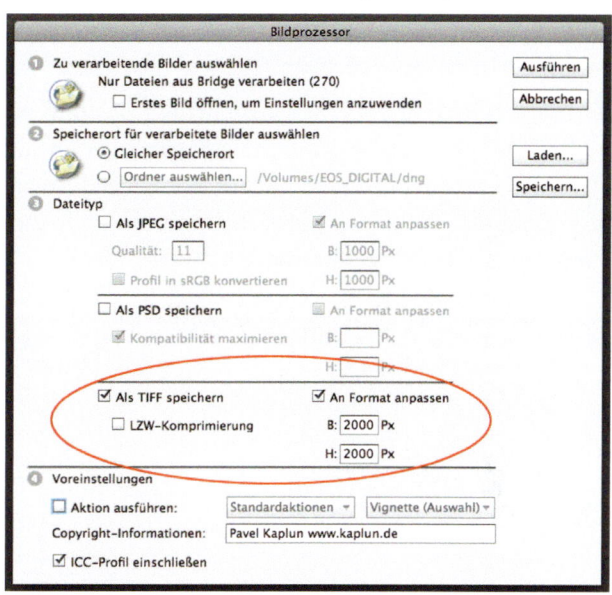

**Abbildung 2.20:** *Bildprozessor starten*

Das Dialogfenster *Bildprozessor* ist in vier Ebenen unterteilt. In der ersten Ebene können Sie bei den Ausgangsbildern im RAW-Format die Option *Erstes Bild öffnen, um Einstellungen anzuwenden* auswählen. Auf diese Weise können Sie die Entwicklungseinstellungen für alle Bilder festlegen. Das ist besonders dann interessant, wenn alle Fotos bei ähnlichen Bedingungen aufgenommen wurden, wie zum Beispiel bei einer Fotoserie im Studio.

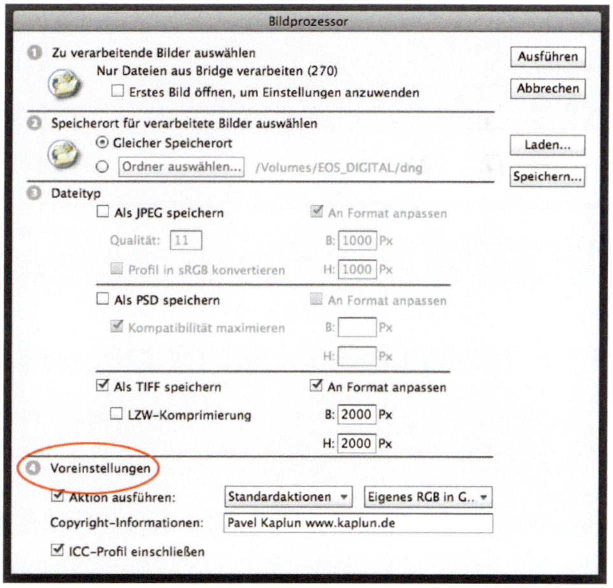

In der zweiten Ebene können Sie den neuen Speicherort festlegen oder aber den gleichen Speicherort beibehalten. Beim Wählen der Option *Gleicher Speicherort* wird im Ordner der Ausgangsbilder ein neuer Ordner angelegt und nach dem neuen Konvertierungsformat benannt (z. B. JPEG).

In der dritten Ebene können Sie das entsprechende Speicherformat vorwählen und gleichzeitig die Größe der Bilder verändern. Hierbei sollten Sie die Breite und die Höhe angeben. Dabei ist es wichtig, dass Sie beide Werte eingeben. Wenn die lange Seite eines Bildes nach der Konvertierung beispielsweise nicht länger als

**Abbildung 2.21:** *Aktionen ausführen*

2.000 Pixel werden soll, geben Sie in beide Felder die Zahl *2000* ein. Bei dem Dateityp TIFF können Sie zusätzlich noch die Option *LZW-Komprimierung* aktivieren, um die Dateigröße der Bilder zu verringern. Bei JPEGs besteht die Möglichkeit, die Qualitätsstufe zwischen 1 und 12 festzulegen.

Bei der Qualitätsstufe 12 ist die Datei am größten. Wenn Sie aber auf kleinere Dateien angewiesen sind, können Sie ohne Bedenken die Qualitätsstufe 10 oder 11 wählen. Die Datei wird dabei deutlich kleiner, aber der Qualitätsunterschied kann mit bloßem Auge kaum wahrgenommen werden.

Sie können auch alle drei Formate benutzen, um z. B. aus den RAW-Daten je einen Ordner mit Dateien im PSD-, TIFF-, oder JPEG-Format zu erzeugen. Aktivieren Sie in so einem Fall alle drei Optionen. In der vierten Ebene können Sie zusätzlich zur Formatumwandlung noch verschiedene Aktionen ausführen lassen, zum Beispiel Bilder in Graustufen umwandeln etc. – auch eine personalisierte Copyright-Information kann dem Bild hinzugefügt werden.

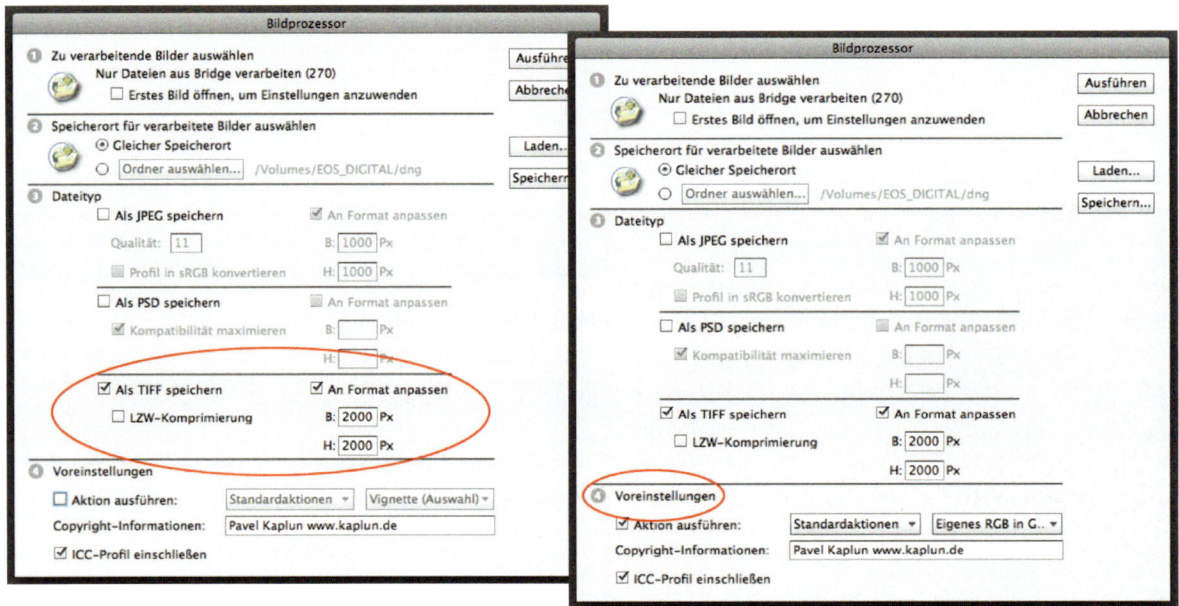

**Abbildung 2.22:** *Bildprozessor starten*

**Abbildung 2.23:** *Aktionen ausführen*

## 2.10 Präsentationen im PDF-Format erstellen

Präsentationen mithilfe von Adobe Bridge zu erstellen, ist nicht schwer. Hierzu sollten Sie lediglich wissen, was Sie wollen – denn der PDF-Konverter bietet Ihnen sehr flexible und vielseitige Einstellungsmöglichkeiten. Zuerst muss die Auswahl der Bilder festgelegt werden, die für eine Präsentation vorgesehen sind. Hierzu können Sie einen Ordner, eine Auswahl der Bilder aus dem Ordner, eine Sammlung, eine Kollektion oder mit einem oder mehreren Filterkriterien ausgesuchte Bilder verwenden. Wenn die ausgesuchten Bilder in der Palette *Inhalt* angezeigt werden, können Sie entweder alle auswählen mit ⌘+A (Strg+A) oder bei gedrückter ⌘-Taste (Strg-Taste) die gewünschten Bilder markieren. Wenn es sich dabei um die RAW-Daten handelt, ist es sinnvoll, diese vorerst zu entwickeln und die Entwicklungseinstellungen entsprechend zu speichern (mehr dazu im Kapitel zur RAW-Entwicklung). Jetzt können Sie das Präsentationsmodul starten. Wählen Sie dazu die Schaltfläche *Ausgabe in Web oder PDF*.

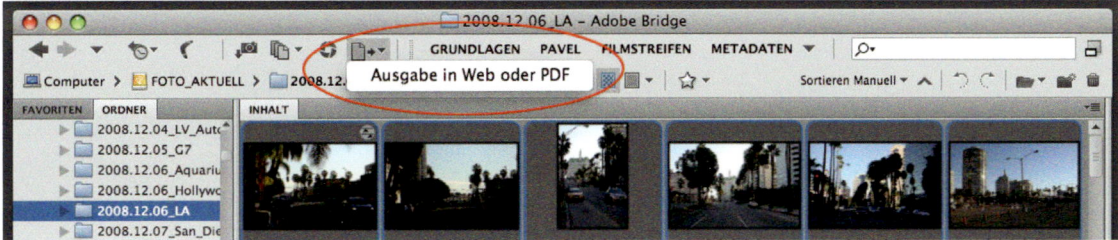

**Abbildung 2.24:** *Bilder für eine PDF-Präsentation auswählen*

In der Palette *Ausgabe* wählen Sie die Option *PDF* und überprüfen die Möglichkeit, ob bereits eine fertige *Vorlage* existiert, die Sie für Ihre Präsentation nutzen können. Die mitgelieferten Vorlagen sind zwar einfach konzipiert, aber durchaus brauchbar.

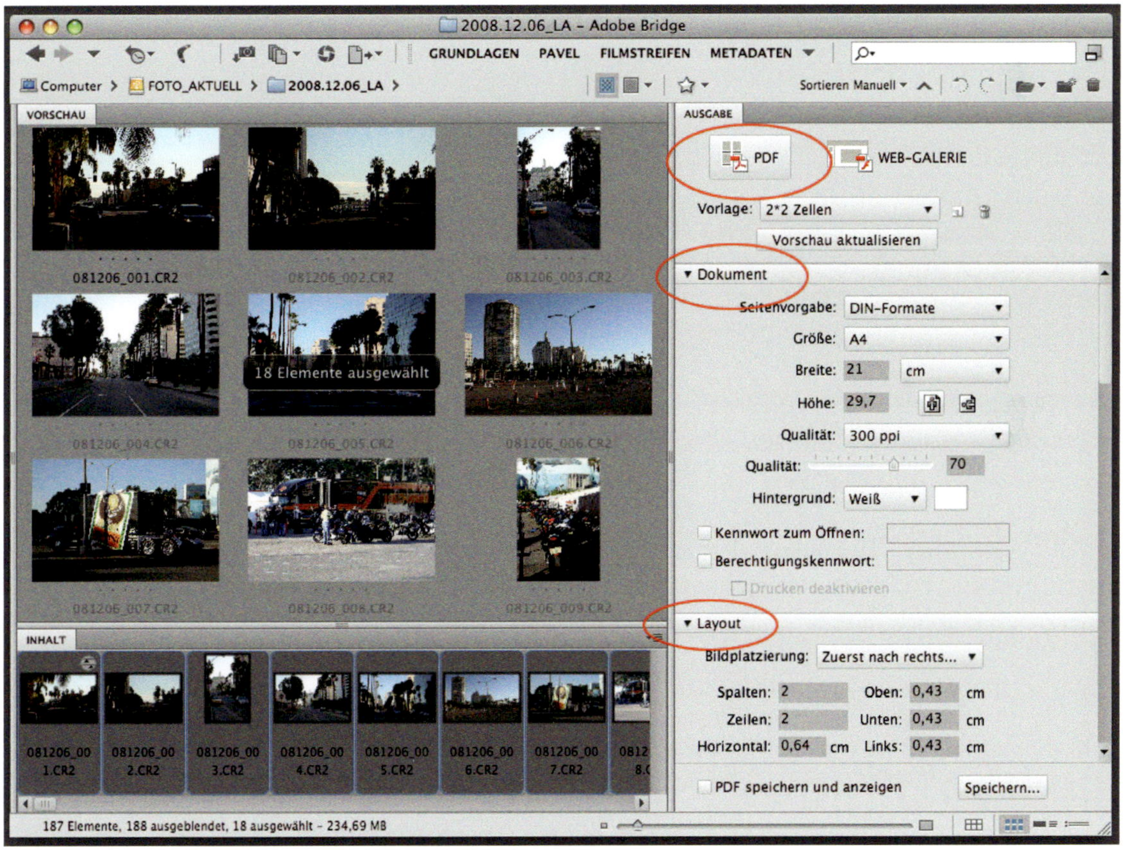

**Abbildung 2.25:** *Ausgabe als PDF mit Vorlagenoption*

Sollte die Vorlage Ihren Vorstellungen nicht entsprechen, können Sie diese in den Paletten *Dokument* und *Layout* weiter personalisieren. Für vertrauliche Dokumente können Sie zusätzlich eine Sicherheitsstufe in das Dokument integrieren. So ist das PDF nur unter Eingabe eines Passworts zu öffnen.

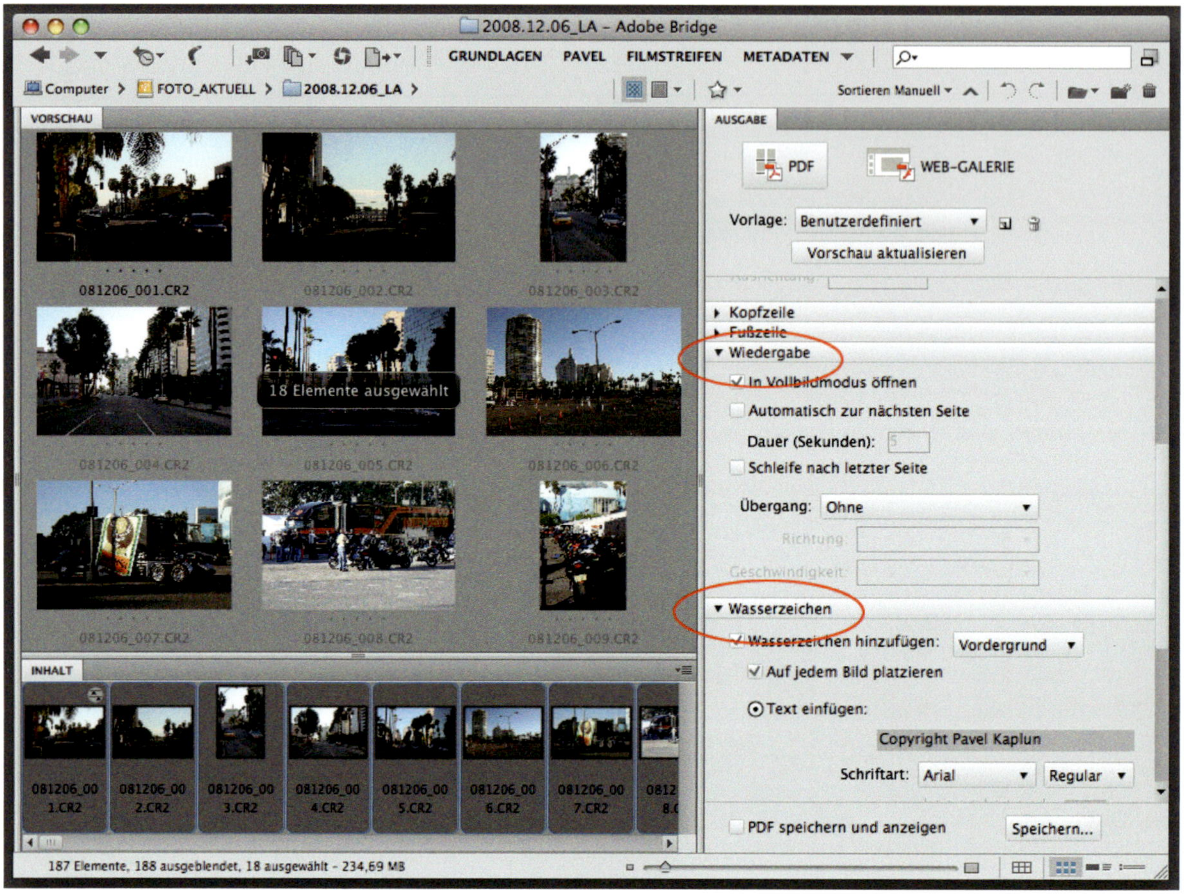

**Abbildung 2.26:** *Wiedergabe- und Wasserzeichen-Optionen*

In weiteren Feldern der PDF-Ausgabe können Sie Überschriften und Fußzeilen einfügen sowie die Wiedergabe-Optionen, mit denen die Datei geöffnet werden soll.

Nachdem Sie alle Angaben getätigt haben, aktivieren Sie die Option *PDF speichern und anzeigen* und sichern das PDF-Dokument. Nach dem Speichervorgang wird die Datei dann direkt in Adobe Acrobat angezeigt und kann überprüft werden.

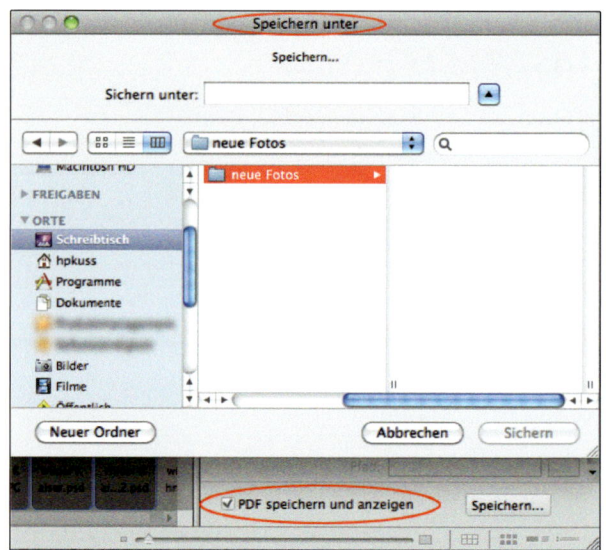

**Abbildung 2.27:** *PDF speichern und anzeigen*

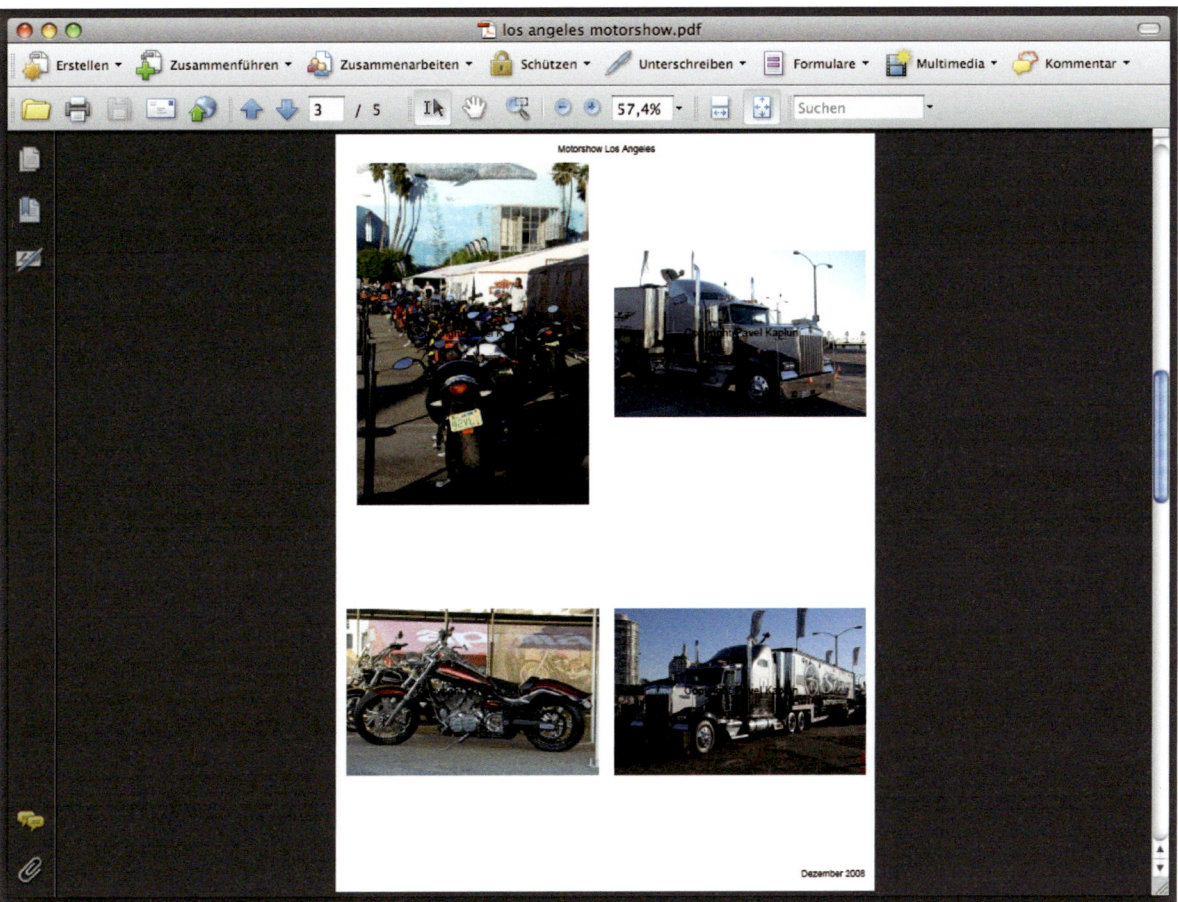

**Abbildung 2.28:** *PDF-Dokument in Adobe Acrobat überprüfen*

## 2.11   Aus Fotogalerien Webseiten kreieren und im Internet veröffentlichen

Wenn Sie eine Creative Suite von Adobe besitzen, in der Adobe Dreamweaver enthalten ist, können Sie eine Webseite nach Lust und Laune kreieren, die grafische Oberfläche in Photoshop gestalten, Flash-Animationen einbinden etc. Ihrer Kreativität sind somit keine Grenzen gesetzt. Was aber tun, wenn Sie nur mit Photoshop arbeiten und trotzdem eine Web-Galerie mit eigenen Fotos kreieren und veröffentlichen wollen? Mit Adobe Bridge ist das kein Problem. Zwar haben Sie keine so große gestalterische Freiheit wie beim professionellen Webprogramm Dreamweaver, aber trotzdem überzeugt das Webtool von Adobe Bridge mit brauchbaren Werkzeugen und einfacher Handhabung.

Genau wie beim Erstellen der PDF-Präsentationen müssen Sie zuerst eine Auswahl der Fotos, die auf der Webseite erscheinen sollen, erstellen. Diese können aus Ordnern, Sammlungen oder Favoriten stammen. Nachdem Sie die Fotos ausgesucht haben und diese in der Palette *Inhalt* sichtbar sind, können Sie auf den Button *Ausgabe in Web oder PDF* klicken und die Option *Web-Galerie* auswählen.

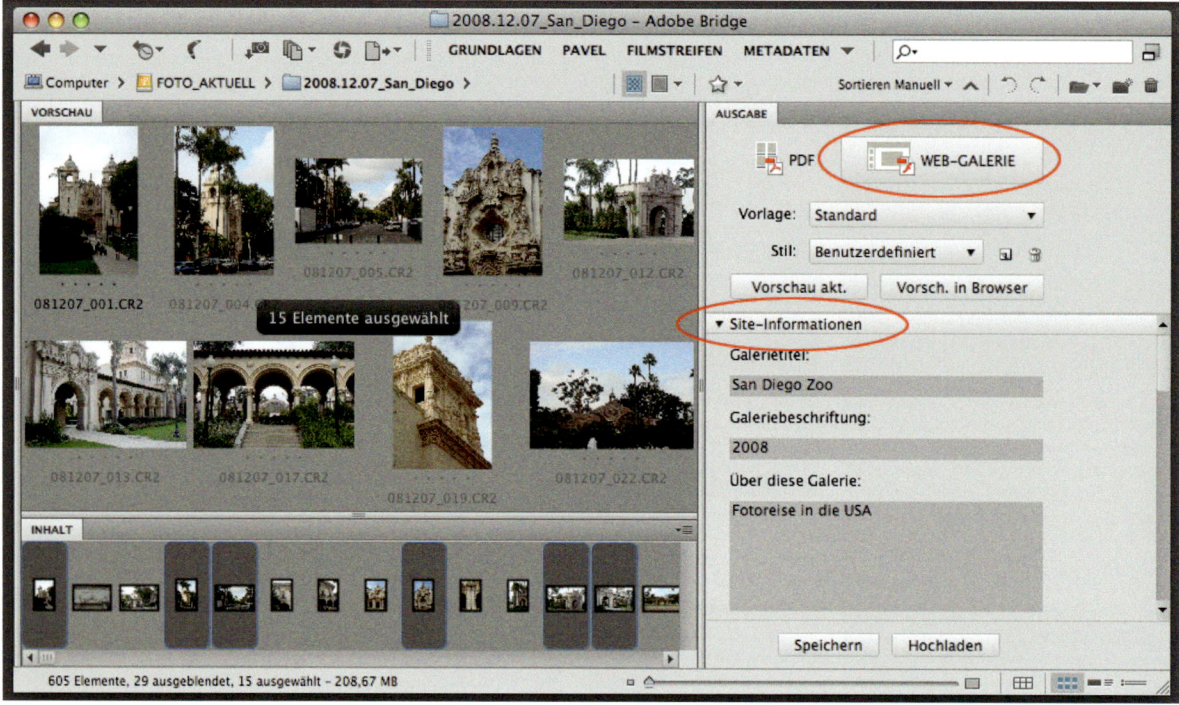

**Abbildung 2.29:** *Ausgabe als Web-Galerie*

Durchsuchen Sie zuerst die Vorlagen, die Ihnen zur Verfügung stehen. Bei den Vorlagen für die Web-Galerien gibt es zwei Gruppen von Webseiten, die sich technisch grundsätzlich unterscheiden: HTML- und Flash-Vorlagen. Die ersten sind die klassischen Webseiten, die Bildminiaturen anzeigen, die dann per Klick vergrößert werden können. Dabei handelt es sich um ein statisches Gerüst – die HTML-Seiten sind schnörkellos und frei von verschiedenen Effekten oder Diashows.

Die Flash-Vorlagen sind für kreative Fotogalerien eher interessant, da hier nette visuelle Effekte und Präsentationen wie z. B. Diashows eingebaut werden können. Hinsichtlich der Anzeige im Browser sind beide Webseitenarten unbedenklich. HTML-Seiten sind seit dem Beginn des Internets im Web vertreten.

Flash-Seiten wurden früher nicht von allen Browsern unterstützt, aber moderne Browser wie Mozilla Firefox oder die neueren Versionen des Internet Explorers haben damit keine Probleme. Lediglich einige mobile Geräte wie iPhone und iPad können Flash-Seiten nicht anzeigen.

Bei der Gestaltung der Webseite können Sie immer wieder eine Vorschau starten, um das Aussehen Ihrer Webseite besser beurteilen zu können. Das funktioniert entweder über den internen Browser oder über den Browser, der auf Ihrem Computer als Standardbrowser installiert ist.

Öffnen Sie nun den Bereich *Site-Informationen* der Palette *Ausgabe* und geben Sie dort den Titel der Webseite, die Beschriftung und weitere Informationen über Ihre Galerie ein.

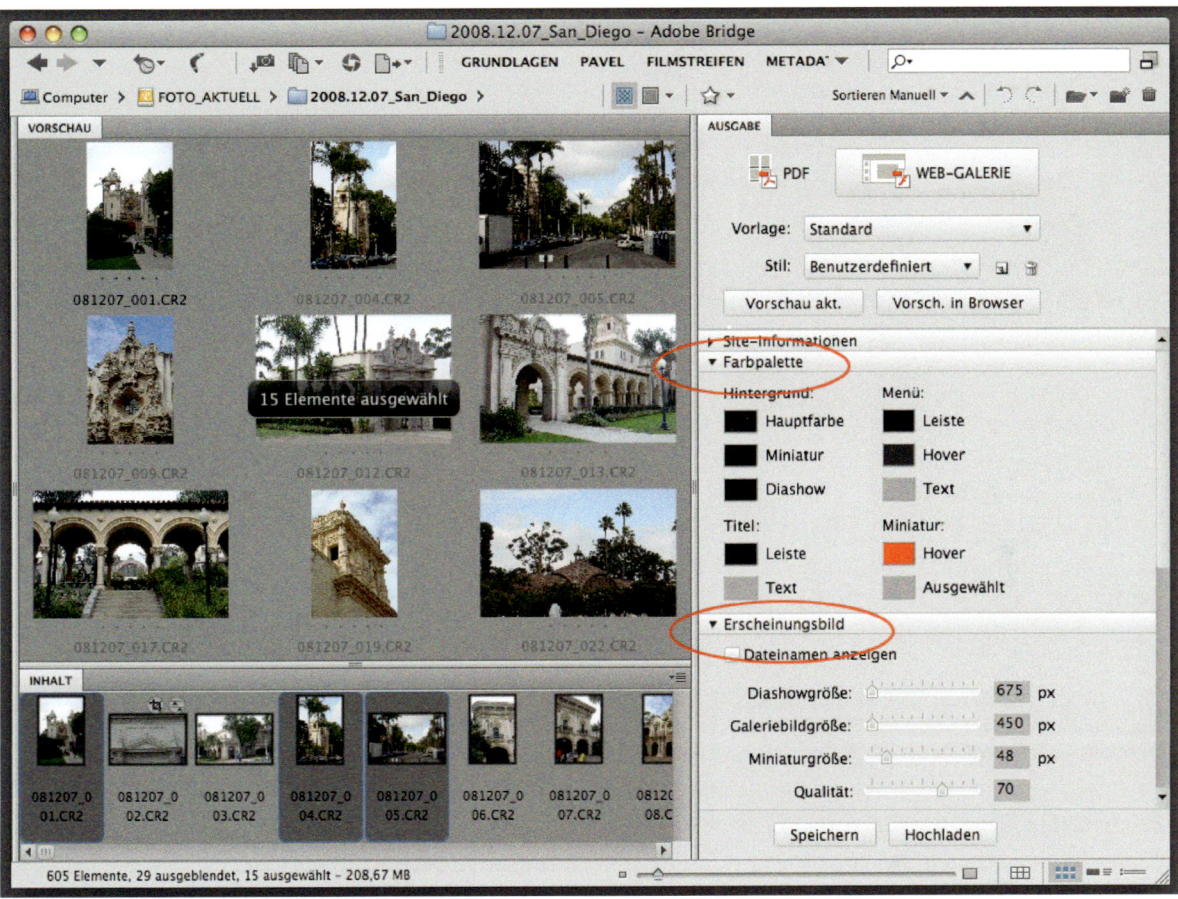

**Abbildung 2.30:** *Farbpalette und Erscheinungsbild*

In den Bereichen *Farbpalette* und *Erscheinungsbild* legen Sie fest, wie die Seite farblich und typographisch aussehen soll. Legen Sie hier die Textfarbe, die Hervorhebung der Überschriften und der Links fest. Die Größe der Thumbnails und Bilder können Sie ebenso festlegen wie die Qualität der angezeigten Bilder. Die Qualitätseinstellung 70–80 ist ausreichend und die Dateigröße der JPEGs hält sich in Grenzen. Nachdem Sie die Galerie angepasst und mehrmals getestet haben (im internen Browser und im Browser Ihres Computers), kann es zur Veröffentlichung im Internet kommen.

Dazu benötigen Sie natürlich einen Provider, auf dessen Server Sie die Webseite ablegen können. Sie können hierbei zwischen kostenlosen und kostenpflichtigen Providern wählen, an ausreichendem Webspace mangelt es im Internet nicht. Für die Veröffentlichung können Sie den in Adobe Bridge integrierten FTP-Client nutzen, mit dem Sie den Inhalt Ihrer Webseite auf den Server hochladen können, ohne fremde Programme zu benutzen. Das ist ein großer Vorteil gegenüber älteren Adobe-Bridge-Versionen. Geben Sie die Zugangsdaten im Unterbereich *Galerie erstellen* ein, speichern Sie Ihre Galerie intern auf der Festplatte und laden Sie anschließend die Webseite auf den Server.

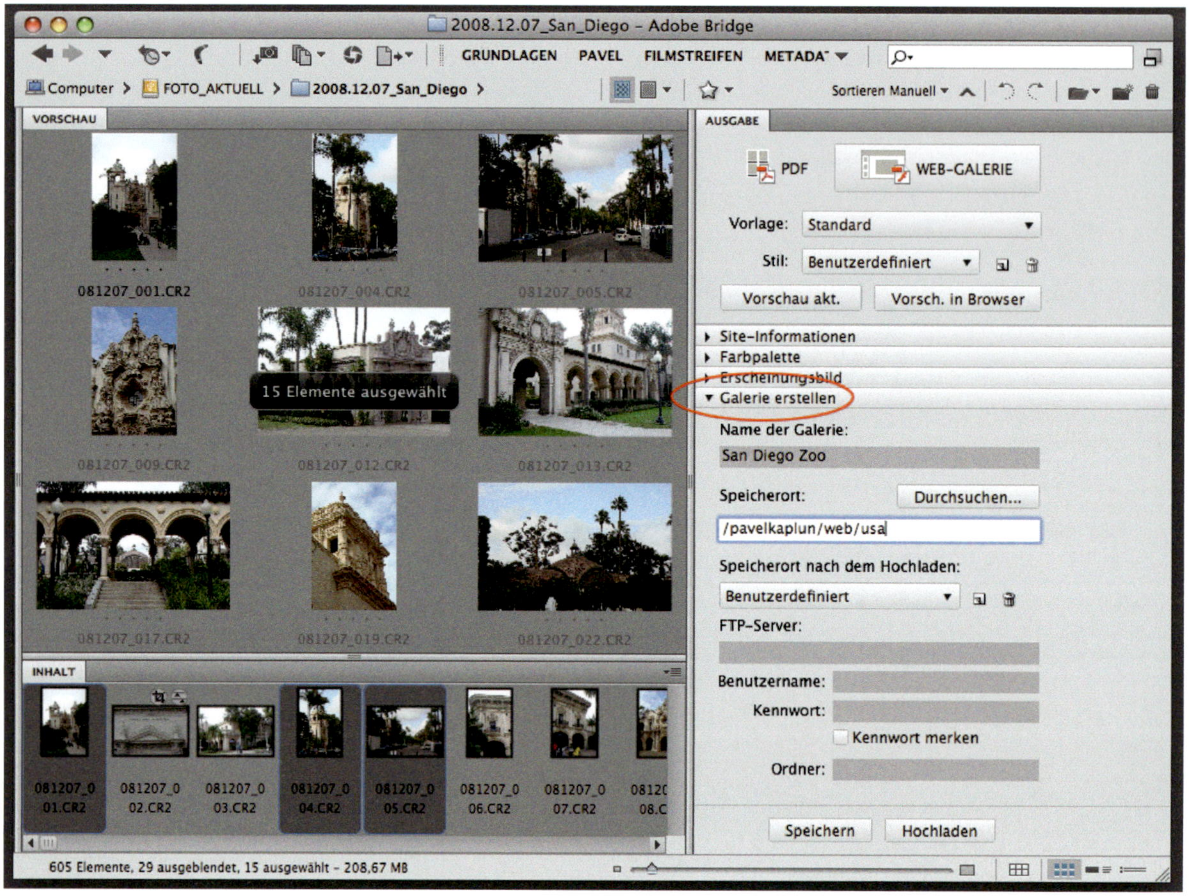

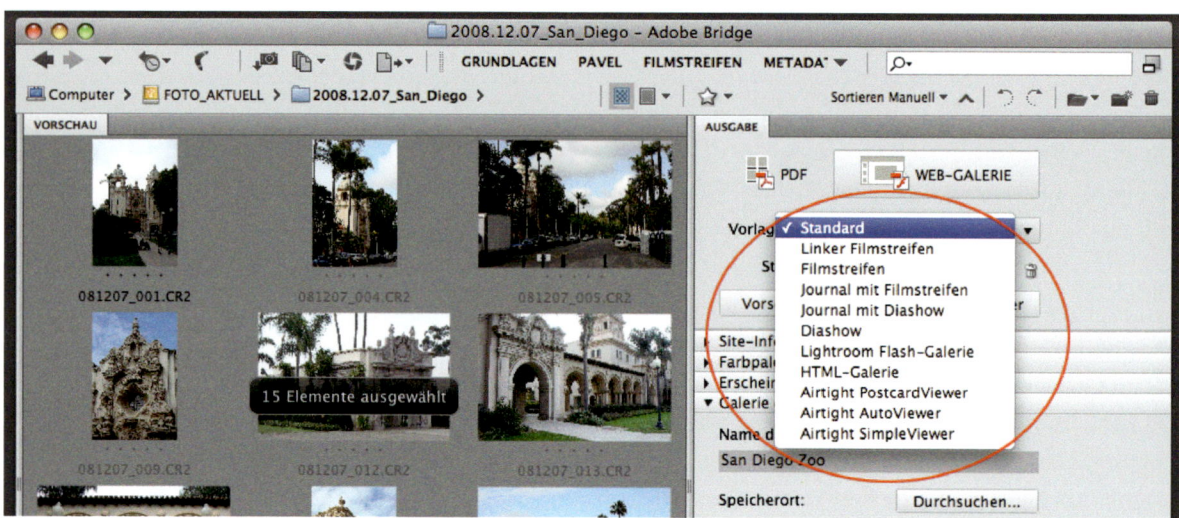

**Abbildung 2.31:** *Galerie erstellen und veröffentlichen*

**Abbildung 2.32:** *Andere Versionen der Webseite testen*

Nachdem Sie fertig sind, können Sie auch andere Versionen der Webseite ausprobieren – es ist durchaus sinnvoll, die Web-Fotogalerie als HTML- und zusätzlich als Flash-Version anzulegen und dem Besucher die Auswahl der Version zu überlassen.

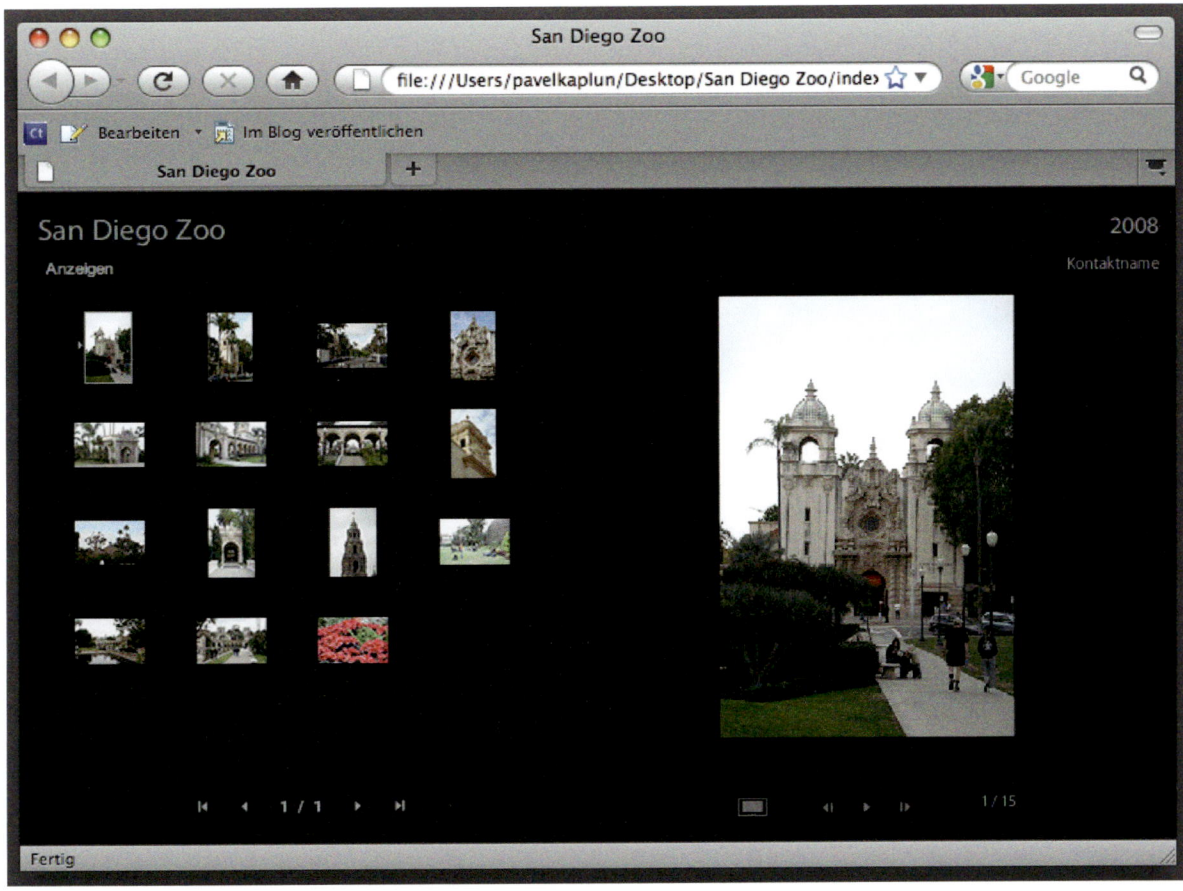

***Abbildung 2.33:*** *Ansicht einer Fotogalerie im Webbrowser*

# 3

# Arbeitsfläche einrichten, Voreinstellungen, Tastaturbefehle

Um mit Photoshop schnell und effizient arbeiten zu können bedarf es einiger Voreinstellungen, die für einen verbesserten Workflow sorgen. Diese Einstellungen werden in diesem Kapitel vorgestellt.

## 3.1    Werkzeuge und Paletten in Photoshop

Die einzelnen Photoshop-Funktionen sind in den Werkzeugen und den Paletten untergebracht. Werkzeuge sind entweder einzeln oder in Gruppen zusammengefasst, wobei die Einstellungen der Werkzeuge entweder über eine Optionsleiste oder über die Werkzeugpaletten, zum Beispiel über die Palette *Pinsel*, getätigt werden können. Darüber hinaus gibt es aber auch Paletten, die Funktionen beherbergen, die von keinem Werkzeug abhängig sind, zum Beispiel Korrekturpaletten (Farb- und Tonwertkorrekturen) oder Kanäle und Ebenen.

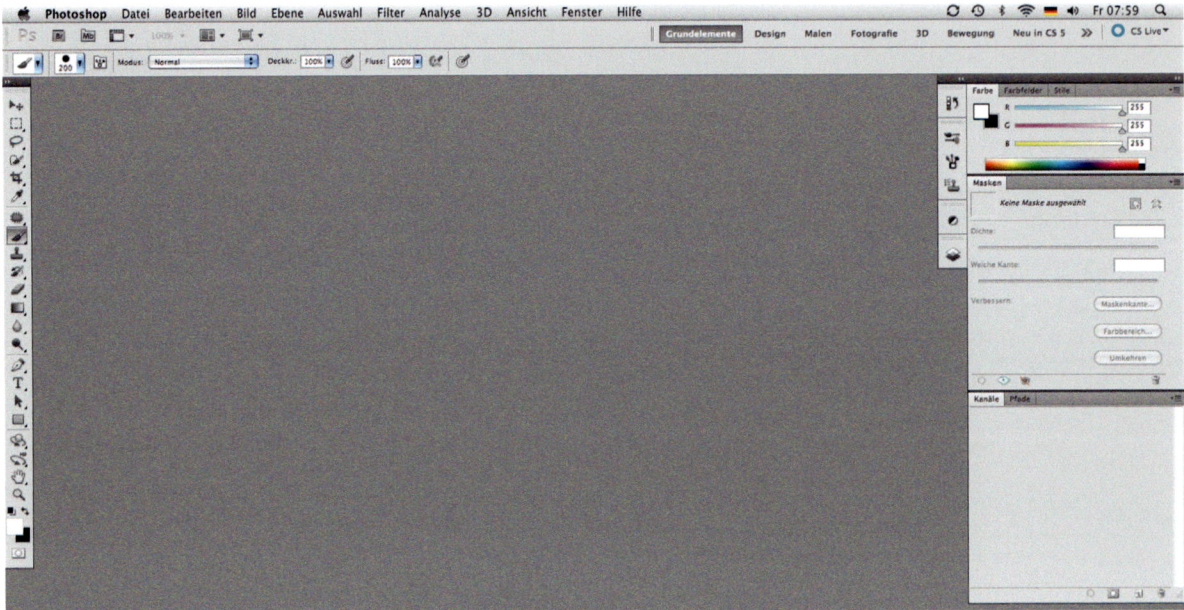

**Abbildung 3.1:** *Werkzeuge, Optionen und Paletten in Photoshop*

Sowohl Werkzeuge als auch Paletten können auf der Arbeitsfläche individuell positioniert und angepasst werden. Sie können entweder frei auf der Arbeitsfläche schweben oder an den Rändern der Arbeitsfläche angedockt werden.

Es gibt viele Optionen für die Positionierung der Werkzeuge und Paletten. Eine aufgabenabhängige Positionierung der Werkzeuge und Paletten wird Arbeitsbereich genannt. Es gibt vordefinierte und individuelle Arbeitsbereiche – dazu kommen wir aber etwas später. Beginnen wir zuerst mit der Übersicht der einzelnen Werkzeuge. In den nachfolgenden Tabellen finden Sie alle in der Werkzeugpalette enthaltenen Werkzeuge. Die meisten Werkzeuge sind mit einem Tastaturkürzel abrufbar, diese sind in Klammern aufgeführt.

### 3.1.1    Werkzeuge klassifizieren

Die Werkzeuge sind in einer Palette, der sogenannten Werkzeugpalette, untergebracht, und wenn Sie diese Palette genau betrachten, werden Sie feststellen, dass die Werkzeuge thematisch oder aufgabenspezifisch angeordnet sind. Es existieren Einzelwerkzeuge und Werkzeuggruppen. Einzelwerkzeuge sind zum Beispiel das Verschieben-Werkzeug ([V]) oder das Zoom-Werkzeug ([Z]). Jedem Werkzeug ist ein Buchstabe als Tastaturkürzel zugewiesen. Bei Werkzeuggruppen ist ein Tastaturkürzel für die ganze Gruppe zuständig. Das ist zwar etwas zu wenig für jedes einzelne Werkzeug, aber leichter zu merken. Außerdem braucht man sich pro Werkzeug/Gruppe nur einen Buchstaben zu merken; das erleichtert die Arbeit. Die Werkzeuge in einer Palette können entweder in einer oder in zwei Spalten angeordnet werden. Ein Wechsel zwischen diesen beiden Optionen erfolgt über den Doppelpfeil links oben in der Werkzeugpalette.

### Auswahlwerkzeuge

Die ersten sechs Werkzeuge/Werkzeuggruppen sind die Auswahlwerkzeuge. Diese dienen zur Auswahl einzelner Bereiche einer Ebene, zum Beschneiden der Bildfläche und zum Verschieben einzelner Ebenen.

**Abbildung 3.2:** *Auswahlwerkzeuge*

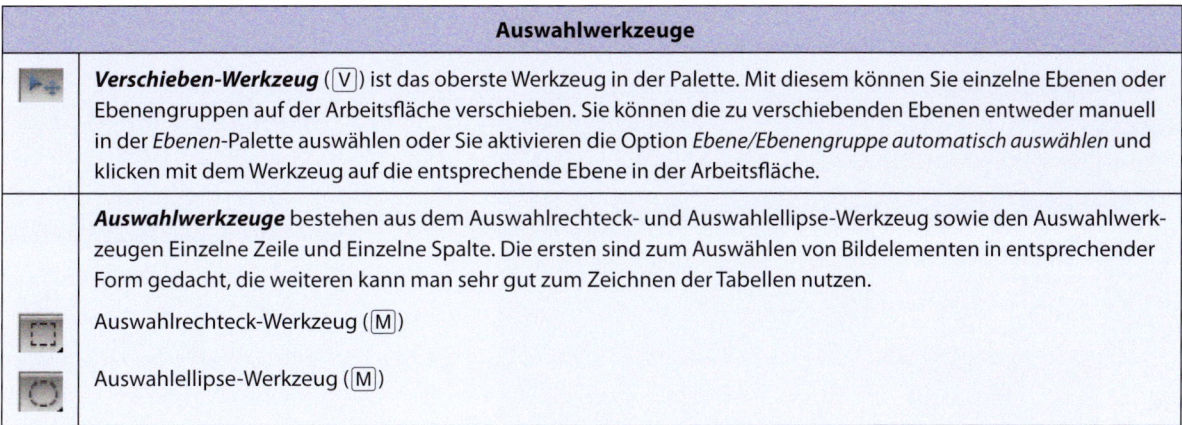

| Auswahlwerkzeuge |
|---|
| **Verschieben-Werkzeug** ([V]) ist das oberste Werkzeug in der Palette. Mit diesem können Sie einzelne Ebenen oder Ebenengruppen auf der Arbeitsfläche verschieben. Sie können die zu verschiebenden Ebenen entweder manuell in der *Ebenen*-Palette auswählen oder Sie aktivieren die Option *Ebene/Ebenengruppe automatisch auswählen* und klicken mit dem Werkzeug auf die entsprechende Ebene in der Arbeitsfläche. |
| **Auswahlwerkzeuge** bestehen aus dem Auswahlrechteck- und Auswahlellipse-Werkzeug sowie den Auswahlwerkzeugen Einzelne Zeile und Einzelne Spalte. Die ersten sind zum Auswählen von Bildelementen in entsprechender Form gedacht, die weiteren kann man sehr gut zum Zeichnen der Tabellen nutzen.<br><br>Auswahlrechteck-Werkzeug ([M])<br><br>Auswahlellipse-Werkzeug ([M]) |

| Auswahlwerkzeuge | |
|---|---|
| | Auswahlwerkzeug: Einzelne Zeile<br><br>Auswahlwerkzeug: Einzelne Spalte |
| | **Schnellauswahl-** und **Zauberstab-Werkzeug** sind die Werkzeuge, die bestimmte Farben (wie hoch die Toleranz ist, kann festgelegt werden) auswählen. Damit können einzelne Bildteile sehr genau ausgewählt und freigestellt werden.<br><br>Schnellauswahl-Werkzeug (W)<br><br>Zauberstab-Werkzeug (W) |
| | **Lasso-Werkzeuge** sind die Klassiker unter den Auswahlwerkzeugen und seit den ersten Photoshop-Versionen verfügbar.<br><br>Lasso-Werkzeug (L)<br><br>Polygon-Lasso-Werkzeug (L)<br><br>Magnetisches-Lasso-Werkzeug (L) |
| | **Freistellungswerkzeug und Slice-Werkzeuge**: Das Freistellungswerkzeug ist zum Beschneiden der Arbeitsfläche eines Bildes vorgesehen. Das Schöne bei diesem Werkzeug ist, dass neben dem Freihandbeschnitt auch ein Beschnitt mit fest vorgegebenem Seitenverhältnis und der Auflösung des Ausgabebildes möglich ist. Die Slice-Werkzeuge dienen zum Teilen eines grafischen Layouts und sind für das Webdesign gedacht.<br><br>Freistellungswerkzeug (C)<br><br>Slice-Werkzeug (C)<br><br>Slice-Auswahlwerkzeug (C) |

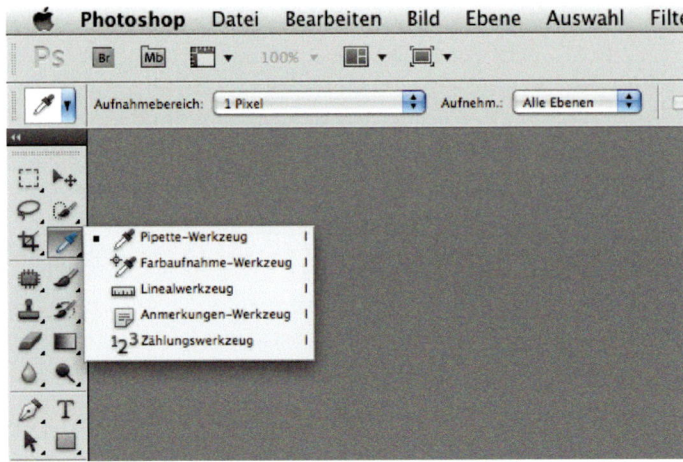

**Abbildung 3.3:** *Aufnahmewerkzeuge*

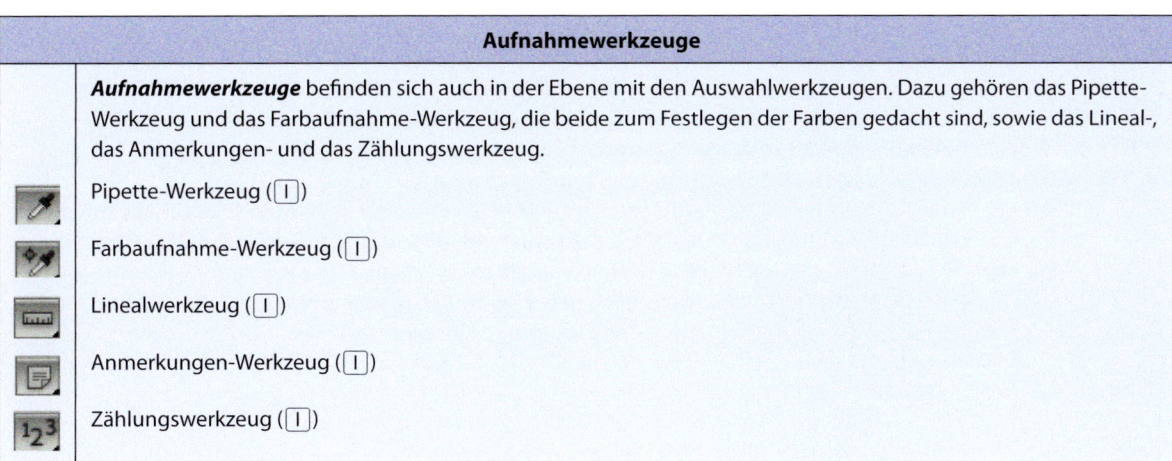

| | **Aufnahmewerkzeuge** |
|---|---|
| | **Aufnahmewerkzeuge** befinden sich auch in der Ebene mit den Auswahlwerkzeugen. Dazu gehören das Pipette-Werkzeug und das Farbaufnahme-Werkzeug, die beide zum Festlegen der Farben gedacht sind, sowie das Lineal-, das Anmerkungen- und das Zählungswerkzeug. |
| | Pipette-Werkzeug (I) |
| | Farbaufnahme-Werkzeug (I) |
| | Linealwerkzeug (I) |
| | Anmerkungen-Werkzeug (I) |
| | Zählungswerkzeug (I) |

## Retuschewerkzeuge

In der nächsten Ebene befinden sich die Retuschewerkzeuge. Mit diesen Werkzeugen werden alle Ausbesserungsarbeiten durchgeführt, die unter Retuscheaufgaben fallen.

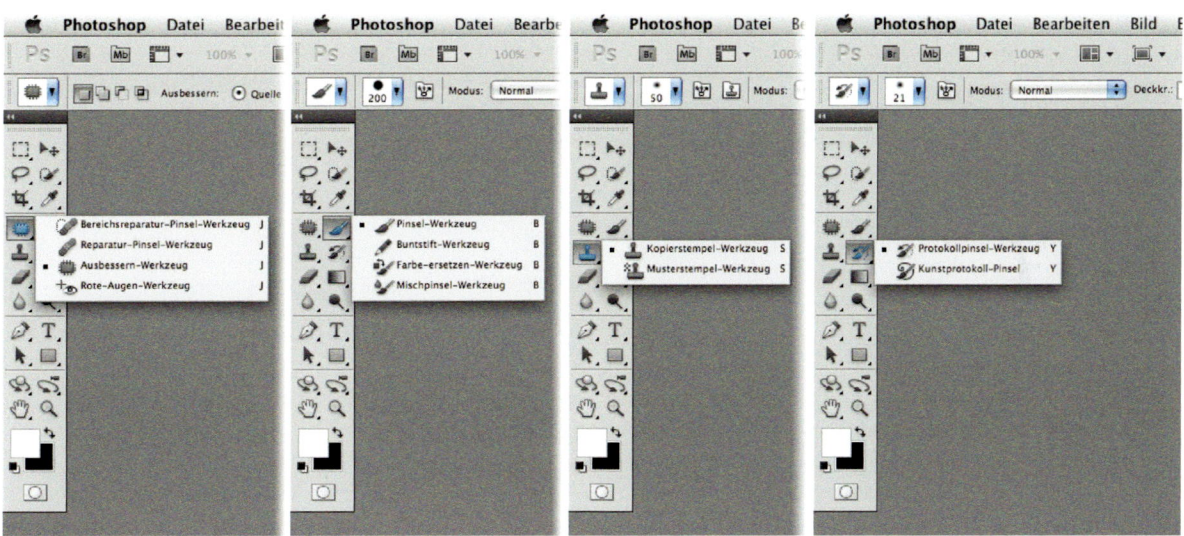

**Abbildung 3.4:** *Retuschewerkzeuge*

| **Retuschewerkzeuge** |
|---|
| **Reparatur-** und **Ausbesserungswerkzeuge** sind in Photoshop ziemlich neu. In der aktuellen Version wurde die Funktionalität dieser Gruppe noch weiter verbessert; die Ergebnisse sind genauer geworden. |
| Das Bereichsreparatur-Pinsel- und das Reparatur-Pinsel-Werkzeug funktionieren annähernd identisch. Das Prinzip dieser Werkzeuge ist Folgendes: Auf einem zu entfernenden Bildelement malen Sie mit einem der Werkzeuge mit einer passenden Pinselspitze. |

| **Retuschewerkzeuge** |
|---|
| Die Pixel aus der direkten Umgebung werden aufgenommen und auf die Stelle mit dem störenden Bildelement übertragen. So können Sie zum Beispiel bei Porträts schnell und einfach kosmetische Korrekturen durchführen, die sogenannte Beautyretusche. Das Bereichsreparatur-Pinsel-Werkzeug funktioniert in Photoshop CS5 inhaltssensitiv. Das Programm erkennt ziemlich genau die umgebende Struktur und passt die Stelle mit dem entfernten Objekt dem Rest des Bildes so an, dass die Korrektur in den meisten Fällen gar nicht als solche zu erkennen ist. Das Reparatur-Pinsel-Werkzeug unterscheidet sich etwas davon. Die Pixel, die auf die Stelle mit dem zu entfernenden Objekt aufgetragen werden sollen, können Sie vorher bei gedrückter ⌥/Alt-Taste in einem bestimmten Bildbereich festlegen. Das Ausbessern-Werkzeug bietet Ihnen die Retuschehilfe bei größeren Flächen. Sie wählen die Fläche aus, verschieben diese auf eine andere Stelle und die Auswahl wird mit den anderen Pixeln ersetzt. Diese Gruppe der Werkzeuge funktioniert intelligent – die Kanten der ausgewählten Bereiche sind nach der Korrektur nicht mehr sichtbar.<br><br>Bereichsreparatur-Pinsel-Werkzeug (J)<br><br>Reparatur-Pinsel-Werkzeug (J)<br><br>Ausbessern-Werkzeug (J)<br><br>Rote-Augen-Werkzeug (J) |
| *Pinsel-Werkzeuge* sind nicht nur Werkzeuge für Künstler. Neben den Maltechniken können Sie mit einem Pinsel Masken von Ebenen bearbeiten, Farben mischen oder ersetzen.<br><br>Pinsel-Werkzeug (B)<br><br>Buntstift-Werkzeug (B)<br><br>Farbe-ersetzen-Werkzeug (B)<br><br>Mischpinsel-Werkzeug (B) |
| *Kopierstempel-* und *Musterstempel-Werkzeug* gehören zu den Klassikern der Retuschewerkzeuge und sind seit den ersten Photoshop-Versionen im Einsatz. Mit gekonnter Nutzung der Optionen können Sie die Retusche sehr genau und wohldosiert durchführen. Auch eine pixelschonende Retusche ist hiermit möglich: Die Pixel des Originals werden dabei aufgenommen und mit der Option *aktuelle Ebene und darunter* auf eine neue Ebene übertragen. So haben Sie die Möglichkeit, Teile der retuschierten Bereiche entweder mit einer Maske zu bearbeiten oder in der Deckkraft zu reduzieren.<br><br>Kopierstempel-Werkzeug (S)<br><br>Musterstempel-Werkzeug (S) |
| *Protokollpinsel* und *Kunstprotokoll-Pinsel* sind Werkzeuge, mit denen Sie Korrekturen, die Sie ein paar Schritte zuvor durchgeführt haben, an bestimmten Stellen des Bildes wieder einblenden. Das ist auch in Kombination mit verschiedenen Effekten möglich (Kunstprotokoll-Pinsel).<br><br>Protokollpinsel-Werkzeug (Y)<br><br>Kunstprotokoll-Pinsel (Y) |

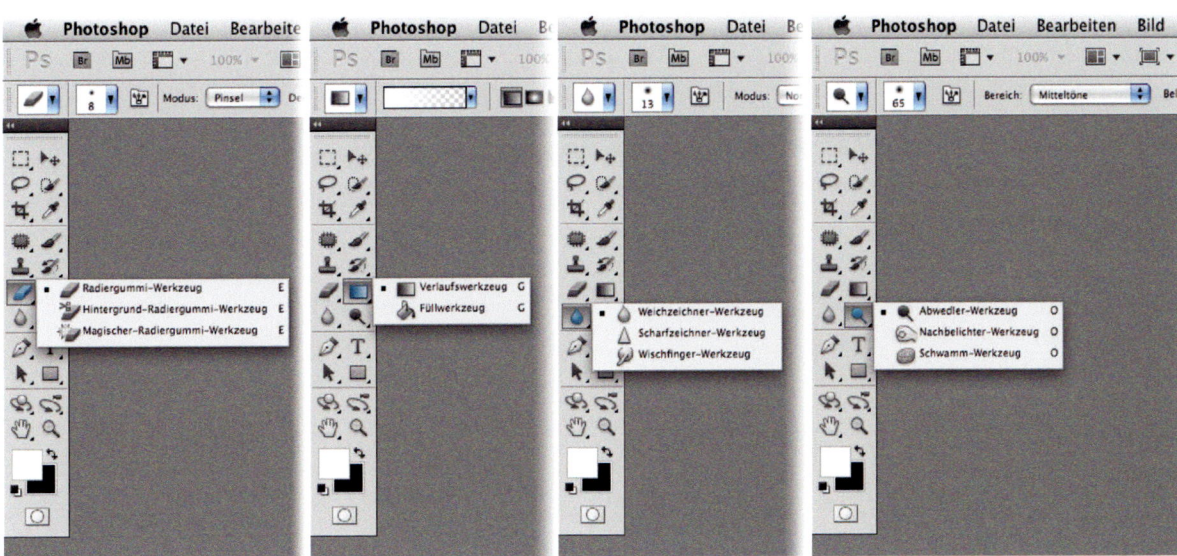

**Abbildung 3.5:** *Weitere Retuschewerkzeuge*

| | Weitere Retuschewerkzeuge |
|---|---|
| | **Radiergummi-Werkzeuge** haben drei Optionen: als erste Option das klassische Radiergummi-Werkzeug, mit dem Sie Pixel der Ebene löschen können. Als zweite Option der Hintergrund-Radiergummi und als dritte Option ein magisches Radiergummi-Werkzeug, die beide Pixel mit bestimmten Farb- oder Struktureigenschaften erkennen können und nur diese löschen. Solche Eigenschaften können Ihnen gute Dienste bei der Freistellung der Bildelemente und Entfernung der Hintergründe leisten. |
| | Radiergummi-Werkzeug (E) |
| | Hintergrund-Radiergummi-Werkzeug (E) |
| | Magischer-Radiergummi-Werkzeug (E) |
| | **Verlaufs-** und **Füllwerkzeug**: Damit können Sie nicht nur Flächen und ausgewählte Bereiche mit Farben und Farbverläufen füllen, sondern auch die Ebenenmasken bearbeiten. |
| | Verlaufswerkzeug (G) |
| | Füllwerkzeug (G) |
| | **Weichzeichner-**, **Scharfzeichner-** und **Wischfinger-Werkzeug** – die Bezeichnungen der Werkzeuge sprechen für sich. Damit können Sie einzelne Bereiche in der Schärfe verändern oder Pixelbereiche des Bildes verschieben. |
| | Weichzeichner-Werkzeug |
| | Scharfzeichner-Werkzeug |
| | Wischfinger-Werkzeug |

<table>
<tr><td colspan="2" align="center">Weitere Retuschewerkzeuge</td></tr>
<tr><td></td><td>Abwedler-, Nachbelichter- und Schwamm-Werkzeug: Diese Werkzeuge kommen ursprünglich aus dem Bereich der analogen Fotografie und sind für die selektive Anpassung einzelner Bildbereiche zuständig. Mit dem Schwamm-Werkzeug können Sie beispielsweise die Sättigung der zu bearbeitenden Bereiche erhöhen oder verringern.</td></tr>
<tr><td>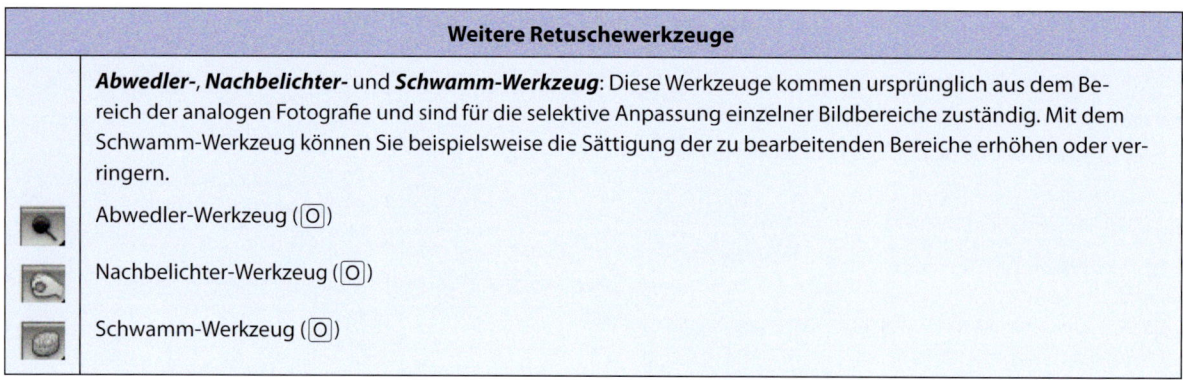</td><td>Abwedler-Werkzeug (O)</td></tr>
<tr><td></td><td>Nachbelichter-Werkzeug (O)</td></tr>
<tr><td></td><td>Schwamm-Werkzeug (O)</td></tr>
</table>

> Vorsicht bei der Benutzung von Weichzeichner, Scharfzeichner, Wischfinger sowie Abwedler etc. Diese verändern die Pixelstruktur unwiderruflich!

## Layoutwerkzeuge

Die nächste Ebene der Werkzeuge ist das tägliche Brot der Layouter. Mit diesen Werkzeugen können Sie Vektorformen erzeugen, Pfade um Bildteile erstellen und Texte schreiben.

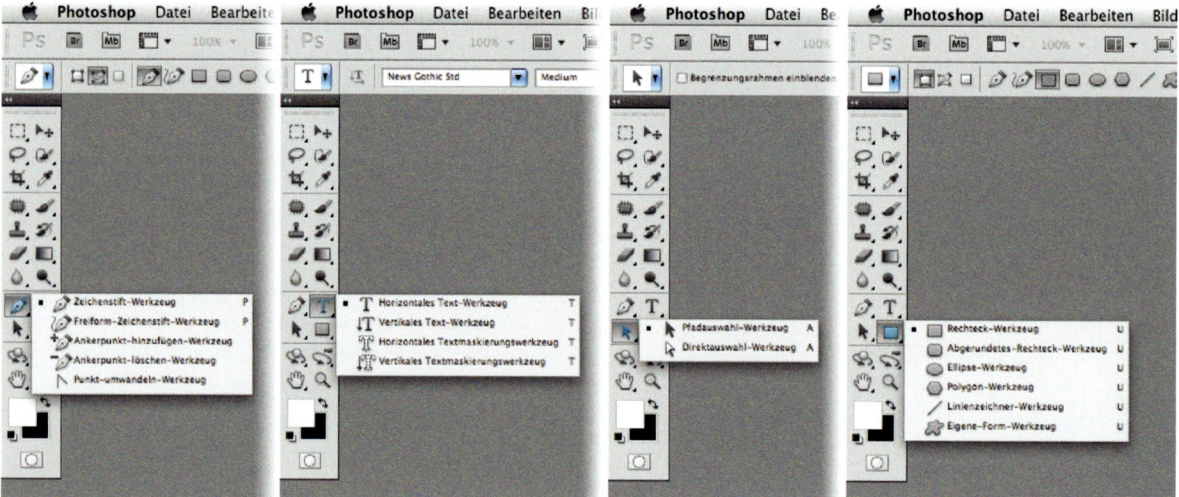

**Abbildung 3.6:** *Layoutwerkzeuge*

<table>
<tr><td colspan="2" align="center">Layoutwerkzeuge</td></tr>
<tr><td></td><td>Mit dem Zeichenstift-Werkzeug können Sie Pfade erzeugen, die Sie entweder mit Farbe, mit einem Verlauf oder einem Pixelbild füllen können. Pfade sind vektorbasierte Formen, die beliebig groß skaliert werden können, ohne dass die Kanten der Form unscharf werden. Aber nicht nur das.</td></tr>
</table>

| Layoutwerkzeuge | |
|---|---|
| | Mit dem Zeichenstift-Werkzeug können Sie die Pfade erstellen und diese dann in eine Auswahl umwandeln. Diese Technik nutzen Werbegrafiker gerne zum Freistellen einzelner Bildteile. |
| | Zeichenstift-Werkzeug (P) |
| | Freiform-Zeichenstift-Werkzeug (P) |
| | Ankerpunkt-hinzufügen-Werkzeug |
| | Ankerpunkt-löschen-Werkzeug |
| | Punkt-umwandeln-Werkzeug |
| | **Text-** oder **Textauswahl-Werkzeuge**: Damit schreiben Sie entweder grafische oder Mengentexte. Erstellen Sie eine Auswahl in Textform, die Sie mit Farben, Verläufen oder Bildern füllen können. |
| | Horizontales Text-Werkzeug (T) |
| | Vertikales Text-Werkzeug (T) |
| | Horizontales Textmaskierungswerkzeug (T) |
| | Vertikales Textmaskierungswerkzeug (T) |
| | **Pfadauswahl-** oder **Direktauswahl-Werkzeug**: Mit diesem Werkzeug bearbeiten Sie bereits bestehende Pfade, indem Sie die Punkte eines Pfades gezielt verschieben. |
| | Pfadauswahl-Werkzeug |
| | Direktauswahl-Werkzeug |
| | **Formwerkzeuge** sind vektorbasierte Formen, die Sie gut für eine Layoutgestaltung verwenden können. Zur Verfügung stehen einfache Formen wie Ellipse und Rechteck, aber auch Linien, die Sie mit Pfeilspitzen ausstatten können, sowie ein Eigene-Form-Werkzeug. In der Photoshop-Bibliothek befinden sich einige Formen, die für Gestaltungszwecke durchaus brauchbar sind. Sie können aber auch eigene Formen erstellen und diese in der Bibliothek anlegen. |
| | Rechteck-Werkzeug (U) |
| | Abgerundetes-Rechteck-Werkzeug (U) |
| | Ellipse-Werkzeug (U) |
| | Polygon-Werkzeug (U) |
| | Linienzeichner-Werkzeug (U) |
| | Eigene-Form-Werkzeug (U) |

## 3-D-Werkzeuge

Diese Werkzeuggruppe ist lediglich in der Extended-Version von Photoshop verfügbar und dient der Bearbeitung von 3-D-Objekten. Mehr über den Einsatz der 3-D-Techniken erfahren Sie im *Kapitel* 9 ab *Seite* 400 am Beispiel von 3-D-Texten.

| 3-D-Werkzeuge |
| --- |
| 3D-Objekt-drehen-Werkzeug ([K]) – (Photoshop CS5 Extended) |
| 3D-Objekt-rollen-Werkzeug ([K]) – (Photoshop CS5 Extended) |
| 3D-Objekt-schwenken-Werkzeug ([K]) – (Photoshop CS5 Extended) |
| 3D-Objekt-verschieben-Werkzeug ([K]) – (Photoshop CS5 Extended) |
| 3D-Objekt-skalieren-Werkzeug ([K]) – (Photoshop CS5 Extended) |
| 3D-Kamera-kreisen-Werkzeug ([N]) – (Photoshop CS5 Extended) |
| 3D-Kamera-rollen-Werkzeug ([N]) – (Photoshop CS5 Extended) |
| 3D-Kamera-schwenken-Werkzeug ([N]) – (Photoshop CS5 Extended) |
| 3D-Kameragang-Werkzeug ([N]) – (Photoshop CS5 Extended) |
| 3D-Kamerazoom-Werkzeug ([N]) – (Photoshop CS5 Extended) |

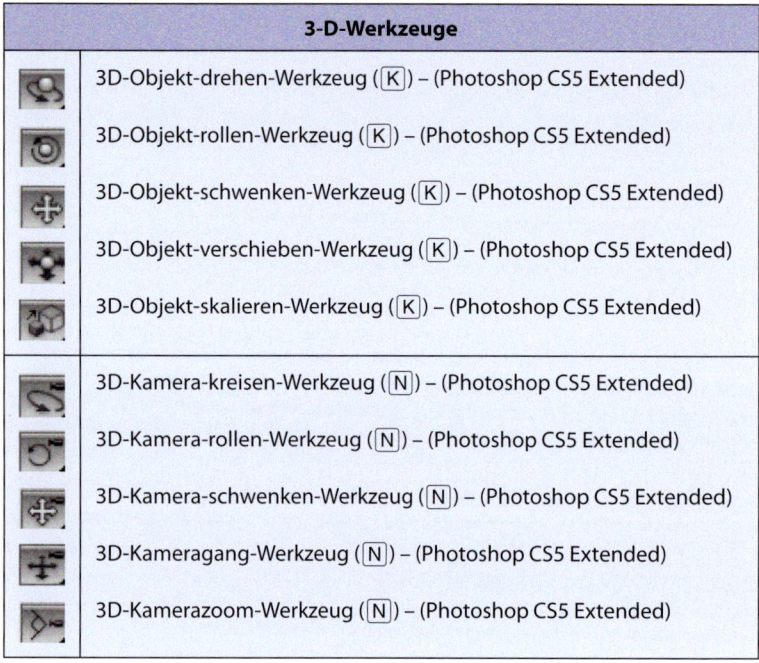

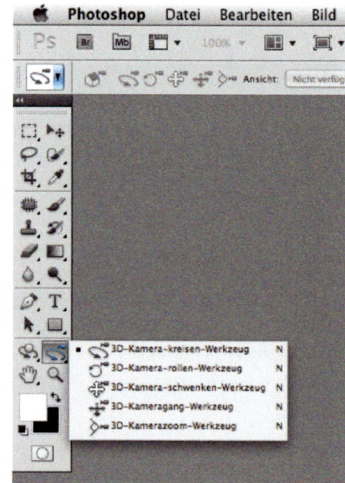

## Hand-, Rotations- und Zoom-Werkzeuge

Mit diesen Werkzeugen können Sie die Arbeitsfläche so vergrößern oder verschieben, dass Sie bequem damit arbeiten können. Die Ebenen werden dabei nicht verändert, die Werkzeuge beeinflussen nur die Ansicht.

**Abbildung 3.7:** *3-D-Werkzeuge in Photoshop Extended*

| Hand- und Zoom-Werkzeuge |
| --- |
| Vergrößern Sie die Ansicht der Arbeitsfläche mit dem Zoom-Werkzeug, zum Verkleinern können Sie das Zoom-Werkzeug bei gedrückter [⌥]/[Alt]-Taste benutzen. Einfacher und schneller geht es mit dem Tastaturkürzel [cmd]/[⌘]+[+] ([Strg]+[+]) zum Vergrößern und [cmd]/[⌘]+[-] ([Strg]+[-]) zum Verkleinern. Um die Ansicht eines vergrößerten Bildes zu verschieben, aktivieren Sie das Hand-Werkzeug ([H]) oder halten die [Leertaste] gedrückt. Zum Drehen der Ansicht aktivieren Sie das Ansichtdrehung-Werkzeug oder die Taste [R]. Das Ansichtdrehung-Werkzeug funktioniert nur auf Computern, deren Grafikkarte OpenGL-fähig ist. |
| Hand-Werkzeug ([H]) |
| Ansichtdrehung-Werkzeug ([R]) |
| Zoom-Werkzeug ([Z]) |

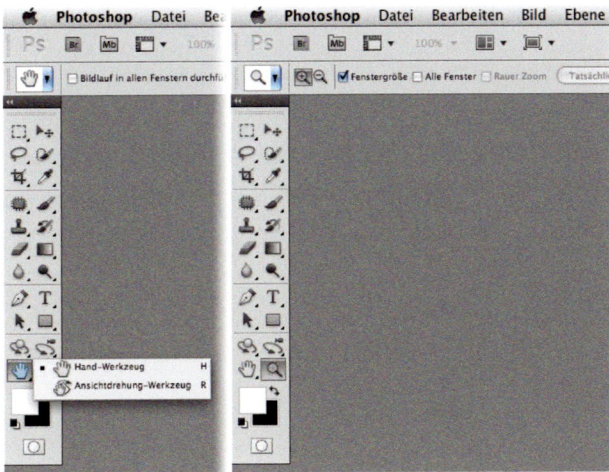

**Abbildung 3.8:** *Ansichtwerkzeuge*

## 3.1.2 Paletten in Photoshop

Im Gegensatz zu den Werkzeugen sind die Paletten komplexere Tools, in denen erweiterte Funktionen eingerichtet sind, die dazu dienen, Bilder zu analysieren, zu kombinieren, zu korrigieren oder einzelne Werkzeuge zu justieren.

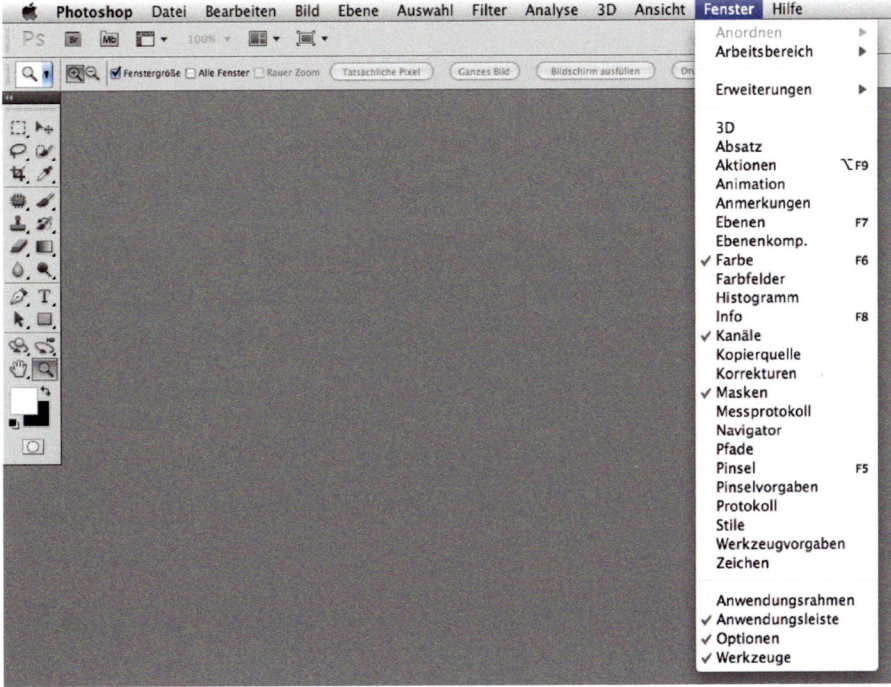

**Abbildung 3.9:** *Paletten über das Menü* Fenster *ein- oder ausblenden*

Die Anzahl der Paletten ist ziemlich groß, weshalb es sinnvoll ist, nur die Paletten einzublenden, mit denen Sie Ihre aktuellen Aufgaben optimal bewerkstelligen können.

Die Paletten können Sie über das Menü *Fenster* ein- oder ausblenden. Für einige Paletten, die besonders häufig zum Einsatz kommen, gibt es vordefinierte Tastaturbefehle. Mit diesen sind die Funktionstasten belegt.

Die Paletten können Sie in der Arbeitsfläche von Photoshop ganz nach Ihrem Geschmack positionieren. Sie können die Paletten entweder frei schwebend, übereinandergelegt (sodass Sie den entsprechenden Reiter anklicken müssen, um zu einer Palette zu gelangen) oder angedockt anordnen. Welche Anordnungsart Sie wählen, hängt von Ihrer Aufgabe, aber auch von Ihren persönlichen Gewohnheiten ab.

In früheren Photoshop-Versionen gab es lediglich frei schwebende Paletten, was sich seit einigen Versionen geändert hat.

Sehr bequem ist das Andocken von Paletten an die Ränder der Arbeitsfläche. Wenn Sie eine schwebende Palette andocken möchten, fassen Sie die Palette an dem Reiter und ziehen diese an den oberen oder an den Seitenrand der Arbeitsfläche.

Die Grenze zwischen der Palette und dem Rand wird dabei blau angezeigt – das bedeutet, dass die Palette angedockt oder gelöst wurde.

Im Dock, einer Gruppe von Paletten, können Sie mehrere Paletten gruppieren oder übereinanderlegen. Wenn Sie an einem Reiter ziehen, können Sie deren Reihenfolge ändern. Um die Paletten zu minimieren, klicken Sie auf den Doppelpfeil oben rechts im jeweiligen Reiter, und zum erneuten Öffnen einer minimierten Palette klicken Sie einfach auf das Palettensymbol.

Einige Paletten sind schon in einer Art „Überpalette" gruppiert, was den Wechsel zwischen einzelnen Funktionen sehr leicht macht. Ein Paradebeispiel hierfür ist die *Korrekturen*-Palette, in der alle Funktionen zum Optimieren der Bilder zusammengefasst sind.

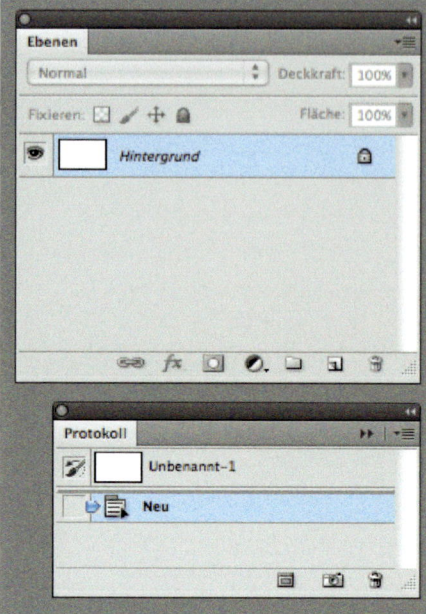

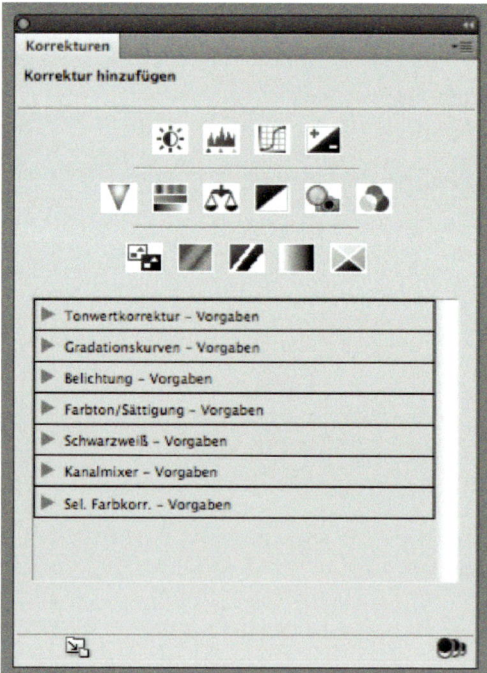

**Abbildung 3.10:** *Frei schwebende Paletten*

Die Funktionen der *Korrekturen*-Palette nennt man auch Einstellungsebenen und sie sind ebenfalls über die *Ebenen*-Palette und über den Menüpunkt *Ebene/Neue Einstellungsebene* erreichbar. Detailliertes zu den einzelnen Korrekturmöglichkeiten erfahren Sie in den weiteren Kapiteln des Buches.

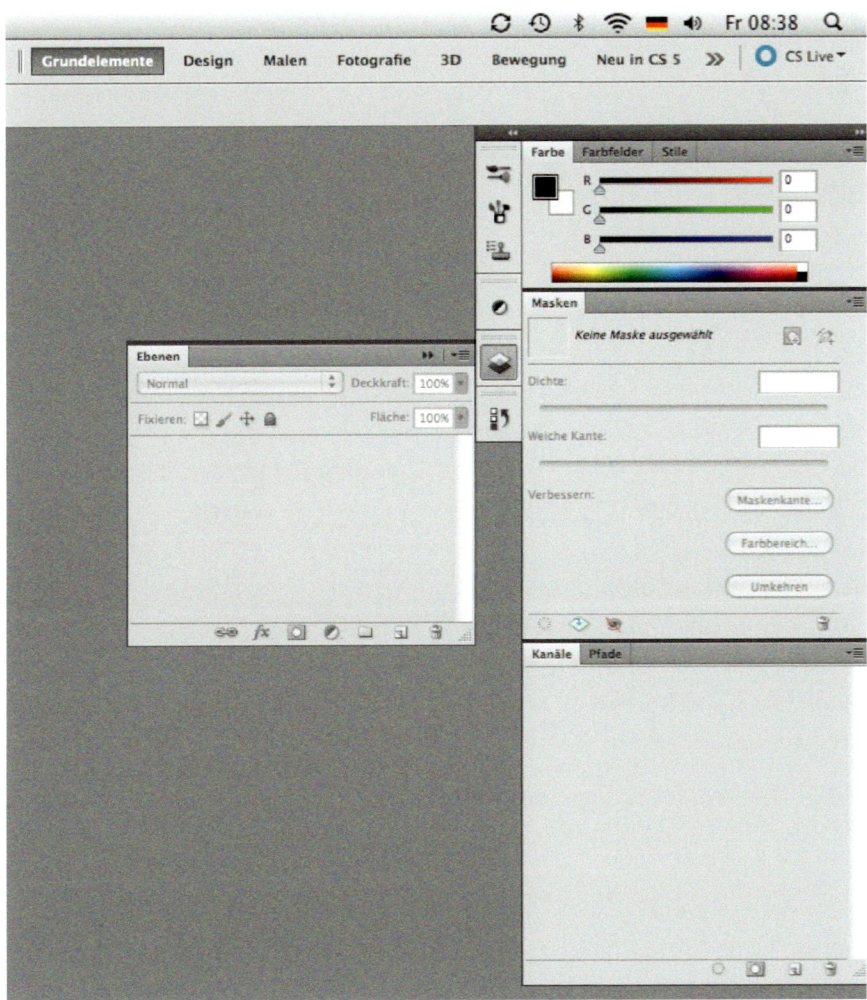

**Abbildung 3.11:** *Angedockte und minimierte Paletten*

## 3.2 Arbeitsbereiche

Seit Photoshop CS3 gibt es für den Nutzer einen neuen Begriff, den Arbeitsbereich. Im Grunde ist das nichts anderes als die spezifische, für eine bestimmte Aufgabe gewählte Anordnung der Werkzeuge und Paletten, eventuell auch eigener Tastaturbefehle, die individuell angepasst wurden. Das klingt vorerst wie eine „Kleinigkeit" – aber bei einer immer größer werdenden Anzahl von Paletten und Werkzeugen ist das richtige Arbeitsplatzmanagement nicht zu unterschätzen. Schließlich hängt davon die Produktivität und Effektivität ab.

### 3.2.1 Vordefinierte Arbeitsbereiche nutzen

Adobe hat in Photoshop (wie übrigens auch in anderen Programmen der Creative Suite 5) einige Arbeitsbereiche abhängig von den Aufgaben zusammengestellt und diese in einem extra dafür vorgesehenen Menü versammelt, welches Sie oben rechts in der Optionsleiste finden. Auch über *Fenster/Arbeitsbereich* können Sie die Arbeitsumgebung abhängig von Ihrer Tätigkeit wählen. Passend zu den am häufigsten anstehenden Aufgaben gibt es in Photoshop vier oder fünf fest programmierte Arbeitsbereiche:

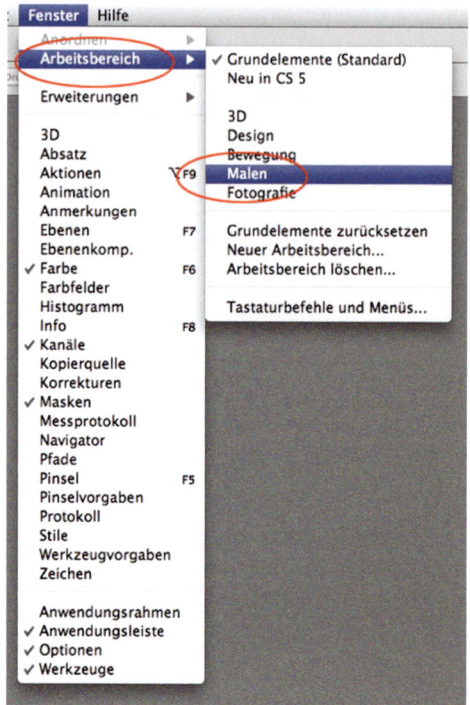

**Abbildung 3.12:** *Arbeitsbereiche über* Fenster/Arbeitsbereich *wählen*

- Design
- Bewegung
- Malen
- Fotografie
- 3D (nur in Photoshop CS5 Extended)

Die Arbeitsumgebung *Design* enthält zum Beispiel alle Paletten, die für den Layoutgestalter von Bedeutung sind, wie *Farbfelder, Stile, Zeichen, Absatz, Ebenen, Kanäle, Pfade*. Aber auch die *Protokoll*-Palette und Mini Bridge sind als minimierte Paletten vorhanden und mit einem Klick abrufbereit. Damit Sie sich schneller mit den neuen Funktionen von Photoshop CS5 vertraut machen können, existiert ein Arbeitsbereich mit dem Namen *Neu in CS5*.

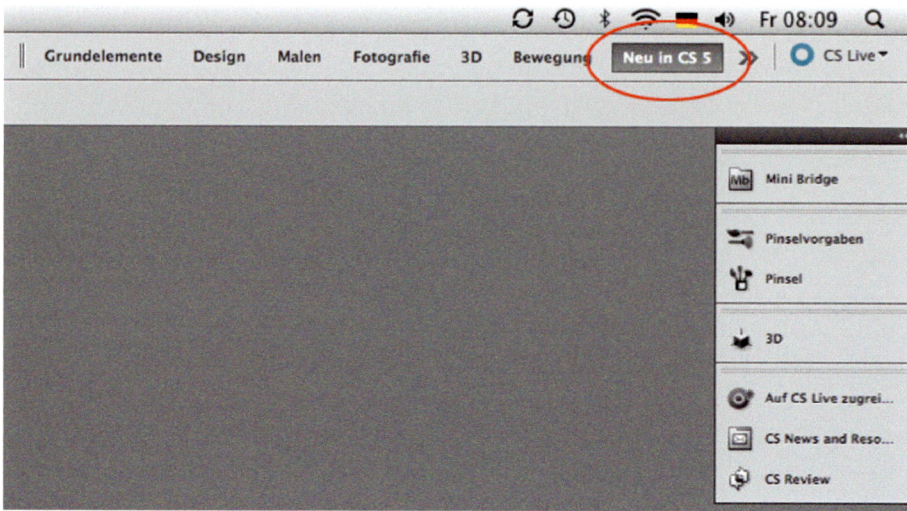

**Abbildung 3.13:** *Arbeitsbereich* Neu in CS5

### 3.2.2 Eigene Arbeitsbereiche anlegen, speichern, löschen

Sobald Sie einen Arbeitsbereich verändert – eine oder mehrere Paletten hinzugefügt, ausgeblendet oder Tastaturbefehle angepasst – haben und wenn Ihnen solch ein Arbeitsbereich lieber ist als einer der vordefinierten, können Sie Ihre Anpassungen als neuen Ar-

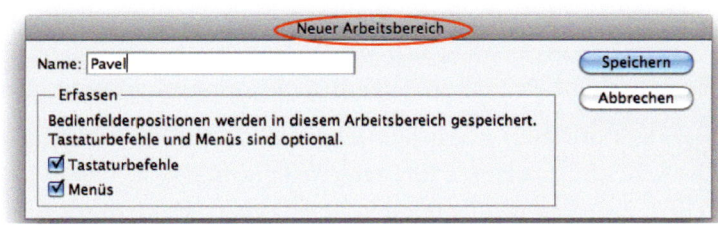

**Abbildung 3.14:** *Neuen Arbeitsbereich anlegen und speichern*

beitsbereich anlegen und unter einem neuen Namen abspeichern. Die nicht mehr benötigten Arbeitsbereiche können Sie ganz einfach aus der Liste entfernen. Wenn Sie den Arbeitsbereich nur für eine einzige Session verändert haben und die Elemente des Arbeitsbereichs später im ursprünglichen Zustand vorfinden möchten, wählen Sie den Befehl *Arbeitsbereich zurücksetzen* aus der Optionsleiste.

## 3.3 CS Live verwenden

CS Live ist ein Service von Adobe, der allerdings noch ziemlich am Anfang steht. Die Funktionen, die über die CS Live-Webseite erreichbar sind, können eine Zeit lang kostenlos genutzt werden. Die genauen Nutzungsbedingungen von CS Live erfahren Sie auf der Webseite von Adobe. Die einzelnen Dienste sind teilweise nur in englischer Sprache verfügbar.

Mit CS Live können Sie Ihre Teamarbeit online organisieren und koordinieren, was dann besonders nützlich ist, wenn Ihre Mitarbeiter ihre Arbeitsplätze an verschiedenen Orten haben.

Außerdem können Sie auf Werkzeuge zugreifen, die Ihre Webprojekte analysieren und testen können. Profitieren Sie von dem Wissen anderer CS Live-Nutzer, die ihre Erfahrungen im Bereich Creative Suite mit anderen teilen.

Um an CS Live teilnehmen zu können, müssen Sie sich zuerst bei Adobe anmelden.

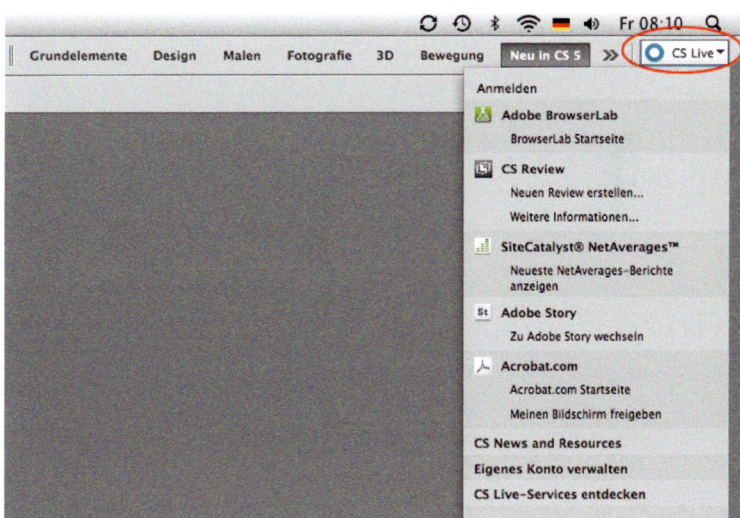

**Abbildung 3.15:** *CS Live – Onlineservice von Adobe*

## 3.4    Nützliche Tastaturkürzel

Professionelles Arbeiten in Photoshop ist ohne Tastaturbefehle undenkbar. Für fast alle Funktionen und Werkzeuge gibt es eigene Tastaturkürzel. Sie müssen natürlich nicht alle Tastaturbefehle auswendig lernen, dafür sind es einfach zu viele. Außerdem werden Sie bestimmt nicht alle Befehle benötigen.

Einige Tastaturbefehle sind neben den einzelnen Menüpunkten ausgezeichnet – diese sind besonders wichtig. Andere sind thematisch im Dialog *Tastaturbefehle* zu finden. Zu diesem Dialog gelangen Sie über *Bearbeiten/Tastaturbefehle* oder mit der Tastenkombination [cmd]+[Alt]+[⇧]+[K] ([Strg]+[Alt]+[⇧]+[K]).

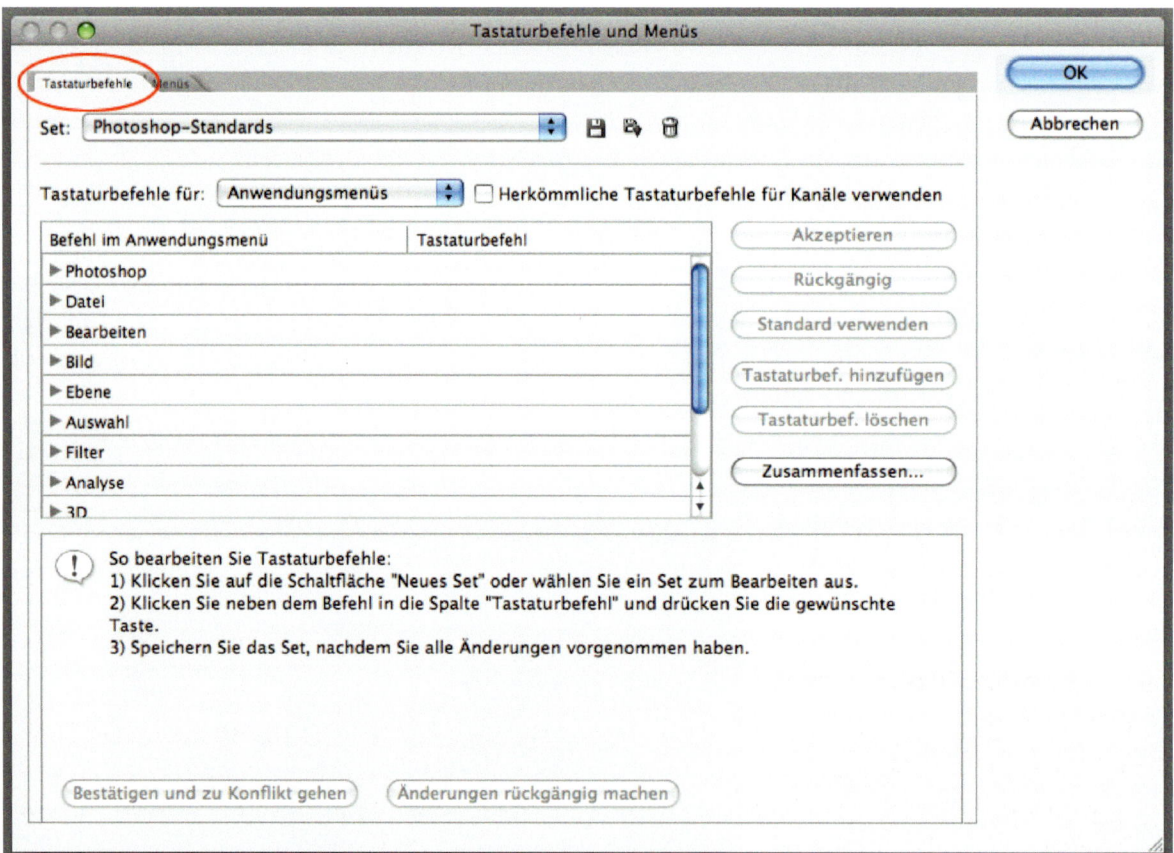

**Abbildung 3.16:** *Palette* Tastaturbefehle

Im Set *Photoshop-Standards* finden Sie die einzelnen Gruppen der Tastaturbefehle für Anwendungsmenüs. Um die Tastaturkürzel zu sehen, klappen Sie die Untergruppe auf, zum Beispiel die Gruppe *Bearbeiten*.

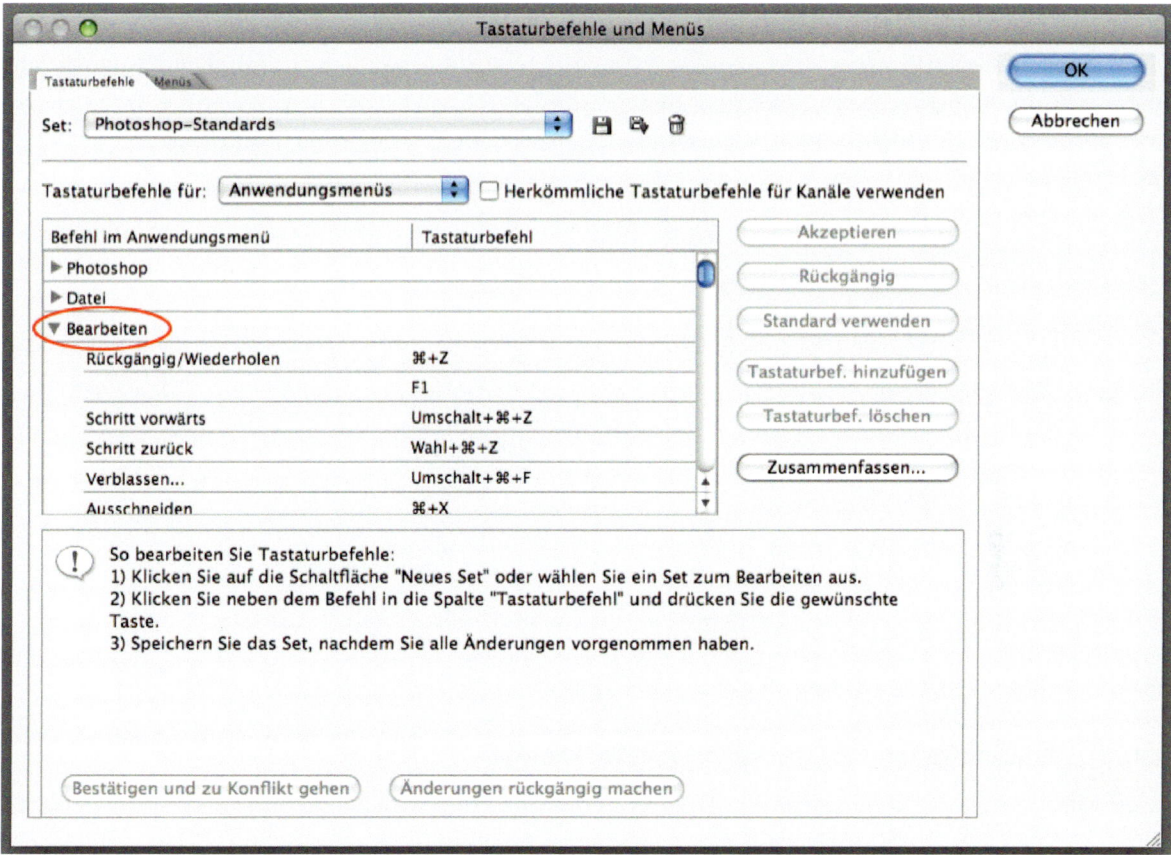

**Abbildung 3.17:** *Tastaturbefehle einer Anwendungsgruppe*

### 3.4.1 Tastaturkürzel für Paletten

Wenn Sie zusätzlich zu Ihren vorgefertigten oder neu definierten Arbeitsbereichen für bestimmte Aufgaben weitere Paletten einblenden wollen, dann müssen Sie nicht ständig über die Menüleiste dorthin navigieren, sondern können via Tastaturbefehl schnell die entsprechende Palette einblenden. Zum Ein- oder Ausblenden von Paletten können Sie sich daher folgende Tastaturkürzel merken:

- *Ebenen*-Palette – F7
- *Farbe* – F6
- *Info* – F8
- *Pinsel* – F5

Auf Notebooks sind die Tasten etwas anders belegt als auf der Tastatur eines Desktop-PCs, deshalb ist hier oft eine Zusatztaste wie zum Beispiel Fn zum Abrufen einer F-Taste nötig.

### 3.4.2 Übergreifende Tastaturbefehle

Mit Photoshop flüssig arbeiten zu können, ist essenziell, weshalb neben den spezifischen Tastaturbefehlen für bestimmte Werkzeuge etc. auch übergreifende Tastaturkürzel wichtig sind, da sie die Arbeit enorm vereinfachen. Die folgenden Tastaturbefehle sollten Sie beispielsweise als Fotograf oder Gestalter auf jeden Fall kennen:

| Bedeutung | Taste | Bedeutung | Taste |
|---|---|---|---|
| Ansicht vergrößern und verkleinern | Strg + + , Strg + - | Kopieren | Strg + C |
| Ansicht an die Arbeitsfläche anpassen | Strg + O | Einfügen | Strg + V |
| Schalten zwischen Fensteransicht, Ansicht auf grauem und schwarzem Hintergrund | F | Ebene duplizieren – dieses Tastaturkürzel gilt auch für den Befehl *Ebene/Neu/Ebene durch Kopie* | Strg + J |
| Schalten zwischen Standard- und Maskierungsmodus | Q | Sammelebene als Kopie erzeugen | Strg + Alt + ⇧ + E |
| Alles auswählen | Strg + A | Ebenen auf eine Ebene reduzieren | Strg + E |
| Auswahl aufheben | Strg + D | Ebenen gruppieren | Strg + G |
| Auswahl umkehren | Strg + ⇧ + I | Umkehren | Strg + I |

### 3.4.3 Die wichtigsten Tastaturkürzel für Werkzeuge

Ihren Arbeitsworkflow so wenig wie möglich zu unterbrechen und schnell und ohne Zeitverlust zwischen einzelnen Werkzeugen hin und her springen zu können, ist in Photoshop sehr wichtig. Daher verfügt jedes Werkzeug ebenfalls über einen spezifischen Tastaturbefehl, der lediglich aus einem Buchstaben besteht, die hier im Folgenden aufgelistet sind:

| Bedeutung | Taste | Bedeutung | Taste |
|---|---|---|---|
| Verschieben-Wekzeug | V | Radiergummi-Werkzeuge | E |
| Auswahlrechteck- oder Auswahlellipse-Werkzeug | M | Verlaufs- und Füllwerkzeug | G |
| Lasso-Werkzeuge | L | Abwedler-, Nachbelichter-, Schwamm-Werkzeug | O |
| Schnellauswahl-Werkzeug, Zauberstab | W | Zeichenstift-Werkzeug | P |
| Freistellungswerkzeug | C | Text-Werkzeuge | T |
| Pipette-Werkzeug | I | Pfadauswahl- und Direktauswahl-Werkzeug | A |
| Bereichsreparatur-Pinsel, Reparatur-Pinsel, Ausbessern-Werkzeug | J | Formwerkzeuge, Linienzeichner-Werkzeug, Eigene-Form-Werkzeug | U |
| Pinsel-Werkzeuge | B | Hand-Werkzeug – gedrückt halten oder H | Leertaste |
| Kopierstempel- und Musterstempel-Werkzeuge | S | Pinselspitze vergrößern | # |
| Protokoll- und Kunstprotokoll-Pinsel | Y | Pinselspitze verkleinern | ⇧ + # |

Die genannten Tastaturkürzel wären das Minimum, welches Sie am besten auswendig lernen sollten. Diese Befehle erleichtern Ihre Arbeit und helfen Ihnen, Zeit zu sparen.

### 3.4.4  Tastaturkürzel selbst definieren

Wenn Sie die Tastaturbefehle selbst definieren möchten, ist es sinnvoll, vorerst ein neues Set anzulegen, um Standardeinstellungen nicht durcheinanderzubringen. Dann können Sie einzelne Gruppen der Tastaturbefehle bearbeiten. Zum Ändern der Tastaturbefehle klicken Sie auf ein bestehendes Tastaturkürzel, tragen einen neuen Befehl ein und bestätigen dann die Änderungen mit dem Button *Akzeptieren*.

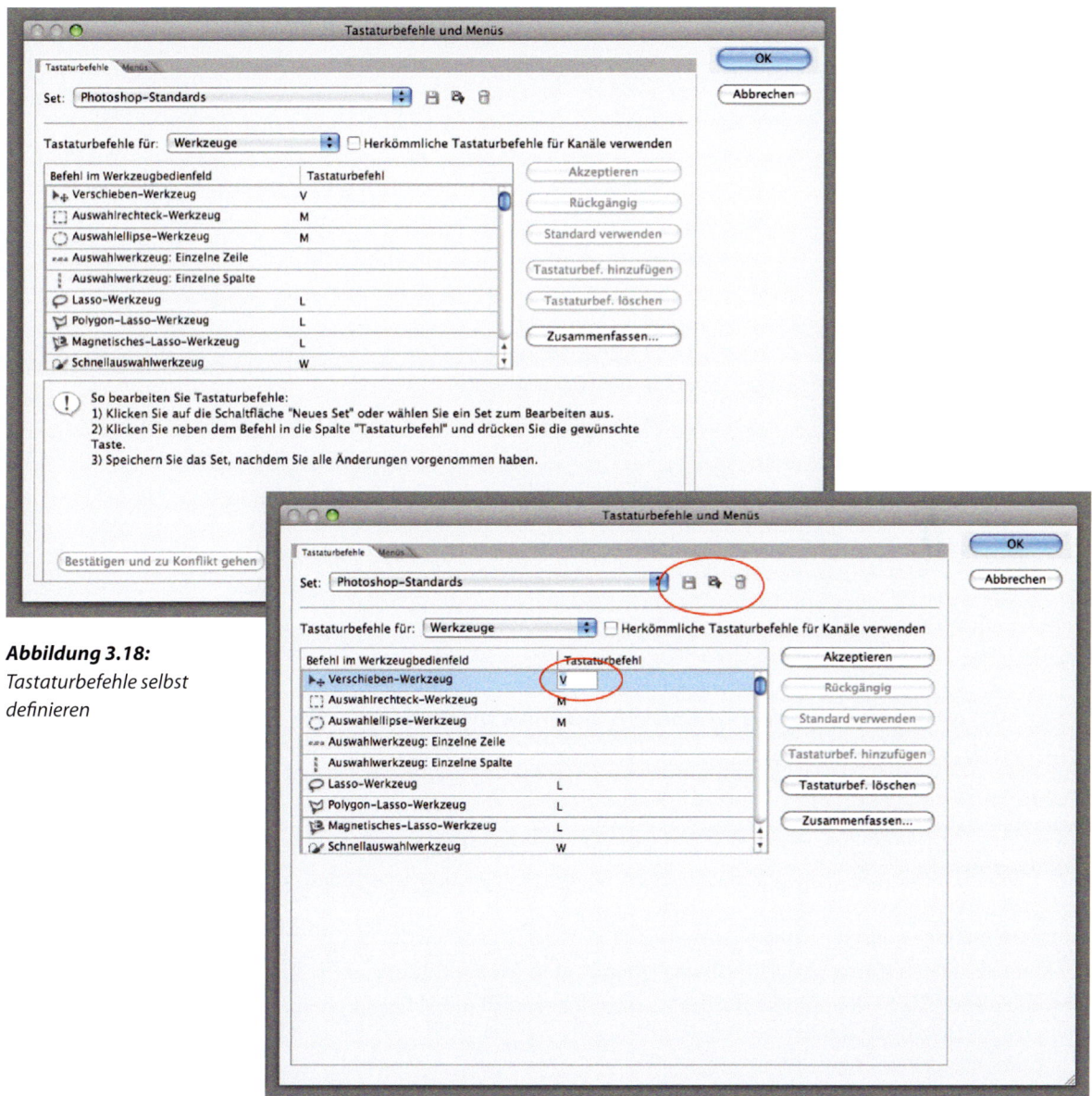

**Abbildung 3.18:**
Tastaturbefehle selbst definieren

Bei Bedarf können Sie auch Tastaturbefehle hinzufügen, die in den Voreinstellungen nicht vorgesehen wurden. Nach dem Hinzufügen des Tastaturbefehls können Sie die spezifische Tastenbelegung selbst festlegen. Eventuelle Konflikte mit bereits bestehenden Tastaturbefehlen werden Ihnen im Dialog angezeigt. Geänderte Tastaturbefehle können Sie bei Nichtgebrauch in Standardbefehle ändern oder komplett löschen.

## 3.5   Photoshop-Menüs individuell anpassen

Obwohl viele Funktionen über Tastaturbefehle erreichbar sind, geht der traditionelle Weg zu den Einstellungen oft über die Menüs. Allerdings werden die Listen der Menüs mittlerweile immer länger und beinhalten zum Teil mehrere Ebenen.

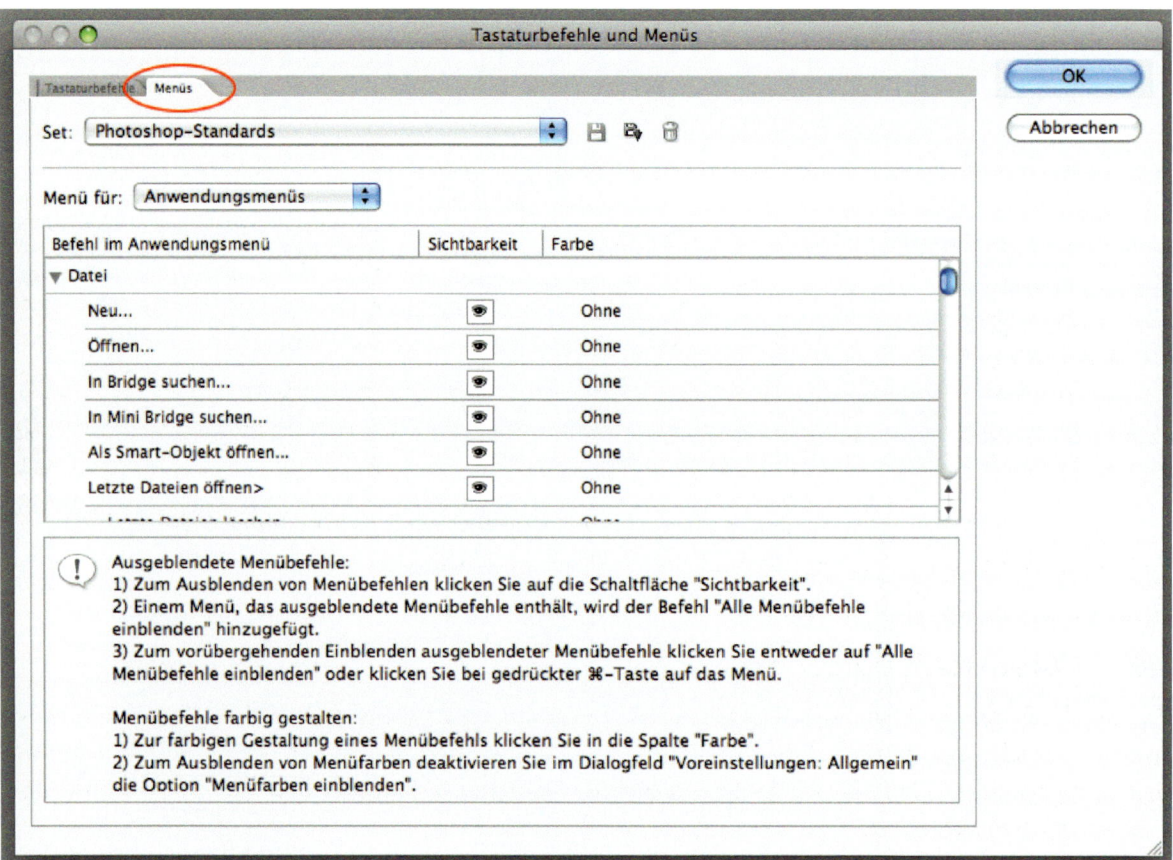

**Abbildung 3.19:** *Palette* Menüs

Um sich in dieser Vielfalt nicht zu verlieren, konzentrieren Sie sich am besten auf das Wesentliche. Blenden Sie einfach die von Ihnen in der Regel nicht benötigten Menüpunkte aus. Sie haben überdies die Möglichkeit, die wichtigsten Menüpunkte farbig zu markieren, sodass sie Ihnen sofort ins Auge springen und Sie nicht lange suchen müssen.

Speichern Sie dann die von Ihnen geänderten Menüs in Ihrer eigenen Arbeitsumgebung ab. Die Anpassung der Menüs können Sie wie folgt realisieren: Öffnen Sie *Bearbeiten/Tastaturbefehle* und klicken Sie auf den Reiter *Menüs*.

Die nicht benötigten Punkte können Sie nun ausblenden, indem Sie das Augensymbol ein- oder ausschalten. Die farbige Markierung verpassen Sie dem Menüpunkt dann in der nächsten Spalte. Übrigens, die grundlegenden Menüpunkte wie zum Beispiel *Speichern unter* können Sie nicht ausblenden. Derartige Menüpunkte erkennen Sie am fehlenden Augensymbol.

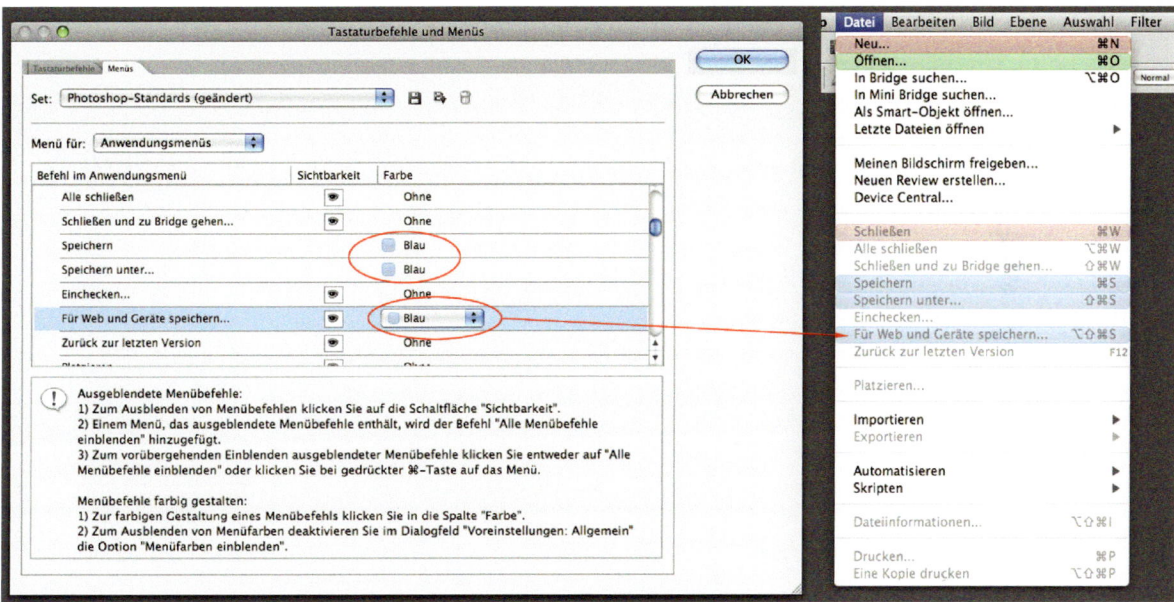

**Abbildung 3.20:** *Menüpunkte ein- oder ausblenden, farbige Markierung zuweisen*

## 3.6 Voreinstellungen optimieren

Für ein schnelleres und bequemeres Arbeiten mit Photoshop ist es durchaus sinnvoll, in die Palette *Voreinstellungen* zu schauen und dort einige Punkte zwecks Optimierung neu einzustellen. In die Palette *Voreinstellungen* gelangen Sie bei Mac OS X über die Befehle *Photoshop/Voreinstellungen* und bei Windows über *Bearbeiten/Voreinstellungen*.

Im Bereich *Allgemein* der Palette *Voreinstellungen* müssen Sie eigentlich keine Änderungen durchführen, es sei denn, Sie haben eine bestimmte Vorgabe für Ihre Arbeit, wie zum Beispiel ein konkretes *Interpolationsverfahren* (Standardeinstellung ist hier *Bikubisch*) oder andere Vorgaben.

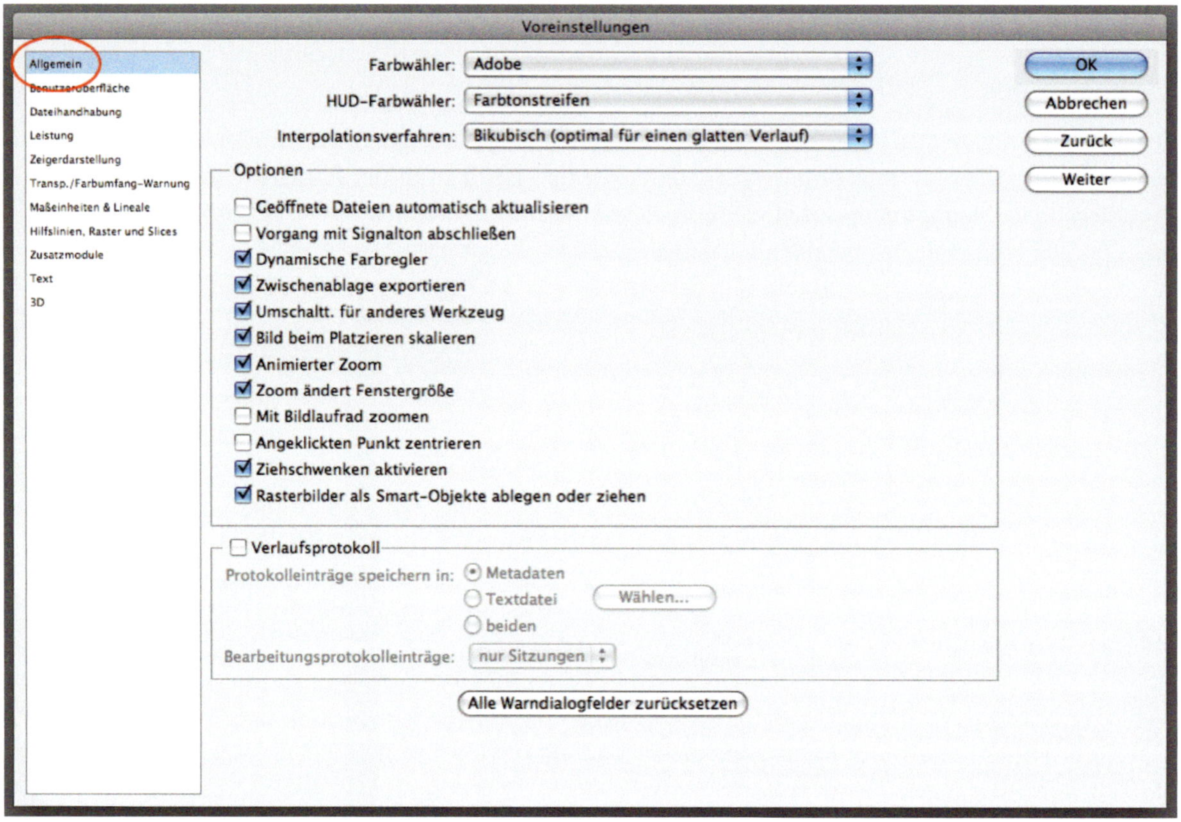

**Abbildung 3.21:** *Allgemeine Voreinstellungen*

Im Bereich *Benutzeroberfläche* gibt es einige Einstellungen mehr, die Sie sinnvoll individualisieren können. Im Bereich *Allgemein* können Sie zum Beispiel die Farbschemata Ihrer Arbeitsfläche festlegen. Sie können die Arbeitsfläche entweder grau oder schwarz – das sind die vordefinierten Einstellungen – gestalten oder eine eigene Farbe wählen. Das Gleiche können Sie auch bei den Menüpunkten *Vollbildmodus mit Menü-leiste* und *Vollbildmodus* machen. Wenn Sie zwischen der Fensteransicht zu *Vollbildmodus mit Menüleiste* (Standardeinstellung Grau) oder *Vollbildmodus* (Standardeinstellung Schwarz) wechseln (Tastaturbefehl F ), können Sie auch hier Ihre Farben selbst definieren.

Außerdem können Sie bestimmen, wie die Ränder der jeweiligen Menüs aussehen sollen: mit Schlagschatten oder ohne. Wenn Sie sich durch die Einblendung der QuickInfos gestört fühlen, können Sie diese hier deaktivieren. Im Bereich *Bedienfelder und Dokumente* finden besonders Photoshop-Nutzer, die mit älteren Versionen viel gearbeitet haben, eine nützliche Einstellung. Standardmäßig werden die Dokumente in Photoshop als Registerkarten geöffnet. Mehrere Dokumente werden übereinandergelegt, was oft störend ist. Damit das erst gar nicht passiert, können Sie folgende Optionen deaktivieren: *Dokumente als Register-karten öffnen* und *Andocken schwebender Dokumentfenster aktivieren*.

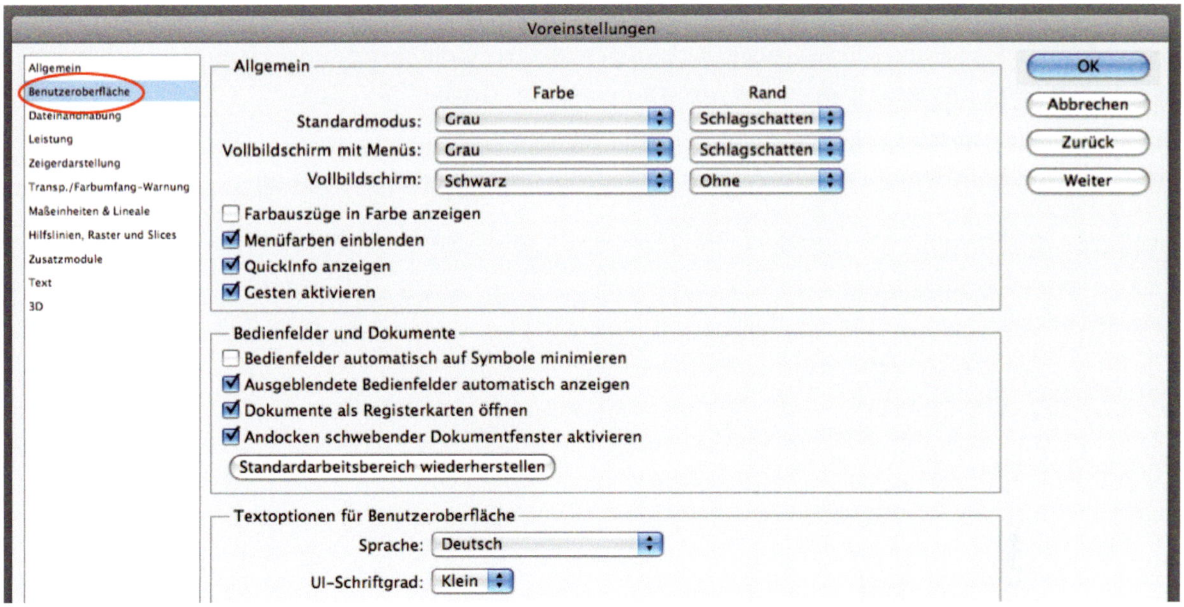

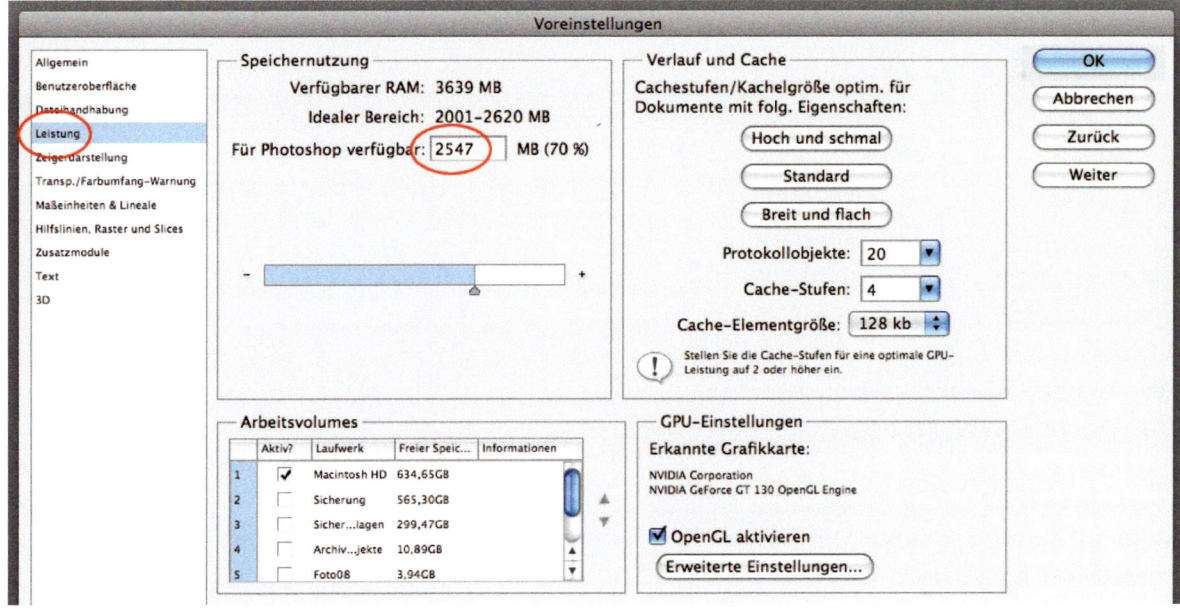

**Abbildung 3.22:** *Benutzeroberfläche anpassen*

Die Änderungen werden dann nach einem Neustart von Photoshop wirksam. In der Palette *Leistung* können Sie folgende Anpassungen vornehmen: Photoshop kann bis zu 3 GB Arbeitsspeicher belegen, der ideale Bereich liegt allerdings zwischen 2.001 bis 2.620 MB.

**Abbildung 3.23:** *Anpassung der Leistung*

Passen Sie deshalb den zugewiesenen Arbeitsspeicher so an, dass er in diesem Bereich liegt. In der gleichen Palette finden Sie auch die Möglichkeit, das OpenGL Ihrer Grafikkarte zu aktivieren. Das ist für einige Funktionen nötig – zum Beispiel für das Ansichtdrehung-Werkzeug (R).

Im Bereich *Zeigerdarstellung* können Sie die Standardeinstellungen ändern, wenn Sie zum Beispiel statt der Pinselform ein Fadenkreuz anzeigen lassen möchten, um präziser arbeiten zu können.

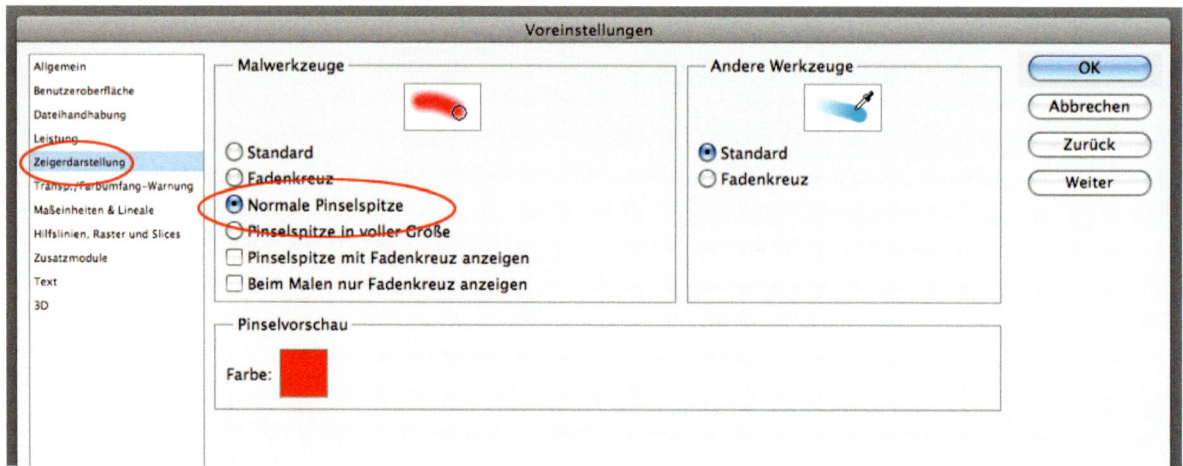

**Abbildung 3.24:** *Zeigerdarstellung anpassen*

Im Bereich *Maßeinheiten & Lineale* können Sie, wie der Name bereits andeutet, die Maßeinheiten für die Lineale und den Text festlegen sowie die *Auflösung für neue Dokumentvoreinstellungen* für den Druck und den Bildschirm definieren.

**Abbildung 3.25:** *Maßeinheiten und Lineale*

Der Bereich *3D* ist bei den Voreinstellungen nur in der Extended Version von Photoshop CS5 verfügbar. Hier können Sie die Darstellungsoptionen für 3-D-Objekte ändern sowie den Arbeitsspeicher für 3-D-Funktionen entsprechend zuweisen.

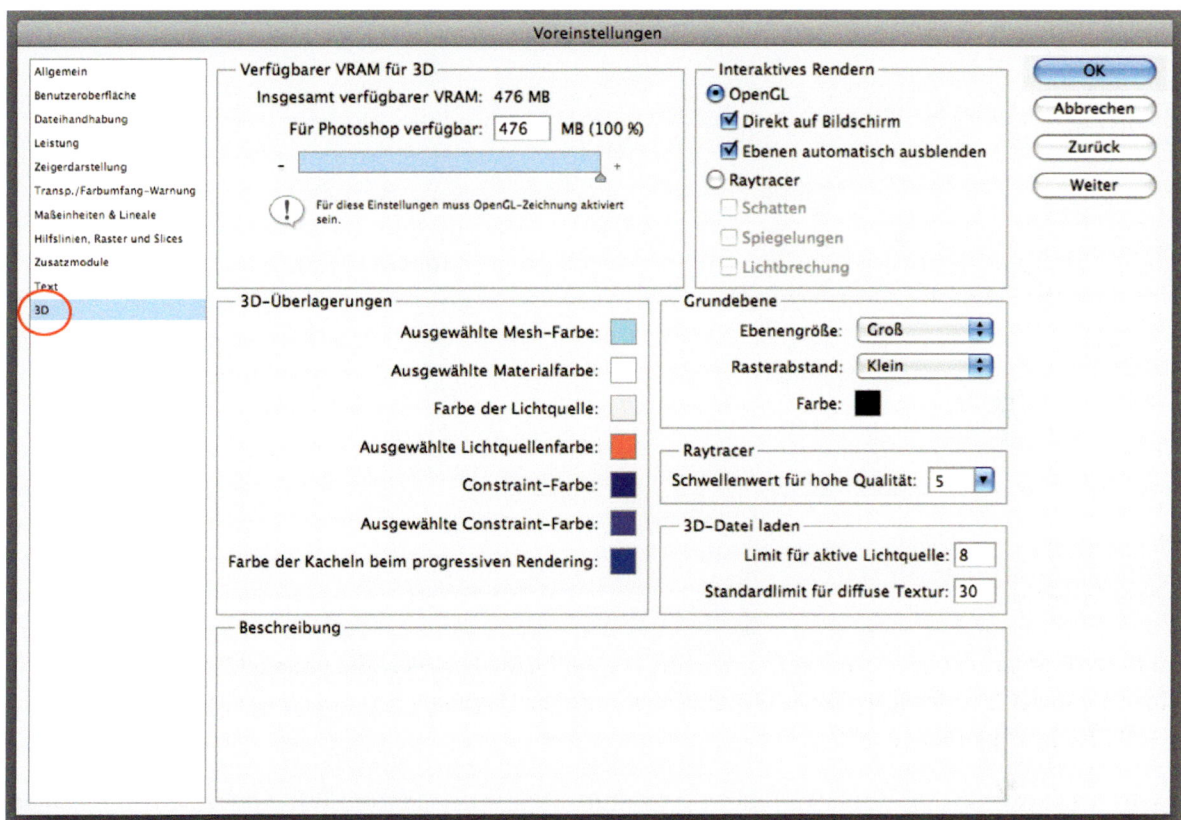

**Abbildung 3.26:** *Optionen für 3-D-Modul (Photoshop CS5 Extended)*

## 3.7   Farbeinstellungen definieren

Die Farbeinstellungen können Sie über *Bearbeiten/ Farbeinstellungen* anpassen. Im Dialog finden Sie die vordefinierten Einstellungen oder die Option *Benutzerdefiniert*, mit der Sie den Inhalt der Farbeinstellungen selbst anpassen können.

Für den semiprofessionellen Einsatz ist die Einstellung *Europa universelle Anwendungen 2* optimal. In der aktuellen Photoshop-CS5-Version ist noch die Einstellung *Europa universelle Anwendungen 3* hinzugekommen. Der Unterschied liegt in der Einstellung für die Druckvorstufe im Farbraum CMYK. Hier wird der neue Standard *FOGRA 39* statt *FOGRA 27* verwendet. FOGRA steht für die Forschungsgesellschaft Druck e.V. Graphic Technology Research Association.

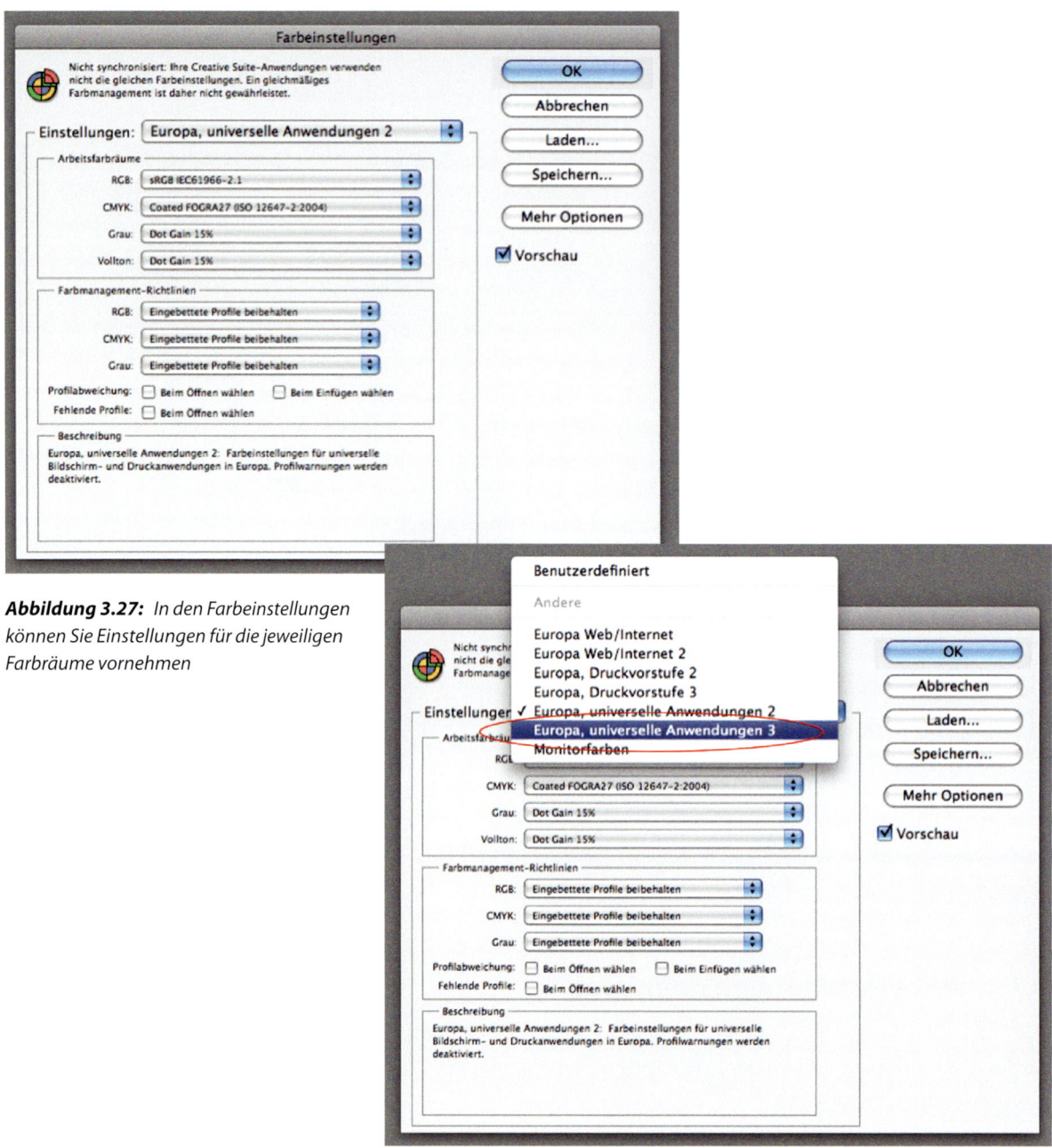

**Abbildung 3.27:** *In den Farbeinstellungen können Sie Einstellungen für die jeweiligen Farbräume vornehmen*

Das Gleiche gilt auch bei den Einstellungen für die Druckvorstufe. Die neuere Einstellung benutzt den Standard FOGRA 39. FOGRA 39 ist eine Charakterisierungsdatei und die Vorgabe für den Prüfdruck mithilfe des Ugra-FOGRA-Medienkeils CMYK und des Drucks nach ISO 12647-2.

Diese Charakterisierungsdatei gibt bei allen Primärfarben die genauen ISO-Werte wieder. Dank des neuen Standards FOGRA 39 fallen die Unterschiede zwischen dem Prüfdruck und dem Auflagendruck nur noch sehr gering aus.

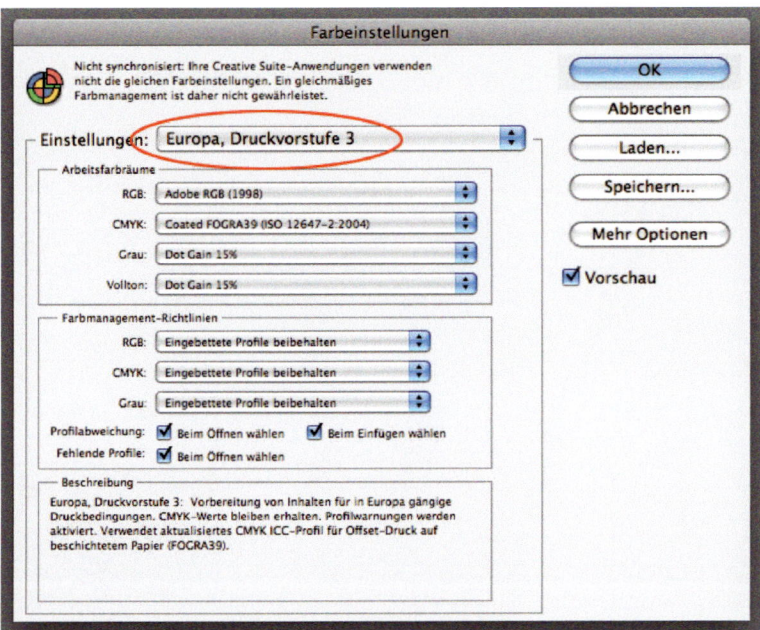

**Abbildung 3.28:** *Einstellungen für die Druckvorstufe*

# 4

# RAW-Entwicklung

Um aus Ihren Fotos das Optimum herauszuholen ist es sinnvoll die Bilder im Raw-Format zu fotografieren. Dieses „digitale Negativ" bietet Ihnen mehr Möglichkeiten der Bildanpassung und Photoshop liefert mit seiner avancierten Raw-Entwicklung das optimale Werkzeug hierfür. Lernen Sie es in diesem Kapitel genauer kennen.

## 4.1    Camera Raw – die Übersicht

Das Speichern der Bilddaten im RAW-Format hat gegenüber dem JPEG-Format große Vorteile. Denn RAW ist kein reines Bildformat, sondern eine Fülle an Daten, die die Kamera aufzeichnet. Dabei geht es um wirklich sämtliche Daten, die dann später in eine Bilddatei umgewandelt werden können. Wenn Sie die Bilddaten schon von der Kamera in JPEG aufzeichnen lassen, dann passiert dabei in Ihrer Kamera nichts anderes als eine kamerainterne RAW-Konvertierung. Denn zuerst erfolgt die Aufzeichnung sämtlicher Daten, die der Kameraprozessor dann in „sichtbare" JPEG-Dateien konvertiert. So überlassen Sie die Entwicklungseinstellungen Ihrer Kamera und können in den Prozess nicht selbst eingreifen. Alles, was Sie dann mit den JPEG-Daten machen können, geschieht in einem Bildbearbeitungsprogramm – in unserem Fall in Photoshop CS5. Alle Veränderungen wirken sich dann direkt auf die Pixelstruktur des Bildes aus, was häufig zu einer Verschlechterung der Bildqualität führt.

Ganz anders dagegen bei der RAW-Entwicklung in einem externen Konverter wie zum Beispiel Adobe Camera Raw. Hier definieren Sie die Entwicklungseinstellungen selbst und können sämtliche Parameter entsprechend anpassen, die dann zum optimalen Bild führen. So sind zum Beispiel nachträgliche Korrekturen des Weißabgleichs, der Belichtung, Tonwerte und Farben kein Problem. Die Pixelstruktur der einzelnen Bilder wird dabei nicht verändert, denn bei den RAW-Daten gibt es diese Struktur noch nicht, sie entsteht erst nach der Entwicklung oder Umwandlung in JPEG, und dabei werden alle Ihre Korrekturen berücksichtigt.

**1** Zum Öffnen einer Datei im RAW-Konverter können Sie auf eine oder mehrere Dateien in Adobe Bridge doppelklicken oder mit einem Rechtsklick die Option *In Camera Raw öffnen* ausführen.

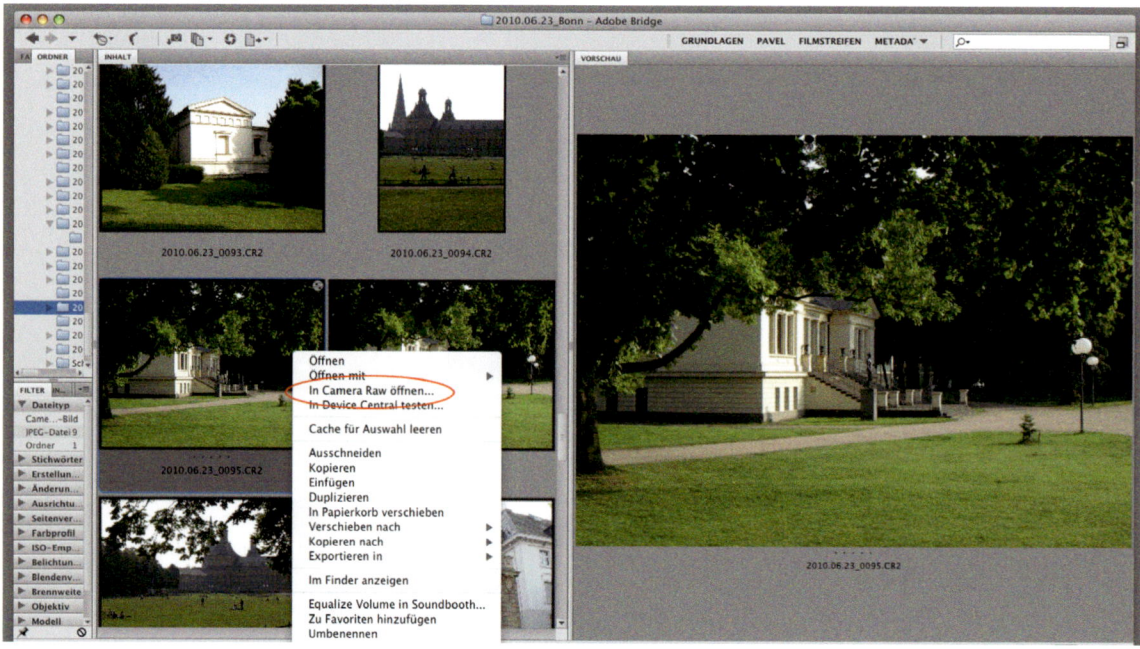

**Abbildung 4.1:** *Datei aus Bridge heraus in Camera Raw öffnen*

2 Im Dialog *Camera Raw*, dieser öffnet sich in einem separaten Fenster, welches Sie entweder als Fenster oder im Vollbildmodus anzeigen lassen können, können Sie die nötigen Einstellungen am Bild vornehmen.

3 Zum Wechsel zwischen Fenster- und Vollbildansicht klicken Sie auf das Symbol rechts über dem Bild neben der Option *Vorschau*.

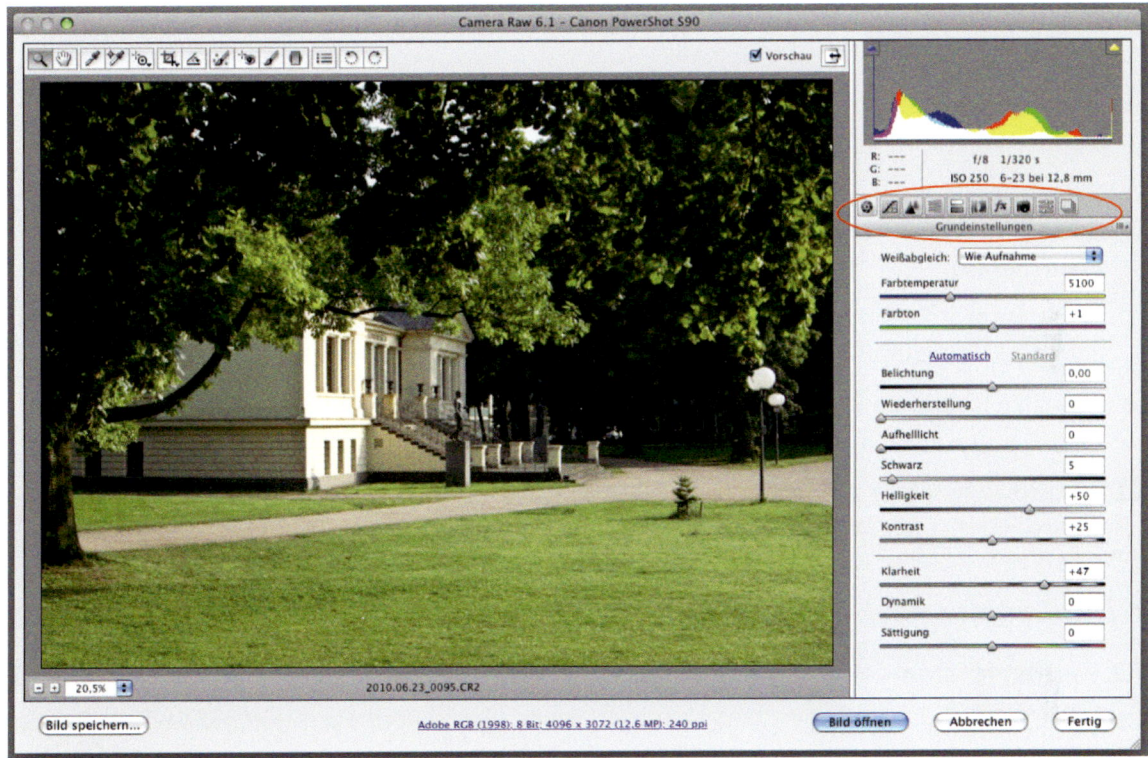

**Abbildung 4.2:** *RAW-Paletten*

### 4.1.1  Paletten im RAW-Dialog

Im RAW-Dialog erwarten Sie zehn verschiedene Paletten, mit denen Sie die Einstellungen für Ihre Fotos ändern können, um bessere Ergebnisse zu bekommen. Hier ist die Übersicht der Paletten:

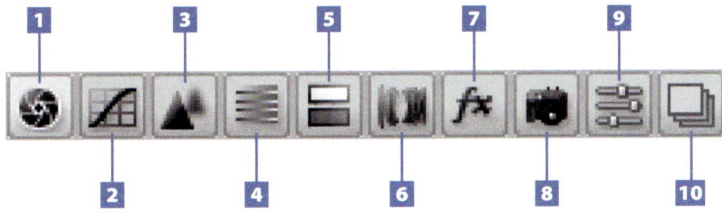

**Abbildung 4.3:** *Übersicht des RAW-Dialogs*

**1** **Grundeinstellungen**: Hier passen Sie die Werte für Belichtung, Tonwerte, Kontrast und Farbintensität optimal an.

**2** **Gradationskurven**: Ein professionelles Werkzeug zum Anpassen der Tonwerte; es ist ähnlich aufgebaut wie das gleichnamige Werkzeug in Photoshop.

**3** **Details**: Die *Details*-Palette ist für die Schärfe und Rauschreduzierung zuständig.

**4** **HSL/Graustufen**: Mit dieser Palette passen Sie die Helligkeit, Sättigung und Farbbalance einzelner Farbbereiche an – selektive Farbkorrektur.

**5** **Teiltönung**: Mit der Teiltönung können Sie dem Bild eine bestimmte Farbrichtung verleihen.

**6** **Objektivkorrektur**: In der neuen CS5-Version können Sie die Objektivkorrekturen mit für Objektive erstellten Profilen realisieren.

**7** **Effekte**: Machen Sie aus Ihren Bildern nostalgische „pseudoanaloge" Aufnahmen mit Körnung und Vignettierung.

**8** Bei der **Kamerakalibrierung** können Sie zuerst den neuen Prozess (2010) einstellen. Wählen Sie außerdem das Kameraprofil abhängig von Ihrem Motiv, zum Beispiel Neutral, Porträt, Landschaft.

**9** Wenn Sie mehrere Bilder mit gleichen Einstellungen bearbeiten möchten, können Sie in der Palette *Vorgaben* Ihre Einstellungen speichern, um diese später auf andere Dateien anwenden zu können.

**10** Bei **Schnappschüssen** „merken" Sie ebenfalls die Einstellungen, die später für andere Dateien von Interesse wären.

## 4.2    Camera Raw – die wichtigsten Voreinstellungen

### 4.2.1    Histogramm

Im Bereich *Histogramm* können Sie erkennen, wie die Werte für die drei Grundfarben in Ihrem Bild verteilt sind. Entsprechend können Sie in der Histogrammansicht auch Warnbuttons für die unterbelichteten und überstrahlten Bereiche einschalten.

Die zu hell geratenen, überbelichteten Stellen werden dann rot, die unterbelichteten Bereiche entsprechend dazu blau markiert. Besonders bei zu hellen Bereichen ist es wichtig, dass die Spitzwerte (wenn das rechte Ende des Histogramms oben abgeschnitten ist) nicht überschritten werden, denn hier würden die Farbinformationen ganz fehlen, was zu komplett weißen Flächen im Bild führen würde *(siehe Abbildung 4.4)*.

### 4.2.2    Weißabgleich

Die Einstellung *Weißabgleich* können Sie auch nach dem Fotografieren verändern. Das ist besonders praktisch, wenn Sie bei der Aufnahme aus Versehen eine falsche Einstellung gewählt haben. Die Farbtemperatur wird entsprechend angepasst und der störende Farbstich im Bild verschwindet. Diese Anpassungen genügen oft aber nicht und müssen zusätzlich noch manuell justiert werden. Dies erfolgt mit den Reglern *Farbtemperatur* und *Farbton*, mehr dazu erfahren Sie in einem weiteren Abschnitt ab *Seite 106*.

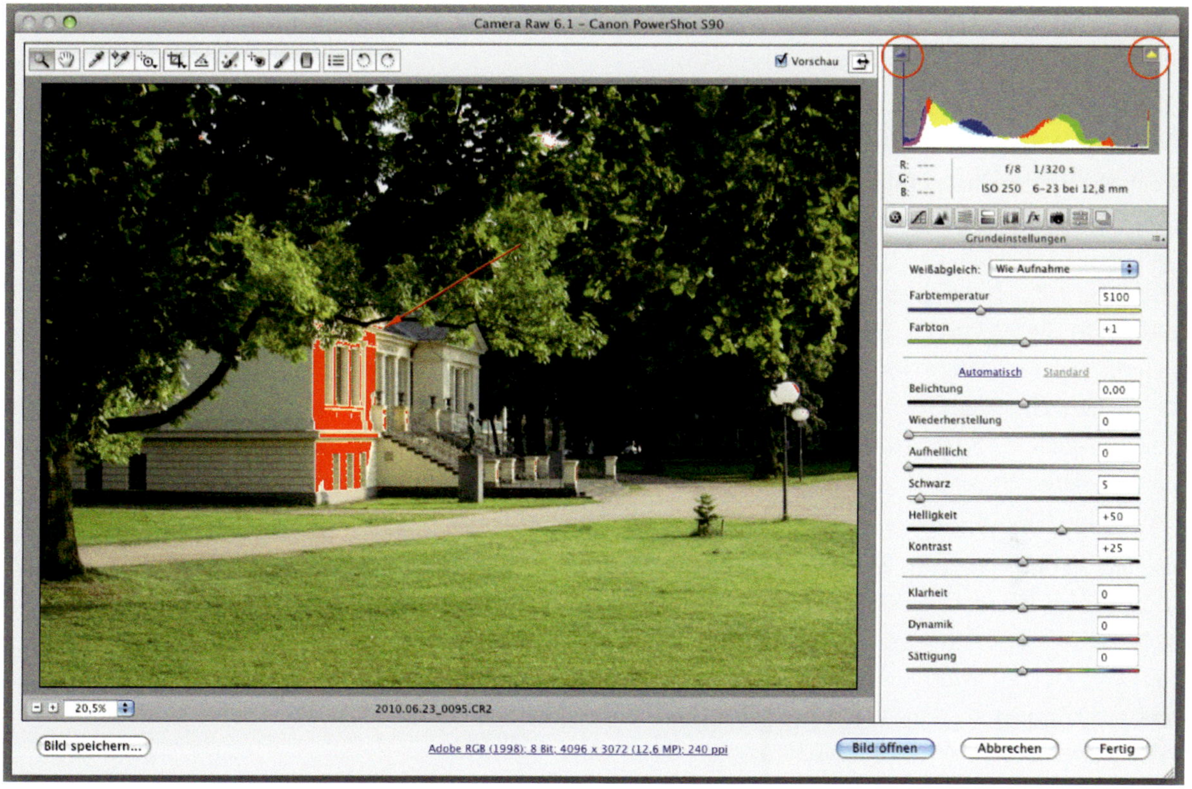

**Abbildung 4.4:** *Histogramm mit den Warnungen für zu helle und zu dunkle Bereiche*

### 4.2.3 Einstellungen speichern

Die veränderten Einstellungen, die Sie in der Palette *Grundeinstellungen* und in den anderen Paletten vorgenommen haben, können Sie als benutzerdefinierte Einstellungen speichern, um diese dann später ohne viel Aufwand auf andere Bilder anwenden zu können. Wenn Sie auf den *Option*-Button klicken, können Sie außerdem die Einstellungen löschen, zum Camera-Raw-Standard zurückkehren oder die Einstellungen von der vorherigen Konvertierung aufrufen. Da die Einstellungen in einer

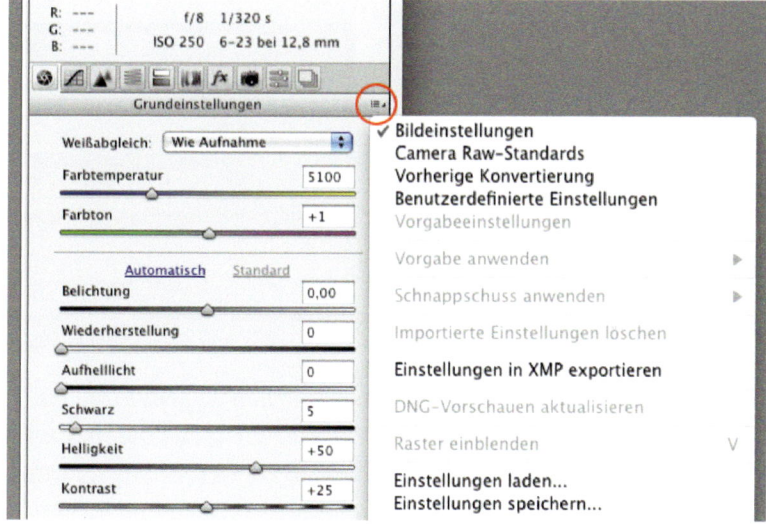

**Abbildung 4.5:** *Optionen wählen*

externen XMP-Datei gespeichert werden, können Sie diese Datei auch exportieren, um sie zum Beispiel Ihren Teamkollegen zur Verfügung zu stellen.

### 4.2.4 Arbeitsablauf-Optionen

Wenn Sie unterhalb des Bildes ungefähr in der Mitte des *Camera RAW*-Fensters auf den blau hinterlegten Link mit dem Farbraum, der Bildgröße und der Auflösung klicken, öffnet sich das Dialogfeld *Arbeitsablauf-Optionen*, in dem Sie die Ausgabeparameter für das geöffnete Bild festlegen können. Zuerst legen Sie den Farbraum fest. Hier haben Sie die Wahl zwischen Adobe RGB (1998), ColorMatch RGB, ProPhoto RGB und sRGB IEC 61966-2.1, wobei die beiden Farbräume ColorMatch RGB und ProPhoto RGB heute nicht mehr sehr gebräuchlich sind. Der Farbraum Adobe RGB (1998) hat eine größere Farbtiefe als sRGB und ist für die Fotos interessant, die beispielsweise für die Druckvorstufe produziert werden, da er von Adobe auf eine bessere CMYK-Darstellung des RGB-Farbraums durch Farbdrucker erstellt wurde. sRGB wird meistens im semiprofessionellen Bereich benutzt, zum Beispiel beim Ausdrucken auf dem heimischen Drucker, in einem Fotolabor oder für die Publikation im Internet.

Was die *Farbtiefe* betrifft, können Sie zwischen 8 und 16 Bit wählen. 16 Bit bedeutet auch mehr Farben, die Dateien werden daher aber fast doppelt so groß wie bei 8-Bit-Bildern. Das sollten Sie beachten, wenn Sie Ihre Bilder später für Bildcomposings benutzen möchten. Arbeiten Sie im 16-Bit-Modus mit vielen Ebenen, kann es schnell passieren, dass die Datei mehrere hundert MByte groß wird.

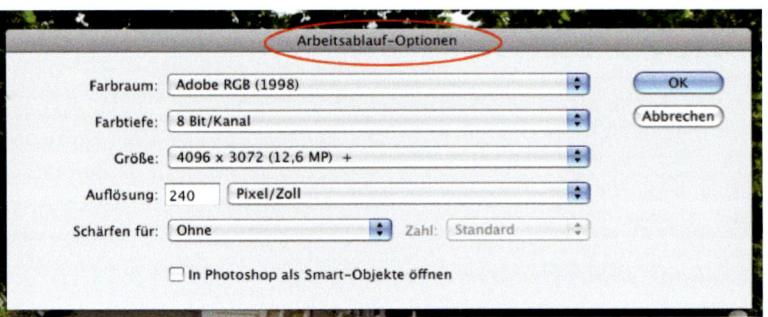

**Abbildung 4.6:** *Arbeitsablauf-Optionen: Farbraum und Farbtiefe*

Die Größe der Bilder können Sie im Dialog *Arbeitsablauf-Optionen* ebenfalls festlegen. Eigentlich ist die Bildgröße von der Größe des Sensors der Kamera abhängig – diese Größe wird in der Mitte des Aufklappmenüs angezeigt. Sie können die Größe auch interpo-

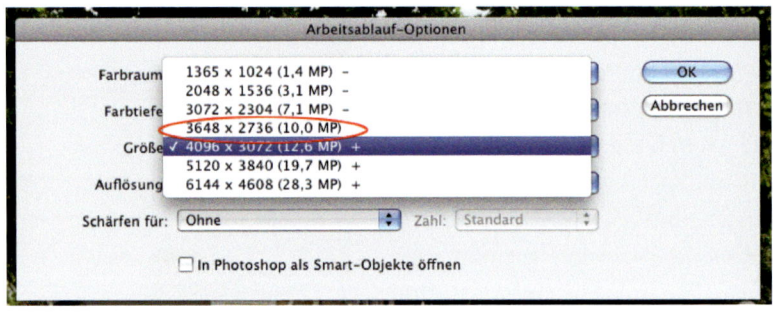

**Abbildung 4.7:** *Größe einstellen: Interpolation*

lieren. Die Interpolation mit dem Minuszeichen ist kein Problem, kleiner können Sie das Bild immer machen. Bei der Interpolation mit dem Pluszeichen ist das anders. Eine kleine Vergrößerung, zum Beispiel von 10 auf ca. 13 Megapixel, ist kein Problem. Alles, was höher ist, kann allerdings zum Schärfeverlust führen, da die Software nicht vorhandene Pixel hinzurechnen muss.

Die Einstellung *Auflösung* ist für die Endausgabe sehr wichtig. Wenn Sie Ihre Fotos zu Hause ausdrucken möchten, verwenden Sie mindestens eine Auflösung von 240 Pixel/Zoll. Bei Vorlagen für die Druckvorstufe ist eine Mindestauflösung von 300 Pixel/Zoll einzuhalten. Einige Druckereien arbeiten bereits mit einer

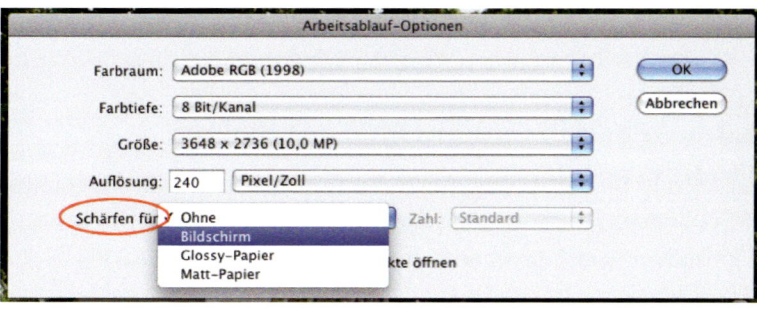

**Abbildung 4.8:** *Die Option Schärfen nutzen*

höheren Auflösung von 400 bis 450 Pixel/Zoll. Wenn Sie Ihre Fotos für die Ausgabe nachschärfen möchten, können Sie das im gleichen Dialog machen. Wählen Sie zwischen den Optionen *Bildschirm*, *Glossy-Papier* oder *Matt-Papier*, und wählen Sie im Bereich *Zahl* die Qualität *Niedrig*, *Standard* oder *Hoch*.

### 4.2.5 Speicheroptionen

Im Dialog *Camera RAW* unten links gibt es den sehr nützlichen Button *Bild speichern*. Dahinter verbirgt sich eine Option, die es Ihnen erlaubt, Ihre RAW-Daten in dem weitverbreiteten Format DNG zu speichern.

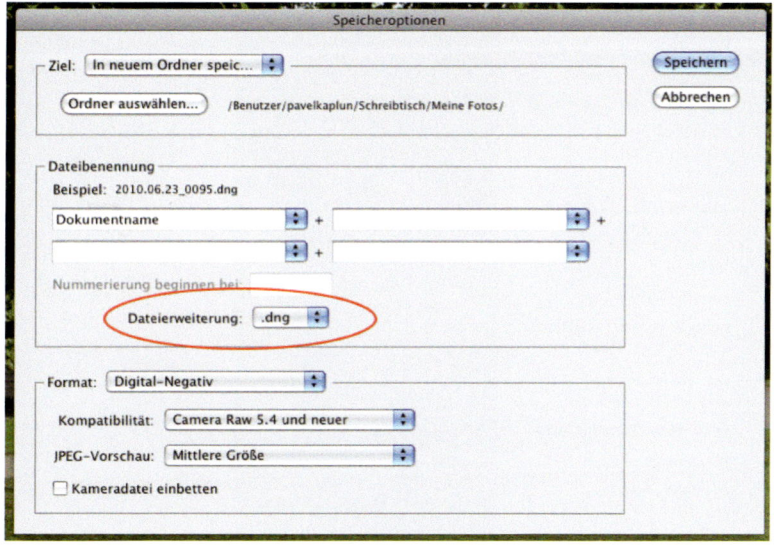

**Abbildung 4.9:** *RAW-Dateien als DNG speichern*

Die verschiedenen Kamerahersteller benutzen unterschiedliche Standards zum Speichern der RAW-Daten. Damit die Daten zukunftssicher und kompatibel gespeichert werden können, wurde der Standard Digital Negative (DNG) entwickelt, der mittlerweile von den meisten Bildbearbeitungsprogrammen, die mit RAW-Daten arbeiten, unterstützt wird. Einige Kameras, zum Beispiel Panasonic oder Leica, zeichnen ihre Daten im RAW-Modus bereits im DNG-Standard auf. Im Dialog *Speicheroptionen* können Sie entweder nur eine oder auch mehrere Dateien auf einmal in das DNG-Format umwandeln. Im Bereich *Dateibenennung* können Sie den neuen Dateinamen generieren lassen, welcher zum Beispiel aus Datum, Text und einer Sequenzindexzahl bestehen kann. Im Bereich *Format* definieren Sie dann das entsprechende Format, die Kompatibilität (abwärts wird empfohlen) und auch die Größe des JPEG-Vorschaubildes.

## 4.3    JPEGs in Camera Raw entwickeln

Seit den letzten zwei Photoshop-Versionen besteht die Möglichkeit, auch andere Bildformate, z. B. das JPEG-Format, in Camera Raw zu entwickeln. Das ist besonders für die Fotografen von Vorteil, die sich an die Camera-Raw-Umgebung gewöhnt haben. Denn die Abläufe sind die gleichen wie bei den RAW-Dateien.

1    Zum Öffnen der JPEGs in Camera Raw wählen Sie eine oder mehrere Dateien in Adobe Bridge aus und führen mit einem Rechtsklick die Option *In Camera Raw öffnen* aus.

**Abbildung 4.10:** *JPEGs in Camera Raw öffnen*

Bei der „Entwicklung" Ihrer JPEG-Bilder in Camera Raw nutzen Sie zwar die gewohnte Umgebung und gute Werkzeuge, aber eines sollten Sie dabei nicht vergessen. Auch wenn der Ablauf der Entwicklung genauso aussieht wie bei den RAW-Daten, ist die Qualität der Ausgabe unter Umständen schlechter. Denn bei den JPEGs bearbeiten Sie nicht die kamerainternen Daten und somit non-destruktiv, sondern destruktiv direkt die Pixel eines Bitmaps, die durch die Bearbeitung verändert werden. Aus diesem Grund können Sie nicht die gleichen Ergebnisse und Korrekturmöglichkeiten wie bei RAW-Daten erwarten.

**2** Wenn Sie nach der Bearbeitung der Datei auf *Bild öffnen* klicken, werden die Einstellungen auf die JPEG-Datei angewandt und sind dann nicht mehr reversibel.

**3** Wählen Sie die Option *Fertig*, werden die Einstellungen im gleichen Ordner mit der JPEG-Datei als eine XMP-Datei gespeichert.

**4** Mit diesen Einstellungen können Sie später wieder in Camera Raw arbeiten, die JPEG-Datei bleibt so auch noch unverändert. Bei Nichtgebrauch können Sie die XMP-Datei einfach löschen.

**Abbildung 4.11:** *JPEG in Camera Raw bearbeiten: Grundeinstellungen*

**5** Beim Anpassen der Werte im Bereich *Grundeinstellungen* achten Sie bei den JPEG-Daten genauso wie bei den RAW-Daten auf die Spitzwerte im Histogramm. Es ist auch hier sinnvoll, die Warnungen für die über- oder unterbelichteten Bereiche einzuschalten.

**6** In der Palette *Details* achten Sie besonders bei Aufnahmen mit Kompaktkameras darauf, dass Sie die Schärfe nicht zu stark einsetzen, denn das verursacht ein stärkeres Rauschen bei den Bildern.

**Abbildung 4.12:** *JPEG in Camera Raw bearbeiten: Behutsam nachschärfen*

## 4.4    Primäre Korrekturen mit der Palette Grundeinstellungen

In der Palette *Grundeinstellungen* beginnt die RAW-Entwicklung für die meisten Fotografen. Denn erst, wenn das Bild hinsichtlich der Beleuchtung, Tonwerte und Farben optimiert wurde, ist es sinnvoll, weitere Korrekturen wie die Schärfe, selektive Anpassungen etc. durchzuführen.

Es ist von Vorteil, die Vorher-Nachher-Ergebnisse anzuschauen, indem Sie die Option *Vorschau* oben rechts über dem Bild ein- und ausschalten. Auf diese Weise können Sie die Korrekturen am Bild besser beurteilen. Die Korrekturen in der Palette *Grundeinstellungen* können Sie mit der Vergrößerungsoption *In Ansicht einpassen* durchführen, damit Sie das ganze Bild im Sichtfeld haben und so die Korrekturen am ganzen Bild besser beurteilen können.

Zum Betrachten verschiedener Bilddetails können Sie die aktuelle Ansicht jeweils mit `cmd`+`+` (`Strg`+`+`) und `cmd`+`-` (`Strg`+`-`) vergrößern und verkleinern. Auch die Ergebnisse mit verschiedenen individuellen Voreinstellungen oder Schnappschüssen betrachten Sie am besten am ganzen Bild.

**Abbildung 4.13:** *Die Palette* Grundeinstellungen *in Camera Raw*

## 4.5 Belichtung, Kontraste und Schatten optimieren

In diesem Abschnitt erfahren Sie den optimalen Workflow für die Anpassung der Beleuchtung im Bild.

**1** Beginnen Sie mit dem Regler *Belichtung* – hier können Sie die Belichtungskorrekturen ähnlich wie beim Fotografieren mit der Kamera einstellen. Auch die Gradation des Reglers ist ähnlich, so können Sie zum Beispiel eine Belichtungskorrektur von +1,25 Stufen wählen.

**2** Ähnliche Ergebnisse erhalten Sie bei Korrekturen mit dem Regler *Helligkeit*. Technisch gesehen ist diese Korrektur aber eher mit der Anpassung *Helligkeit* (Dialog *Helligkeit/Kontrast*) zu vergleichen. Die Skala für die *Helligkeit* beinhaltet je 150 Stufen in positiver (+) und negativer (-) Richtung.

**Abbildung 4.14:** *Belichtung und Helligkeit anpassen*

**3** Bei diesen Korrekturen sollten Sie ebenfalls das Histogramm nicht aus den Augen verlieren und bei Bedarf die Warnungen für Unter- undy Überbelichtungen einschalten.

**Abbildung 4.15:** *Aufhelllicht und Helligkeit/Kontrast*

Bei vielen sehr kontrastreichen Aufnahmen existieren Bildbereiche, in denen die Strukturen nicht mehr gut zu erkennen sind. Das können Sie im RAW-Konverter problemlos anpassen. Mit dem Regler *Aufhelllicht* können Sie beispielsweise die im Schatten versunkenen Strukturen wieder ans Tageslicht bringen.

**Abbildung 4.16:** *Wiederherstellung und Klarheit*

Dabei sollten Sie allerdings darauf achten, dass zu stark aufgehellte Bereiche nicht mehr ästhetisch wirken, das Bild wirkt dann flau und „überarbeitet". Deshalb ist es kein Fehler, wenn Sie die Anpassung des Aufhelllichts in Kombination mit den Reglern *Helligkeit* und *Kontrast* durchführen. Die Strukturen, die zwar aufgehellt wurden, dadurch aber zu flau wirken, können Sie retten, wenn Sie den Wert für den *Kontrast* wieder etwas erhöhen.

4  Die überstrahlten Bereiche können Sie mit dem Regler *Wiederherstellung* anpassen. Die zu hellen Stellen werden abgedunkelt, und wenn die Farbinformationen in diesen Bereichen noch vorhanden sind, können diese effektiv abgedunkelt werden.

5  Nachdem Sie die Korrekturen nun unter Berücksichtigung der Regler *Wiederherstellung* und *Klarheit* durchgeführt haben, ist es möglich, dass das Bild noch zusätzlich in der Helligkeit angepasst werden sollte.

**6**   Das können Sie im letzten Schritt dann mit den Reglern *Helligkeit* und *Kontrast* durchführen.

**7**   Sollte das Bild im Ganzen zu hell wirken, können Sie die *Belichtung* reduzieren.

**Abbildung 4.17:** *Finale Korrekturen mit den Reglern* Helligkeit, Kontrast *und* Belichtung

Die beschriebene Vorgehensweise ist eines von vielen Szenarien, wie Sie die Belichtung eines Bildes in der Palette *Grundeinstellungen* durchführen können. Als Fotograf sollten Sie auf jeden Fall wissen, inwiefern Sie ein Bild korrigieren möchten. Alle nötigen Werkzeuge stehen Ihnen zur Verfügung.

## 4.6   Farbtemperatur korrekt einstellen

Für die Farbtemperatureinstellung existieren in der Palette *Grundeinstellungen* zwei Regler: *Farbtemperatur* und *Farbton*. Darüber hinaus können Sie die Voreinstellungen für den Weißabgleich nutzen sowie das Weißabgleich-Werkzeug.

***Abbildung 4.18:*** *Farbtemperatur und Farbton regulieren*

## 4.6.1    Weißabgleich-Tools in Camera Raw

Wenn Sie beim Fotografieren den Weißabgleich in Ihrer Kamera falsch eingestellt haben, können Sie diese Einstellung nachträglich noch in Camera Raw ändern.

***Abbildung 4.19:*** *Einstellung des Weißabgleichs für verschiedene Lichtsituationen*

Auch wenn Sie die Einstellung *AWB – Automatischer Weißabgleich* an Ihrer Kamera gewählt haben, können Sie trotzdem versuchen, die Ergebnisse noch zu verbessern, wenn Sie eine passende Weißabgleicheinstellung wählen, zum Beispiel *Kunstlicht* oder *Tageslicht*.

Wenn die Aufnahme zu dunkel geworden ist, ist es sinnvoll, vor der Korrektur des Weißabgleichs das Bild etwas aufzuhellen. Das können Sie mit dem Regler *Belichtung* machen. Anschließend korrigieren Sie die Helligkeit und den Kontrast mit den entsprechenden Reglern.

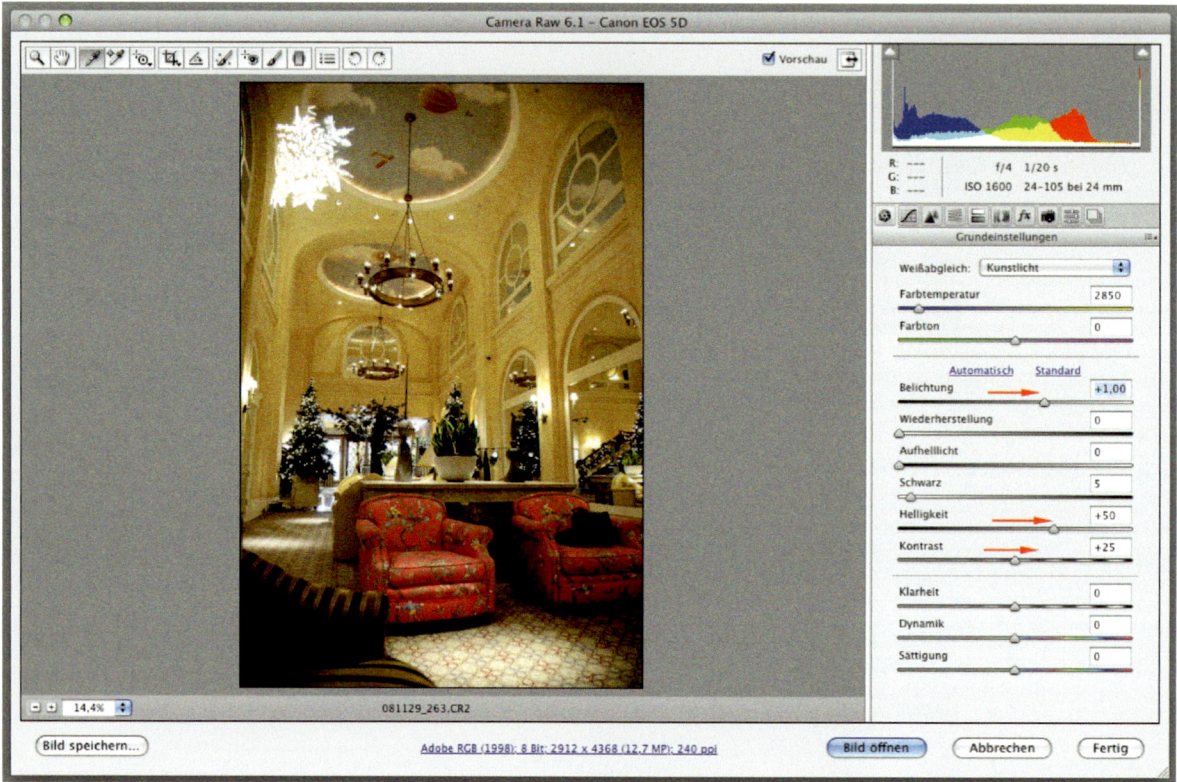

**Abbildung 4.20:** *Bild vor der Weißabgleich-Korrektur aufhellen*

## 4.7 Weißabgleich situationsabhängig definieren

Abhängig von der jeweiligen Aufnahmesituation können Sie den Weißabgleich individuell anpassen. Denn es kommt bei einem Bild nicht nur auf die korrekte Einstellung des Weißabgleichs, sondern auch auf eine angenehme, ästhetische Wirkung an. Das heißt, das Auge entscheidet mit.

Die richtige Kombination aus korrekten Einstellungen und individuellem Geschmack bringt am Ende das gute Ergebnis. Lernen Sie hier den optimalen Workflow kennen, wie Sie den Weißabgleich situationsabhängig einstellen können.

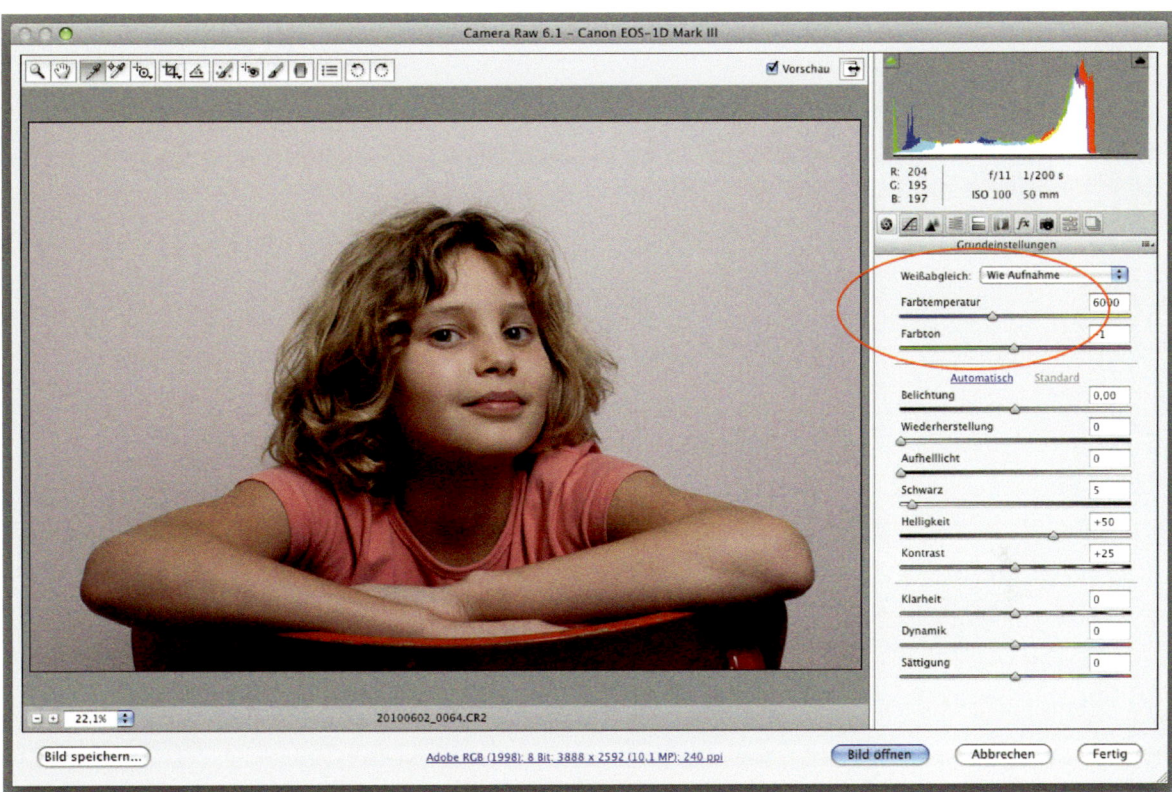

**Abbildung 4.21:** *Ausgangssituation für den Weißabgleich analysieren*

Bei Studioaufnahmen, bei denen der Fotograf sich auf die Aufnahme vorbereiten kann und die Einstellungen nicht dem Zufall überlassen will, besteht die Möglichkeit, für die spätere RAW-Entwicklung Folgendes zu machen:

1  Fotografieren Sie Ihr Model zuerst zusammen mit einer Graukarte, diese Karte können Sie dann später als Referenz für die Korrektur mit dem Weißabgleich-Werkzeug benutzen. Wenn Sie keine Graukarte besitzen, die Farbe des Hintergrunds jedoch neutral ist, können Sie diese Korrektur auch so ziemlich treffsicher durchführen.

2  Noch besser ist es, wenn Sie die Aufnahmen bereits mit der Einstellung *Manueller Weißabgleich* der Kamera machen. Abhängig vom Kamerahersteller gibt es einige Szenarien, wie Sie den Weißabgleich der Kamera definieren können.

Meistens wird ein weißes Blatt Papier fotografiert und die Farbe des Papiers wird von der Kamera als Weiß definiert. Wie genau der Workflow für diese Einstellung aussieht, erfahren Sie in der Gebrauchsanweisung Ihrer Kamera. Die Ergebnisse mit einer derartigen Einstellung sind sehr überzeugend.

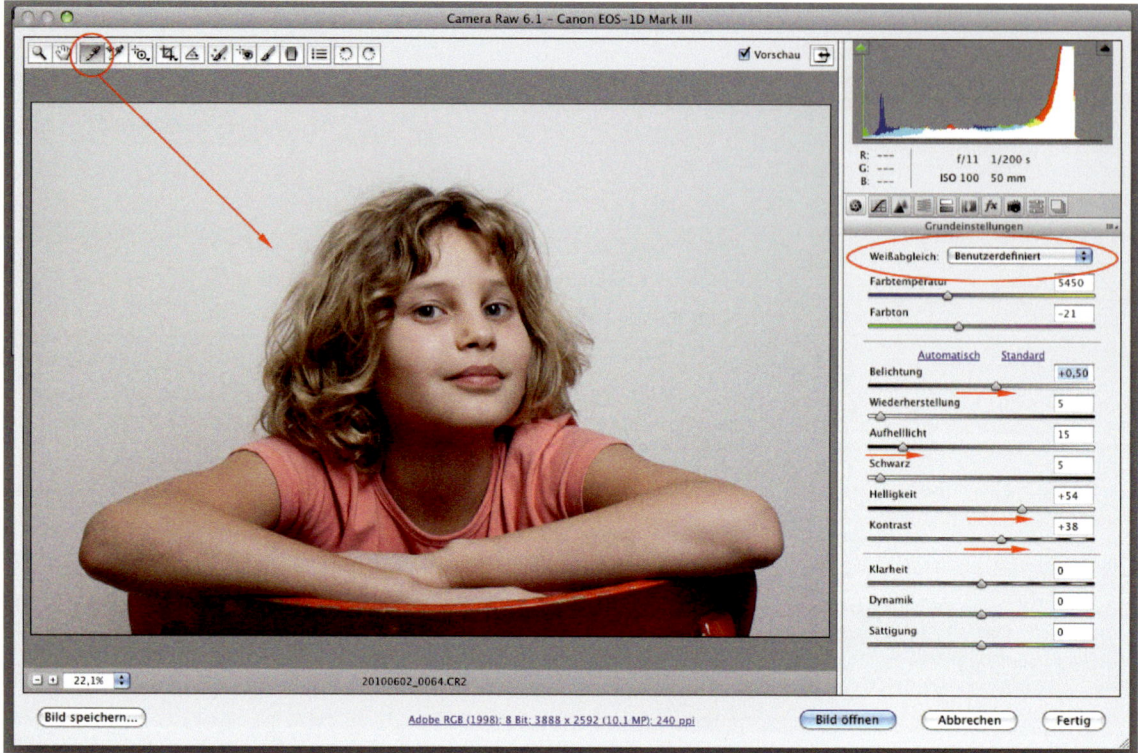

**Abbildung 4.22:** *Weißabgleich-Werkzeug*

**3** Wenn Sie das Foto anschließend in Camera Raw geöffnet haben, können Sie zuerst das Weißabgleich-Werkzeug verwenden und mit der Pipette in die Fläche mit der neutralen Farbe klicken (in unserem Beispiel der Hintergrund). Die Anzeige im Menüpunkt *Weißabgleich* ändert sich daraufhin auf *Benutzerdefiniert*.

**4** Führen Sie anschließend eine Belichtungskorrektur durch und passen Sie danach die Regler *Belichtung*, *Helligkeit* und *Kontrast* entsprechend an.

**5** Wenn auf dem Foto einige Bereiche zu dunkel geraten sind – das ist besonders bei Porträts nicht immer von Vorteil –, können Sie die dunklen Bereiche mithilfe des Reglers *Aufhelllicht* korrigieren. Dieser Regler erlaubt es Ihnen, besonders dunkle Bereiche aufzuhellen, ohne dass die Helligkeit der helleren Bereiche davon beeinflusst wird.

**6** Sollte es Bildbereiche geben, in denen helle Stellen überstrahlt wirken, können Sie diese ebenfalls weiter optimieren, indem Sie den Wert für die *Wiederherstellung* leicht erhöhen. Allerdings besteht hier auch die Gefahr, dass an Stellen, an denen tatsächlich keine Farbinformationen vorhanden sind, statt weißer graue Flächen erscheinen. Sie sollten damit also vorsichtig zu Werke gehen. In einem derartigen Fall können Sie auf eine andere Korrekturmethode zurückgreifen, die allerdings nicht in Camera Raw, sondern bei der weiteren Bearbeitung in Photoshop Anwendung findet. Die Techniken, die Sie dazu benutzen können, lernen Sie in weiteren Kapiteln wie Kapitel 7 oder 11 dieses Buches kennen.

**7** Nachdem Sie nun die Anpassungen des Weißabgleichs erfolgreich durchgeführt haben, können Sie das Foto von der ästhetischen Seite betrachten und die Farbtemperatur nach Ihrem persönlichen Geschmack anpassen. Einige Fotografen bevorzugen einen Hautfarbton mit eher gelblichen Anteilen, andere mit einem rötlichen. Mit den Reglern *Farbtemperatur* und *Farbton* können Sie diese Einstellungen nach Ihren persönlichen Vorlieben verfeinern.

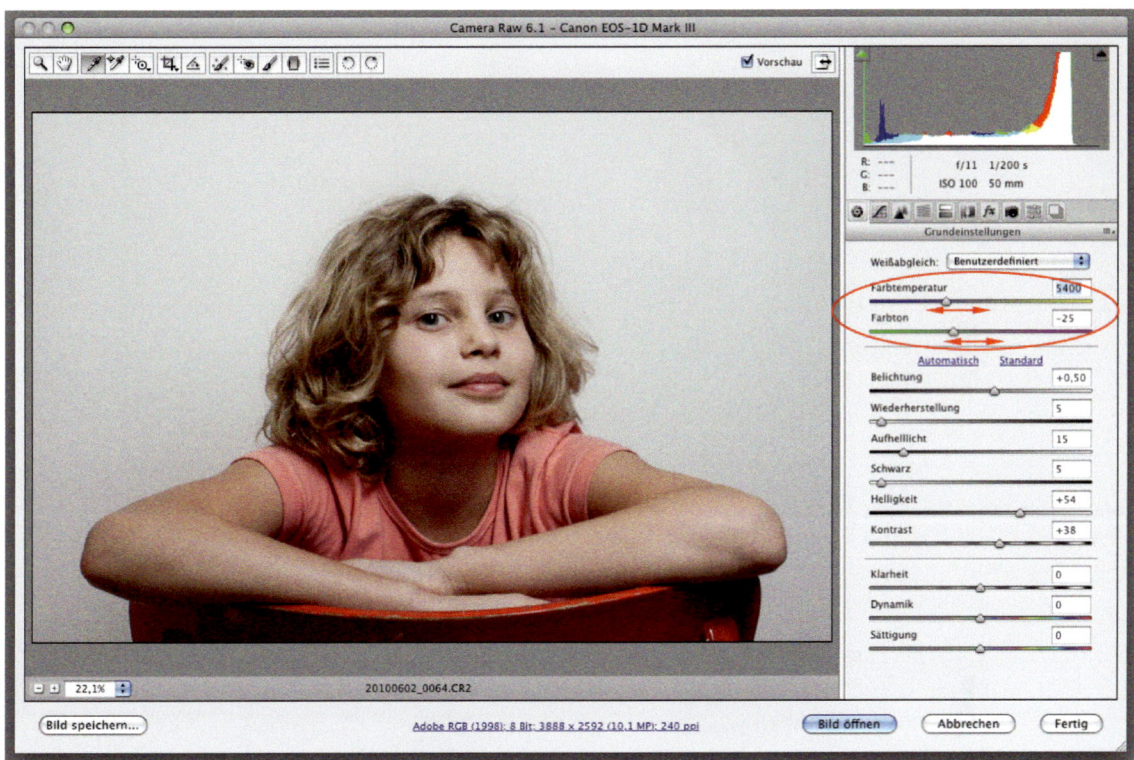

**Abbildung 4.23:** *Individuelle Anpassung der Farbtemperatur, zum Beispiel für den gewünschten Hautton*

## 4.8 Erweiterte Korrekturen mit der Gradationskurven-Palette

Gradationskurven gehören zu den Lieblingswerkzeugen der Profis. Auch in Camera Raw steht Ihnen die Palette *Gradationskurven* zur Verfügung. Im Gegensatz zur Einstellungsebene *Gradationskurven* in Photoshop besitzt die *Gradationskurven*-Palette in Camera Raw mehr Einstellungsmöglichkeiten. Die Palette verfügt über zwei Bereiche: den Bereich *Parametrisch* und den Bereich *Punkt*, wobei der Bereich *Parametrisch* für Einsteiger optimal geeignet ist.

Durch die integrierten Regler für Tiefen, dunkle Farbtöne, helle Farbtöne und Lichter ist es auch für Anfänger nicht schwer, die richtigen Einstellungen zu finden. Dank dieser Unterteilung ist der Aufbau logisch und selbsterklärend. Wenn Sie die Regler bewegen, verändert sich automatisch die Kurve des Histogramms.

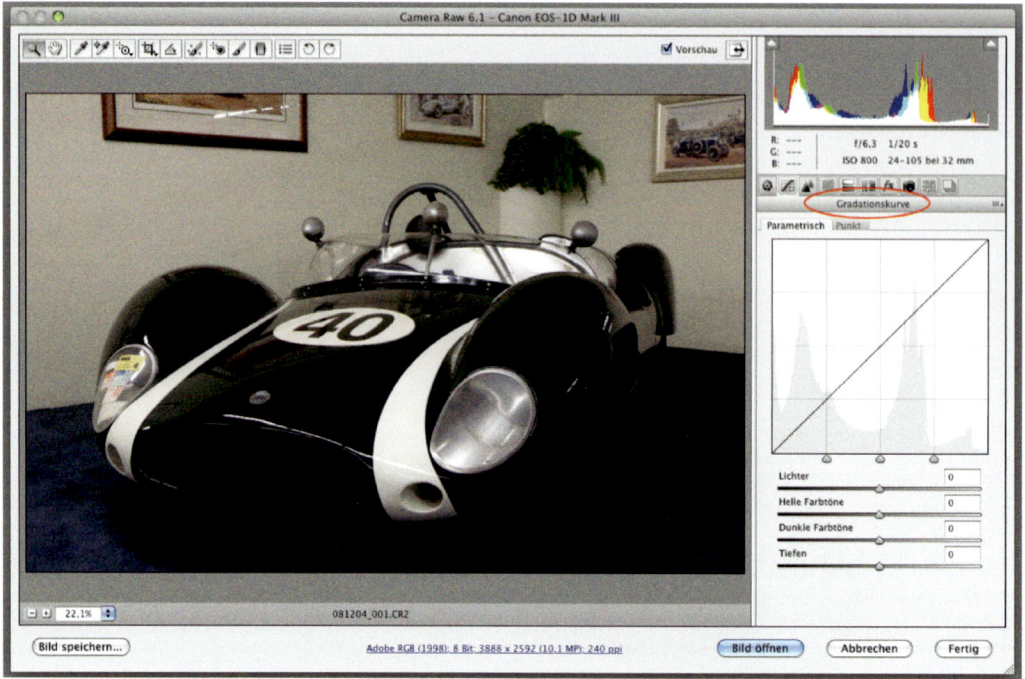

**Abbildung 4.24:** *Palette* Gradationskurven *mit den Bereichen* Parametrisch *und* Punkt

**Abbildung 4.25:** *Das Gradationskurvenverhalten ist von der Position der Regler abhängig*

An der unteren Kante des Histogramm-Fensters finden Sie die Regler, die Sie wahrscheinlich an die Regler der Einstellungsebene *Tonwertkorrektur* erinnern werden. Diese sind ähnlich aufgebaut und dienen dazu, den Tonwertumfang zu definieren.

In unserem Beispiel wurde der Tonwertumfang des Fotos etwas verringert, indem die äußeren Regler in Richtung Mitte verschoben wurden. Durch das Verschieben des mittleren Reglers nach links wurden die dunklen Bereiche des Bildes etwas aufgehellt. Das ist besonders dann sinnvoll, wenn in dunklen Bereichen noch Strukturen vorhanden sind, die Sie aufhellen wollen.

Sehr gut können Sie damit im Schatten versunkene Bereiche Ihrer Urlaubsfotos aufhellen, die bei klarem und sonnigem Wetter aufgenommen wurden. Auch Porträts mit starken Schatten können Sie so anpassen. Das Verhalten der Gradationskurven kann man in derartigen Fällen mit dem Regler *Aufhelllicht* der Palette *Grundeinstellungen* vergleichen.

**Abbildung 4.26:** *Tonwertumfang mit den Reglern des Histogramm-Fensters anpassen*

Im Bereich *Punkt* der *Gradationskurven*-Palette finden Sie die gewohnte Umgebung, die Sie von der Einstellungsebene *Gradationskurven* kennen. Hier können Sie auf der Kurve die Punkte setzen und die Tonwerte der einzelnen Bereiche durch das Verschieben der Punkte entsprechend anpassen.

**Abbildung 4.27:** *Der Bereich* Punkte *für Profis*

## 4.9    Bereichsreparatur-Pinsel einsetzen

Für die Retusche ist in Camera Raw ebenfalls gesorgt. Zwar ist die Auswahl der Werkzeuge nicht so groß wie in Photoshop selbst, aber schon mit dem Bereichsreparatur-Pinsel können Sie im Vorfeld viel an Retusche erledigen.

Das tagtägliche Problem der Fotografen, die häufig die Objektive an ihrer Spiegelreflexkamera wechseln, sind Staubflecken auf dem Sensor. Diese sind besonders gut auf dem Himmel oder vor einem einfarbigen Hintergrund erkennbar und sollten auf jeden Fall wegretuschiert werden. Natürlich können Sie diese auch in Photoshop entfernen, aber warum nicht gleich in Camera Raw?

Der Bereichsreparatur-Pinsel hat zwei Einstellungen: *Reparieren* und *Kopieren*. Die erste Funktion kann man mit dem Bereichsreparatur-Pinsel in Photoshop vergleichen, die zweite Funktion arbeitet ähnlich wie das Kopierstempel-Werkzeug in Photoshop.

Die Einstellung *Reparieren* funktioniert intelligent und eignet sich vor allem für die kleine Retusche besser als das *Kopieren*. Für das Bereichsreparatur-Pinsel-Werkzeug können Sie die Werte *Radius* und *Deckkraft* einstellen.

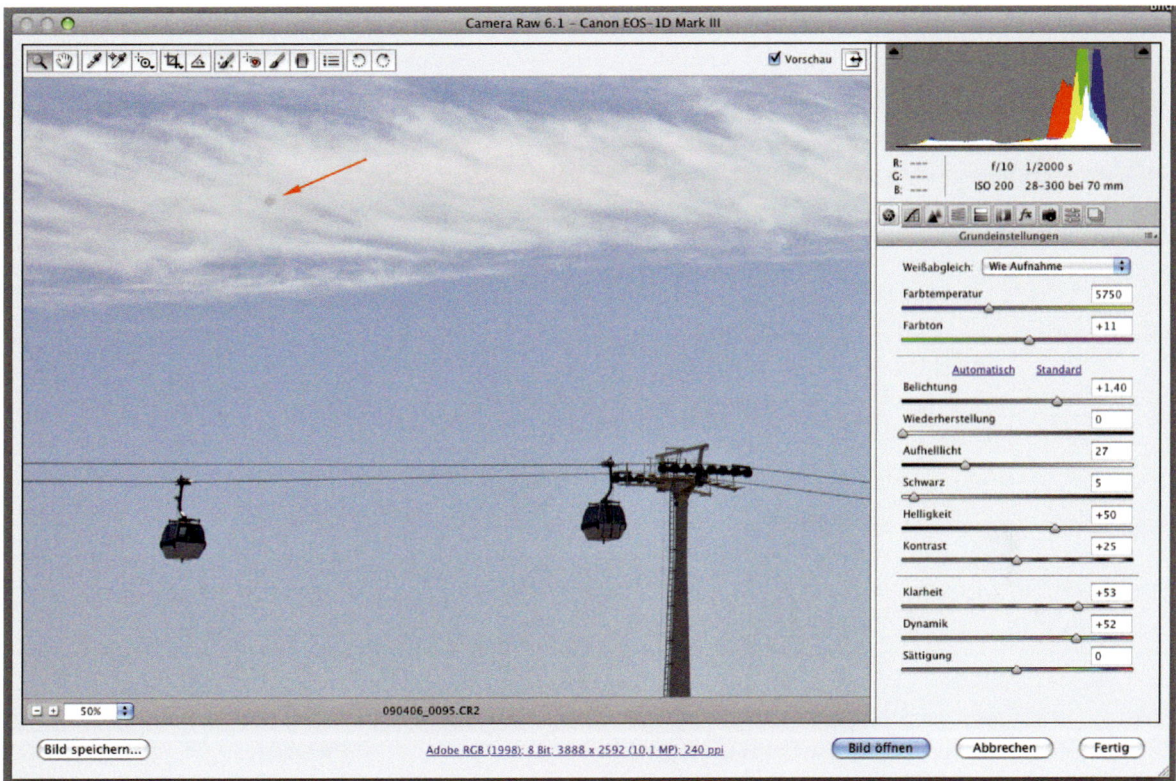

**Abbildung 4.28:** *Typischer Fall für den Bereichsreparatur-Pinsel: Die Staubflecken sind hier gut zu erkennen*

Wenn Sie auf dem Vorschaubild zum Beispiel mit dem Bereichsreparatur-Pinsel einen Fleck wegretuschieren möchten, wird der Pinsel als zwei kleine Kreise angezeigt. Der rote Kreis ist der Pinsel selbst, also der Bereich, den Sie retuschieren möchten, und der grüne Kreis ist die Stelle, von der die Reparaturpixel aufgenommen und auf die zu retuschierende Stelle übertragen werden.

Der grüne Kreis wird dabei von Camera Raw erst einmal willkürlich gesetzt. Das passt natürlich nicht immer mit Ihrem Vorhaben überein. Sie können den grünen Kreis aber problemlos verschieben, um die richtigen Pixel aufzunehmen, die Sie für die Reparatur benötigen, indem Sie in den grünen Kreis klicken und ihn mit gedrückter linker Maustaste an die entsprechende Stelle ziehen.

Nacheinander können Sie so alle Stellen retuschieren, bei denen Sie Unregelmäßigkeiten gefunden haben. Alle Kreise werden im Vorschaubild angezeigt, solange die Option *Überlagerungen anzeigen* aktiviert ist. Die Retuschekreise können Sie bei Nichtgebrauch mit dem Button *Alle löschen* entfernen.

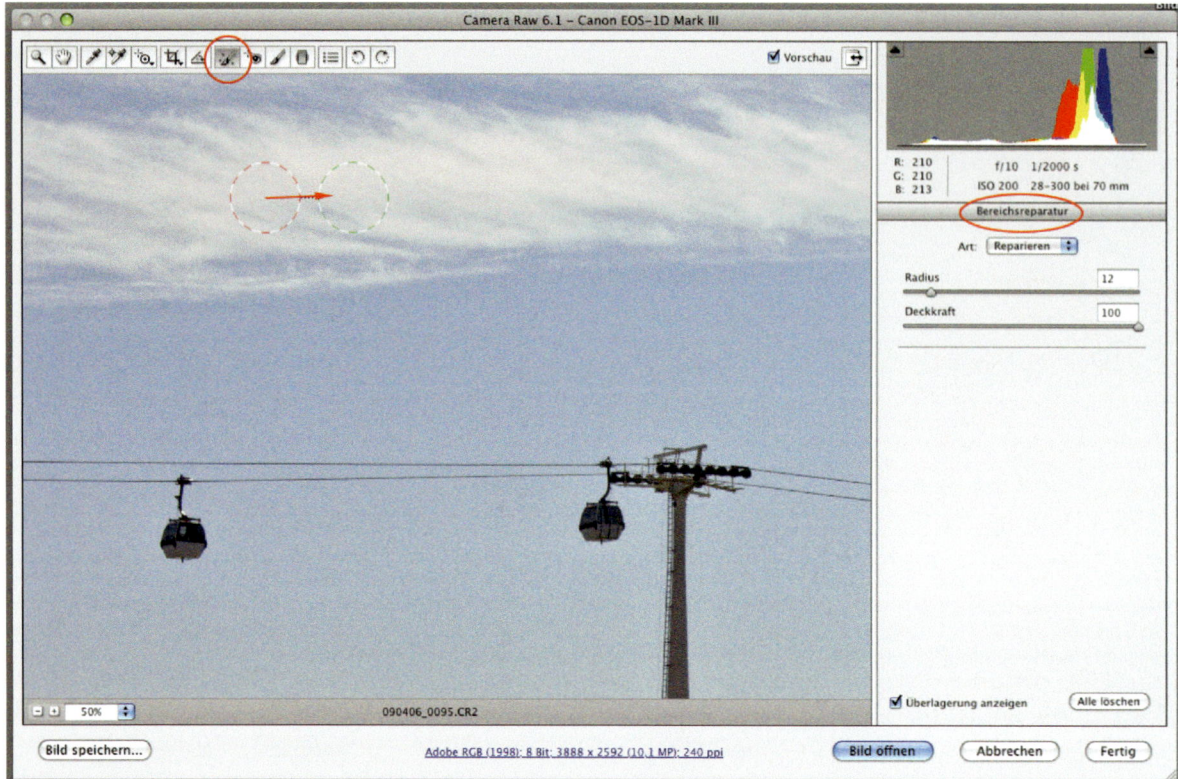

***Abbildung 4.29:*** *Einstellungen für das Bereichsreparatur-Pinsel-Werkzeug*

## 4.10   Selektive Korrekturen mit dem Verlaufsfilter

Viele Fotos besitzen Bereiche, die unterschiedlich belichtet sind. Diese sollen nun selektiv bearbeitet werden. Eine selektive Bearbeitung war in früheren Photoshop-Versionen in Camera Raw allerdings nicht möglich. In den zwei letzten Versionen kamen der Korrekturpinsel und der Verlaufsfilter zu den bisherigen Werkzeugen hinzu. Besonders der Verlaufsfilter ist für viele Fotografen von großer Bedeutung.

Wenn Sie beispielsweise eine Aufnahme im Abendlicht aufnehmen wollen, stehen Sie oft vor dem Dilemma, welchen Bildbereich Sie für die Belichtungsmessung am besten verwenden sollen, denn bei derartigen Fotos sieht es meistens so aus, dass, wenn Sie die dunklen Bereiche gemessen haben, der Himmel meistens zu hell wird, was schade ist, denn gerade die Strukturen des Himmels und das Spiel der Farben wollen Sie in einem derartigen Foto fixieren.

Haben Sie den Himmel für die Belichtung angemessen, wird der Vordergrund meist dunkler, was viele Strukturen und Gegenstände nicht mehr gut sichtbar werden lässt. Ein derartiges Szenario ist ein typisches Einsatzgebiet für den Verlaufsfilter.

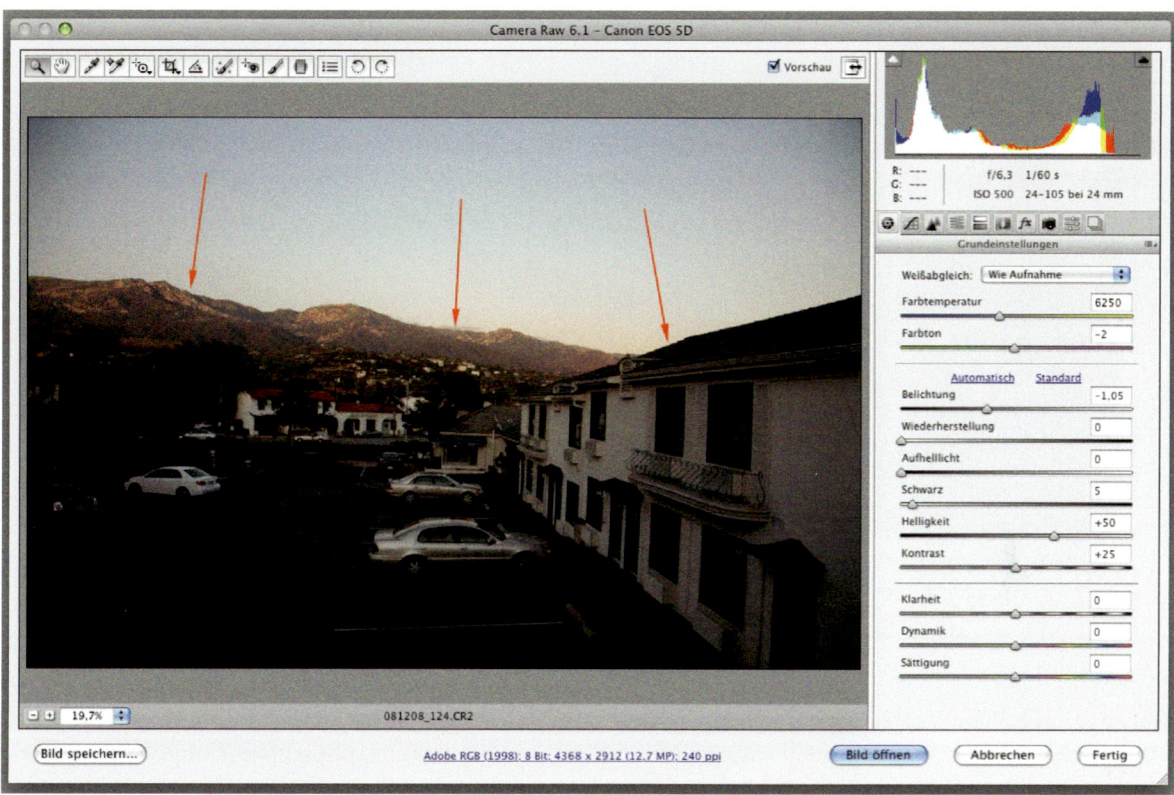

**Abbildung 4.30:** *Typisches Einsatzgebiet für Verlaufsfilter*

Ein Tipp zur Aufnahme: Wenn Sie Fotos wie in unserem Beispiel schießen, stellen Sie die Belichtungsmessung lieber auf den Himmel ein. Denn die dunklen Bereiche aufzuhellen, ist meistens mit weniger Qualitätsverlust verbunden, als helle Bildteile abzudunkeln. Wenn der Himmel überstrahlt ist und keine Farbinformationen mehr vorhanden sind, nutzen Ihnen die nachträglichen Korrekturen auch nicht mehr viel.

**1** Aktivieren Sie den Verlaufsfilter und erstellen Sie auf dem Bild einen Verlauf, wie er auf dem nächsten Screenshot zu sehen ist.

**2** Der Bereich, der aufgehellt werden soll, befindet sich fast komplett hinter dem grünen Punkt des Verlaufs, wobei der grüne Punkt den Anfang des Verlaufs und der rote Punkt das Verlaufsende markiert. Am Verlaufsende sind die Korrekturen, die Sie mit dem Verlaufsfilter angewendet haben, nicht mehr sichtbar.

Und Folgendes ist noch sehr wichtig: Je kürzer der Verlauf, umso härter ist die Grenze zwischen den korrigierten und nicht korrigierten Bereichen. Eine harte Abgrenzung wirkt nicht besonders ästhetisch. Achten Sie deshalb darauf, dass Sie genug Abstand zwischen dem Anfang und dem Ende des Verlaufs bewahren.

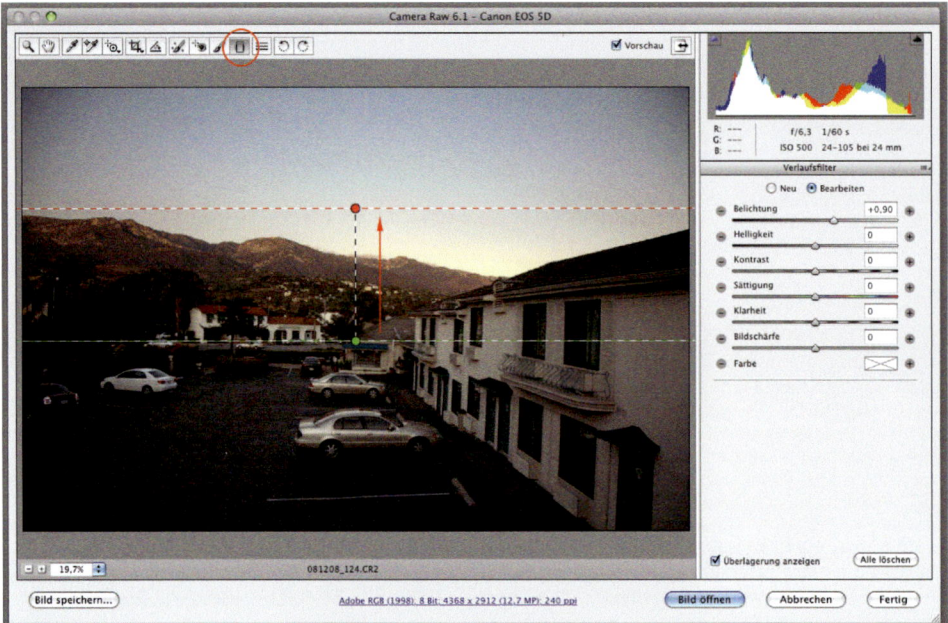

**Abbildung 4.31:** *Verlaufsfilter einsetzen*

**3** Nachdem Sie den Verlauf erstellt haben, können Sie nun die entsprechenden Einstellungen vornehmen. Diese werden nur in dem durch den Verlauf maskierten Bereich angezeigt.

**Abbildung 4.32:** *Einstellungen für den maskierten Bereich festlegen*

Ihnen stehen nun folgende Optionen zur Verfügung:

- *Belichtung*
- *Helligkeit*
- *Kontrast*
- *Sättigung*
- *Klarheit*
- *Bildschärfe*
- *Farbe*

**4** Nachdem Sie den ersten Bereich mit dem Verlaufsfilter bearbeitet haben, können Sie beliebig viele weitere Filter einsetzen, um selektive Korrekturen durchzuführen. In unserem Beispiel wird nicht nur der Vordergrund aufgehellt, sondern auch der Himmel abgedunkelt.

**5** Dazu wird der zweite Verlauf erstellt und in diesem Verlauf kommt die Option *Farbe* zum Einsatz. Mit der Einstellung *Farbe* können Sie einen durchsichtigen Farbverlauf erzeugen – optimal zum Einfärben. Für den Himmelsbereich wurde eine passende blaue Farbe gewählt.

**6** Zur Auswahl der Farbe doppelklicken Sie auf den Farbkasten, wählen Sie *Farbton* und definieren Sie den Wert für *Sättigung*.

**7** Um den eingefärbten Bereich aufzuhellen oder abzudunkeln, benutzen Sie die Regler *Belichtung*, *Helligkeit* und *Kontrast*. Testen Sie einfach die vielfältigen Möglichkeiten, die dieses Werkzeug Ihnen bietet.

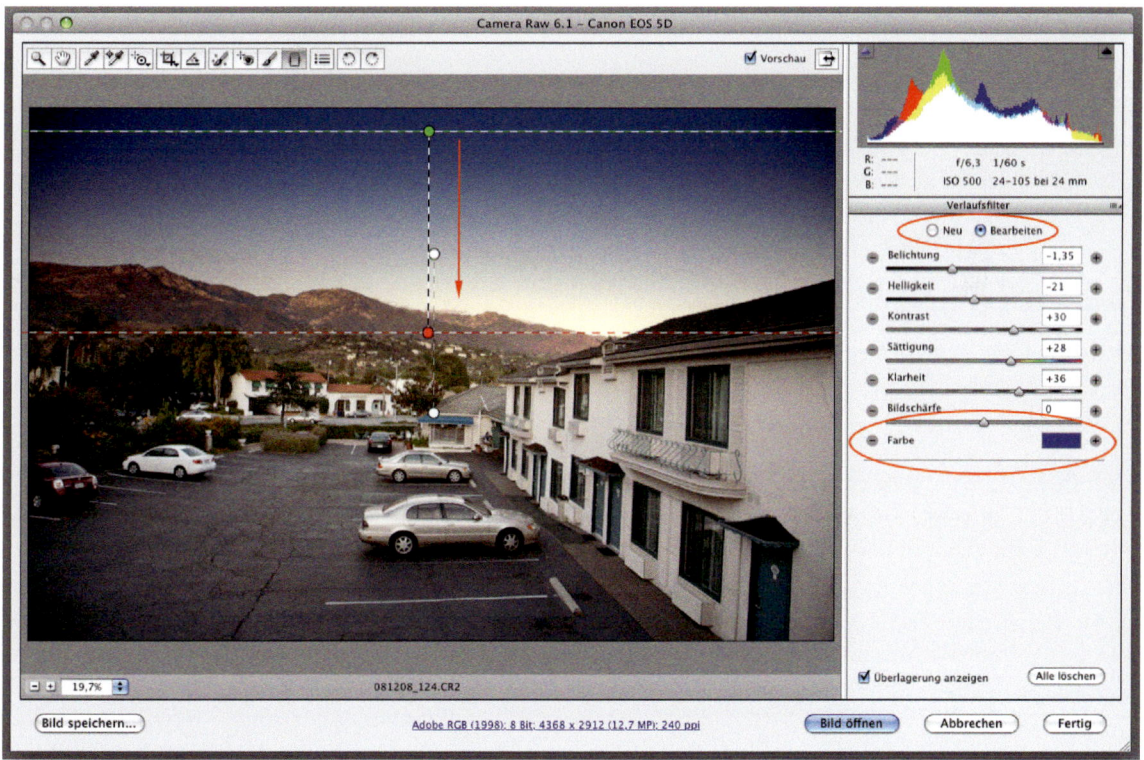

**Abbildung 4.33:** *Option* Farbe *für den Himmel nutzen*

## 4.11    Bilder behutsam nachschärfen

In der Palette *Details* können Sie darüber hinaus Ihre Bilder nachschärfen. Der obere Bereich der Palette ist vollständig dem Nachschärfen gewidmet und Ihnen stehen erweiterte Optionen zur Verfügung.

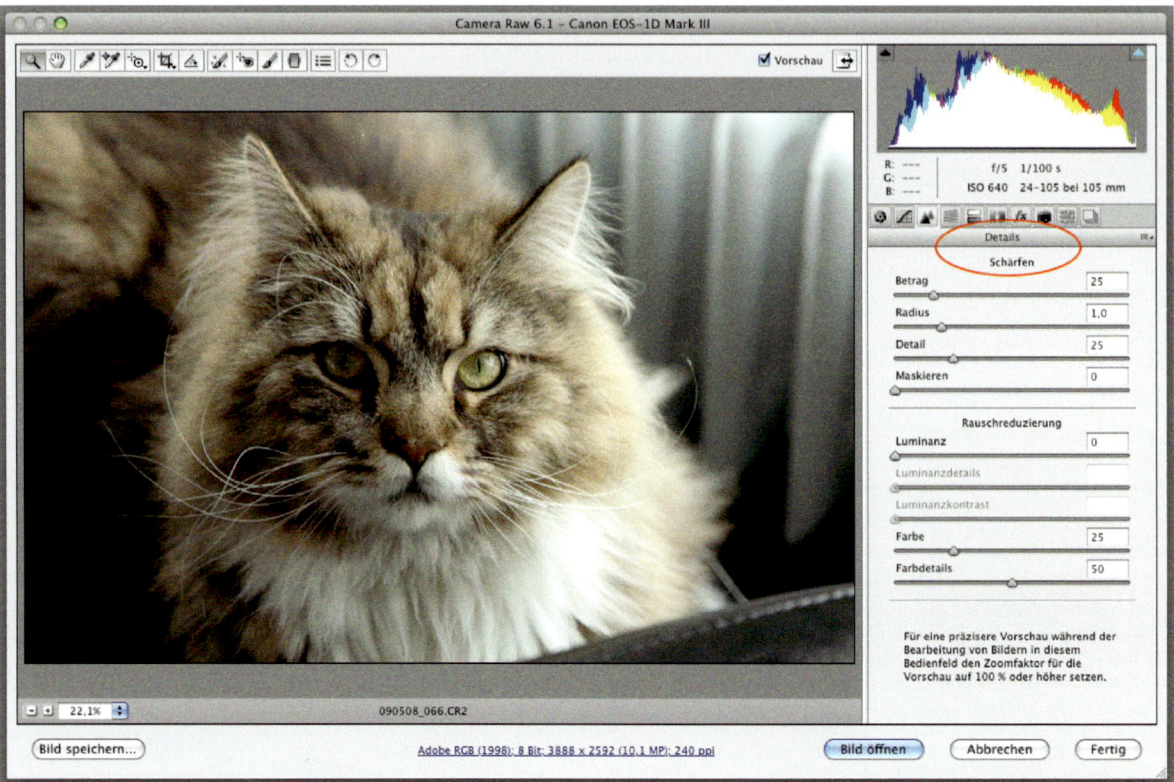

**Abbildung 4.34:** *Bilder nachschärfen in der Palette* Details

Im Bereich *Schärfen* finden Sie folgende Regler:

**Betrag**: Mit diesem Regler legen Sie fest, wie stark das Bild nachgeschärft werden soll. Je höher der Betrag, desto mehr Schärfe wird auf das Bild angewendet. Den Betrag setzen Sie motivabhängig ein. Bei Bildern mit unterschiedlichen Größen wird der Betrag auch unterschiedlich ausfallen. Bei Porträts stellen Sie einen Wert für den Betrag von ca. 60 ein. Tiere und Natur liegen bei ca. 60–70, Architektur und Landschaften bei ca. 60–80, und bei Technikaufnahmen können Sie einen Wert bis 120 annehmen.

**Radius**: Mit diesem Regler legen Sie fest, wie groß die Kanten sind, die nachgeschärft werden sollen. Je kleiner der Radius, umso feinere Details werden nachgeschärft. Zum Nachschärfen von zum Beispiel Haaren, Hautstrukturen etc. können Sie einen Radius von ca. 0,5 bis 1 Pixel wählen. Bei Architekturaufnahmen und Technikdetails mit feinen Kanten können Sie z. B. 1,0 bis 2,0 Pixel wählen.

**Detail**: Mit diesem Wert schärfen Sie das Bild noch mal nach. Je größer der Wert, desto feiner werden einzelne Bildelemente gezeichnet. Dabei sollten Sie aber beachten, dass ein allzu hoher Wert für *Detail* (wie auch für *Betrag*) grob wirkt und das Rauschen des Bildes verstärkt.

**Maskierung**: Damit das Foto nicht überschärft wirkt, auch wenn Sie die Werte für *Betrag* und *Detail* nicht übertrieben hoch angesetzt haben, können Sie nach dem Schärfen den Wert für die Maskierung erhöhen. In der Regel reicht eine minimale Anhebung des Wertes für die Maskierung, ca. 5–10, um die Schärfe leicht abzumildern.

**Abbildung 4.35:** *Vor dem Nachschärfen sollten Sie das Bild vergrößern*

In unserem Beispiel setzen sich die Werte folgendermaßen zusammen:

- *Betrag* 70–80
- *Radius* 1,0
- *Detail* 30

Nachdem Sie das Bild nachgeschärft haben, können Sie die Schärfe leicht abmildern. Setzen Sie den Betrag für die Maskierung so hoch, dass die harten Kanten (Haare) nicht zu scharf und somit nicht zu unnatürlich wirken. Speziell bei Tierfotos ist es sehr wichtig, dass der „flauschige" Eindruck nicht verloren geht. Bei unserem Bild setzen wir den Wert für die Maskierung auf 10.

**Abbildung 4.36:** *Mit der Maskierung mildern Sie die scharfen Kanten etwas ab*

## 4.12    Rauschen reduzieren mit erweiterten Funktionen

Das Rauschen tritt vor allem bei Kompaktkameras und bei höheren ISO-Werten auf. Das ist darauf zu-rückzuführen, dass eine große Anzahl der Pixel auf einem kleineren (im Vergleich zu Spiegelreflexkame-ras) Bildsensor untergebracht ist. Bei Spiegelreflexkameras ist das Rauschen bis zu einem ISO-Wert von 800 meistens kein Problem.

Bei Kameras mit einem Vollformatsensor (24 x 36 mm – die Größe eines Bildes auf dem analogen Klein-bildfilm) ist das Rauschverhalten am besten. Das hat allerdings auch seinen Preis – diese Kameras gehören schon zur Profiklasse und sind relativ teuer.

Die *Details*-Palette in Camera Raw wurde in der Version CS5 überarbeitet und bietet Ihnen mehr Möglich-keiten, das Bildrauschen in Schach zu halten. Der Bereich *Rauschreduzierung* wurde erweitert und beinhal-tet jetzt fünf weitere Regler, mit denen Sie die nötigen Einstellungen fein justieren können:

**Luminanz**

Mit diesem Regler bekämpfen Sie die Grobkörnigkeit. Je weiter nach rechts Sie den Regler bewegen, umso weniger Rauschen weist das Bild auf. Wenn Sie allerdings einen zu großen Wert einsetzen, kann es passieren, dass die Kanten im Bild zu grob wirken und das ist nicht mehr optimal. Sie können bei einem Wert von ca. 50–60 anfangen.

**Luminanzdetails**

Beim Erhöhen des Wertes Luminanz kommt es unweigerlich dazu, dass die Schärfe des Bildes etwas nachlässt. Dem können Sie durch die Erhöhung des Wertes *Luminanzdetails* entgegenwirken. Ca. 50 ist schon ein guter Wert, er wird übrigens vom Programm als Anfangswert vorgeschlagen, sobald Sie den Regler *Luminanz* bewegen.

**Luminanzkontrast**

Durch die Erhöhung dieses Wertes können Sie die Schärfe des Bildes noch ein bisschen aufbessern.

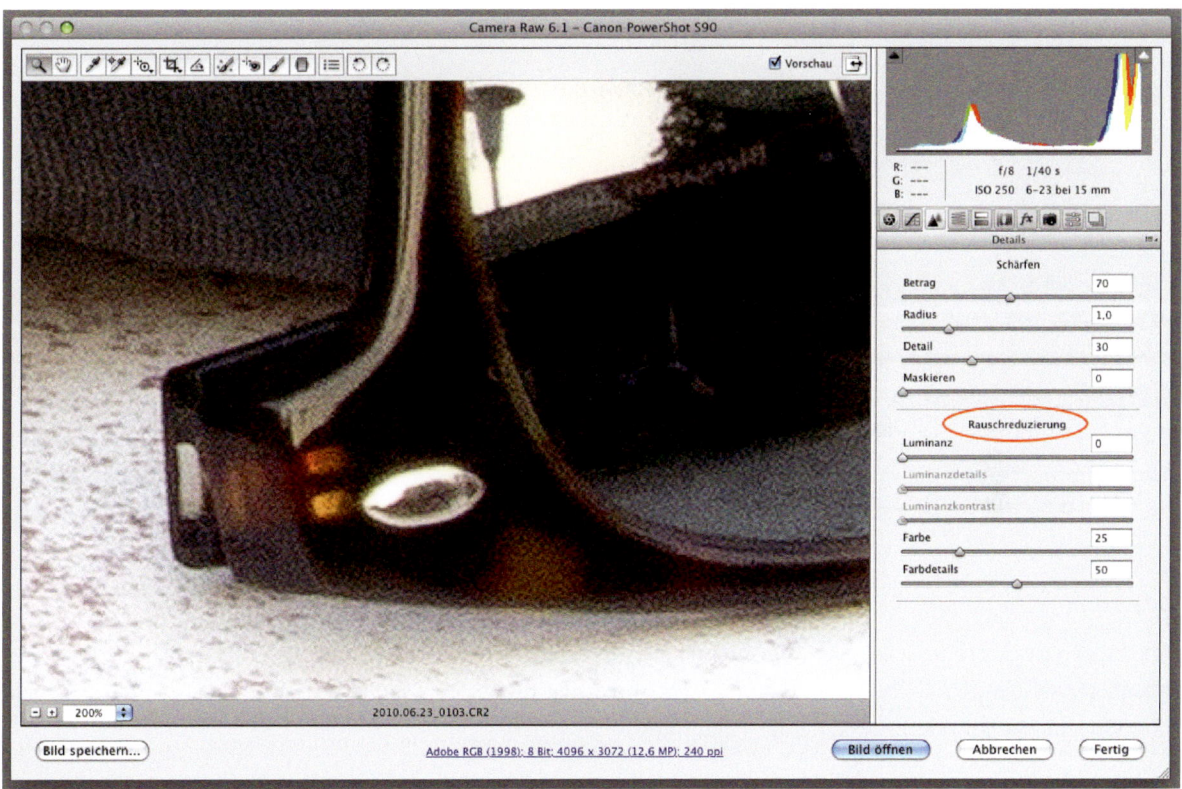

**Abbildung 4.37:** *Der Bereich Rauschreduzierung in der Palette* Details

In unserem Beispiel wurden die Korrekturen mit folgenden Werten ausgeführt: *Luminanz* 70, *Luminanzdetails* 22 und *Luminanzkontrast* 30.

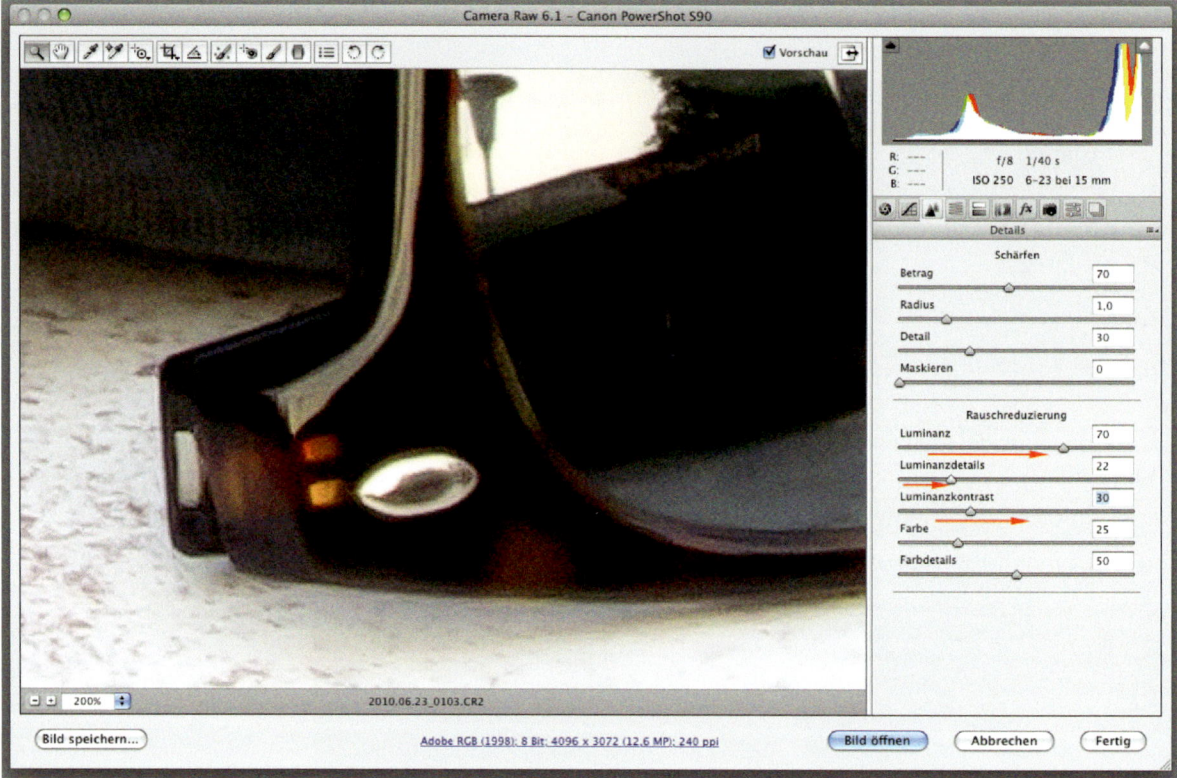

**Abbildung 4.38:** *Luminanzrauschen: die Grobkörnigkeit im Bild*

Das Farbrauschen ist das Auftreten von bunten Pixeln (grün und rot), welches besonders in den dunkleren Bereichen des Bildes recht deutlich zu sehen ist. Das Farbrauschen können Sie mit zwei Reglern minimieren:

### Farbe

Mit diesem Regler reduzieren Sie die Sichtbarkeit der bunten Pixel. Der Wert hängt von der Stärke des Farbrauschens ab. Um das Farbrauschen genau zu kontrollieren, vergrößern Sie die Bildansicht auf 100 % und schauen sich die dunklen Bereiche des Bildes an.

### Farbdetails

Mit diesem Regler wirken Sie dem Verlust der Schärfe entgegen, der durch die Erhöhung des Wertes *Farbe* hervorgerufen wird.

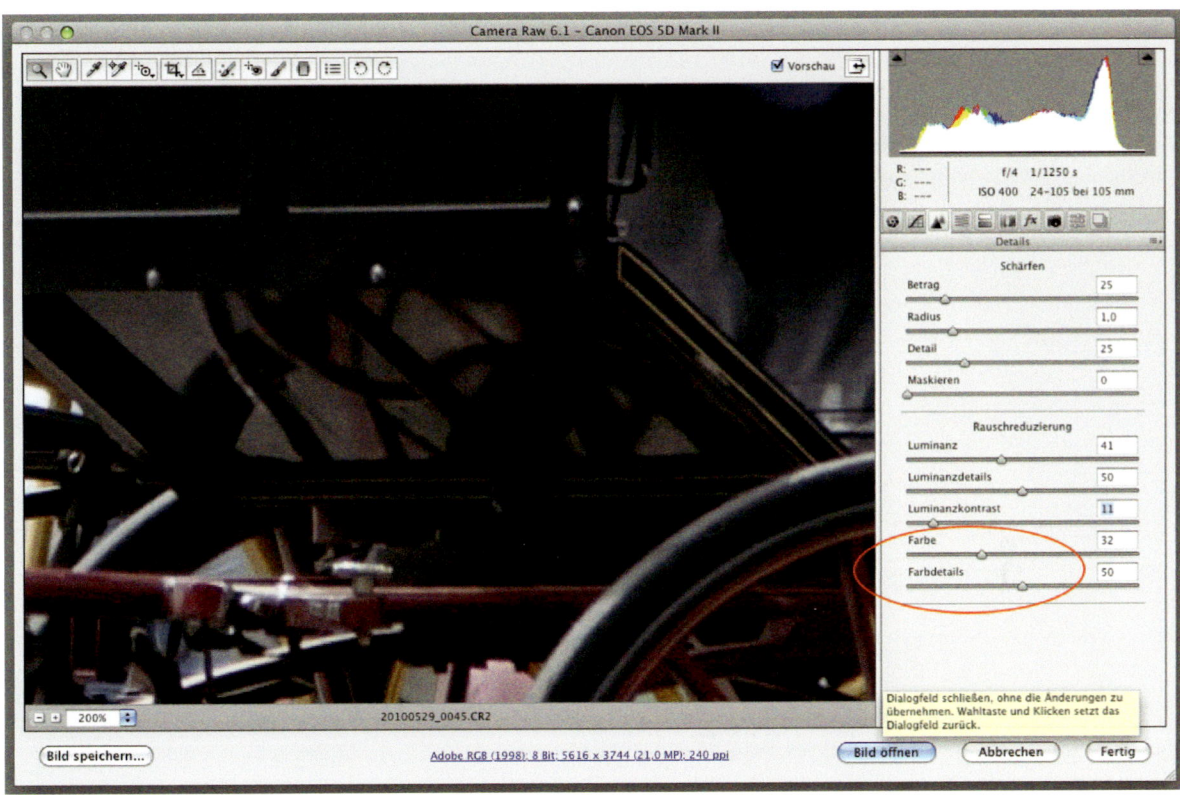

**Abbildung 4.39:** *Farbrauschen: Das Auftreten von roten und grünen Pixeln bei hohen ISO-Zahlen ist besonders in dunkleren Bereichen des Bildes sichtbar*

## 4.13 HSL/Graustufen – selektive Korrekturen und Schwarzweißfunktion

HSL ist eine Abkürzung von Hue, Saturation, Luminescence oder Farbton, Sättigung und Luminanz. Die Palette *HSL/Graustufen* wird für die selektive Anpassung der Farben und für die Umwandlung in Schwarzweiß genutzt.

Mit den acht Farbtonreglern können Sie jede im Bild enthaltene Farbe einzeln in *Farbton* (Farbbalance), *Sättigung* und *Luminanz* (Helligkeit) steuern. Wenn Sie das Bild in Schwarzweiß umwandeln, können Sie diese Farbwerte ebenfalls korrigieren, um zum Beispiel einige heller oder dunkler, kontrastreicher oder kontrastärmer zu gestalten.

In dieser Palette können Sie entweder eine Farbanpassung durchführen oder interessante Effekte wie zum Beispiel die Entsättigung einiger Bereiche erreichen.

**Abbildung 4.40:** *Palette* HSL/Graustufen *für selektive Farbkorrekturen und Schwarzweißumwandlung*

### 4.13.1  Selektive Farbkorrekturen mit HSL-Palette

In unserem Beispiel wird der Salatkopf zuerst in der Farbe intensiviert (Sättigung wird erhöht) und dann umgefärbt. Öffnen Sie die Palette *Sättigung*. Mit den acht Reglern für verschiedene Farbtöne können Sie die Sättigung einzelner Farbbereiche erhöhen oder verringern. Der Salatkopf enthält viele Grünanteile und ein wenig gelbe und Aquamarin-Anteile.

Erhöhen Sie zuerst den Wert für Grüntöne, da diese Farbe am meisten in diesem Bildbereich vorhanden ist. Dann erhöhen Sie die Gelbtöne und zuletzt die Aquamarin-Töne. Die letzten werden aber nur ein wenig angehoben, da am wenigsten vorhanden *(siehe Abbildung 4.41)*.

Nach der Korrektur der Sättigung der Farben können Sie auch die Helligkeit dieser Bereiche in der Palette *Luminanz* anpassen. Anschließend können Sie mit den Farben ein wenig experimentieren und dem Salatkopf eine andere Farbe verpassen. Zum Beispiel Gelb. Arbeiten Sie mit den Reglern, die für die gleichen Farbtöne verantwortlich sind wie bei den Korrekturen der Sättigung und Luminanz *(siehe Abbildung 4.42)*.

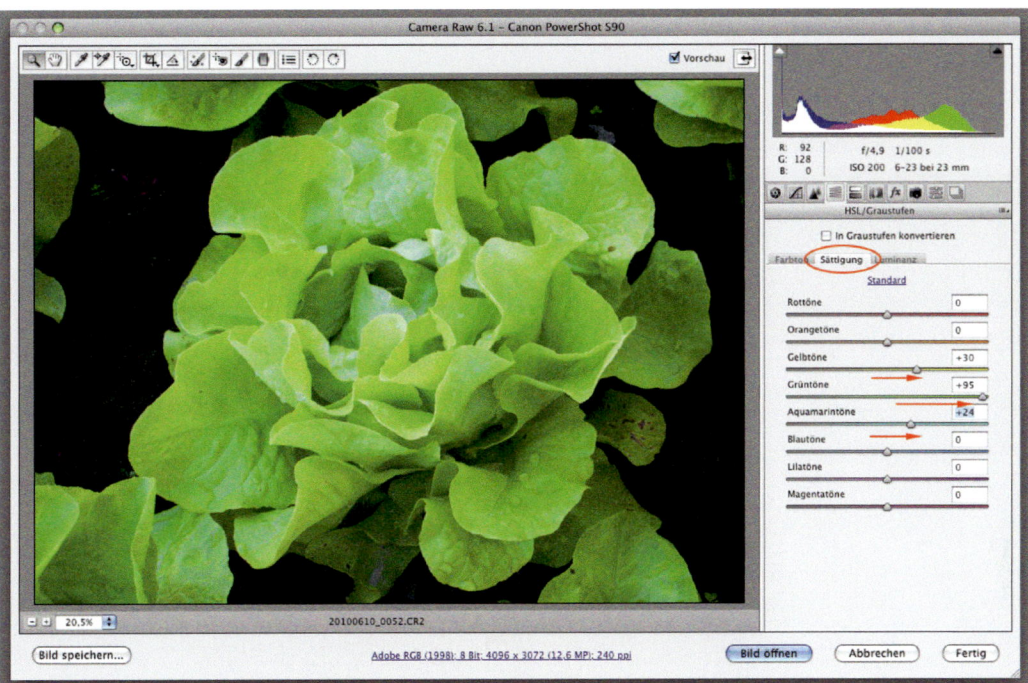

**Abbildung 4.41:** *Korrekturen in der* HSL/Graustufen-*Palette und der Bereich* Sättigung

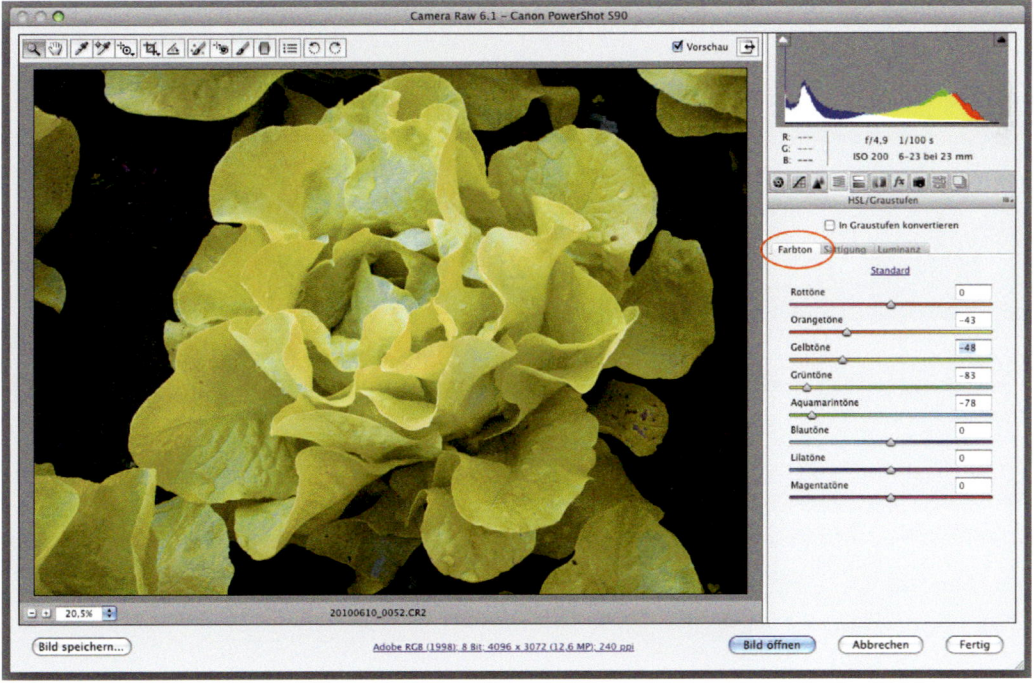

**Abbildung 4.42:** *Farbe ändern im Bereich* Farbton

## 4.13.2  Teiltönung für mehr Farbeffekte

In der Palette *Teiltönung* können Sie dem Bild eine interessante Farbtönung verpassen, um zum Beispiel ein Bild, aufgenommen bei Tageslicht, in ein Bild mit abendlicher Stimmung zu verwandeln.

***Abbildung 4.43:*** *In der Palette* Teiltönung *dem Bild eine andere Stimmung verpassen*

In der Palette *Teiltönung* können Sie die Einfärbung des Bildes separat für helle und dunklere Bereiche anpassen. Wählen Sie mit dem Regler *Farbton* die Farbe, die Sie ins Bild bringen wollen, und passen Sie die Sättigung entsprechend an. Das Gleichgewicht zwischen der Tönung der hellen und dunklen Bereiche erhalten Sie mit dem Regler *Abgleich*.

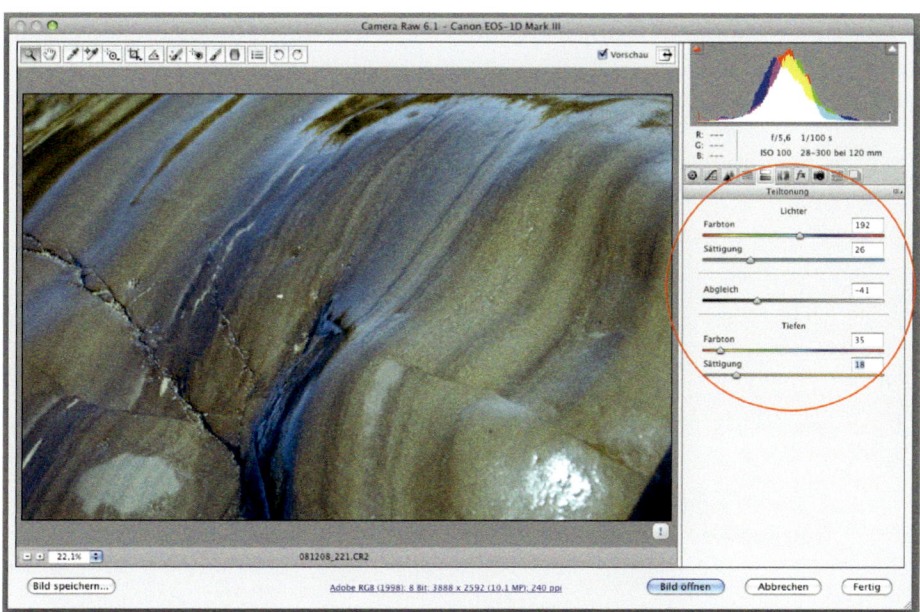

**Abbildung 4.44:** *Palette* Teiltönung

### 4.13.3 Schwarzweißumwandlung

In der Palette *HSL/Graustufen* können Sie Ihre Fotos auch in Schwarzweiß umwandeln. Aktivieren Sie dazu die Option *In Graustufen konvertieren*.

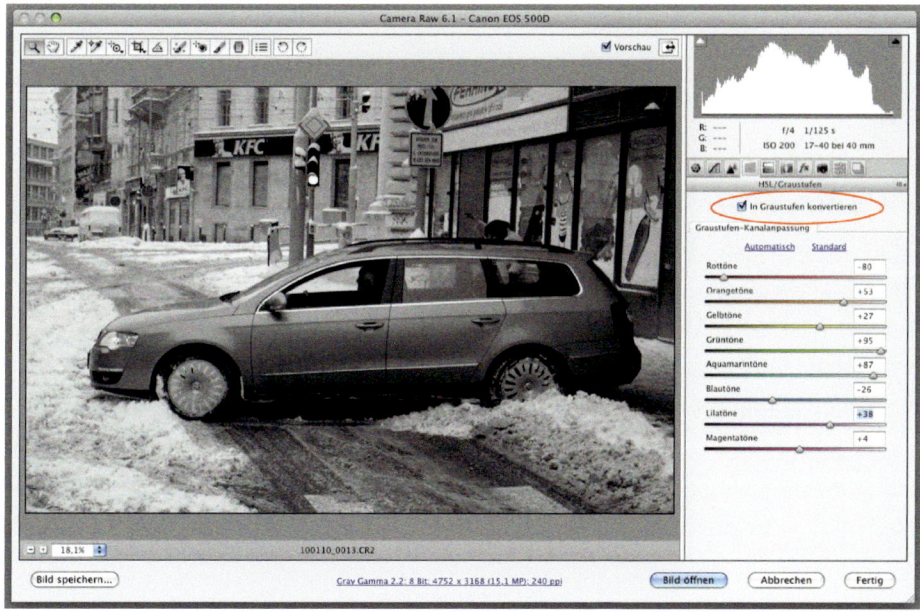

**Abbildung 4.45:** *In Graustufen konvertieren*

Jetzt können Sie mit den Reglern, die für bestimmte Farbbereiche verantwortlich sind, in der Palette *Graustufen-Kanalanpassung* arbeiten (die Paletten *Farbton*, *Sättigung* und *Luminanz* sind jetzt nicht mehr verfügbar). Sie können auch auf manuelle Einstellungen verzichten und die Option *Automatisch* wählen.

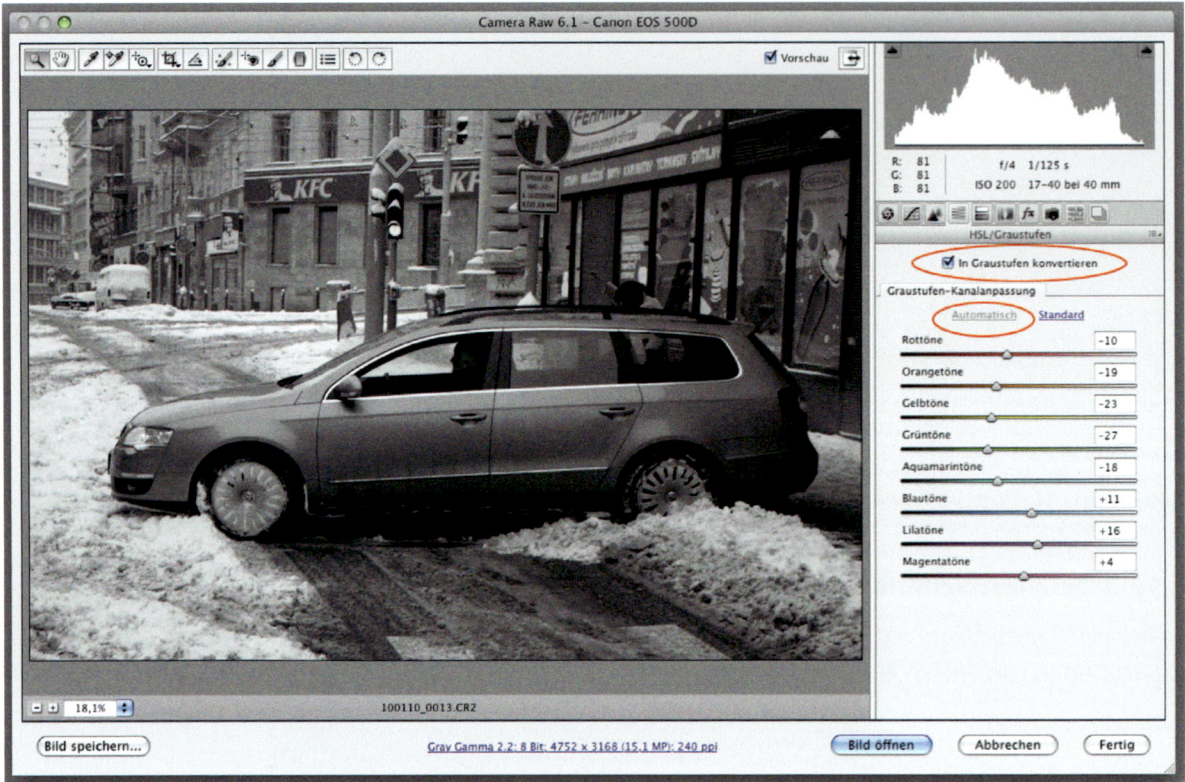

**Abbildung 4.46:** *Automatikmodus für die Graustufen-Konvertierung*

### 4.13.4  Ausgewählte Bereiche mit dem Korrekturpinsel optimieren

Selektive Korrekturen in Camera Raw gehören seit den letzten zwei Versionen von Photoshop zum Alltag und bieten Ihnen die Möglichkeit, die Anpassungen der Farbe oder der Tonwerte auf bestimmte Bildbereiche anzuwenden, ohne dass der Rest des Bildes davon betroffen wäre. Und nicht nur das, auch die Schärfe können Sie separat auf gewünschte Objekte anwenden. Die selektiven Korrekturen dieser Art können Sie mit dem Korrekturpinsel-Werkzeug bequem erledigen.

Das Korrekturpinsel-Werkzeug finden Sie in der Werkzeugpalette des Camera-Raw-Fensters. Definieren Sie zuerst die Pinseleigenschaften wie *Größe* und *Weiche Kante*. Es wird empfohlen, immer mit der weichen Kante zu arbeiten, denn auf einem Foto gibt es kaum absolut harte Kanten, auch wenn es um wirklich hart aussehende Grenzen geht.

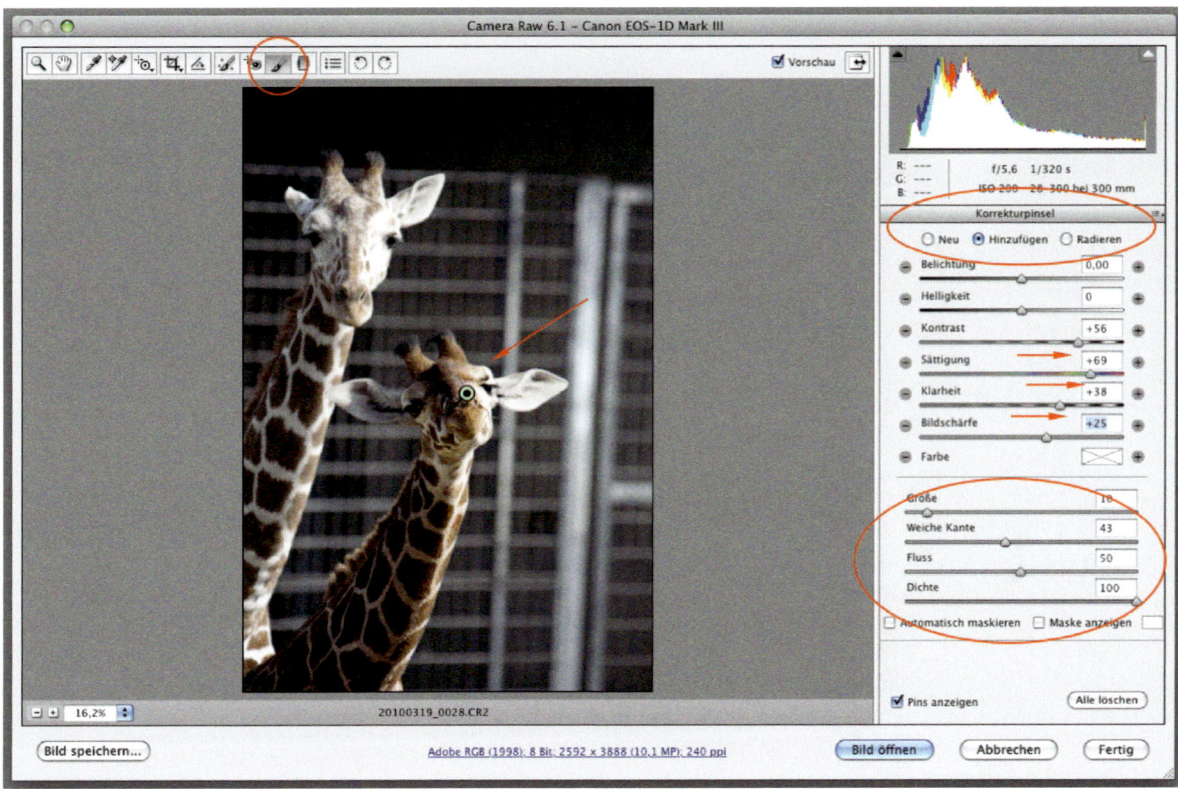

***Abbildung 4.47:*** *Korrekturpinsel-Werkzeug*

Bei der weichen Kante ab ca. 30 sind Sie auf der sicheren Seite. Mit den Reglern *Fluss* und *Dichte* regulieren Sie die Deckkraft des Pinsels. Da das Arbeiten einer Maskierung ähnlich ist, können Sie entweder gleich die Ergebnisse als Vorschau direkt auf dem Bild anzeigen lassen oder Sie entscheiden sich für die Option *Maske anzeigen*.

Bei dieser Option können Sie die Farbe der Maske selbst auswählen. Dazu klicken Sie auf den Farbkasten neben der Option *Maske anzeigen*. Sobald Sie auf dem Bild mit dem Korrekturpinsel einen Bereich bearbeitet haben, wird am Anfang des Strichs ein *Pin* gesetzt, damit Sie wissen, wo Sie angefangen haben.

Nach dem ersten Pinselstrich wird die Option *Neu* auf *Hinzufügen* gewechselt und Sie können den Bereich, den Sie mit den Einstellungen bearbeiten wollen, erweitern oder neue Flächen zum Korrekturbereich hinzufügen.

Führen Sie die Korrekturen durch, die Ihnen bereits aus dem Abschnitt über den Verlaufsfilter bekannt sind. Sie können selbstverständlich auch andere Korrekturen vornehmen. Klicken Sie dazu auf die Option *Neu* und bemalen Sie mit den anderen Einstellungen neue Stellen auf dem Bild.

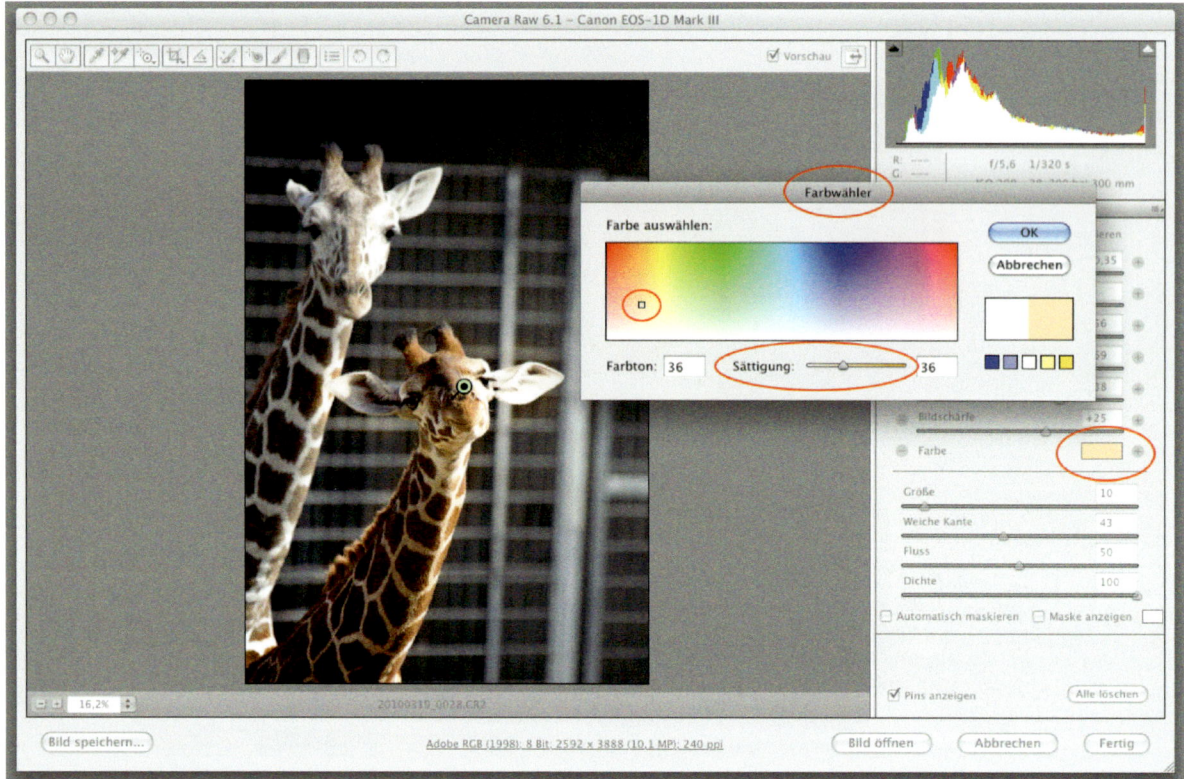

***Abbildung 4.48:*** *Eigenschaften der markierten Bereiche ändern, zum Beispiel einfärben*

In unserem Beispiel wurde die kleine Giraffe mit einem ziemlich großen Pinsel markiert und die Werte für *Kontrast*, *Sättigung*, *Klarheit* und *Bildschärfe* wurden angepasst. Zusätzlich können Sie den markierten Bereich auch einfärben. Klicken Sie dazu auf das Farbkästchen der Option *Farbe* und legen Sie im daraufhin geöffneten Farbwähler zuerst die Farbe fest. Anschließend definieren Sie die Sättigung.

Wenn der Regler *Sättigung* auf 100 bleibt, wird die Farbe sehr intensiv angewendet. In unserem Beispiel können Sie den ausgewählten Bereich mit einer Sättigung von ca. 30–40 bearbeiten. Die Wirkung der Option *Farbe* können Sie mit der Einstellungsebene *Fotofilter* in Photoshop vergleichen.

Da ein großer weicher Pinsel für die Maskierung ausgewählt wurde, sind auch einige Bereiche des Hintergrunds mit ausgewählt. Wenn Sie das korrigieren möchten, schalten Sie die Option *Radieren* ein, verringern die Größe des Pinsels und radieren die Stellen, an denen Sie die Korrekturen nicht wünschen. Wünschen Sie die Ansicht des Bildes ohne störende *Pins*, deaktivieren Sie einfach die Checkbox *Pins anzeigen*. Soll die Einstellung gelöscht werden, wählen Sie *Alle löschen* aus.

**Abbildung 4.49:** *Maske bearbeiten mit der Option* Radieren

## 4.14 Erweiterte Objektivkorrekturen mit Onlineunterstützung

Die Palette *Objektivkorrekturen* wurde in Photoshop CS5 gründlich überarbeitet. Jetzt erfolgt die Objektivkorrektur unter Berücksichtigung der Objektivprofile, die mit einer Onlinedatenbank verglichen werden. Die Datenbank wird permanent aktualisiert, neue Objektivprofile kommen regelmäßig dazu. Die Palette *Objektivkorrekturen* besteht aus den Bereichen *Profil* und *Manuell*. Der Bereich *Profil* bietet Ihnen die Objektivkorrekturen mit Onlinedatenbankunterstützung an, in der Palette *Manuell* können Sie die automatisch ermittelten Werte nach Ihren eigenen Vorstellungen weiter verfeinern *(siehe Abbildung 4.50)*.

### 4.14.1 Objektivprofilkorrekturen

Aktivieren Sie zuerst die Einstellung *Objektivprofilkorrekturen aktivieren.* Daraufhin wird die Onlinedatenbank durchsucht und es wird ein Objektivprofil geladen, welches das Programm aus den Exif-Daten der Kamera ausgelesen hat. Im Bereich *Objektivprofil* werden der Hersteller und die Marke des Objektivs angezeigt sowie das dazugehörige gefundene *Objektivprofil (siehe Abbildung 4.51)*. Die Korrektur können Sie zuerst mit den in der Palette vorhandenen Optionen optimieren. Speziell bei Aufnahmen im Weitwinkelbereich sind die Korrekturen der Verzerrung sehr wichtig. Erhöhen Sie deshalb den Wert für den Regler *Verzerrung* auf ca. 150–170.

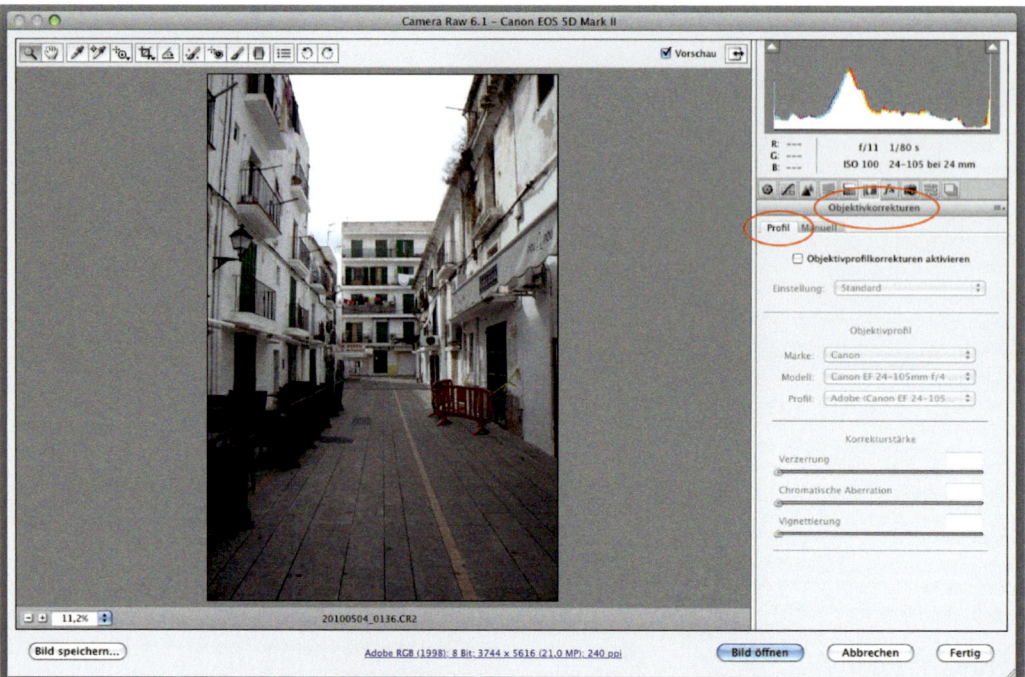

**Abbildung 4.50:** *Palette* Objektivkorrekturen

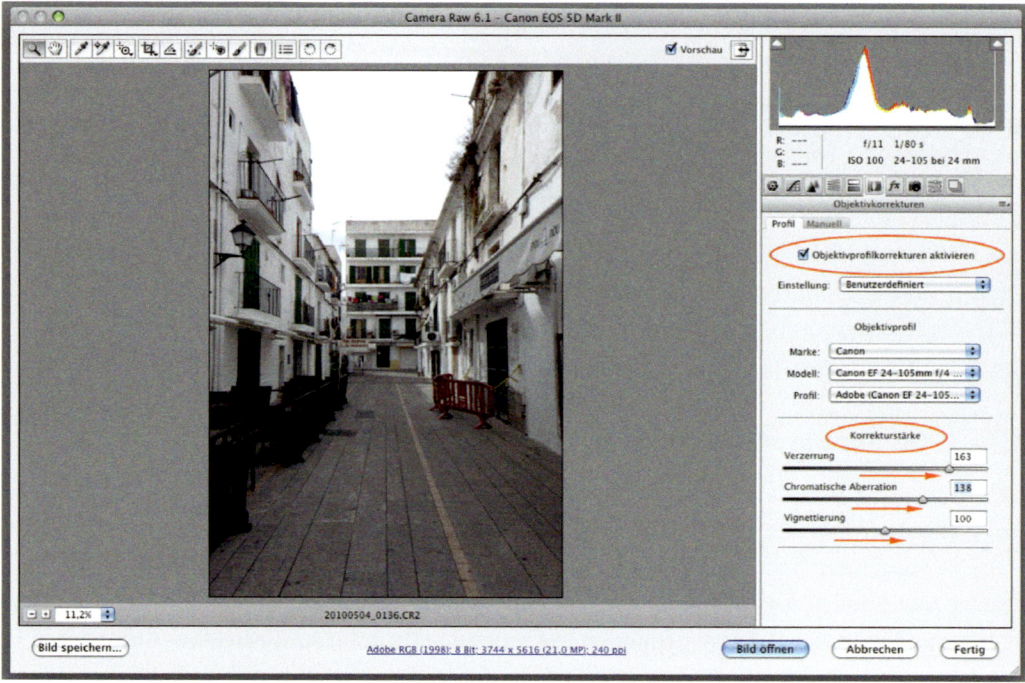

**Abbildung 4.51:** *Objektivprofilkorrekturen aktivieren*

Vergrößern Sie dann die Ansicht des Bildes auf 100 % und kontrollieren Sie die Bereiche, wie zum Beispiel die Grenzen zwischen Gebäudekanten und dem Himmel. An solchen Stellen gibt es oft bunte, regenbogenfarbige Streifen – chromatische Aberration genannt. Diese können Sie minimieren, indem Sie den Wert für die *Chromatische Aberration* etwas erhöhen. Die Abdunklung der dunklen Ecken – als Vignettierung bezeichnet – korrigieren Sie durch das Erhöhen des Wertes für *Vignettierung*.

## 4.14.2 Manuelle Objektivkorrekturen

**1** Zum Verfeinern Ihrer Einstellungen öffnen Sie anschließend die Palette *Manuell*.

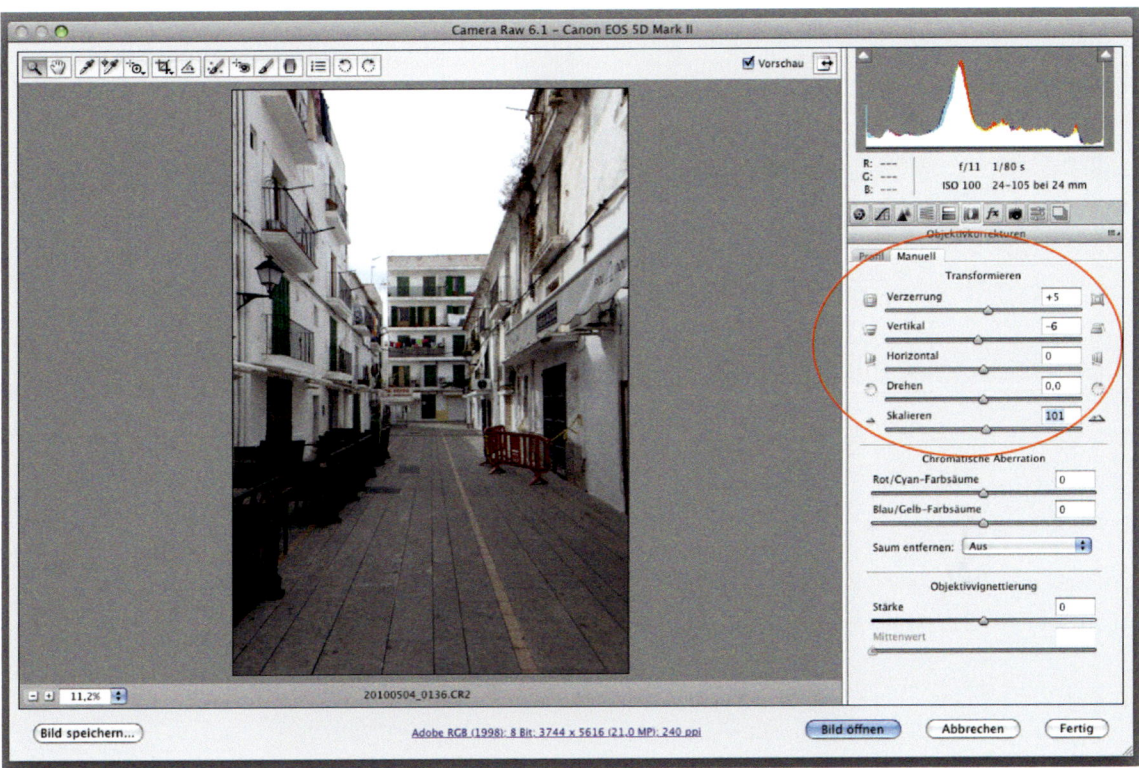

**Abbildung 4.52:** *Die Palette* Manuell *für individuelle Objektivkorrekturen*

**2** In der Palette *Manuell* stehen Ihnen folgende Optionen zur Verfügung:

- *Verzerrung*: zum Geraderichten der tonnenförmigen Verzerrung. Speziell in Weitwinkelbereichen ein unverzichtbares Werkzeug.

- *Vertikal*: Mit dieser Korrektur können Sie die stürzenden Linien der Gebäude ausrichten.

- *Horizontal*: Korrigieren Sie die Verzerrungen der unter einem leichten Winkel fotografierten Flächen, zum Beispiel zum Ausrichten der abfotografierten Gemälde.

- *Drehen*: Falls die Horizontlinie etwas schief geraten ist, können Sie den Winkel korrigieren.

- *Skalieren*: Bei den Objektivkorrekturen entstehen oft durch die Verzerrung der Bildfläche leere Ecken in der Arbeitsfläche. Vergrößern Sie die Ansicht des Bildes, damit diese Ecken außerhalb der Bildfläche bleiben.

**3** Die chromatische Aberration können Sie mit zwei getrennten Reglern minimieren. Ein Regler ist für Rot/Cyan- und der andere für Blau/Gelb-Farbsäume zuständig.

**4** Die Korrektur der Vignettierung erfolgt mit zwei Reglern: Der erste Regler *Stärke* entfernt die Abdunklung der Ränder. Mit dem zweiten Regler *Mittenwert* passen Sie den Kontrast entsprechend an. Da die Vignettierung im Grunde ein Verlauf ist, können Sie mit dem Regler *Mittenwert* die Länge des Verlaufs bestimmen. Wenn sie mit dem der Vignettierung übereinstimmt, verschwindet die Vignettierung so gut wie spurlos.

**Abbildung 4.53:** *Vignettierung manuell entfernen*

## 4.15 Vignettierung und Körnung für antiken Look

Wenn in den meisten Fällen die Bildvignettierung nicht erwünscht ist, so benutzen viele Fotografen die Vignette oft als Stilmittel und setzen diese gezielt ein. In Camera Raw können Sie die Vignette zum Beispiel in der Palette *Objektivkorrekturen* im Bereich *Manuell* erstellen. Dazu müssen Sie lediglich den Wert für *Vignettierung* auf ca. –100 setzen. Passen Sie anschließend den *Mittelwert* an und die Vignette als Gestaltungsmittel ist fertig.

**Abbildung 4.54:** *Künstliche Vignettierung in der Palette* Objektivkorrekturen *erstellen*

Die zweite Möglichkeit, das Bild mit einem antiken oder nostalgischen Look zu versehen, bietet Ihnen die Palette *Effekte*. Hier können Sie nicht nur eine *Vignette* einfügen, sondern auch eine *Körnung* wie aus alten Fotos in das Bild einbauen. Dazu stehen Ihnen die Regler *Stärke*, *Größe* und *Unregelmäßigkeit* zur Verfügung.

Im Gegensatz zur künstlichen Vignettierung der Palette *Objektivkorrekturen* können Sie in der Palette *Effekte* die Vignette nach dem Freistellen des Bildes erstellen. Zur Verfügung stehen Ihnen verschiedene Arten der Vignettierung. Sie können sich für eine helle oder dunkle Vignettierung entscheiden. Zusätzliche Regler wie *Rundheit* oder *Weiche Kante* bieten Ihnen die Möglichkeit, die Länge des Vignettierungsverlaufs genau nach Ihren Vorstellungen zu definieren.

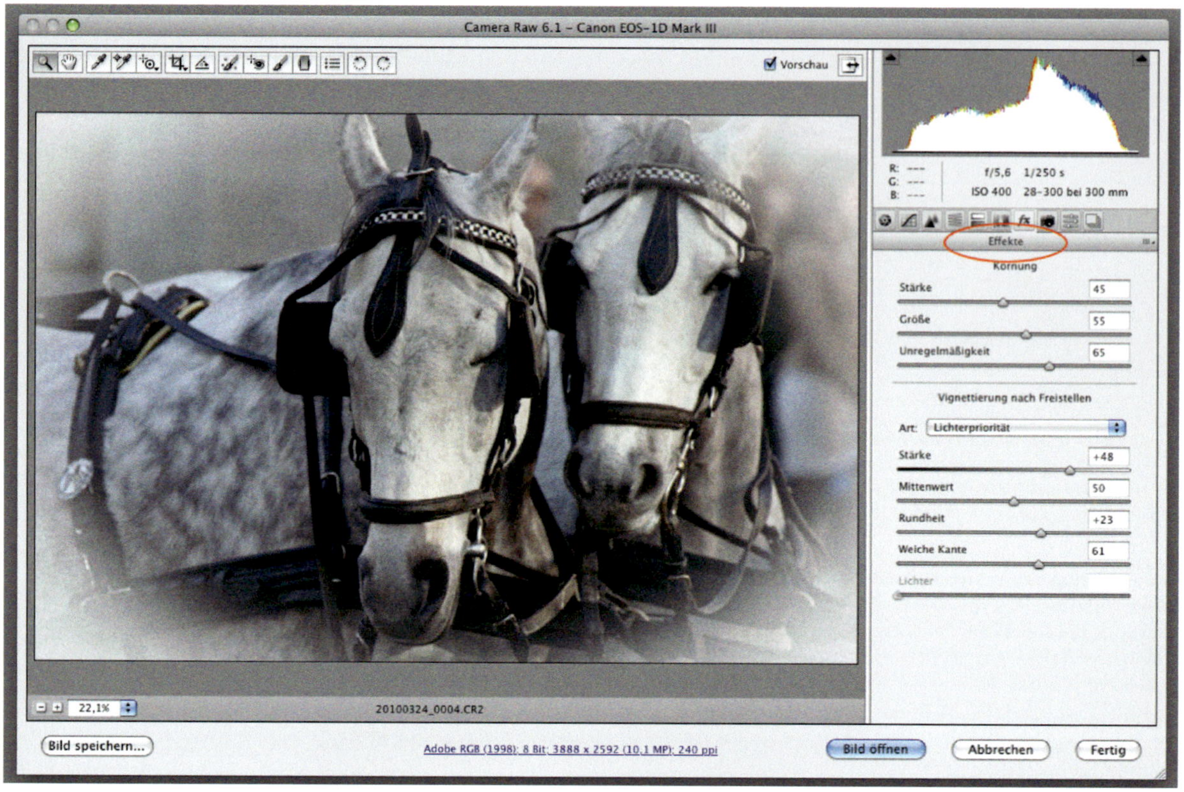

**Abbildung 4.55:** *Palette* Effekte *für den antiken Look*

## 4.16  Neuen Standard für Kamerakalibrierung einstellen

Besonders bei RAW-Dateien, die mit früheren Photoshop-Versionen schon mal bearbeitet wurden, sollte der neue Standard für die Kamerakalibrierung eingestellt werden. Diese Vorgehensweise ist wichtig, da die alten Einstellungen mit den neuen Korrekturmöglichkeiten wie zum Beispiel der Rauschunterdrückung nicht kompatibel sind.

Wählen Sie in Adobe Bridge eine Datei, die zum Beispiel in Photoshop CS4 bearbeitet wurde. Gleich im Vorschaufenster sehen Sie unten rechts ein Ausrufezeichen-Symbol, das darauf hinweist, dass Sie die Kamerakalibrierung auf

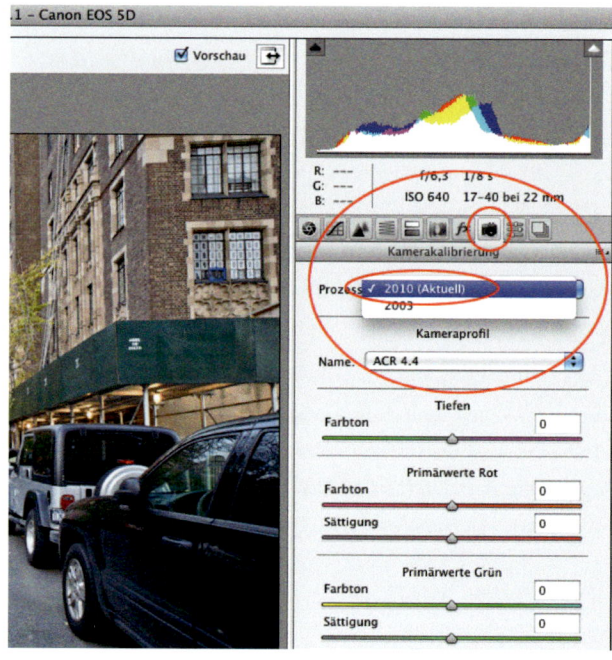

**Abbildung 4.56:** *Prozess 2010*

den neuen Standard umstellen sollen. Sie können die Kamerakalibrierungs-Einstellung auch direkt in der Palette *Kamerakalibrierung* festlegen. Wählen Sie in der Palette den neuen Prozess 2010 (Aktuell). Jetzt werden alle neuen Einstellungsmöglichkeiten von Camera Raw unterstützt.

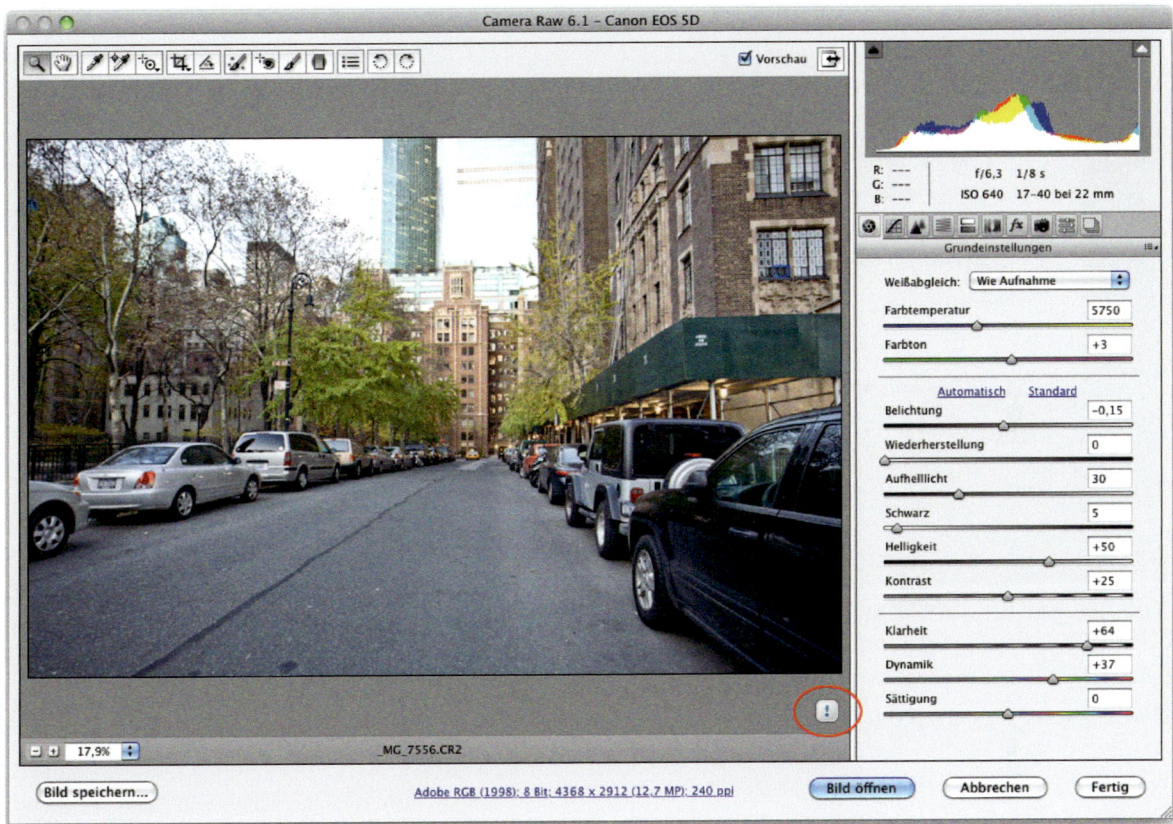

**Abbildung 4.57:** *Warnung über veralteten Standard*

## 4.17   Voreinstellungen für Bildgröße und Auflösung im Vorfeld setzen

In Camera Raw können Sie die Voreinstellungen für die Bildgröße und Auflösung des Bildes im Vorfeld definieren. Klicken Sie dazu auf den Eintrag *Arbeitsablauf-Optionen* unter dem Vorschaufenster und definieren Sie zuerst die Auflösung. Zum Beispiel können Sie für den Druck gleich 300 Pixel/Zoll einstellen.

Die Größe des Bildes können Sie auch einstellen. Hier haben Sie die Möglichkeit, das Bild im Bereich *Größe* zu interpolieren (vergrößern oder verkleinern). Die Originalgröße ist genau in der Mitte und hat kein Plus- und kein Minuszeichen. Das ist die Pixelgröße des Bildes, die mit der Sensorauflösung der Kamera übereinstimmt. Wählen Sie die Größen mit dem Minuszeichen, wenn Sie das Bild verkleinern möchten, und mit dem Pluszeichen, wenn das Bild vergrößert werden soll. Bei zu starker Vergrößerung besteht die Gefahr, dass das Bild an Qualität und Schärfe etwas verliert. Noch mehr Optionen für die Voreinstellungen der Arbeitsablauf-Optionen erfahren Sie im Kapitel „Bilder für Web, Druck und Präsentationen vorbereiten".

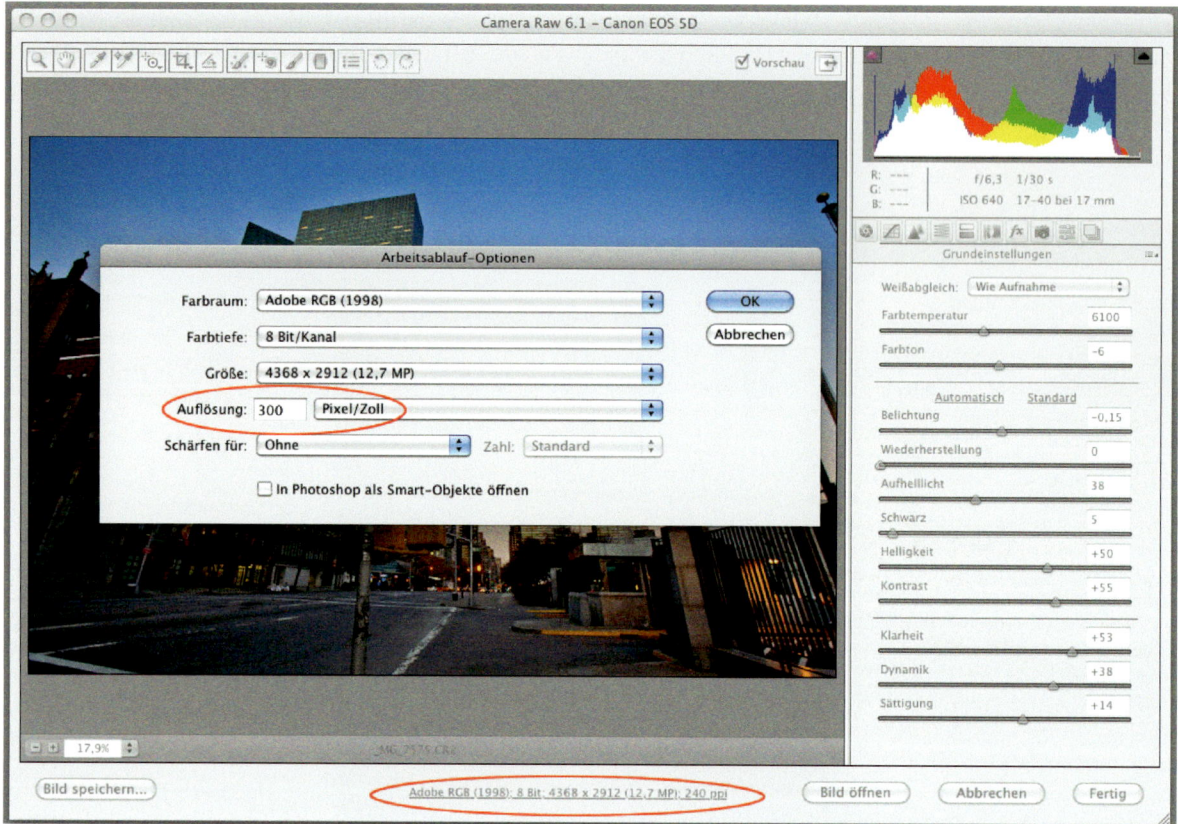

**Abbildung 4.58:** *Arbeitsablauf-Optionen*

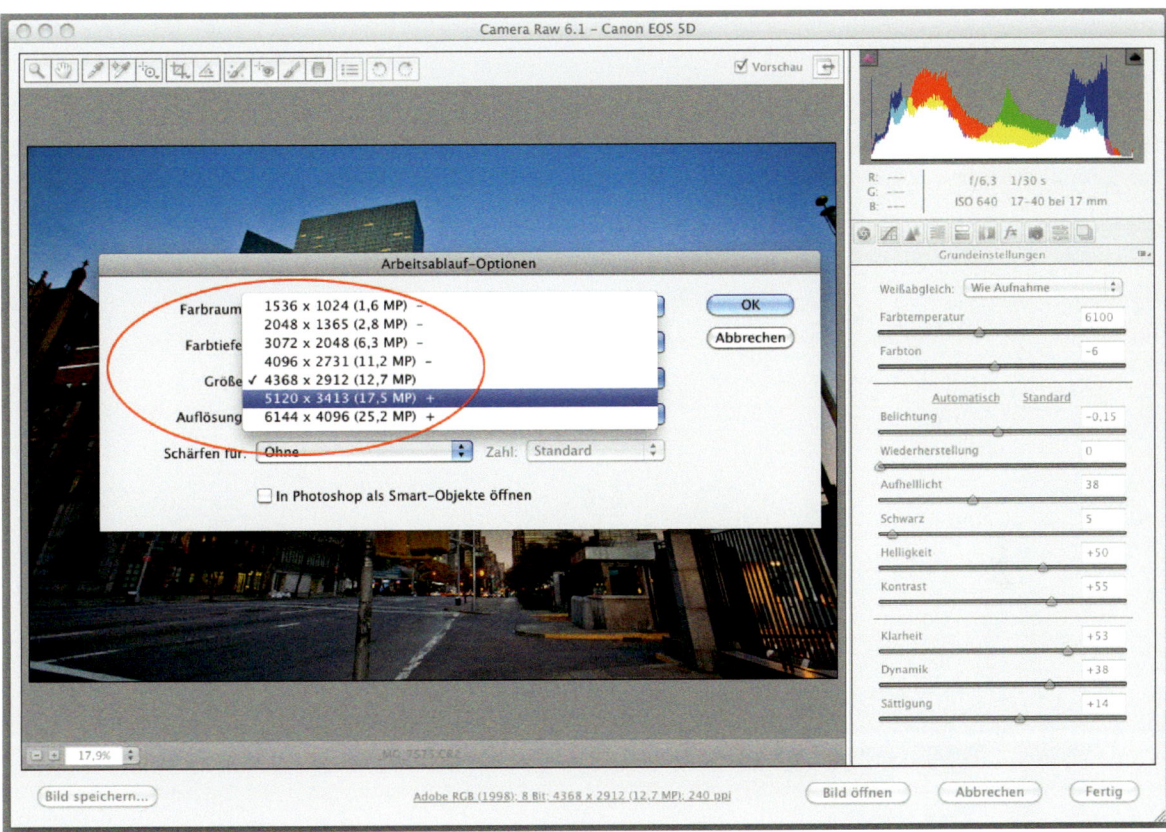

**Abbildung 4.59:** *Bildgröße festlegen*

# 5

# Farbkorrekturen im Griff

Sollten sich bei komplizierten Lichtsituationen tatsächlich einmal Farbstiche eingeschlichen haben, so können Sie mit Photoshop Abhilfe schaf-
fen. Photoshop hat eine ganze Reihe
an Möglichkeiten für gezielte Farbkorrekturen, die Ihnen in diesem Kapitel
gezeigt werden.

Wenn Sie Fotos in den Hochglanzmagazinen betrachten oder schöne Fotobücher durchblättern, sind Sie bestimmt von den Farben der Bilder fasziniert. Die Fotos, die unbearbeitet aus der Kamera kommen, sind allerdings meistens nicht so farbenprächtig. Und nicht nur das. Auch wenn Sie die Einstellung des Weißabgleichs nach bestem Gewissen gemacht haben, passiert es nicht selten, dass die Fotos einen Farbstich haben. Bei den Bildern, bei denen Sie außerdem noch eine falsche Einstellung für den Weißabgleich vorgenommen haben, sieht es ganz schlimm aus. Das sind die typischen Fälle, bei denen eine Farbkorrektur in Photoshop notwendig ist.

Farbkorrekturen sind häufig allerdings sehr umfassend. Um Farbstiche zu minimieren, nutzen Sie Korrekturmaßnahmen, die sich auf das ganze Bild auswirken. Was aber tun, wenn Sie die Farbe nur in einem Bildbereich korrigieren möchten? Da kommen Sie ohne den Einsatz selektiver Farbkorrekturen nicht aus. Mit den *Korrekturen*-Paletten von Photoshop CS5 können Sie so gut wie alle Fehler korrigieren. Mit den maskierten Einstellungsebenen können Sie die Farbanpassungen auf die gewünschten Bildbereiche anwenden, ohne dass das restliche Bild davon betroffen wäre.

Bevor Sie mit den Farbkorrekturen beginnen, sollten Sie wissen, dass Farbkorrekturen die Pixelstruktur eines Bildes verändern können, was zur Folge haben kann, dass neben den gewünschten Veränderungen auch Nebeneffekte auftreten können wie zum Beispiel das Rauschen, Farbverfälschungen etc.

**Abbildung 5.1:** *Farben korrigieren und dem Bild mehr Ausdruck durch gezielte Farbanpassungen verleihen*

Wenn Sie die Korrekturen über das Menü *Bild/Korrekturen* direkt auf das Bild anwenden, arbeiten Sie pixeldestruktiv, das bedeutet, dass Sie nach dem Speichern des Bildes die Korrekturen nicht mehr widerrufen können. Daher ist es auf jeden Fall sinnvoller, die Korrekturen über die *Korrekturen*-Palette oder Einstellungsebenen anzuwenden, da diese lediglich mit einem Layer arbeiten, der über das Foto gelegt wird, das eigentliche Bild wird dabei nicht verändert. So sind Sie immer auf der sicheren Seite.

Speichern Sie nach der Korrektur das Bild im PSD-Format – bei diesem Format werden die Einstellungsebenen und auch die Pixelebenen mit gespeichert und können nach dem erneuten Öffnen wieder justiert werden. Sind Sie mit dem Ergebnis zufrieden, sichern Sie zusätzlich eine Kopie in einem der anderen Bildformate wie zum Beispiel TIFF oder JPEG – diese können Sie dann zum Drucken oder zum Veröffentlichen im Internet nutzen. Die „Master"-Datei im PSD-Format behalten Sie für alle Eventualitäten.

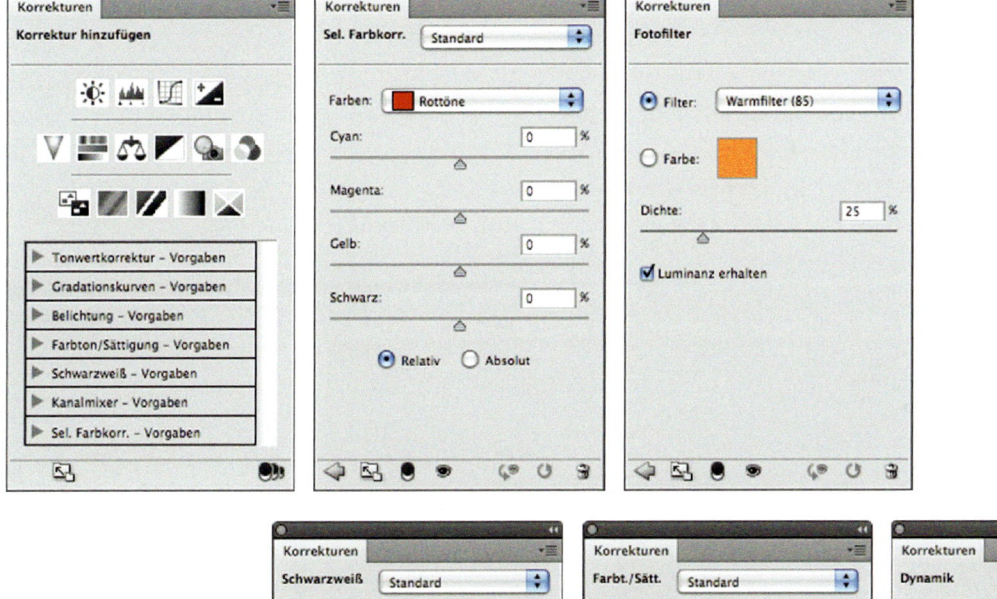

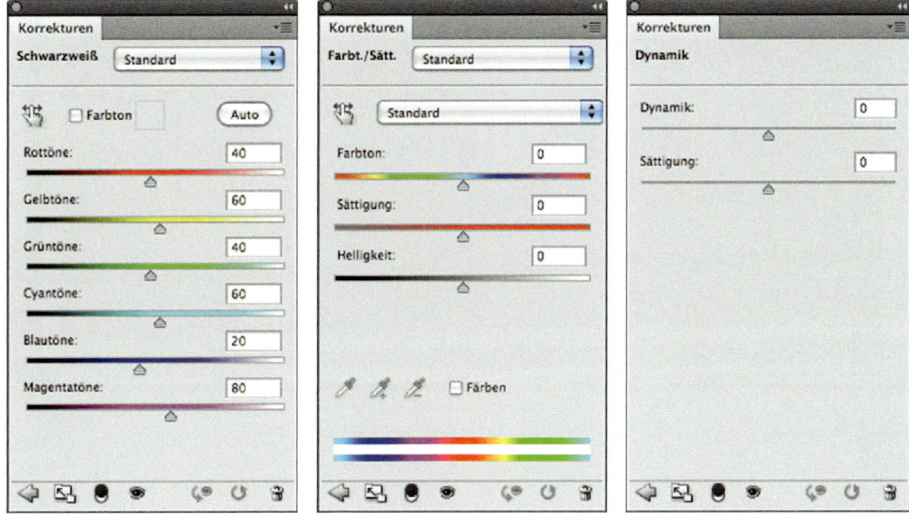

**Abbildung 5.2:** Korrekturen-*Paletten (Einstellungsebenen)*

Zu den *Korrekturen*-Paletten, die für Farbkorrekturen zuständig sind, gehören folgende Einstellungen:

- Selektive Farbkorrekturen
- Fotofilter
- Schwarzweiß
- Farbton/Sättigung
- Farbbalance
- Dynamik
- Kanalmixer
- Verlaufsumsetzung

Darüber hinaus sind Korrekturoptionen wie *Farbe ersetzen* (als Menü), der Farbe-ersetzen-Pinsel und *Gleiche Farbe* interessant, die Sie über das Menü *Bild/Korrekturen* erreichen können.

## 5.1    Vorgaben der Paletten nutzen

Die *Korrekturen*-Paletten in Photoshop CS5 verfügen über diverse Voreinstellungen, die Sie häufig nutzen können. Natürlich sind das nicht die Einstellungen, die ein Rezept für alle Probleme darstellen, aber als Ausgangssituation für weitere Korrekturen sind solche Voreinstellungen durchaus brauchbar. In diesem Abschnitt zeigen wir Ihnen, wie Sie die Voreinstellungen für verschiedene Farbkorrekturen und auch Effekte gezielt nutzen können.

Die Voreinstellungen für die *Korrekturen*-Paletten finden Sie, wenn keine der Einstellungsebenen in den *Korrekturen*-Paletten ausgewählt ist. Unter den Symbolen der Einstellungsebenen finden Sie die jeweiligen Aufklappmenüs für die entsprechenden Korrekturen. Diese sind nur dann belegt, wenn eine Einstellungsebene über Vorgaben verfügt. Die Palette *Dynamik* verfügt zum Beispiel über keine Voreinstellungen.

**Abbildung 5.3:**  *Vorgaben der Paletten, hier als Beispiel Farbton/Sättigung*

Wählen Sie dann beispielsweise eine dieser Vorgaben, so ist die Wirkung sofort im Bild sichtbar. Die entsprechende Feinarbeit können Sie dann mit den Reglern der jeweiligen Palette nach Ihren eigenen Vorstellungen durchführen. Bei den jeweiligen Vorgaben handelt es sich um die am häufigsten gefragten Einstellungen für die jeweilige Korrekturart, wie zum Beispiel die Erhöhung der Kontraste oder der Sättigung. Aber auch an Effekte wie *Cyanotypie*, *Sepia* etc. wurde gedacht.

Bei der Einstellung *Cyanotypie* verwandelt sich das Bild in ein monochromes bläulich eingefärbtes Bild – eine Nachahmung des Entwicklungsprozesses aus der analogen Fotografie.

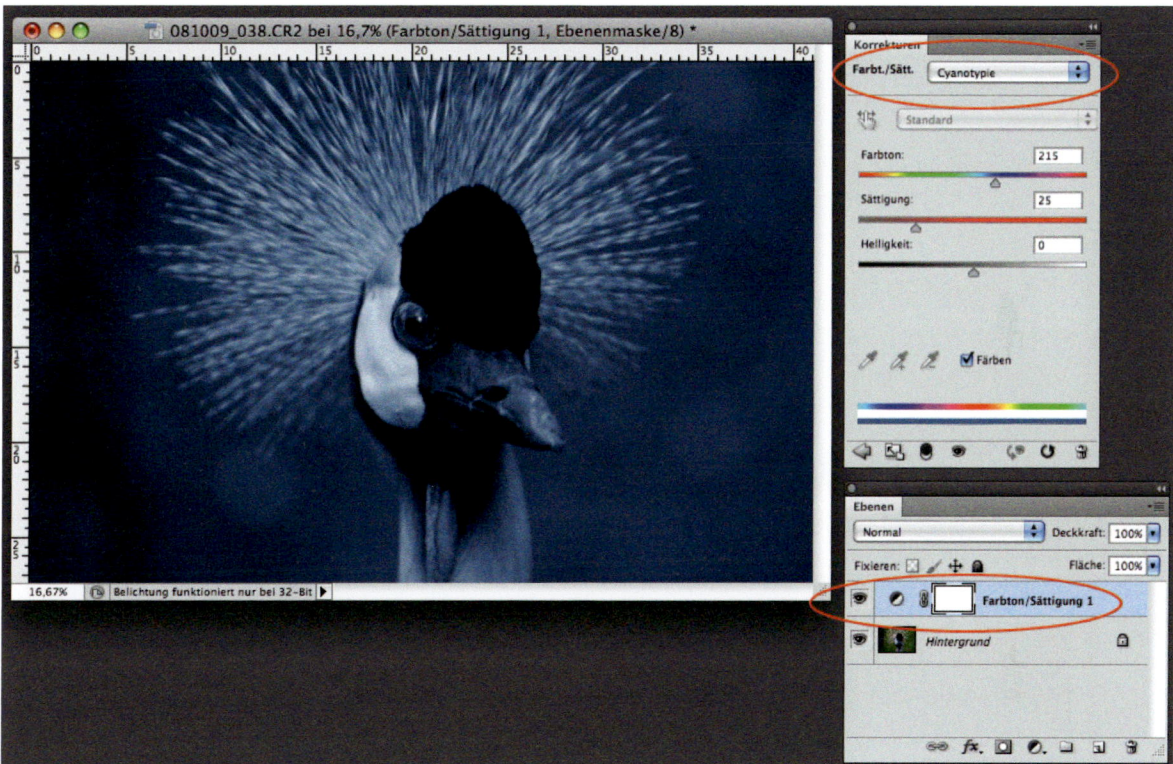

**Abbildung 5.4:** *Ein Beispiel für eine Umwandlung mithilfe der Option* Cyanotypie

Die Einstellung *Starke Sättigung* ist besonders für etwas flauere Fotos gedacht. Bei dieser Voreinstellung wird die Farbintensität rasch angehoben – in der *Korrekturen*-Palette *Farbton/Sättigung* wird die Sättigung auf ganze 50 Stufen erhöht – und kann dann anschließend mit dem Regler *Sättigung* fein dosiert werden.

Besonders interessant sind die Voreinstellungen für die Paletten *Kanalmixer* und *Schwarzweiß*, mit denen Sie Ihre Fotos in schwarzweiße oder monochrome Bilder umwandeln können. Die Wirkung der Voreinstellungen wurde an die Wirkung der farbigen Glasfilter angelehnt, die zu Analogzeiten vor die Objektive geschraubt wurden, wie zum Beispiel Infrarotfilter.

Durch unterschiedliche Voreinstellungen können Sie verschiedene Kontraste auf dem Schwarzweißfoto simulieren – von einem ganz normalen Kontrastverhältnis bis hin zu einem Filter mit hochdramatischer Wirkung – zum Beispiel *Schwarzweiß-Infrarot*.

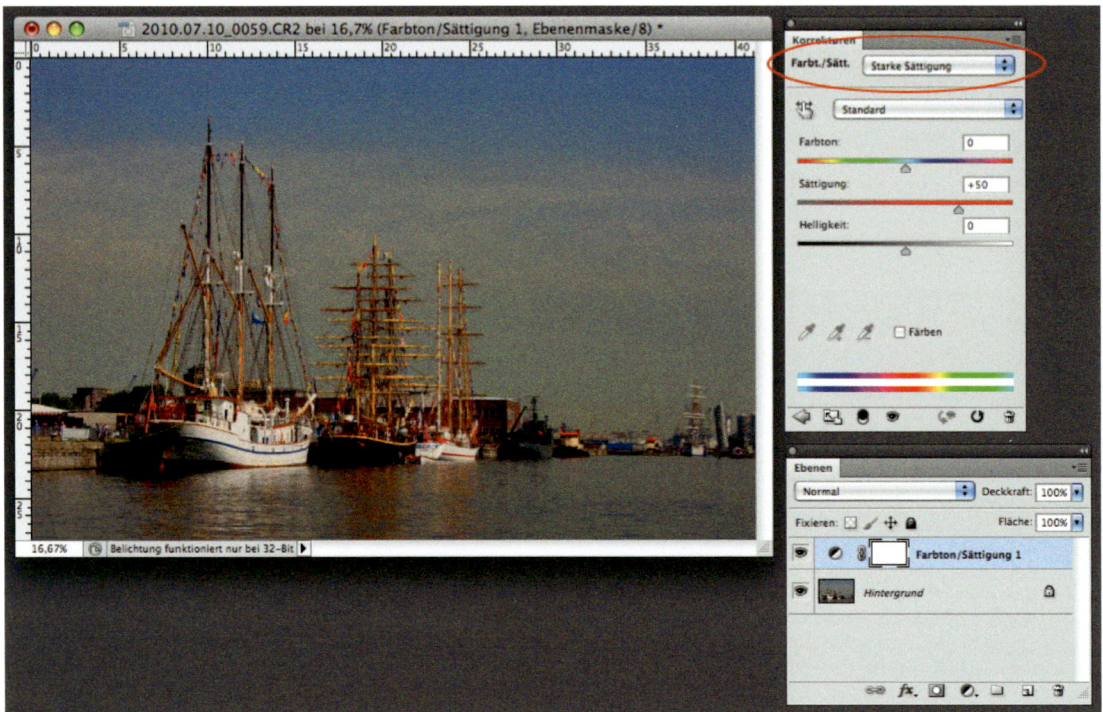

**Abbildung 5.5:** *Die Korrekturoption* Starke Sättigung *wurde auf dieses Bild angewendet*

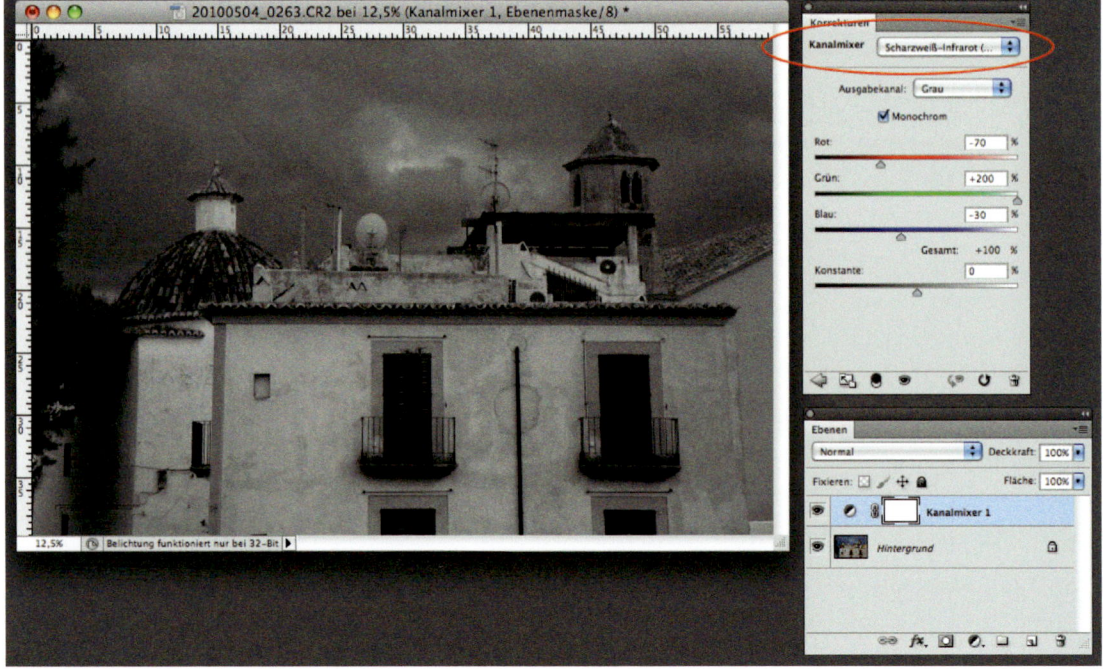

**Abbildung 5.6:** *Voreinstellungen beim Kanalmixer*

**Abbildung 5.7:** *Unterschiedliche Voreinstellungen des Kanalmixers*

## 5.2    Die Farbintensität mit Dynamik und Sättigung korrigieren

Die *Korrekturen*-Palette *Dynamik/Sättigung* bietet Ihnen die Möglichkeit, die Farbintensität des Bildes auf ganz unterschiedliche Art zu steuern.

### 5.2.1    Dynamik

Mit dem Regler *Dynamik* erhöhen (oder verringern) Sie den Farbumfang oder die Farbdynamik der Bilder. Das heißt, der Farbkontrast wird hierbei verändert, ohne dass die Farbintensität der einzelnen Farbbereiche verändert wird. Bei der maximalen Dynamik wirkt das Bild zwar farbintensiver, wird aber nicht grell. Bei minimaler Dynamik wirken die Farben sehr schwach, das Bild verliert die Farbigkeit allerdings nicht komplett.

### 5.2.2    Sättigung

Bei der Sättigung wird die Farbintensität künstlich angehoben oder reduziert. Bei maximaler Sättigung erreichen Sie sehr grelle Farben, alle Farbwerte werden maximal ausgereizt. Bei minimaler Sättigung wird ein Farbbild in ein Graustufenbild (die Farbmodi verändern sich dabei aber nicht) umgewandelt.

**Abbildung 5.8:** *Farben steuern mit dem Regler* Dynamik

In der Praxis wird empfohlen, folgenden Weg zu gehen: Wenn Sie beispielsweise ein Foto etwas farbintensiver gestalten möchten, versuchen Sie es zuerst mit dem Regler *Dynamik*. Erhöhen Sie die Dynamik auf einen Wert von ca. +50. Wenn das nicht reicht, um die gewünschte Farbintensität zu erzielen, erhöhen Sie anschließend etwas die Sättigung. Seien Sie allerdings mit dem Wert für die Sättigung sehr vorsichtig, denn es passiert schnell, dass die Farbwerte verzogen werden.

**Abbildung 5.9:** *Kombination aus Dynamik und Sättigung gezielt einsetzen*

In der Porträtfotografie reicht häufig bereits die Erhöhung des Wertes *Dymanik*, um zum Beispiel eine angenehmere Hautfarbe zu erreichen.

**Abbildung 5.10:** *Korrektur mit dem Regler* Dynamik *bei Porträts*

Vorher

Nachher

***Abbildung 5.11:*** *Korrektur mit erhöhtem Dynamikwert (ca. 50 %) und leichter Aufhellung mit der Tonwertkorrektur*

### 5.2.3 Dynamik und Sättigung selektiv korrigieren

Wenn Sie nur bestimmte Bildbereiche in der Farbintensität verändern möchten, kommt hierfür nur die selektive Korrektur infrage. Die Einstellungsebene *Dynamik/Sättigung* wird auf bestimmte Bildteile beschränkt.

Hierfür wird auf der Maske der Einstellungsebene nur der benötigte Bereich leer gelassen (weiße Farbe auf der Maske). Der Rest wird mit schwarzer Farbe abgedeckt. In den folgenden Beispielen lernen Sie die typischen Techniken dazu kennen.

**Selektive Anpassung der Dynamik und Sättigung durch vorherige Auswahl steuern**

Bei diesem Porträtfoto möchten wir die Hautfarbe des Models etwas farbintensiver gestalten. Der Hintergrund dagegen soll etwas flauer wirken. Wählen Sie in der *Korrekturen*-Palette die Einstellungsebene *Dynamik/*

*Sättigung.* Konzentrieren Sie sich zuerst nur auf das Model und erhöhen Sie den Wert für die Dynamik auf ca. +40. Dass die Farbe des Hintergrunds dadurch auch intensiver wirkt, sollte Sie vorerst nicht stören.

**Abbildung 5.12:** *Als ersten Schritt die Dynamik im ganzen Bild erhöhen*

Jetzt soll der Hintergrund von der Wirkung der Einstellungsebene befreit werden, da ja nur das Model selbst intensiver dargestellt werden soll. Füllen Sie dazu die Maske der Einstellungsebene mit schwarzer Farbe. Das können Sie entweder mit dem Füllwerkzeug (G) machen, wenn die Vordergrundfarbe Schwarz ist, oder Sie wählen die Hintergrundfarbe Schwarz und führen die Tastenkombination cmd+← (Strg+Entf) aus.

Wählen Sie dann das Pinsel-Werkzeug (B) und eine passende Pinselspitze mit der Härte = 0 und bemalen Sie die Figur des Models mit der weißen Farbe. Die Wirkung der Einstellungsebene *Dynamik/Sättigung* ist jetzt auf das Model beschränkt.

Nun soll der Hintergrund in der Farbintensität verringert werden. Duplizieren Sie die Einstellungsebene *Dynamik/Sättigung* mit der Tastenkombination cmd+J (Strg+J). Kehren Sie die Maske der duplizierten Ebene mit cmd+I (Strg+I) um.

Jetzt sehen Sie das Bild im Originalzustand wieder, da die gespiegelten Masken in der Summe eine weiß gefüllte Maske ergeben. Auf der oberen Ebene können Sie die Werte für die Dynamik und Sättigung stark verringern. Das Ergebnis ist das folgende Bild, auf dem das Model farbintensiver erscheint, der Hintergrund dagegen fast farblos wirkt.

**Abbildung 5.13:** *Selektive Verringerung der Sättigung*

### Wirkung der Einstellungsebene mit einem Verlauf maskieren

Im nächsten Beispiel soll nur der Himmel auf dem Bild farbintensiver erscheinen, der Rest dagegen soll unverändert bleiben. Erstellen Sie über dem Beispielbild die Korrekturebene *Dynamik/Sättigung*. Erhöhen Sie die Dynamik auf ca. + 40 und die Sättigung auf +50. Das ganze Bild wirkt übersättigt.

Wählen Sie jetzt das Verlaufswerkzeug (G) mit folgenden Optionen: Vordergrundfarbe Schwarz, linearer Verlauf, Verlaufsart Vordergrund-Transparent. Erstellen Sie einen Verlauf von unten nach oben bei gedrückter ⇧-Taste, damit der Verlauf streng vertikal angesetzt wird. Jetzt ist nur der Himmel von der Wirkung der Einstellungsebene *Dynamik/Sättigung* betroffen.

**Abbildung 5.14:** *Maskierungsverläufe für selektive Korrekturen einsetzen*

## 5.3    Farbton/Sättigung für gezielte Korrekturen nutzen

### 5.3.1    Bereiche vor dem Bearbeiten selektieren

Ein guter Weg, um gezielte Farbkorrekturen vorzunehmen, ist eine vorherige Separation der einzufärbenden Bereiche. Besonders bei Fotos, bei denen Sie einige Details mit gut erkennbaren Kanten gezielt einfärben möchten, kann eine Auswahl problemlos erstellt, dann angepasst und als Maske für die Korrekturebene genutzt werden. In unserem Beispielbild soll der Griff selektiv bearbeitet werden.

Erstellen Sie zunächst die Auswahl mit dem Schnellauswahl-Werkzeug ([W]). Dieses Werkzeug ist für die Auswahl von Objekten mit gut erkennbaren Konturen ideal.

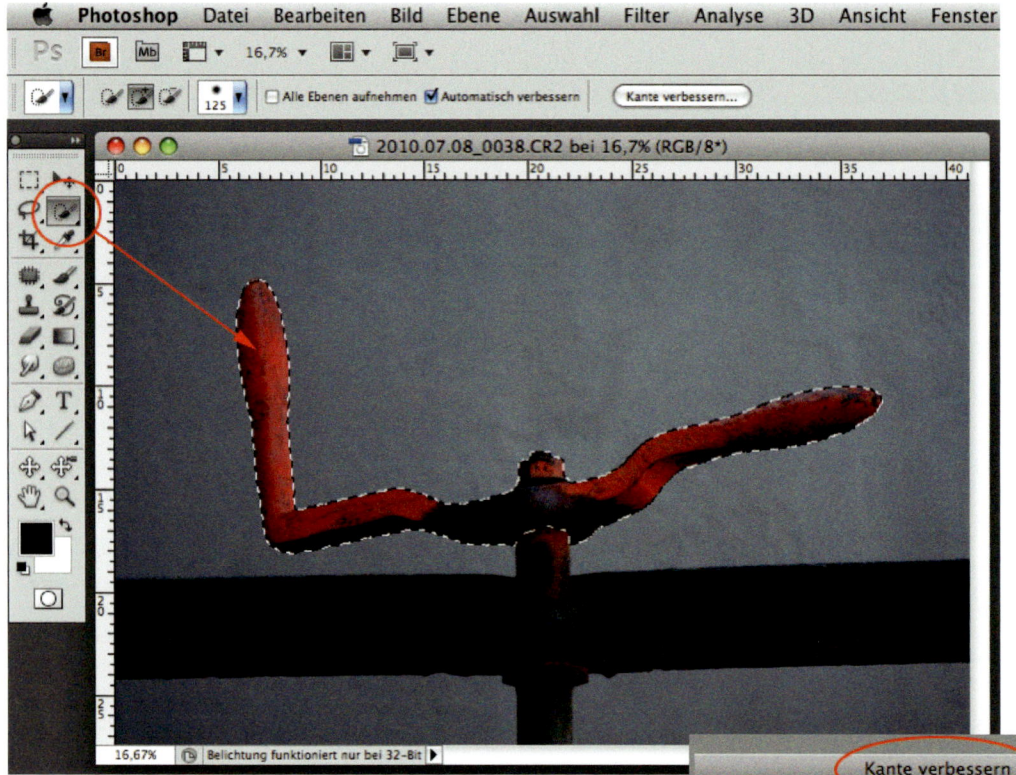

**Abbildung 5.16:** *Objekte mit dem Schnellauswahl-Werkzeug selektieren*

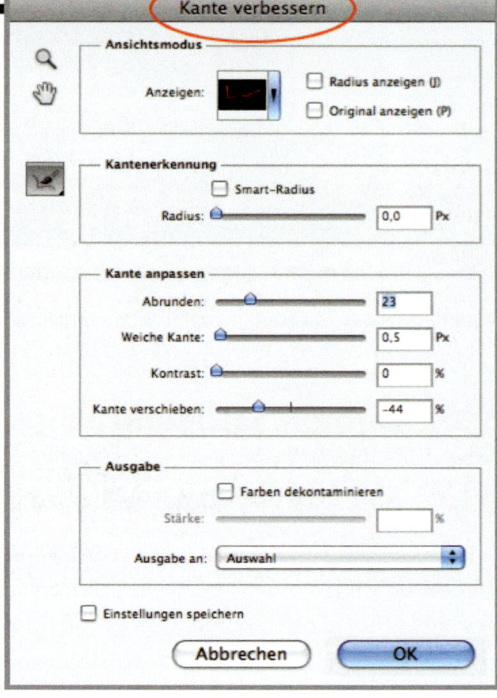

Wählen Sie zuerst eine größere Pinselspitze, ca. 125 Pixel, und malen Sie auf dem Griff. Das Werkzeug erkennt die Form sofort und im Großen und Ganzen ist damit die Auswahl auch schon fertig. Die eventuell zu viel ausgewählten Bereiche können Sie mit dem gleichen Werkzeug, mit dem Pinsel mit Minuszeichen (mit gedrückter Alt-Taste), von der Auswahl abziehen. Klicken Sie dann auf den Button *Kante verbessern* in der Optionsleiste.

Im darauf folgenden Dialog können Sie die Konturen genau anpassen. Die Auswahl können Sie vergrößern oder verkleinern, eine weiche Kante hinzufügen etc. Bestätigen Sie dann die Änderungen mit *OK*. Die Auswahl ist nun fertig und kann als Maske genutzt werden. Wählen Sie jetzt die Einstellungsebene *Farbton/Sättigung* und erhöhen Sie den Wert *Sättigung* auf ca. +50. Die Sättigung wird dabei nur auf den vorher ausgewählten Bereich angewandt.

**Abbildung 5.15:** *Auswahl verfeinern mit der Option* Kante verbessern

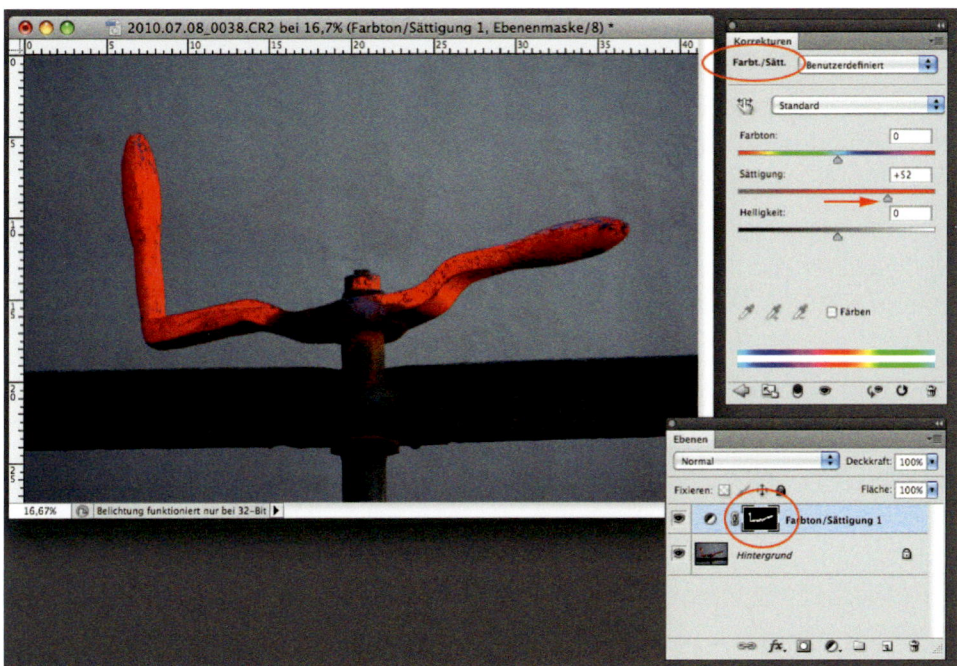

**Abbildung 5.17:**
Sättigung der
selektierten Bereiche
anpassen

Neben der Sättigung können Sie noch die Farbe und auch die Helligkeit des ausgewählten Bereiches verändern. Für die Veränderung der Farbe wählen Sie den passenden Farbton über den gleichnamigen Regler,
danach optimieren Sie die Helligkeit des Objekts mit dem Regler *Helligkeit*.

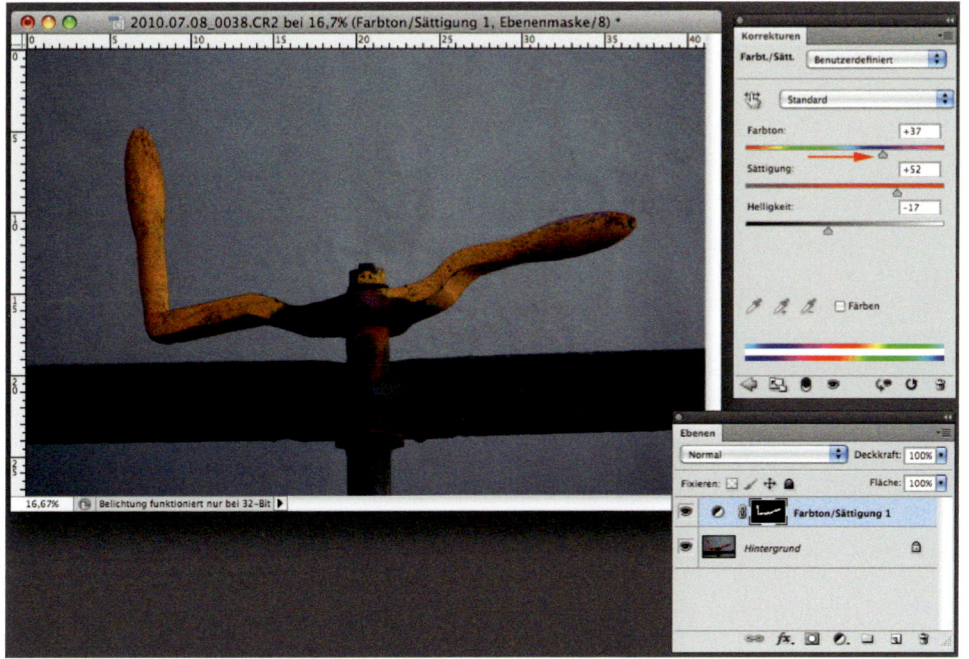

**Abbildung 5.18:**
Farbton und Hellig-
keit anpassen

### 5.3.2 Farben einzelner Bereiche ohne vorherige Auswahl bearbeiten

Im ersten Beispiel wurde für die weitere Bearbeitung mit *Farbton/Sättigung* gezielt eine Auswahl erstellt, da das Objekt gut definierte Kanten besaß, weshalb die Auswahl mit dem Schnellauswahl-Werkzeug ein Kinderspiel war. Bei der nächsten Aufgabe wird alles etwas komplizierter, da die Grenzen der einzelnen gelben Cocoons nicht so gut erkennbar sind. Aber auch hierfür gibt es eine Lösung.

Sie können die selektive Anpassung der Sättigung und des Farbtons anhand eines einzelnen Farbtons durchführen. Erstellen Sie hierfür die Einstellungsebene *Farbton/Sättigung* und wählen Sie die Option *Gelbtöne*. Erhöhen Sie nun die Sättigung auf ca. +50.

Übrigens, die Sättigung können Sie nicht nur mit dem Regler, sondern auch über die Option *Korrektur direkt im Bild* (der Button mit der Hand) durchführen. Dazu müssen Sie keine Farbtonoption aktivieren. Hierzu wählen Sie das Symbol mit der Hand in der Einstellungsebene mit einem Klick aus.

Wenn Sie jetzt mit der Maus über das Bild fahren, erscheint eine Pipette, mit der Sie die gewünschten Farben direkt im Bild auswählen können, um die entsprechende Farbe in der Sättigung zu verändern.

**Abbildung 5.19:** *Sättigung einzelner Farbbereiche verändern*

Um den gewünschten Farbbereich in der Sättigung erhöhen zu können, ziehen Sie die Maus mit gedrückter Maustaste nach rechts über den gewünschten Farbbereich. Soll die Sättigung verringert werden, ziehen Sie mit der Maus nach links. Anschließend können Sie den Farbton der gewählten Bereiche verändern. Passen Sie auch die Helligkeit entsprechend Ihren Wünschen an.

**Abbildung 5.20:** *Farbton und Sättigung anpassen*

### 5.3.3  Farbton/Sättigung für monochrome Bilder nutzen

Mit der Einstellungsebene *Farbton/Sättigung* können Sie Ihre Bilder auch in monochrome Bilder umwandeln.

Unten in der Palette finden Sie die Option *Färben*. Wenn Sie diese Option aktivieren, verwandelt sich das Foto in ein monochromes Bild. Die Farbe dieses Bildes können Sie mit dem Regler *Farbton* definieren, die Sättigung können Sie entweder komplett herausnehmen, dann wird das Bild schwarzweiß, oder nach Ihren Vorstellungen dosieren.

**Abbildung 5.21:** *Die Option* Färben *kann für monochrome Bilder genutzt werden*

**Abbildung 5.22:** *Farbton und Sättigung können dann entsprechend angepasst werden*

*Abbildung 2.79: Beispiel für verschiedene monochrome Bilder*

## 5.4    Farbbalance für verschiedene Bereiche einstellen

Die Einstellungsebene *Farbbalance* gehört zu den meistgenutzten Tools bei der Korrektur von Farben, denn es besteht die Möglichkeit, die hellen, mittleren und dunklen Bereiche der Bilder separat zu korrigieren, und das bietet dem Bildbearbeiter eine große Flexibilität. So können die gewünschten Bereiche präzise eingestellt werden, ohne dass das ganze Bild verändert wird. Die Einstellungsebene *Farbbalance* wird entweder auf das komplette Bild angewandt oder selektiv mithilfe einer Maske nur auf einen bestimmten Bereich beschränkt. Besonders bei Bildmontagen ist der Einsatz der Einstellungsebene *Farbbalance* wichtig. Wenn Sie eine Collage, die aus vielen unterschiedlichen Fotos besteht, in einen farbigen Einklang bringen möchten, können Sie jede einzelne Ebene mit je einer Einstellungsebene *Farbbalance* bearbeiten und so die Farbrichtung für alle Elemente der Collage einheitlich gestalten.

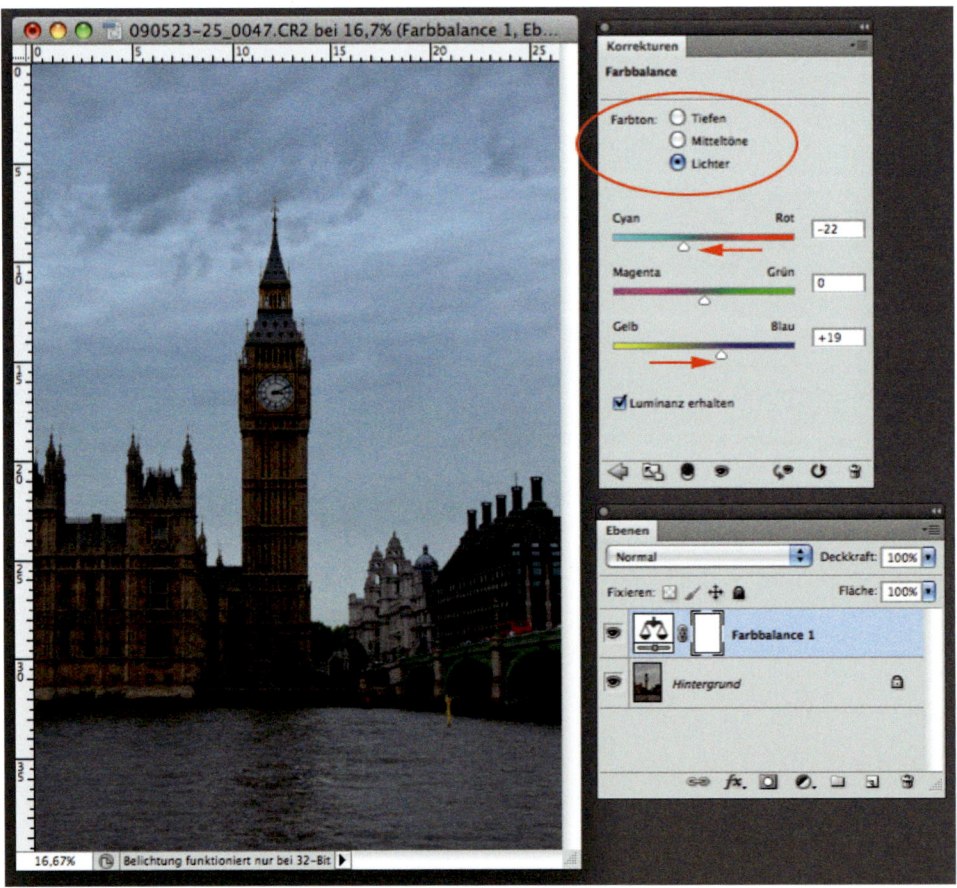

**Abbildung 5.23:** *Einstellungsebene* Farbbalance

In der Palette stehen Ihnen drei Regler zur Verfügung, mit denen Sie die Balance zwischen den Farben Cyan – Rot, Magenta – Grün und Gelb – Blau einstellen können. Dabei handelt es sich um je zwei Komplementärfarben.

Komplementärfarben (oder Ergänzungsfarben) sind die Farben, die in additiven und subtraktiven Farbmischungen den neutralen Grauton ergeben. Komplementär ist eine Farbe immer zu einer jeweils anderen Farbe.

Die Farbbalance kann in den Bereichen *Tiefen*, *Mitteltöne* und *Lichter* eingestellt werden. Da es bei Farbkorrekturen vorkommen kann, dass die Leuchtkraft der Farben nachlässt, ist in dieser Palette die Option *Luminanz erhalten* vorgesehen, mit der Sie die Leuchtkraft der Farben wiederherstellen können.

Meistens wird die Einstellungsebene *Farbbalance* maskiert eingesetzt, wie in unserem Beispiel deutlich zu sehen ist. Die Stadt ist erkennbar dunkler als der Himmel, das bedeutet, dass zum Beispiel mit dem Schnellauswahl-Werkzeug diese gut ausgewählt werden kann und dann entsprechend als Maske für die *Farbbalance*-Einstellungsebene einsatzbereit ist.

Wenn Sie lediglich den Himmel korrigieren möchten, können Sie die Auswahl umkehren mit cmd+⇧+I (Strg+⇧+I) und dann im Bereich *Mitteltöne* die Farben für den Himmel optimieren. Für den blaueren Himmel wurden die Werte für Cyan und Blau erhöht.

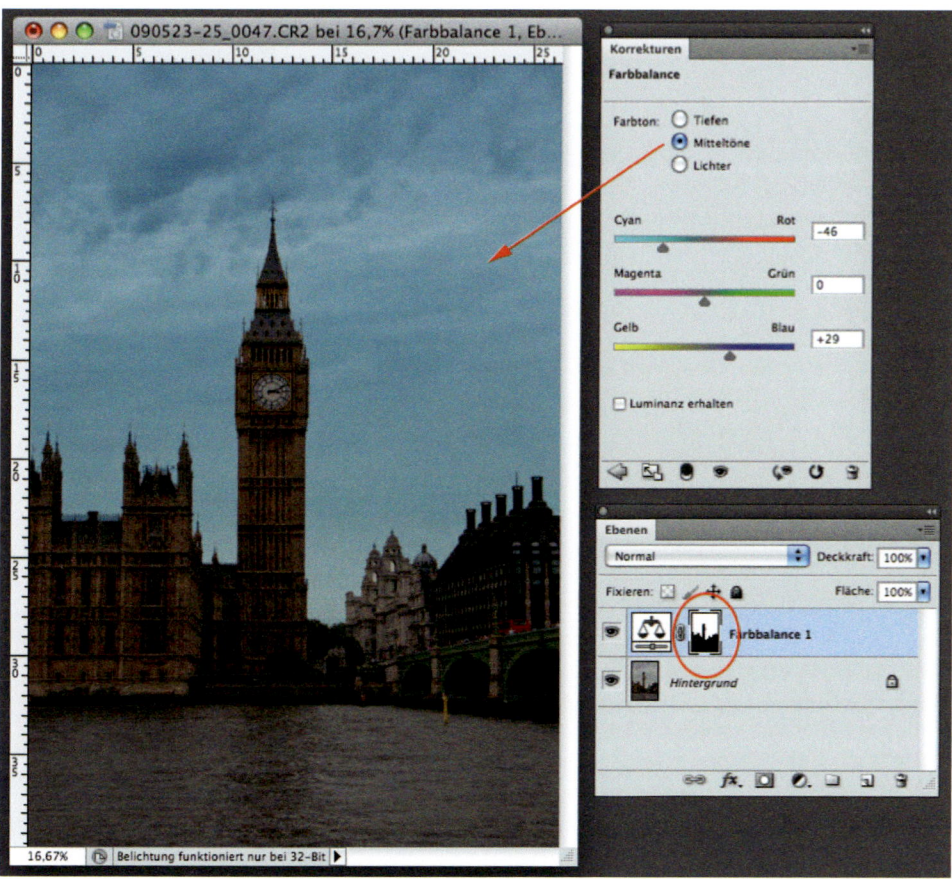

**Abbildung 5.24:** *Farbbalance als maskierte Einstellungsebene nutzen*

Um dann anschließend die Stadt mit der Farbbalance zu korrigieren, können Sie zwei verschiedene Wege gehen:

1 Duplizieren Sie die Einstellungsebene *Farbbalance* und kehren Sie die Maske um mit `cmd`+`I` (`Strg`+`I`). Passen Sie dann die Werte an, indem Sie die Bereiche Gelb und Rot verstärken.

2 Laden Sie die Maske, indem Sie bei gedrückter `cmd`-Taste (`Strg`-Taste) auf die Maskenminiatur klicken. Kehren Sie die Auswahl um mit `cmd`+`⇧`+`I` (`Strg`+`⇧`+`I`) und erstellen Sie eine weitere Einstellungsebene *Farbbalance*, mit der Sie die Farbe der Stadt anpassen (Rot und Gelb verstärken).

3 Wenn Sie es nicht wünschen, dass der Ausgleich der Helligkeit erfolgt, deaktivieren Sie die Option *Luminanz erhalten*.

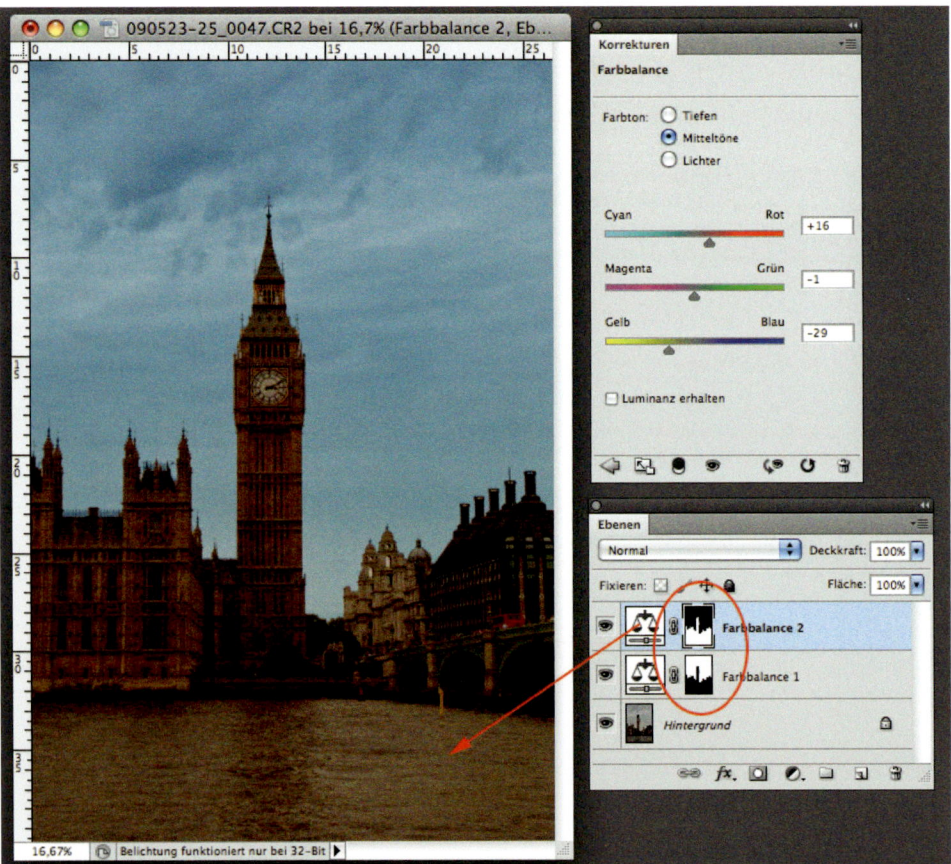

**Abbildung 2.25:** *Mit umgekehrter Maske können Sie jetzt den unteren Bereich des Bildes optimieren*

In unserem nächsten Beispiel wurde die gleiche Technik genutzt, nur die Maske wurde mithilfe des Verlaufswerkzeugs (`G`) erstellt. Das eignet sich hervorragend für die Optimierung der Farben bei Landschaftsfotos.

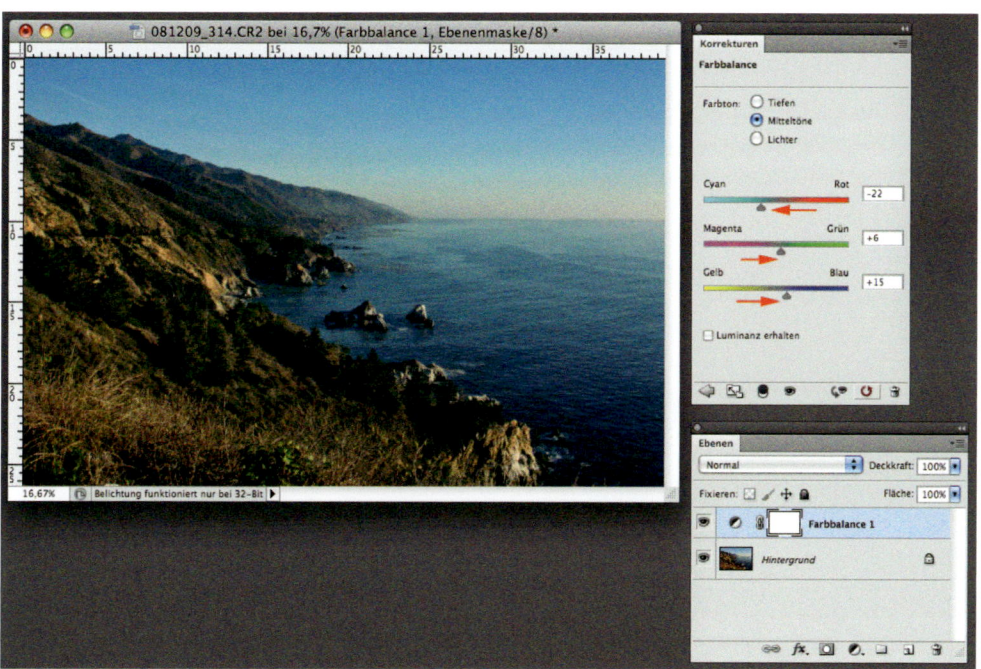

**Abbildung 5.26:** *Mit der Farbbalance können Sie gezielt die Werte für Cyan und Blau erhöhen*

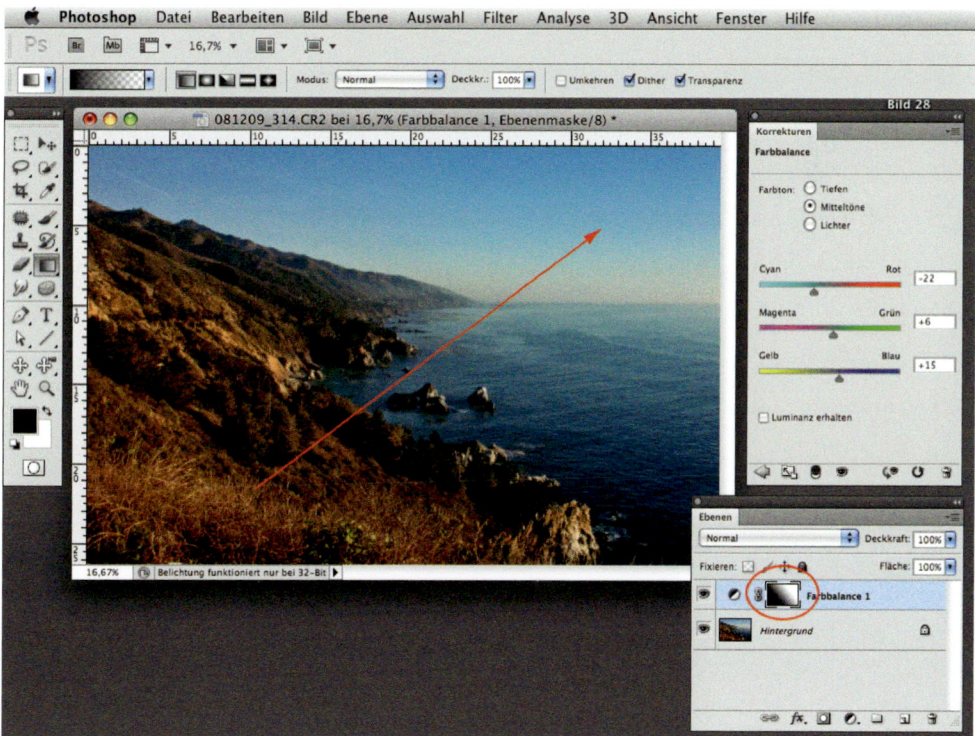

**Abbildung 5.27:** *Hierzu können Sie den linken unteren Bereich mit dem Verlaufswerkzeug maskieren*

**Abbildung 5.28:** *Wenn Sie die Ebene duplizieren, können Sie anschließend mit umgekehrter Maske den linken Bereich bearbeiten*

## 5.5 Bilder in Schwarzweiß und Monochrom umwandeln

Für die Umwandlung in Schwarzweiß und Monochrom können Sie in Photoshop verschiedene Werkzeuge verwenden. Infrage kommen für diese Aufgabe folgende Einstellungsebenen und Funktionen:

- *Schwarzweiß*
- *Kanalmixer*
- *Farbton/Sättigung* mit der Option *Färben*
- *Bild/Korrekturen/Sättigung verringern*
- *HSL-Graustufen* für RAW-Daten und JPEGs in Camera Raw

Wenn die Einstellung über die Menüfolge *Bild/Korrekturen/Sättigung verringern* auch nur für eine schnelle Abschätzung des Bildes als Schwarzweißversion gedacht ist, können Sie mit den anderen genannten Funktionen sehr gute Ergebnisse mit umfangreichen Anpassungen erzielen. In den meisten Fällen nutzten die Fotografen in früheren Photoshop-Versionen den Kanalmixer, aber seitdem es die Einstellungsebene *Schwarzweiß* gibt, arbeitet die Mehrheit genau mit diesem Tool. Und das nicht ohne Grund, denn die Einstellungsebene *Schwarzweiß* bietet Ihnen neben interessanten Voreinstellungen auch sehr gute Anpassungsmöglichkeiten. Sie können die Anpassungen entweder mit den verschiedenen Reglern oder aber mit der Option für die Korrektur direkt im Bild nutzen.

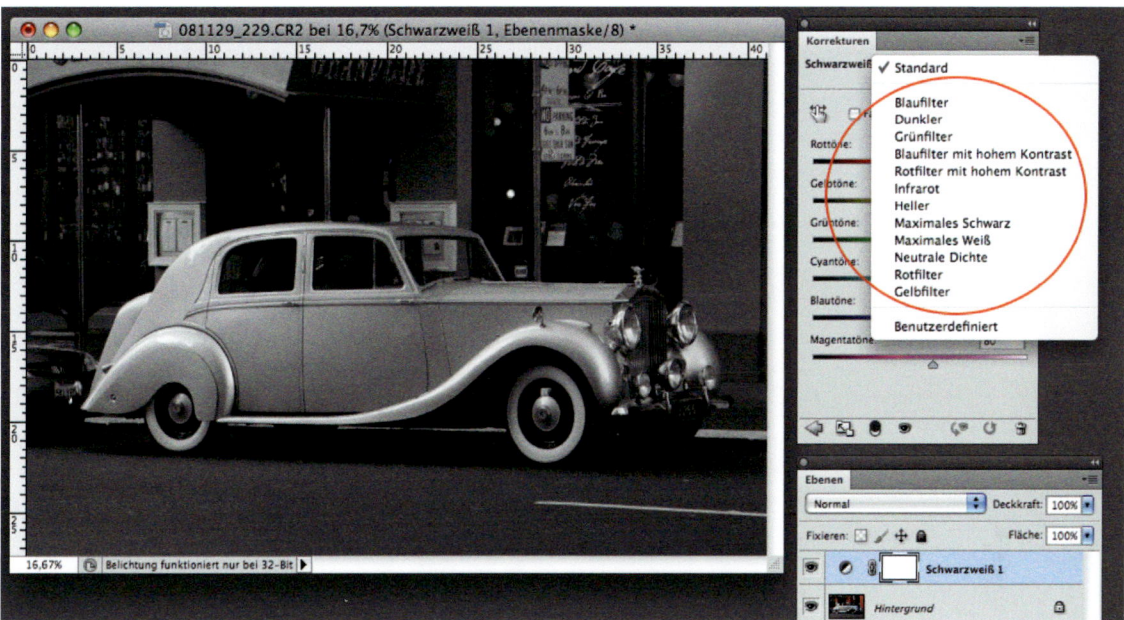

**Abbildung 5.29:** *Die Einstellungsebene* Schwarzweiß *und deren Vorgaben*

Häufig werden die Voreinstellungen als Ausgangsbasis für weitere Korrekturen verwendet. Obwohl, wenn Sie die Voreinstellungen an einem Bild ausprobieren, werden Sie bestimmt das eine oder andere auch ohne Verfeinerungen ganz gut nutzen können.

**Abbildung 5.30:** *Für viele Fotos gut nutzbar – der Rotfilter*

1   Für unser Ausgangsbild eignet sich hervorragend die Vorgabe *Rotfilter*. Das Bild enthält viele warme Töne und diese bekommen durch den Einsatz des Rotfilters deutlich mehr Kontrast. Wenn Sie bei dieser Voreinstellung wie in Abbildung 5.29 die Position der Regler betrachten, stellen Sie fest, dass der Regler *Rot* ziemlich weit nach rechts verschoben wurde, die dunklen Bereiche mit wärmeren Farben wurden aufgehellt. Das Gleiche passierte mit dem Regler *Gelb*.

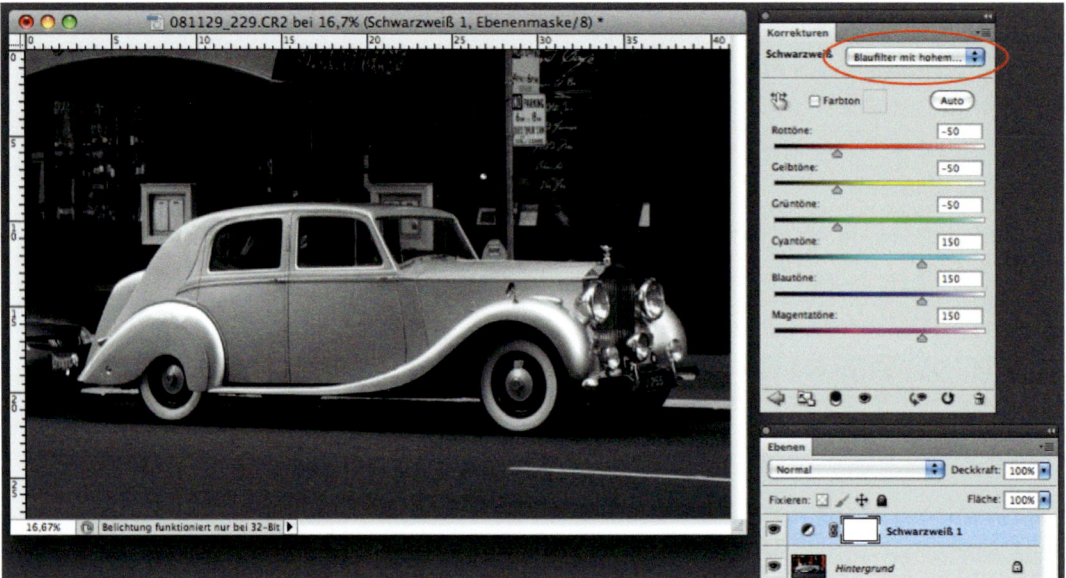

**Abbildung 2.31:** *Blaufilter mit hohem Kontrast für Metalloberflächen*

2   Wenn Sie den *Blaufilter mit hohem Kontrast* einsetzen, bekommen Sie ein sehr gutes Ergebnis bei Fotos, in denen Metallgegenstände vorherrschend sind. In unserem Beispielbild hat das Auto eine silberne Farbe und verfügt über viele Chromteile – deshalb wurden diese durch den *Blaufilter mit hohem Kontrast* optimal hervorgehoben. Der Hintergrund wurde stark abgedunkelt, was einerseits nicht sehr vorteilhaft auf die Kulisse wirkt. Andererseits steht jetzt das Auto im Vordergrund und gestalterisch gesehen haben Sie mit dem Filter einen starken Akzent auf das Hauptmotiv gesetzt.

3   Aktivieren Sie jetzt die Option *Korrektur direkt im Bild* und bewegen Sie die Maus mit gedrückter linker Maustaste direkt im Bild auf den Farbflächen mit ähnlichen Farbtönen nach rechts und nach links, um die Wirkung dieser Funktion auf das Bild zu testen. Sie bekommen sehr interessante Ergebnisse. Einige Beispiele dazu sehen Sie auf der nächsten Seite. Beim ersten Bild wurde der Hintergrund etwas weniger abgedunkelt als bei dem Beispiel mit dem Blaufilter, bei einem weiteren kam der Hintergrund mehr zur Geltung, da die rötlichen Flächen des Gebäudes im Hintergrund stark aufgehellt wurden.

4   Nachdem Sie die Schwarzweißumwandlung auf diese Art erledigt haben, können Sie ein paar Varianten mit der Färbung ausprobieren. Schalten Sie die Option *Farbton* ein und wählen Sie den Farbton, welcher optimal zu Ihrer Gestaltung passt. Nach Hinzufügen der Tönung ist es häufig erforderlich, dass die Kontraste noch einmal angepasst werden. Das können Sie mit der gleichen Option für die Korrektur direkt im Bild erledigen.

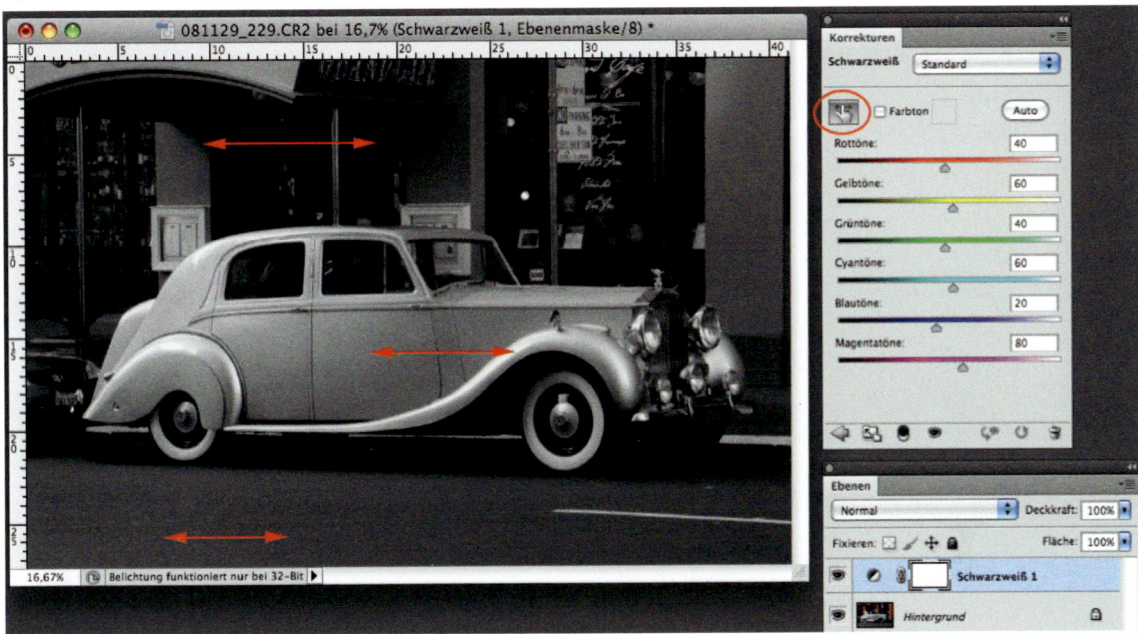

**Abbildung 2.32:** *Einen gleichmäßigen Kontrast können Sie mit der Korrektur direkt im Bild erreichen*

**Abbildung 2.33:** *Den Hintergrund können Sie durch gezieltes Aufhellen zur Geltung bringen*

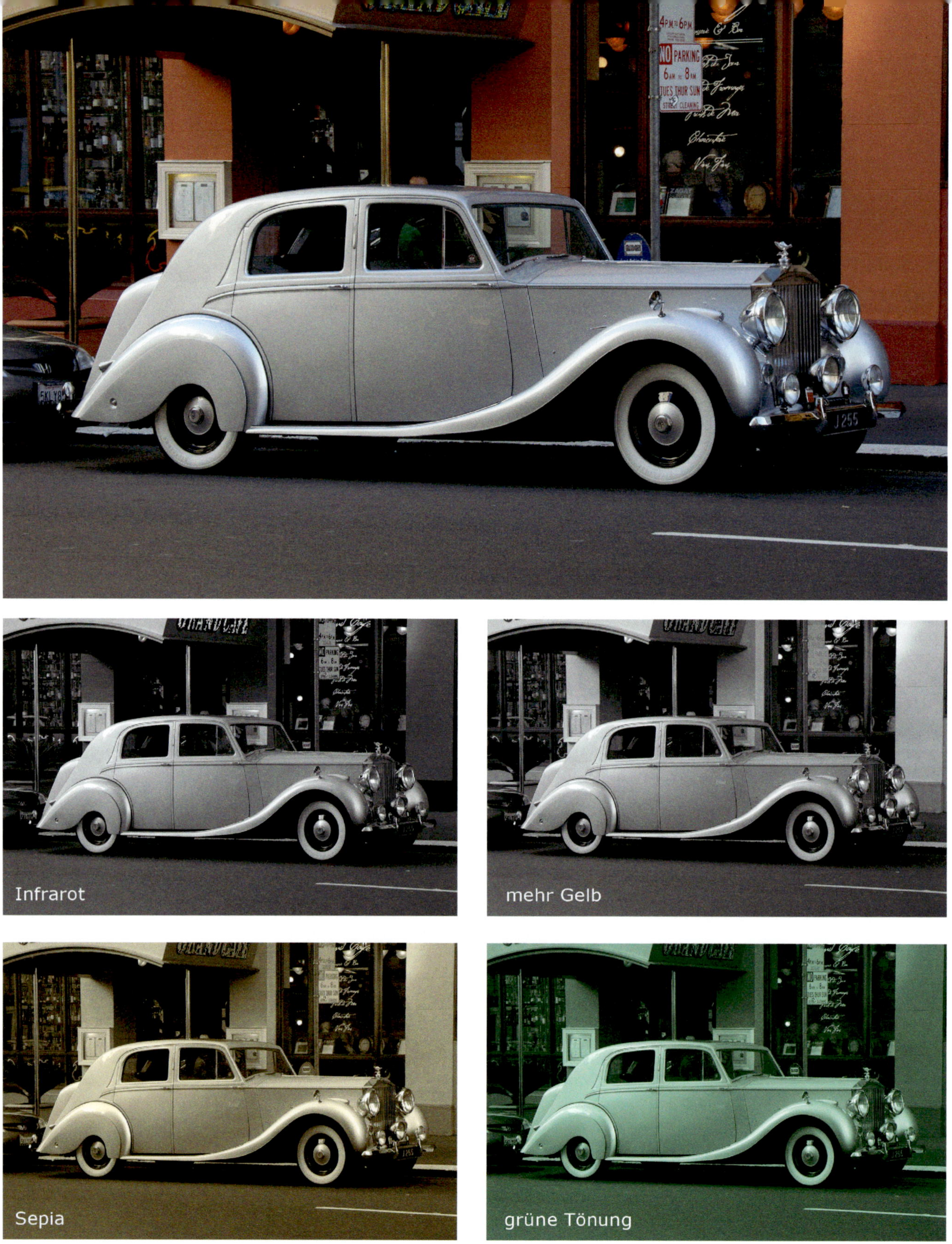

Infrarot

mehr Gelb

Sepia

grüne Tönung

**Abbildung 5.34:** *Einige Varianten einer Schwarzweißumwandlung*

Bei dem folgenden Beispiel eines Landschaftsfotos erhalten Sie bei der Konvertierung in Schwarzweiß völlig unterschiedliche, spannende Ergebnisse.

**Abbildung 5.35:** *: Originalbild, das für die Schwarzweißkonvertierung für Landschaftsbilder genutzt wird, wie im Folgenden beschrieben*

**Abbildung 5.36:** *Rötliche Bereiche verstärken*

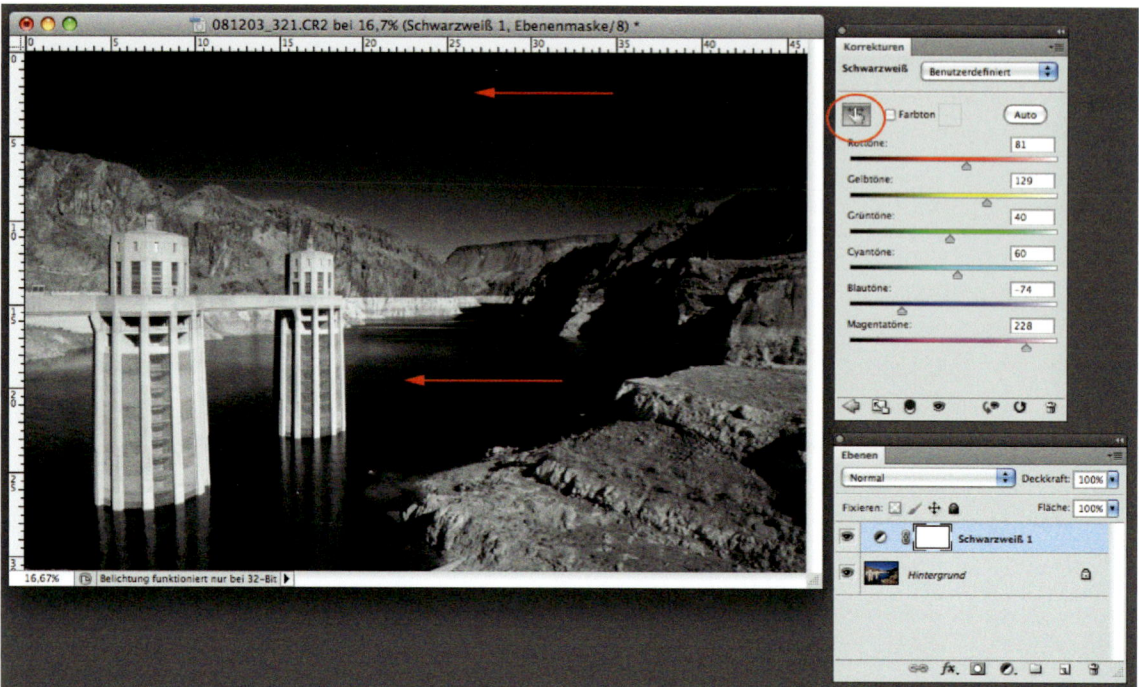

**Abbildung 5.37:**  *Das Abdunkeln der blauen Bereiche sorgt für eine dramatische Wirkung*

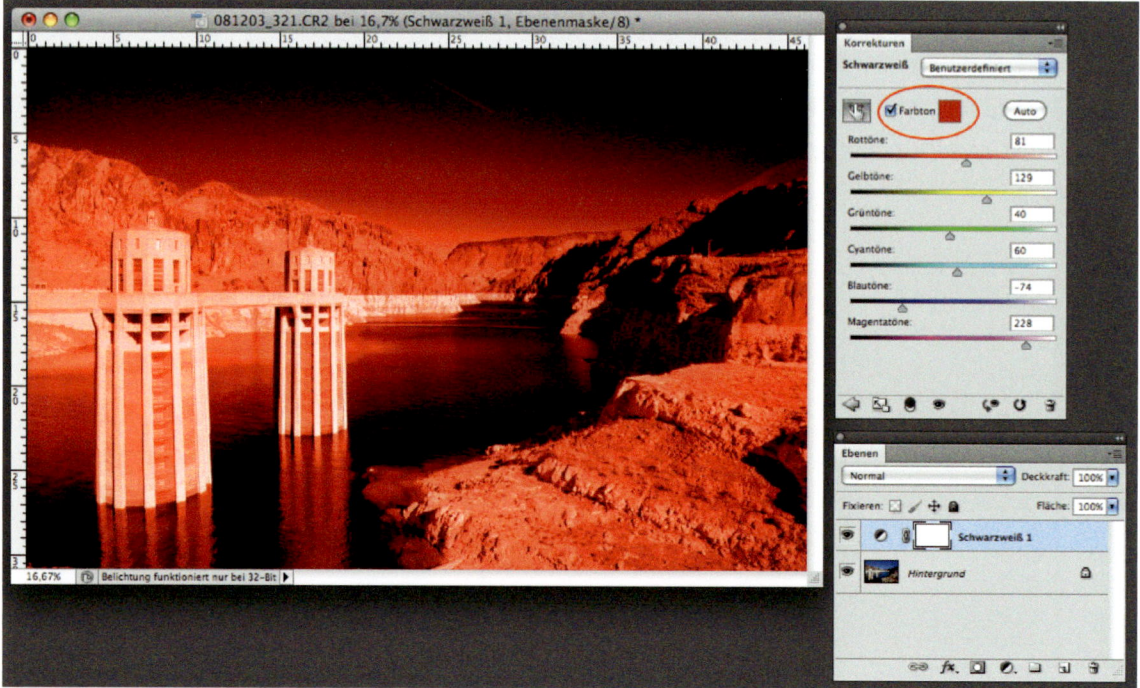

**Abbildung 5.38:**  *Extreme Tönung mit der Option* Farbton

Wie Sie anhand des letzten Beispielbildes sehen, können Sie einem Landschaftsfoto einen völlig neuen, fast außerirdischen Look mit der Option *Farbton* geben. Bei der Auswahl der Farbe für die Tönung achten Sie bitte darauf, dass Sie nicht zu grelle Farbtöne verwenden, sonst könnten einige Bildbereiche überstrahlt werden.

## 5.6 Bilder mit Fotofiltern einfärben – analog meets digital

Besonders für Analogfotografen, die auf digitale Fotografie umgestiegen sind, ist es oft nicht leicht nachvollziehbar, wie die eine oder andere Einstellungsebene funktioniert. Zwar sind die meisten fast selbsterklärend, bei einigen Einstellungen benötigt man aber etwas Anlaufzeit, um diese richtig zu verstehen und gezielt einsetzen zu können. Ganz anders bei der Einstellungsebene *Fotofilter*. Hier können die Analogdigital-Umsteiger wie „gewohnt" in die Filterkiste greifen und die bekannten Glasfilter als eine Art Digitalversion nutzen. Im Grunde funktioniert die Einstellungsebene *Fotofilter* ähnlich wie eine normale Photoshop-Ebene, gefüllt mit einer bestimmten Farbe in Kombination mit einer geänderten Ebenenfüllmethode, und zwar *Multiplizieren*. Denn die Ebenenfüllmethode *Multiplizieren* macht jede Pixelebene transparent. Das bedeutet, eine rote Farbfläche wirkt in Kombination mit dieser Ebenenfüllmethode wie ein rotes Glas oder rote Folie, die über das Bild gelegt wird – genauso wie ein Fotofilter in der analogen Fotografie.

**Abbildung 5.39:** *Fotofilter Sepia*

Probieren Sie einfach einige Voreinstellungen fertiger Filter aus. Die Fotofilter sind mit einer Standarddichte von 25 % ausgestattet. Sie können aber die Dichte erhöhen, um eine deutlichere Verfärbung im Bild zu erzielen.

**Abbildung 5.40:** *Die Dichte des Filters wurde in diesem Bild auf 70 % erhöht*

Sollten Sie keinen Filter mit einer passenden Farbe gefunden haben, klicken Sie auf die Option *Farbe* und legen im Farbwähler einfach die von Ihnen gewünschte Farbe fest. Regulieren Sie anschließend die Wirkung des Filters wieder über die Einstellung der Dichte des Filters.

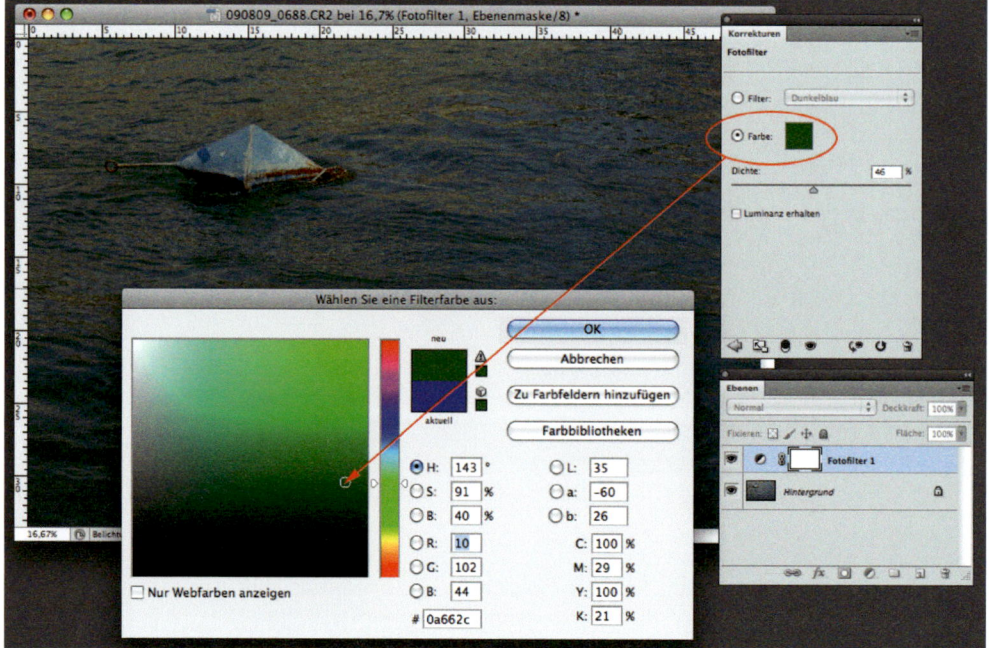

**Abbildung 5.41:** *Eigene Fotofilter mit der Option* Farbe *kreieren*

## 5.7 Kanalmixer für die Schwarzweißumwandlung nutzen

Wie bereits erwähnt wurde, gehört der Kanalmixer zu den etwas älteren Photoshop-Werkzeugen und wurde mittlerweile von der Einstellungsebene *Schwarzweiß* von Platz 1 verdrängt. Trotzdem hat diese Methode immer noch eine große Fangemeinde, gerade weil alle Einstellungen manuell erfolgen und sehr präzise dosiert werden können.

Der Kanalmixer arbeitet nach folgendem Prinzip: Die Ausgabekanäle Rot, Grün und Blau werden über drei Regler gesteuert. Wenn Sie zum Beispiel einen der Ausgabekanäle wählen, erkennen Sie, dass der Wert für den jeweiligen Ausgabekanal auf 100 % liegt.

Sie können die Farben des Bildes mischen, indem Sie zum Beispiel bei dem Ausgabekanal Blau den Wert für Rot auf 40 % erhöhen und für Blau auf 60 % verringern, so sieht die Tönung schon ganz anders aus. Wichtig ist hierbei, dass die Summe der Werte für Rot, Grün und Blau nicht mehr als 100 % beträgt, ansonsten ergeben sich überstrahlte Bereiche, die nicht angenehm wirken.

**Abbildung 5.42:** *Das Original*

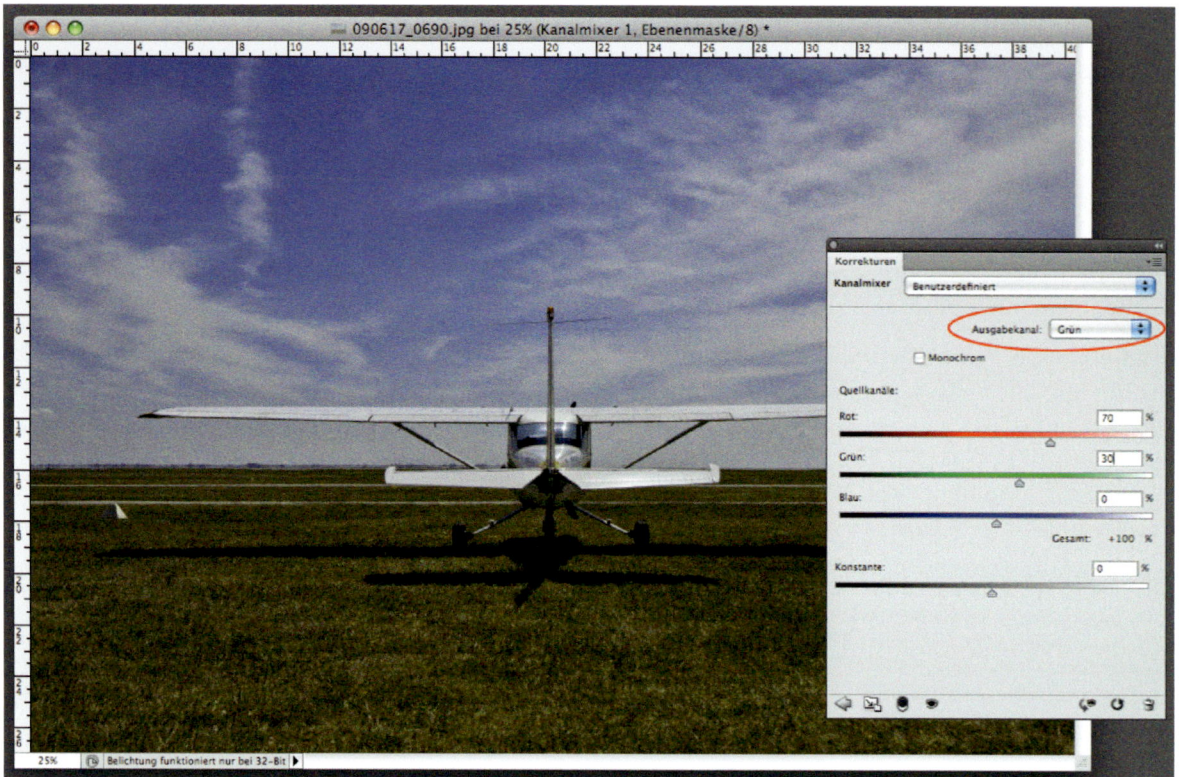

**Abbildung 5.43:** *Farbverschiebungen durch die Änderung der Werte in einem der Ausgabekanäle*

Wie Sie sehen, können Sie mit der unterschiedlichen Mischung in einem der Ausgabekanäle eine Einfärbung des Bildes erreichen. Diese Funktion wird zwar auch zum Einfärben von Bildern benutzt, aber nicht so häufig wie im Zusammenhang mit der Option *Monochrom*. Bei dieser Option gibt es lediglich einen Ausgabekanal – Grau.

Und hier können Sie die Anteile der drei Farbkanäle so mischen, dass Sie ein Schwarzweißbild mit unterschiedlichen Kontrastverhältnissen erhalten. Zwar gilt auch hier die Regel, dass die Summe der Werte der einzelnen Kanäle 100 % nicht überschreiten sollte, aber oft merken Sie keine negativen Auswirkungen auf das Schwarzweißbild, wenn der Wert die Grenze von 100 % überschreitet.

In dem nachfolgenden Beispiel wird das Bild selektiv mit der Einstellungsebene *Kanalmixer* bearbeitet, um optimale Kontraste auf der ganzen Bildfläche zu bekommen. Dazu werden zwei maskierte Einstellungsebenen *Kanalmixer* eingesetzt.

1   Probieren Sie zuerst die Voreinstellungen aus, die ähnlich wie bei der Option *Schwarzweiß* aufgebaut sind. Achten Sie darauf, dass die Kontraste der Bereiche mit dem Feld und mit dem Himmel optimal sind.

**Abbildung 5.44:** Schwarzweiß mit Gelbfilter *liefert mehr Kontrast bei den Wolken*

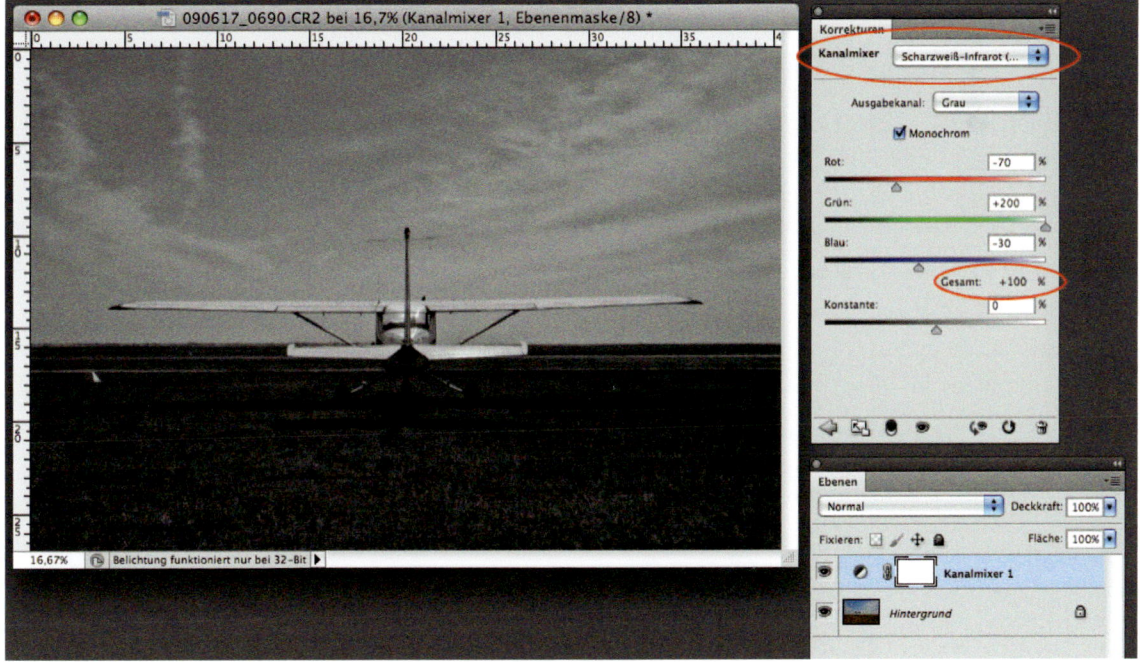

**Abbildung 2.45:** Schwarzweiß-Infrarot *bringt Kontrast beim Flugzeug*

Wenn Sie aber mit keinem der Ergebnisse zufrieden sind, können Sie die Korrekturen separat für den Himmel und für den Boden vornehmen.

**2**  Beginnen Sie mit der ersten Korrektur, bei der Sie sich komplett auf den Himmel konzentrieren. Durch die rasche Erhöhung des Wertes für Grau bekommen Sie eine dramatische Wirkung des Himmels.

**3**  Reduzieren Sie im Gegenzug die Werte für Blau und Rot, sodass die Summe der Werte entweder unter oder leicht über 100 % liegt. Mit dem Regler *Konstante* können Sie die Helligkeit des Bildes anpassen.

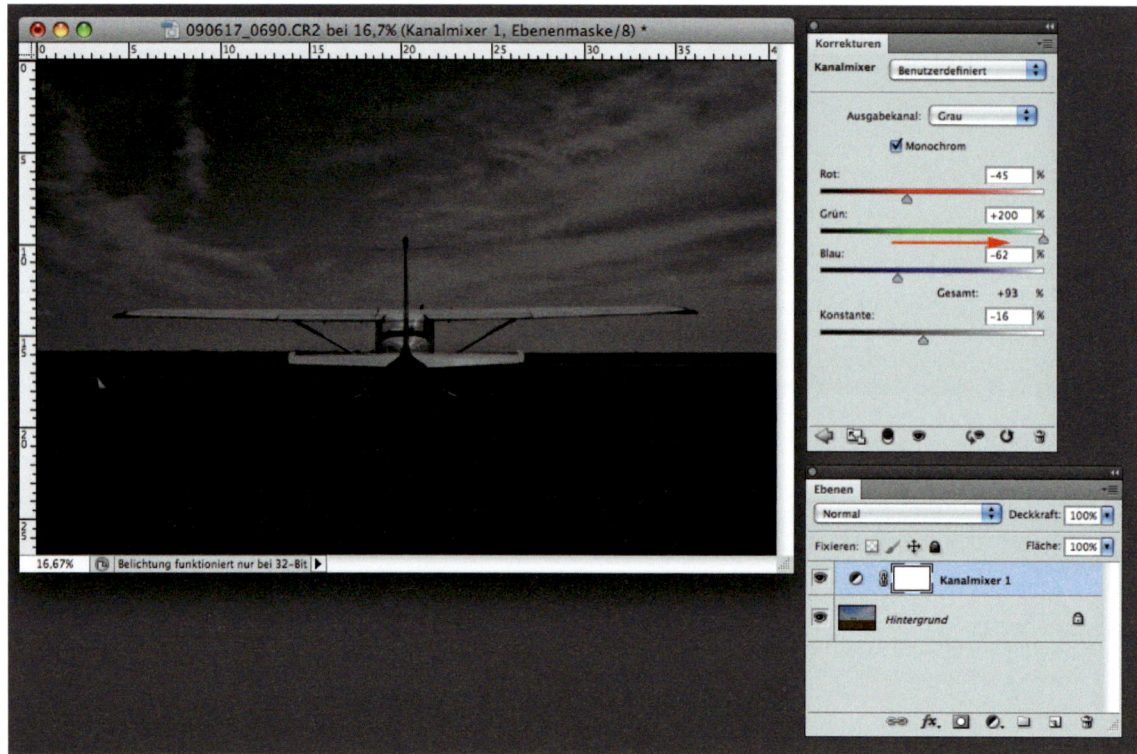

**Abbildung 2.46:**  *Gezielte Korrektur, um den Himmel dramatisch wirken zu lassen*

**4**  Maskieren Sie den unteren Bereich des Bildes mit dem Verlaufswerkzeug, sodass die Wirkung der Einstellungsebene im unteren Bereich aufgehoben wird.

**5**  Duplizieren Sie dann die Einstellungsebene, kehren Sie die Maske mit [cmd]+[I] ([Strg]+[I]) um und passen Sie die Werte für die obere Ebene folgendermaßen an: Wählen Sie für Rot und Blau ca. 20–30 % und für Grün ca. 60–70 %. Zwar wird die Summe der Werte leicht überschritten, aber der Vordergrund sieht trotzdem überzeugend aus. Der Kontrast wirkt optimal. Die Maske der oberen Ebene sollte allerdings etwas angepasst werden. Im Überlappungsbereich sind noch einige Farbbereiche zu sehen.

**6**  Das können Sie korrigieren, indem Sie die Maske skalieren. Aktivieren Sie den Transformationsrahmen mit [cmd]+[T] ([Strg]+[T]) und ziehen Sie den oberen mittleren Anfasser leicht nach oben, sodass die Farben im Überlappungsbereich nicht mehr zu erkennen sind.

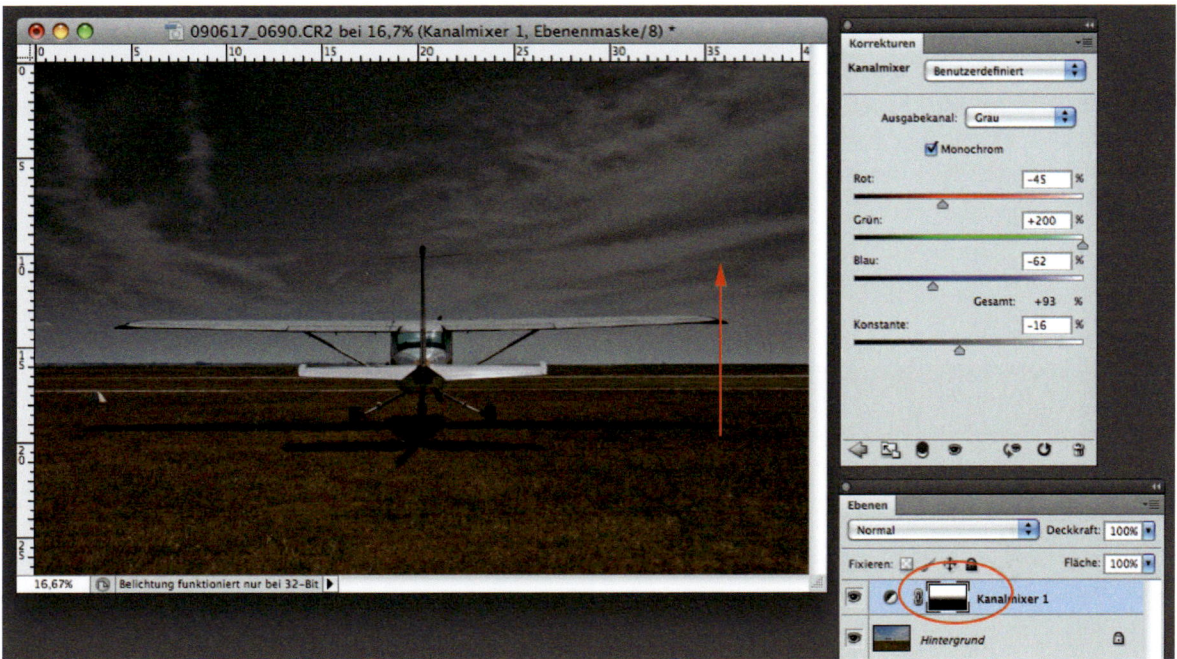

**Abbildung 5.47:** *Den unteren Bereich mit dem Verlauf maskieren*

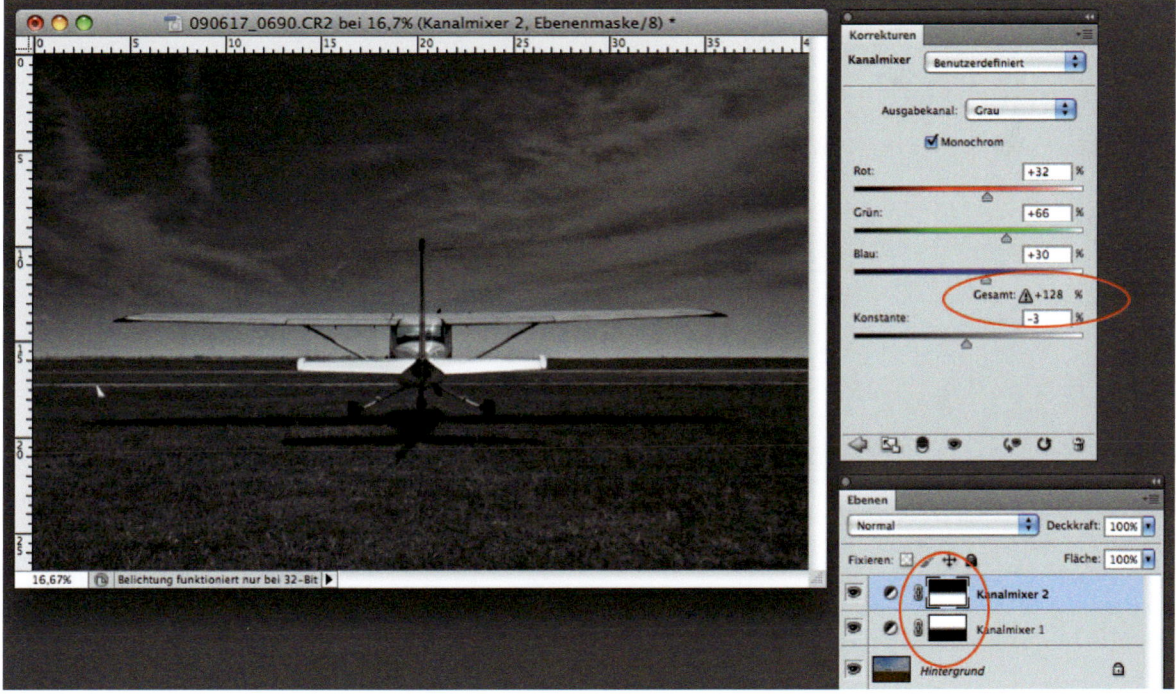

**Abbildung 5.48:** *Kontrast im unteren Bereich anpassen*

## 5.8 Selektive Farbkorrektur zum Entfernen von Farbstichen

Besonders bei Available-Light-Aufnahmen (vorhandenes Licht) ist es kompliziert, die passende Weißab-
gleichseinstellung der Kamera zu treffen. Häufig hat der Fotograf auch nicht die nötige Zeit, um zum Beispiel den Weißabgleich mit einem Blatt Papier manuell einzustellen.

Deshalb greifen viele Fotografen bei komplizierten Lichtverhältnissen einfach zur Einstellung AWB (automatischer Weißabgleich), um das Foto schnell zu schießen und die Korrekturen dann anschließend in Photoshop vorzunehmen. Leider kommen hierbei oft starke Farbstiche zum Vorschein, wie es auf unserem Beispielbild erkennbar ist.

**Abbildung 5.49:** *Starke Farbstiche bei Available Light*

Die Farbstichkorrekturen können Sie jedoch mit einigen *Korrekturen*-Paletten vornehmen. Viele Fotografen nutzen die Einstellungsebene *Selektive Farbkorrektur*, da diese logisch und nachvollziehbar aufgebaut
ist.

Die selektive Farbkorrektur arbeitet nach dem Prinzip der Komplementärfarben. Hat das zu bearbeitende Bild einen rotgelben Farbstich, sollten die Anteile dieser Farben reduziert und im Gegenzug die Werte der Komplementärfarben etwas angehoben werden.

1 Wählen Sie hierzu im Bereich *Farben* den Eintrag *Farbtöne*.

2 Reduzieren Sie den Wert für Gelb und Magenta und erhöhen Sie den Wert für Cyan. Wenn Sie die Option *Relativ* nutzen, erfolgen die Korrekturen in kleineren Schritten, bei der Einstellung *Absolut* in größeren. Mit dem Regler *Schwarz* können Sie das Bild aufhellen bzw. abdunkeln.

3 Ähnliche Korrekturen können Sie auch für den Bereich *Gelbtöne* durchführen. Die Werte für Gelb und Magenta werden reduziert, die Werte für Cyan erhöht.

4 Bei blaustichigen Bildern können Sie die entsprechenden Korrekturen in den Bereichen *Cyantöne* und *Blautöne* durchführen. Reduzieren Sie die Werte für Cyan und erhöhen Sie Gelb und Magenta.

**Abbildung 2.50:** *Korrekturen im Bereich der Rottöne*

**Abbildung 2.51:** *Korrekturen im Bereich der Gelbtöne*

## 5.9 Verlaufsumsetzung und Ebenenfüllmethoden für kräftigere Farben einsetzen

Sehr interessante Farbeffekte erhalten Sie bei der Verwendung der Einstellungsebene *Verlaufsumsetzung* in Kombination mit den unterschiedlichen Ebenenfüllmethoden. Speziell beim Erstellen bestimmter Looks für die Fotos sind hier die Möglichkeiten nahezu unbegrenzt.

Sie können ein Foto mit einem Look ausstatten, sodass es wie ein altes Dia wirkt oder an einen Kinostreifen aus den 50er Jahren erinnert, als mit Technicolor gearbeitet wurde. Bei dem Vorher-Nachher-Vergleich sehen Sie unsere Aufgabe.

Es wurde in diesem Kapitel bereits erwähnt, dass die Ebenenfüllmethode *Multiplizieren* eine Farbfläche in eine Art Fotofilter verwandelt.

Das Gleiche gilt auch für Verläufe. Eine Verlaufsumsetzung eines Bildes ist eine Konvertierung, bei der das farbige Bild in den im Verlauf enthaltenen Farben und deren Abstufungen dargestellt wird. Wenn Sie einen Verlauf von Schwarz zu Weiß für die Verlaufsumsetzung nutzen, wird das Bild logischerweise in Graustufen umgewandelt.

Verwenden Sie statt Schwarz die Farbe Blau, so wird es ein blauweißes Bild.

**Abbildung 5.52:** *Verschiedene Looks mit Verlaufsumsetzung und Ebenenfüllmethoden kreieren*

Die Einstellungsebene *Verlaufsumsetzung* können Sie direkt für duplexähnliche Bilder nutzen. In Kombination mit den Ebenenfüllmethoden erhalten Sie dann aber verschiedene Looks.

**1** Erstellen Sie in der *Ebenen*-Palette die Einstellungsebene *Verlaufsumsetzung* und wählen Sie einen Verlauf, z. B. von Schwarz zu Weiß.

**2** Ändern Sie die Ebenenfüllmethode auf *Multiplizieren*. Probieren Sie ebenfalls die Ebenenfüllmethode *Weiches Licht*. Dabei bekommen Sie ein interessantes Ergebnis. Das Bild zeigt mehr Kontraste in den dunkleren Bereichen, was für einige Motive sehr gut passen kann.

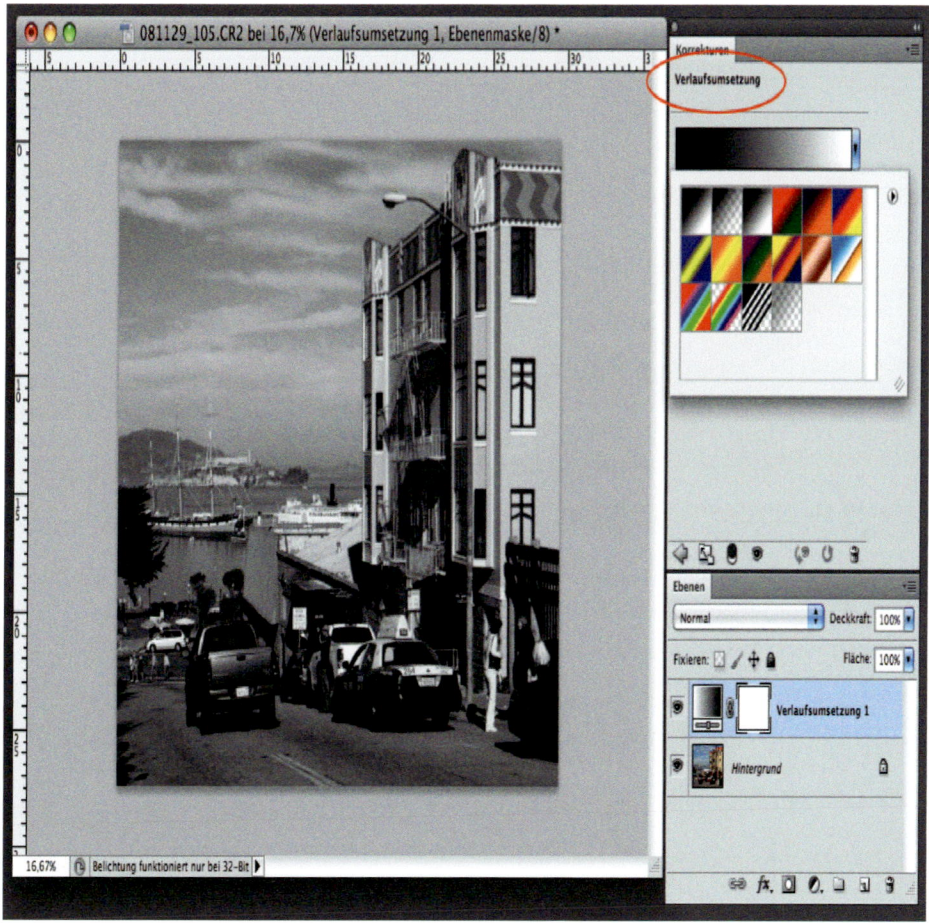

**Abbildung 2.53:** *Verlaufsumsetzung*

Es kommen für die Kreation von Looks folgende Ebenenfüllmethoden in erster Linie infrage:

- *Weiches Licht*
- *Hartes Licht*
- *Ineinanderkopieren*
- *Strahlendes Licht*
- *Multiplizieren*

Aber auch mit anderen Ebenenfüllmethoden können Sie ein wenig experimentieren, um herauszufinden, ob diese für so eine Art von Bildbearbeitung geeignet sind.

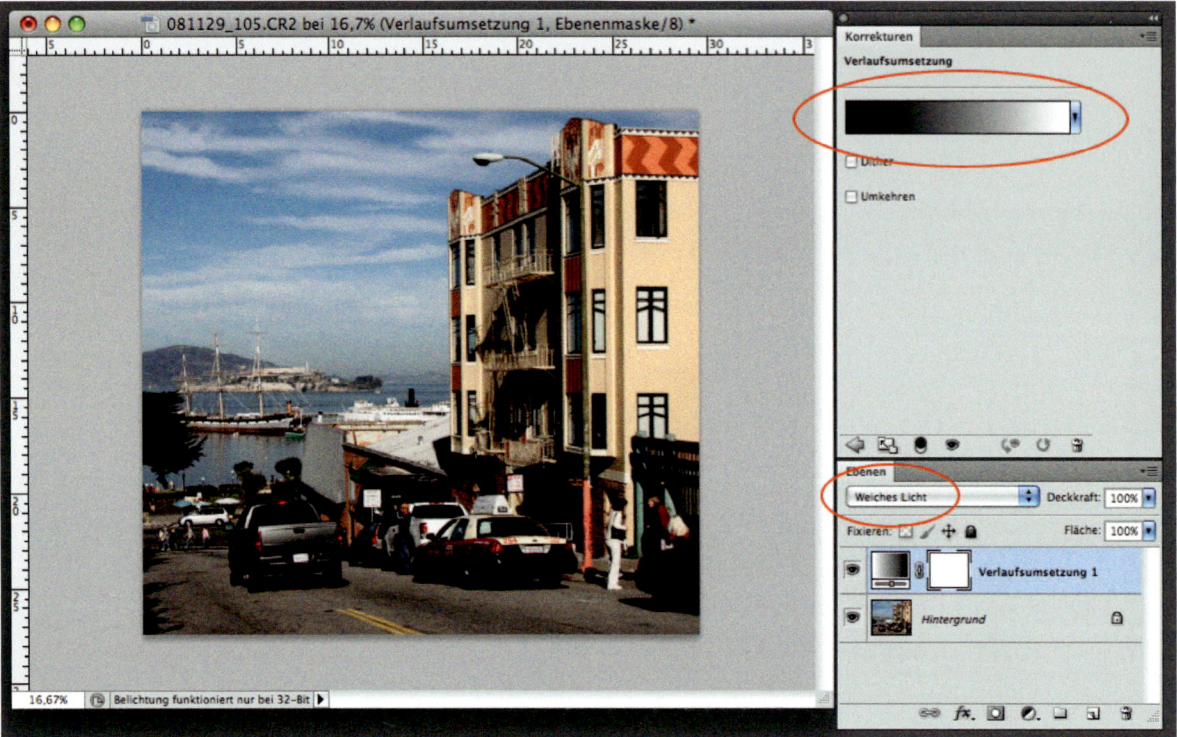

**Abbildung 5.54:** *Wirkung der Ebenenfüllmethode Weiches Licht*

Jetzt können Sie den Verlauf noch weiter bearbeiten.

**3**   Doppelklicken Sie auf den Verlaufsstreifen im Dialog *Verlaufsumsetzung*. Im darauf folgenden Dialog *Verläufe bearbeiten* können Sie entweder auf die Vorgaben zurückgreifen oder völlig neue Verläufe kreieren.

    Im unteren Bereich des Dialogs finden Sie den Verlaufsstreifen, der oben und unten mit Reglern ausgestattet ist. Die oberen Regler sind für die Deckkraft der Farben zuständig, die unteren für die Farben selbst.

**4**   Definieren Sie zuerst die Farben, mit denen Sie arbeiten möchten. Gehen Sie hierzu auf einen Regler und wählen Sie im Kasten *Farbe* die erste Farbe, dann wählen Sie den zweiten Regler und die zweite Farbe. Wenn eine Farbe nicht mit voller Deckkraft eingesetzt werden soll, reduzieren Sie die Dichte im Bereich *Deckkraft*.

Sie können auch zusätzliche Regler einfügen.

5   Wenn Sie noch einen Farbregler erstellen möchten, klicken Sie unter dem Farbstreifen ins Feld – noch ein Regler erscheint. Definieren Sie die Farbe und die Deckkraft des Reglers. Mit dem kleinen Rechteck unter der Mitte des Verlaufsstreifens können Sie den Verlauf darüber hinaus auch noch asymmetrisch gestalten, die Mitte nach links oder rechts verschieben. Wie Sie sehen, gibt es bei der Gestaltung des Verlaufs einige Möglichkeiten.

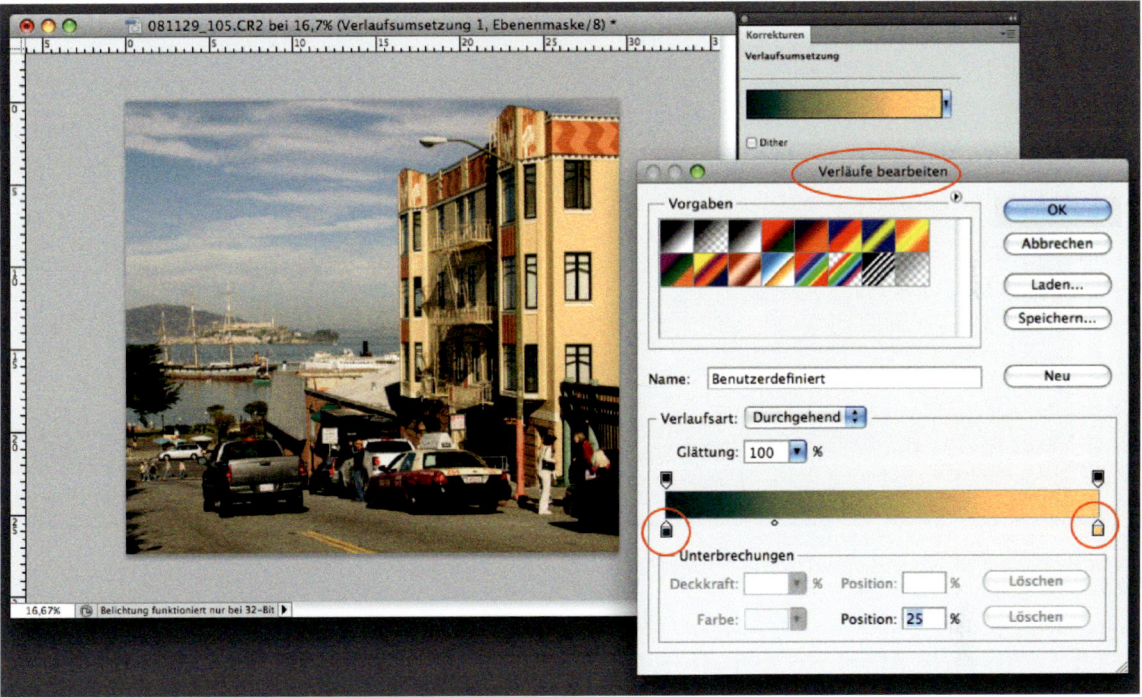

**Abbildung 2.55:** *Verläufe bearbeiten*

Wenn Sie einen Verlauf nach Ihren Wünschen gestaltet haben, können Sie diesen auch speichern, um ihn auf andere Bilder anwenden zu können.

6   Geben Sie dem Verlauf einen Namen und klicken Sie dann auf *Speichern*. Die gespeicherten Verlaufs-dateien mit der Endung *.grd* (Gradients) werden dann im Ordner *Gradients* der Photoshop-Bibliothek gespeichert. Sie können sie dann auch auf andere Rechner übertragen.

7   Zusätzliche Verläufe können Sie übernehmen, indem Sie auf den Button *Laden* klicken und den Verlauf in der Bibliothek ablegen.

8   Nachdem Sie den Verlauf fertig bearbeitet haben, klicken Sie auf *OK* und ändern die Ebenenfüllme-thode für die Einstellungsebene *Verlaufsumsetzung* auf *Multiplizieren*.

9   Reduzieren Sie die Deckkraft der Einstellungsebene, falls das Bild zu dunkel ist, oder probieren Sie eine andere Ebenenfüllmethode aus.

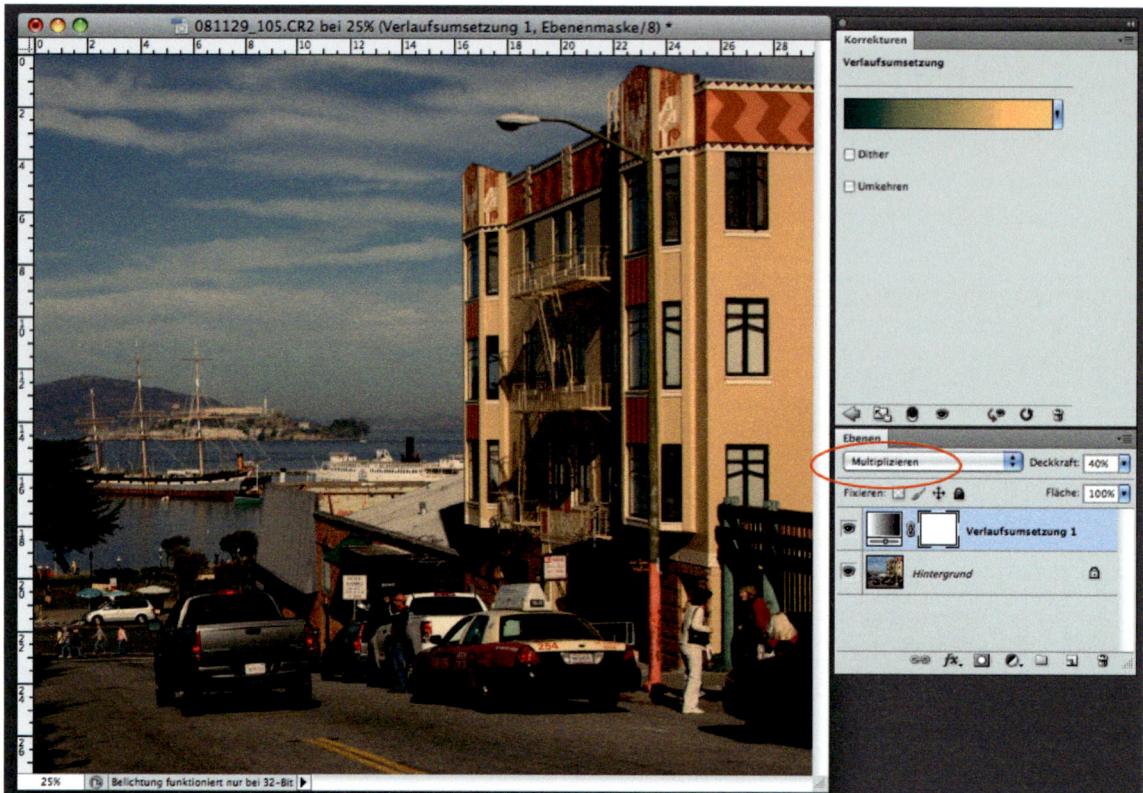

***Abbildung 2.56:*** *Verlaufsumsetzung mit Ebenenfüllmethoden kombinieren*

## 5.10  Einzelne Flächen mit dem Farbe-ersetzen-Werkzeug umfärben

Wenn es um das Umfärben einzelner Bildbereiche geht, so gibt es hierfür einige Werkzeuge und Einstellungen, mit denen Sie das erledigen können. Sie können zum Beispiel zuerst eine Auswahl erstellen, um diese dann als Maske für eine Einstellungsebene zu verwenden. Infrage kämen die Einstellungsebenen *Schwarzweiß* mit der Option *Farbe*, *Farbbalance*, *Farbton/Sättigung* oder die Füllebene *Farbfläche* kombiniert mit einer Ebenenfüllmethode. Es gibt allerdings noch eine weitere interessante Möglichkeit, einzelne Bildbereiche einzufärben, diese basiert aber nicht auf einer Einstellungsebene, sondern wird über das Menü *Bild/Korrekturen* aufgerufen. Die Rede ist vom Farbe-ersetzen-Werkzeug.

Dieses Werkzeug arbeitet pixeldestruktiv, deshalb ist es wichtig, vor der Korrektur eine Kopie der Hauptebene anzulegen und dann an der erstellten Kopie die Farbkorrektur vorzunehmen.

Das Werkzeug funktioniert ganz gut bei Bildern, in denen starke Farbunterschiede vorhanden sind, wie in unserem Beispiel. Hier soll das hellgrüne Auto mit einer anderen Farbe „überlackiert" werden. Das Schöne dabei ist, dass der Rest des Bildes kaum grüne Flächen aufweist, bis auf die Pflanze rechts, aber da wir sowieso auf einer Ebenenkopie arbeiten wollen, kann diese Stelle auf der Ebene entweder maskiert oder einfach mit dem Radiergummi-Werkzeug ([E]) gelöscht werden.

**Abbildung 5.57:** *Farbe-ersetzen-Werkzeug*

**1** Erstellen Sie zunächst die Kopie der Ebene und rufen Sie die Option *Farbe ersetzen* auf.

**Abbildung 2.58:** *Das Farbe-ersetzen-Werkzeug arbeitet pixeldestruktiv*

**2** Im Dialog *Farbe ersetzen* wählen Sie die erste Pipette und klicken auf das Fahrzeug.

**3** Erhöhen Sie die *Toleranz* so, dass auf dem Vorschaunegativ das Auto weiß und der Rest möglichst schwarz angezeigt wird. Mit der Plus-Pipette fügen Sie weitere Abstufungen des Grüntons hinzu.

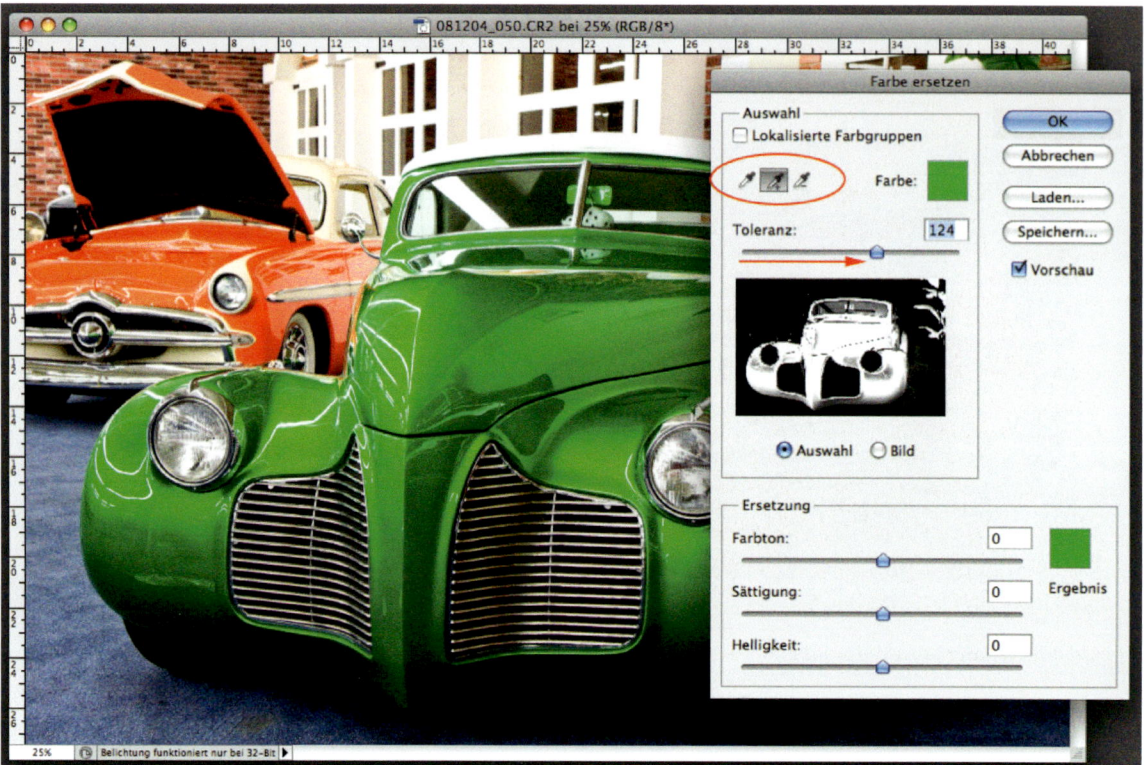

**Abbildung 2.59:** *Farben auswählen und weitere hinzufügen*

**4** Ihr Ziel ist es, eine möglichst kontrastreiche Darstellung des Negativs zu erreichen. Sollten einige unerwünschte Farben in die Auswahl reingerutscht sein, können Sie diese mit der Minus-Pipette von der Auswahl abziehen.

**5** Nachdem Sie mit der Auswahl fertig sind, können Sie nun den Farbton verändern. Den Regler *Farbton* können Sie nach links und nach rechts bewegen, um die passende Verfärbung auszusuchen. Mit den Reglern *Sättigung* und *Helligkeit* passen Sie den neuen Farbton an die Umgebung an, sodass die neue Farbe mit dem Rest des Bildes harmoniert.

Radikale Umfärbungen, die auf Komplementärfarben basieren, zum Beispiel Rot in Grün oder Blau in Gelb, sollten nur dann ausgeführt werden, wenn Sie die Auswahl sehr gut gemacht haben und keine weiteren Details des Bildes in die Auswahl übernommen wurden.

**Abbildung 2.60:** *Auswahl umfärben*

**6** Eine sehr „dankbare" Umfärbung ist zum Beispiel die von Grün in Blau oder von Rot in Magenta oder Orange – also jeweils in „verwandte" Farben.

Wenn Sie die gleichen Einstellungen auf andere Bilder übertragen möchten, können Sie diese ebenfalls speichern und bei anderen Bildern wieder laden.

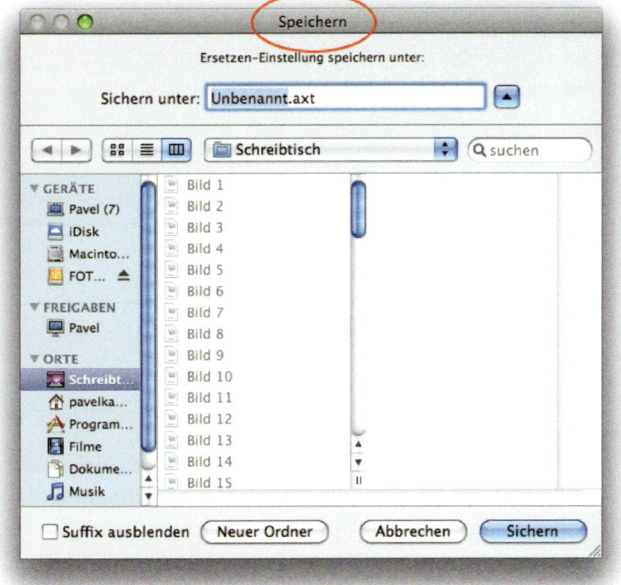

**Abbildung 5.61:** *Einstellungen zum Verwenden bei anderen Bildern speichern*

## 5.11   Bildbereiche mit Farbe-ersetzen-Pinsel umfärben

Eine weitere interessante Option, einzelne Bildbereiche selektiv zu bearbeiten, ist der Einsatz des Farbe-ersetzen-Pinsels (B) (zwar wird die Quick-Info mit Farbe-ersetzen-Werkzeug angezeigt, aber im Weiteren nennen wir das Werkzeug Farbe-ersetzen-Pinsel, um es von der Funktion der vorherigen Lektion zu unterscheiden). Dieses Werkzeug arbeitet, genauso wie das Farbe-ersetzen-Werkzeug, pixeldestruktiv, deshalb sollte vor dem Einsatz wieder eine Ebenenkopie erstellt werden.

**Abbildung 5.62:** Farbe-ersetzen-Pinsel

**1**   Das Werkzeug hat unterschiedliche Wirkungsarten: *Farbton*, *Sättigung*, *Farbe* und *Luminanz*. Zum Umfärben einzelner Bildbereiche sind die Arten *Farbton* und *Farbe* interessant. *Farbton* trägt die neue Farbe transparent auf, *Farbe* intensiver.

Je nach der Aufgabe können Sie zwischen den einzelnen Modi wählen. Aktivieren Sie ebenfalls die Option *Kante erkennen*. Bei den Objekten, die gut erkennbare Abgrenzungen haben, funktioniert die Kantenerkennung sehr gut.

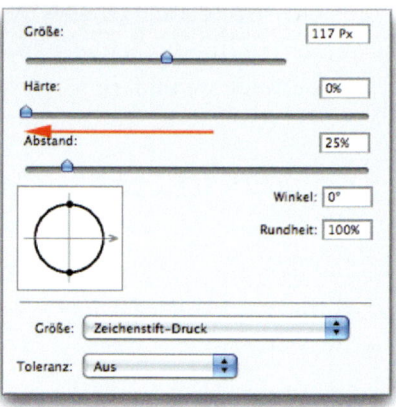

**Abbildung 5.63:** Pinselattribute festlegen

Für Objekte mit weicheren Kanten können Sie die Toleranz erhöhen, damit diese auch bearbeitet werden können. Je nachdem, wie weich die Kanten sind, können Sie auch die Pinselhärte einstellen. Bei weichen Kanten verringern Sie die Pinselhärte.

**2** Nun können Sie die Vordergrundfarbe auswählen und die gewünschte Fläche mit der ausgewählten Farbe bemalen.

**Abbildung 2.64:** *Farbe ersetzen*

## 5.12 Farbkorrekturen mit Verläufen realisieren

Eine interessante Methode der selektiven Farbkorrektur ist der Einsatz von Verläufen. Die Technik basiert auf Pixelebenen, die in Kombination mit unterschiedlichen Ebenenfüllmethoden die gewünschte Wirkung erreichen. In unserem Beispiel soll der Himmel im oberen Bereich dunkler und die Wasserfläche grüner gestaltet werden.

**Abbildung 5.65:**
*Mit Verläufen färben*

1 Öffnen Sie das Bild, erstellen Sie in der *Ebenen*-Palette eine neue leere Ebene und definieren Sie die Vordergrundfarbe Dunkelblau.

2 Wählen Sie das Verlaufswerkzeug (⌈G⌉) mit den Optionen linearer Verlauf, Vordergrund-Transparent.

3 Ziehen Sie den Verlauf von oben nach unten. Halten Sie dabei die ⌈⇧⌉-Taste gedrückt, um einen absolut senkrechten Verlauf zu realisieren. Damit der Verlauf nicht die Pixel des Bildes abdeckt, ändern Sie die Ebenenfüllmethode für die Ebene mit dem Verlauf auf *Multiplizieren*. Reduzieren Sie bei Bedarf die Ebenendeckkraft.

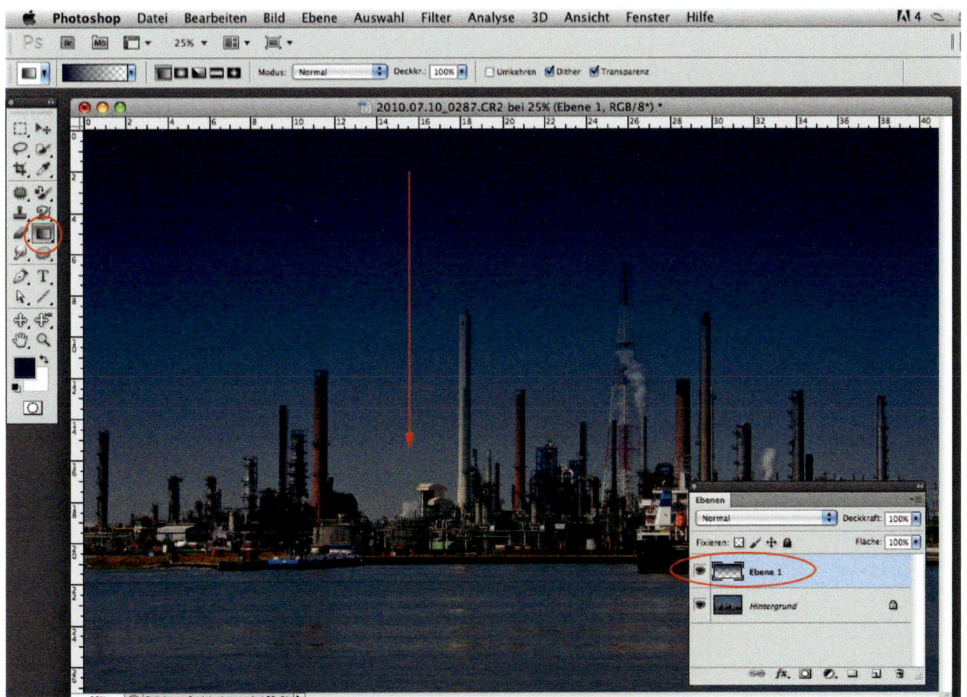

*Abbildung 5.66:*
*Verlauf auf einer*
*leeren Ebene*
*erstellen*

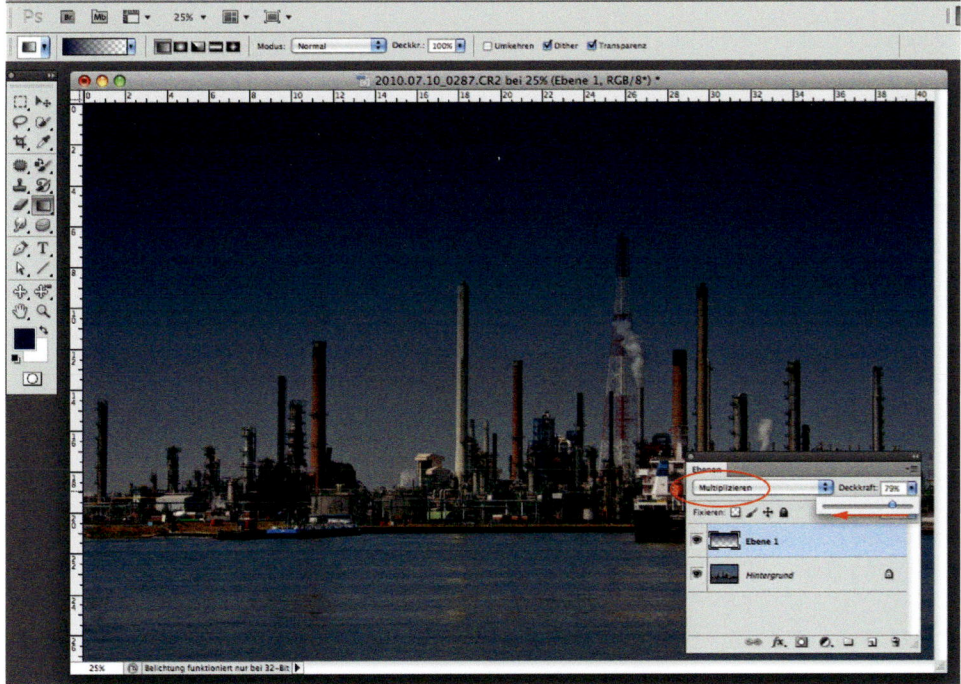

*Abbildung 5.67:*
*Ebenenfüllmethode*
*der Ebene ändern*

**4**  Erstellen Sie eine zweite leere Ebene und ziehen Sie auf dieser Ebene einen Verlauf mit grüner Farbe von unten nach oben.

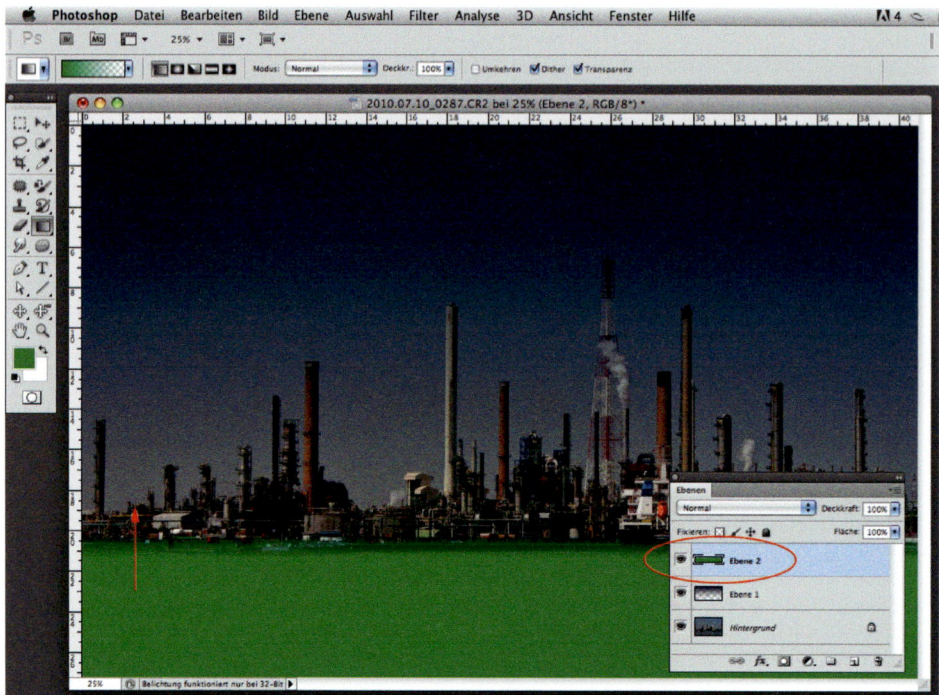

**Abbildung 5.68:**
Grünen Verlauf
erstellen

**5**   Ändern  Sie jetzt bei dem grünen Verlauf die Ebenenfüllmethode. *Multiplizieren* würde die Wasserfläche zu stark abdunkeln, es ist in diesem Fall besser, auf die Ebenenfüllmethode *Weiches Licht* zu setzen.

**Abbildung 5.69:**
Ebenenfüllmethode Weiches
Licht für die
grüne Ebene

**6** Die Grenze der grünen Ebene können Sie anschließend mit der Maske ausstatten und die Grenze zwischen dem Wasser und dem Ufer so bearbeiten, dass das Ufer nicht grün eingefärbt wird.

## 5.13   Einsatz der Ebenenfüllmethoden für Farbkorrekturen

Viele Fotografen benutzen die Einstellungsebene *Farbbalance* nicht nur direkt, sondern auch in Kombination mit einer geänderten Ebenenfüllmethode.

Diese Technik erlaubt Ihnen nicht nur, die Farben zu korrigieren, sondern auch gleichzeitig den Kontrast des Bildes anzuheben. Bilder wirken durch eine derartige Korrektur tiefer und knackiger.

Probieren Sie an dem Beispielbild nachfolgende Technik aus:

**Abbildung 5.70:** *Einstellungsebene Farbbalance mit geänderter Ebenenfüllmethode*

**1**   Erstellen Sie in der *Ebenen*-Palette die Einstellungsebene *Farbbalance*, in der Sie im Bereich *Mitteltöne* die Werte für Cyan und Blau leicht anheben. Das Bild wird etwas bläulicher.

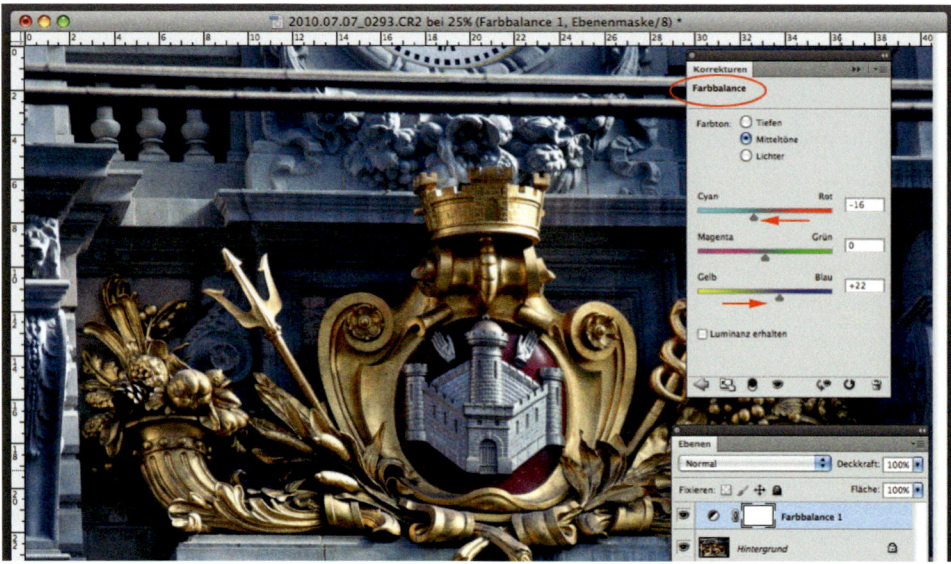

**Abbildung 2.71:** *Im Bereich Mitteltöne die Werte für Cyan und Blau anheben*

**2**   Ändern Sie dann die Ebenenfüllmethode auf *Weiches Licht*. Die Farbe der Steine bleibt bläulich, aber die wärmeren Farben (Gold oder Dunkelrot) verlieren die blaue Verfärbung und werden dadurch kontrastreicher.

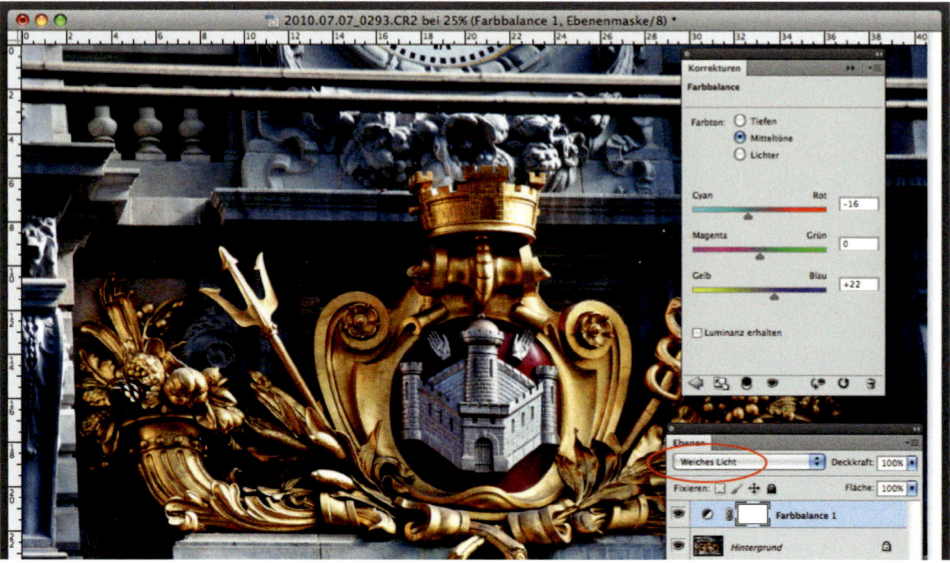

**Abbildung 2.72:** *Ebenenfüllmethode auf* Weiches Licht *setzen*

**3** Wechseln Sie in der Einstellungsebene zur Einstellung *Tiefen* und verstärken Sie die Bereiche Rot und Grün – die Farben der Steine ändern sich, aber das Gold bleibt hier ohne Farbstich und wirkt intensiver. Wie es aussieht, wirkt sich die geänderte Farbbalance nur auf neutrale Farben (Stein) aus.

Farbige Flächen, speziell wärmere Farben, sind für diese Korrekturen, was Farbveränderungen angeht, nicht so empfänglich. Ganz im Gegenteil: Die Mischung aus geänderten Farben und der Ebenenfüllmethode *Weiches Licht* verstärkt die Kontraste und die Sättigung sehr angenehm.

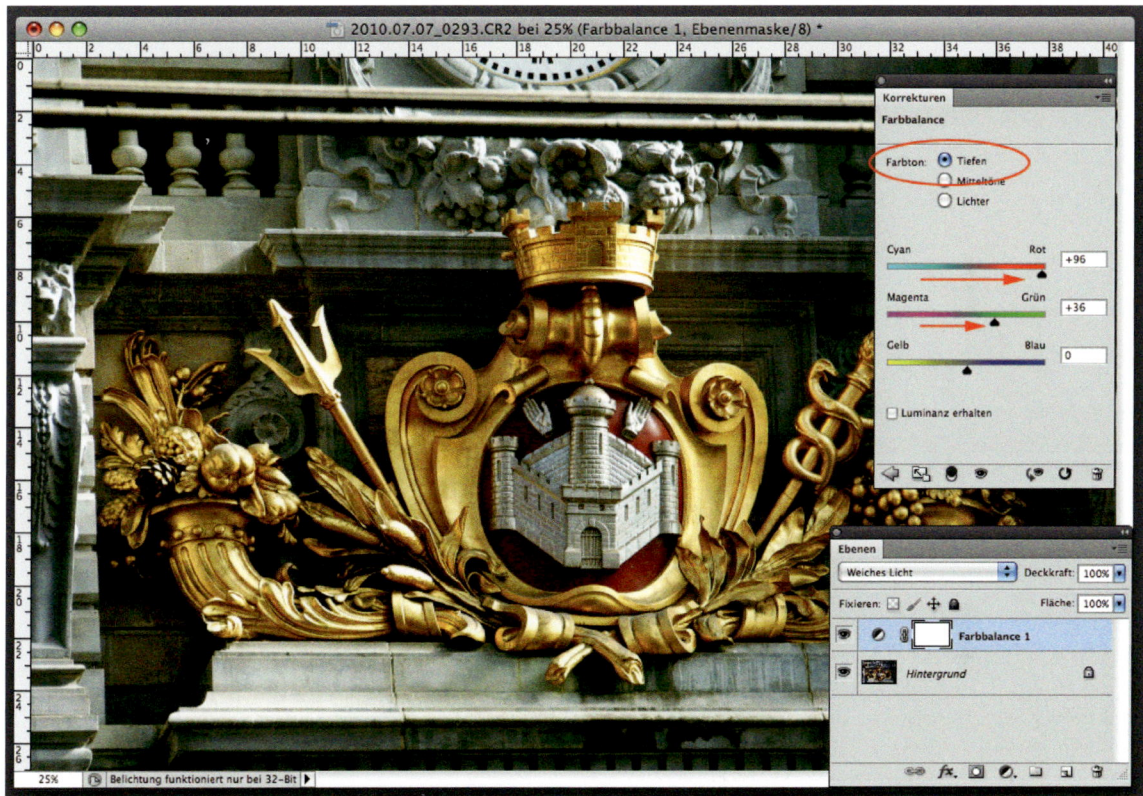

**Abbildung 2.73:** *Im Bereich Tiefen die Werte für Rot und Grün anheben*

## 5.14 Farbstiche erkennen und mit Schwellenwert und Tonwertkorrektur minimieren

Die nachfolgend beschriebene Technik bietet Ihnen die Möglichkeit, zwei Fliegen mit einer Klappe zu erschlagen. Die farbstichigen Bilder können Sie von der Verfärbung befreien und gleichzeitig den Kontrast des Bildes anheben.

**Abbildung 5.74:** *Farbstiche minimieren und Kontrast anheben*

**1**   Erstellen Sie zuerst in der *Ebenen*-Palette die Einstellungsebene *Schwellenwert*. Mit dieser Einstellungsebene können Sie jetzt die hellsten und die dunkelsten Stellen des Bildes ermitteln.

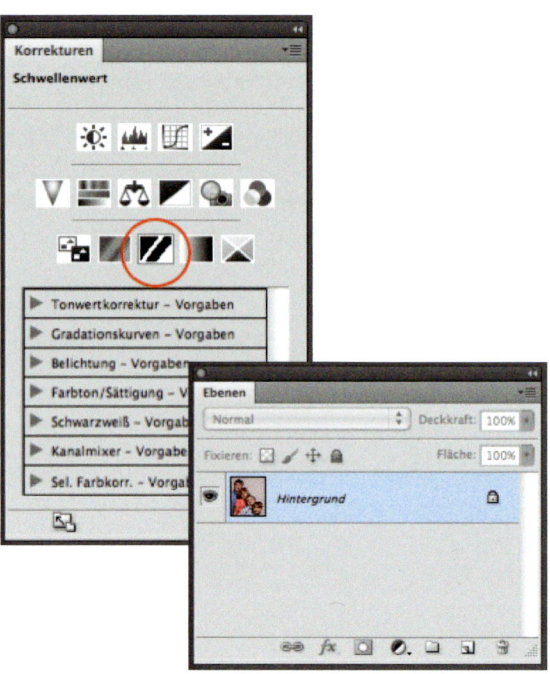

**Abbildung 2.75:** *Schwellenwert*

**2** Im Dialog *Schwellenwert* bewegen Sie den Regler so weit nach rechts, bis nur einige weiße Flecken auf der Arbeitsfläche zu sehen sind.

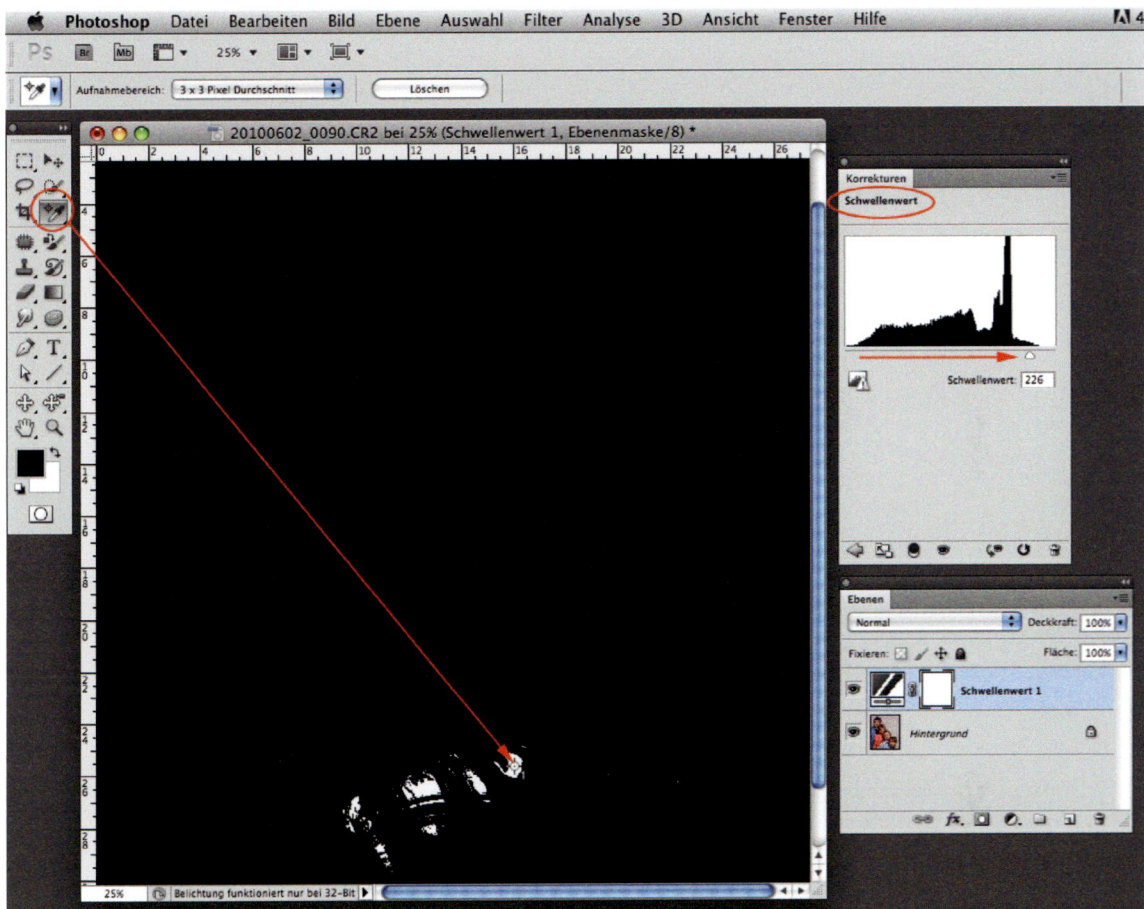

**Abbildung 2.76:** *Dunkelste Stelle ermitteln*

**3** Wählen Sie jetzt das Farbaufnahme-Werkzeug (), setzen Sie den Punkt auf einen weißen Fleck und verschieben Sie den Regler im Dialog *Schwellenwert* nach links, bis nur einige schwarze Flecken übrig bleiben.

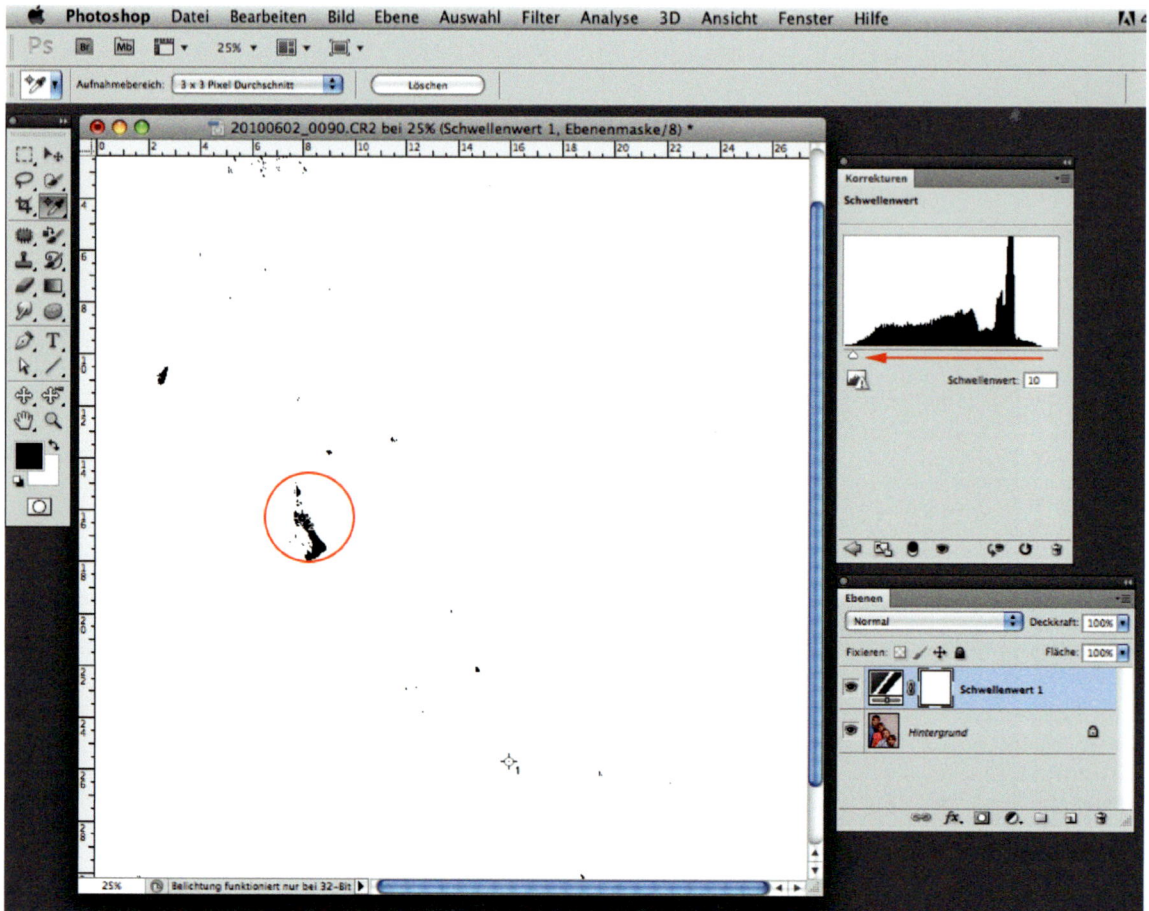

**Abbildung 2.77:** *Hellste Stelle ermitteln*

**4**   Markieren Sie jetzt den schwarzen Fleck mit dem Farbaufnahme-Werkzeug (⌶). Die Einstellungsebene *Schwellenwert* benötigen Sie nun nicht mehr. Diese können Sie entweder ausblenden oder löschen.

**5** Erstellen Sie in der *Ebenen*-Palette die Einstellungsebene *Tonwertkorrektur*. Links in der Palette finden Sie drei Pipetten: weiß, grau und schwarz. Wählen Sie zuerst die schwarze Pipette und klicken Sie damit auf die Markierung der dunkelsten Stelle, dann klicken Sie mit der weißen Pipette auf die hellste Stelle des Bildes. Der Kontrast des Bildes wird durch diese Anpassung stärker und der Farbstich verringert sich und ist kaum mehr zu erkennen.

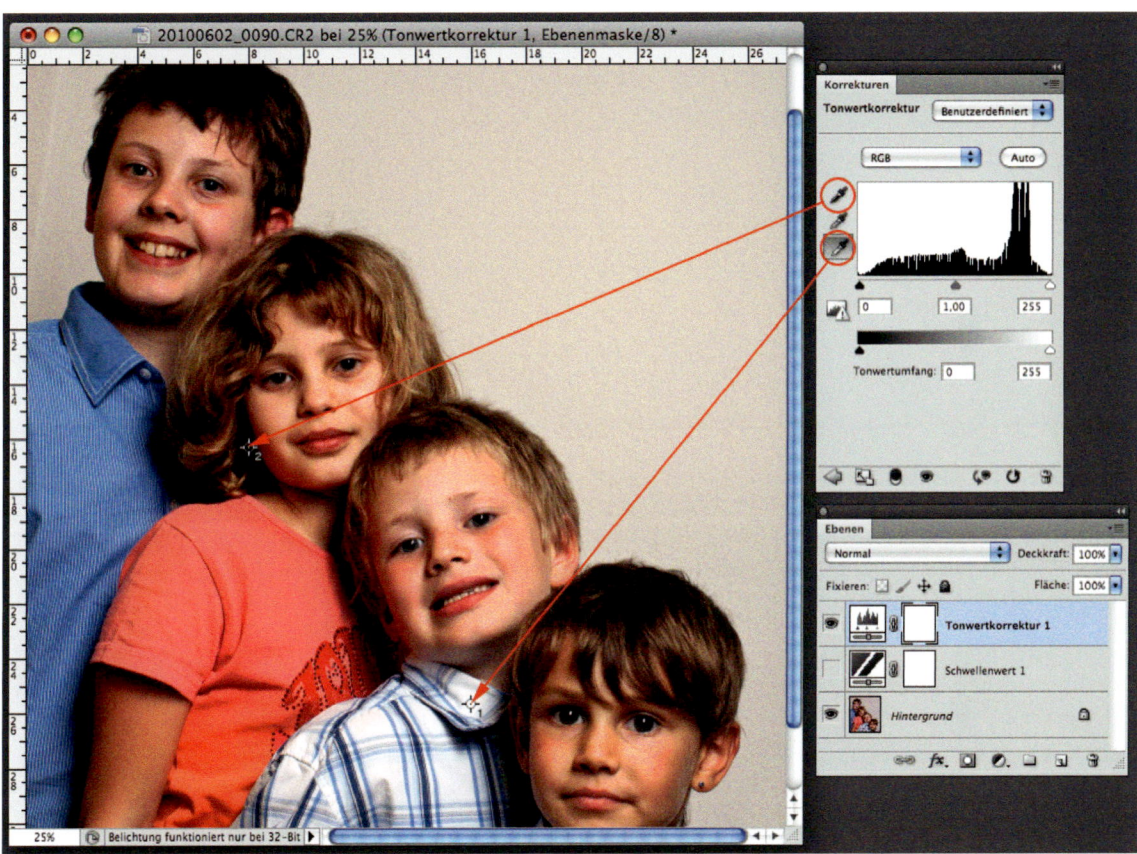

**Abbildung 2.78:** *Anpassung mit der Tonwertkorrektur*

# 6

# *Belichtung optimieren*

Nicht jede Aufnahme ist perfekt belichtet. Einige Bilder sind unterbelichtet, andere wiederum überbelichtet. Das perfekt belichtete Bild zu erreichen bereitet Ihnen wahrscheinlich häufig einige Schwierigkeiten. In diesem Kapitel wird Ihnen gezeigt, dass fehlbelichtete Bilder in Zukunft der Vergangenheit angehören.

Neben Farbkorrekturen gehören die Belichtungskorrekturen zu den täglichen Aufgaben eines Fotografen und Grafikers. Wenn Sie die Fotos nicht im RAW-Format aufnehmen, kommen Sie ohne Belichtungskorrekturen nicht aus. Oft reicht eine einfache Korrektur auf das gesamte Bild nicht aus und Sie greifen dann zu selektiven Anpassungen, die nur auf bestimmte Bildbereiche wirken sollen. Die notwendigen Techniken und Tipps zur Belichtungsoptimierung erfahren Sie in diesem Kapitel.

## 6.1    Direkte Korrekturen oder Einstellungsebenen

Fast alle Korrekturen in Photoshop (bis auf ein paar Ausnahmen) können Sie entweder direkt auf ein Bild über *Bild/Korrekturen/…* anwenden oder Sie können eine Korrektur- oder Einstellungsebene dafür benutzen.

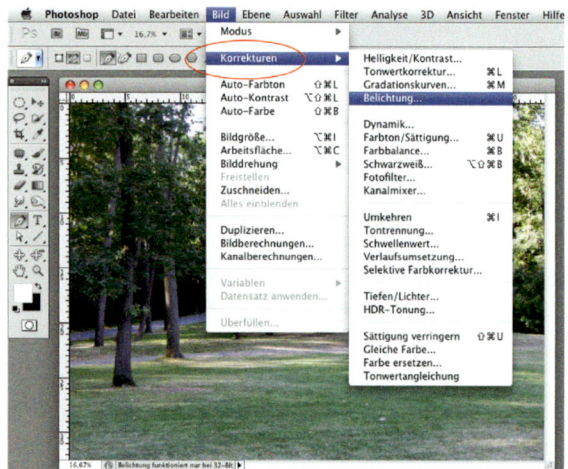 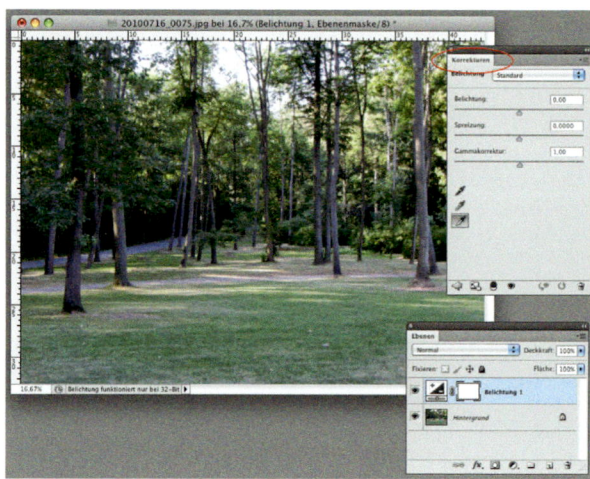

**Abbildung 6.1:** *Direkte Korrekturen oder Einstellungsebenen einsetzen*

In den vorherigen Kapiteln wurde bereits erwähnt, dass direkte Korrekturen an Fotos pixeldestruktiv sind, sie können nach dem Speichern nicht mehr widerrufen werden. Wenn Sie genau wissen, dass Sie die nachträglichen Korrekturen nicht mehr verändern werden, können Sie natürlich diesen Weg einschlagen. Etwas besser ist es allerdings, sich für die Nutzung der Einstellungsebenen bei den Korrekturen zu entscheiden. Denn diese bieten Ihnen nicht nur die Möglichkeit, nach dem Speichern des Bildes (dann muss natürlich ein Format wie PSD oder TIFF mit Ebenen als Speicherformat gewählt werden) die Einstellungen nachträglich noch verändern zu können, sondern auch die Möglichkeit, die Korrekturen nur auf einen bestimmten Bildteil anzuwenden.

Jede Einstellungsebene verfügt über eine Maske, mit der Sie den Bereich definieren können, in dem die gewählte Korrektur auf das Bild wirken soll. Einige Korrekturen wie zum Beispiel *Tiefen/Lichter*, *Tonwertangleichung*, *Farbe ersetzen*, *Gleiche Farbe* funktionieren allerdings nur direkt. Sie können die Korrektur *Tiefen/Lichter* aber trotzdem widerrufen, wenn Sie hierfür die Smart-Objekte nutzen. Die neue Korrektur – *HDR-Tonung* – kann mit einem Smart-Objekt leider nicht kombiniert werden und bleibt die einzige Korrektur, die direkt auf das Bild angewandt werden muss.

## 6.2 Palette für Belichtungskorrekturen

Die Palette für die Belichtungskorrekturen verfügt über vier Einstellungsebenen, mit denen Sie die Belichtungskorrekturen durchführen können. Das sind im Einzelnen die Folgenden:

**1** *Helligkeit/Kontrast*   **3** *Gradationskurven*

**2** *Tonwertkorrektur*   **4** *Belichtung*

Diese Einstellungsebenen verfolgen ein Ziel, besitzen aber jeweils unterschiedliche Funktionsweisen.

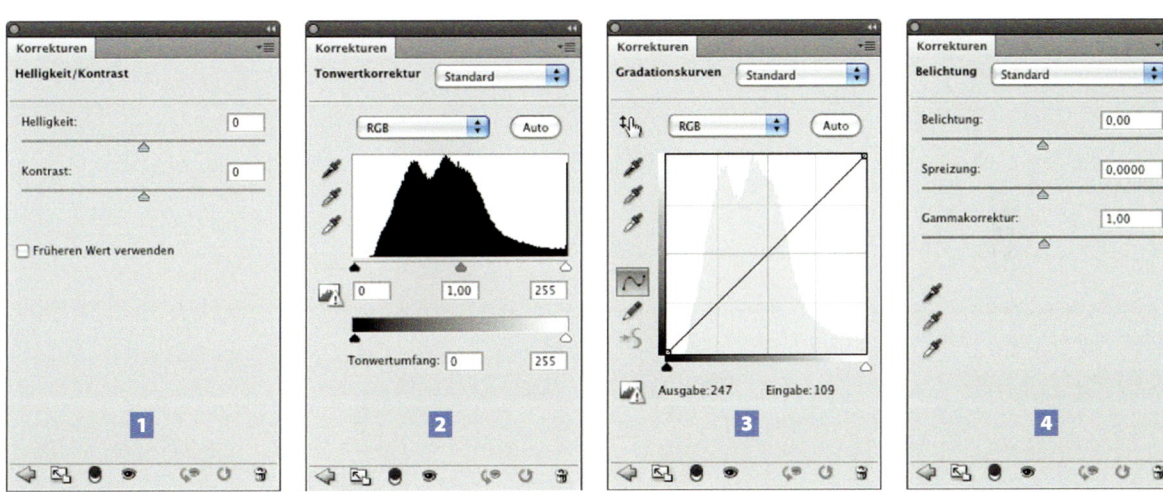

**Abbildung 6.2:** Korrekturen-*Palette für Belichtungskorrekturen*

### Helligkeit/Kontrast

Diese Korrektur gehört zu den einfachsten überhaupt, mit zwei Reglern, mit denen Sie die Helligkeit und den Kontrast regulieren können. Diese Palette ist ideal für Photoshop-Anfänger oder für schnelle Korrekturen an Bildern mit nur leichten Belichtungsproblemen.

### Tonwertkorrektur

Die Tonwertkorrektur ist ein Profiwerkzeug, mit dem Sie nicht nur die Helligkeit und den Kontrast korrigieren, sondern zusätzlich noch den Tonwertumfang verringern können. Bei Fotos mit starken Belichtungsproblemen erhalten Sie mit dieser Palette gute Ergebnisse. Die Palette *Tonwertkorrektur* verfügt über nützliche Voreinstellungen für schnelle Korrekturen. Diese sind:

- Dunkler
- Kontrast erhöhen 1-3
- Tiefen aufhellen
- Heller
- Mitteltöne heller
- Mitteltöne dunkler

## Gradationskurven

Diese Einstellungsebene ist das Lieblingswerkzeug vieler Profifotografen. Die Korrektur erfolgt anhand einer Kurve, mit deren Hilfe einzelne Tonwertbereiche gezielt aufgehellt oder abgedunkelt werden. In der neuen Version Photoshop CS5 verfügt diese Korrektur über die Möglichkeit, einzelne Bereiche direkt im Bild zu korrigieren.

Mit dem Hand-Symbol aktivieren Sie diese Funktion und können die Bildbereiche selektiv aufhellen (mit gedrückter Maustaste nach oben fahren) oder abdunkeln (nach unten). So brauchen Sie keine aufwendige Anpassung der Kurve manuell vorzunehmen. Diese Option ist ideal für die Fotografen, die mit Gradationskurven erste Schritte machen.

## Belichtung

Diese Korrektur kann man in der Funktionsweise mit der Belichtungskorrektur in der Kamera vergleichen. Sie geben den Korrekturwert ein, z. B. +1 oder –2, und das Bild wird entsprechend heller oder dunkler.

Weitere Korrekturen wie *Tiefen/Lichter* und *HDR-Tonung* gehören nicht zu der *Korrekturen*-Palette und werden in separaten Abschnitten dieses Kapitels erklärt.

**Abbildung 6.3:** *Belichtungsoptimierung mit den* Korrekturen-*Paletten*

## 6.3    Standardvorgaben als Ausgang für weitere Korrekturen nutzen

Die Paletten *Tonwertkorrektur*, *Gradationskurven* und *Belichtung* verfügen über Voreinstellungen, mit denen Sie die Belichtungsprobleme quasi mit einem Klick steuern können. Natürlich sind das keine Allroundrezepte für alle Probleme. Die Voreinstellungen können Sie aber sehr gut als Ausgangssituation für erweiterte manuelle Anpassungen nutzen. Auf dem unteren Beispielbild sehen Sie eine Reihe der Korrekturen-Voreinstellungen, die Sie in der Palette *Tonwertkorrektur* finden.

**Abbildung 6.4:** *Voreinstellungen der Palette Tonwertkorrektur*

Im Einzelnen wurden folgende Voreinstellungen eingesetzt:

| | | | |
|---|---|---|---|
| **1** Dunkler | **3** Kontrast erhöhen | **5** Tiefen aufhellen | **7** Mitteltöne heller |
| **2** Kontrast erhöhen | **4** Kontrast erhöhen | **6** Heller | **8** Mitteltöne dunkler |

Wenn Sie jetzt das Verhalten der Regler bei den entsprechenden Einstellungen (von links nach rechts 1 bis 8) beobachten, können Sie das Prinzip der Regler für die *Tonwertspreizung* (obere Regler direkt unter dem Histogramm) und für den *Tonwertumfang* (untere Regler) verstehen.

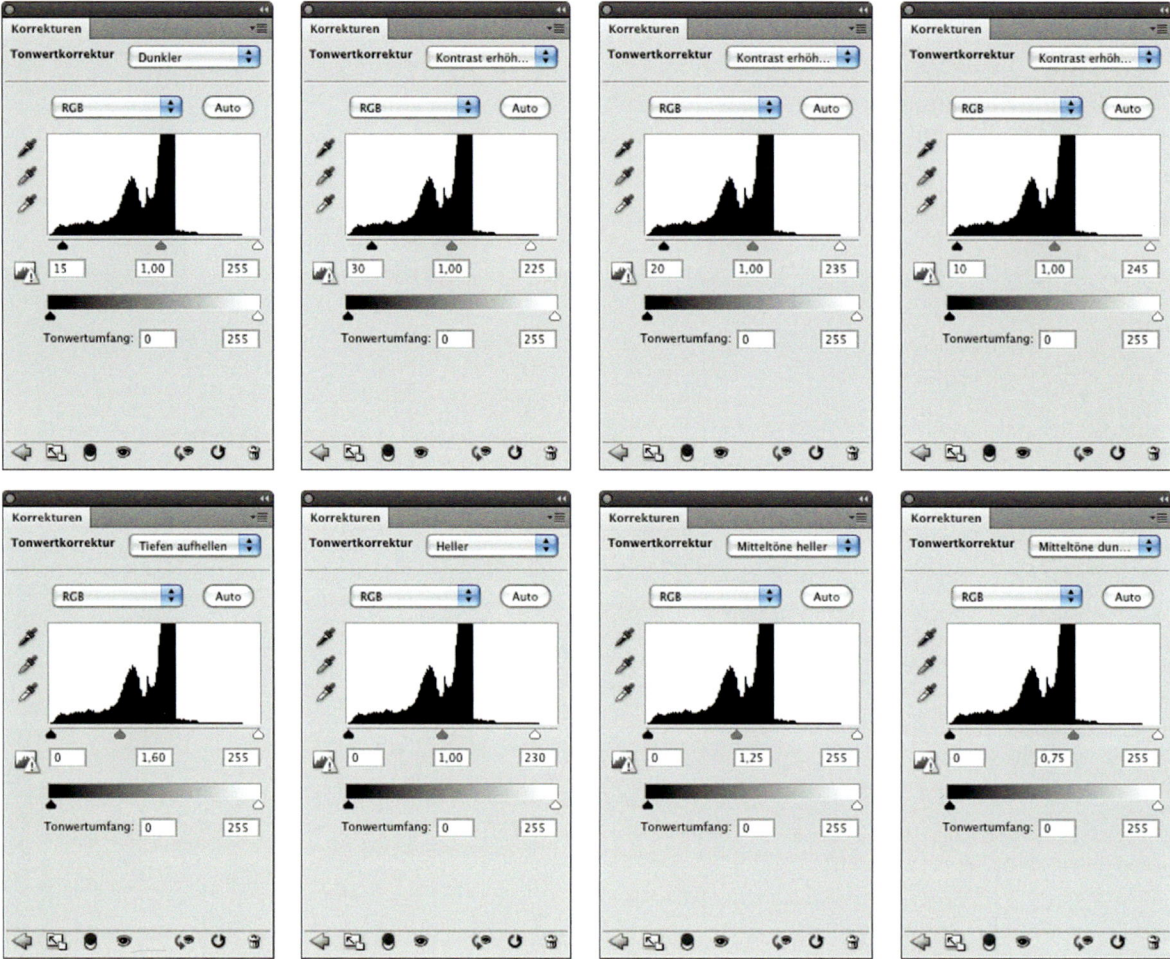

**Abbildung 6.5:** *Verhalten der Regler bei den Voreinstellungen*

### Tonwertspreizung

Die Regler im Bereich *Tonwertspreizung* funktionieren auf folgende Art: Bewegen Sie den schwarzen Regler nach rechts, werden Tiefen abgedunkelt, bewegen Sie den weißen Regler nach links, werden die Lichter aufgehellt. Mit dem mittleren Regler können Sie das Bild aufhellen, wenn Sie ihn nach links bewegen, und abdunkeln, wenn Sie ihn nach rechts bewegen. Ein einfaches Beispiel: Bewegen Sie den schwarzen und den weißen Regler Richtung Mitte, so wird das Bild kontrastreicher.

### Tonwertumfang

Um die Wirkung des Reglers *Tonwertumfang* am besten verstehen zu können, verschieben Sie beide Regler in Richtung Mitte – das Bild wird dadurch kontrastarm und flau, fast grau. Das Verschieben des schwarzen Reglers nach rechts hellt die dunklen Bereiche auf. Der Kontrast der Tiefen wird dadurch reduziert.

**Abbildung 6.6:** *Voreinstellung der Palette* Belichtung

**Abbildung 6.7:** *Anschließende manuelle Korrektur*

Verschieben Sie den weißen Regler nach links, werden helle Bereiche abgedunkelt und der Kontrast ebenfalls reduziert, wodurch dann der flaue Eindruck entsteht.

Voreinstellungen kommen für diese Art von Korrekturen häufig zum Einsatz. Ein Beispiel, in dem die Voreinstellung als Ausgangssituation benutzt wurde, ist das nachfolgende Bild. Da die Aufnahme etwas zu dunkel geraten ist, wurde die Palette *Belichtung* für die auszuführende Korrektur eingesetzt. Die Voreinstellung *Plus 1,0* wurde gewählt. Das Bild wurde dadurch aufgehellt. Der Kontrast wurde anschließend noch etwas angehoben, indem der Wert für die *Gammakorrektur* verringert wurde.

## 6.4 Einfache und schnelle Korrekturen mit der Palette Helligkeit/Kontrast

Die Palette *Helligkeit/Kontrast* ist unter Profis nicht besonders beliebt. Natürlich verfügt die Palette nicht über die erweiterten Korrekturmöglichkeiten wie zum Beispiel die Tonwertkorrektur oder Gradationskurven, aber zum Optimieren von Bildern mit nur leichten Belichtungsschwächen reichen die Möglichkeiten von *Helligkeit/Kontrast* in der Regel völlig aus. In unserem ersten Beispiel ist das Bild leicht unterbelichtet.

Vorher

**Abbildung 6.8:** *Typisches Einsatzbeispiel für* Helligkeit/Kontrast

Nachher

Die Korrektur erfolgt in zwei Schritten:

1   Zuerst definieren Sie die gewünschte Helligkeit des Bildes.

**Abbildung 6.9:**
*Helligkeit definieren*

2   Dann passen Sie den Kontrast des Bildes den geänderten Lichtverhältnissen an. In unserem Beispiel wurde der Kontrast leicht verringert.

**Abbildung 6.10:**
*Kontrast anpassen*

Speziell bei flauen und leicht überbelichteten Aufnahmen können Sie die Korrekturen mit *Helligkeit/Kontrast* schnell und einfach durchführen, wie das nächste Beispielbild zeigt. Hier wurde das Bild zuerst abgedunkelt und der Kontrast danach ziemlich stark (ca. +45) erhöht.

**Abbildung 6.11:** *Optimieren flauer kontrastarmer Bilder*

**Abbildung 6.12:** *Korrekturergebnisse mit* Helligkeit/Kontrast

## 6.5    Tonwerte und Kontraste mit der Palette Tonwertkorrektur optimieren

Mit der Palette *Tonwertkorrektur* können Sie die Belichtungsschwächen eines Fotos sehr gut steuern. In unserem ersten Beispiel wurde eine zu hell geratene, kontrastarme Landschaftsaufnahme richtig aufgepeppt.

***Abbildung 6.13:*** *Knackige Farben und bessere Kontraste mit der Tonwertkorrektur*

### 6.5.1 Klassische Anpassung mit Tonwertkorrektur

Bevor Sie die Tonwerte Ihres Fotos anpassen, schauen Sie sich zuerst das Histogramm des Fotos in der Palette *Tonwertkorrektur* an. In unserem Beispiel sind der linke Bereich, der für die dunklen Farben verantwortlich ist, und der rechte – für die hellen – leer. Auch ohne auf das Bild zu schauen, kann jeder Profibildbearbeiter mit ziemlich großer Wahrscheinlichkeit eine Diagnose stellen: Das Bild ist flau.

**Abbildung 6.14:**
*Kontrast im Bereich*
Tonwertspreizung
*erhöhen*

**Abbildung 6.15:**
*Bei Bedarf Kontrast*
*reduzieren im Bereich*
Tonwertumfang

Um die Kontraste zu erhöhen, bewegen Sie den weißen und den schwarzen Regler des Bereichs *Tonwertspreizung* je zum Anfang und zum jeweiligen Rand der Histogrammkurve. Mit dem mittleren Regler können Sie die Balance zwischen den hellen und dunklen Bereichen des Bildes weiter optimieren, um einen höheren Kontrast zu erhalten. Anschließend können Sie zum Beispiel die zu hell geratenen Lichter wieder etwas abdunkeln, indem Sie den Kontrast im Bereich *Tonwertumfang* etwas reduzieren. Zum Reduzieren der Kontraste in hellen Bereichen bewegen Sie den weißen Regler nach links (das Bild wird dunkler). Um den Kontrast der dunklen Bereiche zu reduzieren, bewegen Sie den schwarzen Regler nach rechts (das Bild wird heller und flauer, in unserem Beispiel eher unerwünscht).

### 6.5.2 Tonwerte anpassen und direkt Farbstiche minimieren

In unserem zweiten Beispiel werden nicht nur die Tonwerte angepasst, sondern darüber hinaus auch die Farbstiche minimiert. Das Beispielfoto wurde in einem Museum bei vorhandenem Licht ohne Blitzeinsatz aufgenommen. Der Weißabgleich der Kamera wurde auf AWB eingestellt. Das Ergebnis war ein gelbstichiges Bild mit schwachen Kontrasten. In der Palette *Tonwertkorrektur* finden Sie drei Pipetten vor, mit denen Sie die dunkelste und die hellste Stelle definieren können sowie den neutralen Farbton. Bei dem neutralen Farbton wäre natürlich der Einsatz einer Graukarte, die viele Fotografen bei Studioaufnahmen einsetzen, optimal.

**Abbildung 6.16:** *Tonwerte optimieren, Farbstiche minimieren mit der Tonwertkorrektur*

Da das Foto aber auf einer Reise aufgenommen wurde, bleibt nun nichts anderes übrig, als einen Punkt im Foto zu finden, welcher eine definitiv neutrale Farbe besitzt. In unserem Beispiel ist es das Mikrofon bzw. die Sprechmuschel des Telefonhörers. Ein Klick mit der grauen Pipette auf die Sprechmuschel im Bild und der Farbstich lässt bereits deutlich nach. Jetzt können Sie die Tonwerte im Bereich *Tonwertspreizung* korrigieren. Verschieben Sie hierzu den weißen und den schwarzen Regler ganz leicht in Richtung Mitte.

**Abbildung 6.17:** Neutrale Farbe mit der Pipette definieren

**Abbildung 6.18:** Bild aufhellen, Kontrast erhöhen

Die Histogrammkurve hat im Vergleich zum ersten Beispiel keine Lücken links und rechts. Das Bild ist auch nicht so kontrastarm wie das erste Beispiel, aber der Kontrast kann trotzdem etwas angehoben werden, damit das Bild im Ganzen knackiger aussieht und eine bessere Detailzeichnung erhält.

Um hellere Farben für das gesamte Bild zu erreichen, können Sie den schwarzen Regler im Bereich *Tonwertumfang* leicht (aber wirklich nur minimal) nach rechts verschieben. Die Tonwerte wurden somit angepasst. Um die Kontraste des Bildes dann wieder ins Gleichgewicht zu bringen, bewegen Sie den mittleren Regler im Bereich *Tonwertspreizung* leicht nach links.

Bei Korrekturen, wie in diesem Beispiel beschrieben, passiert es häufig, dass die Aufnahme zwar keine Farbstiche hat und mit korrekten Tonwerten versehen ist, trotzdem aber ein wenig zu steril, zu leblos wirkt. In einem solchen Fall können Sie eine einfache Korrektur vornehmen, um dieses Problem in den Griff zu bekommen. Reduzieren Sie einfach die Deckkraft der Einstellungsebene *Tonwertkorrektur* auf ca. 80 %.

**Abbildung 6.19:** *Deckkraft der Einstellungsebene für natürlichere Farben reduzieren*

Übrigens, bei Bildern mit stark ausgeprägten schwarzen Bereichen können Sie den Tonwertumfang ruhig etwas reduzieren, damit die Strukturen im Bild besser zur Geltung kommen.

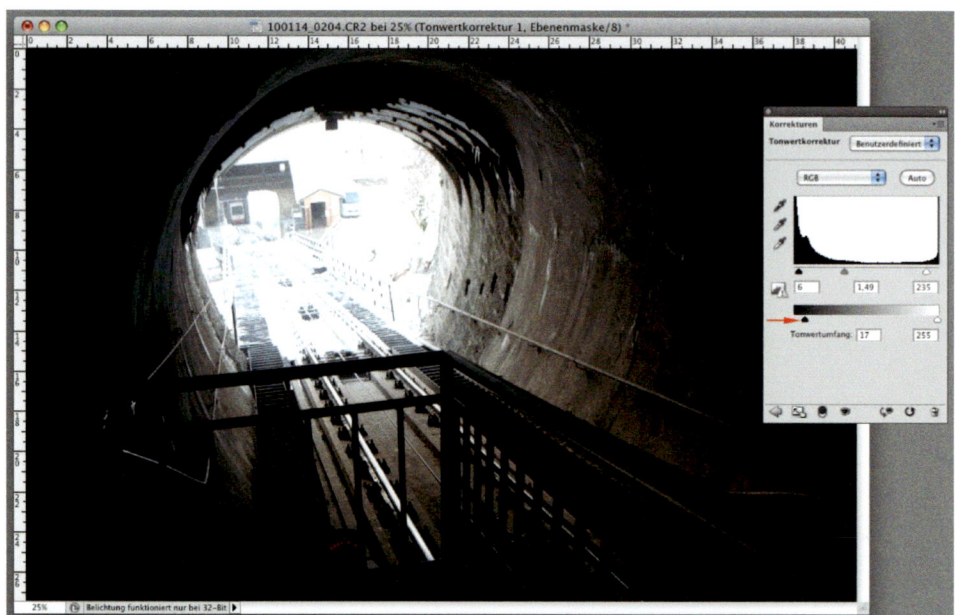

**Abbildung 6.20:**
*Tonwertumfang
für dunkle Bereiche
reduzieren*

Vorher

Nachher

**Abbildung 6.21:** *Dunkle Bereiche
aufhellen*

## 6.6 Tonwerte professionell mit Gradationskurven optimieren

Die Gradationskurven sind das Lieblingswerkzeug der Profis. Obwohl man die gleichen Ergebnisse auch mit der Einstellungsebene *Tonwertkorrektur* erzielen kann, schwören viele Fotografen auf die Gradationskurven. Was letztendlich die bessere Wahl ist, ist wie immer eine Frage des Geschmacks. Die Einstellungsebene *Gradationskurven* in Photoshop CS5 verfügt über eine sehr nützliche Funktion: die selektive Anpassung der Tonwerte direkt im Bild. Mit dieser Option arbeiten Sie sehr intuitiv und brauchen nicht mühsam die Tonwerte an der Gradationskurve anzupassen.

### 6.6.1 Korrekturen direkt im Bild durchführen

Diese Methode des Einsatzes der Gradationskurven ist ideal für Anfänger. Die Anpassung der Tonwerte erfolgt unmittelbar im Bild und Sie können die gewünschten Bereiche direkt heller oder dunkler gestalten, indem Sie die Maus direkt im Bild mit gedrückter linker Maustaste nach oben (heller) oder nach unten (dunkler) bewegen. Interessant dabei ist es vor allem, das Verhalten der Gradationskurve zu beobachten; auf diese Weise können Sie lernen, bei welchen Korrekturen sich der Verlauf der Kurve wie ändert.

**Abbildung 6.22:** *Korrektur der Tonwerte direkt im Bild*

1.  Aktivieren Sie hierzu die Option für die Korrekturen direkt im Bild und bewegen Sie die Maus (linke Maustaste gedrückt) bei der Hose rechts im Bild nach oben. Da die Hose eine ähnliche Farbe hat wie die Säule links im Bild, wird diese ebenfalls aufgehellt.

2.  Machen Sie jetzt die Anpassung bei dem Hund. Da der Hund zweifarbig ist, können Sie erst die helleren und dann die dunkleren Stellen des Fells bearbeiten.

**Abbildung 2.23:** *Tonwerte in helleren Bereichen anpassen*

Bei jeder Korrektur wird ein weiterer Punkt auf der Kurve gesetzt. Diese Punkte können Sie für weitere Korrekturen auch manuell in der Palette bewegen. Machen Sie dann zusätzliche Anpassungen direkt im Bild, zum Beispiel um dunklere Bereiche aufzuhellen.

**Abbildung 6.24:** *Schlusskorrekturen nach manuellen Anpassungen*

## 6.6.2    Gradationskurven zeichnen

Gradationskurven selbst zu zeichnen, gehört zur hohen Kunst der Bildoptimierung und ist nicht für Anfänger geeignet. Erst wenn Sie viel Erfahrung mit den Gradationskurven gesammelt haben und wissen, welche Bereiche der Kurve höher oder tiefer gezeichnet werden sollten, können Sie mit den selbst gezeichneten Gradationskurven gute Ergebnisse erzielen.

Beim Zeichnen der Gradationskurve können Sie der einfachen Regel nachgehen: Der untere Bereich der Kurve ist für die Tiefen, der obere für die Lichter zuständig. Bewegen Sie den Punkt auf der Kurve nach oben, wird der zuständige Bereich aufgehellt, nach unten – abgedunkelt. Zum Zeichnen der Kurve aktivieren Sie das Buntstift-Werkzeug in der Palette. Zeichnen Sie nun die Kurve von unten nach oben diagonal von links nach rechts. Wenn das Bild viele im Schatten versunkene Stellen hat, sollte die Kurve im unteren Bereich eine Beule nach oben haben.

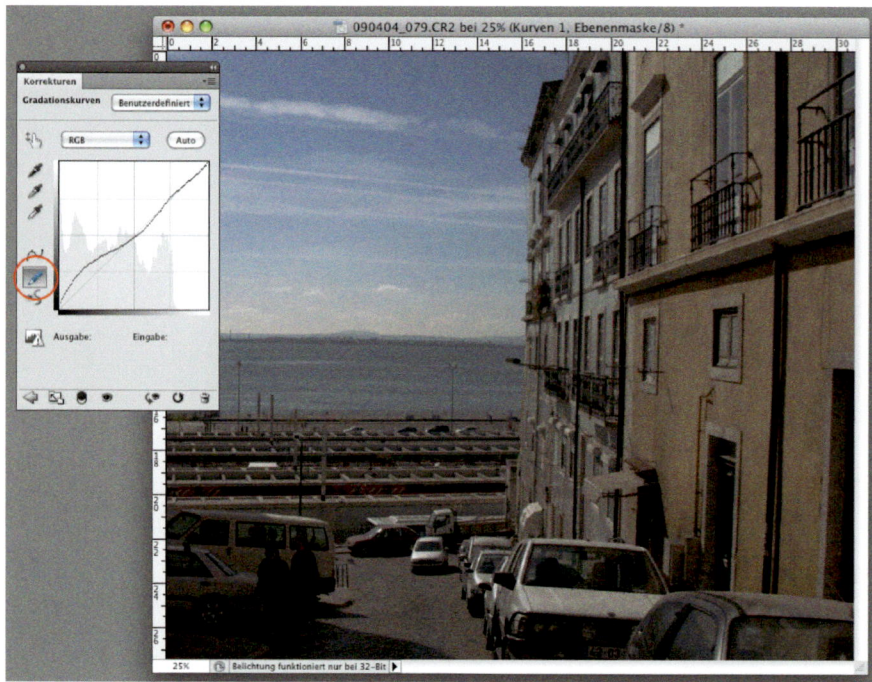

**Abbildung 6.25:**
*Kurve selbst zeichnen*

Wenn Sie die Biegung allerdings etwas zu stark angesetzt haben, kann es passieren, dass schwarze Bereiche zu flau wirken. In einem derartigen Fall können Sie die Punkte der Kurve noch manuell korrigieren. Nach dem Zeichnen und Anpassen der Kurve sollte diese geglättet werden.

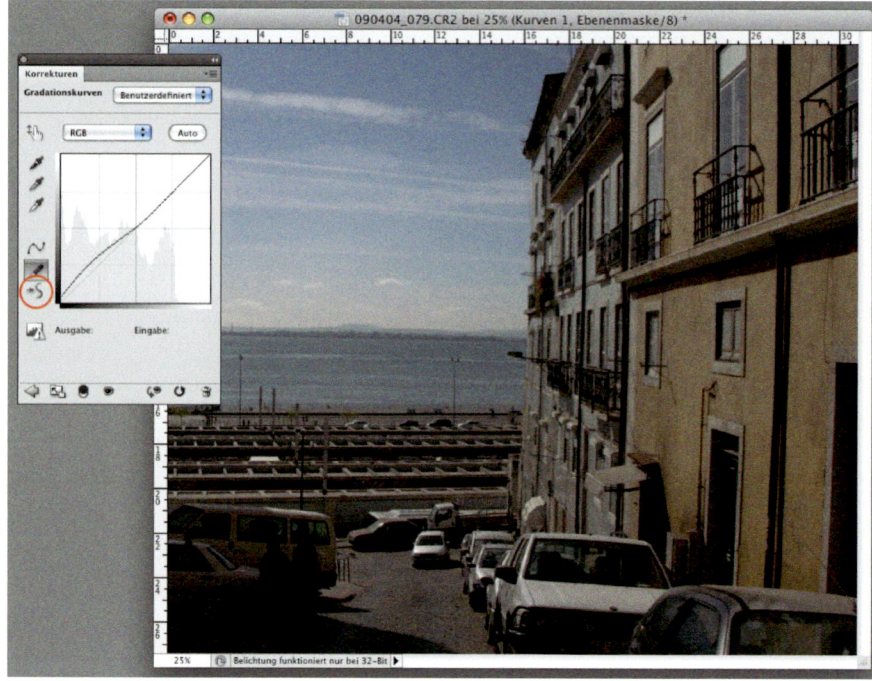

**Abbildung 6.26:**
*Gezeichnete Kurve glätten*

In der Palette *Gradationskurven* ist dazu ein extra Werkzeug vorgesehen, das Sie direkt unter dem aktivierten Buntstift-Werkzeug finden. Das ist das Kurve-glätten-Werkzeug. Je öfter Sie auf das Symbol des Werkzeugs klicken, desto glatter wird anschließend die Kurve.

## 6.7 Anpassung der Lichtverhältnisse mit der Palette Belichtung

Falsch belichtete Bilder können Sie mithilfe der Palette *Belichtung* retten. In unserem Beispiel handelt es sich um eine etwas unterbelichtete Aufnahme, der Sie nun eine korrekte Belichtung verpassen werden.

1 Erstellen Sie in der *Ebenen*-Palette die Korrekturebene *Belichtung* und wählen Sie in den Voreinstellungen die Option *Plus 1,0* aus. Sollte das nicht ausreichend sein, verwenden Sie die Einstellung *Plus 2,0*.

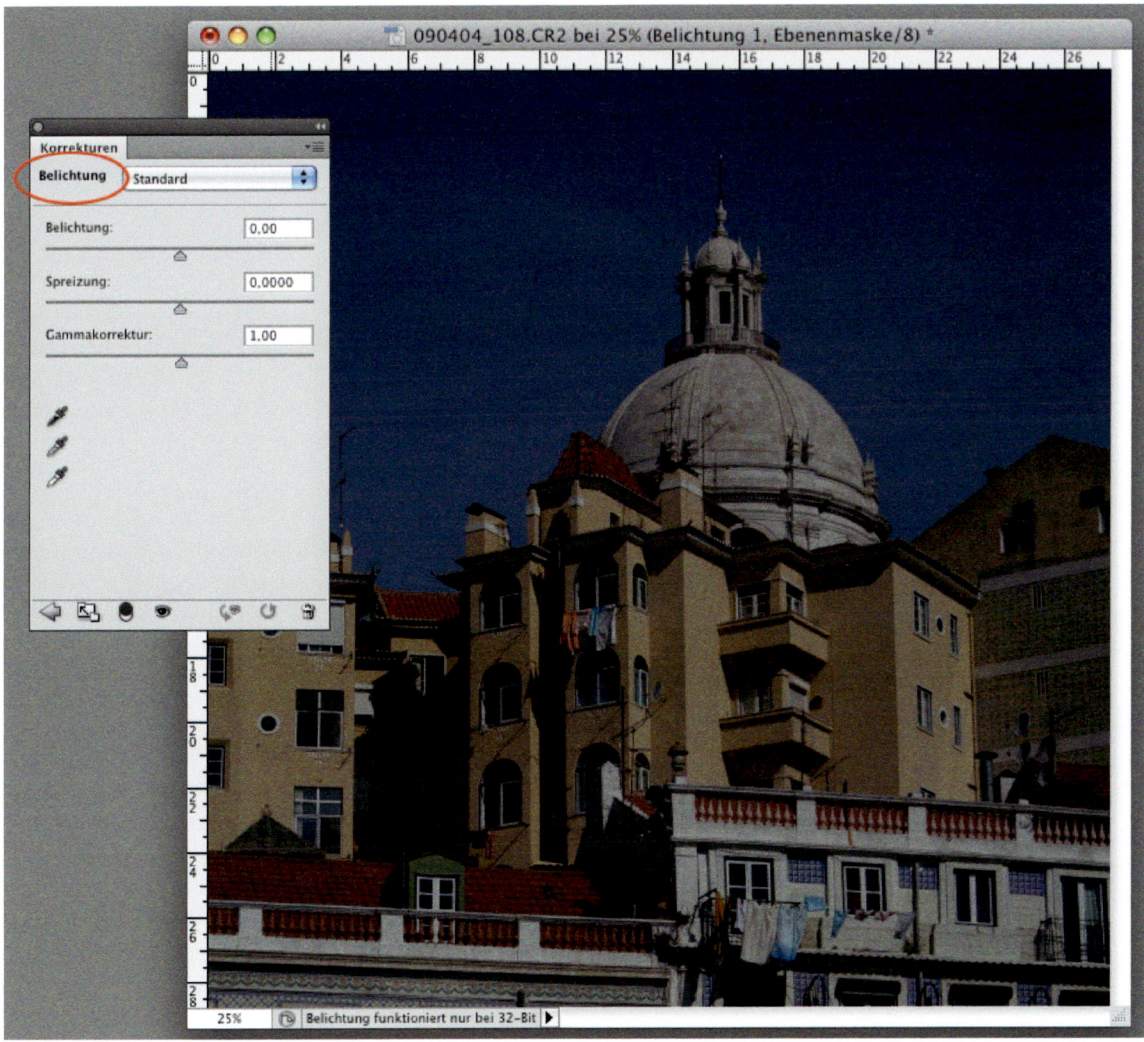

**Abbildung 2.27:** *Palette* Belichtung *und* Korrekturebene Belichtung *in der Ebenenpalette*

**2**  Wenn Sie mit der Belichtung jetzt zufrieden sind, können Sie den Kontrast des Bildes mit den Reglern *Spreizung* und *Gammakorrektur* weiter optimieren. Zum Verstärken des Kontrasts bewegen Sie beide Regler leicht nach links.

*Abbildung 6.28:* *Kontrast verstärken mit Spreizung und Gammakorrektur*

Vorher

Nachher

**Abbildung 6.29:** *Ergebnisse einer Belichtungskorrektur*

## 6.8    Tiefen/Lichter auf einer Smartebene im Einsatz

Mit der Funktion *Tiefen/Lichter* können Sie speziell bei Fotos, die an einem sonnigen Tag aufgenommen wurden, gute Ergebnisse erzielen. Sie kennen bestimmt schöne Urlaubsfotos, bei denen zu tiefe Schatten einen Teil des Bildes sehr stark abdunkeln – so etwas ist sehr ärgerlich, jedoch auch bei korrekten Belichtungseinstellungen der Kamera nicht immer zu vermeiden. Aber Vorsicht, *Tiefen/Lichter* kann nicht als Einstellungsebene angewendet werden. Damit Sie die Änderungen aber auch nach dem Speichern der Datei widerrufen oder anpassen können, wird folgender Schritt empfohlen:

1    Duplizieren Sie die Hauptebene des Bildes mit cmd + J (Strg + J).

2    Konvertieren Sie die Ebenenkopie in ein Smart-Objekt. Klicken Sie dazu mit der rechten Maustaste auf die Ebene und wählen Sie die Option *In Smart-Objekt konvertieren*. Bei der Umwandlung der Ebene in ein Smart-Objekt kommt die Ebene in eine Art Container, der die Pixel des Bildes vor direkten Veränderungen schützt. Alle Anpassungen erfolgen quasi im Schwebezustand und können jederzeit abgerufen und korrigiert werden.

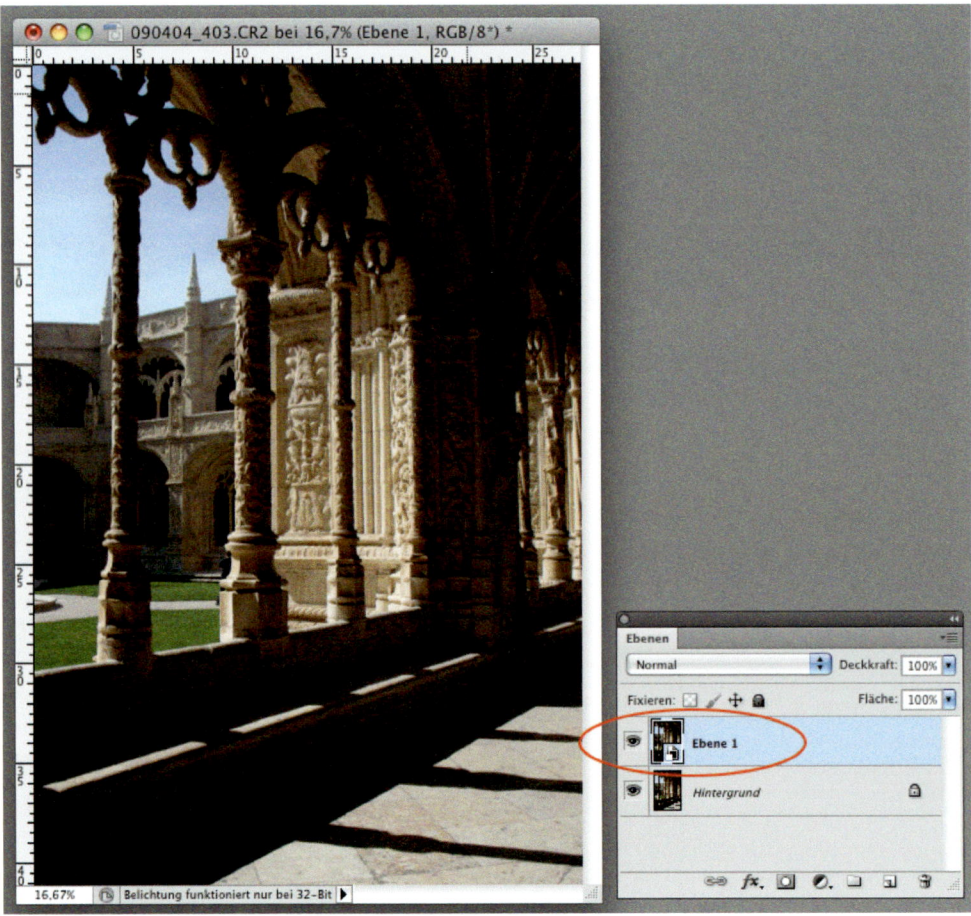

**Abbildung 2.30:**  *Hintergrundebene duplizieren und in Smart-Objekt konvertieren*

**3** Wählen Sie nun *Bild/Korrekturen/Tiefen/Lichter*. Schauen Sie sich das Bild zuerst mit deaktivierter Checkbox *Weitere Optionen einblenden* (Standard) an. Speziell bei Fotos wie in unserem Beispiel erhalten Sie schon bei der einfachen Korrektur mit den Reglern *Tiefen* und *Lichter* gute Ergebnisse. Als Vorschlag wurde im Dialog *Tiefen/Lichter* der Wert für Tiefen auf 50 % gesetzt. Diese Ausgangssituation können Sie für die Verfeinerung mit weiteren Korrekturen nutzen.

**4** Aktivieren Sie jetzt die Checkbox *Weitere Optionen einblenden*. Die zwei Regler *Tiefen* und *Lichter* erhalten jetzt jeweils die Optionen *Tonbreite* und *Radius*. Damit es am Anfang nicht so schwer ist, mit so vielen Reglern zurechtzukommen, können Sie die Regler so positionieren wie auf dem nächsten Screenshot: die Regler *Stärke* für die *Tiefen* und für *Lichter* jeweils auf ca. 40–50 % und die Regler *Tonbreite* und *Radius* können Sie einblenden, wenn Sie in der linken Ecke ein Häkchen bei *weitere Optionen einblenden* setzen. Ausgehend von dieser Position können Sie die Werte dann feiner abstimmen.

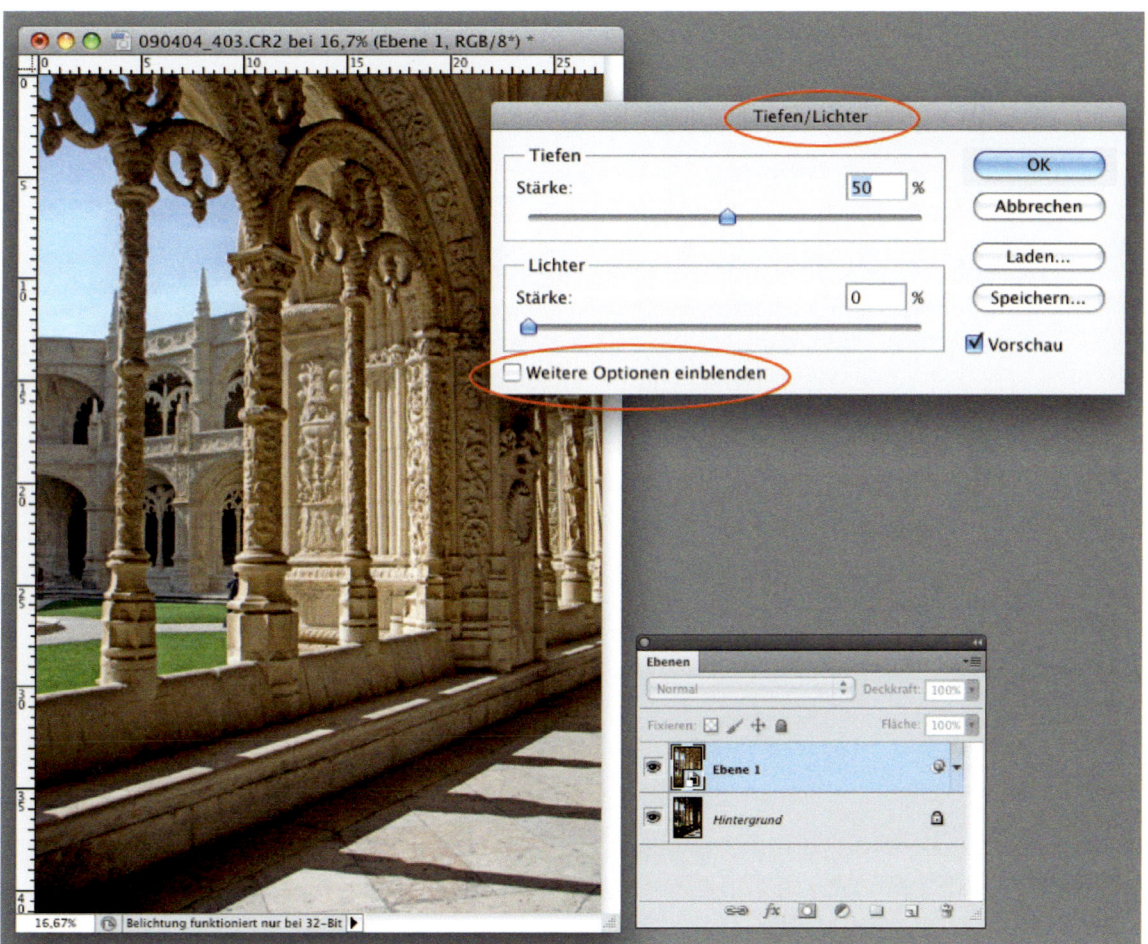

**Abbildung 2.31:** *Einfache Ansicht des Dialogs* Tiefen/Lichter

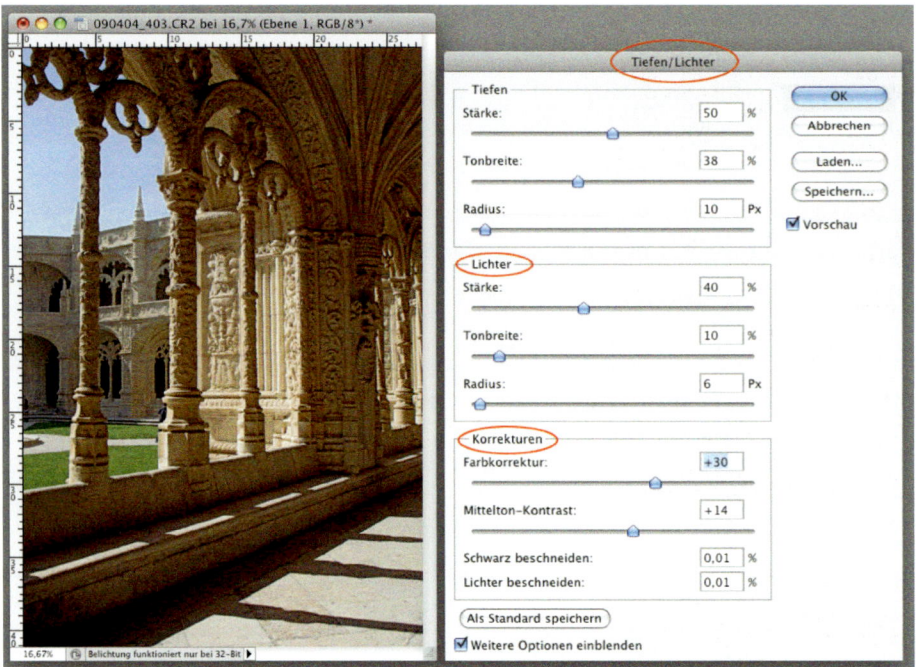

**Abbildung 6.32:**
Eingeblendete er-
weiterte Optionen

**5** Im Bereich *Korrekturen* können Sie den *Mittelton-Kontrast* etwas erhöhen oder verringern. Der Regler funktioniert ähnlich wie der Regler *Kontrast* des Dialogs *Helligkeit/Kontrast*. Mit dem Regler *Farbkorrektur* können Sie die Sättigung des Bildes reduzieren oder erhöhen. In den nächsten Beispielen sehen Sie, dass speziell zu dunkel geratene Bereiche mit feinen Strukturen mit der Einstellung *Tiefen/Lichter* sehr gut optimiert werden können.

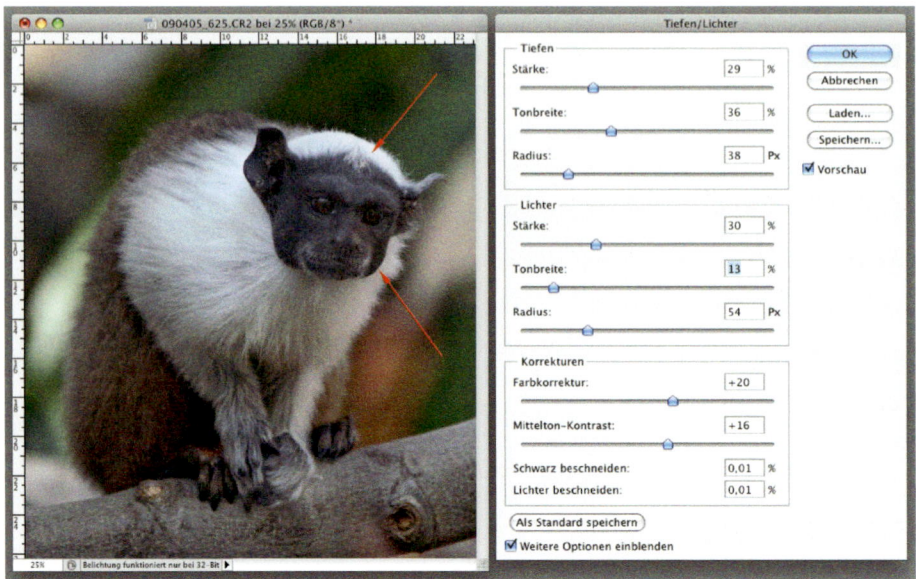

**Abbildung 6.33:**
Feine Strukturen
wie Tierfell können
optimal aufgehellt
werden

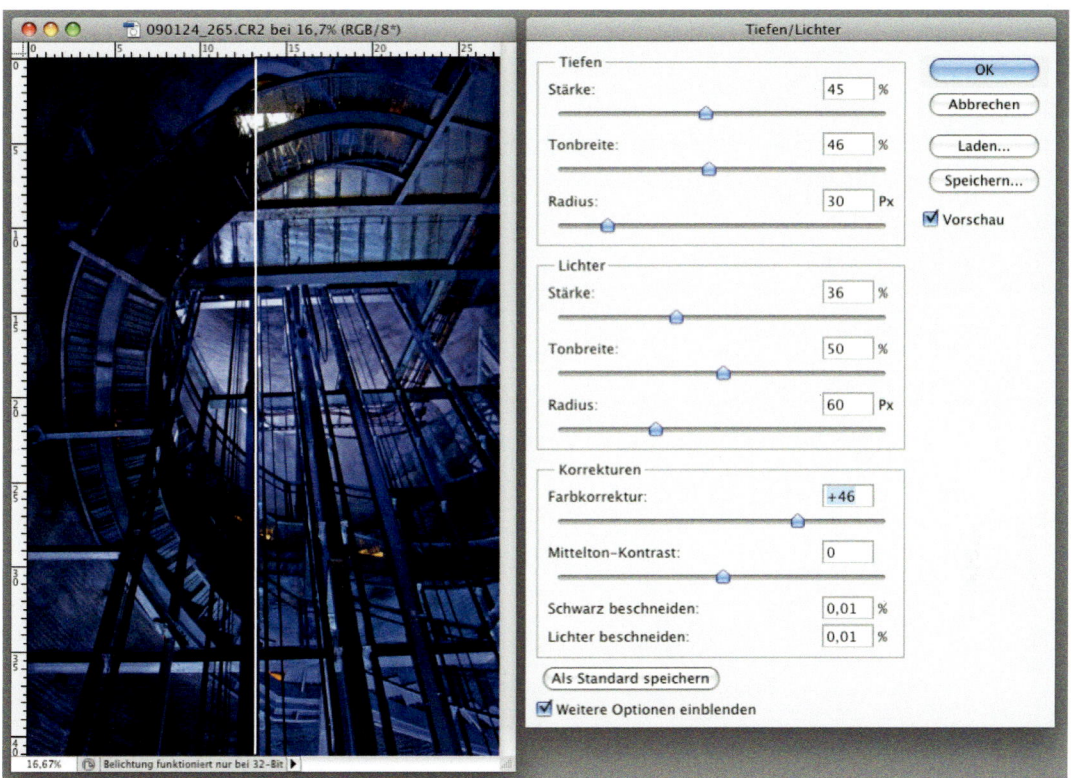

**Abbildung 2.34:** *Zu dunkel geratene Strukturen werden mit* Tiefen/Lichter *ans Licht geholt*

Wenn Sie die Einstellungen *Tiefen/Lichter* nicht auf das ganze Bild, sondern selektiv anwenden möchten, können Sie die Maske der Smartebene benutzen. Maskieren Sie die Bereiche, die Sie nicht korrigieren möchten, entweder mit dem Pinsel- (B) oder mit dem Verlaufswerkzeug (G). Auch eine normale Ebenenmaske können Sie auf eine in ein Smart-Objekt konvertierte Ebene anwenden. Diese verhält sich ganz normal wie bei einer Pixel- oder Einstellungsebene.

## 6.9    Effektvolle Fotos mit der neuen HDR-Tonung

Die HDR-Technik ist schon seit ein paar Jahren große Mode in der Fotoszene. Neben der Möglichkeit, die Sie durch den Einsatz verschiedener Anpassungen in früheren Photoshop-Versionen hatten, gibt es einige Programme, wie zum Beispiel Photomatix, die sich komplett der HDR-Tonung gewidmet haben. Und nun gibt es in der aktuellen CS5 Version von Photoshop eine spezielle Korrekturmöglichkeit, um aus ganz normalen Fotos HDR-Bilder zu generieren.

Eigentlich bezeichnet HDR (High Dynamic Range – Bilder mit hohem Dynamikumfang) die Technik, bei der ein Bild mit so vielen Kontrasten aufgenommen werden kann, wie sie auch in der Natur vorkommen. Herkömmliche Bilder werden dagegen als LDR-Bilder (Low Dynamic Range) bezeichnet. Das, was die meisten Fotografen unter HDR verstehen, ist ein Bild mit ausgereizten Kontrasten, was mit einem „normalen" Foto nicht mehr viel zu tun hat.

**Abbildung 6.35:** *Ein typisches Beispiel für eine HDR-Tonung (oder Tonemapping)*

Der Prozess, mit dem in so einem Fall gearbeitet wird, nennt man Tonemapping – so wie bei Fotos, die mit Photomatix bearbeitet wurden. Nun haben Sie auch in Photoshop die Möglichkeit, diesen Effekt zu verwenden.

Leider funktioniert die Korrektur *HDR-Tonung* nur auf einer Ebene und kann nicht mit einer in ein Smart-Objekt umgewandelten Ebene angewendet werden. Machen Sie deshalb eine Kopie des Bildes und bearbeiten Sie diese mit den HDR-Einstellungen.

Auch wenn Sie ein Bild, das aus mehreren Ebenen besteht, mit einer HDR-Tonung versehen möchten, wird dieses auf eine Ebene reduziert. Die Funktion *HDR-Tonung* können Sie über *Bearbeiten/Korrekturen/HDR-Tonung* aufrufen.

### 6.9.1 Voreinstellungen nutzen

In der Palette *HDR-Tonung* finden Sie zwei Bereiche: *Vorgabe* und *Methode*. Es lohnt sich auf jeden Fall, in die Vorgaben zu schauen. Denn diese decken schon ziemlich viele Tonemapping-Voreinstellungen ab und können auf jeden Fall als Basis für weitere Korrekturen verwendet werden.

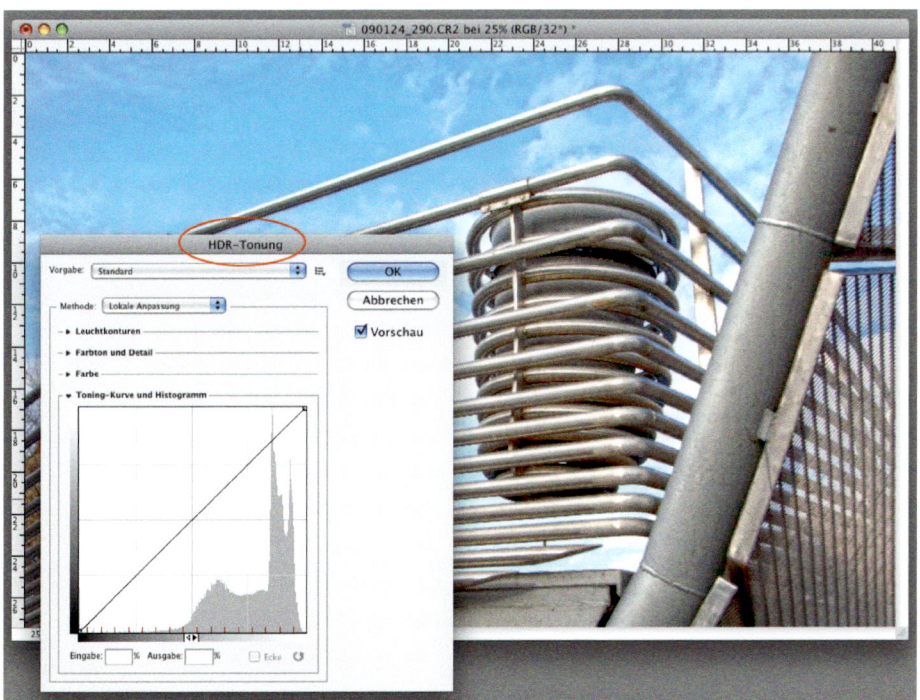

**Abbildung 6.36:** Palette HDR-Tonung

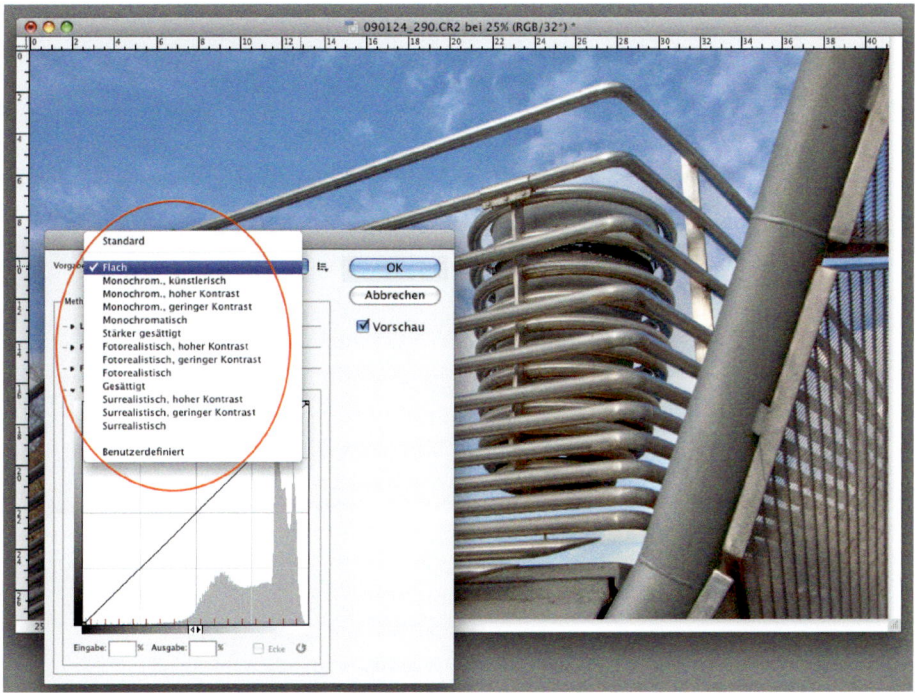

**Abbildung 6.37:** Bereich der Voreinstellungen

Nachdem Sie eine der Voreinstellungen geändert haben, wechselt diese automatisch auf *Benutzerdefiniert*.

Die Methoden werden auf folgende Einstellungen unterteilt:

- Belichtung und Gamma
- Lichterkomprimierung
- Histogramm equalisieren
- Lokale Anpassung

### 6.9.2    Toning-Kurve und Histogramm

Die Einstellung mit den lokalen Anpassungen ist die Option, mit der Sie alle Einstellungen manuell vornehmen können. Eine interessante Option ist *Toning-Kurve und Histogramm*, mit der Sie die Möglichkeit haben, die Anpassungen ähnlich wie bei der Einstellungsebene *Gradationskurven* vorzunehmen. Der Unterschied liegt darin, dass diese Einstellungen schon unter dem Einfluss der HDR-Tonung erfolgen.

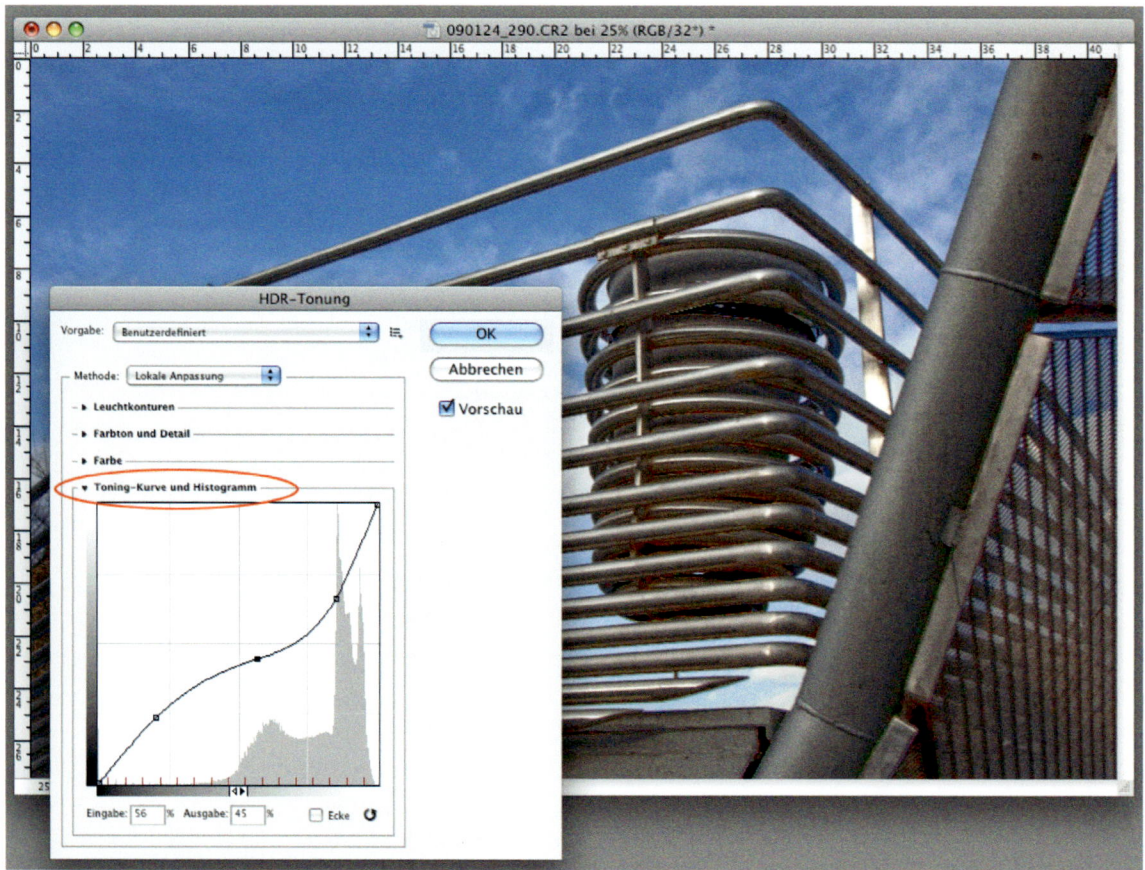

**Abbildung 6.38:** *Lokale Anpassungen mit Toning-Kurve und Histogramm*

### 6.9.3   Festeinstellungen nutzen

Zu den Festeinstellungen im Bereich *Methode* gehören zwei Methoden:

- *Lichterkomprimierung*
- *Histogramm equalisieren*

Die Einstellung *Lichterkomprimierung* führt zum Abdunkeln der hellen Bereiche des Bildes. Mit der Einstellung *Histogramm equalisieren* wird das Bild stark kontrastreich optimiert. Diese Einstellungen bieten keinerlei Möglichkeiten für manuelle Anpassungen und sind daher nicht optimal.

**Abbildung 6.39:** *Festeinstellungen* Lichterkomprimierung *und* Histogramm equalisieren

### 6.9.4   Lokale Anpassungen

Mit der Methode *Lokale Anpassungen* verleihen Sie Ihrem Bild den typischen HDR-Look. Beginnen können Sie mit dem Bereich *Leuchtkonturen*. Mit den zwei Reglern *Radius* und *Stärke* heben Sie die Helligkeit der Konturen für die Lichter an.

Die *Stärke* ist für die Helligkeit der Konturen zuständig. In der Praxis sieht es so aus: Je weniger gering der *Radius* eingestellt ist, desto feinere Konturen werden angesprochen. Je niedriger der Wert für die *Stärke* ist, desto kontrastärmer bleibt das Bild. Für eine HDR-Tonung sind niedrigere Werte optimal, denn so können Sie gezielt die Kontraste der feineren Strukturen bearbeiten.

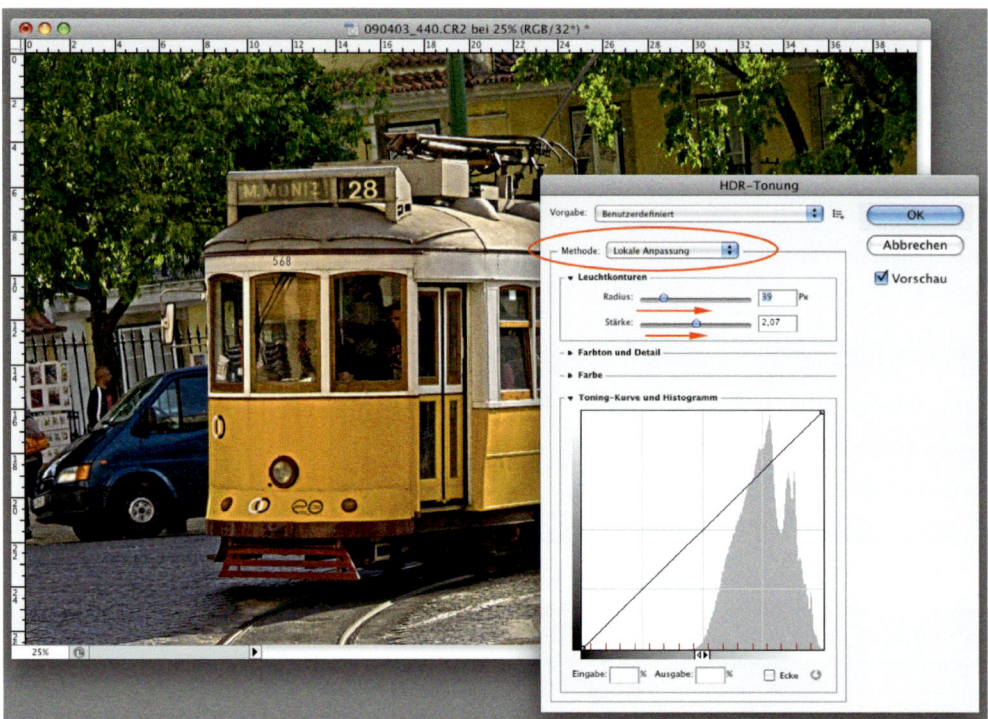

**Abbildung 6.40:** *Anpassung der Leuchtkonturen*

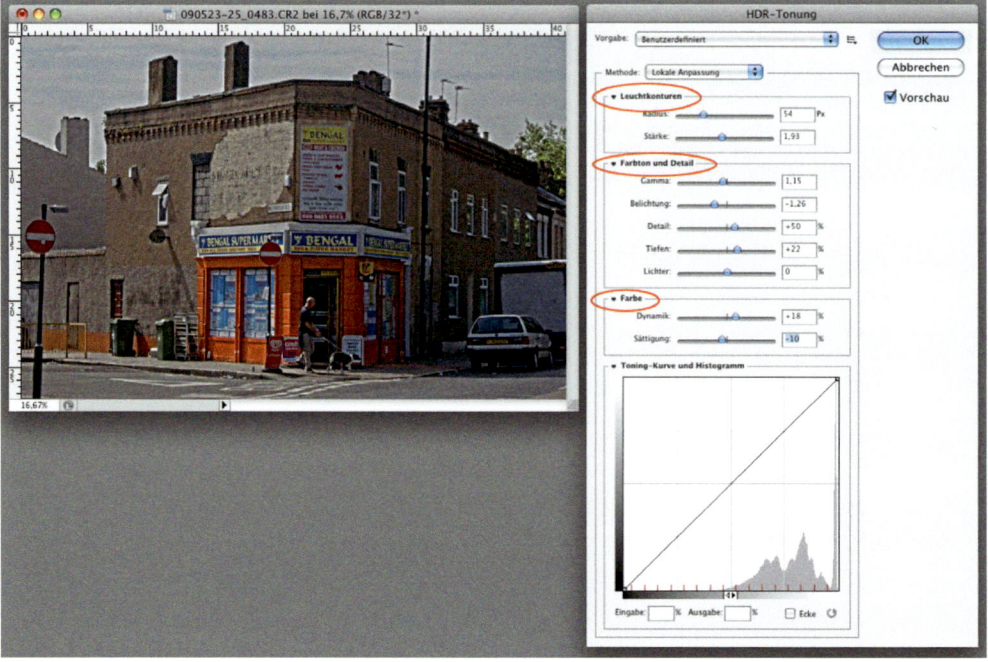

**Abbildung 6.41:** *Korrekturen in den Bereichen* Farbton und Detail *sowie* Farbe

Weitere Korrekturen erfolgen in den Bereichen *Farbton und Detail* sowie *Farbe*. Es gibt keine Rezepte für die Einstellungen, denn das Ergebnis ist eine individuelle Kreation jedes Fotografen und die Werte fallen unterschiedlich aus. Für Anfänger ein Tipp: Versuchen Sie zunächst, die Werte nicht zu stark gegenüber den Standardeinstellungen zu verändern. Beginnen Sie mit kleineren Schritten.

Durch das Erhöhen des Dynamikumfangs des Bildes können Sie ebenfalls interessante Kreationen produzieren. In unserem Beispiel eines ziemlich dunklen Ausgangsbildes wurden die Kontraste richtig ausgereizt. Die Werte für das Vorher-Nachher-Bild finden Sie im nächsten Screenshot dargestellt.

Wie Sie anhand des Dialogs *HDR-Tonung* sehen können, wurden die Werte für die Tiefen und Lichter etwas verringert. Für mehr Schärfe und optimale Kontraste an den Kanten sorgt der erhöhte Wert für *Detail*. Mehr Farbe und Leuchtkraft bekommt das Bild durch die Erhöhung der Werte für *Dynamik* und *Sättigung*.

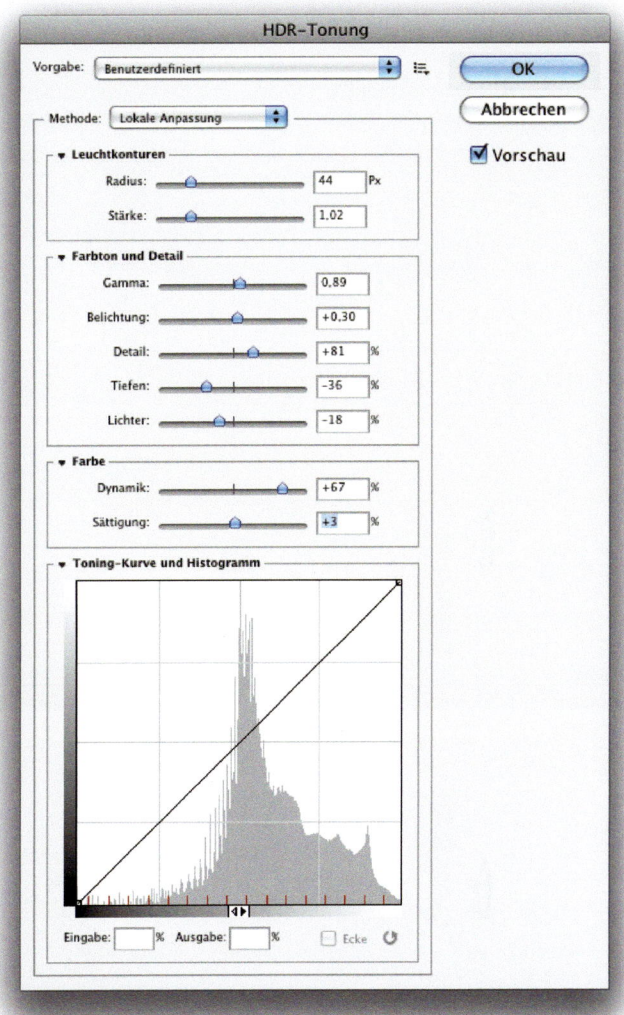

***Abbildung 6.42:*** *HDR-Tonung an einem konkreten Beispiel*

Vorher

Nachher

**Abbildung 6.43:** *Ein unterbelichtetes Bild mit HDR-Tonung*

## 6.10   Belichtungskorrekturen durch Überlagerungen

Auch ohne direkte Korrekturen über *Bild/Korrekturen/...* oder über Einstellungsebenen können Sie Bilder z. B. in der Helligkeit anpassen. Hierzu wird eine Kopie der Hauptebene mit der Tastenkombination `cmd`+`J` (`Strg`+`J`) erstellt und die Ebenenkopie wird mit einer anderen Ebenenfüllmethode versehen.

**Abbildung 6.44:** *Hintergrundebene duplizieren*

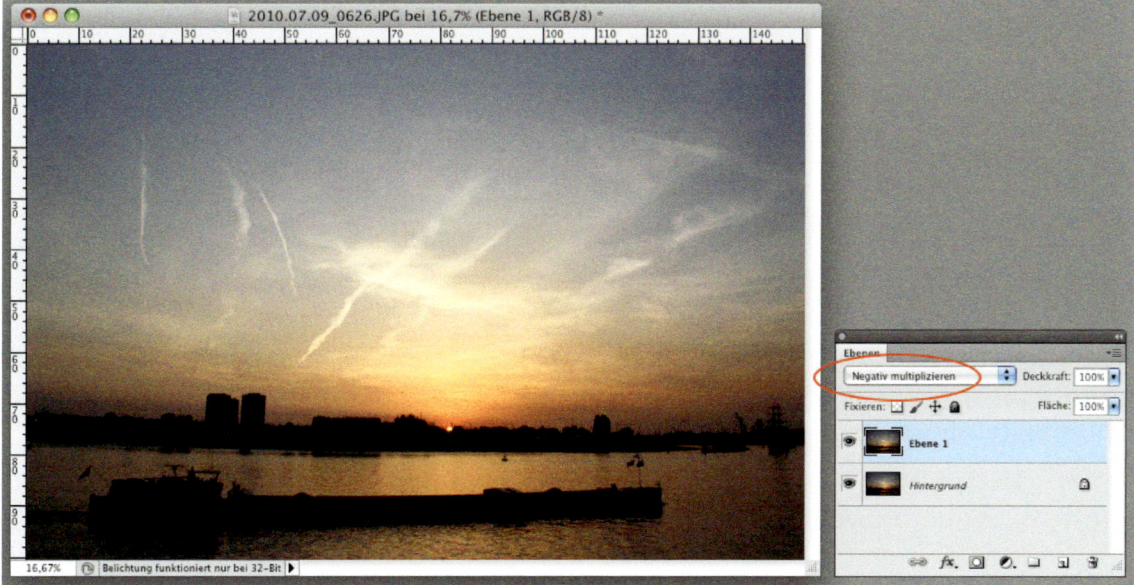

**Abbildung 6.45:** *Ebenenfüllmethode ändern*

Wenn Sie das zu dunkel geratene Bild aufhellen möchten, verwenden Sie die Ebenenfüllmethode *Negativ multiplizieren*. Zum Abdunkeln eines zu hellen Bildes wählen Sie die Ebenenfüllmethode *Multiplizieren*. Zur Verstärkung der Wirkung können Sie die mit einer anderen Ebenenfüllmethode ausgestattete Ebene duplizieren und für eine feine Anpassung der Helligkeit die Deckkraft der Ebene reduzieren.

Wenn die Korrektur nur auf einen Bildteil angewandt werden soll, wie in unserem Beispiel, können Sie die obere Ebene zusätzlich mit einer Maske ausstatten und die zu erhaltenden Bereiche entweder mit dem Pinsel- (B) oder mit dem Verlaufswerkzeug (G) entsprechend maskieren.

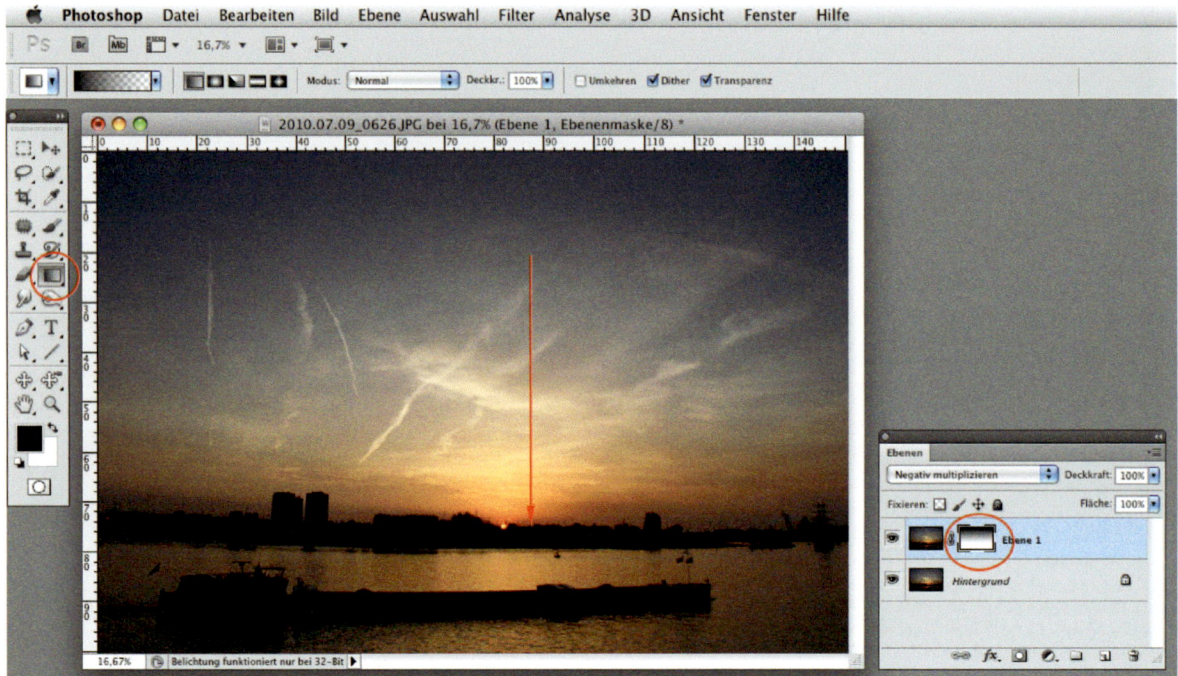

**Abbildung 6.46:** *Ebene mit geänderter Ebenenfüllmethode maskieren*

## 6.11    Selektive Korrekturen mit maskierten Ebenen

Alle Korrekturtechniken, die in den vorherigen Lektionen gezeigt wurden, können Sie entweder auf das ganze Bild oder nur auf einen Bildteil anwenden. Jetzt ist die Rede von selektiven Farbkorrekturen. Diese Art von Anpassung wird sehr oft für aufwendige Bildoptimierungen verwendet.

### 6.11.1  Maskierungsverlauf

Bei größeren Flächen, die nur einen Teil des Bildes abdecken, ist die populärste Maskierung die mit dem Verlaufswerkzeug (G). In unserem Beispielbild soll das Wasser aufgehellt und kontrastreicher dargestellt werden. Erstellen Sie dazu eine Einstellungsebene *Tonwertkorrektur* und bewegen Sie im Bereich *Tonwertspreizung* den mittleren und den rechten Regler nach links.

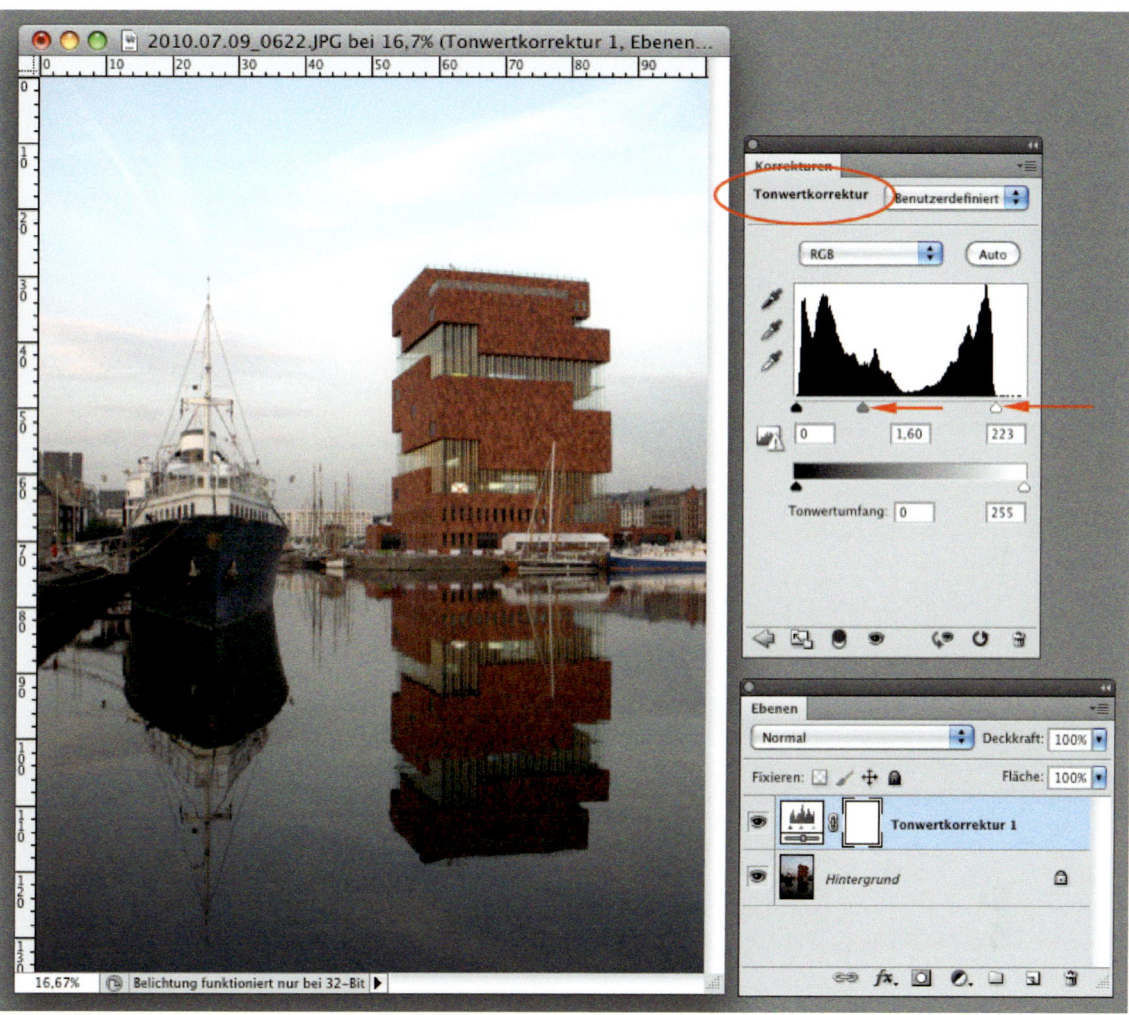

**Abbildung 6.47:** *Die Einstellungsebene zuerst auf das ganze Bild anwenden*

1 Wählen Sie dann das Verlaufswerkzeug (G) mit den Optionen linearer Verlauf, Vordergrund-Transparent, Vordergrundfarbe Schwarz *(siehe Abbildung 6.48)*. Ziehen Sie den Verlauf bei gedrückter ⇧-Taste von oben nach unten. Der obere Bildbereich bleibt dabei im Originalzustand, der untere Bereich des Wassers wird von der Einstellungsebene *Tonwertkorrektur* angesprochen.

2 Die gleiche Maske können Sie für eine weitere Einstellungsebene verwenden, um den Bildbereich zum Beispiel in der Farbe zu verändern.

3 Laden Sie die Maske, indem Sie bei gedrückter cmd-Taste (Strg-Taste) auf die Maske klicken, und erstellen Sie eine Einstellungsebene *Farbbalance*.

4 Verstärken Sie nun die Werte für Cyan und Blau – das Wasser verändert die Farbe, der Rest des Bildes ist davon nicht betroffen.

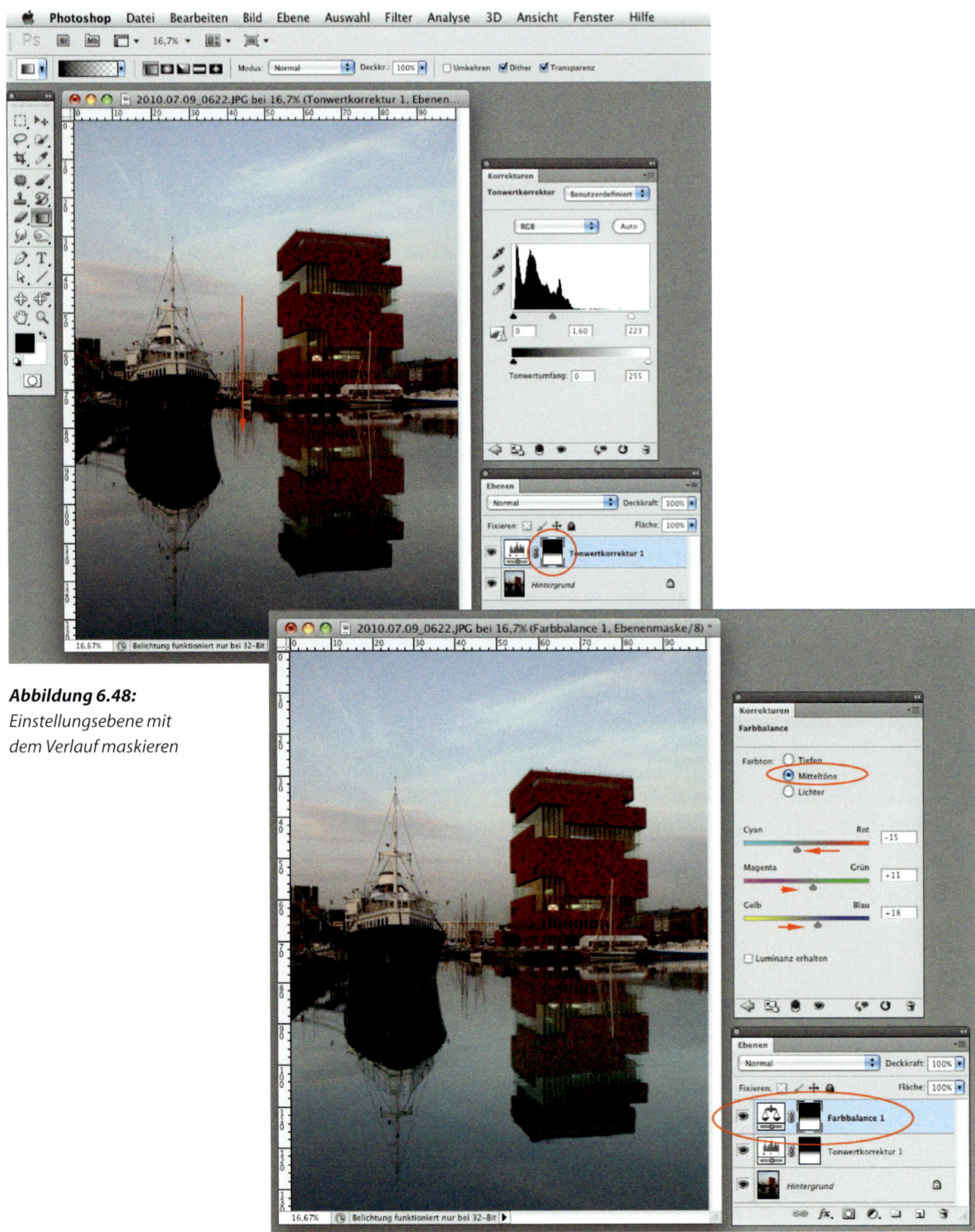

**Abbildung 6.48:**
Einstellungsebene mit
dem Verlauf maskieren

**Abbildung 6.49:** Die gleiche Maske auf eine andere Einstellungsebene kopieren

## 6.11.2  Maskierung mit Lasso- und Pinsel-Werkzeug

Sie können auch kleinere Flächen gezielt bearbeiten. Allerdings können Sie hier mit dem Verlaufswerkzeug (G) nicht präzise genug arbeiten. In unserem Beispiel soll das Gesicht eines Affen etwas aufgehellt werden. Folgendermaßen können Sie in derartigen Situationen vorgehen:

**1**  Erstellen Sie mit dem Lasso-Werkzeug (L) zuerst eine großzügige Auswahl des zu korrigierenden Bereichs.

***Abbildung 2.50:*** *Zuerst eine großzügige Auswahl mit dem Lasso erstellen*

**2**  Erzeugen Sie dann eine Einstellungsebene *Tonwertkorrektur* und tätigen Sie die nötigen Korrekturen. Nur der ausgewählte Bereich wird von diesen Korrekturen angesprochen.

**Abbildung 6.51:** *Die Auswahl dient dann als Maske für die Einstellungsebene*

Jetzt soll die Maske angepasst werden.

**3** Verwenden Sie dazu das Pinsel-Werkzeug (⒝) mit einer runden, weichen Pinselspitze. Wählen Sie schwarze Farbe und maskieren Sie die scharfen Kanten des ausgewählten Bereichs.

**Abbildung 6.52:** *Maske mit dem Pinsel-Werkzeug korrigieren*

## 6.12 Belichtungskorrekturen auf einzelne Ebenen anwenden

Wenn Sie sich mit Bildcomposings beschäftigen, kommt es immer wieder einmal vor, dass eine Ebene von der Helligkeit und von der Farbe her dem Rest des Bildes angepasst werden muss. In diesen Fällen können Sie ebenfalls mit Einstellungsebenen arbeiten, allerdings sollte die Wirkung der entsprechenden Einstellungsebene auf nur eine darunterliegende Pixelebene beschränkt bleiben.

In einem derartigen Fall aktivieren Sie die Schnittmaske. In unserem Beispiel soll die Ebene mit dem Fisch zuerst komplett etwas abgedunkelt werden. Dann sollen die Ränder zusätzlich abgedunkelt werden, damit sich der Fisch deutlicher vom Hintergrund abhebt.

**Abbildung 6.53:** Korrekturen bei Bildcollagen

Zuerst wird die Ebene des Fisches abgedunkelt:

1 Erstellen Sie über der Ebene mit dem Fisch eine Einstellungsebene *Tonwertkorrektur* und aktivieren Sie im Dialog *Tonwertkorrektur* die Schnittmaske.

2 Bewegen Sie die äußeren Regler in Richtung Mitte und den mittleren Regler leicht nach rechts. Der Fisch wird dunkler.

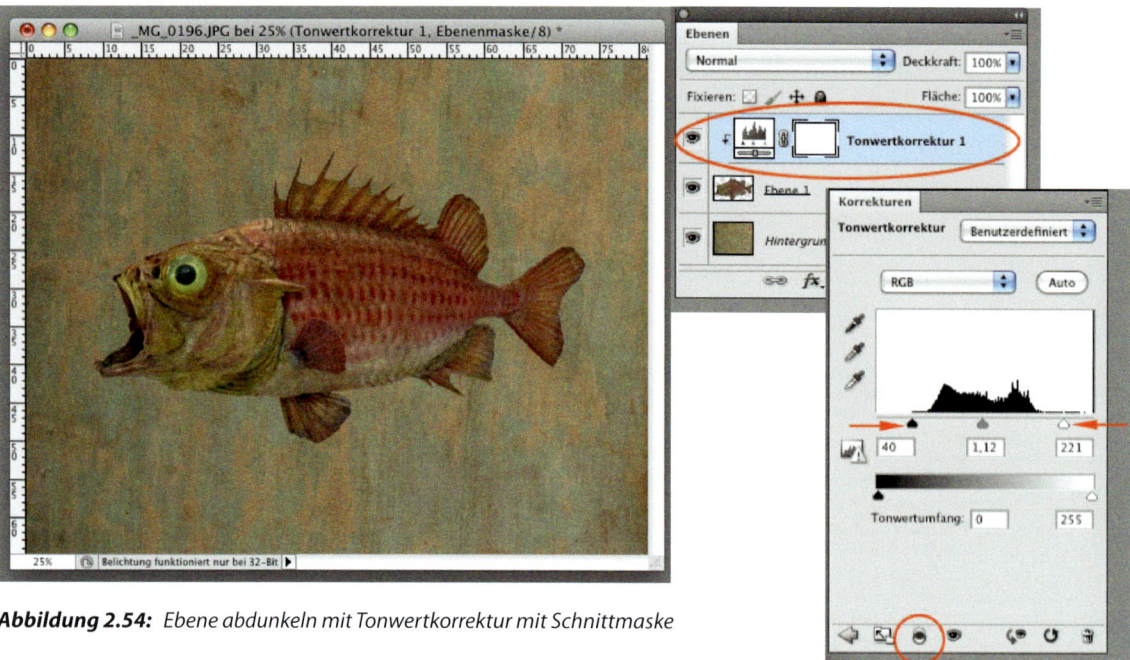

**Abbildung 2.54:** *Ebene abdunkeln mit Tonwertkorrektur mit Schnittmaske*

Jetzt sollen die Kanten der Ebene mit dem Fisch abgedunkelt werden.

**3** Klicken Sie die Ebene des Fisches an und erstellen Sie zwischen dieser Ebene und der Einstellungsebene *Tonwertkorrektur* eine weitere Einstellungsebene *Tonwertkorrektur*. Die Schnittmaske wird hierbei automatisch erzeugt, da die erste Einstellungsebene *Tonwertkorrektur* schon eine Schnittmaske besitzt. Dunkeln Sie die Ebene des Fisches nun stark ab.

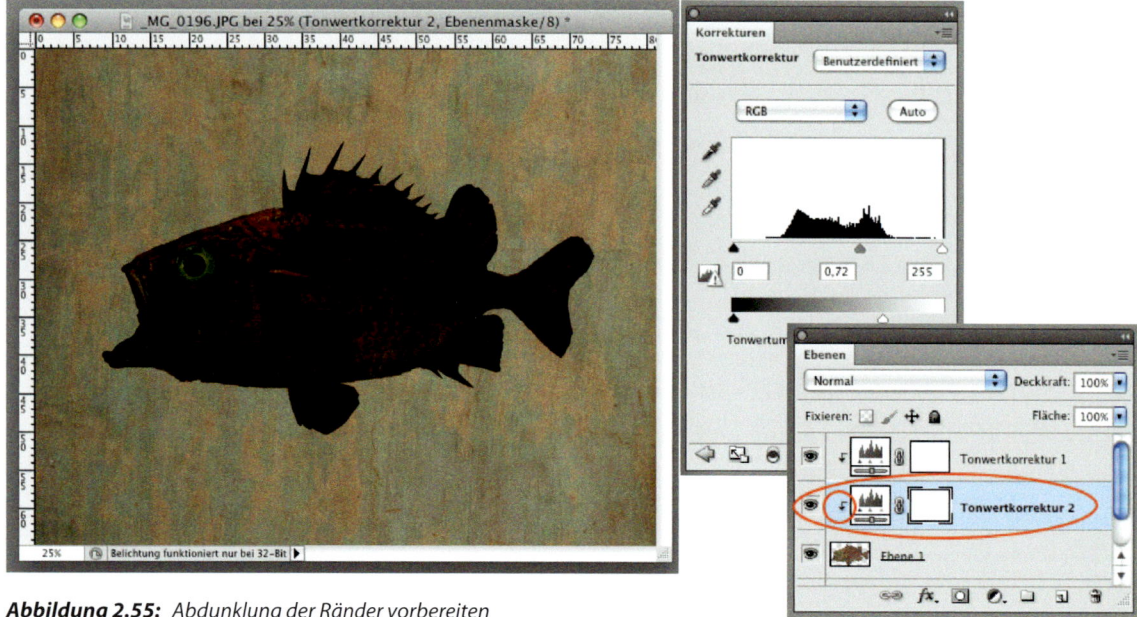

**Abbildung 2.55:** *Abdunklung der Ränder vorbereiten*

Die starke Abdunklung soll aber nur auf die Ränder der Ebene mit dem Fisch wirken.

**4**  Füllen Sie die Maske der zweiten *Tonwertkorrektur*-Ebene mit schwarzer Farbe und wählen Sie dann das Pinsel-Werkzeug (B) mit einer großen, runden Pinselspitze mit weichen Kanten und definieren Sie als Vordergrundfarbe Weiß. Demaskieren Sie jetzt die Ränder der Einstellungsebene *Tonwertkorrektur 2*.

**Abbildung 2.56:** *Maskierte Einstellungsebene an den Rändern demaskieren*

# Ebenen, Masken und Kanäle

Diese Begriffe sind für jeden Photoshop-Profi das tägliche Brot, und ein sicherer Umgang mit diesen Werkzeugen ist sehr wichtig. Egal ob Sie Bilder retuschieren, korrigieren oder komplexe Bildgestaltungen anfertigen, sind Sie auf all diese Dinge angewiesen.

## 7.1 Ebenen und Einstellungsebenen

Obwohl beide Begriffe das Wort Ebene beinhalten, handelt es sich hierbei um völlig unterschiedliche Dinge.

### Ebenen

Sie sind nichts anderes als das Bild selbst, ein Bitmap – also eine Fläche, gefüllt mit Pixeln unterschiedlicher Farbe, die alle zusammen von uns wie ein Bild wahrgenommen werden.

### Einstellungsebene

Bei einer Einstellungsebene handelt es sich um eine Korrektur, die auf eine Ebene angewandt wird, zum Beispiel Tonwertkorrektur, Gradationskurven, Farbbalance etc.

Seit der Version CS4 von Photoshop wurden die Einstellungsebenen in einer *Korrekturen*-Palette vereint und werden daher Korrekturebenen genannt.

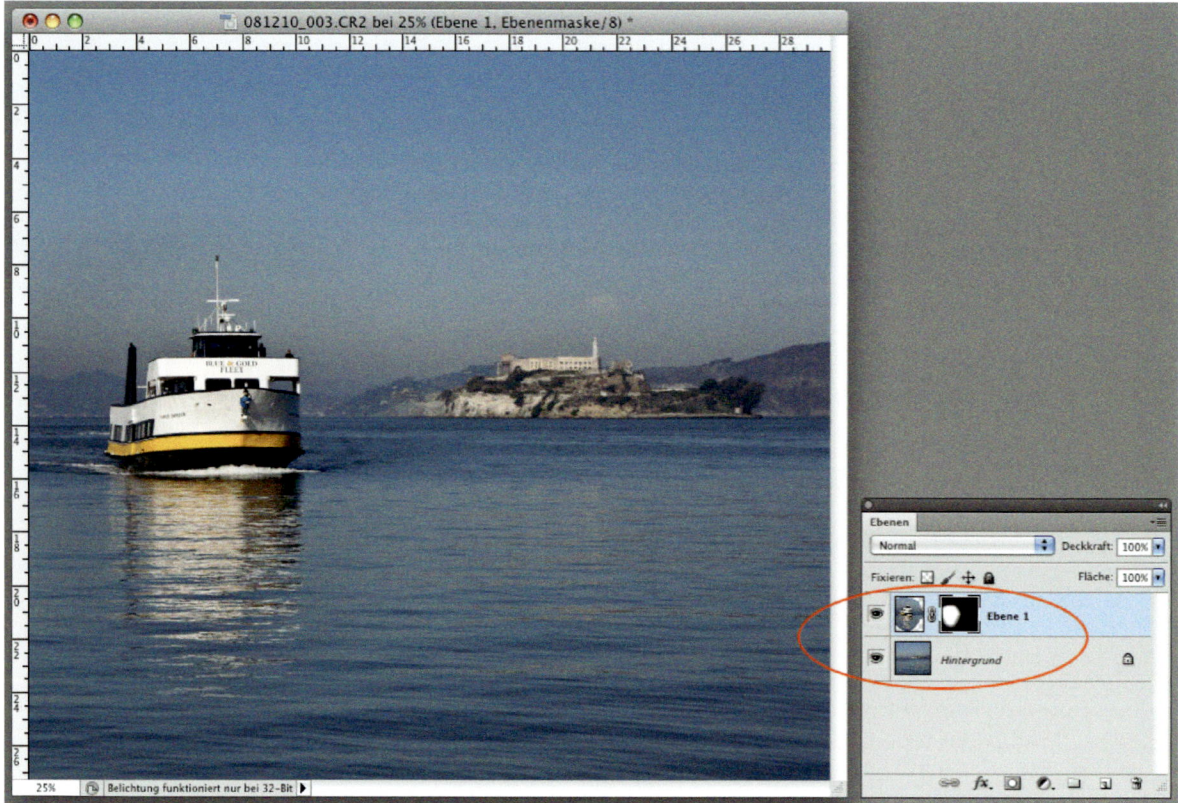

**Abbildung 7.1:** *Pixelebenen*

***Abbildung 7.2:*** *Einstellungs- oder Korrekturebene oberhalb der Pixelebenen*

## 7.2    Voreinstellungen der Ebenen-Palette definieren

Wenn Sie in der *Ebenen*-Palette nur ein bis zwei Ebenen und ein paar Einstellungsebenen haben, ist es kein Problem, die Übersicht zu bewahren und die richtige Ebene bei Bedarf zu finden.

Komplizierter wird es allerdings, wenn Sie mit vielen Ebenen arbeiten, zum Beispiel beim Erstellen einer Collage.

Bei einer komplexen Collage wie auf dem folgenden Beispielbild sind bis zu 100 Ebenen und Einstellungsebenen keine Seltenheit.

Eine richtige Ebene zu finden, ist nicht immer einfach, und die Ebenen zu beschriften, ist zu mühsam. Kaum ein Bildbearbeiter benennt alle Ebenen um.

In einem derartigen Fall lohnt es sich, einen Blick in die Ebenenvoreinstellungen zu werfen und die Optionen an die eigenen Bedürfnisse anzupassen.

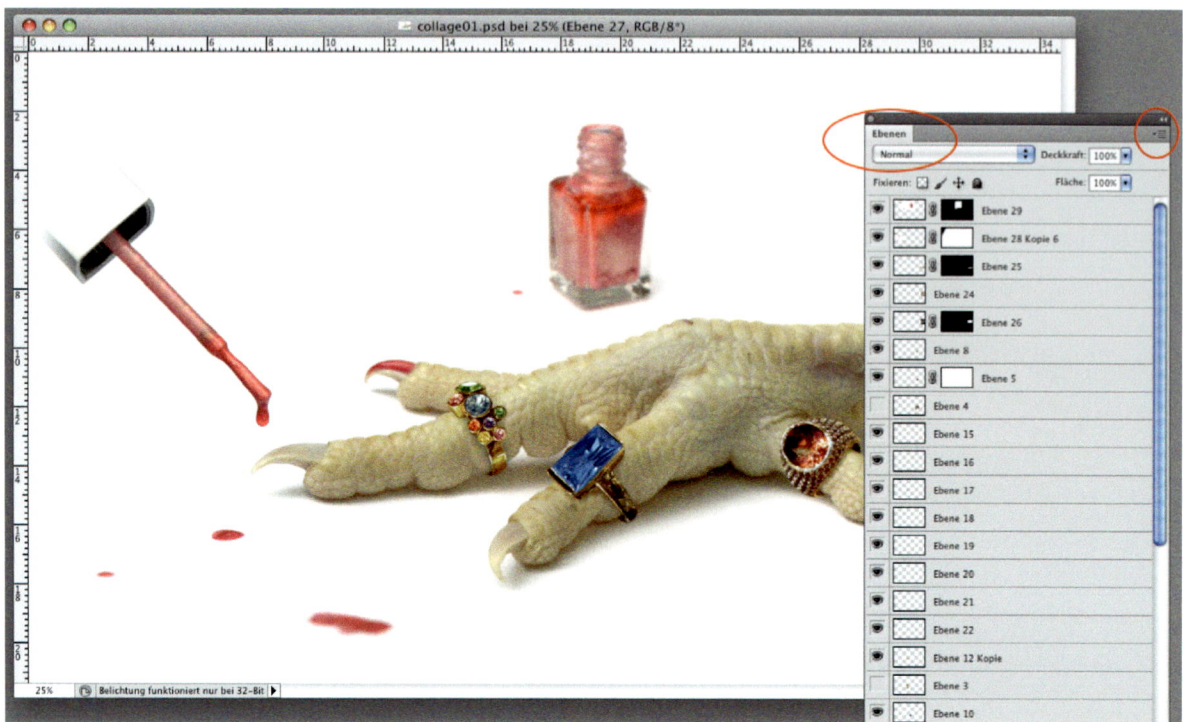

**Abbildung 7.3:** Ebenen einer Collage

Klicken Sie hierzu rechts in der *Ebenen*-Palette auf den Button *Optionen* und wählen Sie den Eintrag *Ebenenbedienfeldoptionen* aus.

Im Dialog *Ebenenbedienfeldoptionen* können Sie zwei wichtige Einträge ändern. Im Bereich *Miniaturgröße* können Sie sich für die Größe der Ebenenminiatur entscheiden. Standardmäßig ist die kleinste Ebenenminiatur aktiviert. Wenn Sie mit einem größeren Bildschirm arbeiten, können Sie ruhig die zweitgrößte Miniatur verwenden, so sehen Sie ganz gut, was die jeweilige Ebene enthält. Allerdings sehen Sie tatsächlich nur den Inhalt der Ebene, wenn Sie eine weitere Einstellung anpassen. Im Bereich *Miniaturinhalt* wird festgelegt, was als Ebenenminiatur angezeigt wird. Standardmäßig ist

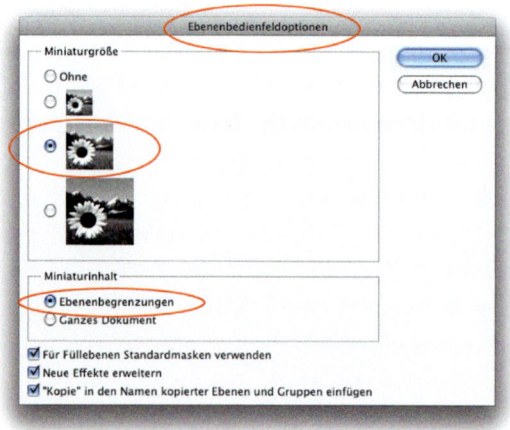

**Abbildung 7.4:** Bedienfeldoptionen

die Option *Ganzes Dokument* aktiviert. Das bedeutet, es wird der Inhalt der Ebene auf der ganzen Arbeitsfläche angezeigt. Wenn auf der Ebene allerdings nur ein kleines Detail liegt, werden Sie dieses Detail lediglich als einen kleinen Punkt sehen. Das ist nicht optimal. Ändern Sie die Anzeige auf *Ebenenbegrenzungen*, so wird auf der Ebene das angezeigt, was tatsächlich auf der Ebene liegt – sehr praktisch bei komplexen Bildkompositionen, die aus vielen unterschiedlichen Details bestehen können.

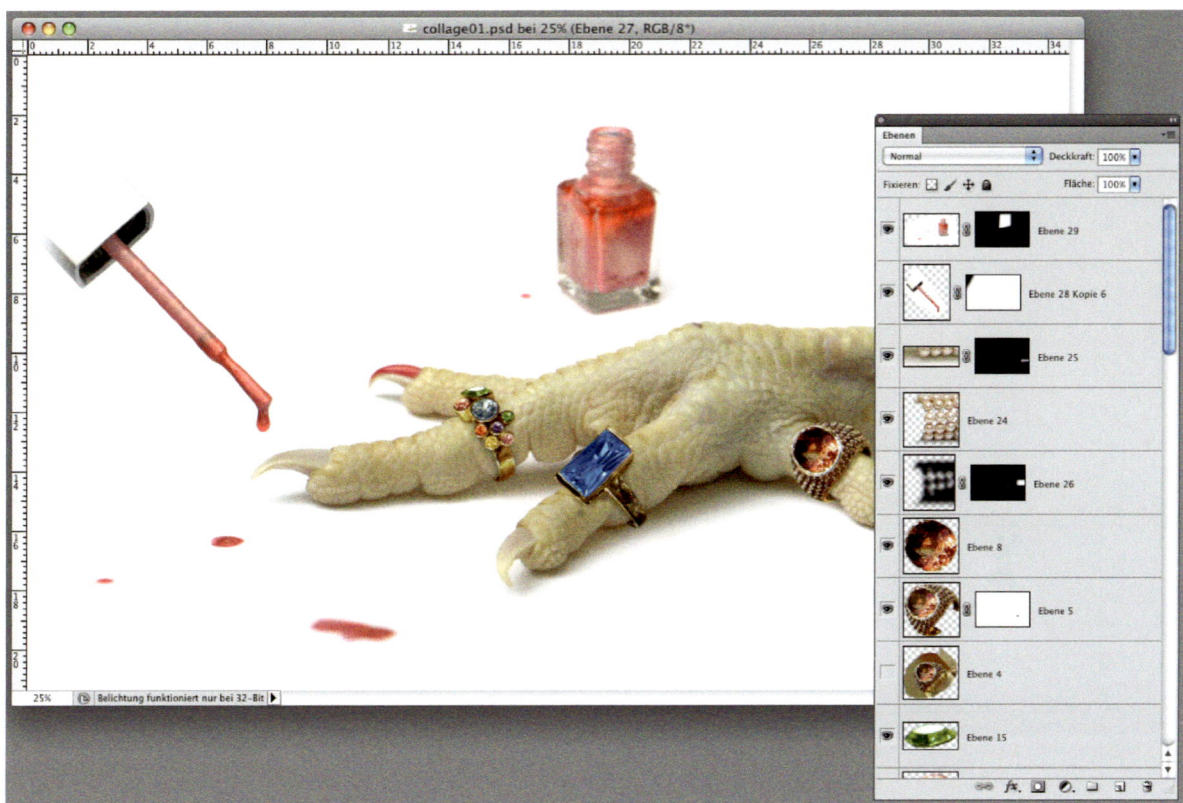

**Abbildung 7.5:** *Ebenenanzeige bei der Option* Ebenenbegrenzungen

Was die Masken betrifft, wird die Anzeige bei beiden Optionen identisch bleiben, da die Maskierung immer die ganze Arbeitsfläche betrifft (ein- oder ausblenden).

## 7.3    Ebenen kopieren, umwandeln, neue Ebenen erzeugen

Es gibt zwei Arten von Ebenen: zunächst die Hintergrundebene. Sie entsteht immer dann, wenn ein Bild in Photoshop geöffnet wird oder wenn eine neue Datei erzeugt wird. Die Datei besitzt dann lediglich eine Ebene – die Hintergrundebene, die darüber hinaus standardmäßig mit einem Schloss-Symbol versehen ist und daher standardmäßig für eine weitere Bearbeitung gesperrt ist. Das Skalieren und andere Transformationsarten können auf der Hintergrundebene nicht durchgeführt werden, da die Hintergrundebene fest in die Arbeitsfläche installiert ist. Sie können die Hintergrundebene kopieren, um die Kopie in eine Ebene umzuwandeln. Eine Kopie der Hintergrundebene (oder jeder anderen Ebene) können Sie am schnellsten mit der Tastenkombination ⌘+J (Strg+J) erzeugen. Jede weitere Ebene wird als Standardebene erzeugt und einfach Ebene genannt.

Um der Hintergrundebene die Eigenschaften der Ebene zu geben, können Sie die Hintergrundebene in eine Ebene umwandeln, indem Sie hierfür mit der rechten Maustaste die Hintergrundebene anklicken und die Option *Ebene aus Hintergrund* wählen.

**Abbildung 7.6:**
Hintergrund-
ebene kopieren

**Abbildung 7.7:**
Ebene aus Hintergrundebene erzeugen

Sie können aber nicht nur eine Ebene als Ganzes kopieren, sondern auch nur einen Teil einer Ebene. Um dies zu realisieren, benötigen Sie eine Auswahl, die Sie mit einem der Freistellungswerkzeuge erstellen können. In unserem Beispiel wurde der Kater grob mit dem Magnetischen-Lasso-Werkzeug (L) ausgewählt. Eine neue Ebene als Kopie des ausgewählten Bereichs können Sie ebenfalls mit der Tastenkombination cmd+J (Strg+J) erzeugen. Dieser Vorgang ist die Grundlage einer jeden Freistellung. Mehr über verschiedene Freistellungsarten erfahren Sie im nächsten Kapitel ab *Seite 296*.

*Abbildung 7.8:* Neue Ebene als Kopie des ausgewählten Bereichs

Neben Ebenenkopien können Sie auch Ebenen erzeugen, die erst einmal keinen Inhalt besitzen. In der *Ebenen*-Palette finden Sie das Symbol *Neue Ebene*. Wenn Sie auf dieses Symbol klicken, wird über der Ebene, die in der *Ebenen*-Palette gerade aktiviert ist, eine neue leere Ebene erzeugt. Auf dieser Ebene können Sie beispielsweise eine Auswahl erstellen, diese Auswahl mit einer Farbe oder einem Verlauf füllen oder einfach mit dem Pinsel-Werkzeug ($\boxed{\text{B}}$) bemalen.

*Abbildung 7.9:* Neue Ebene erzeugen

**Abbildung 7.10:** *Ebenen sind die Grundbausteine einer Bildkomposition oder komplexer Bildbearbeitung*

## 7.4     Füllebenen erzeugen

Neben Pixel- und Einstellungsebenen gibt es noch eine Art von Ebenen – die Füllebenen. Im Grunde sind Füllebenen auch Einstellungsebenen, weil sie keine Bitmaps enthalten. Aber innerhalb der Einstellungsebenen bilden die Füllebenen eine separate Gruppe. Es gibt zwei Arten von Füllebenen: Farbfläche (in den früheren Photoshop-Versionen Füllebene Volltonfarbe genannt) und Verlauf.

### Füllebene Farbfläche

1   Wenn Sie eine Füllebene *Farbfläche* erzeugen wollen, öffnen Sie ein Bild oder erzeugen eine neue leere Datei und klicken dann in der *Ebenen*-Palette auf den Button *Neue Füll- oder Einstellungsebene erstellen*.

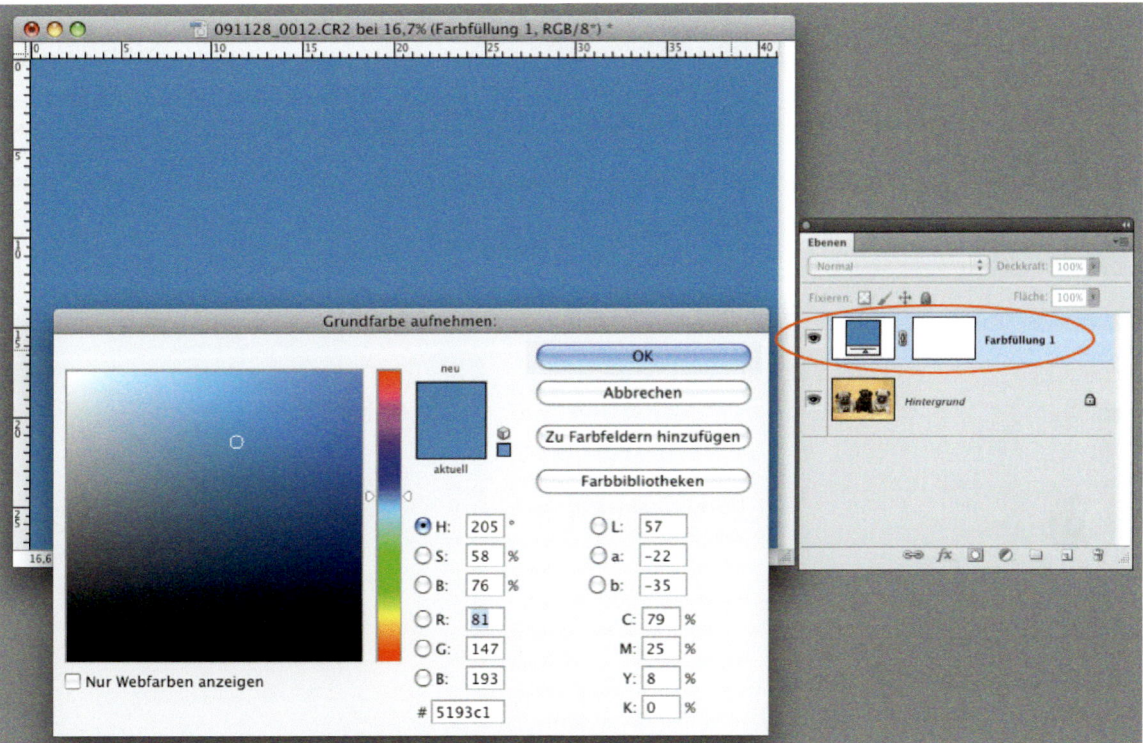

**Abbildung 7.11:** *Neue Füllebene erstellen*

2   Definieren Sie im Farbwähler anschließend eine Farbe, mit der Sie die Arbeitsfläche füllen möchten, und bestätigen Sie das mit *OK*.

Die erstellte Fläche können Sie beispielsweise als Hintergrund für eine Gestaltung nutzen oder in Kombination mit einer geänderten Ebenenfüllmethode als Farbkorrektur für die darunterliegende Pixelebene verwenden. Diese Art der Korrektur können Sie mit der Einstellungsebene *Fotofilter* vergleichen.

**Abbildung 7.12:** *Füllebene Farbfläche, kombiniert mit einer geänderten Ebenenfüllmethode*

## Füllebene Verlaufsfüllung

Neben der Füllung mit einer Farbe können Sie auch eine Füllung mit einem Verlauf erzeugen – die Verlaufsfüllung. Die Verläufe können Sie ganz gut für selektive Korrekturen der Bilder oder als Gestaltungsmittel einsetzen. In unserem Beispiel wird eine Verlaufsfüllung mit folgenden Attributen erzeugt: linearer Verlauf, Vordergrund-Transparent, Verlaufsrichtung: von oben nach unten (–90°).

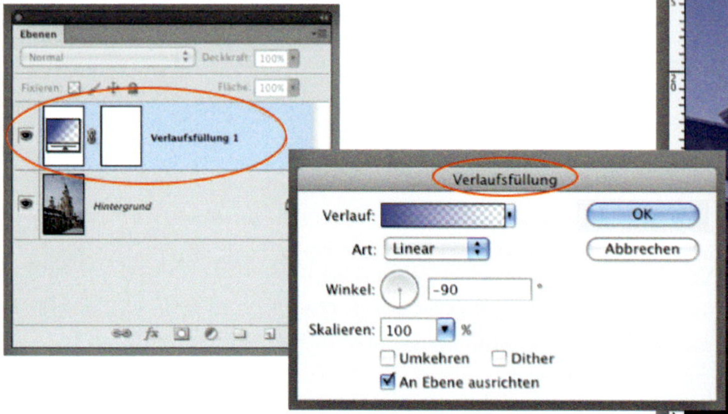

**Abbildung 7.13:** *Eigenschaften der Verlaufsfüllung festlegen*

Im Dialog *Verlaufsfüllung* können Sie die Eigenschaften eines Verlaufs definieren und genau an Ihr Bild anpassen. Wenn Sie die Farbe oder die Verlaufsart ändern möchten, klappen Sie einfach das Menü *Verlauf* auf. Hier können Sie zwischen den Standardverlaufsarten wählen. Diese sind identisch mit denen des Verlaufswerkzeugs (G).

In unserem Beispiel soll der Verlauf den Himmel mit einer Farbe überlagern, die nach unten immer transparenter wird. Die Füllebene *Verlaufsfüllung* wird anschließend mit einer anderen Ebenenfüllmethode ausgestattet, damit sie transparent erscheint. Infrage kommt hierbei etwa die Ebenenfüllmethode *Ineinanderkopieren*.

Verlaufsfüllungen werden nicht nur für solche Korrekturen genutzt. Sie können mit der Verlaufsart *Radial* und der Option *Umkehren* beispielsweise auch eine Vignettierung für ein Foto erstellen.

**Abbildung 7.14:** *Verlaufsfüllung kombiniert mit der Ebenenfüllmethode* Ineinanderkopieren

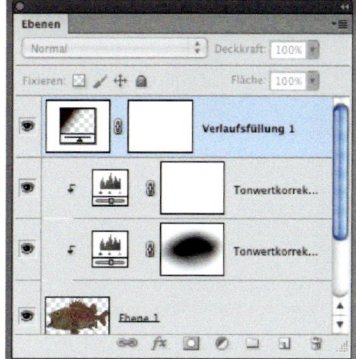

**Abbildung 7.15:** *Verlaufsfüllung mit der Option* Radial *als Vignette*

## 7.5 Teilbereiche der Ebenen separieren und kopieren

Wie am Anfang dieses Kapitels bereits erwähnt wurde, können Sie Teile der Ebenen auch separieren und als Kopien auf eine neue Ebene legen. So sind wir schon mal beinahe bei den Freistellungstechniken gelandet, diese sind aber das Thema des nächsten Kapitels. Hier nur ein kleiner Workflow zum Thema Ebenenbereich separieren, kopieren und über eine andere Ebene legen. Unser Beispielbild ist ein typisches Ausgangsbild für die Separation des Bereichs mit dem Wasser.

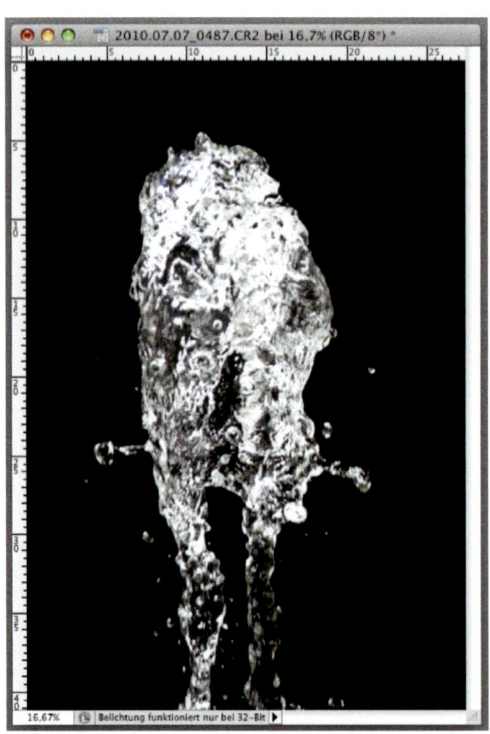

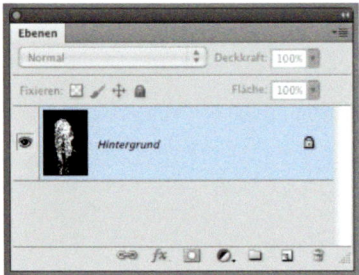

**Abbildung 7.16:** *Kontrastreiche Bilder sind eine gute Grundlage für die Separation anhand der Farbunterschiede*

1 Zum Separieren des Bereichs mit dem Wasser können Sie *Auswahl/Farbbereich* wählen. Im Dialog *Farbbereich* klicken Sie mit der weißen Pipette auf eine der hellsten Stellen des Wassers und erhöhen die *Toleranz*.

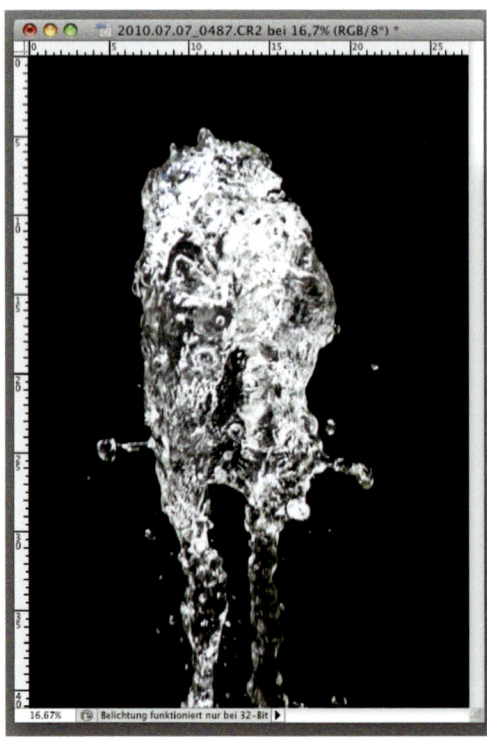

**Abbildung 7.17:** *Dialog* Farbbereich

**2** Wenn das Wasser auf dem Vorschaubild im Dialog schwarz erscheint und der Rest weiß ist, können Sie die Auswahl mit *OK* bestätigen.

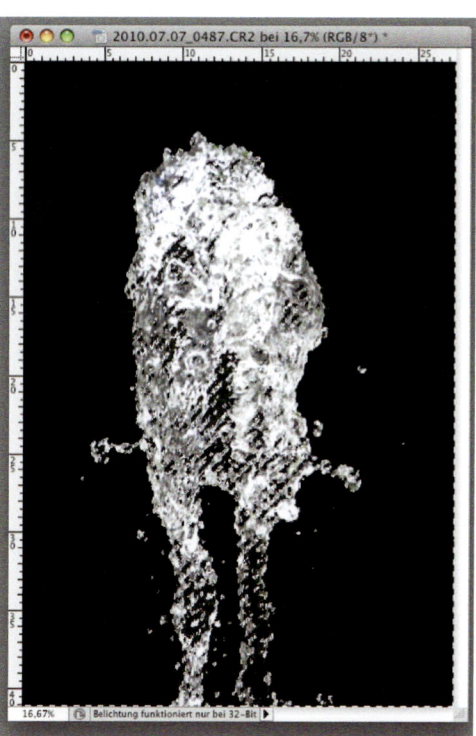

**Abbildung 7.18:** *Die Auswahl*

**3** Im Moment ist der Hintergrund ausgewählt. Kehren Sie die Auswahl mit ⌘+⇧+I (Strg+⇧+I) um und legen Sie den ausgewählten Bereich mit ⌘+J (Strg+J) auf eine neue Ebene.

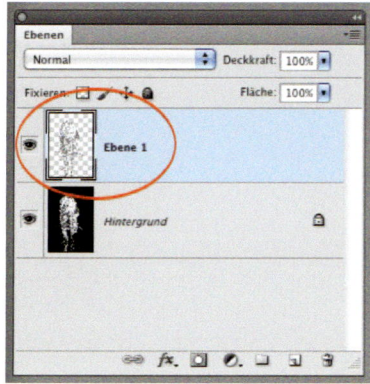

**Abbildung 7.19:** *Neue Ebene als Kopie des ausgewählten Bereichs*

Das Wasser ist jetzt freigestellt und Sie können unter der Ebene mit dem freigestellten Wasser eine Füllebene *Farbfläche* erzeugen oder eine Ebene mit einem anderen Hintergrund (z. B. Struktur, oder Himmel) einfügen. Mehr über diese Art von Freistellung und welche Anpassungen Sie dabei noch vornehmen können, erfahren Sie im nächsten Kapitel.

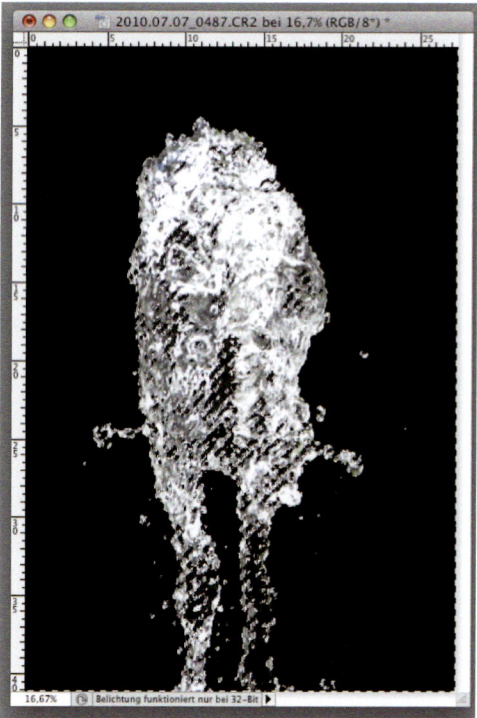

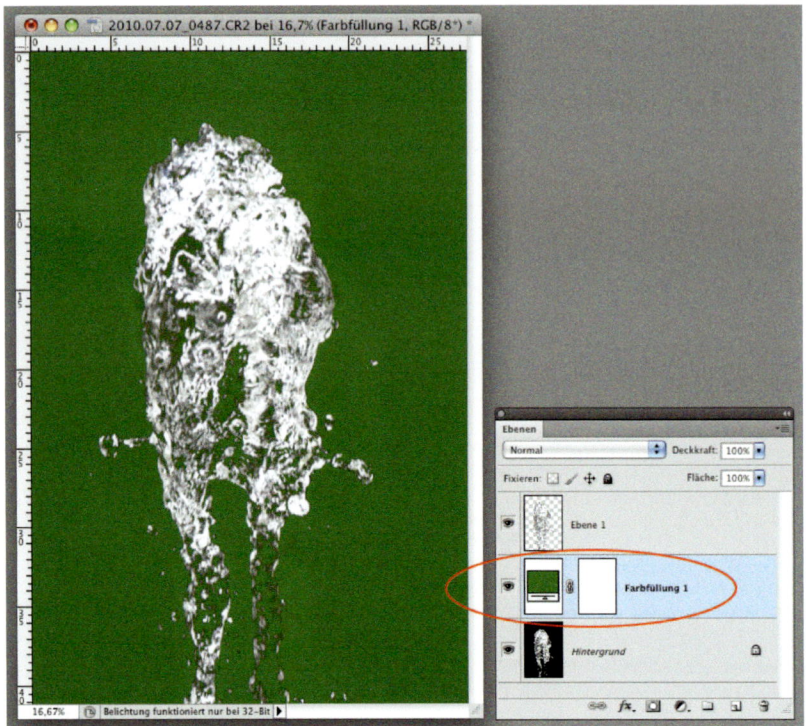

***Abbildung 7.20:*** *Der freigestellte Bereich vor einem neuen Hintergrund*

## 7.6    Einstellungsebenen erzeugen, bewegen, kopieren

Dass eine Datei mit Einstellungsebenen nach dem Speichern und erneuten Öffnen die Einstellungsebenen behält, ist klar, dazu muss sie nur im Format PSD (oder TIFF mit Ebenen) gespeichert werden. Wie sieht es aber mit dem Anwenden gleicher Einstellungsebenen auf andere Bilder aus? Angenommen, Sie bearbeiten eine Serie von Bildern, die Sie mit den gleichen Korrekturen ausstatten möchten. Kein Problem. Das Kopieren der Einstellungsebenen ist leicht.

**1**   Erstellen Sie nun eine Einstellungsebene auf dem ersten Bild, zum Beispiel *Farbbalance*. Erledigen Sie die benötigten Anpassungen und öffnen Sie dann das zweite Bild.

**2**   Wählen Sie das Verschieben-Werkzeug (V) und klicken Sie in der *Ebenen*-Palette auf die Einstellungsebene.

**3**   Ziehen Sie die Einstellungsebene bei gedrückter linker Maustaste auf das zweite Bild. Die Einstellungsebene wird in die *Ebenen*-Palette des zweiten Bildes kopiert. Fertig *(siehe Abbildung 7.21)*.

Was sollten Sie bei den maskierten Einstellungsebenen beachten? Auf jeden Fall ist es wichtig, dass die Bilder das gleiche Format besitzen (Hoch- oder Querformat), außerdem sollte die Pixelgröße der Bilder identisch sein. Wenn das nicht der Fall ist, sollte die Maske der kopierten Einstellungsebene an die Größe oder an die Seitenverhältnisse des zweiten Bildes angepasst werden. Sie können die Maske einfach transformieren mit cmd+T (Strg+T). Wenn das nicht hilft und die Maskierung nicht so richtig zum Inhalt des zweiten Bildes passt, füllen Sie die Maske der Einstellungsebene auf dem zweiten Bild mit weißer Farbe und maskieren die Einstellungsebene erneut *(siehe Abbildung 7.22)*.

**Abbildung 7.21:** *Einstellungsebene in der* Ebenen-*Palette des ersten Bildes erstellen*

**Abbildung 7.22:** *Einstellungsebene verschieben*

**Abbildung 7.23:** *Das zweite Bild mit den kopierten Einstellungen*

## 7.7    Wirkung der Einstellungsebene auf eine Ebene beschränken

Speziell bei Bildcomposings ist es meistens erforderlich, dass eine Einstellungsebene variabel einsetzbar ist. Mal soll diese auf alle darunterliegenden Ebenen wirken, mal nur auf eine der darunterliegenden Ebenen.

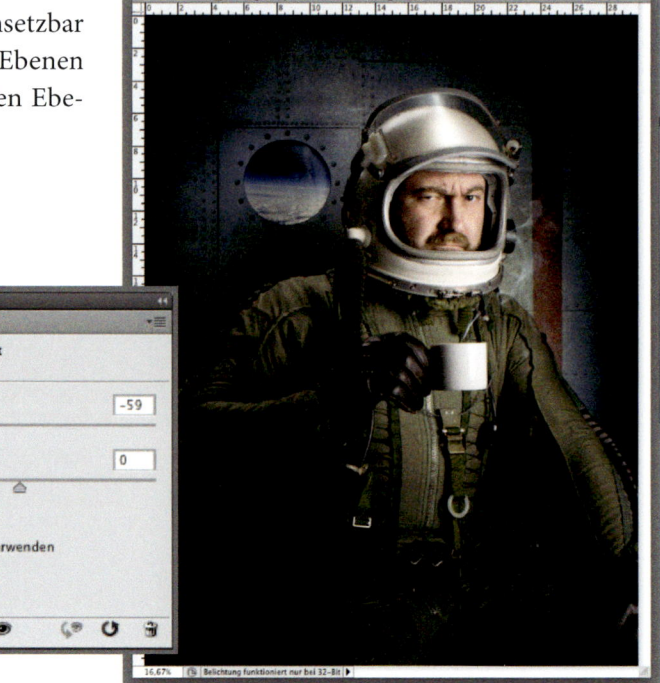

**Abbildung 7.24:** *Diese Einstellungs-ebene wirkt auf alle darunterliegenden Ebenen*

Zur Wirkungsbeschränkung der Einstellungsebene nur auf eine darunterliegende Ebene aktivieren Sie im entsprechenden Dialog (in der entsprechenden Einstellungsebene, z. B. *Farbbalance*) die Schnittmaske.

Wenn Sie die Einstellungsebene schon ohne Schnittmaske erstellt haben, können Sie diese nachträglich hinzufügen, indem Sie bei gedrückter [Alt]-Taste auf die Trennungslinie zwischen der Pixelebene und der Einstellungsebene klicken. Zum Deaktivieren der Schnittmaske wiederholen Sie den Vorgang.

**Abbildung 7.25:** *Die Schnittmaske beschränkt die Wirkung der Einstellungsebene nur auf die direkt darunterliegende Ebene*

## 7.8 Ebenen und Einstellungsebenen kombinieren, verbinden und gruppieren

Bei Bilddateien mit vielen Ebenen und Einstellungsebenen ist es wichtig, eine gewisse Ordnung in der *Ebenen*-Palette zu halten. Sie können die Ebenen zum Beispiel umbenennen oder farbig markieren. Allerdings haben nicht alle Grafiker so viel Zeit und Lust, die Ebenen farbig zu markieren oder neue Namen einzutippen. Das ist verständlich. Dennoch gibt es einfache und effektive Techniken, mit denen Sie stets den Überblick in der *Ebenen*-Palette behalten.

### 7.8.1 Ebenen verbinden

Es gibt häufig Gestaltungssituationen, in denen ein Detail der Collage mehrere Ebenen und Einstellungsebenen nach sich zieht. In unserem Beispiel gehören zu der Ebene mit dem Hund zwei Einstellungsebenen mit je einer Schnittmaske und drei Ebenen, mit denen ein Schatten erstellt wurde.

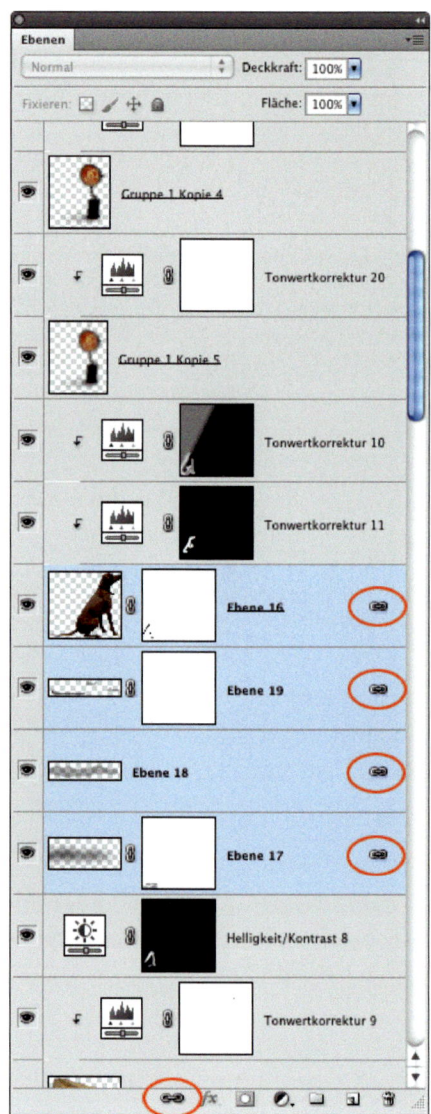

Wenn Sie aus Versehen die Einstellungsebenen bewegen, passiert nichts Negatives, solange diese keine Masken besitzen. Wenn Sie eine der Ebenen mit dem Schatten verschieben, ist das nicht so gut, da Sie dann die Ebenen neu positionieren müssen, die noch zu dem Hund gehören, sodass der Schatten wieder zum Hund passt. Es ist also unklug, derartige Ebenenkonstrukte auseinanderzureißen. Sie können das Problem jedoch vermeiden, indem Sie die zusammengehörigen Ebenen miteinander verbinden.

Markieren Sie hierfür zuerst mit gedrückter ⇧-Taste die Ebenen und klicken Sie unten in der *Ebenen*-Palette auf das Symbol *Ebenen verbinden* (Kettensymbol). Die Ketten erscheinen nun auf jeder der markierten Ebenen.

Wenn Sie jetzt eine Ebene verschieben, werden alle mit dieser Ebene verbundenen Ebenen mitgezogen. Zum Auflösen der Verbindung wählen Sie die Ebenen wieder aus und lösen die Verbindung, indem Sie erneut auf das Kettensymbol klicken.

**Abbildung 7.26:** *Ebenen verbinden*

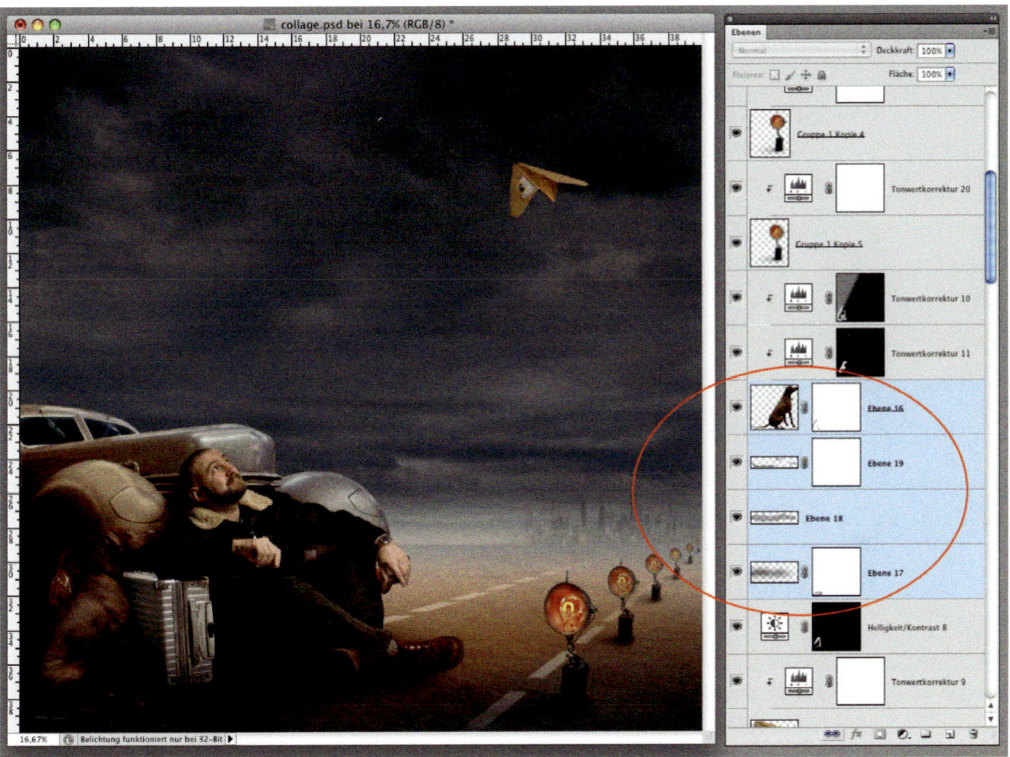

***Abbildung 7.27:*** *Ebenen, die zu einem Objekt gehören*

## 7.8.2    Ebenen gruppieren

Eine weitere Möglichkeit, thematisch verwandte Ebenen zu verbinden, ist das Gruppieren. In der *Ebenen*-Palette werden gruppierte Ebenen in einer Art Ordner zusammengeführt, welcher auf- und zugeklappt werden kann. Das hat gegenüber der Funktion *Ebenen verbinden* einen großen Vorteil: Wenn Sie thematisch passende Ebenen und Einstellungsebenen in je einer Gruppe zusammenfügen und die Gruppen schließen, sieht die *Ebenen*-Palette anschließend sehr aufgeräumt aus. In unserem Beispielbild werden zuerst alle Ebenen, die zu dem Auto gehören, in einer Ebenengruppe verbunden. Markieren Sie die Ebenen bei gedrückter ⇧ -Taste.

Nach dem Markieren ziehen Sie die Ebenen auf das Symbol *Ebenen gruppieren* am unteren Ende der *Ebenen*-Palette und lassen dann die Maustaste los. Alternativ können Sie den Befehl mit der Tastenkombination cmd + G ( Strg + G ) ausführen. Die Ebenen werden in den neuen Gruppenordner verschoben, den Sie jetzt mit einem aussagekräftigen Namen versehen können. Möchten Sie eine der Ebenen wieder aus der Ebenengruppe entfernen, öffnen Sie den Ordner und ziehen die gewünschte Ebene aus der Gruppe heraus. Das Gleiche passiert (nur umgekehrt), wenn Sie eine neue Ebene in die Gruppe verschieben wollen. Benötigen Sie eine Gruppe nicht mehr, wählen Sie mit einem Rechtsklick die Option *Ebenengruppierung aufheben*. Sie können auch die Ebenen einer Gruppe auf eine Ebene reduzieren. Wählen Sie dazu mit einem Rechtsklick die Option *Gruppe zusammenfügen*.

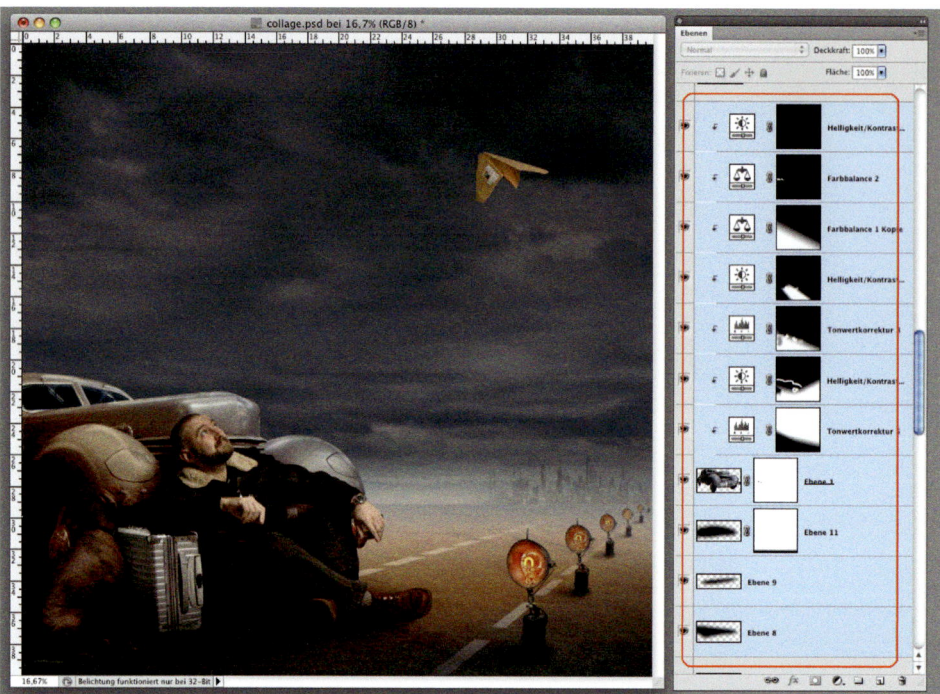

**Abbildung 7.28:** *Thematisch verwandte Ebenen und Einstellungsebenen zuerst markieren*

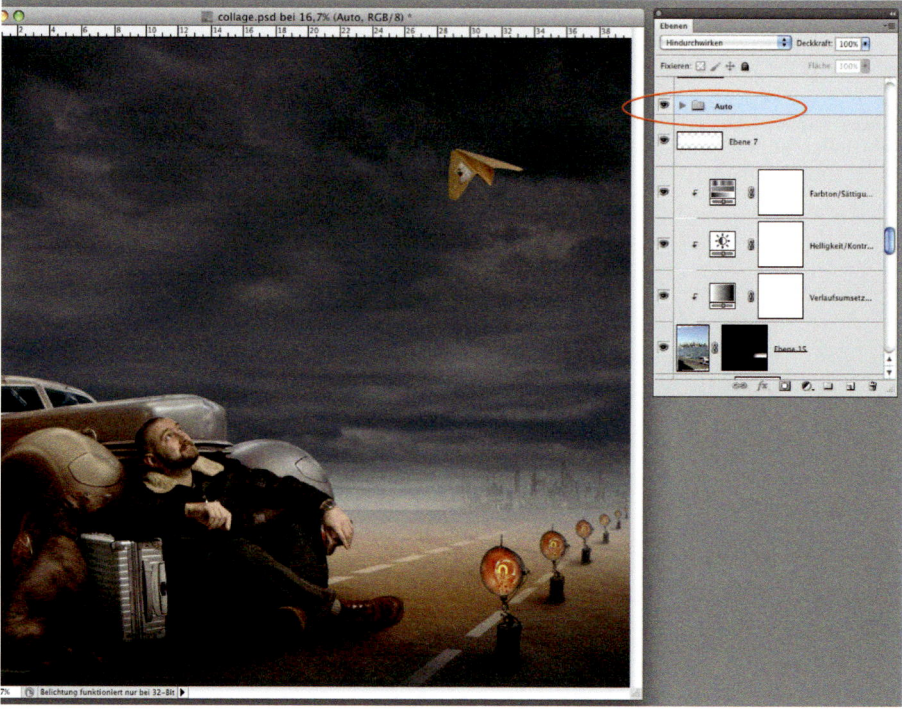

**Abbildung 7.29:** *Ebenengruppe in der* Ebenen-*Palette*

## 7.9    Schnittmasken erzeugen, um die Form einer Ebene anzunehmen

Die Schnittmasken werden nicht nur dazu verwendet, um die Wirkung einer Einstellungsebene nur auf die darunterliegende Ebene zu beschränken. Immer wieder kommt es speziell bei Bildcomposings oder beim Bearbeiten von 3-D-Renderings vor, dass ein Objekt mit einer Struktur überzogen werden soll, damit die Oberfläche etwas abgenutzter („gebrauchter") aussieht. So in unserem Beispiel: ein Bild (Rendering aus Cinema 4D, gespeichert mit einem Alphakanal) soll mit der strukturierten Fläche älter gemacht werden.

**Abbildung 7.30:** *Eine Ebene mit der Struktur eines anderen Bildes überziehen*

Es gibt verschiedene Wege, wie Sie so eine Aufgabe lösen können. Beginnen Sie erst einmal damit, die Struktur mit dem Verschieben-Werkzeug (V) in die Datei des freigestellten Objektes zu ziehen und die Strukturebene über der Ebene des Objektes zu positionieren.

Bei Bedarf soll die Ebene der Struktur eventuell vergrößert werden, damit die Struktur das Objekt vollständig abdeckt. Nun soll die Struktur auf das Objekt projiziert werden, damit nur das Objekt die Struktur annimmt und der Rest der Arbeitsfläche unverändert bleibt.

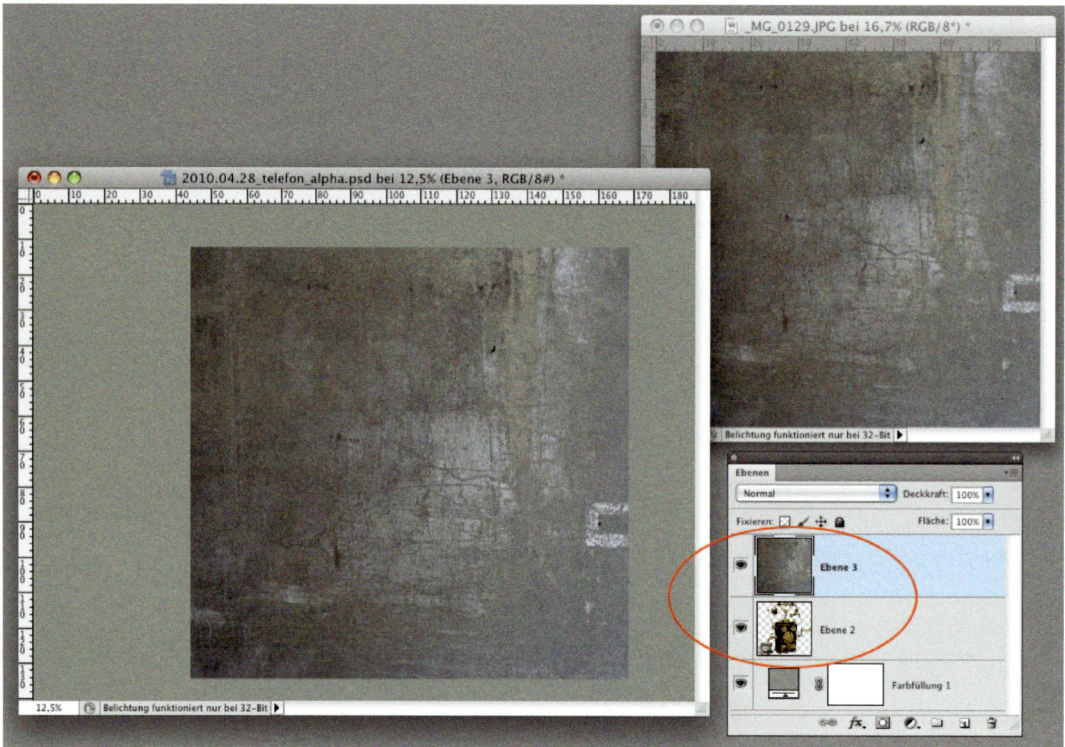

**Abbildung 7.31:** *Struktur über die Ebene mit dem Objekt legen und bei Bedarf skalieren*

### Variante 1

Laden Sie die Auswahl des Objektes und klicken Sie die Ebene mit der Struktur an und erstellen Sie mit `cmd`+`J` (`Strg`+`J`) eine Kopie der Ebene in Form des Objektes. Diese Methode ist nicht schlecht, allerdings ist sie nicht sehr flexibel, da lediglich ein ganz genau festgelegter Teil der Strukturebene ausgewählt wurde, der im Nachhinein nicht mehr veränderbar ist. Mehr über diese Technik erfahren Sie in Kapitel 8 zu den Freistellungstechniken.

### Variante 2

Klicken Sie bei gedrückter ⁻-Taste auf die Linie zwischen der Ebene der Struktur und der Ebene des Objektes. Die Ebene mit der Struktur nimmt dabei die Form der Ebene des Objektes an, weil zwischen den beiden Ebenen eine Schnittmaske erstellt wird. Diese Methode hat den Vorteil, dass Sie die Ebene mit der Struktur z. B. drehen oder skalieren können, und trotzdem bleibt die Form der Ebene exakt wie die Form des Objektes. Bleiben wir bei der Variante 2. Die Ebenenfüllmethode für die Ebene mit der Struktur können Sie jetzt verändern. Für die Projektion der Strukturen auf die darunterliegenden Ebenen ist zum Beispiel die Ebenenfüllmethode *Weiches Licht* interessant. Diese bietet Ihnen die Möglichkeit, die Struktur unaufdringlich über die Objektfläche zu legen. Wollen Sie eine kräftigere Wirkung, ändern Sie die Ebenenfüllmethode auf *Ineinanderkopieren*.

**Abbildung 7.32:** *Schnittmaske zwischen zwei Ebenen erzeugen*

**Abbildung 7.33:** *Ebenenfüllmethode ändern*

## 7.10 Ebenen, Ebenengruppen und Einstellungsebenen maskieren

In dieser Lektion können Sie das Verhalten der Ebenenmasken auf Ebenen, Einstellungsebenen und Ebenengruppen vergleichen. In unserem Beispielbild wird die Ebene mit dem freigestellten Nashorn auf unterschiedliche Art maskiert.

### 7.10.1 Ebene maskieren

Bei der Maskierung der Ebene mit schwarzer Farbe werden Teile der Ebene ausgeblendet. Möchten Sie die ausgeblendeten Teile wieder einblenden, füllen Sie diese Bereiche auf der Maske mit weißer Farbe. Die Maskierung der Ebenen erfolgt entweder mit dem Verlaufswerkzeug (G) oder mit dem Pinsel-Werkzeug (B). Bei der Maskierung mit dem Verlaufswerkzeug ist es sinnvoll, die Verlaufsart Vordergrund-Transparent zu wählen. So können Sie die Verläufe mehrfach oder aus verschiedenen Richtungen erstellen, ohne dass vorherige Verläufe aufgehoben werden, wie das bei der Verlaufsart *schwarz zu weiß* der Fall ist. Sie können die Teile der Ebenenmasken auch auf folgende Art mit schwarzer oder weißer Farbe füllen: Erstellen Sie eine Auswahl z. B. mit dem Lasso-Werkzeug (L) und füllen Sie dann diese Bereiche mit der Farbe.

**Abbildung 7.34:** *Maskierung der Pixelebene mit dem Verlaufswerkzeug*

### 7.10.2 Einstellungsebene maskieren

**1** Um die Wirkung der Maske auf einer Einstellungsebene zu sehen, erstellen Sie über der Ebene mit dem freigestellten Nashorn eine Einstellungsebene *Tonwertkorrektur* mit einer Schnittmaske.

**2** Dunkeln Sie die Ebene mit dem Nashorn stark ab. Verschieben Sie dazu den linken und den mittleren Regler im Bereich *Tonwertspreizung* nach rechts. Den weißen Regler im Bereich *Tonwertumfang* können Sie leicht nach links verschieben.

**Abbildung 7.35:** *Einstellungsebene* Tonwertkorrektur *mit Schnittmaske dunkelt die Ebene mit dem Nashorn ab*

**3** Jetzt können Sie die Wirkung der Einstellungsebene *Tonwertkorrektur* vorübergehend aufheben, indem Sie die Maske mit schwarzer Farbe füllen.

**4** Dann können Sie mit dem Pinsel-Werkzeug (B) und weißer Farbe die Wirkung der Einstellungsebene wieder einblenden, etwa um die Kanten der Ebene mit dem Nashorn abzudunkeln.

Der Unterschied zwischen der Maske der Einstellungsebene und der Maske einer Pixelebene liegt darin, dass nicht die Pixel, sondern die Wirkung der Einstellung aus- oder wieder eingeblendet wird.

### 7.10.3  Ebenengruppe maskieren

Und nun bleibt nur noch zu überprüfen, wie sich die Maske auf einer Ebenengruppe verhält.

**1**  Erstellen Sie hierzu noch eine Einstellungsebene mit einer Schnittmaske, zum Beispiel *Farbbalance*.

**2**  Ändern Sie nun leicht die Farbe des Nashorns.

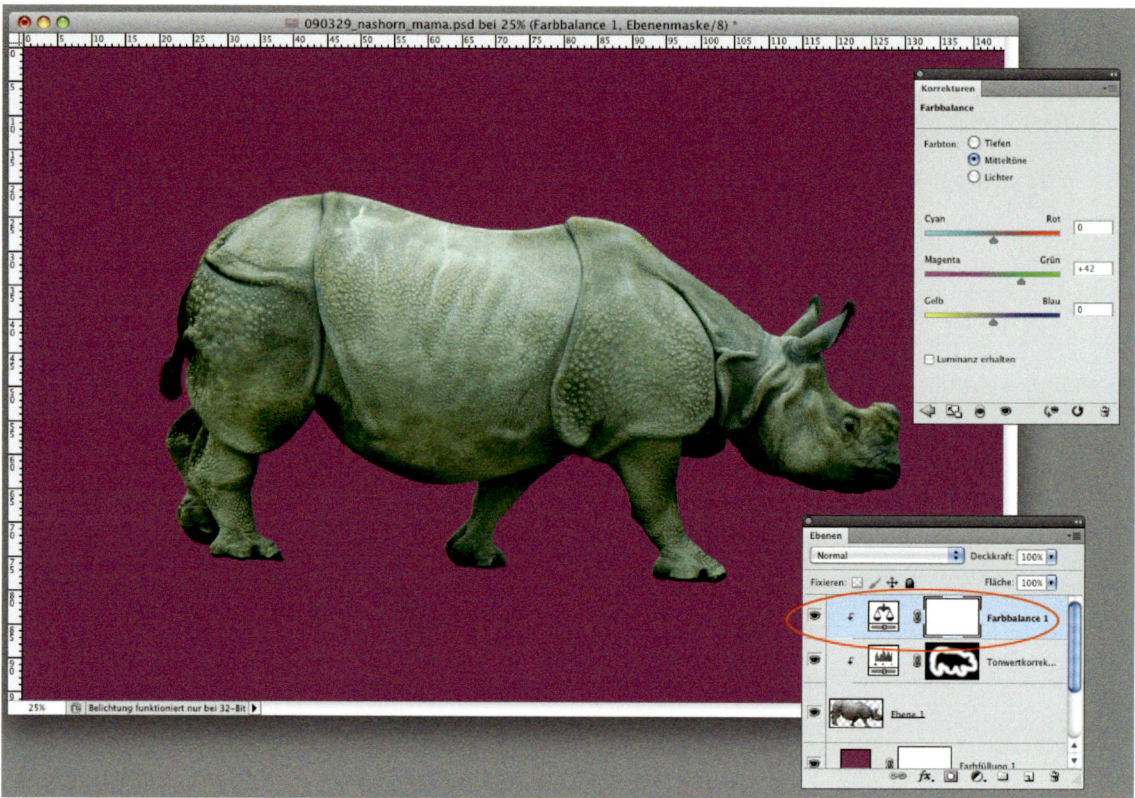

**Abbildung 7.36:**  *Eine weitere Einstellungsebene mit Schnittmaske erstellen*

**3**  Jetzt können Sie die Ebene mit dem Nashorn und die dazugehörigen Einstellungsebenen bei gedrückter ⇧-Taste markieren und mit der Tastenkombination cmd+G (Strg+G) in einer *Ebenengruppe* zusammenfügen.

**Abbildung 7.37:** *Ebene mit dem Nashorn sowie die Einstellungsebenen in einer Ebenengruppe vereinigen*

Auf der Ebenengruppe können Sie eine Maske genauso erstellen wie auf einer Ebene (bei den Einstellungsebenen ist die Maske standardmäßig schon aktiviert).

**1** Erstellen Sie zuerst auf der Ebenengruppe eine Maske.

**2** Versehen Sie nun in einem zweiten Schritt die Maske mit einem Maskierungsverlauf. Wie Sie sehen, wirkt sich die Maskierung auf alle Ebenen und Einstellungsebenen aus, die in der Ebenengruppe enthalten sind.

**Abbildung 7.38:** *Ebenengruppe maskieren*

## 7.11    Auswahl aus Masken der Alphakanäle laden

Im nächsten Kapitel werden Sie verschiedene Techniken zum Freistellen von Bildteilen kennenlernen, unter anderem das Freistellen durch den Einsatz von Alphakanälen. Ein Alphakanal ist im Grunde auch eine Art Maske, aus der Sie eine Auswahl erstellen können, um eine Kopie eines bestimmten Bereichs einer Ebene zu erzeugen. Mit diesem einfachen Workflow können Sie eine Auswahl aus einem Alphakanal erstellen.

### Alphakanal einblenden

In unserem Beispiel wurde bereits ein Alphakanal erstellt und er liegt schon in der Palette *Kanäle* bereit. Um die Auswahl aus einem Alphakanal zu laden, blenden Sie den Alphakanal ein und alle anderen Kanäle (RGB, Rot, Grün und Blau) aus.

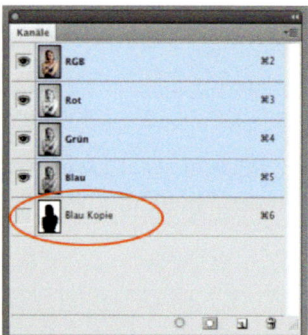

**Abbildung 7.39:** *Palette* Kanäle*, Alphakanal*

Zu sehen bleibt nur die Silhouette des Models. Das ist genau das, was Sie jetzt benötigen.

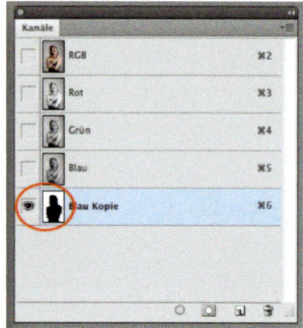

**Abbildung 7.40:** *Alphakanal einblenden, andere ausblenden*

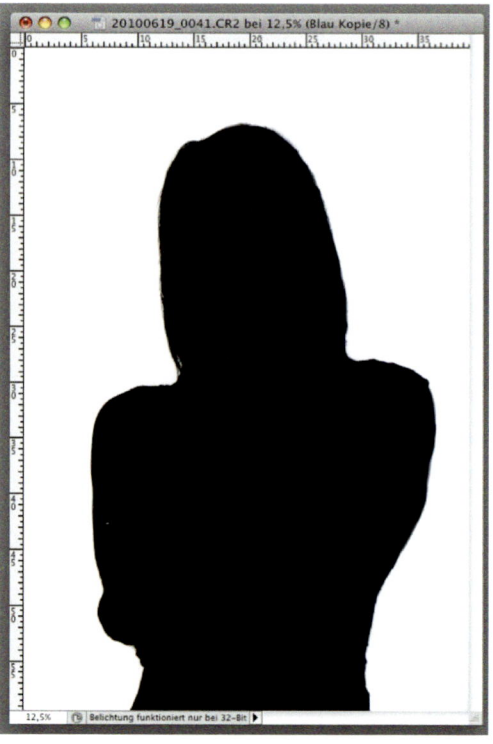

## Kanal als Auswahl laden, Auswahl umkehren

Klicken Sie jetzt in der Palette *Kanäle* auf das Symbol *Kanal als Auswahl laden*. Die Auswahl wird angezeigt. Allerdings ist die Auswahl des Hintergrunds und nicht des Models aktiv. Das soll geändert werden. Kehren Sie die Auswahl um mit [cmd]+[⇧]+[I] ([Strg]+[⇧]+[I]).

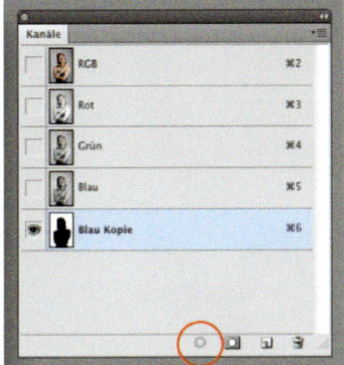

**Abbildung 7.41:** *Kanal als Auswahl laden*

## Alphakanal ausblenden, andere Kanäle einblenden

Jetzt können Sie den Alphakanal ausblenden und andere Kanäle einblenden. Klicken Sie den Kanal *RGB* an und gehen Sie in die *Ebenen*-Palette.

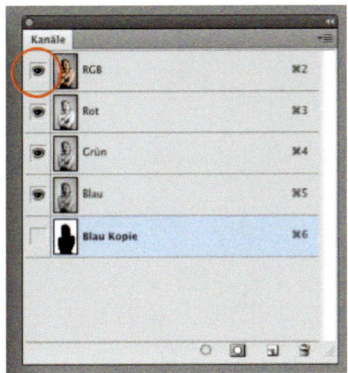

**Abbildung 7.42:** *Alphakanal ausblenden, Auswahl umkehren*

## Neue Ebene als Kopie der Auswahl erstellen

In der *Ebenen*-Palette können Sie aus der Hintergrundebene mit der Tastenkombination [cmd]+[J] ([Strg]+[J]) eine neue Ebene als Kopie der Auswahl erstellen. Die Figur des Models ist jetzt freigestellt und befindet sich auf einer separaten Ebene.

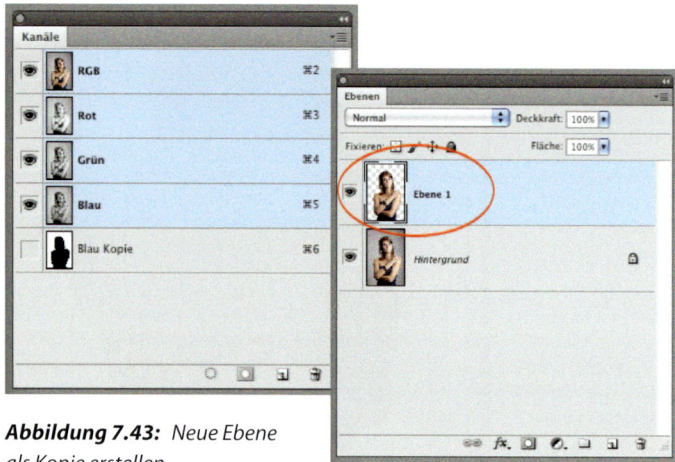

**Abbildung 7.43:** *Neue Ebene als Kopie erstellen*

## Neuen Hintergrund oder Farb- oder Verlaufsfüllung erstellen

Sie können jetzt einen anderen Hintergrund erstellen oder einfach eine Füllebene *Farbfläche* oder *Verlaufsfüllung* unter der Ebene mit dem Model erstellen.

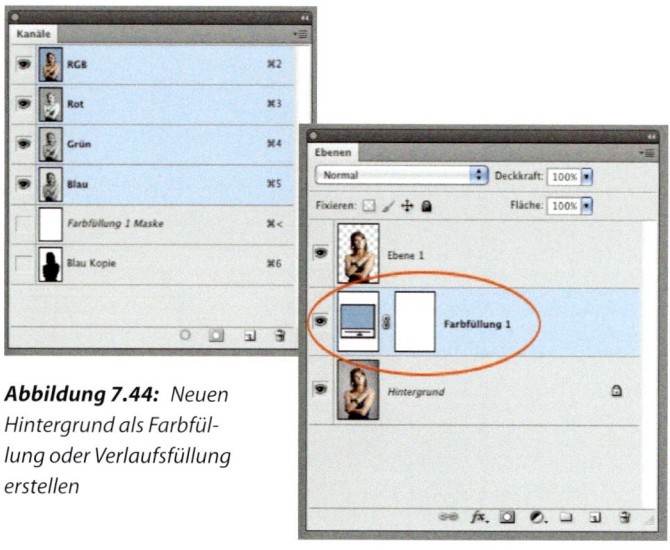

**Abbildung 7.44:** *Neuen Hintergrund als Farbfüllung oder Verlaufsfüllung erstellen*

Sie sehen, wie einfach Sie eine Auswahl aus einem Alphakanal erstellen können. Der Alphakanal hat darüber hinaus noch den Vorteil, dass er mit dem Bild mit gespeichert wird und bei Bedarf noch für weitere Arbeiten eingesetzt werden kann.

## 7.12 Masken mit dem Pinsel-Werkzeug präzise anpassen

Wenn Sie Teile eines Bildes freistellen möchten, nutzen Sie in der Regel eines der Freistellungswerkzeuge, zum Beispiel das Lasso- oder das Schnellauswahl-Werkzeug. Doch es gibt Situationen, in denen eine nachträgliche Bearbeitung der Ebenenmaske erforderlich ist, um die Konturen des freigestellten Objektes realistisch aussehen zu lassen. In der Regel geht es dabei um die Freistellung komplizierter Konturen, wie z. B. Haare oder Tierfell. Mehr über Freistellungstechniken dieser Art erfahren Sie im nächsten Kapitel. Wie verhalten sich die Masken in so einem Fall?

1 In unserem nächsten Beispiel wurde die Eule vorerst großzügig mit dem Lasso-Werkzeug (L) freigestellt.

**Abbildung 7.45:** *Grobe Selektion mit dem Lasso-Werkzeug*

2 Nach der Selektion wird eine neue Ebene als Kopie erstellt. Wie bereits gezeigt wurde, geht es am schnellsten mit der Tastenkombination cmd + J (Strg + J).

**3** Um die Kante der Ebene dann perfekt zu bearbeiten, benötigen Sie eine Kontrastebene, die eine Farbe besitzt, die sonst im Bild nicht vorkommt. In unserem Beispiel kann eine Farbfüllung mit blauer Farbe für diesen Zweck eingesetzt werden.

**Abbildung 7.46:** *Kontrastebene für besseres Bearbeiten der Maske: Füllebene* Farbfläche

**4** Nun erstellen wir auf der Ebene mit der grob freigestellten Eule eine Ebenenmaske. Das Perfektionieren der Kontur der Ebene erfolgt dann weiter auf der Ebenenmaske.

Jetzt können Sie eine passende Pinselspitze verwenden und die Reste des Hintergrundes des Originals entfernen. Am besten ist für solche Arbeiten ein Pinsel aus der Reihe *Stern* geeignet.

**5** Vergrößern Sie die Bildansicht auf mindestens 100 %, sodass Sie die Kontur gut bearbeiten können, und maskieren Sie mit dem Pinsel mit schwarzer Farbe die Stellen, die ausgeblendet werden sollen. Haben Sie aus Versehen zu viel ausgeblendet, können Sie die Stellen wieder einblenden, indem Sie diese mit weißer Farbe auf der Maske bemalen.

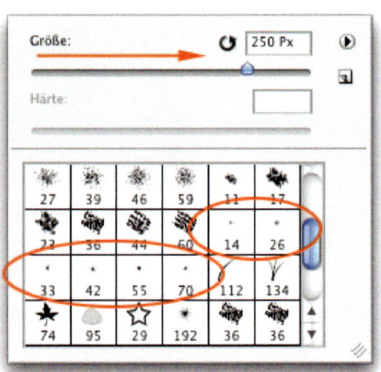

**Abbildung 7.47:** *Pinselspitzen aus der Reihe* Stern

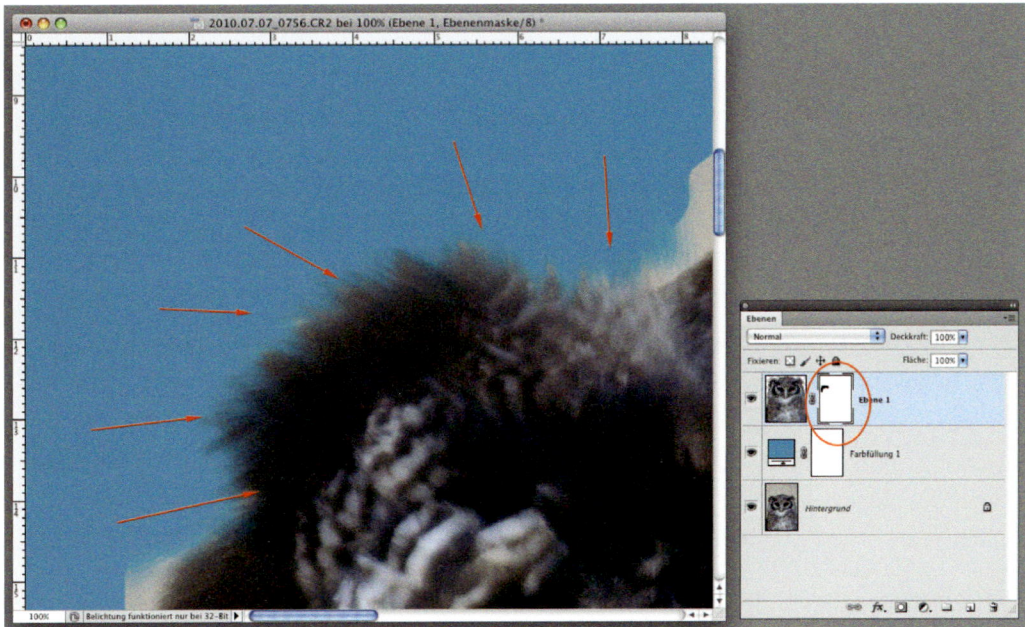

**Abbildung 7.48:** Kante maskieren

**Abbildung 7.49:** Fertig maskierte Ebene

Sie sehen, mit ein wenig Feinarbeit des Pinsels konnten Sie eine ziemlich exakte Maske erstellen, die Ihnen später für weitere Schritte dienlich sein kann. Anschließend können Sie noch weitere Veränderungen an Ihrer Maske vornehmen.

## 7.13   Dichte der Maske definieren

In der Regel wird die Maske mit zwei Farben bearbeitet: Schwarz und Weiß. Sie können natürlich auch eine hellere Farbe als Schwarz verwenden, etwa eine der Graustufen. Mit hellerer Farbe wird die Ebene nicht komplett ausgeblendet, sondern wird halbtransparent.

Diesen Effekt verwendet die seit Photoshop CS4 existierende Palette *Masken*. Wenn Sie eine Maskierung erstellt haben, zum Beispiel auf einer Einstellungsebene, können Sie die Stelle, die mit Schwarz bearbeitet wurde, in der Helligkeit verändern, indem Sie die Dichte der Maske reduzieren.

So wirkt die Einstellungsebene auf die Stellen, die weiß sind, mit voller Kraft, und auf die schwarzen Stellen gar nicht. Je geringer der eingestellte Wert ist, desto höher ist die Dichte der Maske, umso stärker wirkt die Einstellungsebene auf den entsprechenden Bereich der darunterliegenden Pixelebene.

**Abbildung 7.50:** *Einstellungsebene erstellen und maskieren*

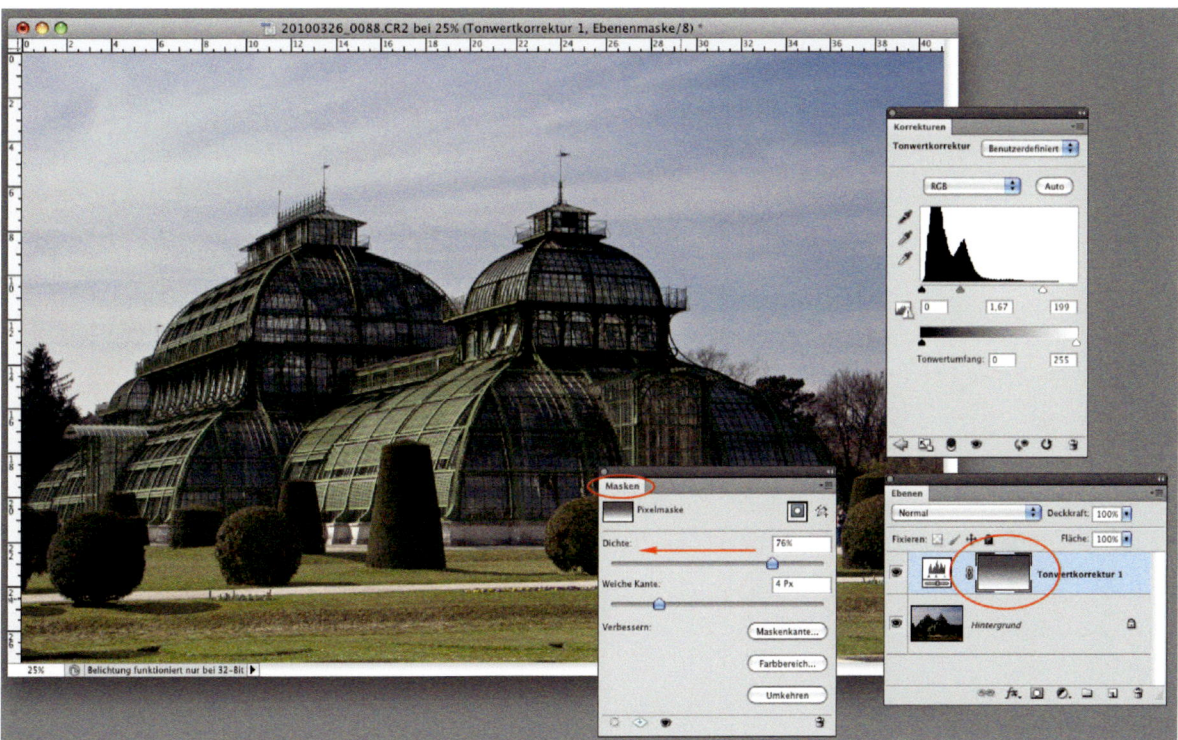

**Abbildung 7.51:** *Dichte in der Palette* Masken *reduzieren*

## 7.14   Masken kopieren und für erweiterte Korrekturen auf anderen Ebenen anwenden

Wie Sie in den früheren Lektionen bereits erfahren haben, kommt es oft vor, dass die Masken der Einstellungsebenen aufwendig bearbeitet werden, um die gewünschte Wirkung auf einen bestimmten Bereich des Bildes zu erzielen.

Diese Technik ist die Grundlage der selektiven Bildkorrektur. Eine Einstellungsebene reicht dabei aber häufig nicht aus.

Zum Bearbeiten werden oft mehrere maskierte Einstellungsebenen benutzt. Damit Sie die Maske nicht immer mühevoll anpassen müssen, gibt es eine einfache und schnelle Lösung, die bestehenden Masken zu kopieren, um diese dann auf weitere Einstellungsebenen oder auf die anderen Bildebenen anwenden zu können.

1   In unserem Beispiel wurde der Hund auf dem Bild sehr präzise ausgewählt. Diese Auswahl soll als Maske für eine oder mehrere Einstellungsebenen dienen.

**Abbildung 7.52:** *Auswahl erstellen*

**2**  Zuerst wird die Farbe des Hundes angepasst. Das können Sie zum Beispiel mit der Einstellungsebene *Farbbalance* erledigen. Sobald Sie bei aktivierter Auswahl eine Einstellungsebene erstellt haben, wird die Auswahl als Maske auf die Einstellungsebene angewandt.

**Abbildung 7.53:** *Die Auswahl wird von der Einstellungsebene als Maske übernommen*

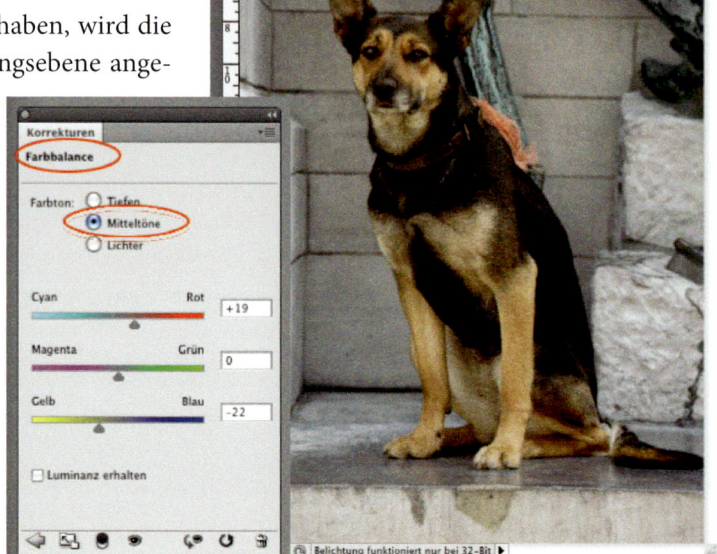

**3** Wenn Sie jetzt den Hintergrund aufhellen möchten, können Sie die Maske der Einstellungsebene *Farbbalance* als Auswahl laden, indem Sie die Maske bei gedrückter cmd-Taste (Strg-Taste) anklicken.

**4** Kehren Sie jetzt die Auswahl mit dem Befehl cmd + ⇧ + I (Strg + ⇧ + I) um.

**Abbildung 7.54:** *Auswahl der Maske laden und umkehren*

**5** Erstellen Sie jetzt die Einstellungsebene *Tonwertkorrektur*. Im nun erscheinenden gleichnamigen Dialog können Sie das Bild entsprechend Ihren Wünschen aufhellen, mit Ausnahme des Hundes.

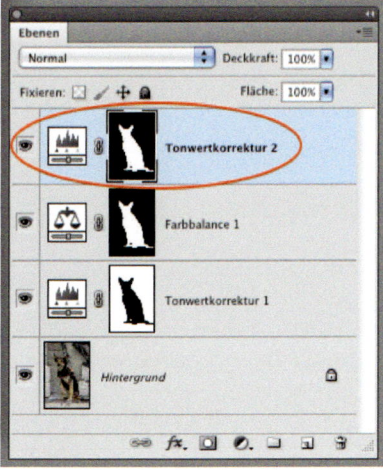

**Abbildung 7.55:** *Weitere maskierte Einstellungsebenen erstellen*

283

Dieser Bildbereich ist maskiert und wird von der Wirkung der Einstellungsebene nicht betroffen. Auf diese Weise haben Sie die beiden Bildbereiche unabhängig voneinander korrigiert. Auf diese Art können Sie weitere maskierte Einstellungsebenen erstellen, um zum Beispiel den Hund ein wenig abzudunkeln.

## 7.15 Ebenenfüllmethoden als grafische Stilmittel einsetzen

Über die Ebenenfüllmethoden wurde schon oft geschrieben. Diese gehören zu den wichtigsten Mitteln, um Ihrem Bild einen bestimmten Look zu verpassen.

### Mit Ebenenfüllmethoden der Ebenen bestimmte Bilderlooks kreieren

Wenn Sie Bildcollagen machen, können Sie dem Bild mit verschiedenen Überlagerungen einen völlig anderen Look verpassen.

In unserem Beispiel wurde die fertige Collage mit einer zusätzlichen Strukturebene überlagert.

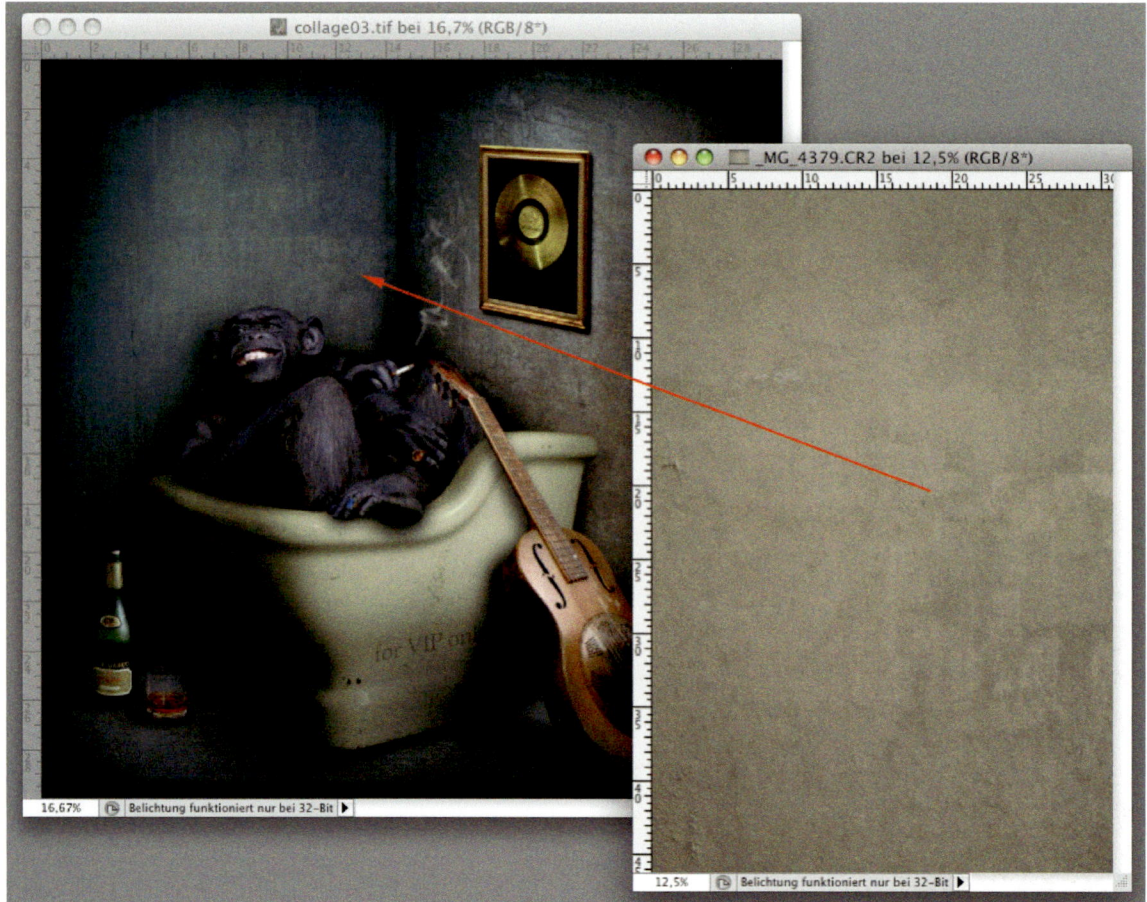

**Abbildung 7.56:** *Struktur über die fertige Collage legen*

**Abbildung 7.57:** *Die Struktur liegt als oberste Ebene in der* Ebenen-*Palette*

Durch die Änderung der Ebenenfüllmethode für die strukturierte Ebene auf *Weiches Licht* wurde die Ebene mit der Struktur transparent und die Struktur überlagert das Bild, wodurch es einen antiken Look bekommen hat.

**Abbildung 7.58:** *Antiker Look durch die Änderung der Ebenenfüllmethode*

Zu einem fast gemäldeartigen antiken Look können Sie aber auch auf eine andere Art gelangen und das ganz ohne Strukturebenen.

1   Erstellen Sie von der Ebene des Bildes mit der Tastenkombination cmd+J (Strg+J) zwei Kopien.

2   Wechseln Sie für eine Ebenenkopie die Ebenenfüllmethode auf *Weiches Licht* und für die andere Kopie auf *Negativ multiplizieren*.

3   Reduzieren Sie vorerst die Deckkraft beider Ebenenkopien auf 50 % und passen Sie dann die Deckkraft etwas genauer an, so dass die Helligkeit des Bildes optimal ist. Sie werden feststellen, dass die Wirkung des Bildes jetzt ganz anders ist. Die Farben wirken tiefer und wärmer, wie bei den Gemälden der alten Meister.

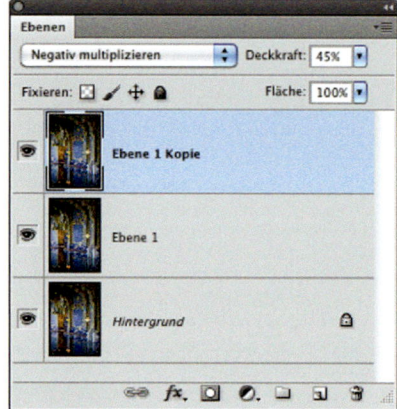

Original

**Abbildung 7.59:** *Antiken Look mit geänderten Ebenenfüll-methoden*

Bearbeitet

## Mit Ebenenfüllmethoden der Einstellungsebenen Bilderlooks kreieren

Auch mit geänderten Ebenenfüllmethoden der Einstellungsebenen können Sie interessante Effekte erzielen. In unserem Beispiel wurde über der Hintergrundebene des Bildes eine Einstellungsebene *Farbbalance* erstellt. Im Dialog *Farbbalance* wurden im Bereich *Mitteltöne* die Werte für Cyan und Blau etwas verstärkt.

Auf den ersten Blick ergibt das Ganze überhaupt keinen Sinn. Bis Sie die Ebenenfüllmethode auf *Weiches Licht* ändern. Das Bild bekommt sofort mehr Tiefe und viel stärkere Kontraste. Bei Bedarf reduzieren Sie die Deckkraft der Einstellungsebene, damit das Bild nicht zu dunkel wird.

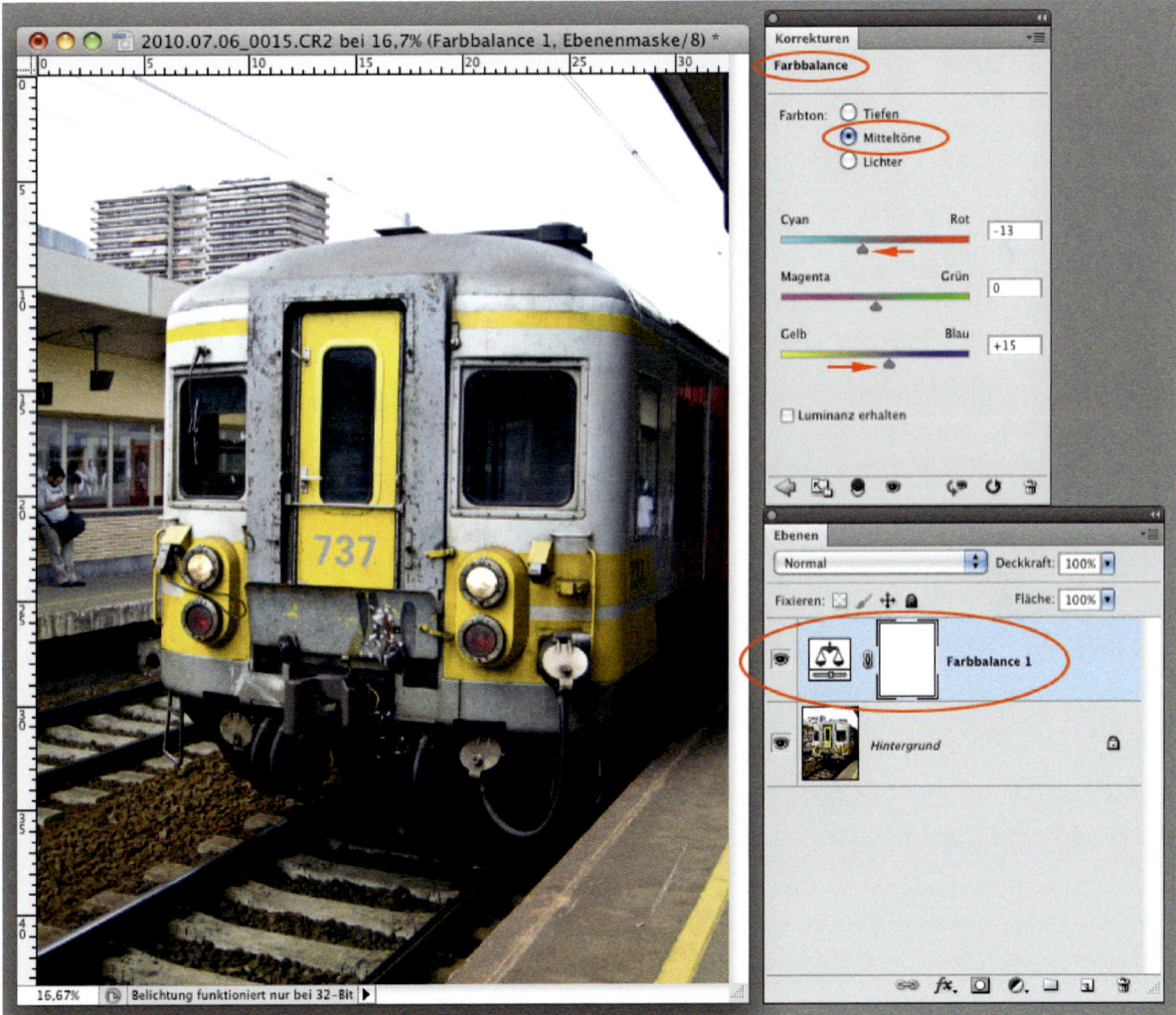

**Abbildung 7.60:** *Einstellungsebene Farbbalance. Die Werte für Cyan und Blau werden verstärkt*

**Abbildung 7.61:** *Die Ebenenfüllmethode wird auf Weiches Licht geändert und schon wirkt das Bild kontrastreicher*

## 7.16  Ebenen ausrichten und auf der Arbeitsfläche verteilen

Bei der Gestaltung eines Layouts werden verschiedene Bilder, Formen und Texte auf der Arbeitsfläche platziert und dann harmonisch aufeinander abgestimmt. Dabei kommen Ihnen die Ausrichten-Funktionen sehr gelegen. Mit diesen können Sie die Bilder ganz genau platzieren und an einer Linie oder mittig ausrichten oder mit dem immer gleichen Abstand verteilen. Am Beispiel eines Samplers mit sechs Bildern und einer Überschrift lernen Sie die Ausrichten-Funktionen des Programms genauer kennen.

Um einen Sampler zu erstellen, gibt es viele verschiedene Möglichkeiten. Wie im Sprichwort „Viele Wege führen nach Rom" ist es auch in Photoshop. Ein Ergebnis ist auf unterschiedliche Art zu erreichen und der nachfolgende Workflow ist lediglich eine Möglichkeit von vielen.

## Bilder in eine Arbeitsfläche laden

1 Wählen Sie in Adobe Bridge die Fotos aus, die Sie in Ihrem Sampler verwenden möchten, und wählen Sie dann im Menü *Werkzeuge/Photoshop/Dateien in Photoshop-Ebenen laden*.

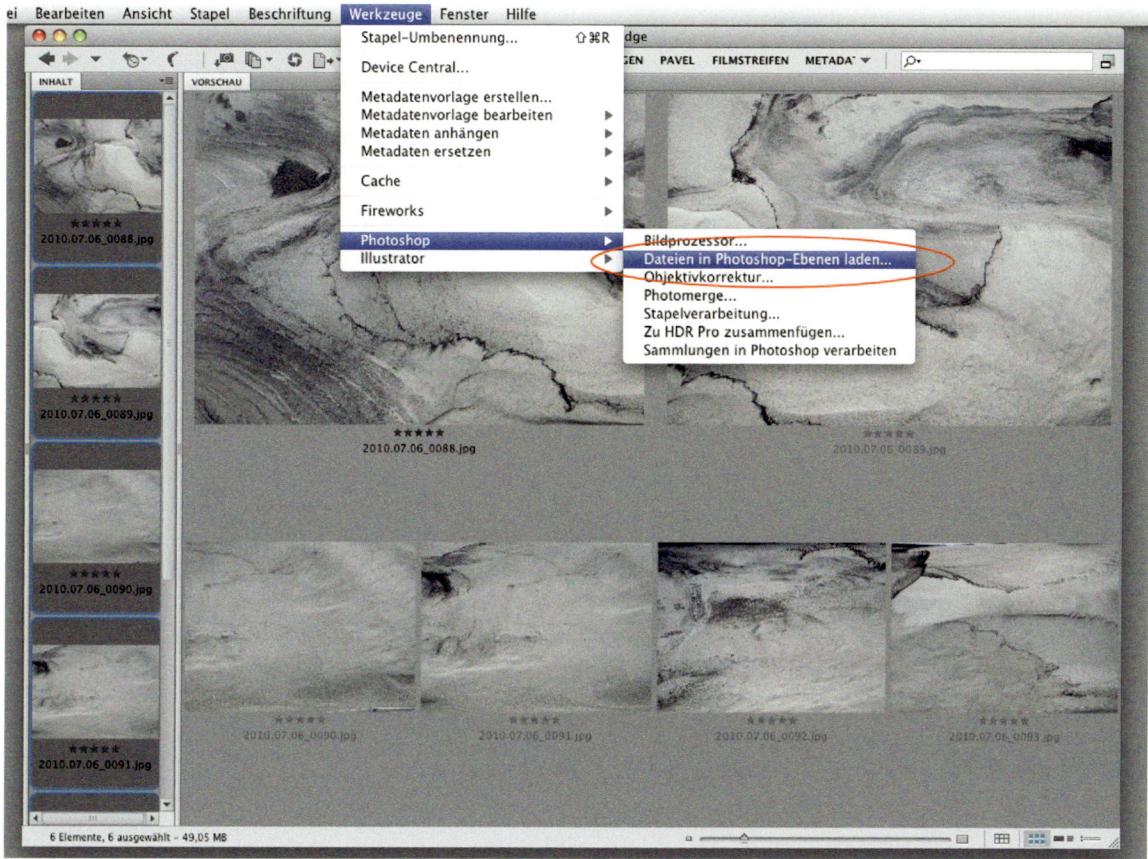

**Abbildung 7.62:** *Dateien in Photoshop-Ebenen laden*

## Bilder skalieren

2 Nach dem Ausführen der Aktion werden die Bilder in einer Datei auf jeweils verschiedenen Ebenen landen. Wenn Sie mit der Größe der Arbeitsfläche einverstanden sind, können Sie diese so belassen.

3 Wenn Sie eine größere Arbeitsfläche oder eine Arbeitsfläche mit anderen Maßen benötigen, ändern Sie diese über den Befehl *Bild/Arbeitsfläche* entsprechend Ihren Vorgaben ab.

4 Mit hoher Wahrscheinlichkeit passen die sechs Bilder nebeneinander in zwei Reihen platziert nicht auf die Arbeitsfläche und müssen deshalb skaliert werden. Markieren Sie dazu die Bilder in der *Ebenen*-Palette bei gedrückter ⇧-Taste und wählen Sie die Tastenkombination cmd+T (Strg+T) – frei transformieren.

**5** Bei gedrückter ⇧-Taste verkleinern Sie alle Bilder und bestätigen die Transformation mit der
↵-Taste.

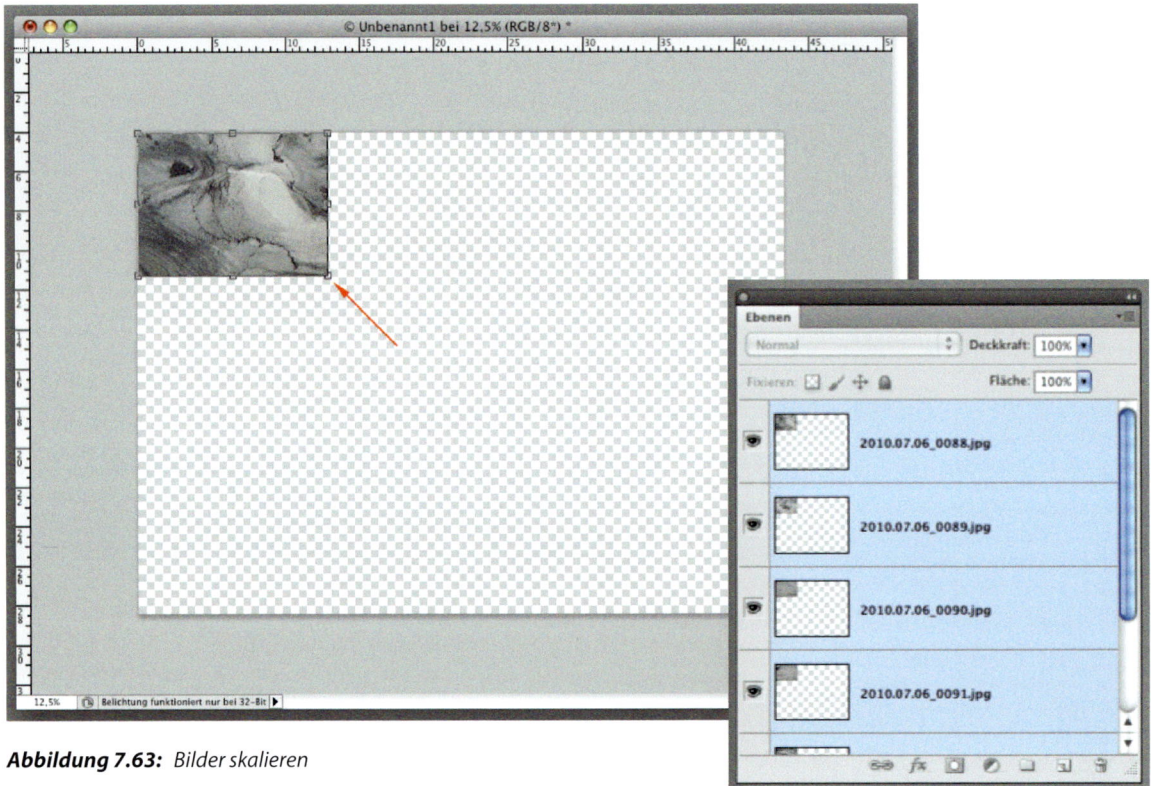

**Abbildung 7.63:** *Bilder skalieren*

### Fläche mit Farbe füllen, Hilfslinien erzeugen

Da die Datei durch die Aktion keine Hintergrundebene besitzt, haben Sie einen transparenten Hintergrund. Sie benötigen aber eine weiße Fläche oder eine Fläche mit einer anderen Farbe, z. B. Schwarz.

**6** Erstellen Sie dazu eine Füllebene *Farbfläche* (oder Sie können auch eine *Verlaufsfüllung* erzeugen). Verschieben Sie die *Füllebene* an die unterste Stelle der *Ebenen*-Palette.

**7** Blenden Sie die Lineale ein mit cmd+R (Strg+R) und erzeugen Sie die entsprechenden Hilfslinien. Sie können diese entweder bei gedrückter Maustaste aus den Linealen herausziehen oder ganz genau an die gewünschte Stelle setzen, zum Beispiel je 1 cm vom Rand der Arbeitsfläche entfernt. Das können Sie über *Ansicht/Neue Hilfslinie* erledigen.

**8** Erstellen Sie auf diese Art vier Hilfslinien. Wenn die Größe der Arbeitsfläche beispielsweise 40 x 30 cm beträgt, können Sie zwei vertikale Hilfslinien an den Positionen 1 und 39 cm setzen und zwei *horizontale* auf 1 und 29 cm.

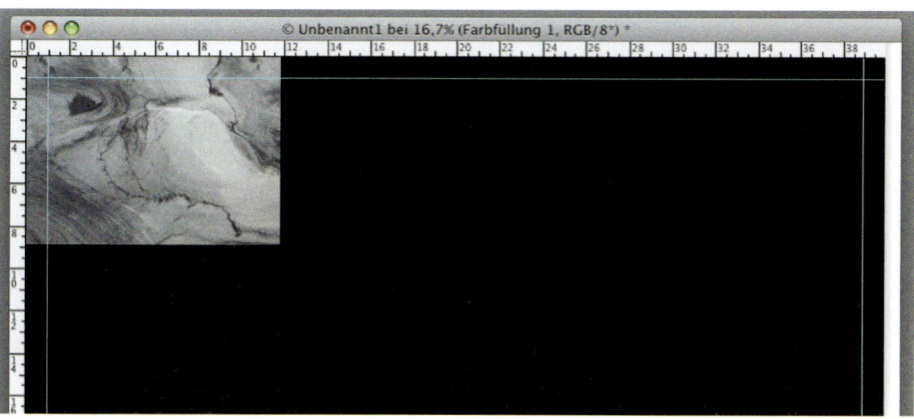

**Abbildung 7.64:** *Hilfslinien je 1 cm vom Bildrand erzeugen*

## Bilder an der Ecke ausrichten

**9** Wählen Sie das Verschieben-Werkzeug (V) und aktivieren Sie die Option *Automatisch auswählen*: *Ebene*.

**10** Ziehen Sie die ersten zwei Bilder in die Ecken, die Sie mit Hilfslinien erstellt haben. Achten Sie darauf, dass die Option *Ansicht/Ausrichten* aktiviert ist. So werden die Bilder magnetisch in die Ecken gezogen, sobald sie in der Nähe sind.

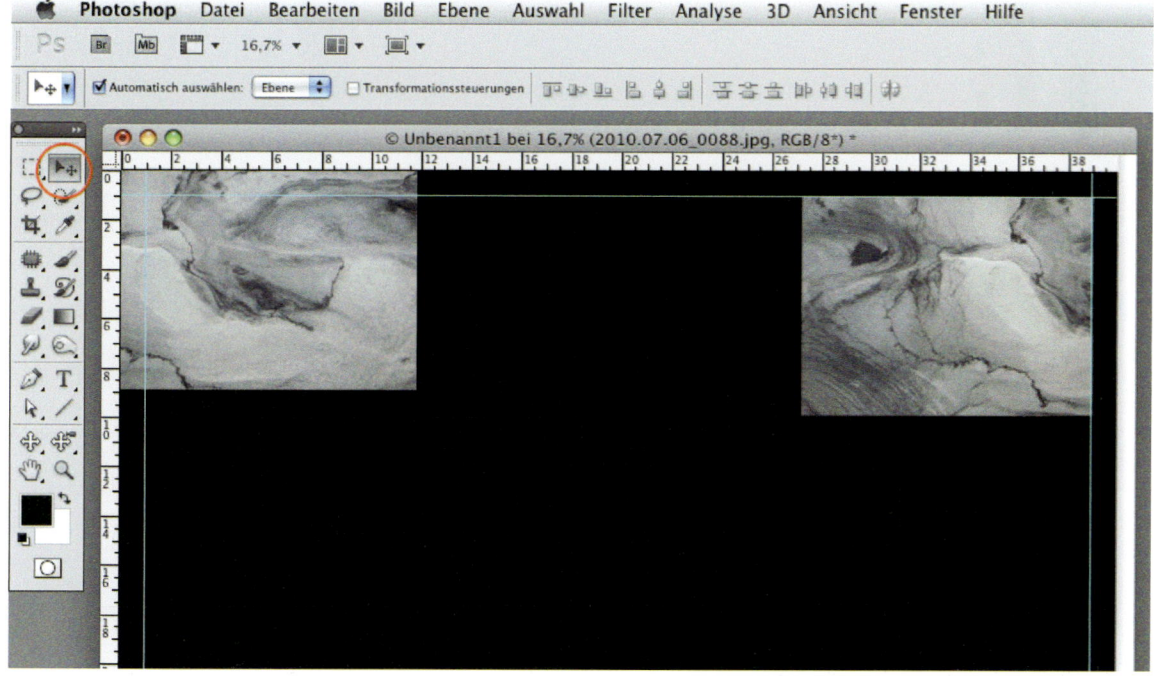

**Abbildung 7.65:** *Die ersten zwei Ebenen an Ecken ausrichten*

## Ebenen verteilen

**11** Jetzt können Sie die restlichen Ebenen verteilen. Markieren Sie die drei Ebenen in der oberen Reihe bei gedrückter ⇧-Taste. Beim aktivierten Verschieben-Werkzeug (V) können Sie die Ebenen an der oberen Kante ausrichten und so verteilen, dass der Abstand zwischen den Hilfslinien gleich ist. Das können Sie mit den entsprechenden Buttons in der Optionsleiste erledigen.

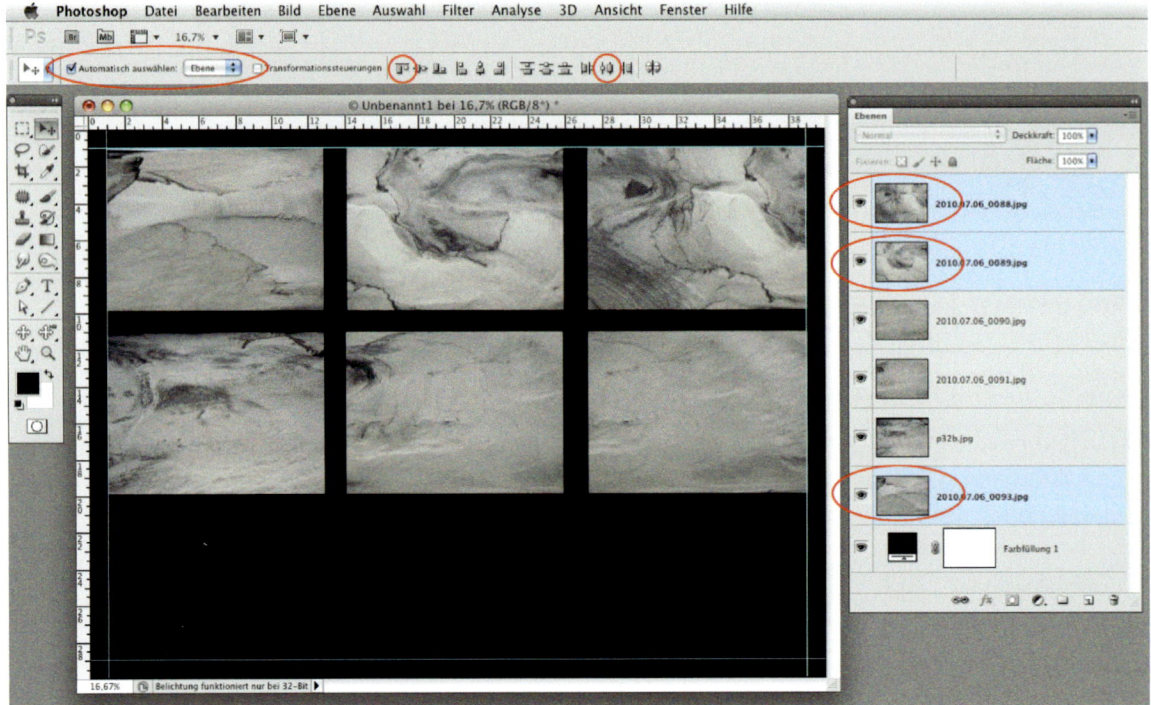

**Abbildung 7.66:** *Ebenen ausrichten und verteilen*

## Intelligente Hilfslinien nutzen

**12** Wählen Sie *Auswahl/Einblenden/Intelligente Hilfslinien*. Jetzt können Sie die restlichen Ebenen ausrichten und verteilen, indem Sie diese mit dem Verschieben-Werkzeug (V) ungefähr auf die richtige Stelle setzen. Den Rest erledigt die Funktion *Intelligente Hilfslinien*.

Die richtige Position wird mit rosafarbenen Linien angezeigt und magnetisch fixiert. Wenn die Ausrichten- und Zentrierlinien angezeigt werden, können Sie die Maustaste loslassen, das Bild bleibt an der richtigen Stelle stehen.

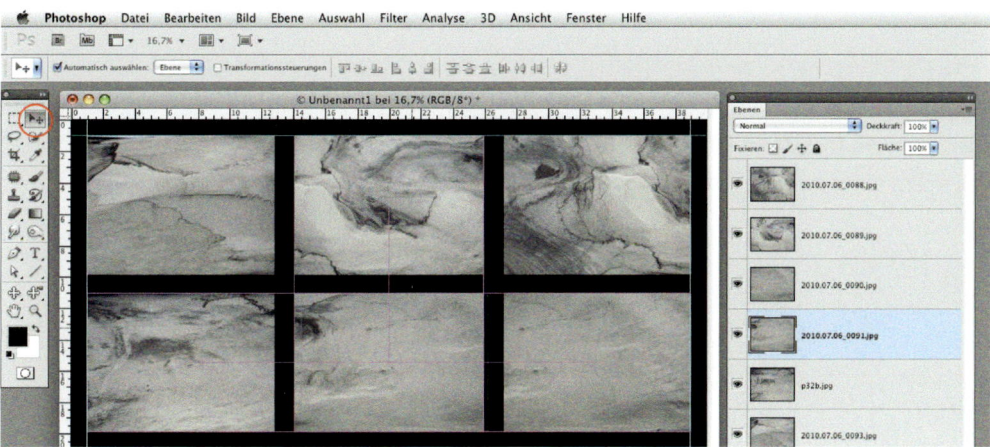

**Abbildung 7.67:**  *Mit intelligenten Hilfslinien arbeiten*

### Überschrift einfügen

Jetzt sind die Bilderebenen verteilt und Sie können die Überschrift einfügen.

**13** Diese erstellen Sie mit dem Text-Werkzeug (T). Über das Arbeiten mit dem Text-Werkzeug erfahren Sie mehr in Kapitel 9 des Buches. Die Überschrift können Sie ebenfalls an den Ebenen und an den Hilfslinien ausrichten.

**Abbildung 7.68:**  *Überschrift einfügen, positionieren und ausrichten*

Diese Kapitel zeigt Ihnen, was in diesem Bereich alles möglich ist.

# Freistellungs-techniken

Freistellungstechniken werden nicht nur für Bildcomposings benötigt, sondern auch für erweiterte Bildkorrekturen. Aus diesem Grund sollten Sie diesen Techniken viel Aufmerksamkeit widmen, denn ohne sie können Sie nicht so effektiv und professionell arbeiten.

## 8.1 Übersicht der unterschiedlichen Freistellungswerkzeuge

Photoshop bietet Ihnen Freistellungswerkzeuge für nahezu jede, auch sehr komplizierte Freistellungsaufgabe. Die meisten Freistellungswerkzeuge befinden sich in der Werkzeugpalette und sind in Gruppen unterteilt. Hier eine erste kleine Übersicht:

### Auswahlform-Werkzeuge 1

Zu dieser Werkzeuggruppe gehören das Auswahlrechteck- und das Auswahlellipse-Werkzeug sowie die Auswahlwerkzeuge Einzelne Zeile und Einzelne Spalte. Das Auswahlellipse- und das Auswahlrechteck-Werkzeug sind zum Auswählen einfacher Formen gedacht, die Zeilen-Werkzeuge zum Erstellen von z. B. Trennungslinien in Tabellen.

### Lasso-Werkzeuge 2

Zu dieser Gruppe gehören das Polygon-Lasso- und das Magnetische-Lasso-Werkzeug. Mit diesen Werkzeugen können Sie nahezu jede Form auswählen.

Mit dem Lasso-Werkzeug wählen Sie die Konturen frei Hand, das Polygon-Lasso-Werkzeug ist für Objekte mit geraden Linien geeignet und das Magnetische-Lasso-Werkzeug passt die Auswahl an die Konturen des auszuwählenden Objektes an.

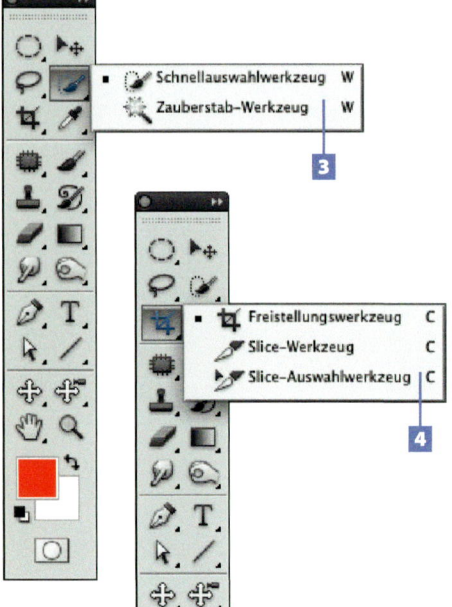

### Schnellauswahl- und Zauberstab-Werkzeug 3

Diese Werkzeuge funktionieren intelligent, erkennen die Kontraste zwischen dem auszuwählenden Bereich und dem Rest des Bildes und erstellen auf dieser Basis die Auswahlkante.

### Freistellungs- und Slice-Werkzeuge 4

Das Freistellungswerkzeug ist zum Beschneiden des Bildes gedacht, dabei können die Ausschnitte mit vorgegebenen Seitengrößen und passender Auflösung erstellt werden.

Die Slice-Werkzeuge sind für das Webdesign konzipiert. Mit diesen Werkzeugen können Sie das fertige Layout in einzelne Grafiken schneiden und diese dann als Webseite speichern.

**Abbildung 8.1:** *Freistellungswerkzeuge, die sich in der Werkzeugpalette befinden*

## Zeichenstift-Werkzeug 5

Eigentlich gehört dieses Werkzeug nicht zu den „Freistellern", aber die meisten Grafiker und Bildbearbeiter nutzen es ganz gerne, weil man die Auswahl sehr präzise und unabhängig von den Kontrastverhältnissen erstellen kann.

Mit dem Zeichenstift-Werkzeug wird zuerst der Pfad erstellt und dieser dann in eine Auswahl unter Berücksichtigung einer weichen Auswahlkante umgewandelt.

Weitere Auswahlmöglichkeiten sind nicht in der Werkzeugpalette, sondern über das Menü abrufbar. Dazu gehören zum Beispiel *Auswahl/Farbbereich* und *Auswahl/Im Maskierungsmodus bearbeiten*.

Auch verschiedene Optionen zum Anpassen oder Verändern der Auswahl finden Sie über diesen Menüpunkt.

**Abbildung 8.2:** *Bildbereiche freistellen mit verschiedenen Werkzeugen*

## 8.2 Objekte vor einem ruhigen Hintergrund mit dem Zauberstab-Werkzeug freistellen

Wenn Sie Aufgaben haben wie das Freistellen eines Objektes vor einem fast einfarbigen Hintergrund, dann ist das ein Kinderspiel. Aber auch beim Benutzen des Zauberstab-Werkzeugs ([W]) sollten Sie einige Regeln beachten. Bei den passenden Bildern erfolgt die Freistellung dann tatsächlich nur mit einem Klick.

**Abbildung 8.3:** *Ideales Bild zum Freistellen mit dem Zauberstab-Werkzeug*

In unserem ersten Beispiel ist die Aufgabe wirklich kinderleicht. Sie können das Zauberstab-Werkzeug in den Standardoptionen belassen. Zu diesen gehören die *Toleranz* von 32 und die Option *Glätten*, die Sie auf keinen Fall ausschalten sollten. Die Auswahl erfolgt in umgekehrter Reihenfolge. Denn der Himmel auf dem Foto hat tatsächlich so gut wie nur einen Farbwert, die Skulptur weist dagegen mehrere Farben auf.

**1**   Klicken Sie nun mit dem Zauberstab-Werkzeug auf die Fläche des Himmels.

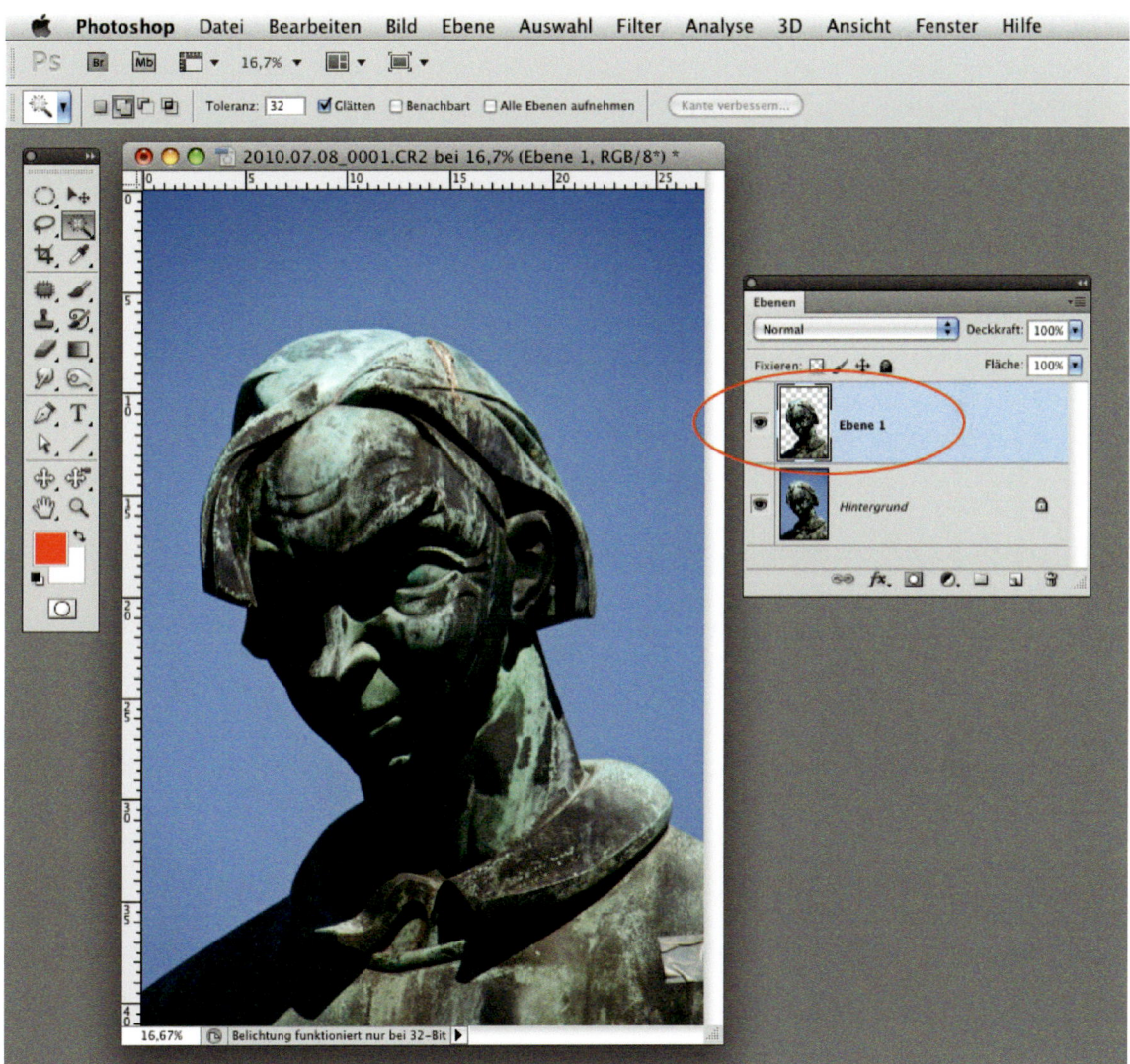

***Abbildung 8.4:*** *Auswahl umkehren und eine Ebene als Kopie erstellen*

**2**   Kehren Sie dann die Auswahl mit der Tastenkombination cmd+⇧+I (Strg+⇧+I) um und legen Sie den ausgewählten Bereich mit cmd+J (Strg+J) als Kopie auf eine neue Ebene. Die Freistellung ist somit bereits abgeschlossen.

In unserem zweiten Beispiel ist die Aufgabe bereits etwas komplizierter. Die Farbe des Himmels ist nicht mehr so einheitlich und der Himmel ist nicht nur rings um den Hafenkran sichtbar, sondern auch zwischen den Metallplanken. Hier ist der Workflow etwas anders.

1   Erhöhen Sie zuerst die *Toleranz* auf ca. 40 und achten Sie darauf, dass die Option *Benachbart* deaktiviert ist. Die aktivierte Option *Benachbart* erlaubt nur die Auswahl einer Fläche, die von kontrastreichen Kanten abgegrenzt ist. In einem derartigen Fall würden Sie nur den Himmel außerhalb des Hafenkrans auswählen.

    Die Zwischenstellen wären von der Auswahl ausgeschlossen. Bei deaktivierter Option *Benachbart* werden alle Bereiche mit ähnlichen Farben ausgewählt, sprich alle Stellen mit dem Himmel.

2   Klicken Sie nun auf irgendeinen Bereich des Himmels.

**Abbildung 8.5:** *Option* Benachbart *deaktivieren,* Toleranz *erhöhen*

Wie Sie auf dem Screenshot sehen können, wurde nicht der ganze Himmel ausgewählt. Der Bereich mit der helleren Farbe liegt noch außerhalb der Auswahl.

**3**  Wechseln Sie auf die Option *Der Auswahl hinzufügen* und klicken Sie dann auf den restlichen Himmel.

**Abbildung 8.6:** *Weitere Bereiche der Auswahl hinzufügen*

Jetzt ist die Auswahl des Himmels komplett. Sie können die Auswahl umkehren und den ausgewählten Bereich auf eine neue Ebene legen.

**4**  Zur Kontrolle erzeugen Sie unter der Ebene mit dem freigestellten Bereich eine Füllebene *Farbfläche* mit einer kontrastreichen Farbe. Ist das Objekt anständig freigestellt, dürfte nun kein Stück des Himmels mehr zu sehen sein.

**Abbildung 8.7:** *Füllebene* Farbfläche *zur Kontrolle*

## 8.3 Objekte mit dem Schnellauswahl-Werkzeug separieren

Das Schnellauswahl-Werkzeug (W) ist in Photoshop noch relativ jung und existiert seit den letzten drei Versionen. Dennoch wurde das Tool sehr schnell populär, weil damit eine genaue Auswahl mit nur wenigen Klicks schnell möglich ist.

Um dieses Werkzeug erfolgreich zu benutzen, sollte das Bild mit dem freizustellenden Objekt einige Voraussetzungen erfüllen. Zwar benötigen Sie keinen absolut blauen Himmel als Hintergrund, trotz allem sollten die Kanten des Objektes gut erkennbar sein.

In unserem Beispiel wird ein Fisch, aufgenommen in einem Aquarium, vom Rest des Bildes separiert. Das Schnellauswahl-Werkzeug (W) arbeitet mit einer Pinselspitze, die Bereiche ähnlicher Farben mit einer Auswahl ausstattet.

1 Zunächst können Sie eine größere Pinselspitze mit leicht aufgeweichten Kanten verwenden (Härte = ca. 70) und damit die große Fläche so gut es geht auswählen.

2 Nachdem Sie die grobe Auswahl erstellt haben, wechseln Sie in der Optionsleiste zur Option *Der Auswahl hinzufügen* und verkleinern die Größe des Pinsels. Die Größe der Pinselspitze richtet sich dann nach den Bereichen, die entweder noch nicht oder zu viel ausgewählt wurden.

**Abbildung 8.8:** *Zuerst eine grobe Auswahl erstellen*

**Abbildung 8.9:** *Option* Der Auswahl hinzufügen *einschalten*

**3** Vergrößern Sie die Bildansicht und überprüfen Sie, welche Bereiche des Objektes noch nicht ausgewählt wurden. Wählen Sie diese mit der kleineren Pinselspitze aus.

**Abbildung 8.10:** *Weitere Bildbereiche auswählen*

**4** Überprüfen Sie dann die Stellen, die zu viel ausgewählt wurden. Wechseln Sie zur Option *Von Auswahl subtrahieren*. Ziehen Sie die überflüssigen Bereiche von der Auswahl ab.

**5** Nachdem Sie die Abgrenzungen überprüft haben, können Sie die Auswahlkante zusätzlich mit der Option *Kante verbessern* optimieren. Über diese Funktion erfahren Sie mehr in einer weiteren Lektion.

**Abbildung 8.11:** *Überflüssige Bereiche von der Auswahl abziehen*

**Abbildung 8.12:** *Kante verbessern*

## 8.4 Die Lasso-Werkzeug-Gruppe

Mit den Lasso-Werkzeugen sind viele Freistellungsarbeiten möglich. In diesem Abschnitt wird jedes Werkzeug der Gruppe vorgestellt und dessen Stärken und Schwächen werden erläutert.

### 8.4.1 Magnetisches-Lasso-Werkzeug

Dieses Werkzeug funktioniert gut bei Bildern mit einem starken Kontrast zwischen dem Objekt, welches Sie freistellen möchten, und dem Hintergrund. Auf dem Beispielbild ist genau das der Fall.

Sie können folgende Optionen für das Magnetische-Lasso-Werkzeug wählen:

**Weiche Kante**

Mit dieser Option definieren Sie den *Radius*, der die weiche Kante der Auswahl beschreibt. Bei dem Beispielbild kann eine weiche Kante von ca. 0,5 bis 1,0 Pixel eingestellt werden.

***Abbildung 8.13:*** *Werte für das Magnetische-Lasso-Werkzeug einstellen*

## Breite

Mit diesem Wert definieren Sie den Erkennungsabstand, in dem die Kante vom Werkzeug erfasst werden soll. In unserem Beispiel reicht eine kleine Breite, ca. 15-20, da die Abgrenzung gut sichtbar ist. Wenn Sie die exakte Breite sehen möchten, können Sie die Feststelltaste (⇧-Taste) aktivieren – dann wird statt der Werkzeugspitze die Breite als eine Pinselspitze angezeigt.

## Kontrast

Mit diesem Wert (von 0 % bis 100 %) definieren Sie den *Kontrast* der Kante, der von dem Werkzeug erkannt werden soll. Geben Sie einen höheren Wert ein, werden nur gut erkennbare Kanten erfasst. Bei kleineren Werten werden auch kontrastschwache Kanten erkannt. In unserem Beispiel können Sie ruhig einen höheren Wert für die *Kante* definieren, ca. 40 %.

## Frequenz

Mit dem Regler *Frequenz* definieren Sie die Schnelligkeit, mit der die Auswahl erstellt werden soll. Bei gut erkennbaren Kanten können Sie die Frequenz höher setzen, ca. 60–80. Versuchen Sie jetzt, mit den Circa-Werten Breite = 40, Kontrast = 40, Frequenz = 70 die Auswahl zu erstellen.

**Abbildung 8.14:** *Kante verbessern*

Sollte es nicht klappen, die Figur auf einmal auszuwählen, können Sie die Option *Der Auswahl hinzufügen* aktivieren, um diese in mehreren Schritten zu erstellen. Danach können Sie die Auswahlkante noch weiter mit der Funktion *Kante verbessern* verfeinern.

Oft wird das Magnetische-Lasso-Werkzeug (⬜) mit anderen Werkzeugen aus der Lasso-Gruppe kombiniert. Wenn eine Kante nicht richtig ausgewählt wurde, können Sie die Korrektur mit dem normalen *Lasso-Werkzeug* (⬜) vornehmen. Wenn Sie wie in unserem Beispiel die untere Kante der Figur nicht genau mit dem Magnetischen Lasso treffen konnten, verbessern Sie diese durch eine zusätzliche Auswahl mit dem Polygon-Lasso-Werkzeug (⬜).

### 8.4.2 Polygon-Lasso-Werkzeug

Dieses Werkzeug eignet sich hervorragend zum Auswählen der Bereiche mit geraden Kanten, wie in unserem Beispiel die Treppe. Für die Auswahl können Sie eine weiche Kante entweder sofort in der Optionsleiste mit ca. 0,5 definieren oder später bei der Korrektur mit der Option *Kante verbessern*.

**Abbildung 8.15:** *Polygon-Lasso-Werkzeug zum Separieren der Objekte mit geraden Kanten*

In der Regel erfolgt eine Auswahl der Objekte mit geraden Kanten nicht nur mit dem Polygon-Lasso-Werkzeug (L), sondern kombiniert mit dem Lasso-Werkzeug (L). Denn es gibt fast immer auch an scheinbar geraden Kanten kleine Unebenheiten, die entweder zusätzlich ausgewählt oder von der Auswahl abgezogen werden sollten.

### 8.4.3 Lasso-Werkzeug

Das am meisten verwendete Werkzeug aus der Lasso-Gruppe ist das normale Lasso-Werkzeug (L) selbst. Denn mit diesem Werkzeug arbeiten Sie frei Hand und können jedes noch so kleine Detail bei der Auswahl berücksichtigen. In dem nachfolgenden Workflow lernen Sie alle Feinheiten der Auswahl mit dem Lasso-Werkzeug (L) kennen.

#### Großzügige Auswahl vom Objekt erstellen

1  Öffnen Sie das Bild und definieren Sie die Option *Der Auswahl hinzufügen* und die weiche Kante von ca. 0,5 Pixeln.

2  Erstellen Sie mit dem Lasso-Werkzeug (L) eine großzügige Auswahl des Objektes.

***Abbildung 8.16:***
*Großzügige Auswahl erstellen*

## Farbfläche einfügen

**3**   Erstellen Sie von dem ausgewählten Bereich eine Kopie auf der neuen Ebene mit der Tastenkombination cmd+J (Strg+J).

**4**   Fügen Sie zwischen der Hintergrundebene und der Ebene mit dem grob freigestellten Objekt eine Füllebene *Farbfläche* mit einer Farbe ein, die sonst im Bild nicht vorkommt.

**Abbildung 8.17:** *Ebene* Farbfüllung *als Kontratsmittel*

## Bereiche von der Auswahl abziehen

**5** Die Reste des Hintergrunds, die bei der Freistellung auf der Ebene noch geblieben sind, können Sie jetzt auswählen und nach und nach entfernen.

**6** Sie können entweder erst die komplette Auswahl der überflüssigen Bereiche erstellen und diese dann mit der Tastenkombination ⌘+X (Strg+X) abschneiden, oder Sie wählen einen Bereich aus und schneiden ihn direkt ab.

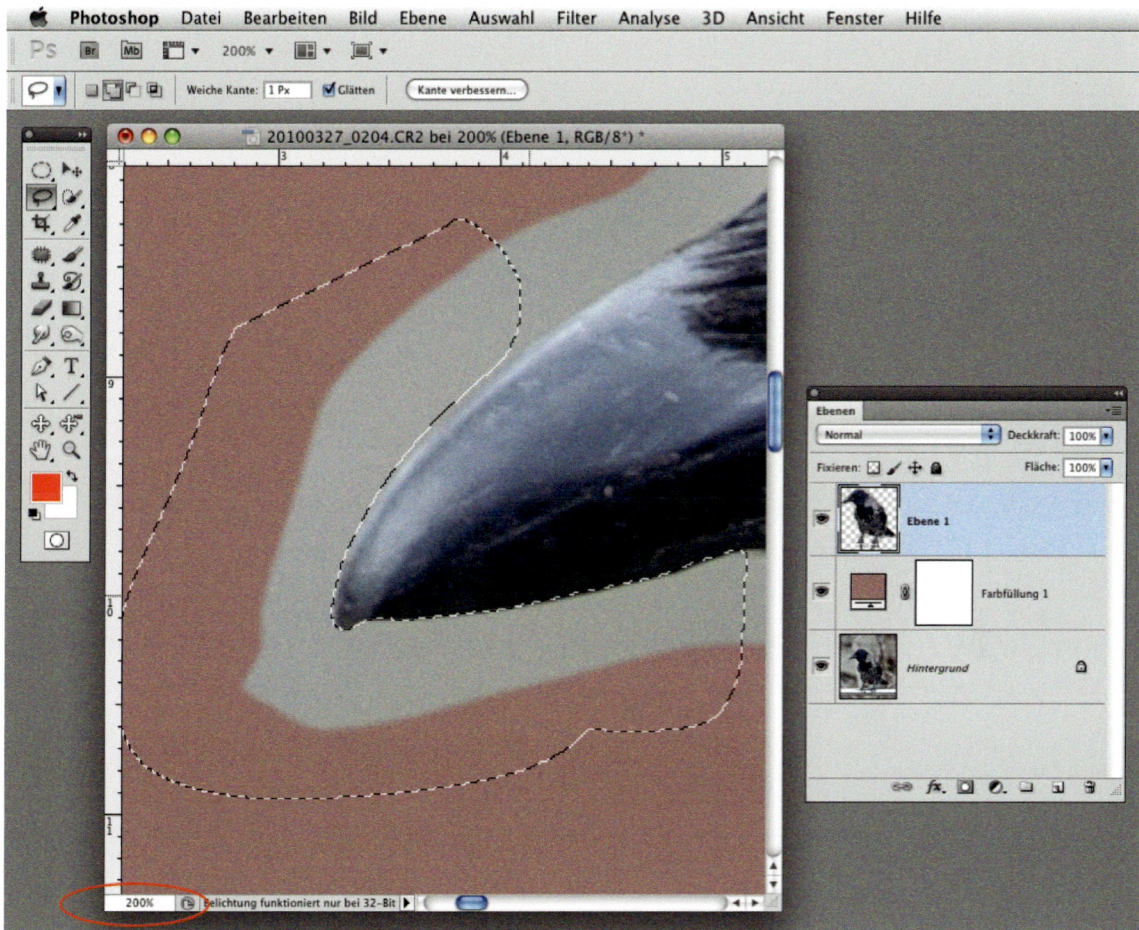

***Abbildung 8.18:*** *Überflüssige Bereiche auswählen und abschneiden*

**7** Arbeiten Sie am besten bei starker Vergrößerung der Ansicht (ca. 200 %), so können Sie die Kanten besser beurteilen und genauer unterscheiden, was auf der Ebene bleiben soll und was abgeschnitten werden kann. Speziell bei komplizierten Umrissen ist eine starke Ansichtsvergrößerung von Vorteil.

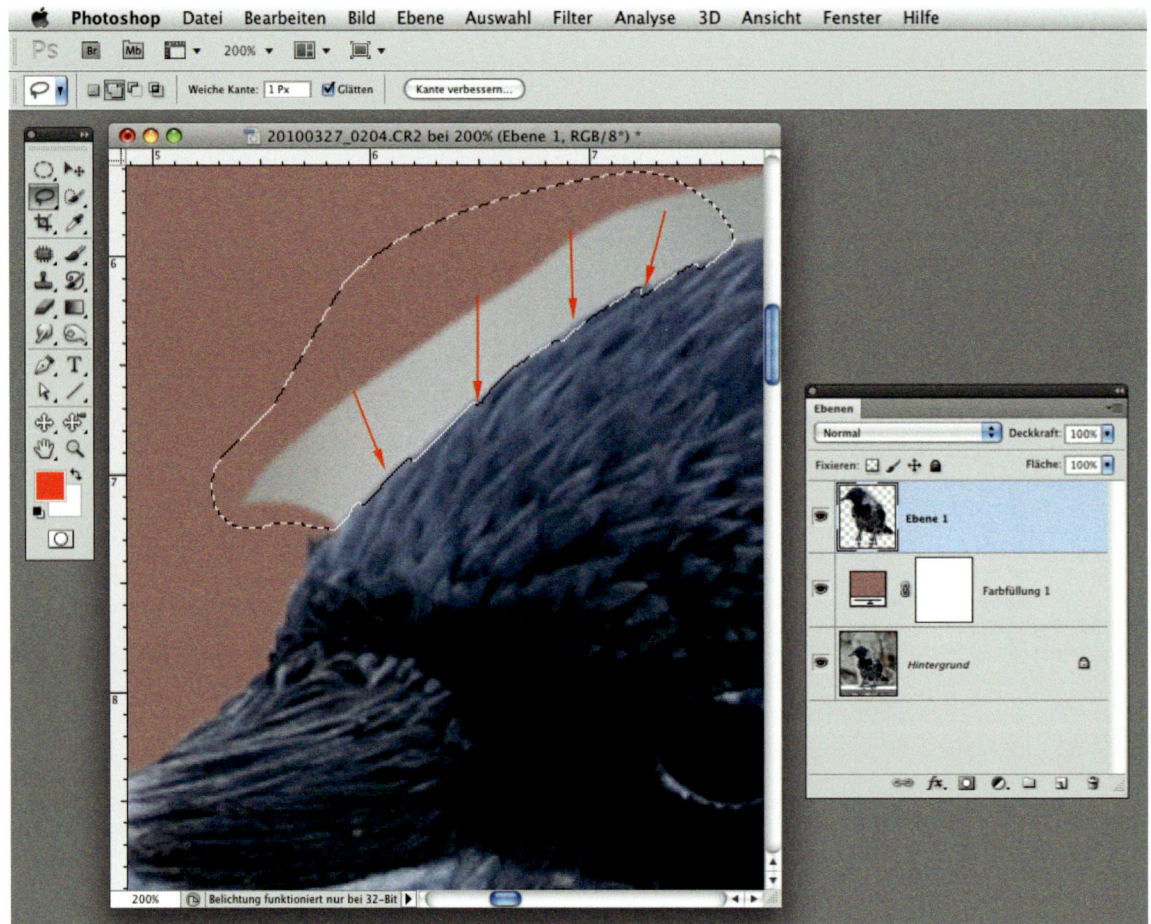

**Abbildung 8.19:** *Sehr wichtig: auf komplizierte Umrisse achten*

### Weiche Kante mit unterschiedlichen Werten einsetzen

**8**   Es ist nicht immer möglich, ein Objekt durchgehend scharf zu fotografieren, deshalb sind einige Kanten auf jedem Foto etwas schärfer als die anderen.

Bei der Freistellung sollten die Schärfe-Unterschiede berücksichtigt werden, damit das freigestellte Objekt auf der neuen Fläche entsprechend realistisch aussieht.

Um das zu gewährleisten, können Sie bei den unschärferen Kanten einen anderen Wert für die *Weiche Kante* verwenden. Je größer der Wert, umso weicher wird die Kante. Wählen Sie zum Beispiel 2 Pixel.

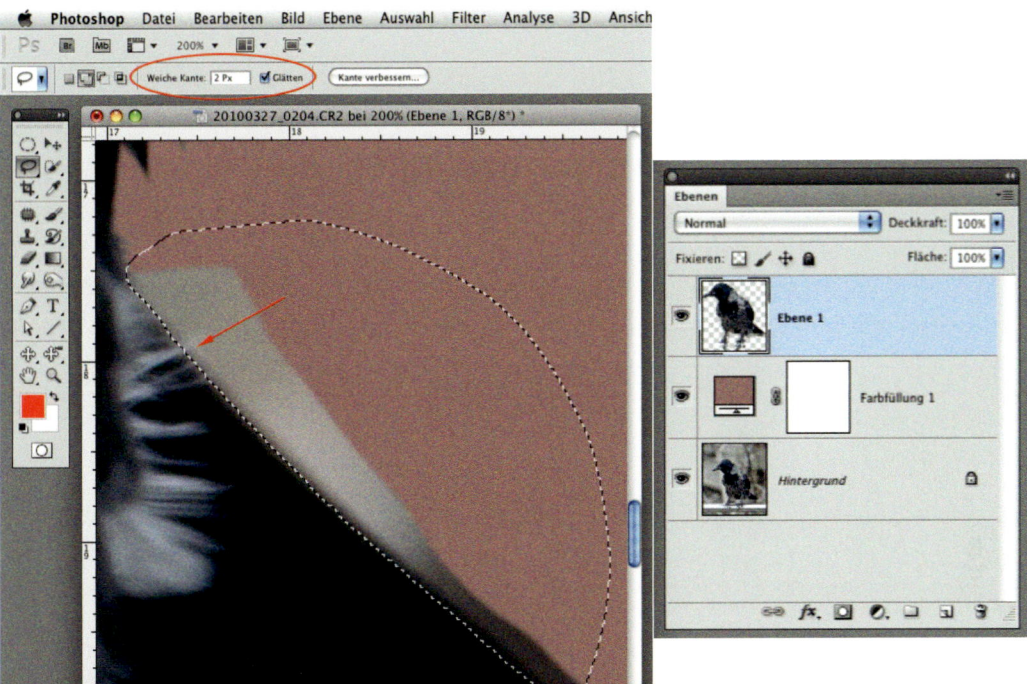

**Abbildung 8.20:** *Weiche Kante abhängig von der Schärfe des Bereichs definieren*

**Abbildung 8.21:**
*Der komplett freigestellte Bildbereich auf einer neuen Ebene*

## 8.5 Auswahlrechteck und Auswahlellipse

Mit den Werkzeugen Auswahlrechteck und Auswahlellipse können Sie geometrische Auswahlen erstellen. Dabei gibt es drei verschiedene Optionen:

- Normal: Das ist eine Freihandauswahl. Elliptische und rechteckige Auswahl ohne vorgegebene Seiten-verhältnisse. Bei gedrückter ⇧-Taste bekommen Sie eine quadratische bzw. eine kreisförmige Auswahl.

- Festes Seitenverhältnis: Bei dieser Option können Sie ein Seitenverhältnis in den dafür vorgesehenen Feldern definieren, wie zum Beispiel 2:1 oder 2:3 etc.

- Feste Größe

  Definieren Sie bei dieser Option die exakte Größe, z. B. 500 x 500 Pixel, und klicken Sie einfach mit dem Auswahlwerkzeug in die Arbeitsfläche. Die entsprechende Auswahl wird sofort eingeblendet.

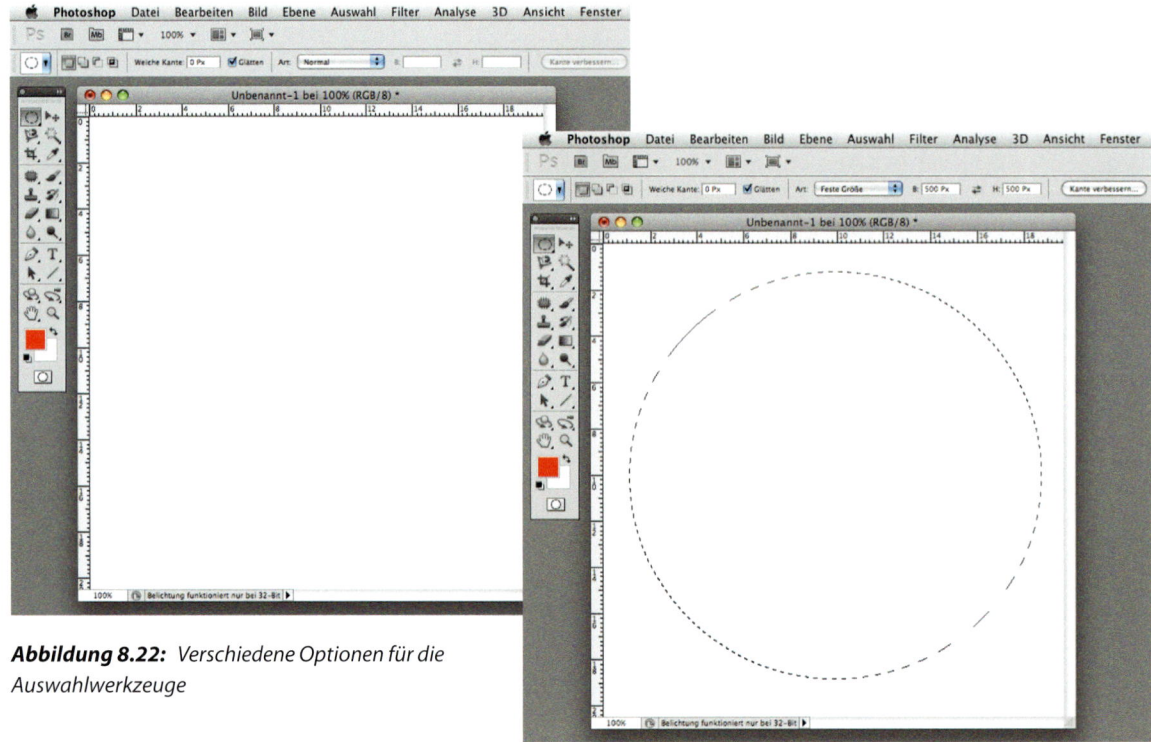

**Abbildung 8.22:** *Verschiedene Optionen für die Auswahlwerkzeuge*

Geometrische Auswahlformen können Sie zum Beispiel zum Gestalten des Layouts oder des Rahmens be-nutzen. Die Auswahlformen sind miteinander kombinierbar, wenn Sie die Option *Der Auswahl hinzufü-gen* wählen *(siehe Abbildung 8.23)*. Auch die Kombination mit dem Lasso-Werkzeug etc. ist kein Problem. Ausgewählte Bereiche können Sie mit cmd+⇧+I (Strg+⇧+I) umkehren, um diese Fläche dann zum Beispiel mit Farbe zu füllen – die einfachste Methode, Passepartouts für Ihre Fotos zu erstellen *(siehe Abbildung 8.24)*.

**Abbildung 8.23:** Verschiedene Auswahlarten kombinieren

**Abbildung 8.24:** Einfache Passepartouts durch umgekehrte Auswahl

## 8.6   Auswahl bearbeiten mit der Kante-verbessern-Funktion

Wie Sie in den bereits gezeigten Beispielen festgestellt haben, gibt es nicht viele Auswahlwerkzeuge, die sofort eine optimale Auswahl liefern. In den meisten Fällen sollte die Auswahl noch korrigiert werden. Die neue Funktion *Kante verbessern* (im Vergleich zur CS4-Version von Photoshop wurde diese aufgerüstet) bietet Ihnen einige Möglichkeiten, um die Auswahl noch genauer werden zu lassen. In unserem Beispiel wurde die Auswahl zuerst mit dem Lasso-Werkzeug (L) erstellt und soll jetzt optimiert werden.

**Abbildung 8.25:** *Die Funktion* Kante verbessern

**1**  Nach dem Erstellen der Auswahl klicken Sie auf den Button *Kante verbessern* oder wählen die Funktion über *Auswahl/Kante verbessern* oder wählen die Tastenkombination cmd + Alt + R ( Strg + Alt + R ).

**2**  Im Dialog *Kante verbessern* können Sie zuerst den Ansichtsmodus wählen, der zu Ihrem Bild am besten passt, in dem Sie die Bearbeitung der Kante am besten verfolgen können. In den meisten Fällen ist die

Option *Auf Schwarz* ganz gut, so können Sie direkt im Bild sehen, ob Bedarf besteht, die Kante zu verändern. Probieren Sie einfach verschiedene Optionen aus, indem Sie mehrmals die Taste (F) drücken.

**Abbildung 8.26:** *Ansichtsmodus wählen*

3   Vergrößern Sie die Bildansicht, damit Sie die Veränderungen besser erkennen können. Dann können Sie im Bereich *Kante anpassen* die Auswahl auf folgende Art korrigieren:

- Kante abrunden: Wenn Sie eine Auswahl nicht so sauber erstellt haben und diese Zacken aufweist, können Sie diese Unebenheiten durch die Erhöhung des Radius glätten.

- Weiche Kante: Setzen Sie immer eine weiche Kante ein. Haben Sie eine Auswahl mit Radius = 0, sieht das Objekt unrealistisch aus, die Kanten wirken dann zu scharf. Schon ab einem Radius von 0,5 Pixeln erhalten Sie bessere Ergebnisse.

- Kontrast: Mit *Kontrast* können Sie zu weich geratene Kanten nachschärfen.

- Kante verschieben: Mit dieser Funktion können Sie die Auswahl erweitern oder verkleinern. Speziell bei den Bildrändern können Sie damit sehr effektiv arbeiten. Bei dieser Funktion ist es besonders wichtig, dass die Ansicht auf 100 % gesetzt ist.

4    Kontrollieren Sie anschließend das Ergebnis auf einem farbigen Hintergrund, zum Beispiel auf einer Farbfläche. Wenn es noch einige Stellen gibt, an denen die Kante noch Reste des Hintergrunds aufweist, erstellen Sie auf der Ebene mit dem freigestellten Objekt eine Maske und bearbeiten Sie die überflüssigen Pixel mit dem Pinsel-Werkzeug ([B]).

**Abbildung 8.27:** *Anschließende Kontrolle der Kante*

## 8.7    Auswahl verändern: erweitern, umkehren

Neben den Funktionen, mit denen Sie die Auswahl im Dialog *Kante verbessern* anpassen können, existieren „alte Bekannte" – die Funktionen, die Sie über das Menü *Auswahl/Auswahl verändern* abrufen können. Diese werden häufig verwendet, besonders die Optionen *Abrunden*, *Erweitern*, *Verkleinern*. Bei diesen einfachen Dialogen können Sie die Pixelwerte eingeben, um die die Auswahl angepasst werden kann.

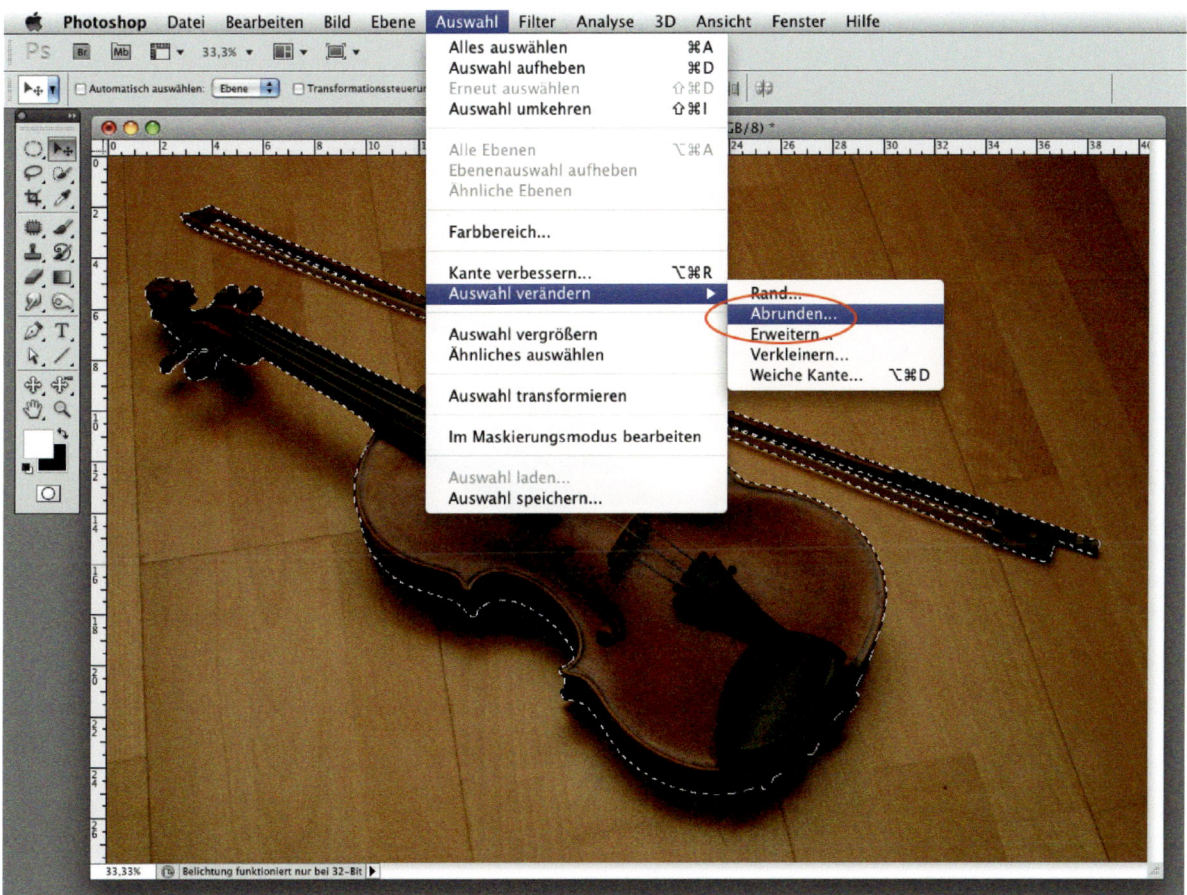

***Abbildung 8.28:*** *Menü* Auswahl verändern

Speziell die Option *Auswahl verkleinern* ist sehr hilfreich, wenn es um das Entfernen der Ränder bei freigestellten Objekten geht.

**1**  Laden Sie die Auswahl, wählen Sie dann *Auswahl/Auswahl verändern/Verkleinern*.

**2**  Wählen Sie einen Radius von 1 Pixel.

**3**  Kehren Sie dann die Auswahl mit [cmd]+[⇧]+[I] ([Strg]+[⇧]+[I]) um und entfernen Sie den Rand mit der Tastenkombination [cmd]+[X] ([Strg]+[X]).

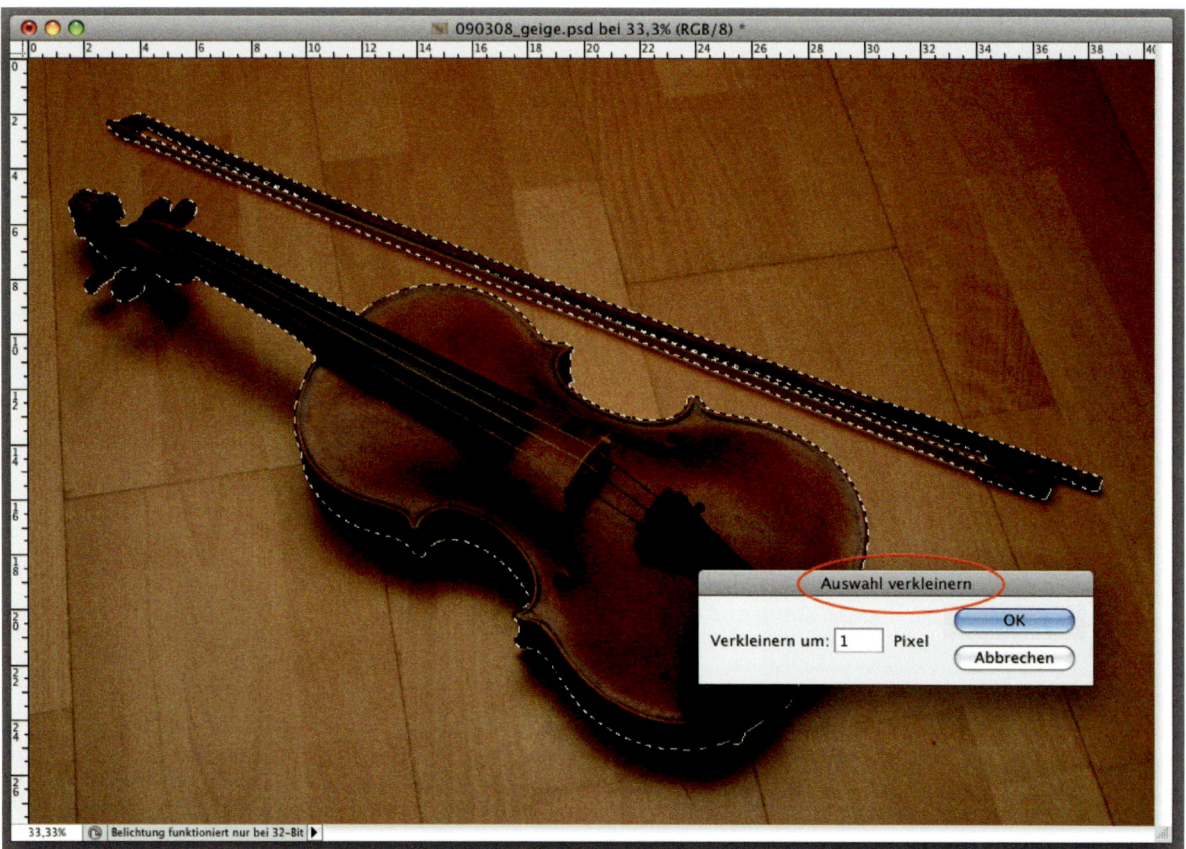

**Abbildung 8.29:** *Auswahl verkleinern*

## 8.8 Weiche Kante für realistische Konturen definieren

Weiche Kanten zu definieren, ist bei den freigestellten Bildelementen eine sehr wichtige Aufgabe. Wenn Sie die freigestellten Objekte später in einer Collage benutzen möchten, müssen die Objekte in die neue Umgebung harmonisch integriert werden. Natürlich können Sie sagen: „Okay, mein Foto ist sehr scharf und ich muss keine weiche Kante erstellen." Das ist richtig, aber nur theoretisch. In der Praxis sieht alles ganz anders aus.

1 Stellen Sie ein Objekt, zum Beispiel eine Kanne, frei.

2 Wählen Sie zum Testen die weiche Kante mit dem Radius = 0 – also eine harte Kante.

3 Erstellen Sie zwischen der Hintergrundebene und der Ebene mit dem freigestellten Objekt eine Füllebene *Farbfläche* mit einer kontrastreichen Farbe.

4 Vergrößern Sie die Ansicht auf ca. 200 %. Sie stellen sofort fest, dass die Kanten der Ebene sehr zackig sind und absolut unästhetisch wirken. Auch bei einer Vergrößerung von 100 % sind sie noch deutlich sichtbar.

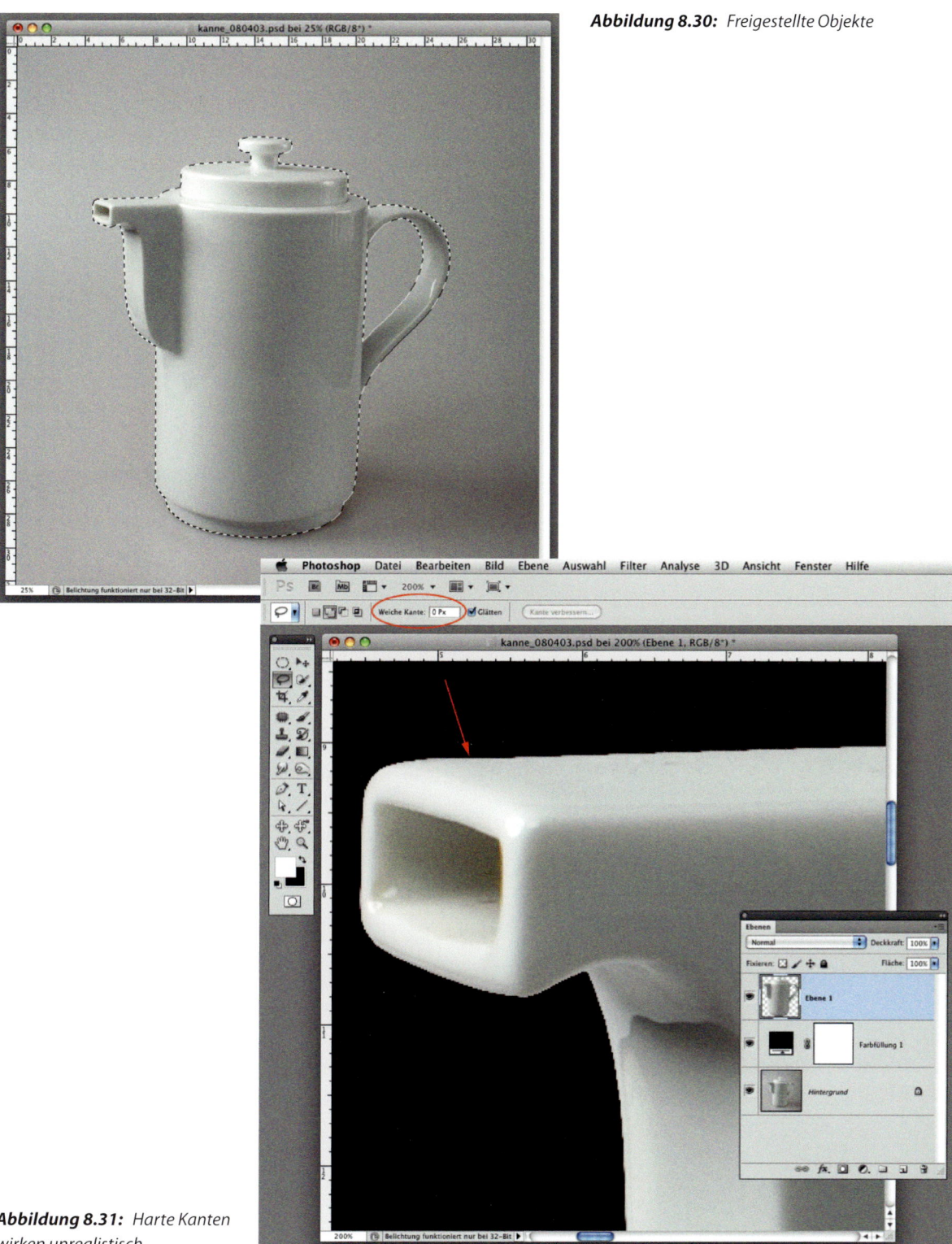

**Abbildung 8.30:** *Freigestellte Objekte*

**Abbildung 8.31:** *Harte Kanten wirken unrealistisch*

1  Wenn Sie jetzt die Kante mit einem anderen Radius als 0 ausstatten möchten, laden Sie die Auswahl und wählen *Auswahl/Auswahl verändern/Weiche Kante.*

2  Wählen Sie die weiche Kante mit mindestens 0,5 Pixel. Wenn das Bild weniger scharf ist, können Sie bis zu 2 Pixel wählen.

3  Klicken Sie auf die Hintergrundebene und erstellen Sie die Ebene mit dem freigestellten Objekt erneut. Die alte Ebene mit der harten Kante können Sie jetzt löschen.

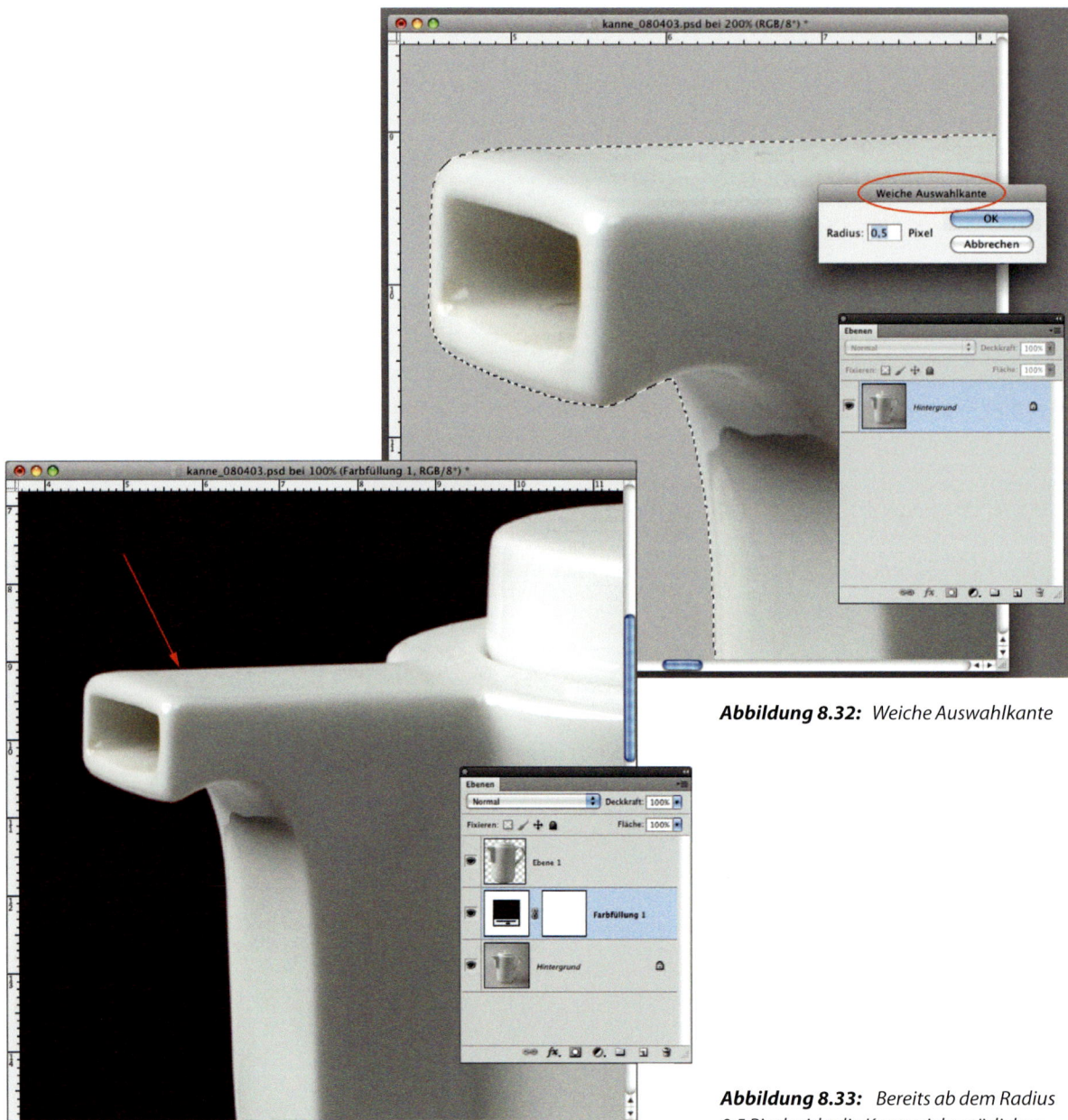

**Abbildung 8.32:** *Weiche Auswahlkante*

**Abbildung 8.33:** *Bereits ab dem Radius 0,5 Pixel wirkt die Kante viel natürlicher*

## 8.9    Auswahl aus dem Pfad: das Zeichenstift-Werkzeug

Das Zeichenstift-Werkzeug (P) gehört unumstritten zu den populärsten Freistellungswerkzeugen unter Profis. Zwar ist es nicht direkt als Freistellungswerkzeug konzipiert, sondern zum Erstellen von Pfaden gedacht, aber so lässt sich dieses Tool doch perfekt zum Auswählen komplizierter Umrisse einsetzen.

**Abbildung 8.34:** *Optionen für das Zeichenstift-Werkzeug*

Unsere Aufgabe ist es, die alte Küchenmaschine perfekt freizustellen. Ganz wichtig beim Arbeiten mit dem Zeichenstift-Werkzeug (P) ist die Auswahl der richtigen Voreinstellungen. Diese sind:

- Pfade
- Pfadbereich erweitern
- Gummiband (verbirgt sich hinter dem Pfeil neben dem Eigene-Form-Werkzeug)

1   Haben Sie diese Optionen ausgewählt, können Sie direkt mit dem Freistellen beginnen. Für ein bequemeres Arbeiten vergrößern Sie die Bildansicht auf 300 %. Um den Pfad fortführen zu können, können Sie die Ansicht verschieben, indem Sie die Leertaste gedrückt halten. Dabei verwandelt sich das Zeichenstift-Werkzeug (P) in das Hand-Werkzeug (H). Beim Loslassen der Leertaste wird wieder das Zeichenstift-Werkzeug (P) aktiviert.

**Abbildung 8.35:** *Pfad erstellen bei starker Vergrößerung*

**2** Haben Sie den Pfad erstellt, wählen Sie durch einen Rechtsklick in den Pfad die Option *Auswahl erstellen* und definieren im Dialog eine weiche Kante, zum Beispiel mit dem Radius 0,5 Pixel.

**Abbildung 8.36:**
*Weiche Kante definieren*

**3** Die Auswahl ist jetzt fertig. Diese können Sie nun mit der Funktion *Kante verbessern* optimieren, speziell auf die Ränder sollte dabei geachtet werden.

**4** Mit der Tastenkombination cmd+J (Strg+J) können Sie dann den ausgewählten Bereich als Kopie auf eine neue Ebene legen.

**Abbildung 8.37:** *Neue Ebene als Kopie*

**5** Erstellen Sie nun unter der Ebene mit der freigestellten Küchenmaschine wieder eine Farbfläche, um die Auswahl zu kontrollieren und weitere Freistellungsarbeiten besser durchführen zu können.

**Abbildung 8.38:** *Farbfläche als Kontrollebene einfügen*

Wie Sie auf dem Bild erkennen können, sind einige Stellen noch nicht freigestellt, zum Beispiel die Stelle oben unter dem grünen Behälter und die kleinen Stellen zwischen den Blättern des Besens.

6   Diese können Sie jetzt ebenfalls mit dem Zeichenstift-Werkzeug (P) auswählen, Sie können auch mehrere Stellen hintereinander auswählen und diese in eine Auswahl umwandeln.

7   Nachdem die Auswahl fertig ist, schneiden Sie die Stellen mit der Tastenkombination cmd+X (Strg+X) aus. Die Auswahl wird dabei automatisch aufgehoben und die überflüssigen Pixel werden gelöscht.

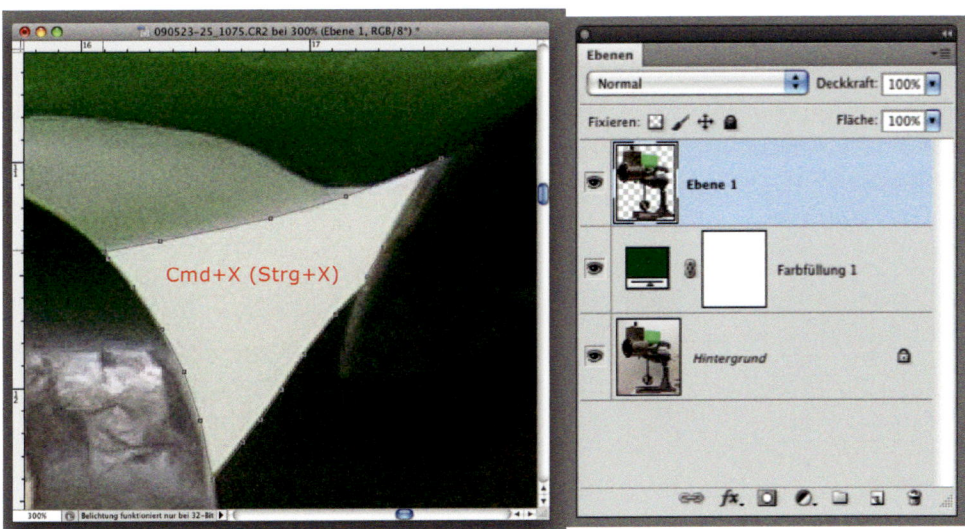

**Abbildung 8.39:** *Innere Bereiche auswählen und ausschneiden*

Das Bild mit der freigestellten Küchenmaschine ist nun zum Einsatz in Ihren Bildkompositionen fertig.

**Abbildung 8.40:** *Freigestellt mit dem Zeichenstift-Werkzeug*

## 8.10 Farbbereiche auswählen

Besonders wenn es um die Freistellung der „ungreifbaren" Dinge geht, wie zum Beispiel Rauch, Wolken oder Glas, können Sie die Freistellung über den Farbbereich durchführen. In dieser Lektion können Sie in einem kleinen Workshop lernen, wie Sie die Wolken aus einem Bild in ein anderes Bild mit wolkenlosem Himmel übertragen können.

**Abbildung 8.41:**  *Aufgabe: Wolken freistellen und in ein anderes Bild übertragen*

### Arbeitsfläche des Zielbildes vorbereiten

Zuerst kümmern wir uns um die Arbeitsfläche des Bildes mit dem klaren Himmel. Der Himmel ist im Original nicht so groß und die „neuen" Wolken würden auf diesem Himmel nicht so richtig zur Geltung kommen. Deshalb entscheiden wir uns für die Vergrößerung der Arbeitsfläche, damit mehr Platz für den Himmel geschaffen wird.

1 Wählen Sie *Bild/Arbeitsfläche* und machen Sie im Dialog folgende Anpassungen: Die neue Bildfläche soll quadratisch werden.

2 Geben Sie die Höhe genauso wie die Breite ein, in unserem Beispiel sind das 41,15 cm. Im Bereich *Anker* klicken Sie auf den unteren mittleren Knopf. Das heißt, die Arbeitsfläche wird mittig nach oben erweitert. Die Farbe für die erweiterte Arbeitsfläche spielt keine große Rolle und kann z. B. Weiß sein.

3 Bestätigen Sie Ihre Eingaben mit *OK*.

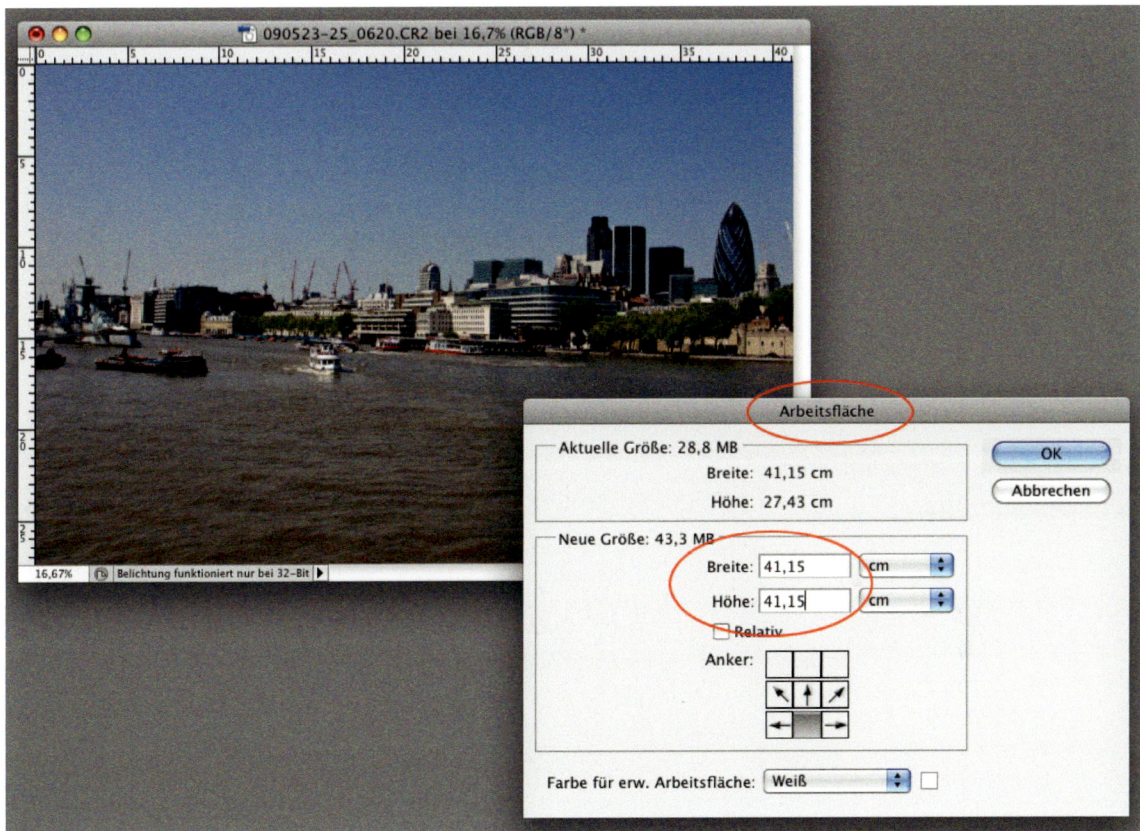

**Abbildung 8.42:** *Arbeitsfläche erweitern*

### Himmel vergrößern

4 Wählen Sie jetzt mit dem Auswahlrechteck-Werkzeug (Ⓜ) den Himmelbereich aus. Achten Sie darauf, dass keine Teile von Gebäuden in die Auswahl kommen.

5 Wählen Sie anschließend *Auswahl/Auswahl transformieren*. Ziehen Sie den oberen mittleren Anfasser bis zur oberen Kante des Bildes.

6 Bestätigen Sie die Transformation mit der ⏎-Taste. Der Himmel ist fertig und Sie können sich um das andere Bild kümmern.

**Abbildung 8.43:** Himmel erweitern

**Abbildung 8.44:** Die Arbeitsfläche mit dem erweiterten Himmel

**Farbbereich auswählen**

**7** Öffnen Sie jetzt das Bild mit den Wolken und wählen Sie *Auswahl/Farbbereich auswählen*.

**8** Klicken Sie mit der Pipette auf eine helle Stelle in den Wolken und erhöhen Sie die *Toleranz* im Dialog *Farbbereich* so, dass die Wolkenstruktur (im Negativ) gut erkennbar ist.

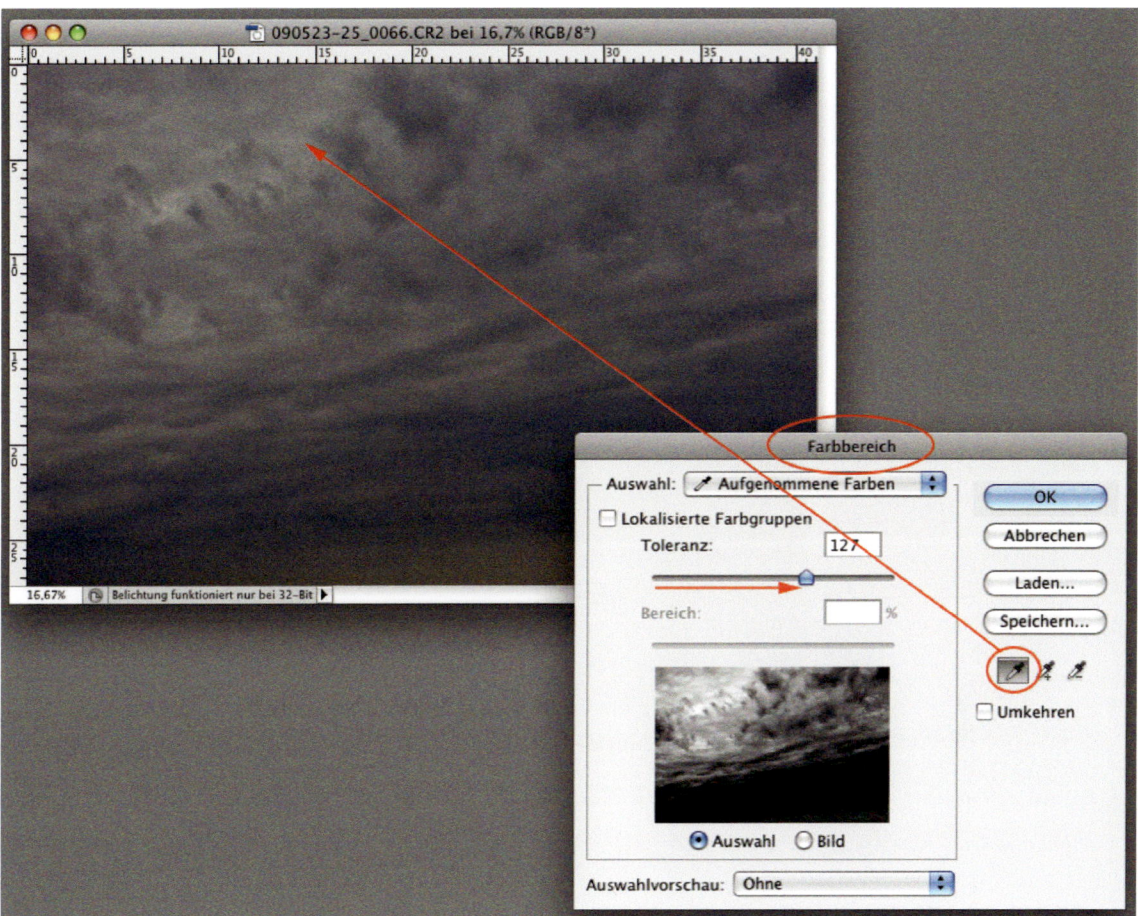

**Abbildung 8.45:** *Farbbereich auswählen*

**9** Bestätigen Sie die Auswahl mit *OK* und kopieren Sie den Bereich in der Auswahl mit cmd + C (Strg + C). Gehen Sie zu dem Bild mit wolkenlosem Himmel und fügen Sie mit cmd + V (Strg + V) die kopierten Wolken in das Bild ein.

***Abbildung 8.46:*** *Wolken kopieren und einfügen*

### Kontrast der Wolken verstärken

Auf der neuen Fläche sehen die Wolken nicht so ganz überzeugend aus. Das können Sie schnell ändern.

**10** Ändern Sie die Ebenenfüllmethode für die Ebene mit den Wolken auf *Negativ multiplizieren*. Der Kontrast der Wolken wird besser und die Farbe des alten Bildes ist nun nicht mehr sichtbar.

***Abbildung 8.47:*** *Mehr Kontrast durch Ebenenfüll-methode* Negativ multiplizieren

## Ebenenkanten ausblenden

Häufig werden beim Kopieren solch ausgewählter Bereiche auch die Ränder des Bildes kopiert, was auf dem neuen Foto nicht besonders gut aussieht.

**11** Um derartige Ränder zu eliminieren, erstellen Sie auf der Ebene der Wolken eine Ebenenmaske und maskieren den unteren Rand der Ebene mit dem Verlaufswerkzeug (G).

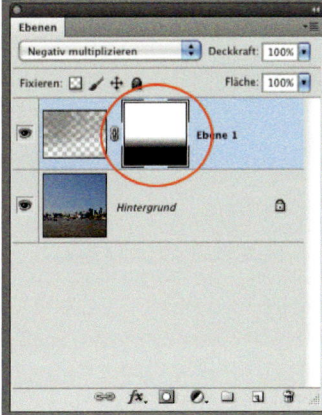

***Abbildung 8.48:*** *Unteren Bereich der Ebene maskieren zum Ausblenden der Kanten*

## 8.11    Komplexe Umrisse wie z. B. Fell durch das Bearbeiten der Ebenenmaske freistellen

Es wurde in früheren Abschnitten schon erwähnt, dass eine Möglichkeit, komplexe Umrisse freizustellen, die Maskierung mit speziellen Pinselspitzen ist. In dieser Lektion möchten wir Ihre Kenntnisse um ein paar zusätzliche Features erweitern. In unserem Beispielbild soll der Bär freigestellt werden.

### Auswahl erstellen

1  Erstellen Sie zuerst eine Auswahl mit einem der Freistellungswerkzeuge, z. B. dem Lasso- ([L]) oder dem Zeichenstift-Werkzeug ([P]). Der Bereich des Fells soll vorerst grob ausgewählt werden.

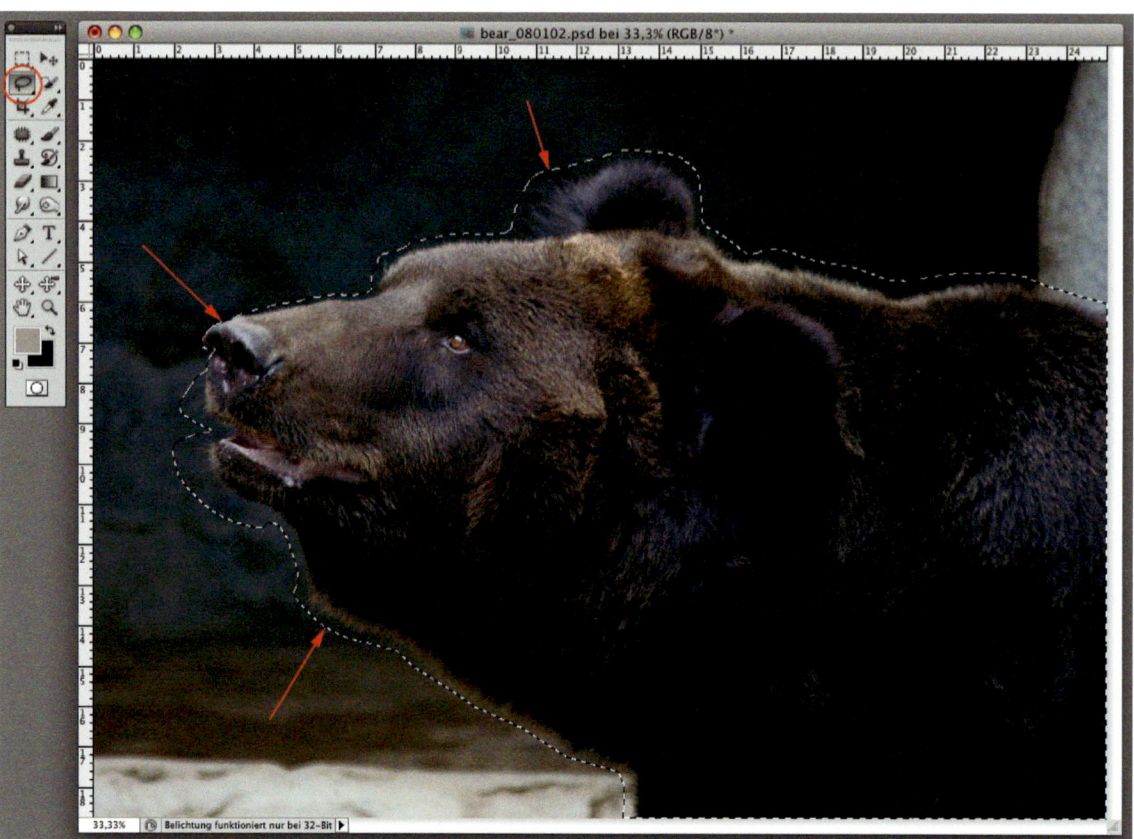

**Abbildung 8.49:** *Großzügige Auswahl mit einem Freistellungswerkzeug*

Optimal ist es natürlich, wenn die Bereiche mit gut erkennbaren Konturen schon gleich sauber ausgewählt werden – in unserem Beispiel gibt es solche Bereiche kaum, nur die Nase des Bären.

### Kontrollebene einfügen

**2**  Beim Freistellen auf solche Art ist es nicht sinnvoll, irgendwelche Korrekturen mit der Option *Kante verbessern* vorzunehmen, deshalb wird gleich nach der ersten Freistellung eine Kontrollebene *Farbfläche* eingefügt.

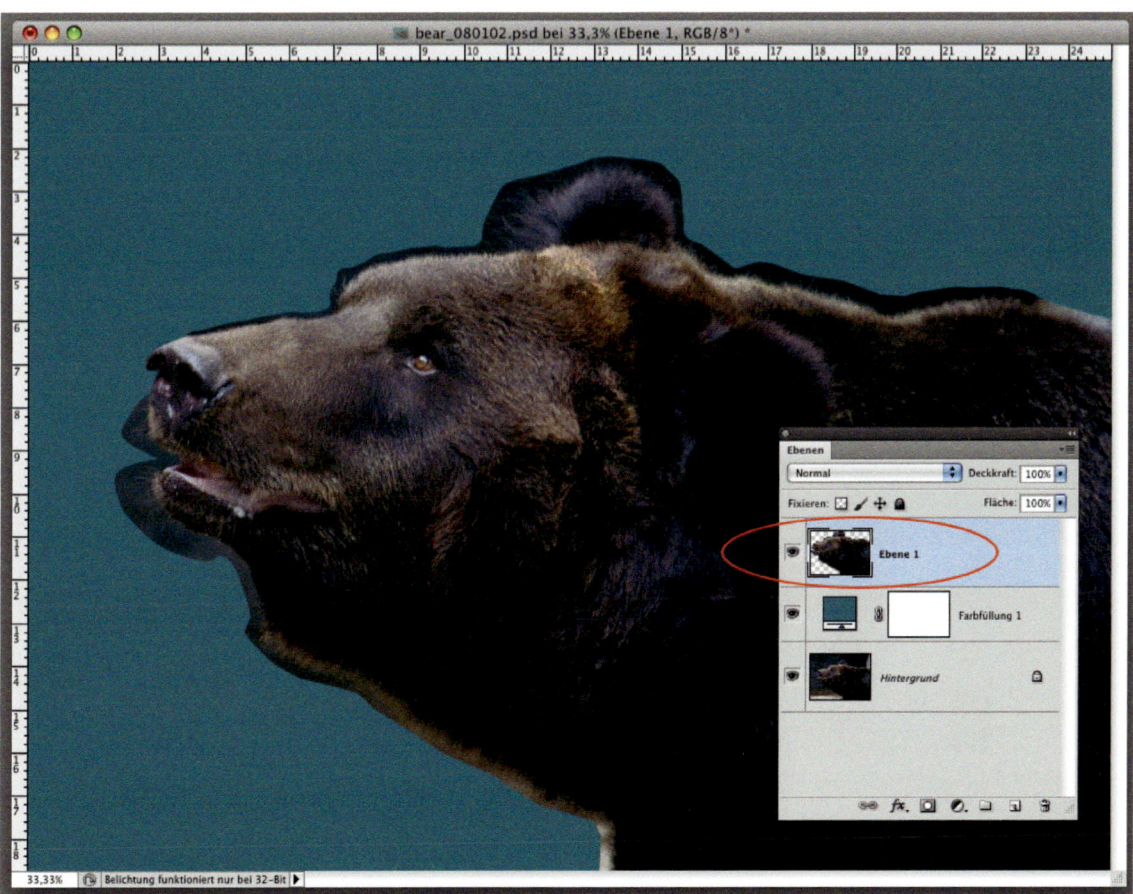

**Abbildung 8.50:**  *Kontrollebene unter grob freigestelltem Bildteil*

### Maskierung

**3**  Erstellen Sie jetzt auf der Ebene des grob freigestellten Bären eine Ebenenmaske und bearbeiten Sie die Kante der Ebene mit dem Pinsel-Werkzeug ([B]) aus der Reihe *Stern*. Das Fell wirkt dadurch sehr realistisch freigestellt.

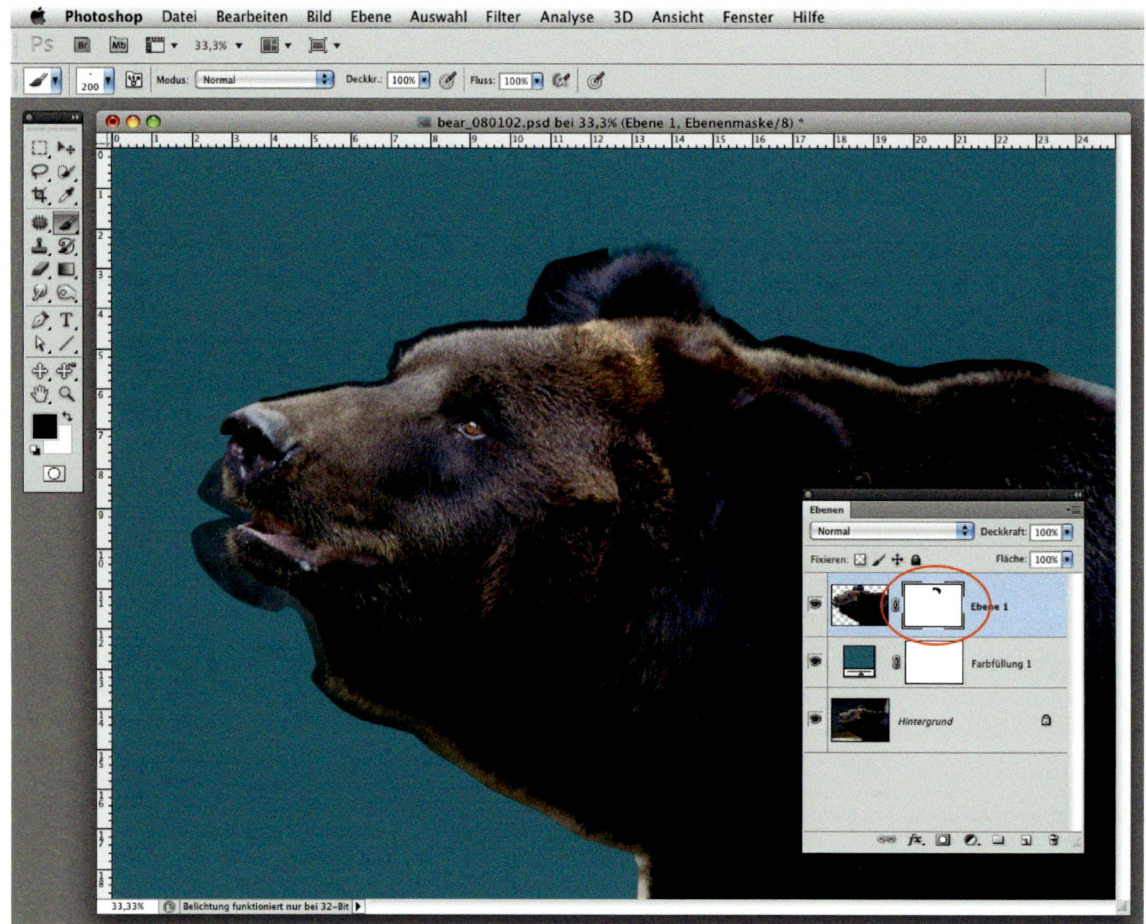

**Abbildung 8.51:** *Realistisch wirkende Fellkante durch Stern-Pinsel*

### Anpassung des Pinsels

Wenn Sie die Anpassung der Kante immer mit dem gleichen Pinsel machen, kommt es dazu, dass die Fellkante überall gleich aussieht und das ist nicht besonders gut. Sie können das vermeiden, indem Sie die Pinselspitze ab und zu mal vergrößern oder verkleinern, drehen und die Pinselform in der Palette *Pinsel* verändern.

**4**    Klicken Sie dazu in der Palette *Pinsel* auf den Eintrag *Pinselform* und verändern Sie die Form mit dem Rad. Mit dem Pfeil können Sie das Rad drehen, die Pinselspitze wird auch gedreht. Mit den zwei Punkten können Sie dem Pinsel eine ovale Form geben, was auch dazu beiträgt, dass die Fellkante abwechslungsreicher und ohne erkennbare Muster erstellt wird.

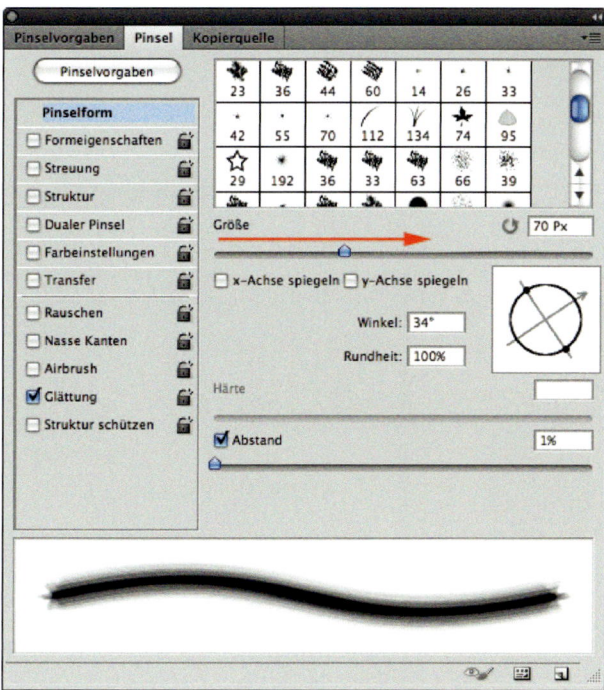

**Abbildung 8.52:** *Pinselform verändern in der Palette* Pinsel

## 8.12 Haare mithilfe von Kanälen freistellen

Haare freistellen – ein Horror für viele Fotografen. Im Grunde ist das Freistellen der Haare nicht so kompliziert, vorausgesetzt, das Ausgangsbild ist dafür gut geeignet. Denn wenn Sie eine Person mit aufwendiger Frisur oder im Wind wehenden Haaren vor einem unruhigen Hintergrund (wie zum Beispiel Stadtkulisse, Wald, Felsen etc.) fotografieren und dann freistellen möchten, sind Sie so gut wie erfolglos – denn auch die besten Photoshop-Werkzeuge sind gegen falsch verteilte Kontraste machtlos.

Am besten sind für die Freistellung von Haaren Fotos geeignet, in denen genug Kontrast vorhanden ist. Ideal sind die Fotos, auf denen z. B. helle Haare vor einem dunklen Hintergrund oder dunkle Haare vor einem hellen Hintergrund aufgenommen wurden.

Dabei muss es nicht unbedingt ein Fotostudio sein, um solche Fotos zu machen. Eine einfache weiße oder schwarze (dunkelgraue) Fläche genügt, um ein gutes Ausgangsmaterial zu erhalten. Eine interessante Methode, um Haare freizustellen, basiert auf der Verwendung der *Kanäle* in Photoshop.

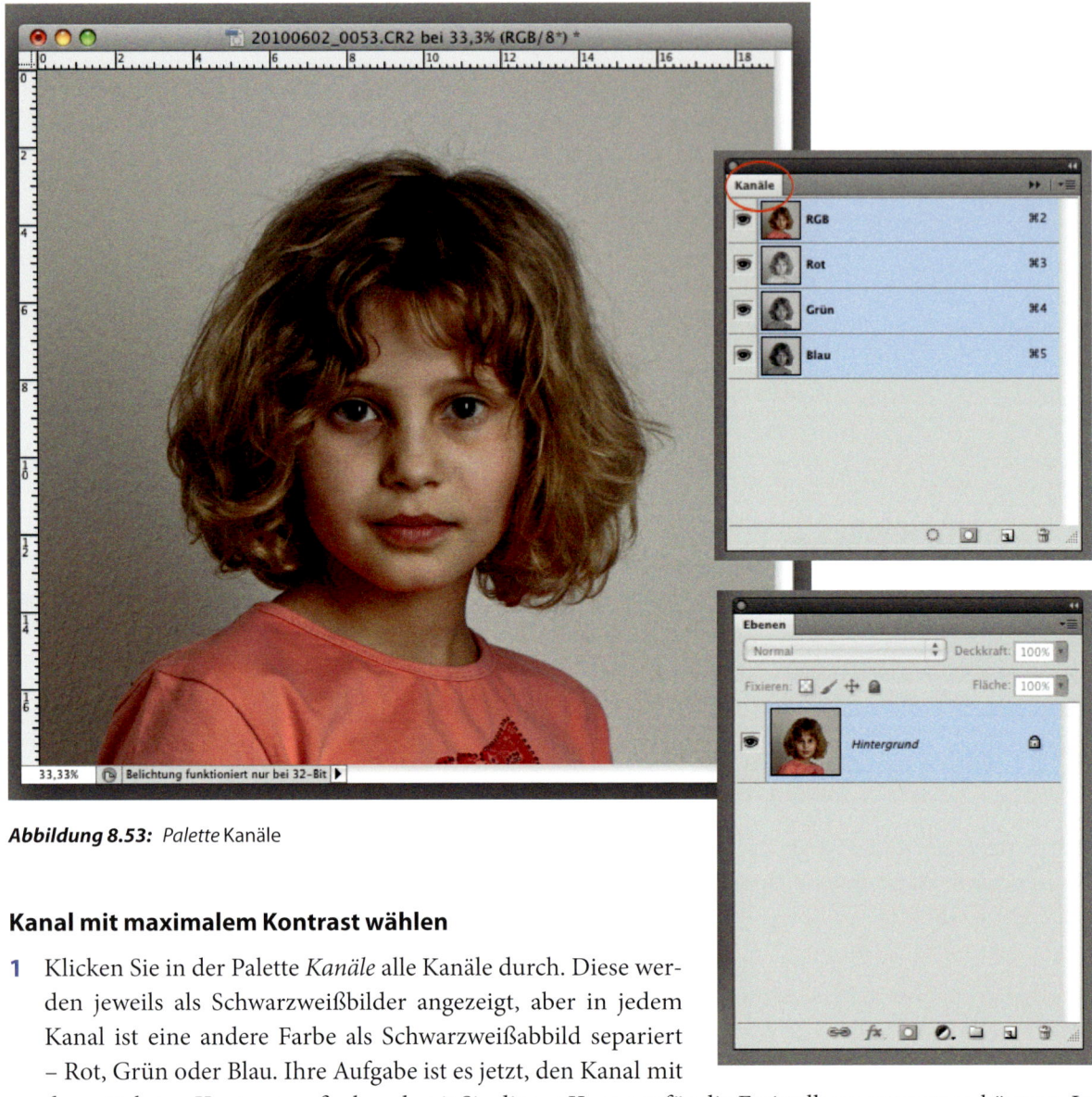

**Abbildung 8.53:** *Palette* Kanäle

### Kanal mit maximalem Kontrast wählen

**1** Klicken Sie in der Palette *Kanäle* alle Kanäle durch. Diese werden jeweils als Schwarzweißbilder angezeigt, aber in jedem Kanal ist eine andere Farbe als Schwarzweißabbild separiert – Rot, Grün oder Blau. Ihre Aufgabe ist es jetzt, den Kanal mit dem stärksten Kontrast zu finden, damit Sie diesen Kontrast für die Freistellung gut nutzen können. In unserem Beispiel ist das der Kanal *Blau*. Dieser Kanal wird als Alphakanal genutzt.

**2** Erstellen Sie den Alphakanal, indem Sie den Kanal *Blau* mit einem Rechtsklick duplizieren.

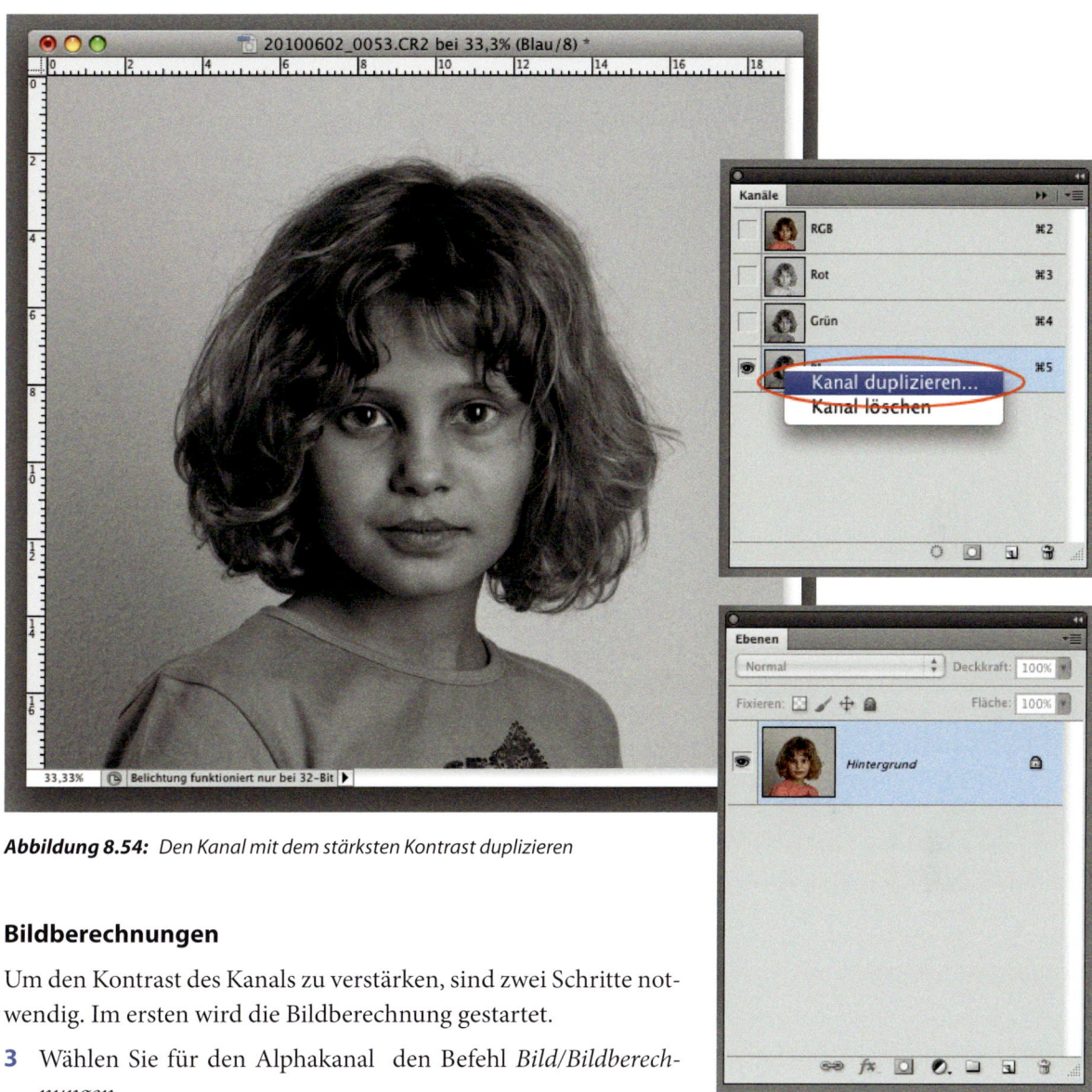

**Abbildung 8.54:** *Den Kanal mit dem stärksten Kontrast duplizieren*

## Bildberechnungen

Um den Kontrast des Kanals zu verstärken, sind zwei Schritte notwendig. Im ersten wird die Bildberechnung gestartet.

**3** Wählen Sie für den Alphakanal den Befehl *Bild/Bildberechnungen*.

**4** Im Dialog *Bildberechnungen* wählen Sie den Kanal *Blau Kopie* (das ist der Alphakanal) sowie die Füllmethode *Multiplizieren* und bestätigen die Bildberechnungen mit *OK*.

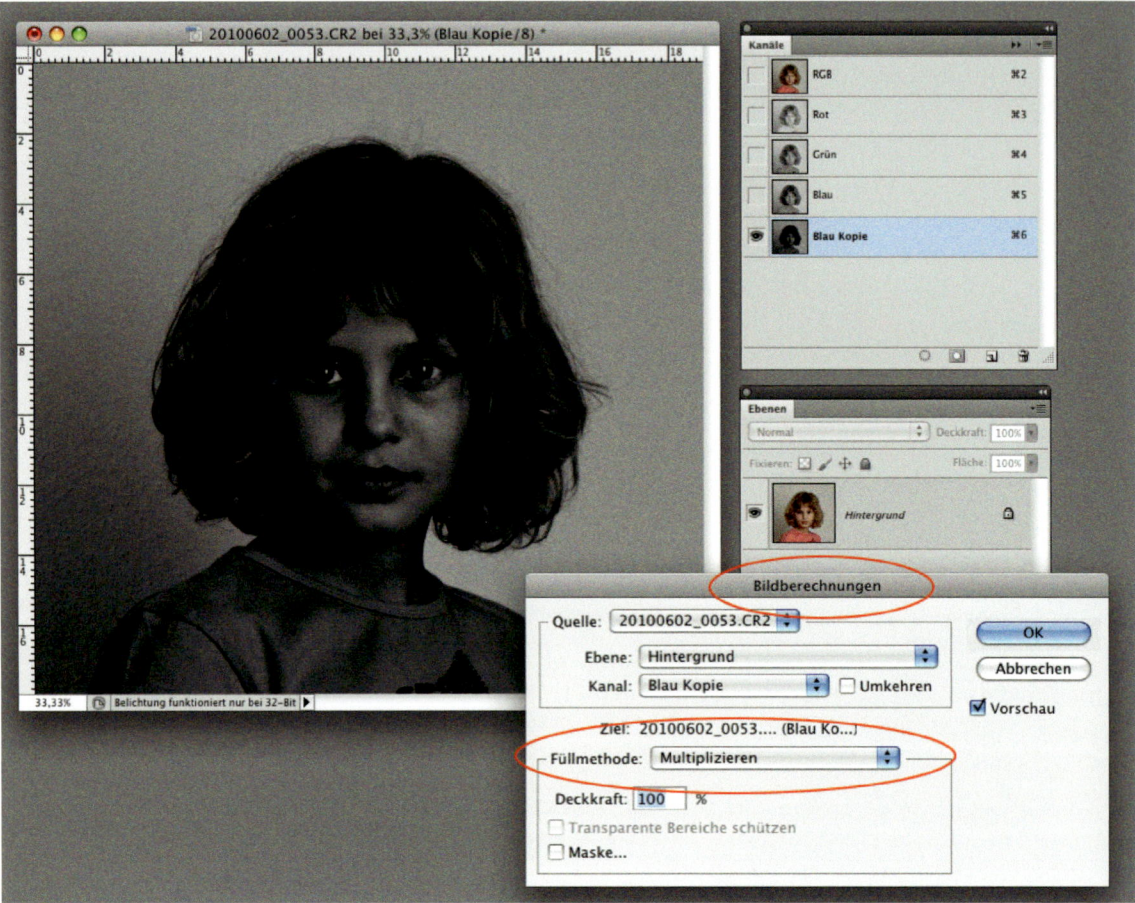

**Abbildung 8.55:** *Bildberechnungen für mehr Kontrast*

### Helligkeit/Kontrast

**5** Für noch mehr Kontrast wählen Sie *Bild/Korrekturen/Helligkeit/Kontrast*. Erhöhen Sie die Helligkeit und den Kontrast.

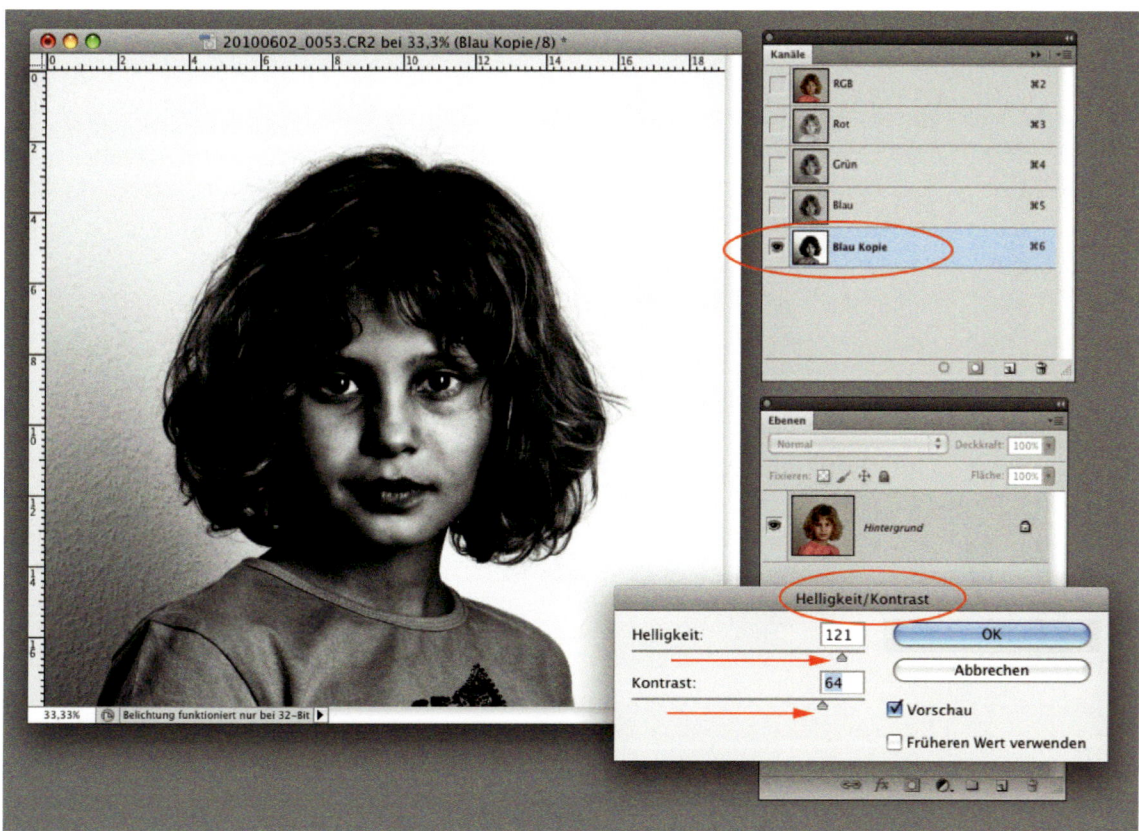

**Abbildung 8.56:** *Helligkeit und Kontrast erhöhen*

## Alphakanal mit dem Pinsel bearbeiten

Um den Unterschied zwischen der Figur und dem Hintergrund auf Schwarz und Weiß zu setzen, werden die Bereiche des Bildes mit weißer und schwarzer Farbe bei der Füllmethode *Ineinanderkopieren* bemalt. Dabei können die weißen Bereiche nicht von schwarzer Farbe beschädigt werden und umgekehrt. Ihr Ziel ist der absolut weiße Hintergrund und eine komplett schwarze Figur.

**6** Beginnen Sie, den Hintergrund mit weißer Farbe zu bemalen, auch die Grenze zwischen den Haaren und dem Hintergrund sollte bemalt werden.

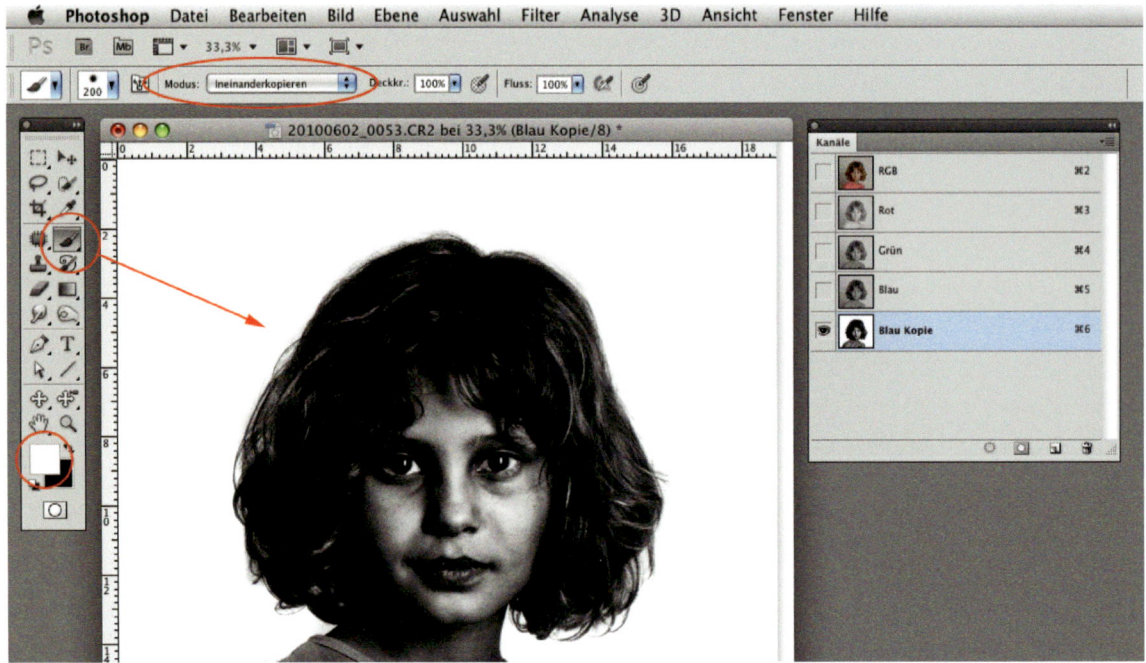

**Abbildung 8.57:**  *Mit Weiß und der Methode* Ineinanderkopieren *den Hintergrund bemalen*

**7**  Wechseln Sie die Vordergrundfarbe auf Schwarz und bemalen Sie jetzt die Figur.

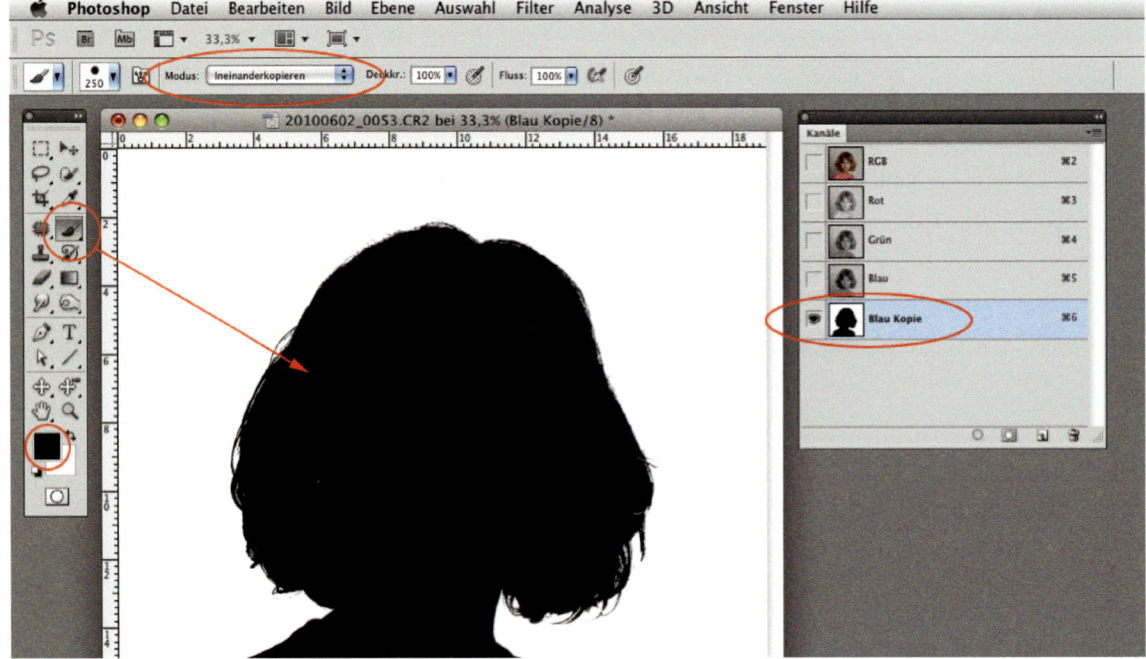

**Abbildung 8.58:**  *Figur mit Schwarz bemalen*

**Maske laden**

Nachdem Sie den Alphakanal bearbeitet haben und der Kontrast zwischen Schwarz und Weiß Ihren Vorstellungen entspricht, können Sie die Maske aus dem Alphakanal laden.

**8**  Klicken Sie dazu auf das Icon *Kanal als Maske laden*.

**Abbildung 8.59:** *Kanal als Maske laden*

**Freistellung**

**9**  Jetzt können Sie den Alphakanal ausblenden und den Kanal *RGB* einblenden.

**10** Wechseln Sie zur *Ebenen*-Palette und kehren Sie die Auswahl um mit cmd+⇧+I (Strg+⇧+I).

**11** Mit cmd+J (Strg+J) erstellen Sie die Kopie des ausgewählten Bereichs auf einer neuen Ebene.

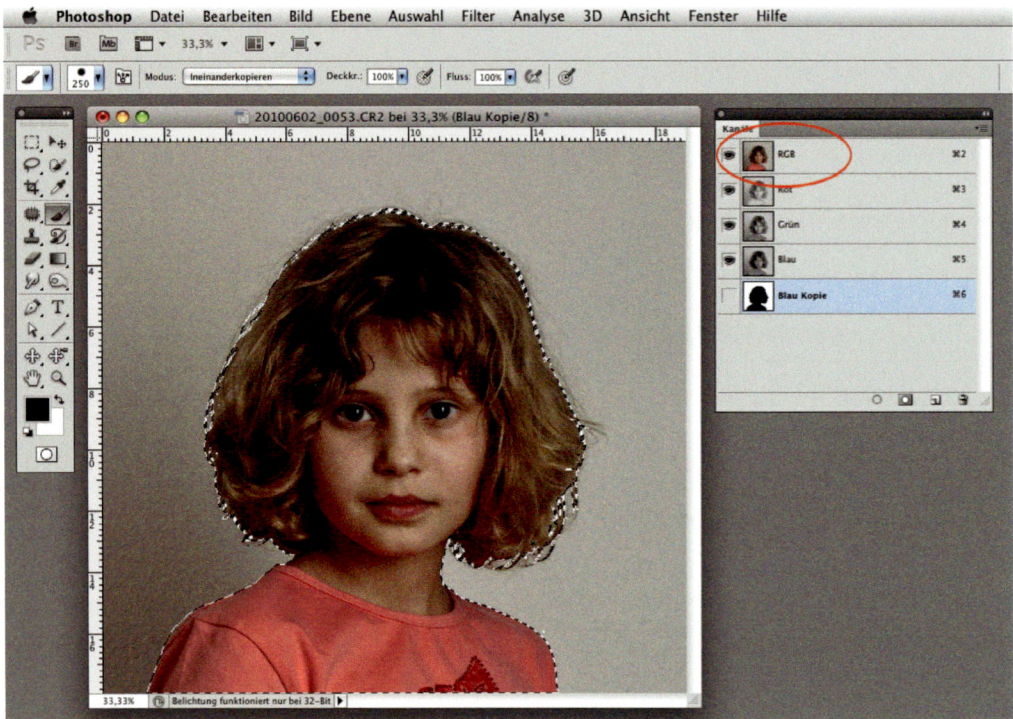

**Abbildung 8.60:** *Ebenenkopie durch Auswahl erstellen*

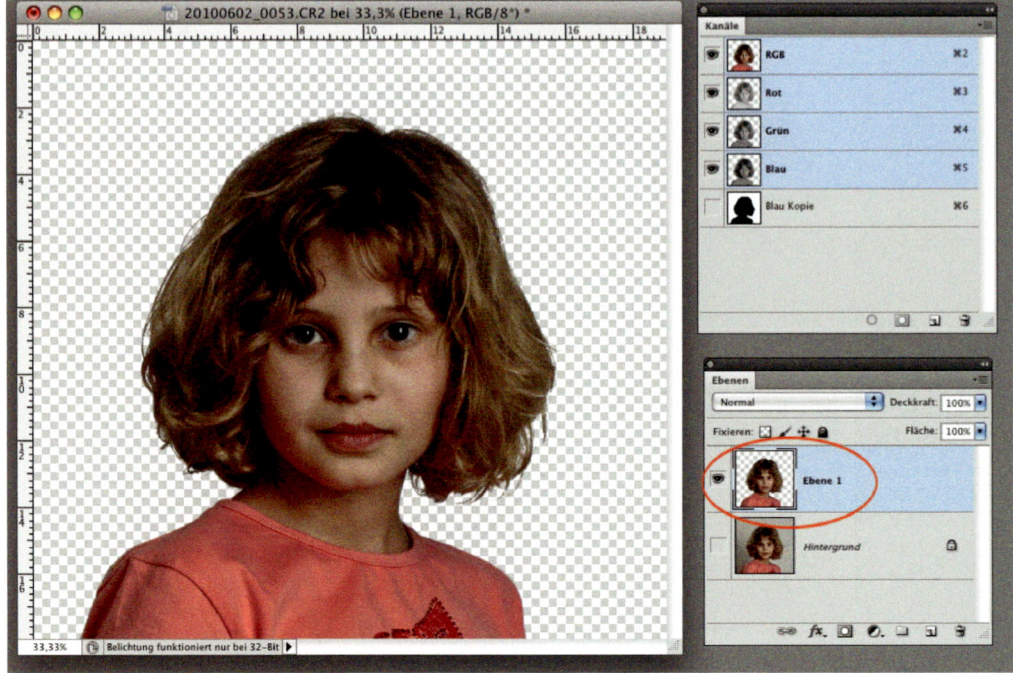

**Abbildung 8.61:** *Freigestellte Figur*

## 8.13    Überlagerung statt Freistellung: eine sinnvolle und elegante Lösung

Besonders bei Studiofotos mit gutem Kontrast können Sie auf die Freistellung mithilfe von Kanälen verzichten und stattdessen die Überlagerung nutzen. Diese Technik ist sehr einfach und bringt perfekte Ergebnisse. Allerdings gilt auch hier: Kontraste müssen vorhanden sein. Also, Sie können auf die nachfolgend beschriebene Art nur dunkle Haare vor hellem Hintergrund freistellen oder helle Haare vor dunklem Hintergrund. Unser Model wurde im Studio vor einem hellen Hintergrund fotografiert – die Voraussetzungen sind also ideal.

### Freistellung mit dem Zeichenstift-Werkzeug

1    Zuerst erfolgt die Freistellung mit dem Zeichenstift-Werkzeug (P). Diese machen Sie genauso, wie es im Abschnitt „Auswahl aus dem Pfad: das Zeichenstift-Werkzeug" beschrieben wurde. Nur den Bereich der Haare wählen Sie vorerst großzügig aus.

**Abbildung 8.62:** *Pfad mit dem Zeichenstift-Werkzeug erstellen*

**2** Nachdem der Pfad fertig ist, erstellen Sie mit einem Rechtsklick eine Auswahl mit einer weichen Kante von 0,5 Pixeln.

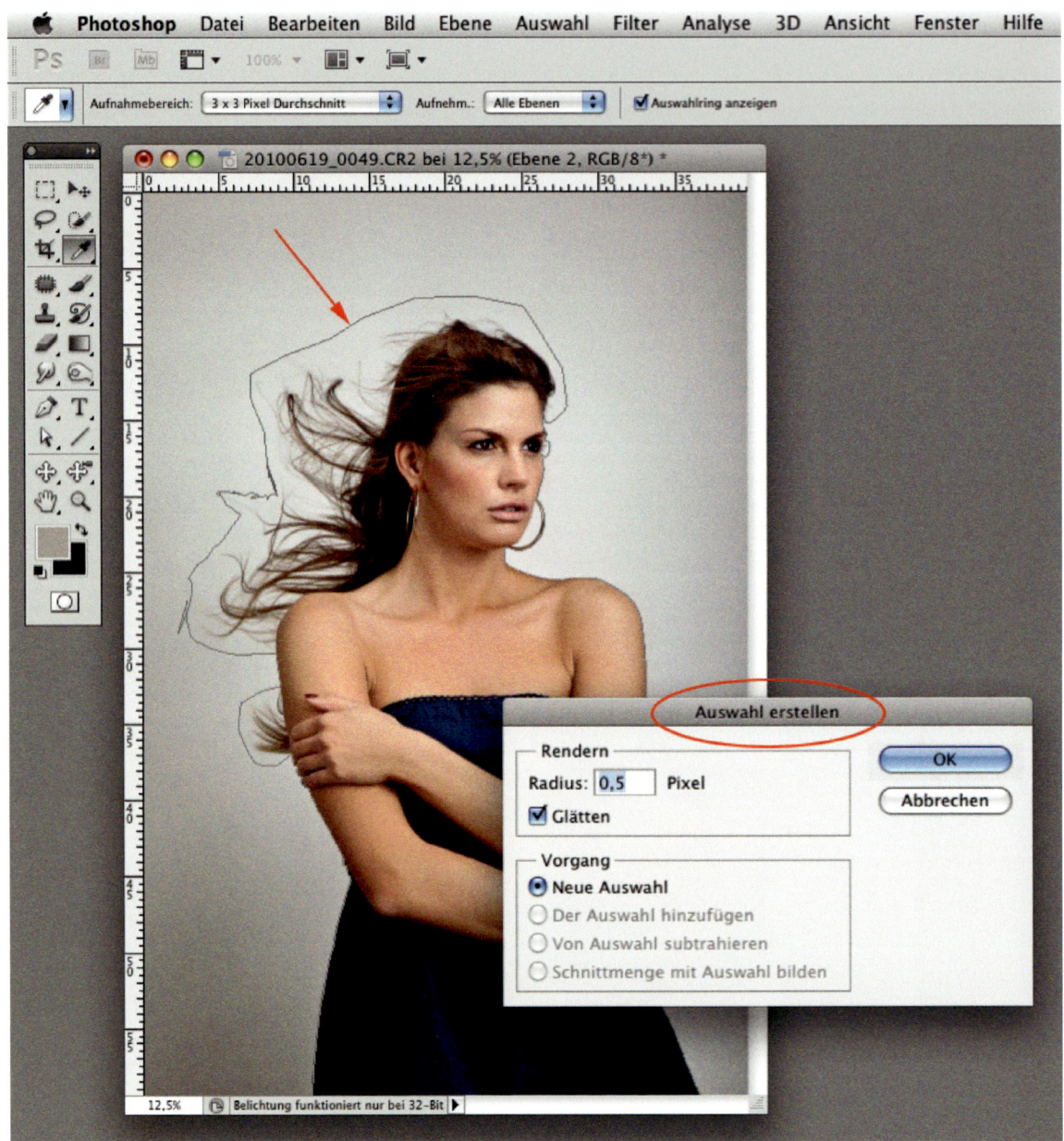

**Abbildung 8.63:** *Pfad in Auswahl umwandeln, weiche Kante definieren*

## Ebenen kopieren

**3** Mit `cmd`+`J` (`Strg`+`J`) erstellen Sie eine neue Ebene mit der nun freigestellten Figur der Frau.

**Abbildung 8.64:** *Ebenenkopie mit der Figur erstellen*

**4** Danach ziehen Sie mit dem Lasso-Werkzeug (L) eine Auswahl um den Bereich der Haare. Die Reste des Hintergrunds sollen in diese Auswahl mit eingeschlossen werden.

**Abbildung 8.65:** *Den Bereich mit den Haaren und den Resthintergrund auswählen*

**5** Erstellen Sie nun eine Kopie des ausgewählten Bereichs der Ebene mit dem freigestellten Bereich.

**Abbildung 8.66:** *Den Bereich mit den Haaren auf eine neue Ebene kopieren*

## Neuen Hintergrund einfügen

**6** Öffnen Sie ein Bild mit strukturiertem Hintergrund und verschieben Sie entweder die Struktur unter die freigestellten Ebenen mit dem Model oder umgekehrt, positionieren Sie auf jeden Fall die Ebenen des freigestellten Models über der Ebene mit der neuen Struktur.

**Abbildung 8.67:** *Neuen Hintergrund einfügen*

## Ebenenfüllmethode ändern

**7** Ändern Sie nun die Ebenenreihenfolge. Ganz oben steht die Ebene mit der Figur, weiter unten die Ebene der Haare und an der untersten Stelle ist die Ebene mit der neuen Struktur zu finden.

**8** Blenden Sie die Ebene mit der Figur vorerst aus und wechseln Sie die Ebenenfüllmethode für die Ebene mit den Haaren auf *Multiplizieren*. Wie Sie sehen, ist der restliche Hintergrund um die Haare fast transparent geworden.

**Abbildung 8.68:** *Ebenenfüllmethode ändern*

## Resthintergrund ausblenden

**9** Den Resthintergrund können Sie mit nur einem Klick ausblenden, indem Sie den verbliebenen Hintergrund anwählen. Die Wirkung der Ebenenfüllmethode *Multiplizieren* können Sie mit einem Diapositiv vergleichen. Helle Bereiche werden fast transparent, ganz weiße Stellen transparent und dunkle Bereiche bleiben sichtbar.

**Abbildung 8.69:** *Letzte Korrekturen mit der Einstellungsebene Tonwertkorrektur*

Das bedeutet, Sie können den restlichen Hintergrund „zwingen" weiß zu werden – damit wird eine vollständige Transparenz erreicht.

**10** Wählen Sie in der *Ebenen*-Palette die Einstellungsebene *Tonwertkorrektur* mit einer Schnittmaske. Wählen Sie im Dialog *Tonwertkorrektur* die weiße Pipette und klicken Sie in den Resthintergrund. Der wird sofort weiß und dank der Ebenenfüllmethode *Multiplizieren* transparent. Nur ein paar Stellen sind noch sichtbar, aber die können Sie später ganz schnell ausblenden.

## Hintergrund auf der oberen Ebene ausblenden

**11** Blenden Sie die Ebene des freigestellten Models erneut ein (obere Ebene). Erstellen Sie auf dieser Ebene eine Ebenenmaske und maskieren Sie die Bereiche mit dem restlichen hellen Hintergrund mit schwarzer Farbe.

Verwenden Sie dazu einen weichen, runden Pinsel. Sie können problemlos auch die Spitzen der Haare ausblenden. Diese sind sowieso von der darunterliegenden Ebene (die Sie mit der Ebenenfüllmethode *Multiplizieren* ausgestattet haben) sichtbar.

**Abbildung 8.70:** *Reste des Hintergrunds auf der oberen Ebene maskieren*

## Korrekturen an der Ebene mit den Haaren

**12** Die Reste des Hintergrunds, die auf der Ebene der Haare noch zu sehen sind, können Sie ausblenden. Erstellen Sie auf dieser Ebene eine Ebenenmaske und bearbeiten Sie die überflüssigen Bereiche mit dem Pinsel-Werkzeug ([B]) mit schwarzer Farbe.

**Abbildung 8.71:** *Ebene der Haare maskieren*

**Abbildung 8.72:** *Das fertige Ergebnis*

## 8.14    Freistellen mit Kantenerkennung und Smart-Radius

In Photoshop CS5 wurde die Funktion *Kante verbessern* um ein nützliches Tool erweitert. Hier gibt es jetzt eine Anpassungsmöglichkeit mit der *Kantenerkennung*, sie funktioniert so ähnlich wie in früheren Photoshop-Versionen das Extrahieren-Werkzeug, nur genauer.

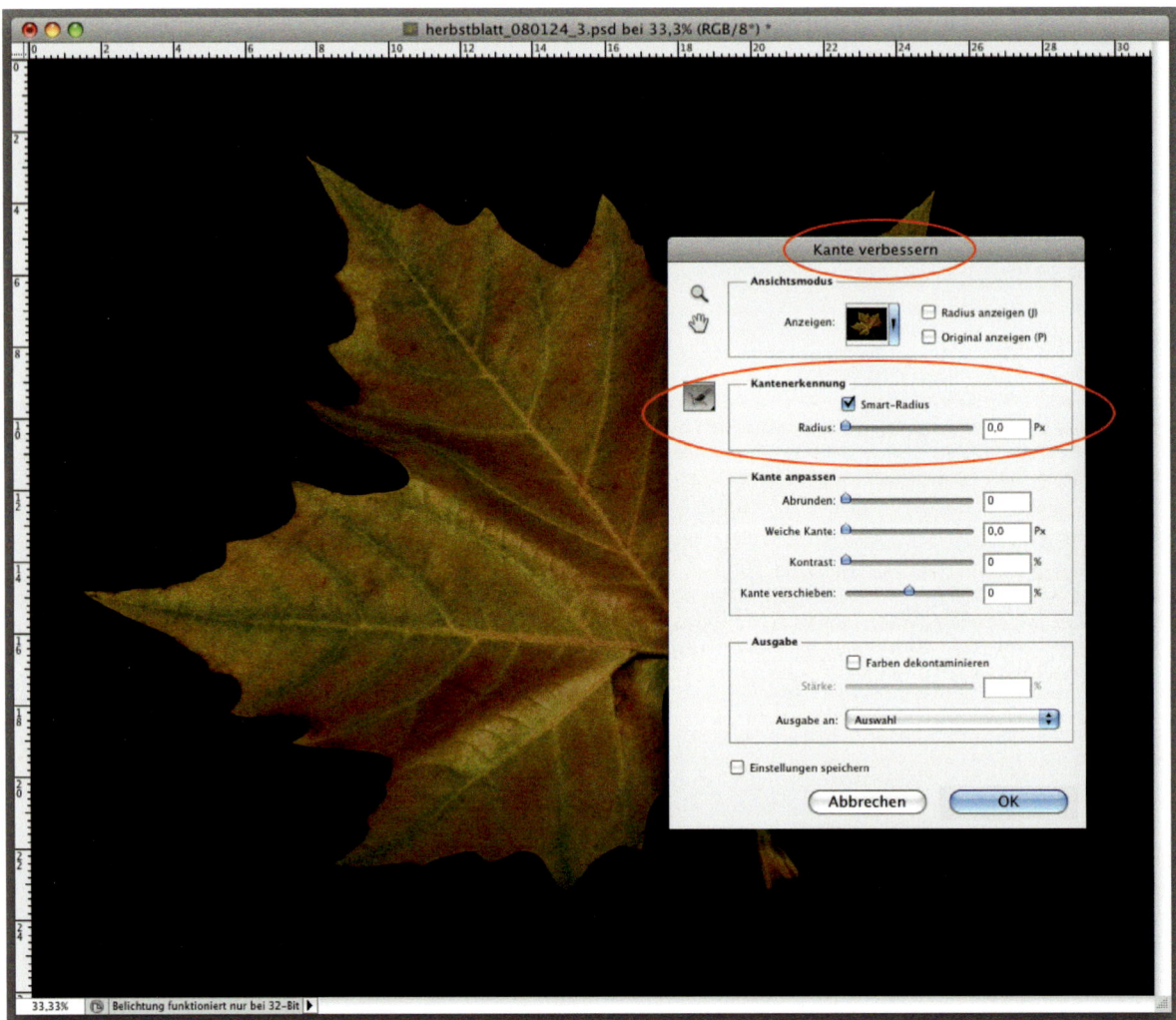

***Abbildung 8.73:*** *Kantenerkennung im Dialog* Kante verbessern

**1**   Erstellen Sie zuerst eine Auswahl zum Beispiel mit dem Schnellauswahl-Werkzeug (W̅).

**2**   Klicken Sie dann auf die Option *Kante verbessern* und wählen Sie im Dialog die *Kantenerkennung* (wählen Sie hierzu das Pinsel-Symbol). Sie können den Radius manuell einstellen, innerhalb dessen die Kante erkannt werden soll. Oder Sie aktivieren die Option *Smart-Radius*. Abhängig vom Kontrast der Kante wird der Radius automatisch für bestmögliche Ergebnisse angepasst.

## 8.15  Freistellungswerkzeug zum Beschneiden von Bildern nutzen

Eigentlich sollte dieses Werkzeug Beschneiden-Werkzeug heißen, weil die meisten Photoshop-Nutzer unter Freistellung die Freistellung einzelner Bildbereiche verstehen. Das Freistellungswerkzeug (C) ist für die Wahl des optimalen Bildausschnitts ideal. Und nicht nur das.

Mit diesem Tool können Sie feste Vorgaben nutzen, um Ihr Bild auf die gewünschte Größe bei einer bestimmten Auflösung zu bringen. Geben Sie dazu in der Optionsleiste die Breite und die Höhe sowie die Auflösung in Pixel/Zoll ein. Wenn Sie mit dieser Option einen Bildausschnitt festlegen, werden die Seitenverhältnisse automatisch eingehalten, und nach dem Bestätigen mit der [←]-Taste erfolgt die Neuberechnung des Bildes auf die neue Auflösung.

Selbstverständlich können Sie das Werkzeug auch frei Hand benutzen. Um das zu tun, lassen Sie die Optionsfelder einfach leer. Wenn Sie das Bild quadratisch beschneiden möchten, halten Sie beim Erstellen des Freistellungsrahmens die [⇧]-Taste gedrückt.

**Abbildung 8.74:** *Optionen für die Freistellung bei vorgegebener Seitenlänge*

**Abbildung 8.75:** *Auswahl des Ausschnitts*

**Abbildung 8.76:** *Das Ergebnis*

# 9

# Mit Texten in Photoshop arbeiten

Photoshop beherrscht nicht nur den Umgang mit digitalen Bildern, sondern auch der Text kommt nicht zu kurz. Möchten Sie einmal ein Layout für eine Broschüre oder Ähnliches gestalten, sind Sie auf die Verwendung von Text angewiesen. Im folgenden Kapitel werden die Möglichkeiten der Text-werkzeuge von Photoshop demonstriert. Sehen Sie was alles möglich ist.

Photoshop kann ein Layoutprogramm wie zum Beispiel Adobe InDesign oder Illustrator nicht ersetzen. Es wäre sinnlos, in Photoshop große Layouts zum Beispiel für eine Zeitschrift oder ein Buch anzulegen. Für die Gestaltung von Projekten, die nicht viele Seiten haben, dafür aber von ausgefallenen Effekten leben, wie Plakate, Artworks etc. war und ist Photoshop dagegen unschlagbar. Das Programm verfügt über ausreichende Einstellungen für editierbaren Text sowie über unzählige Optionen, aus einfachem Text eine interessante grafische Gestaltung zu fertigen. Die Extended Version von Photoshop CS5 bietet Ihnen auch die Möglichkeit, 3-D-Texte zu erzeugen und in Ihre Projekte zu integrieren.

## 9.1 Text-Werkzeuge in Photoshop

In Photoshop besteht die Möglichkeit, Text mit zwei verschiedenen Werkzeugen zu erstellen:

- Text-Werkzeug
- Textmaskierungswerkzeug

### 9.1.1 Text-Werkzeug

Das Text-Werkzeug in Photoshop funktioniert ganz normal. Wählen Sie das Text-Werkzeug ([T]), klicken Sie in die Arbeitsfläche und schreiben Sie. Sie können die Textattribute in der Optionsleiste festlegen – dort sind die wichtigsten Eigenschaften einstellbar – oder in den Paletten *Zeichen* und *Absatz*, über die weitere Möglichkeiten zur Verfügung stehen.

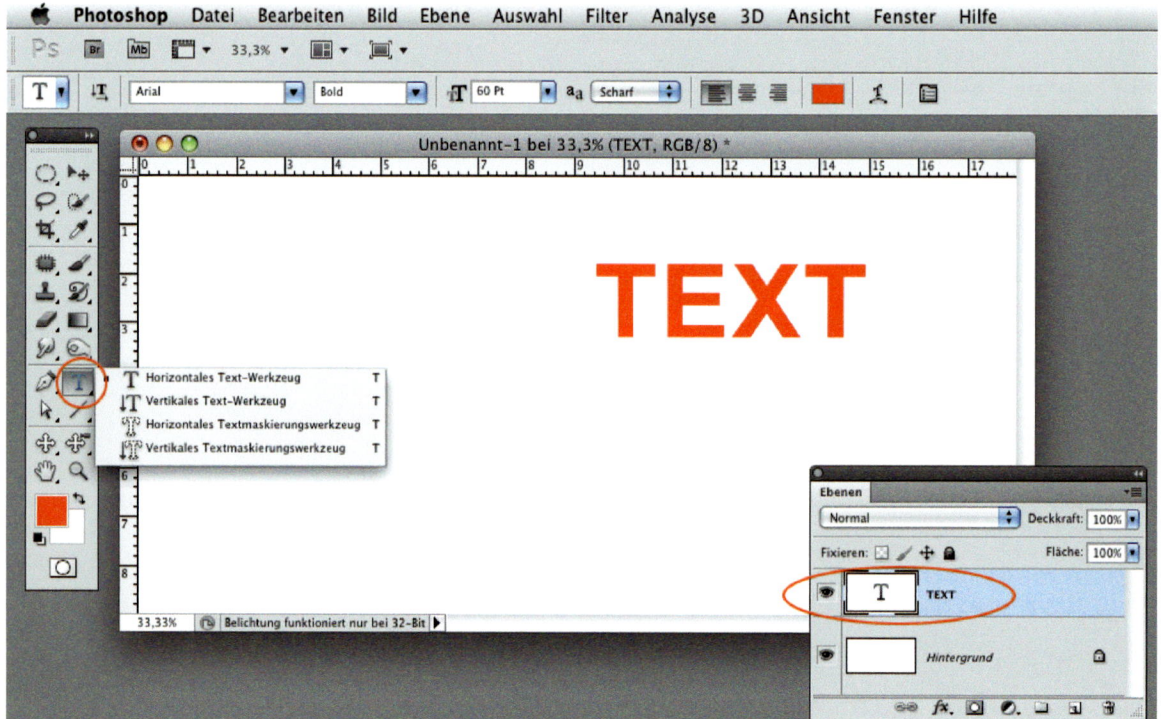

**Abbildung 9.1:** *Text-Werkzeug in der Werkzeugpalette*

Sobald Sie mit dem Text-Werkzeug (T) in die Arbeitsfläche klicken, entsteht in der *Ebenen*-Palette eine neue Ebene mit dem T-Zeichen auf der Ebenenminiatur – die Textebene. Textebenen sind editierbar. Wenn Sie bereits mehrere Ebenen in der *Ebenen*-Palette haben und eine bestehende Textebene editieren möchten, aktivieren Sie das Text-Werkzeug (T) und klicken dann am besten zwischen die Zeichen.

Editieren Sie den Text und wechseln Sie dann zu einem anderen Werkzeug, um die Textbearbeitung abzuschließen. Das Text-Werkzeug kann horizontal (Standard) und vertikal benutzt werden. Das normale Text-Werkzeug ist deshalb in ein Horizontales Text-Werkzeug (T) und ein Vertikales Text-Werkzeug (T) unterteilt.

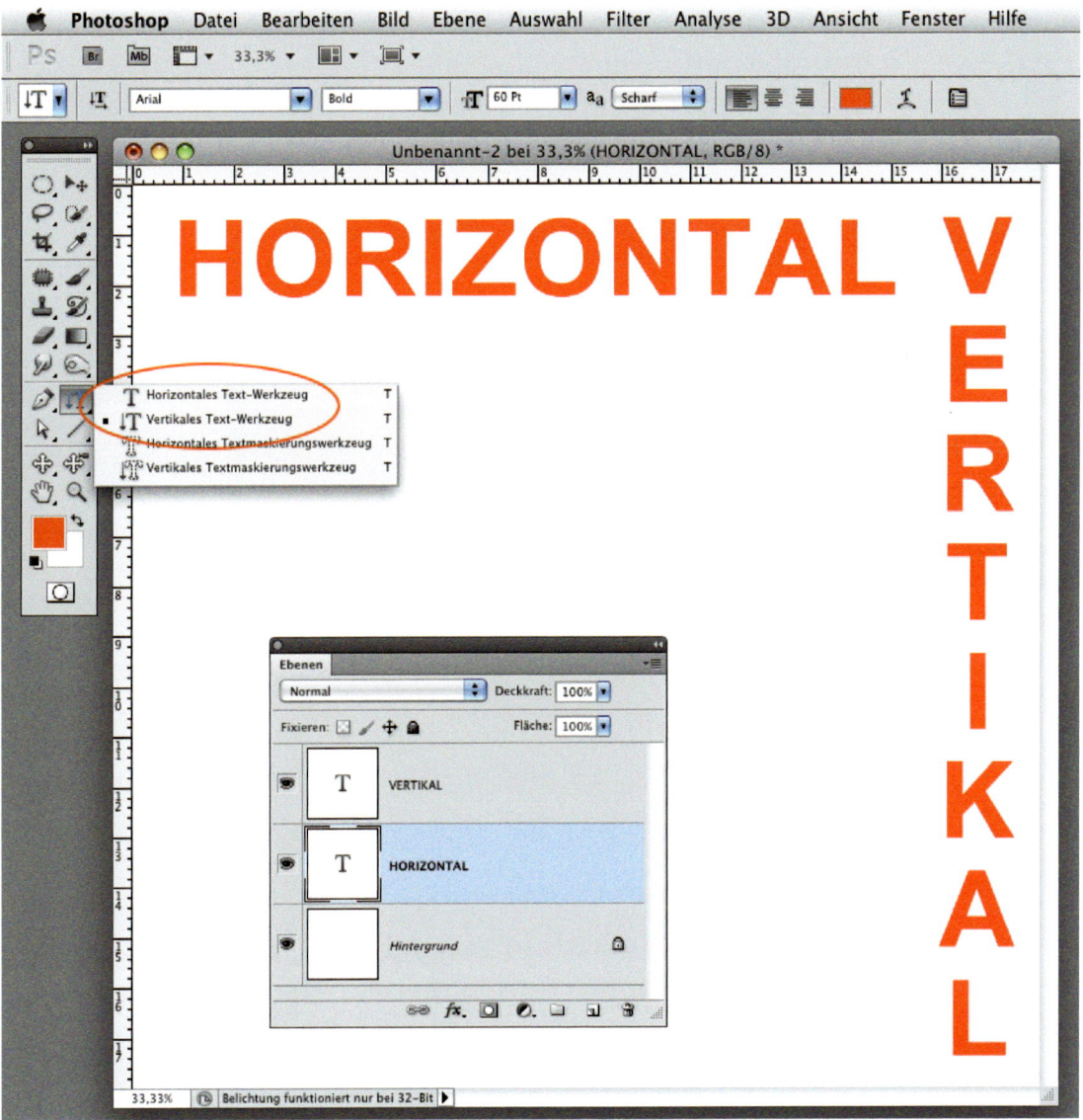

**Abbildung 9.2:** *Horizontales und vertikales Text-Werkzeug*

Die Text-Werkzeuge können sowohl zum Erstellen von Grafiktext als auch für Mengentext eingesetzt werden. Diese Eigenschaften werden Sie etwas später kennenlernen.

### 9.1.2 Textmaskierungswerkzeug

Das Textmaskierungswerkzeug gibt es ebenfalls in zwei Varianten: als horizontales und vertikales Textmaskierungswerkzeug. Das Prinzip des Textmaskierungswerkzeugs ist Folgendes: Der Text wird nicht mit Zeichen auf der Arbeitsfläche dargestellt, sondern als Maske.

Solange Sie den Text mit dem Textmaskierungswerkzeug schreiben, ist der Maskierungsmodus eingeschaltet. Alles, was sichtbar sein soll, ist weiß dargestellt, der Rest ist mit der Maske abgedeckt (standardmäßig wird die Maske rosa dargestellt). Während Sie sich im Maskierungsmodus befinden, können Sie den Text nach Belieben editieren und Textattribute festlegen.

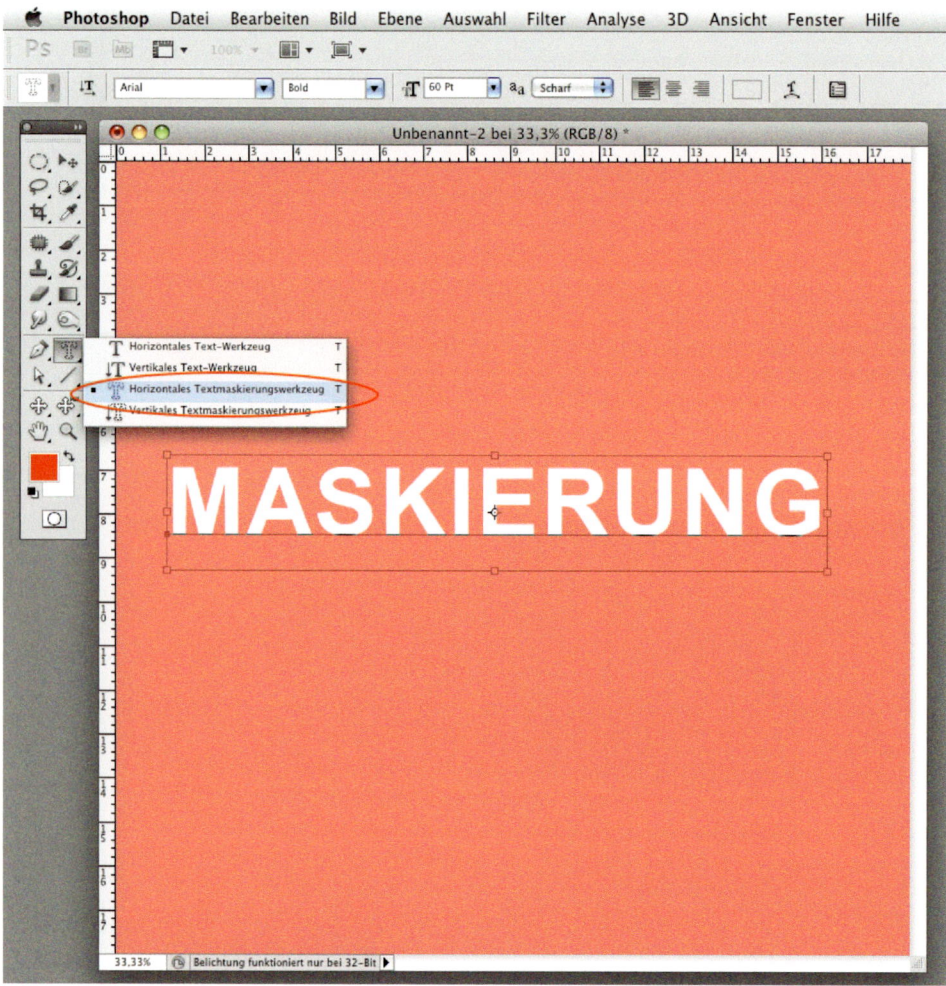

**Abbildung 9.3:** *Textmaskierungswerkzeug*

Sobald Sie zu einem anderen Werkzeug wechseln, etwa zum Verschieben-Werkzeug (V), wird die Maske in die entsprechende Auswahl umgewandelt und der Text ist nun nicht mehr editierbar. Aus diesem Grund sollten Sie alle Texteigenschaften bereits im Maskierungsmodus festlegen.

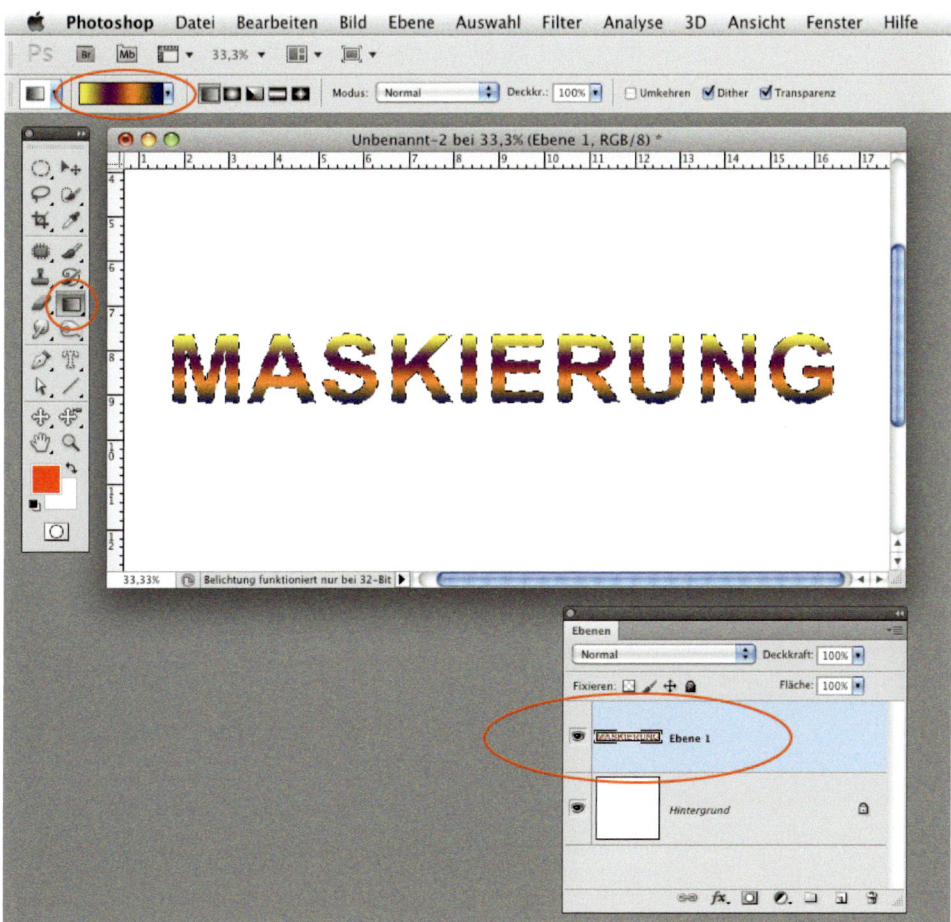

**Abbildung 9.4:** *Aus einer Maske wird eine Auswahl*

Die Auswahl, die nach dem Verlassen des Maskierungsmodus entstanden ist, können Sie jetzt mit jeder beliebigen Füllung versehen, zum Beispiel mit einem Verlauf. Erstellen Sie eine neue leere Ebene und füllen Sie die Auswahl mit dem Verlaufswerkzeug (G) wie bei unserem Beispielbild.

Das Textmaskierungswerkzeug (T) wird von Grafikern gerne für die Layoutgestaltung verwendet. In unserem nächsten Beispiel können Sie mit nur wenigen Klicks die Textauswahl mit einem Foto füllen. Auf diese Art können Sie wunderbar eine Vorlage z. B. für eine Zeitschriftenseite gestalten.

## Mit Textmaskierungswerkzeug schreiben

**1** Öffnen Sie das Bild und wählen Sie das horizontale Textmaskierungswerkzeug.

**2** Schreiben Sie den Text in der Arbeitsfläche.

**3** Passen Sie die Textattribute an und wechseln Sie dann zum Verschieben-Werkzeug ([V]), um die Textbearbeitung abzuschließen.

**Abbildung 9.5:** *Mit Textmaskierungswerkzeug auf dem Foto schreiben*

### Ebene als Kopie laden

**4**  Mit der Tastenkombination ⌘+J (Strg+J) erstellen Sie eine Kopie in Form des Textes auf einer neuen Ebene.

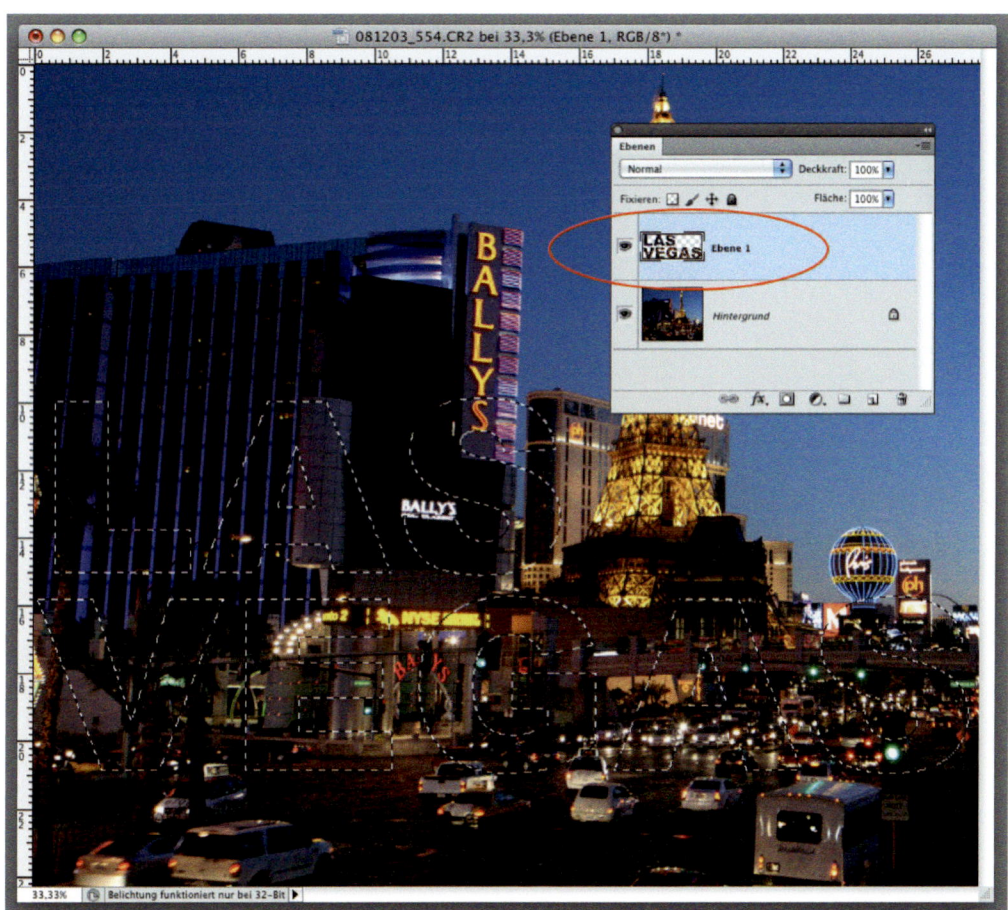

**Abbildung 9.6:** *Ebene mit gefüllter Textform*

### Den Hintergrund verblassen

**5**  Jetzt können Sie den Text auf unterschiedliche Art vom Hintergrund abheben. Sie können zum Beispiel die Ebenenstile verwenden (darüber lesen Sie in einer späteren Lektion) oder einen beliebten Gestaltungstrick der Zeitschriftenlayouter nutzen: über den Hintergrund eine halbtransparente Farbfläche legen.

**6**  Erstellen Sie über der Ebene *Hintergrund* eine Füllebene *Farbfläche* mit weißer Farbe und reduzieren Sie die Deckkraft der Farbfläche auf ca. 70 %. Der mit dem Bild gefüllte Text ist jetzt sehr gut sichtbar und wirkt sehr ästhetisch. Jetzt kann so eine Vorlage mit dem Fließtext und ein paar Überschriften gefüllt werden – fertig ist eine Zeitschriftenseite.

**Abbildung 9.7:** *Hintergrund verblassen mit halbtransparenter Füllebene* Farbfläche

## Hotels & Casinos

Lorem ipsum dolor sit amet, consectetuer adipiscing elit. Aenean commodo ligula eget dolor. Aenean massa. Cum sociis natoque penatibus et magnis dis parturient montes, nascetur ridiculus mus. Donec quam felis, ultricies nec, pellentesque eu, pretium quis, sem. Nulla consequat massa quis enim. Donec pede justo, fringilla vel, aliquet nec, vulputate eget, arcu. In enim justo, rhoncus ut, imperdiet a, venenatis vitae, justo. Nullam dictum felis eu pede mollis pretium. Integer tincidunt. Cras dapibus. Vivamus elementum semper nisi. Aenean vulputate eleifend tellus. Aenean leo ligula, porttitor eu, consequat vitae, eleifend ac, enim. Aliquam lorem ante, dapibus in, viverra quis, feugiat a, tellus. Phasellus viverra nulla ut metus varius laoreet. Quisque rutrum. Aenean imperdiet.

Etiam ultricies nisi vel augue. Curabitur ullamcorper ultricies nisi. Nam eget dui. Etiam rhoncus. Maecenas tempus, tellus eget condimentum rhoncus, sem quam semper libero, sit amet adipiscing sem neque sed ipsum. Nam quam nunc, blandit vel, luctus pulvinar, hendrerit id, lorem. Maecenas nec odio et ante tincidunt tempus. Donec vitae sapien ut libero venenatis faucibus. Nullam quis ante. Etiam sit amet orci eget eros faucibus tincidunt. Duis leo. Sed fringilla mauris sit amet nibh. Donec sodales sagittis magna.

Sed consequat, leo eget bibendum sodales, augue velit cursus nunc, quis gravida magna mi a libero. Fusce vulputate eleifend sapien. Vestibulum purus quam, scelerisque ut, mollis sed, nonummy id, metus. Nullam accumsan lorem in dui. Cras ultricies mi eu turpis hendrerit fringilla. Vestibulum ante ipsum primis in faucibus orci luctus et ultrices posuere cubilia Curae; In ac dui quis mi consectetuer lacinia. Nam pretium turpis et arcu. Duis arcu tortor, suscipit eget, imperdiet nec, imperdiet iaculis, ipsum. Sed aliquam ultrices mauris. Integer ante arcu, accumsan a, consectetuer eget, posuere ut, mauris. Praesent adipiscing. Phasellus ullamcorper ipsum rutrum nunc. Nunc nonummy metus. Vestibulum volutpat pretium libero. Cras id dui. Aenean ut eros et nisl sagittis vestibulum. Nullam nulla eros, ultricies sit amet, nonummy id, imperdiet feugiat, pede. Sed lectus. Donec mollis hendrerit risus.

Phasellus nec sem in justo pellentesque facilisis. Etiam imperdiet imperdiet orci. Nunc nec neque. Phasellus leo dolor, tempus non, auctor et, hendrerit quis, nisi. Curabitur ligula sapien, tincidunt non, euismod vitae, posuere imperdiet, leo. Maecenas malesuada. Praesent congue erat at massa. Sed cursus turpis vitae tortor. Donec posuere vulputate arcu. Phasellus accumsan cursus velit. Vestibulum ante ipsum primis in faucibus orci luctus et ultrices posuere cubilia Curae; Sed aliquam, nisi quis porttitor congue, elit erat euismod orci, ac placerat dolor lectus quis orci. Phasellus consectetuer vestibulum elit. Aenean tellus metus, bibendum sed, posuere ac, mattis non, nunc. Vestibulum fringilla pede sit amet augue. In turpis. Pellentesque posuere.

Praesent turpis. Aenean posuere, tortor sed cursus feugiat, nunc augue blandit

***Abbildung 9.8:*** *Textauswahl mit Bildfüllung als Gestaltungsmittel*

## 9.2 Grafischer Text und Mengentext

Beide Text-Werkzeuge (⊤) (das eigentliche Text-Werkzeug und auch das Textmaskierungswerkzeug) können auf zwei unterschiedliche Arten eingesetzt werden:

- Grafiktext oder Fließtext
- Mengentext

### 9.2.1 Grafiktext oder Fließtext

Diese Art verwendet man für Überschriften oder für Schriftzüge. Wenn Sie mit dem Text-Werkzeug auf die Arbeitsfläche klicken und losschreiben, erzeugen Sie einen Grafiktext. Die Zeilenumbrüche können manuell eingefügt werden.

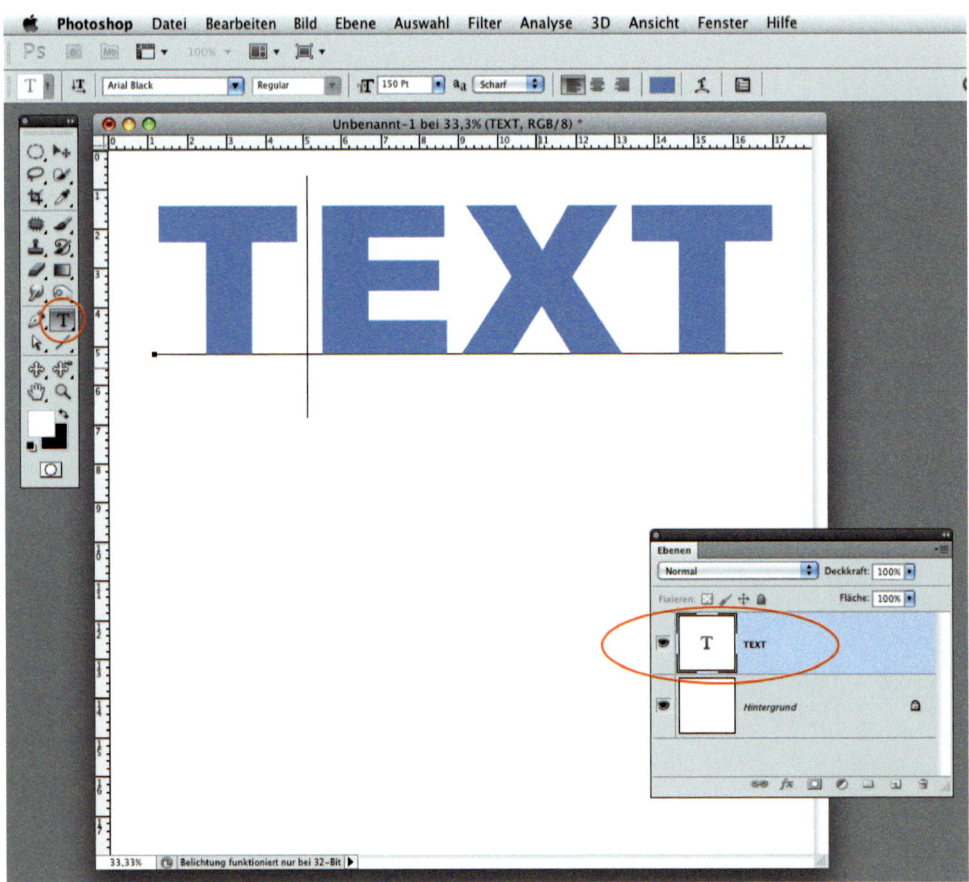

***Abbildung 9.9:*** *Grafiktext oder Fließtext*

Bei dieser Option können Sie alle Attribute verwenden, die für das Text-Werkzeug vorgesehen sind. Für größere Texte ist Grafiktext nicht geeignet, weil die Gestaltung der Textblöcke damit sehr schwierig und jede Veränderung mit viel Arbeit verbunden ist.

### 9.2.2 Mengentext

Für große Texte wie zum Beispiel einen Zeitschriftenartikel oder eine Aufzählung etc. ist Mengentext eine bessere Alternative.

**1** Um mit dem Text-Werkzeug (T) einen Block für den Mengentext zu erzeugen, klicken Sie mit dem Werkzeug in die Arbeitsfläche und ziehen einen Rahmen auf.

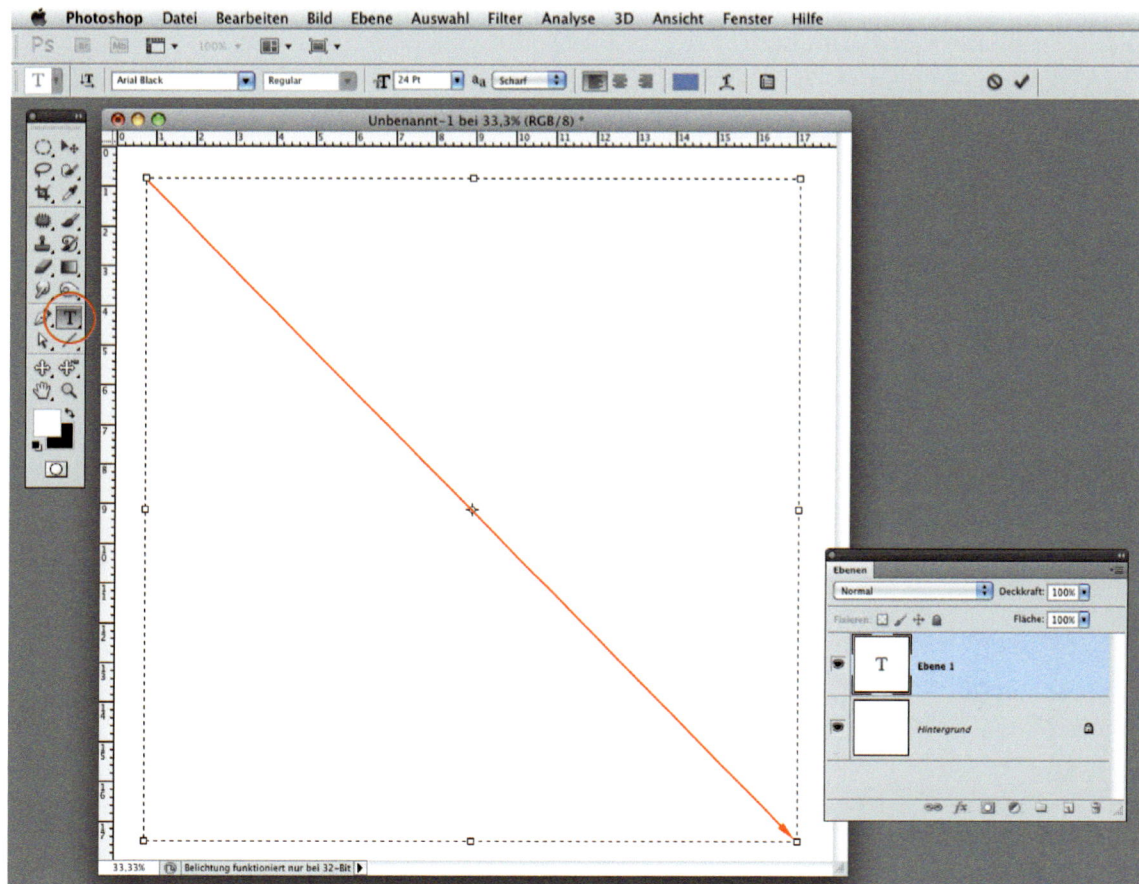

**Abbildung 9.10:** *Textrahmen für einen Textblock erzeugen*

**2** Wenn Sie den Text schon vorbereitet haben, können Sie ihn zum Beispiel aus einem Word-Dokument kopieren und dann mit cmd+V (Strg+V) in den Textrahmen einfügen.

**3** Der Text bleibt in Ihrem Rahmen und Sie können den Text jetzt formatieren. In der Palette *Absatz* können Sie entscheiden, ob die Ausrichtung links- oder rechtsbündig sein soll oder ob Sie einen erzwungenen Blocksatz verwenden möchten.

**4** Markieren Sie die Zeilen, die eingezogen werden sollen – die Gestaltung des Textes erfolgt genauso wie in einem Layoutprogramm.

Für die Layouts, die nur wenige Seiten beinhalten, kommen Sie mit den Möglichkeiten, die Ihnen der Mengentext in Photoshop bietet, sehr gut zurecht. Bei größeren Projekten wird es allerdings schwieriger, da in Photoshop keine Seitenverwaltung wie zum Beispiel in Adobe InDesign existiert.

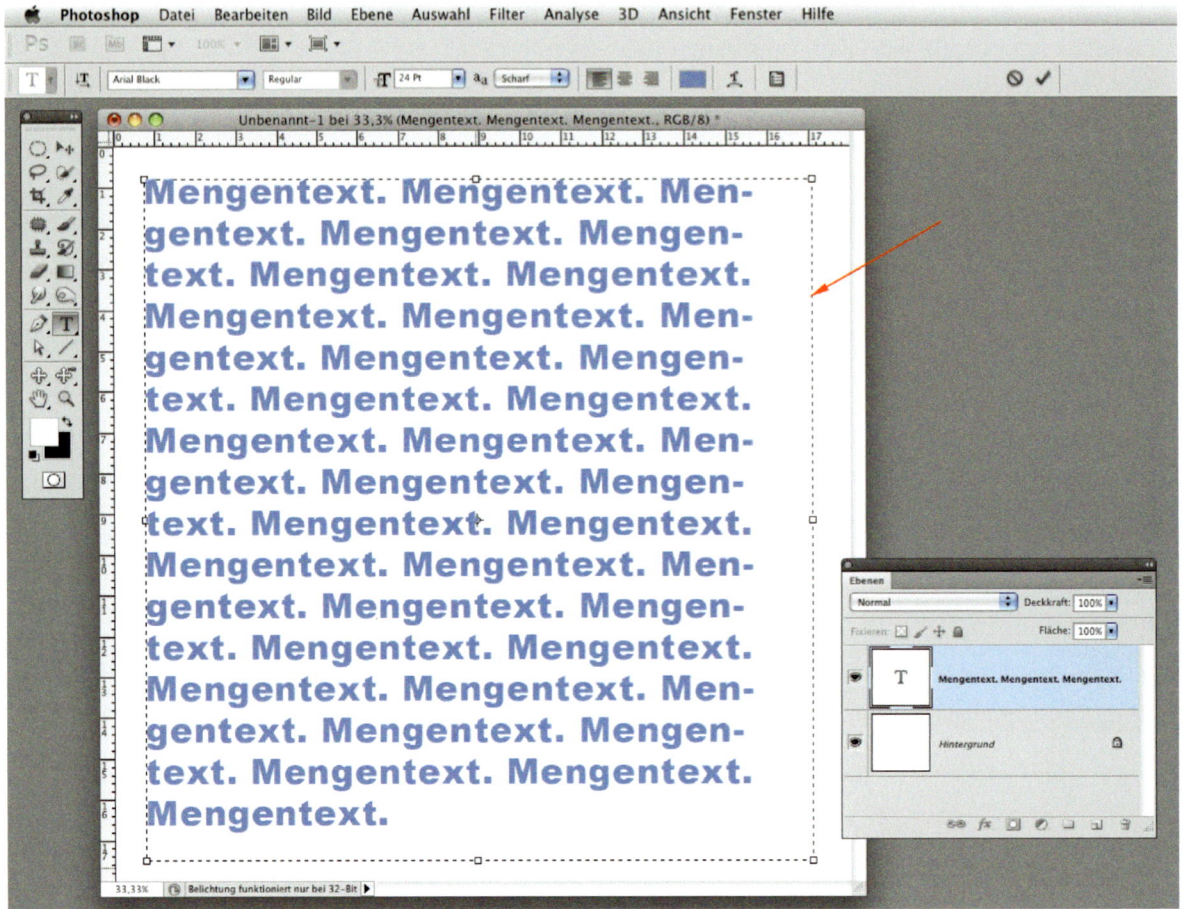

**Abbildung 9.11:** *Textrahmen mit dem Text füllen*

Mengentextblöcke können Sie sehr einfach in der Größe verändern. Bei aktiviertem Text-Werkzeug können Sie die Anfasser des Textrahmens verschieben, um den Textblock breiter oder schmaler zu machen, in der Höhe zu verringern oder entsprechend zu vergrößern.

Auch auf die Rechtschreibprüfung sollten Sie nicht verzichten. Wenn Sie den Text auf Fehler überprüfen möchten, wählen Sie mit einem Rechtsklick in den Textblock die Option *Rechtschreibprüfung starten*.

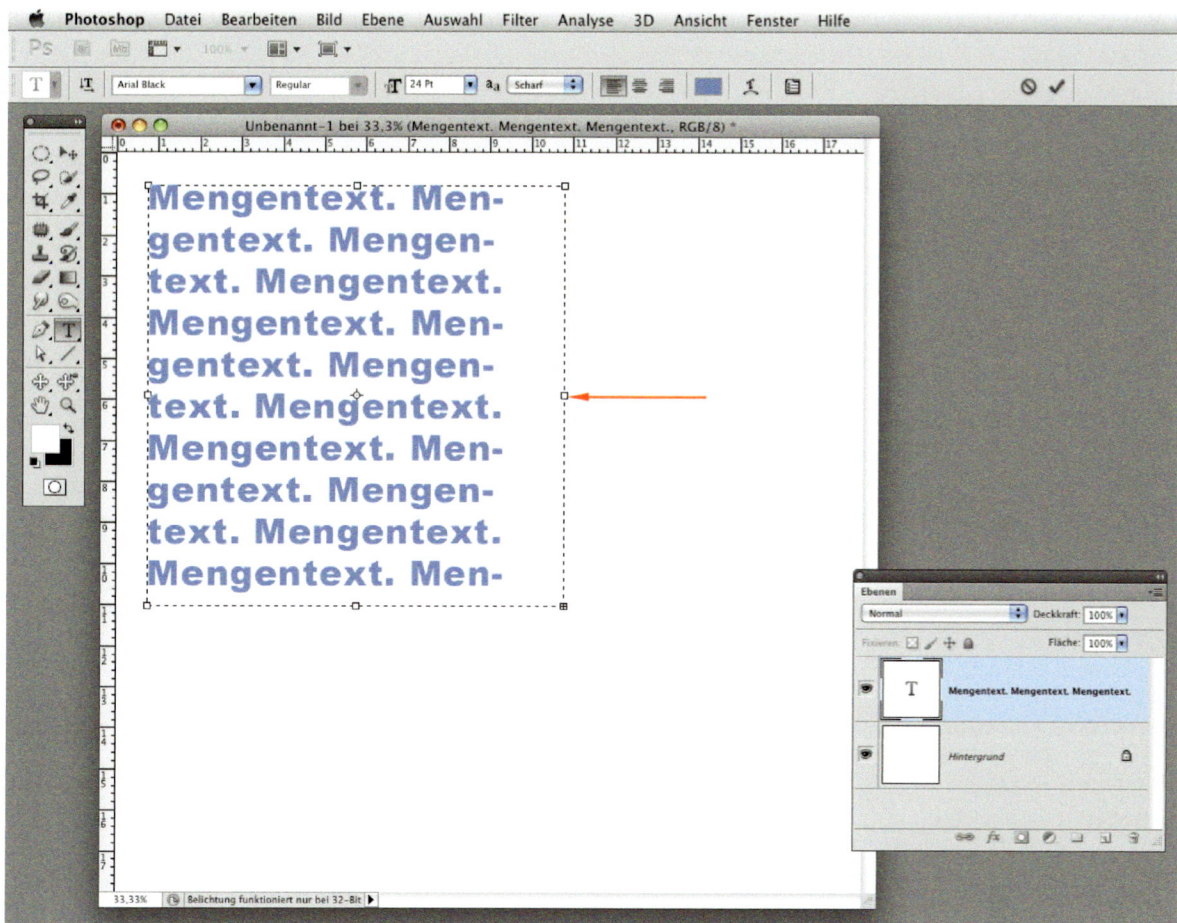

**Abbildung 9.12:** *Größe des Textrahmens anpassen*

## 9.3   Textattribute festlegen

Die Textattribute können Sie entweder in der Optionsleiste oder in den Paletten *Zeichen* und *Absatz* festlegen. In der Optionsleiste sind die Attribute abgelegt, die am häufigsten verwendet werden, wie zum Beispiel *Schriftart*, *Schriftgröße*, *Farbe*, *Ausrichtung*. Erweiterte Optionen sind nur in den beiden Paletten *Zeichen* und *Absatz* zu finden.

Textattribute können entweder für den ganzen Textblock (dabei spielt es keine Rolle, ob Sie den grafischen oder den Mengentext verwenden) oder für einen einzelnen Buchstaben angewandt werden. Hier folgen einige Beispiele, welche Textattribute Sie für die kreative Gestaltung des Satzes verwenden können.

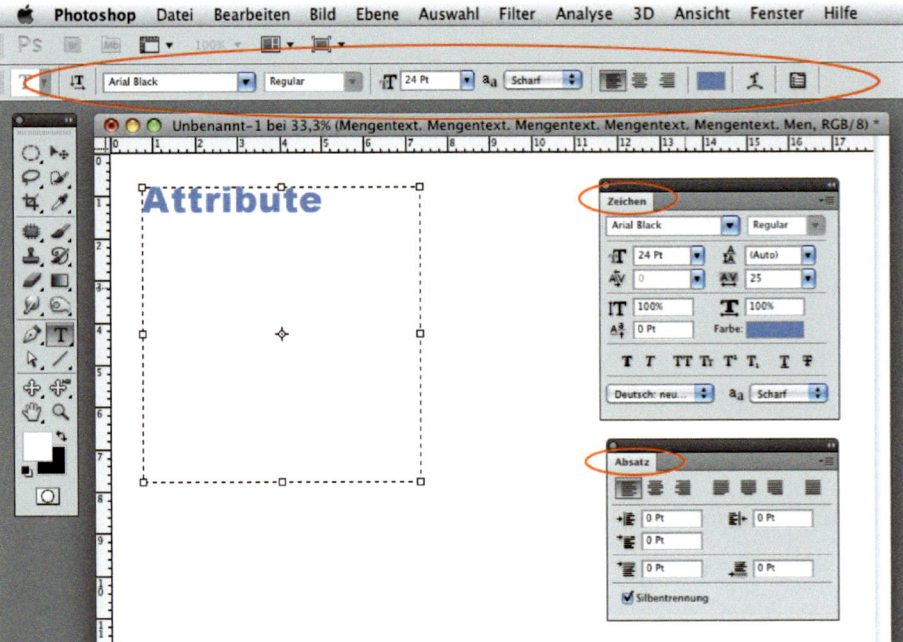

**Abbildung 9.13:**
*Textattribute in der Optionsleiste und den Paletten* Zeichen *und* Absatz

### Textbreite und Texthöhe

Ohne dass die Größe des Zeichens komplett verändert wird, können Sie entweder die Breite oder die Höhe anpassen. Diese wird dann in Prozenten vergrößert oder verkleinert.

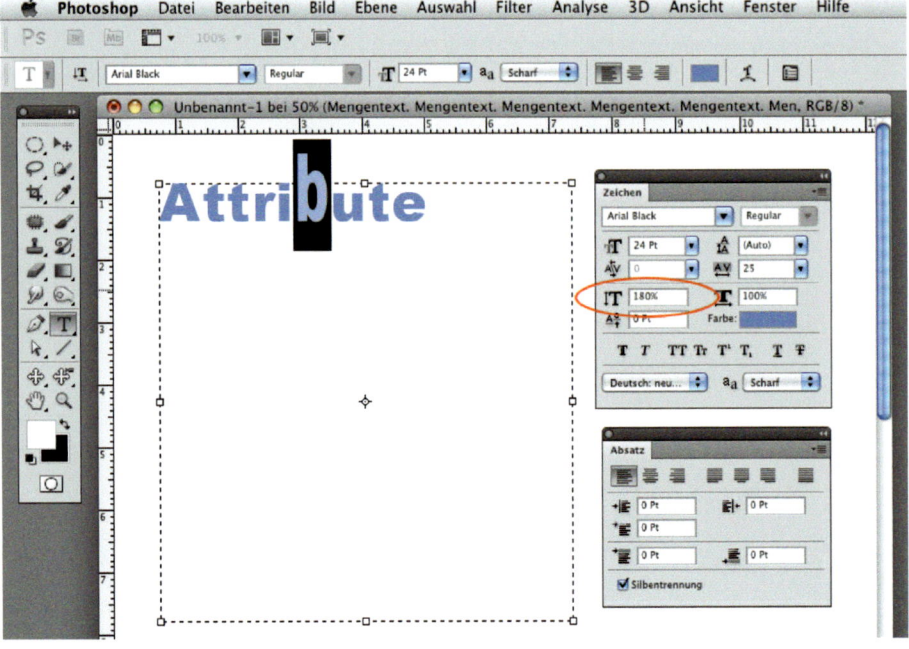

**Abbildung 9.14:**
*Textbreite und Texthöhe verändern*

### Zeichen hoch-/tiefstellen

Mit dieser Option können Sie die Zeichen gegenüber der Grundlinie höher oder tiefer stellen. Besonders praktisch ist diese Funktion, wenn Sie zum Beispiel die Flächenbezeichnung cm² darstellen möchten. Stellen Sie die Schriftgröße für 2 kleiner ein und stellen Sie anschließend das Zeichen höher dar als die anderen in der Zeile.

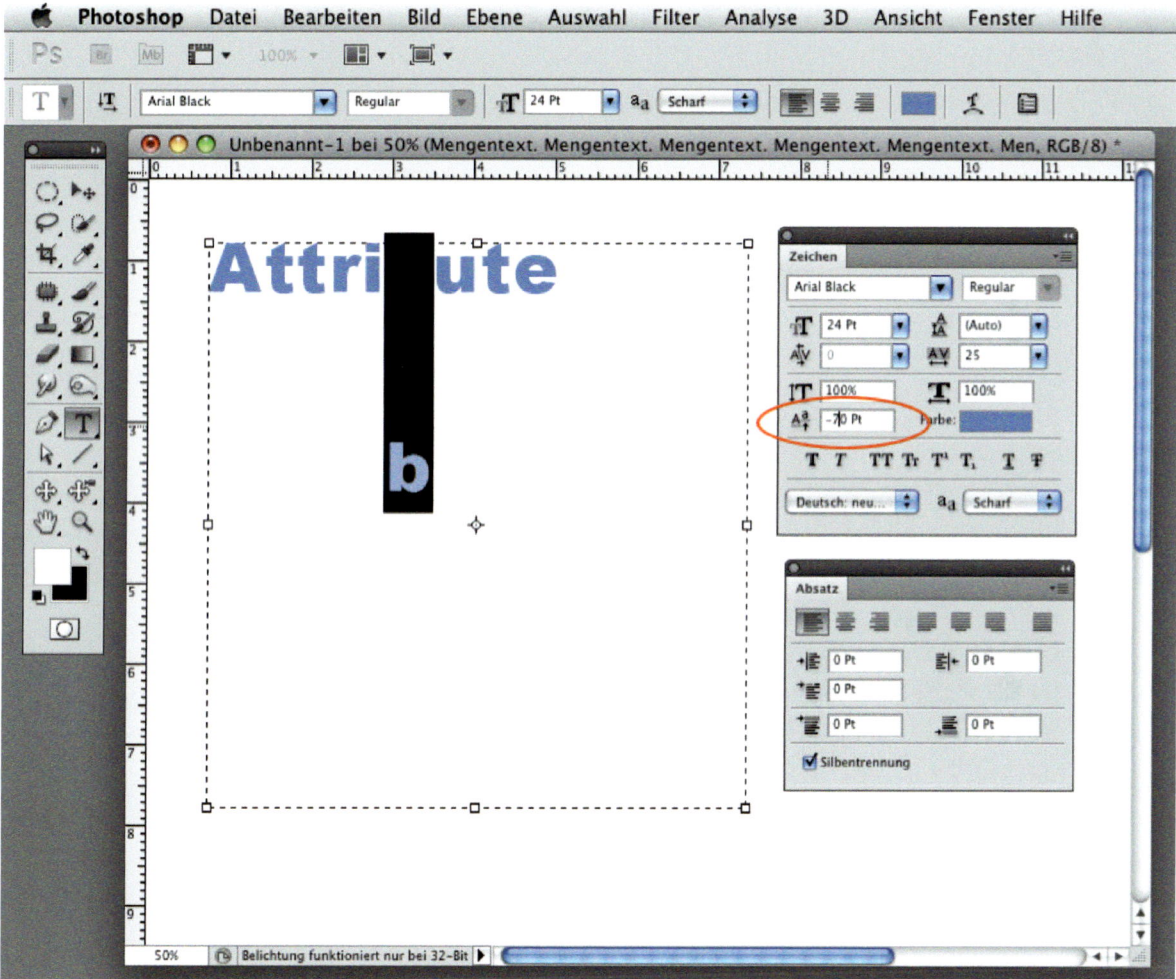

**Abbildung 9.15:** *Zeichen höher oder tiefer stellen*

### Weitere Attribute

In der nächsten Zeile der Palette finden Sie weitere nützliche Attribute wie *Fett*, *Kursiv*, *Kapitälchen*, *Text durchgestrichen*, *Text unterstrichen* etc. Der Umgang mit diesen Attributen erfolgt analog zu den vorhergehenden.

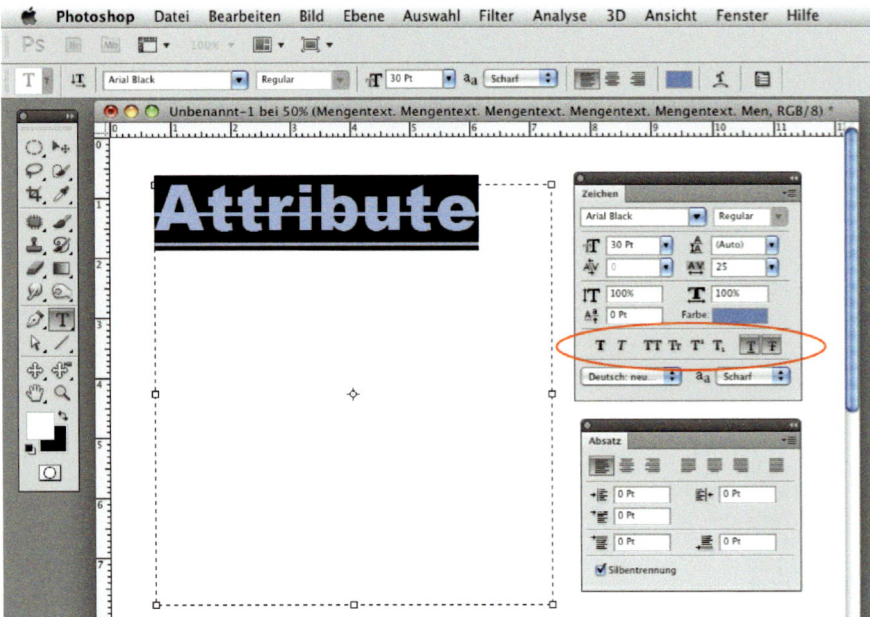

**Abbildung 9.16:**
Weitere Attribute

### Palette Absatz

In der Palette *Absatz* können Sie den Text (grafischen Text oder Mengentext) links oder rechts ausrichten, eine oder mehrere Zeilen um eine bestimmte Punktzahl einziehen oder den Textblock als erzwungenen Blocksatz definieren (beim erzwungenen Blocksatz wird der Abstand zwischen den Zeichen so festgelegt, dass alle Zeilen die gleiche Länge besitzen).

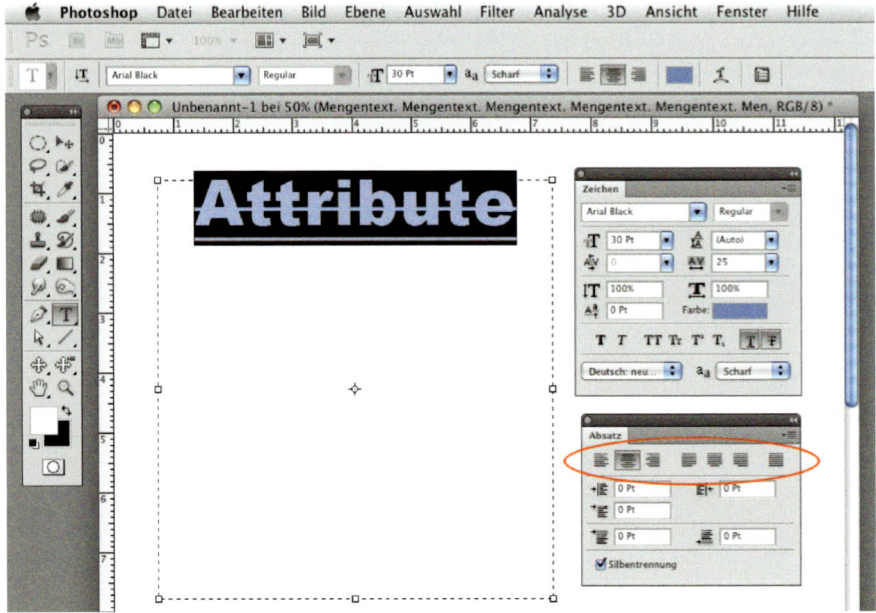

**Abbildung 9.17:**
*Palette* Absatz

## 9.4    Text verformen

Ihren Text können Sie in Photoshop auf unterschiedliche Art verformen. Wenn Sie das Text-Werkzeug verlassen haben (z. B. das Verschieben-Werkzeug aktiv ist), können Sie folgende Transformationen anwenden:

### Skalieren und drehen

Aktivieren Sie den Transformationsrahmen mit der Tastenkombination cmd+T (Strg+T). Den Text können Sie jetzt entweder proportional (bei gedrückter ⇧-Taste) oder frei skalieren. So können Sie die Zeichen schmaler oder breiter, höher oder niedriger machen.

1   Zum Drehen des Textes bewegen Sie den Mauszeiger in die Nähe eines Eckanfassers, und wenn das Drehsymbol erscheint, drehen Sie den Text.

2   Wenn Sie dabei die ⇧-Taste gedrückt halten, können Sie den Text in 45°-Schritten drehen. Zum Bestätigen der Transformation drücken Sie die Strg-Taste.

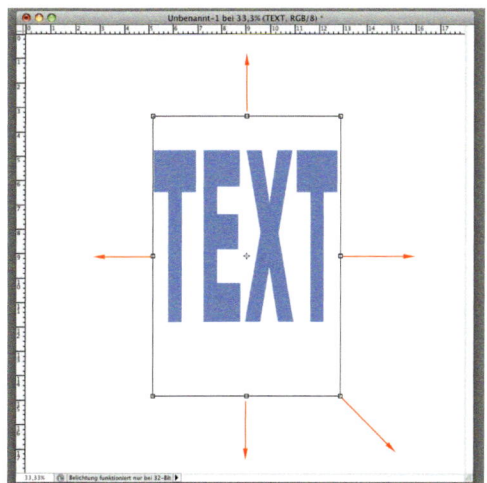

**Abbildung 9.18:**  *Text skalieren*

### Text verkrümmen

Sehr interessant ist die Funktion *Text verkrümmen*.

1   Rufen Sie die Funktion bei aktivem Text-Werkzeug (T) entweder mit einem Rechtsklick oder über die Optionsleiste auf. Nachdem Sie das Dialogfenster *Text verkrümmen* aufgerufen haben, definieren Sie im Dialog die Verkrümmungsart, zum Beispiel *Bogen*.

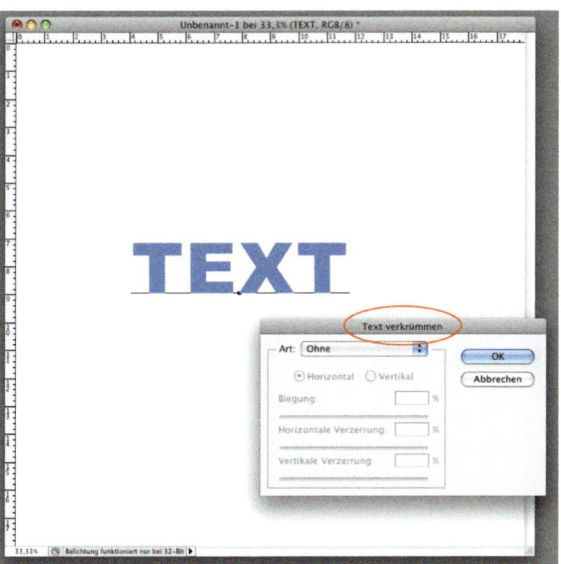

**Abbildung 9.19:**  *Text verkrümmen*

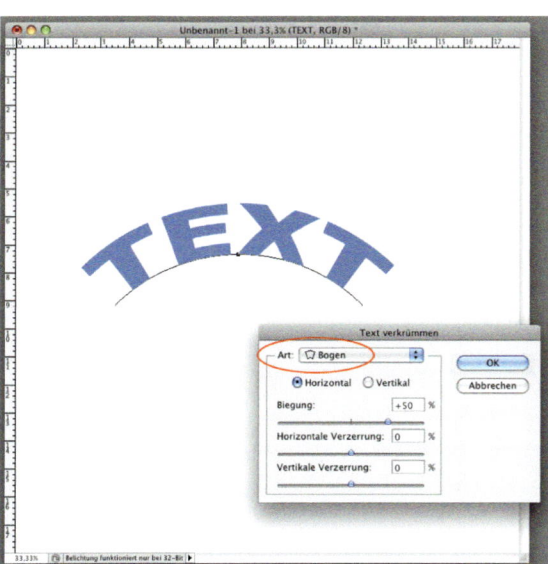

**Abbildung 9.20:**  *Verkrümmungsart Bogen*

**2** Legen Sie bei der Verkrümmung entweder eine horizontale oder vertikale Achse fest. Mit dem Regler *Biegung* legen Sie fest, wie stark der Text gebogen werden soll, und mit den Optionen *Horizontale Verzerrung* und *Vertikale Verzerrung* können Sie den Text asymmetrisch verformen.

**3** Probieren Sie einige interessante Verkrümmungsoptionen. Mit dieser Transformationsart können Sie den Text problemlos an verschiedene Oberflächen anpassen, wie zum Beispiel mit der Option *Flagge*.

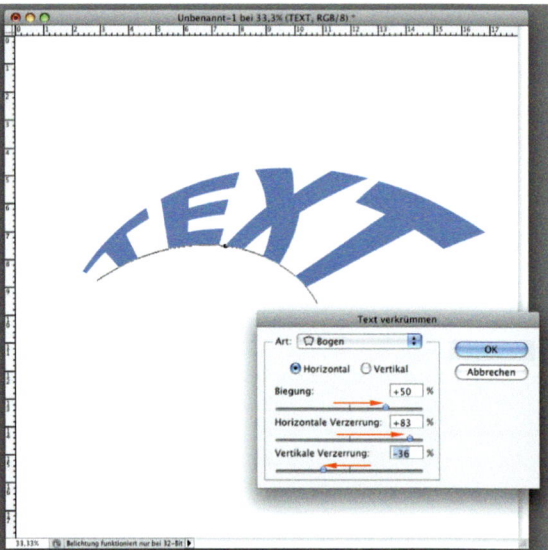

**Abbildung 9.21:** *Biegung und Verzerrungen*

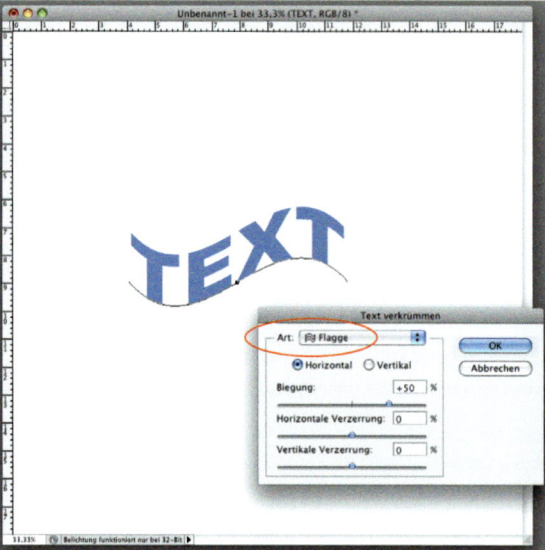

**Abbildung 9.22:** *Option* Flagge

## 9.5 Textebenen rastern

Mit den Textbearbeitungsoptionen können Sie dem Text einige Attribute und Formen zuweisen. Was die Bearbeitung der Textebenen angeht, können Sie auch Masken auf eine Textebene anwenden.

Doch wenn Sie individuelle Zeichen gestalten möchten, kommen Sie ganz schnell an die Grenzen des Text-Werkzeugs (T). Angenommen, Sie möchten die Konturen jedes Zeichens individuell verformen, zum Beispiel mit dem Wischfinger-Werkzeug, müssen Sie sich von der editierbaren Textebene verabschieden und die Textebene in eine Pixelebene umwandeln.

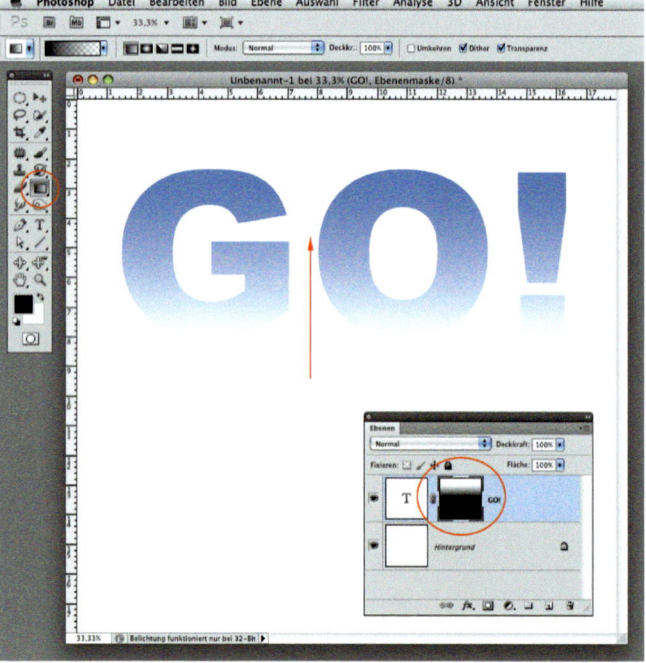

**Abbildung 9.23:** *Textebenen maskieren*

Klicken Sie dazu mit der rechten Maustaste auf die Textebene und wählen Sie die Option *Text rastern*.

Nach dieser Umwandlung verhält sich die ehemalige Textebene exakt wie eine normale Pixelebene. Das T-Zeichen auf der Ebenenminiatur ist auch verschwunden. Jetzt können Sie die Kanten der Zeichen mit dem Wischfinger-Werkzeug bearbeiten, die Zeichen mit den Pixeln kombinieren und individuelle Überschriften gestalten.

**Abbildung 9.24:** *Textebene in eine Pixelebene umwandeln – Text rastern*

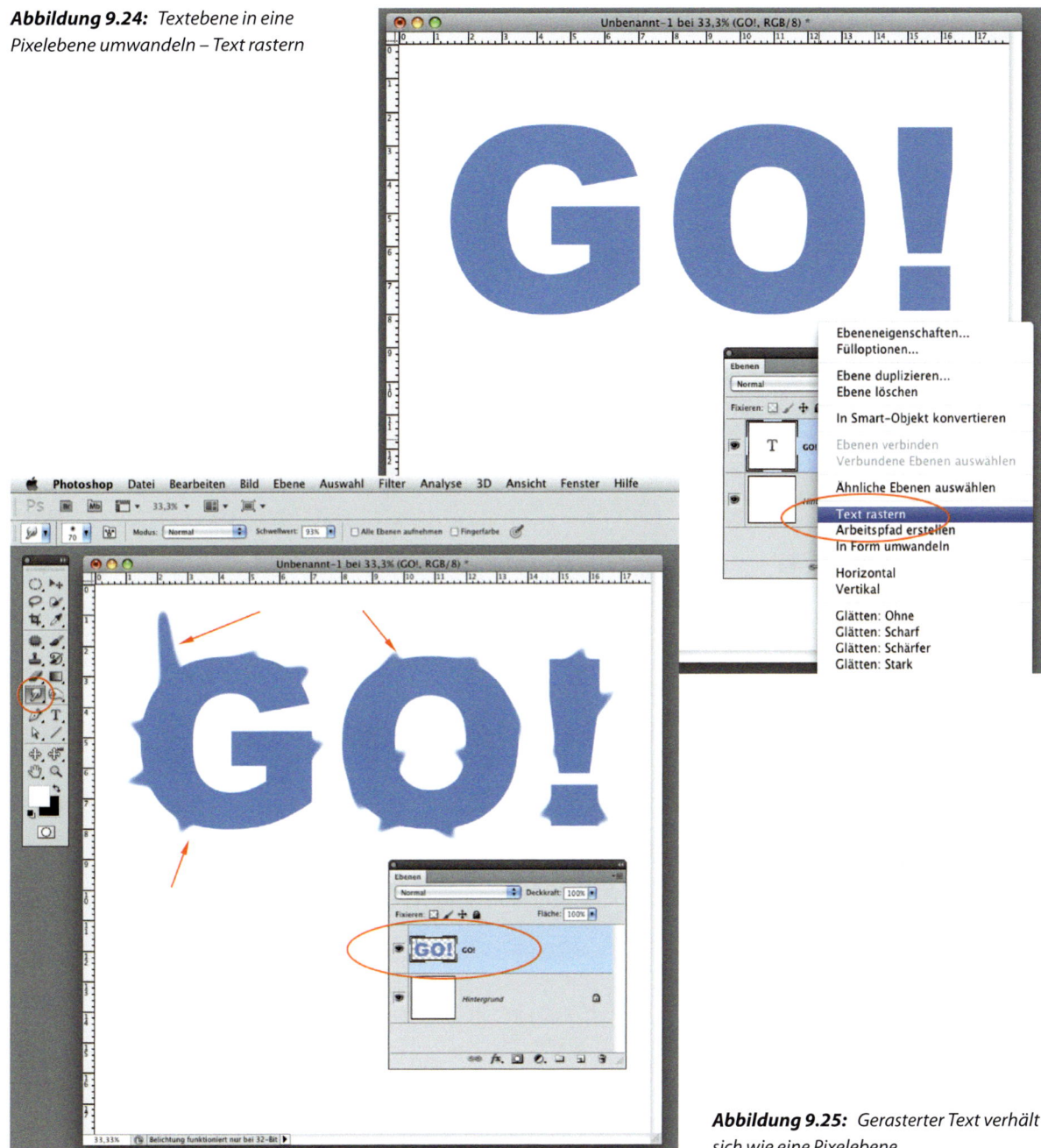

**Abbildung 9.25:** *Gerasterter Text verhält sich wie eine Pixelebene*

## 9.6 Ebenenstile anwenden

Das Text-Werkzeug (T) wird häufig mit Ebenenstilen kombiniert. Es entstehen dabei besonders interessante Überschriften, die jeder guten Gestaltung Ehre machen. Die Ebenenstile können natürlich auch auf Pixelebenen angewandt werden. Später werden Sie einige Beispiele kennenlernen, wie Bild und Text in einer Gestaltung effektvoll kombiniert werden können.

1 Schreiben Sie in der Arbeitsfläche einen Text oder erstellen Sie mit dem Textmaskierungswerkzeug eine Auswahl, die Sie mit einem Verlauf oder mit einer Grafik füllen.

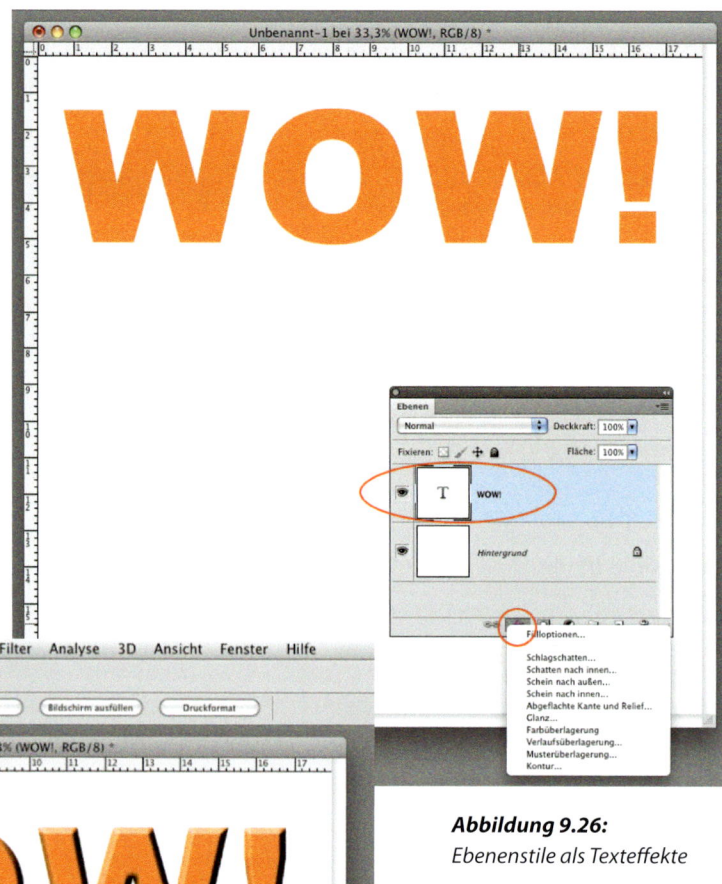

**Abbildung 9.26:**
*Ebenenstile als Texteffekte*

2 Wählen Sie dann das *fx*-Zeichen in der *Ebenen*-Palette und im Dialogfenster einen Ebenenstil, zum Beispiel *Abgeflachte Kante und Relief*. Links in der Übersicht der Ebenenstile wird der Stil entsprechend markiert.

**Abbildung 9.27:**
*Dialog Ebenenstil*

**3** Weiter können Sie den Stil an Ihre Vorstellungen anpassen, indem Sie die Attribute rechts im Dialog festlegen, zum Beispiel Tiefe, Größe, Weichzeichnung.

**4** Probieren Sie auch eine Kombination mehrerer Ebenenstile. Dazu aktivieren Sie links in der *Stile*-Liste noch einen Stil, zum Beispiel *Schlagschatten*.

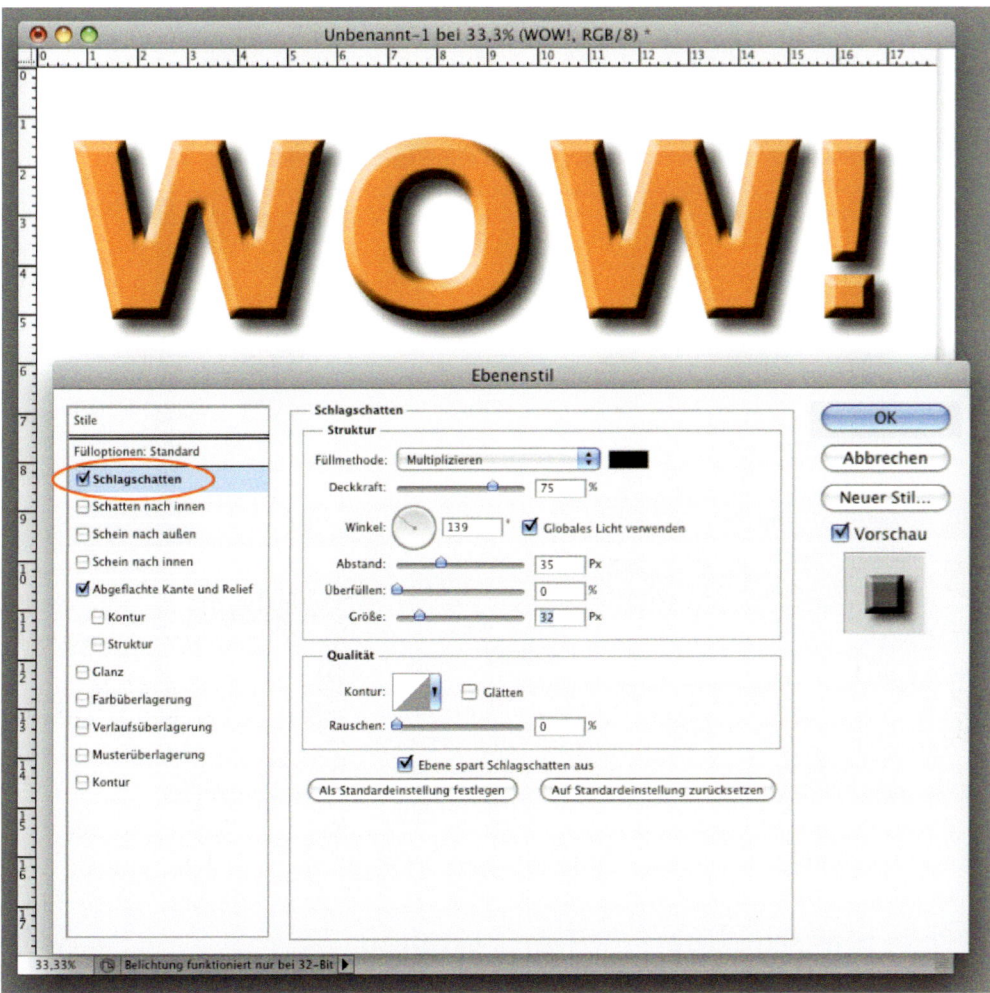

**Abbildung 9.28:** *Zwei Ebenenstile miteinander kombinieren*

In der Palette *Ebenenstile* finden Sie für fast alle Gestaltungsaufgaben den passenden Stil. Für das Abheben der Schriften vor dunklem Hintergrund wird beispielsweise gerne der Ebenenstil *Schein nach außen* verwendet. In der nächsten Lektion lernen Sie in einem Workshop, wie Sie die einzelnen Stile effektvoll anwenden können.

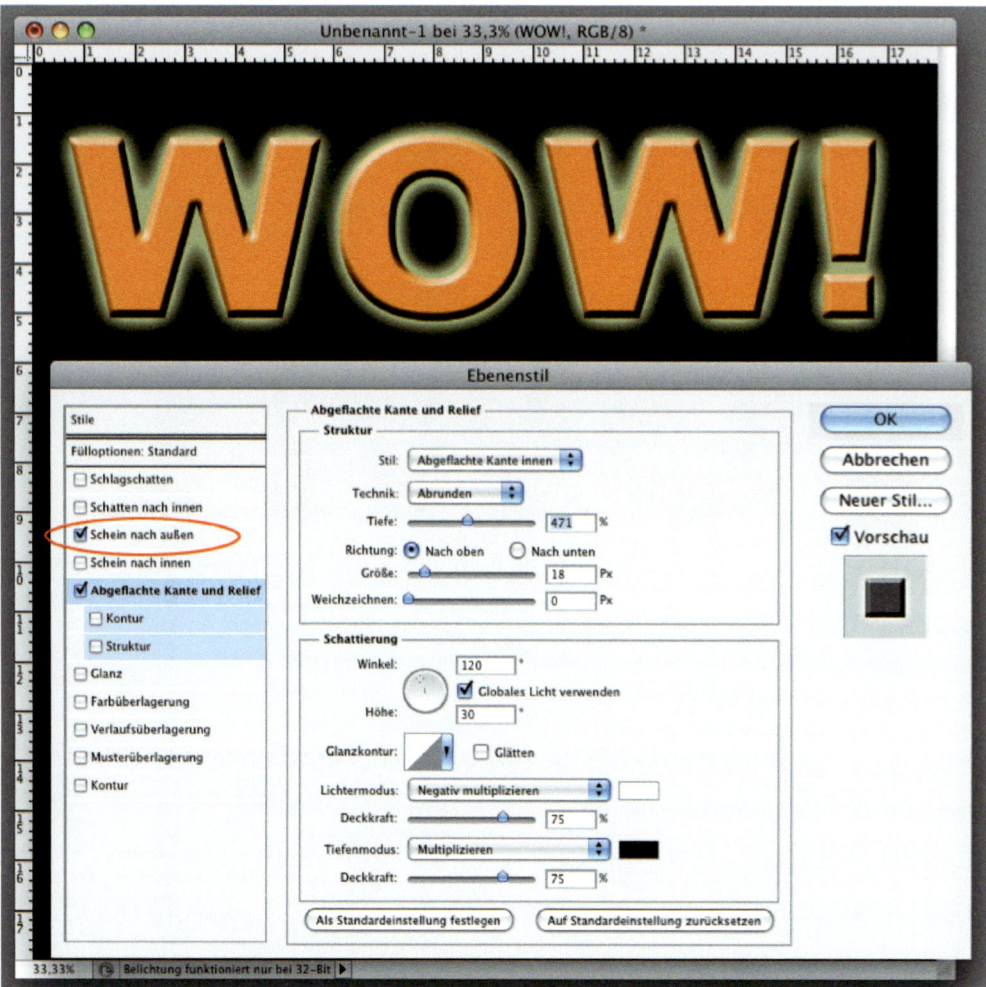

**Abbildung 9.29:** *Ebenenstil* Schein nach außen

## 9.7 Effektvolle grafische Überschriften gestalten

Im nachfolgenden Workshop werden Sie lernen, wie Sie eine Überschrift mit dem Bild füllen, mit verschiedenen Ebenenstilen ausstatten und effektvoll in das Bild integrieren. Schritt für Schritt gestalten Sie eine effektvolle Postkarte.

### Textmaskierungswerkzeug für die Überschrift verwenden

1 Öffnen Sie das Bild und wählen Sie das Textmaskierungswerkzeug.

2 Legen Sie die Textattribute fest und erstellen Sie die Textauswahl.

**Abbildung 9.30:** *Auswahl mit dem Textmaskierungswerkzeug erstellen*

### Textlänge anpassen, Auswahl ausrichten

**3** Passen Sie die Länge der Auswahl mit dem Befehl *Auswahl/Auswahl transformieren* an und richten Sie die Auswahl mittig im Bild aus.

**Abbildung 9.31:** *Auswahl anpassen und ausrichten*

## Auswahl mit Bild füllen

**4**  Mit der Tastenkombination ⌘+J (Strg+J) füllen Sie die Auswahl mit den Pixeln des Bildes.

**Abbildung 9.32:** Neue Ebene durch Kopie

## Ebenenstil erstellen

**5**  Erstellen Sie mit dem *fx*-Zeichen für die neu entstandene Ebene einen Ebenenstil, zum Beispiel *Abgeflachte Kante und Relief* und legen Sie die Stilattribute fest.

In unserem Beispiel wurde die Option *Abgeflachte Kante* innen mit einer Größe von 7 Pixeln verwendet und einer Tiefe von 100 %. Zusätzlich wurde der Ebenenstil *Schlagschatten* benutzt. In Kombination wirken diese Stile sehr attraktiv.

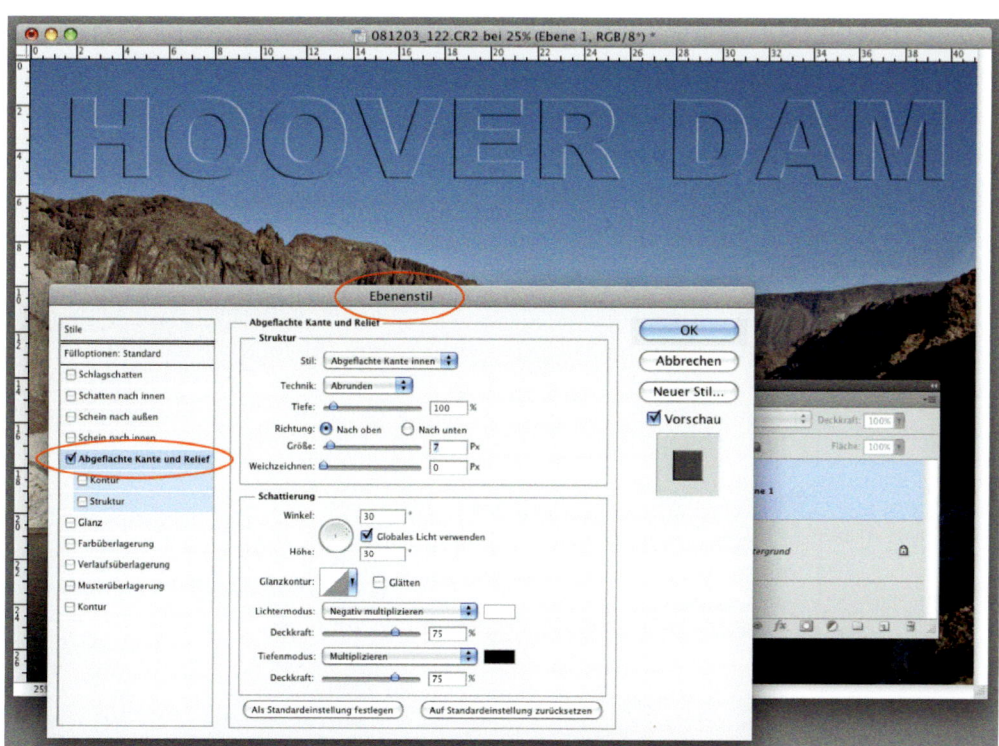

**Abbildung 9.33:**
Abgeflachte
Kante und Relief

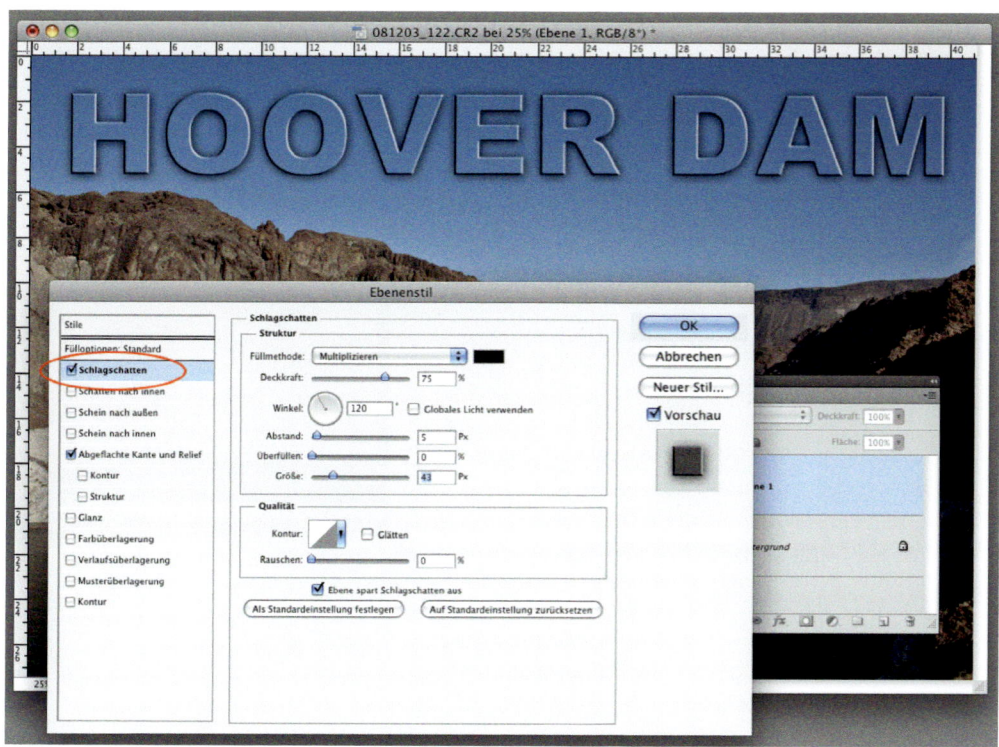

**Abbildung 9.34:**
Schlagschatten
hinzufügen

### Ebenenstile für die Maskierung vorbereiten

Bis jetzt war die Aufgabe relativ einfach. Wir möchten unsere Textgestaltung nun mit einem speziellen Effekt versehen. Auf dem Foto sollen die Zeichen teilweise hinter dem Berg verschwinden. Das bedeutet, der Berg soll freigestellt werden und die Buchstaben verdecken. Das ist eine Option.

Aber es gibt noch eine Möglichkeit – den Text zu maskieren. Die auf die Textebene *Text* angewandten Ebenenstile erschweren die Aufgabe. Zwar können Sie die Ebene maskieren, aber die Ebenenstile erscheinen dann an den maskierten Stellen und das wirkt nicht immer attraktiv bzw. wird nicht immer gewünscht. Wie kann man praktisch eine Ebene so maskieren, dass auch die entstandenen Reliefs und Schlagschatten mit maskiert werden? Dazu können Sie die Ebenenstile sozusagen „rastern", indem Sie aus der Ebene und den Stilen separate Ebenen erstellen.

**6** Klicken Sie hierzu die Ebene an und wählen Sie *Ebene/Ebenenstil/Ebenen erstellen*.

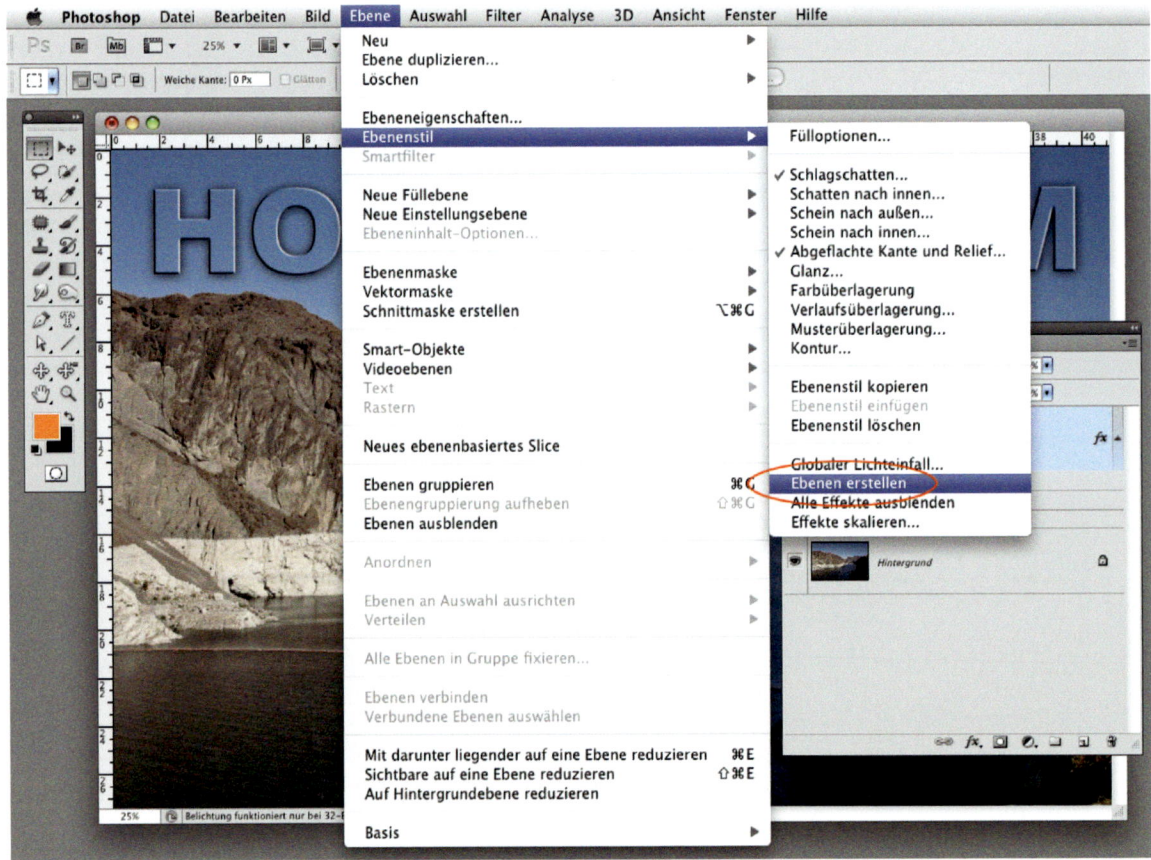

**Abbildung 9.35:** *Ebenen aus Ebenenstilen erstellen*

**7** Die entstandenen Ebenen können Sie jetzt alle bei gedrückter ⇧-Taste markieren und mit cmd + E (Strg + E) auf eine Ebene reduzieren.

**Abbildung 9.36:**  *Auf eine Ebene reduzieren*

## Textebene skalieren

**8**  Aktivieren Sie für die Ebene mit der Überschrift den Transformationsrahmen mit ⌘+T (Strg+T) und skalieren Sie den Text vertikal so, dass die ersten zwei Zeichen den Berg links überdecken.

**Abbildung 9.37:**  *Textebene skalieren*

## Auswahl für die Maske laden

**9**   Damit der Text jetzt passend maskiert werden kann, soll der Himmel ausgewählt werden. Nutzen Sie hierzu das Zauberstab-Werkzeug (W) und wählen Sie den Himmel mit mehreren Klicks aus.

**Abbildung 9.38:** *Himmel mit dem Zauberstab-Werkzeug auswählen*

## Text maskieren

**10** Nachdem die Auswahl geladen wurde, können Sie die Ebene mit der Überschrift anklicken und dann die Ebenenmaske auf dieser Ebene erstellen. Der Textbereich, der hinter dem Berg verschwinden soll, ist jetzt maskiert.

**Abbildung 9.39:** *Textebene maskieren*

## Text teilweise abdunkeln

Für eine bessere ästhetische Wirkung können Sie den Text jetzt im unteren Bereich etwas abdunkeln.

**11** Erstellen Sie über der Textebene eine Einstellungsebene *Tonwertkorrektur* mit einer Schnittmaske und dunkeln Sie den Text ab.

**12** Wählen Sie jetzt das Verlaufswerkzeug (G) und erstellen Sie einen linearen Verlauf von oben nach unten mit der Option Vordergrund-Transparent, Vordergrundfarbe Schwarz.

**Abbildung 9.40:** *Abdunkeln mit dem Maskierungsverlauf*

## 9.8 Texte und Formen effektvoll kombinieren

Für die Gestaltung grafischer Überschriften und Logos sind nicht nur die Ebenenstile für Texte interessant. In Photoshop existiert das Eigene-Form-Werkzeug (U), welches standardmäßig über einige brauchbare Muster in der Bibliothek verfügt. Sie können selbstverständlich auch eigene Muster anlegen und diese als Formen benutzen. Im nachfolgenden Beispiel werden Sie sehen, wie Sie das Text- (T) und das Eigene-Form-Werkzeug (U) für Gestaltungen einsetzen können.

1   Öffnen Sie das Bild, schreiben Sie mit dem Text-Werkzeug (T) eine Überschrift und passen Sie die Attribute an *(siehe Abbildung 9.41)*.

2   Erstellen Sie in der *Ebenen*-Palette eine neue leere Ebene.

3   Aktivieren Sie das Eigene-Form-Werkzeug (U) und wählen Sie eine Form aus der Bibliothek, zum Beispiel Sonne, aus. Für das Eigene-Form-Werkzeug (U) aktivieren Sie die Option *Mit Pixel füllen (siehe Abbildung 9.42)*.

**Abbildung 9.41:** *Überschrift mit dem Text-Werkzeug*

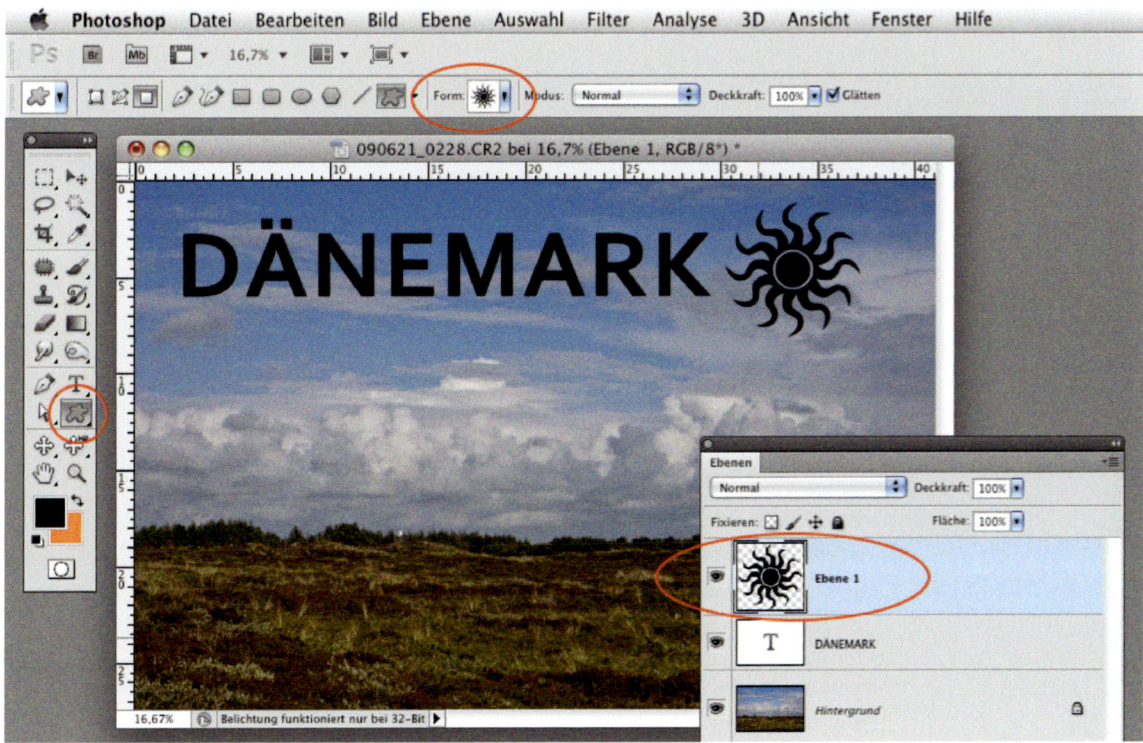

**Abbildung 9.42:** *Eigene Form auf der Ebene erstellen*

Es ist möglich, dass nicht alle Formen in der Bibliothek eingeblendet sind. Klicken Sie beim Öffnen der Formen auf den Pfeil mit den Optionen und wählen Sie den Eintrag *Alle*.

**4**    Den Text und die eigene Form werden wir als Maske für eine Einstellungsebene verwenden. Deshalb benötigen wir zuerst eine Auswahl der beiden Ebenen. Halten Sie hierzu die Tasten `cmd`+`⇧` (`Strg`+`⇧`) gedrückt und klicken Sie zuerst auf die Ebenenminiatur mit dem Text und dann auf diejenige mit der eigenen Form. Die Auswahl ist geladen.

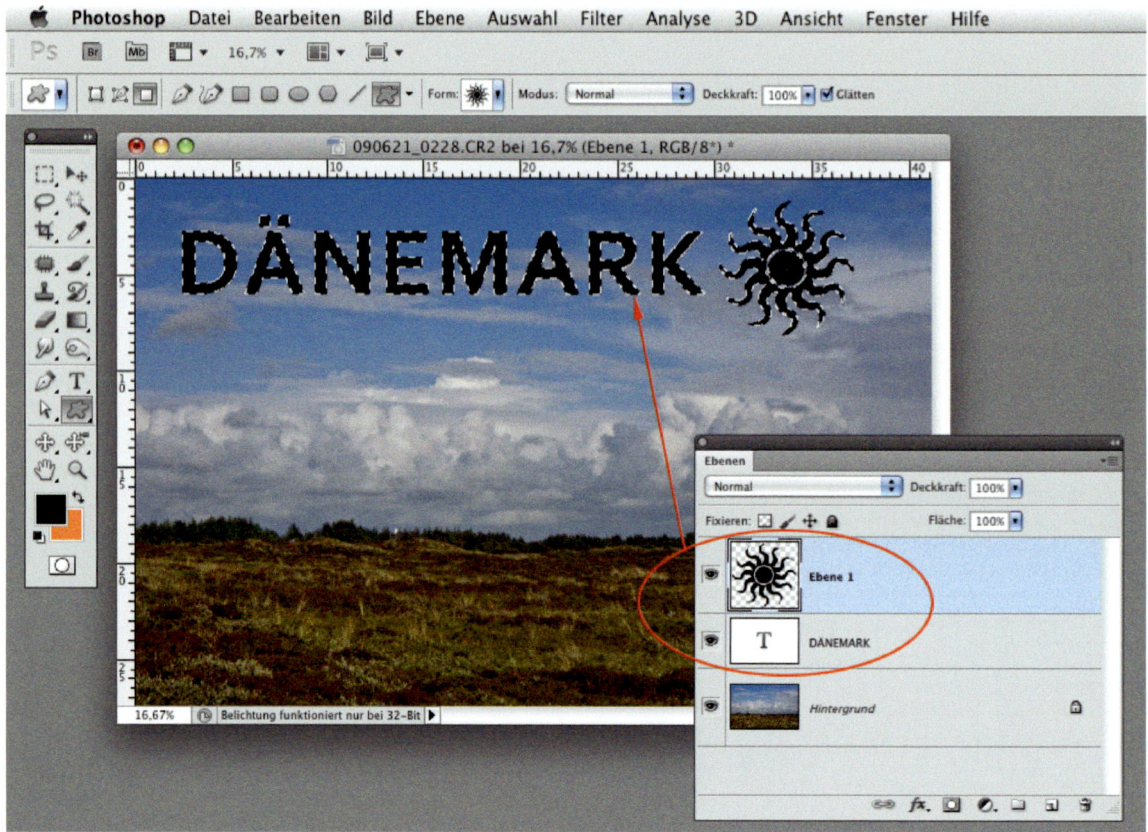

**Abbildung 9.43:** *Auswahl der Textebene und der Ebene mit der Form laden*

**5**    Die Ebenen mit dem Text und mit der Form können Sie jetzt ausblenden.

**6**    Erstellen Sie oben in der *Ebenen*-Palette die Einstellungsebene *Tonwertkorrektur*. Die Auswahl wird als Maske übernommen. Wenn Sie jetzt den mittleren Regler im Bereich *Tonwertspreizung* nach links bewegen, wird der maskierte Bereich aufgehellt – die Zeichen und die Form sind jetzt als aufgehellter Bereich des Himmels sichtbar.

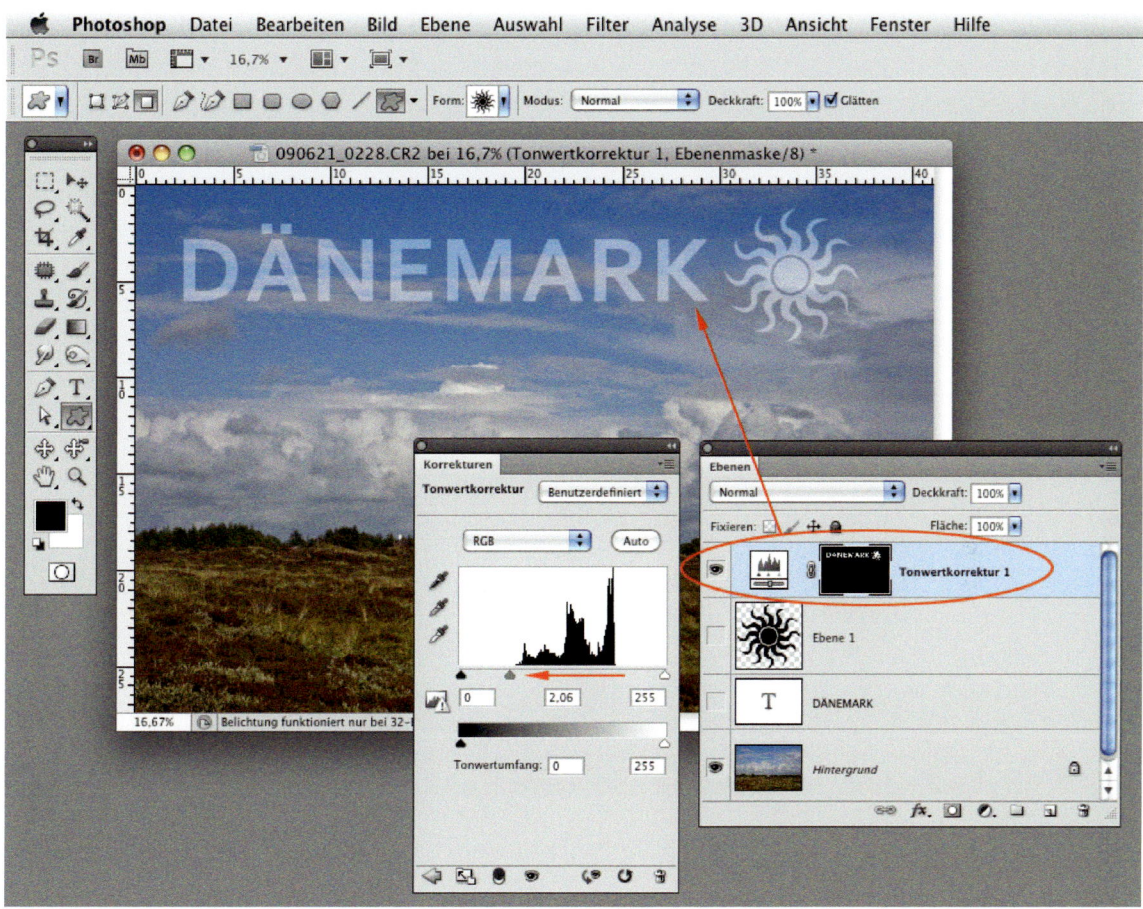

**Abbildung 9.44:** *Maskierte Einstellungsebene Tonwertkorrektur*

Die beschriebene Technik wird von Grafikern gerne für Überschriften und Logo-Gestaltungen verwendet.

## 9.9 Workshop: Gestaltung einer Einladung in Photoshop

Anhand des nachfolgenden Beispiels lernen Sie in der Praxis, wie Sie zum Beispiel einen Flyer oder eine Einladung in Photoshop gestalten können. Die Vorlage ist zum Ausdrucken auf dem heimischen Drucker gedacht, deshalb wurden hier die Druckvorstufen-Attribute wie Passkreuze, Beschnittzugabe, Druckmarken etc. nicht berücksichtigt.

1 Für die Gestaltung der Einladung legen Sie zuerst eine neue Arbeitsfläche an. Wählen Sie *Datei/Neu* und definieren Sie zuerst die Auflösung für den Druck – 300 Pixel/Zoll. Legen Sie dann die Größe fest, für eine Klappkarte lang im Querformat 21 x 20 cm.

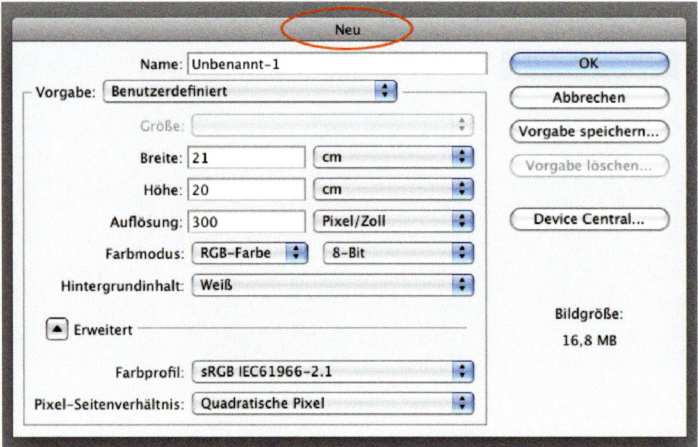

**Abbildung 9.45:**
*Neue Arbeitsfläche anlegen*

**2**   Jetzt soll die Fläche vertikal geteilt werden. Blenden Sie hierfür mit cmd+R (Strg+R) die Lineale ein, aktivieren Sie die Option *Ansicht/Ausrichten* und ziehen Sie aus dem oberen Lineal eine Hilfslinie in die Mitte. Dank der Option *Ausrichten* wird diese automatisch in der Mitte eingerastet.

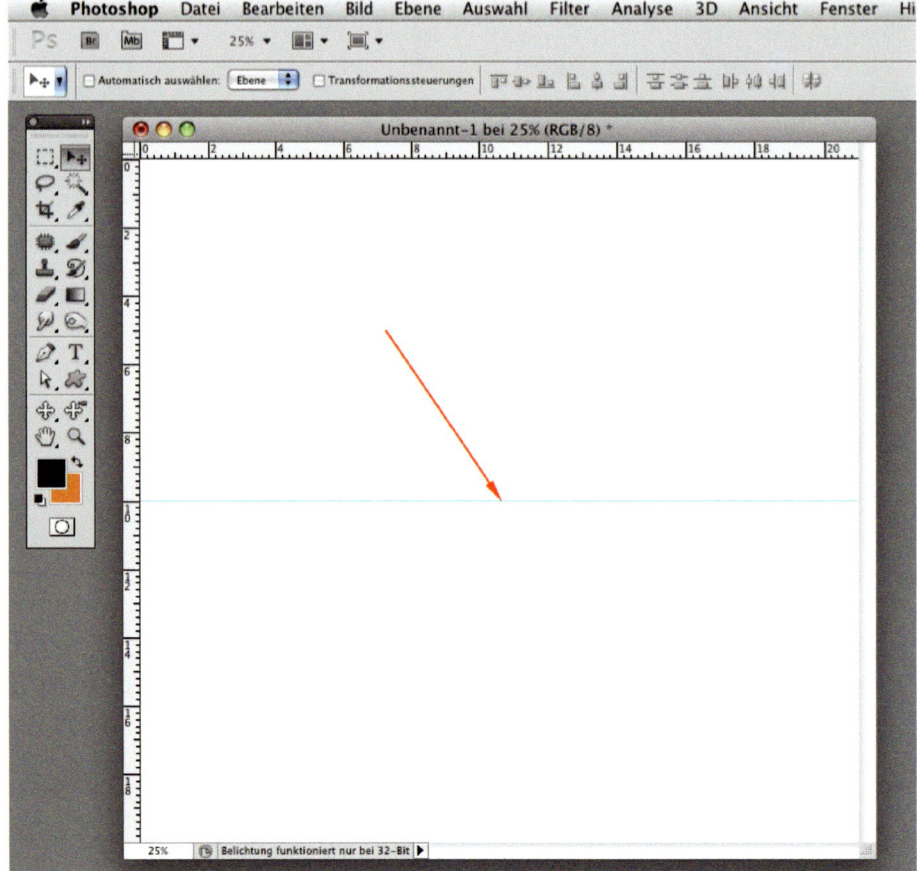

**Abbildung 9.46:**
*Vertikale Hilfslinie in der Mitte setzen*

**3** Fügen Sie nun das Titelbild ein. Mit dem Verschieben-Werkzeug (V̄) ziehen Sie das Bild in die neu erstellte Arbeitsfläche.

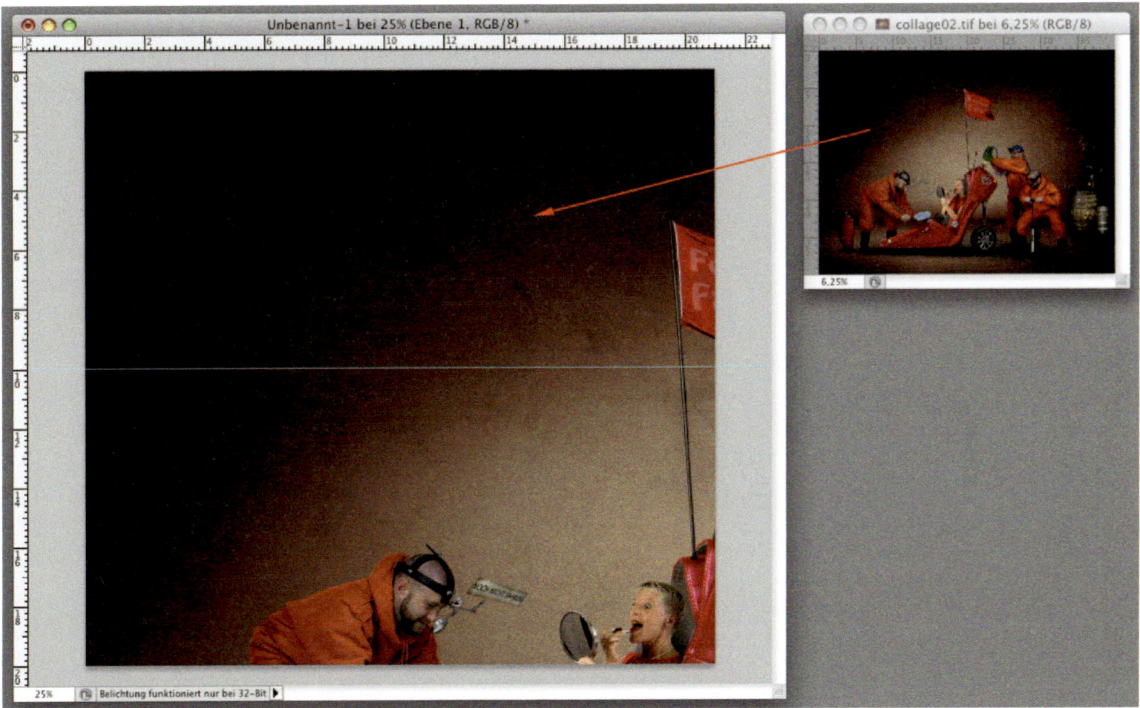

***Abbildung 9.47:*** *Titelbild in die Arbeitsfläche einfügen*

**4** Jetzt können Sie die Größe des Bildes anpassen. Das Bildformat passt nicht ganz zum Format der Vorderseite der Karte (der Bereich unterhalb der Hilfslinie), daher müssen Sie sich für einen Bildausschnitt entscheiden.

**5** In der modernen Layoutgestaltung sind Bildanschnitte angesagt, deshalb können Sie getrost einen spannenden Bildausschnitt im Querformat wählen. Den Teil des Bildes, der über der Hilfslinie steht, können Sie mit dem Auswahlrechteck auswählen und mit der Tastenkombination cmd+X̄ (Strg+X̄) löschen.

**6** Wählen Sie jetzt eine Schriftart, die Ihnen gefällt, am besten eine klare, sachliche Schrift, und tippen Sie die Überschrift AUSSTELLUNG in die Arbeitsfläche. Richten Sie die Textebene mittig an der Arbeitsfläche aus.

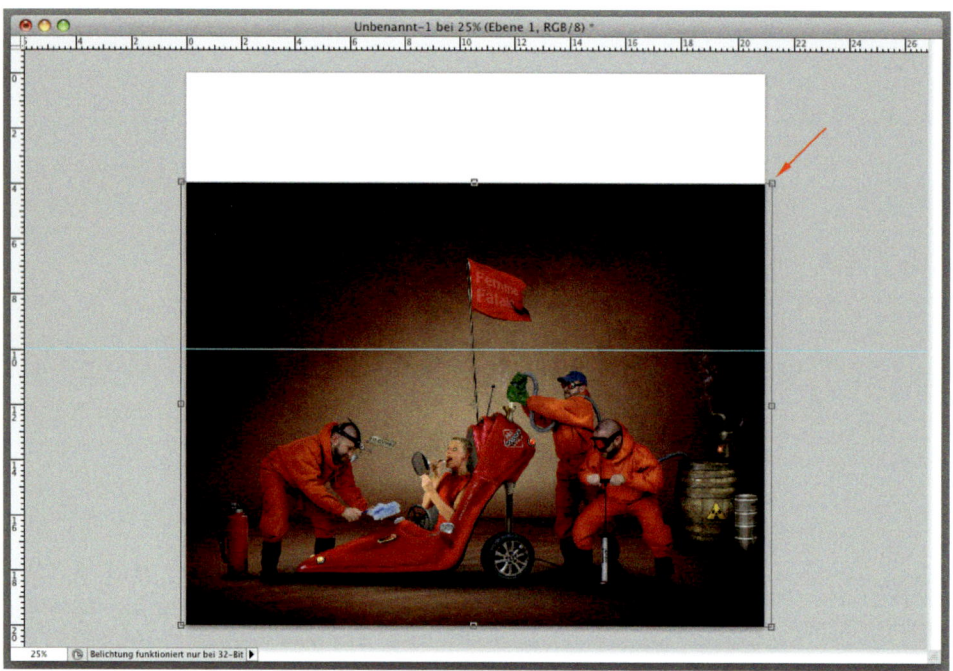

**Abbildung 9.48:** *Bild skalieren, Bildausschnitt wählen*

**Abbildung 9.49:** *Hauptüberschrift einfügen*

**7** Den unteren Bereich des Bildes unter der Überschrift können Sie etwas abdunkeln, damit ein größerer Kontrast zwischen dem Text und dem Bild entsteht.

**8** Erstellen Sie über der Bildebene eine neue Ebene und ziehen Sie einen Verlauf von unten bis zur oberen Textkante. Verwenden Sie für den Verlauf die Verlaufsart Vordergrund-Transparent und eine passende dunkle Farbe.

***Abbildung 9.50:*** *Abdunklung des unteren Bereichs mit einem Verlauf*

**9** Neben der Hauptüberschrift AUSSTELLUNG können Sie jetzt auf der Titelseite (untere Hälfte der Arbeitsfläche) weitere Überschriften einfügen. Achten Sie darauf, dass Sie nicht mehr als drei unterschiedliche Schriftarten verwenden.

**10** Damit Sie den gleichen Abstand zwischen den Textblöcken zu den Kanten der Arbeitsfläche bekommen, aktivieren Sie *Ansicht/Einblenden/Intelligente Hilfslinien*.

**11** Was die Farben angeht, können Sie für einige Überschriften weiße Farbe, für andere eine zum Bild passende Farbe wählen, zum Beispiel Orange. Nachdem Sie die Überschriften eingefügt haben, ist die Titelseite fertig.

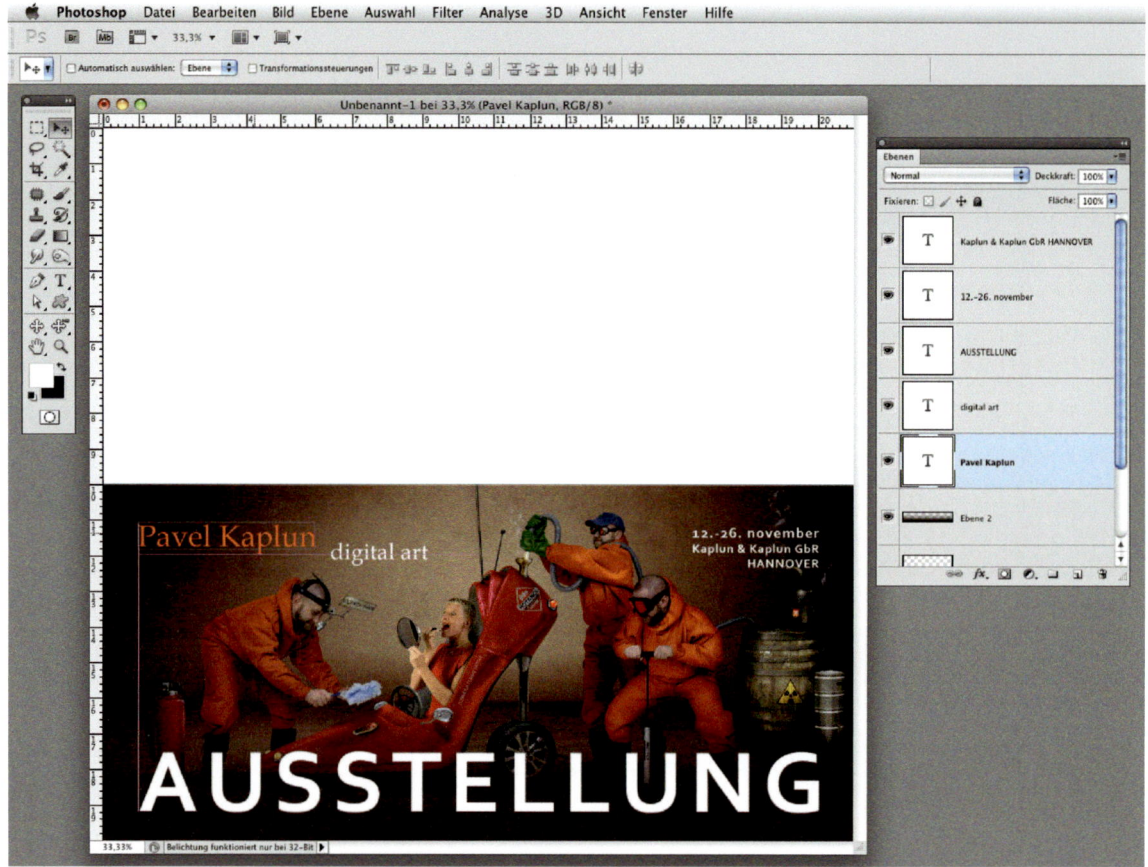

**Abbildung 9.51:** *Weitere Überschriften einfügen*

**12** Zum Gestalten der Rückseite muss die Arbeitsfläche gedreht werden, da Sie sonst den Satz kopfüber machen müssen und das ist nicht wirklich bequem. Wählen Sie *Bild/Bilddrehung/180°*.

**13** Auf der Rückseite können Sie ein Logo oder einfach ein Muster aus der Bibliothek des Eigene-Form-Werkzeugs ([U]) erstellen, sozusagen als Eyecatcher.

**14** Darunter können Sie die Kontaktdaten platzieren. Es sieht am besten aus, wenn Sie die mittige Ausrichtung verwenden, so sieht die Rückseite dezent und aufgeräumt aus.

**Abbildung 9.52:** *Arbeitsfläche drehen*

**Abbildung 9.53:** *Logo einfügen*

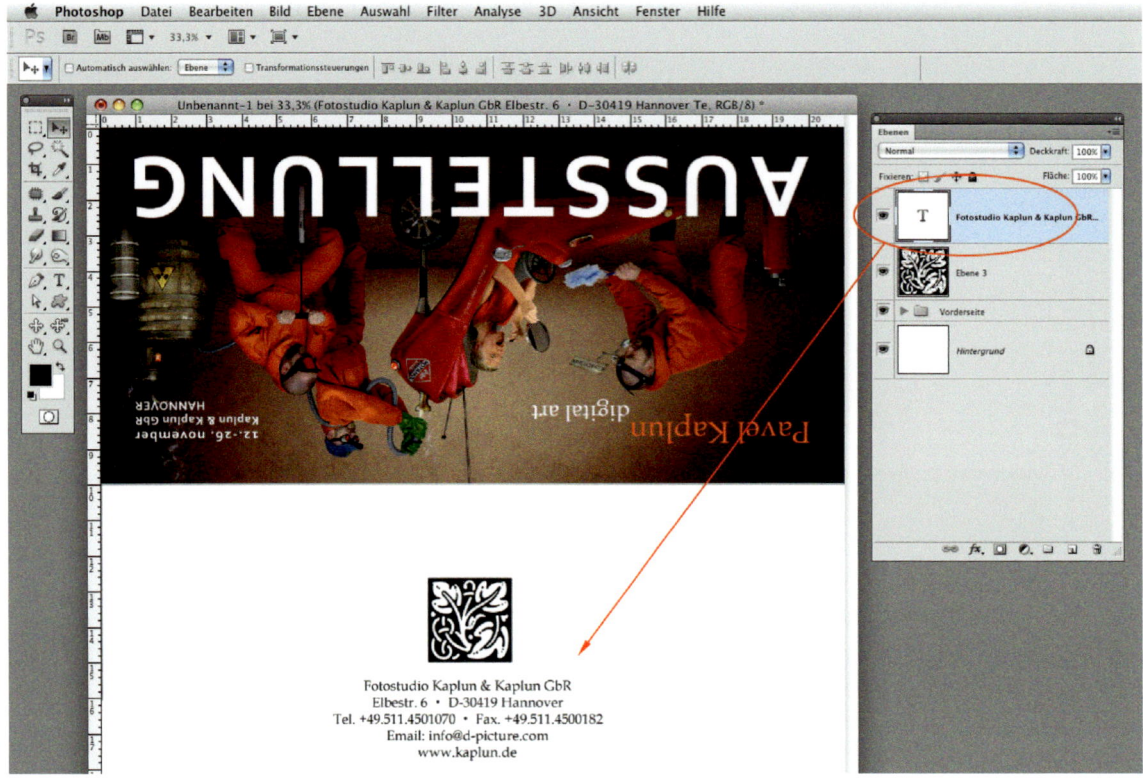

**Abbildung 9.54:** *Textblock mit Kontaktdaten einfügen*

**15** Die Gestaltung der Innenseiten erfolgt nach dem gleichen Prinzip wie die der Titel- und Rückseite.

**16** Für die Innenseite legen Sie eine neue Datei an, die in der Mitte ebenfalls mit einer Hilfslinie getrennt ist. Die obere Hälfte können Sie entweder mit einem Bild füllen oder einfach leer lassen. In der unteren Hälfte platzieren Sie den Einladungstext. Benutzen Sie auf der Innenseite die gleichen Schriftarten wie auf der Titel- und Rückseite des Flyers.

## 9.10 3-D-Texte erstellen (Extended Version)

In der Extended Version von Photoshop haben Sie die Möglichkeit, eine Textebene in 3-D umzuwandeln – ganz interessant für Grafiker und Webdesigner, die sich nicht unbedingt ein extra Programm für die 3-D-Gestaltung anschaffen möchten. Bereits in der Version CS4 von Photoshop Extended gab es ein 3-D-Tool, dieses war aber weniger ausgereift als in der aktuellen Version. Lernen Sie im nachfolgenden Workflow, wie Sie eine Textebene in 3-D umwandeln können.

**1** Erstellen Sie in der Arbeitsfläche (egal ob es sich um eine leere Arbeitsfläche oder ein Foto handelt) eine Textebene und tippen Sie die Überschrift ein. Benutzen Sie am besten massive Schriftarten wie zum Beispiel Arial Black. Diese eignen sich hervorragend für die 3-D-Umwandlung.

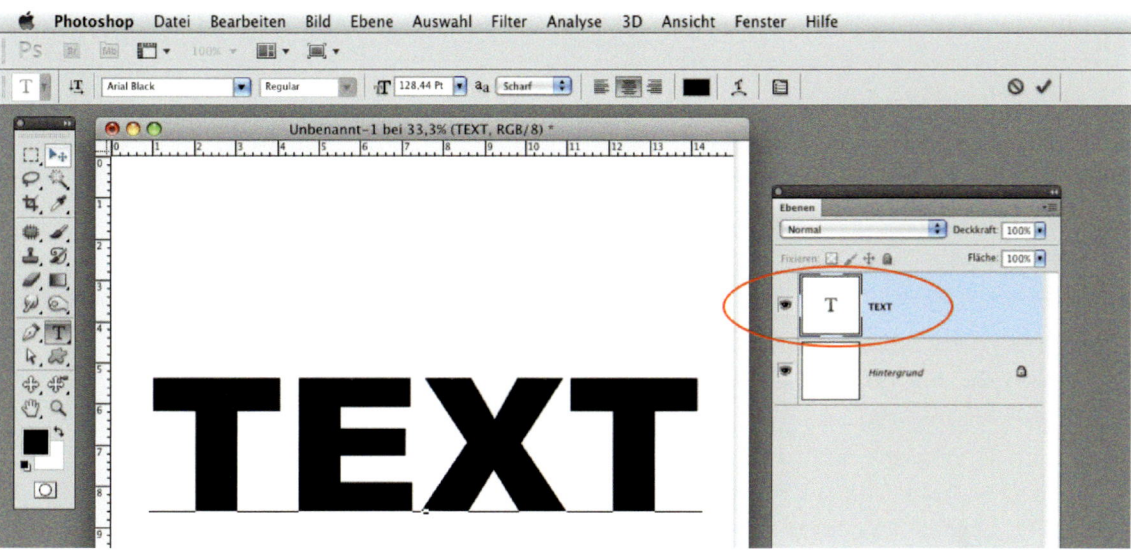

**Abbildung 9.55:** *Textebene erzeugen*

**2**  Wählen Sie dann *3D/Repoussé/Text*. Das bedeutet, dass die Textebene jetzt gerastert werden muss und danach nicht mehr editiert werden kann. Wenn Sie noch nicht sicher sind, ob der Text so bleibt oder nicht, benutzen Sie diese Funktion zuletzt, wenn alles feststeht.

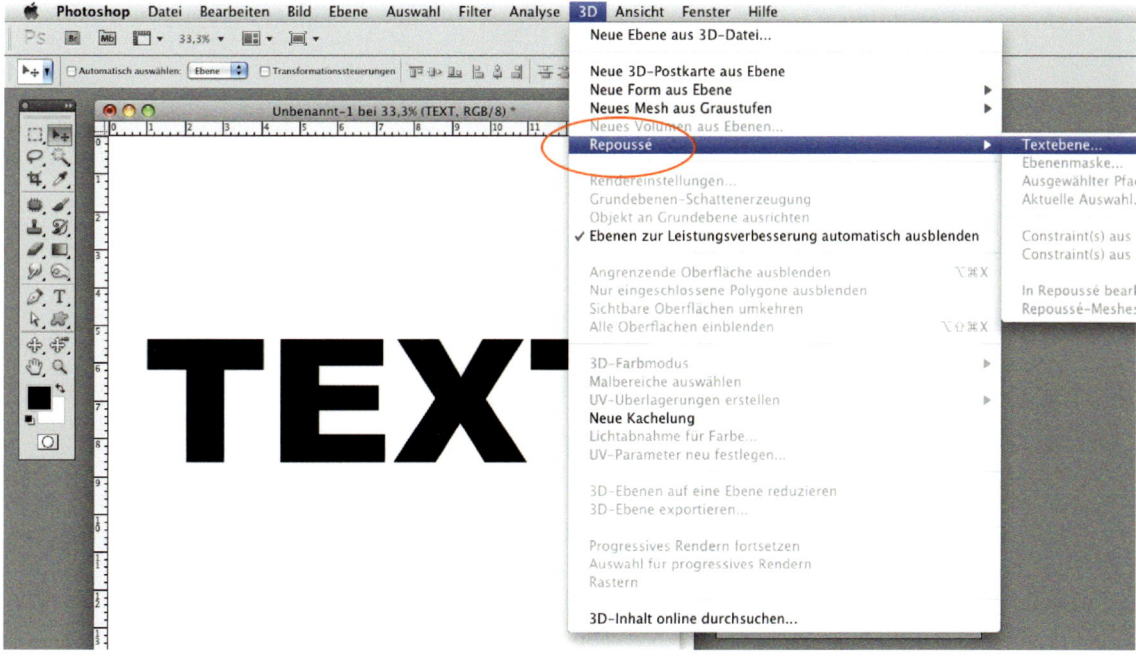

**Abbildung 9.56:** *Repoussé*

**3** Über die Rasterung der Textebene werden Sie von Photoshop mit einem Warndialog informiert.

**4** Im Dialog *Repoussé* können Sie die Formvorgaben nutzen, um eine 3-D-Form aus dem Text zu erstellen. Für den Anfang probieren Sie die Option *Einfaches Extrudieren* aus.

**5** Im Dialogfenster finden Sie links die Werkzeuge, mit denen Sie das erstellte 3-D-Objekt im dreidimensionalen Raum bewegen, drehen, kippen können. So können Sie alle Seiten des Objekts bequem erreichen, um zum Beispiel die Texturen zu bearbeiten und den Lichteinfall korrekt zu setzen *(siehe Abbildung 9.59)*.

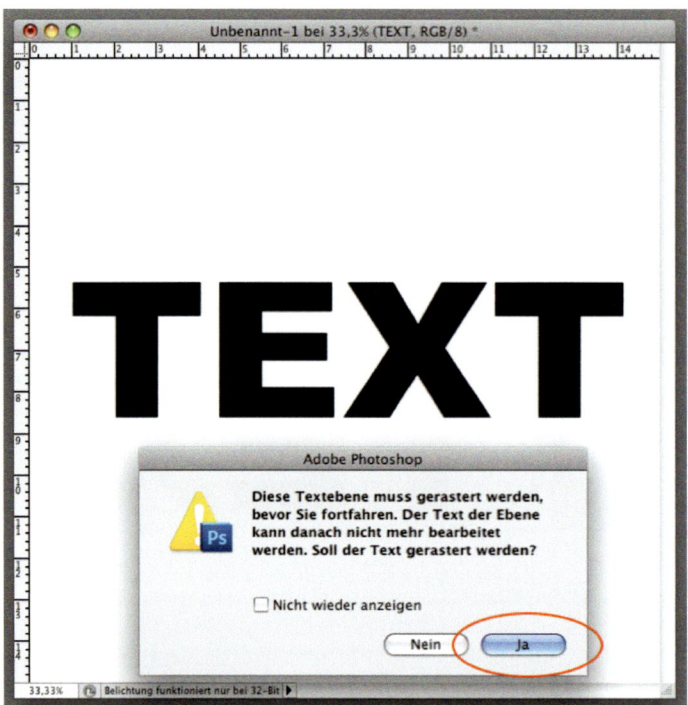

**Abbildung 9.57:** *Warndialog über die Rasterung der Textebene*

**6** Im Bereich *Materialien* können Sie für alle Seiten des Objektes Materialien zuweisen. Sie können entweder die Option *Alle* wählen, dann wird das gleiche Material auf alle Flächen angewendet, oder Sie verwenden für alle Flächentypen unterschiedliche Materialien. Die Materialien können Sie der Photoshop-Bibliothek entnehmen, oder Sie kreieren eigene Materialien.

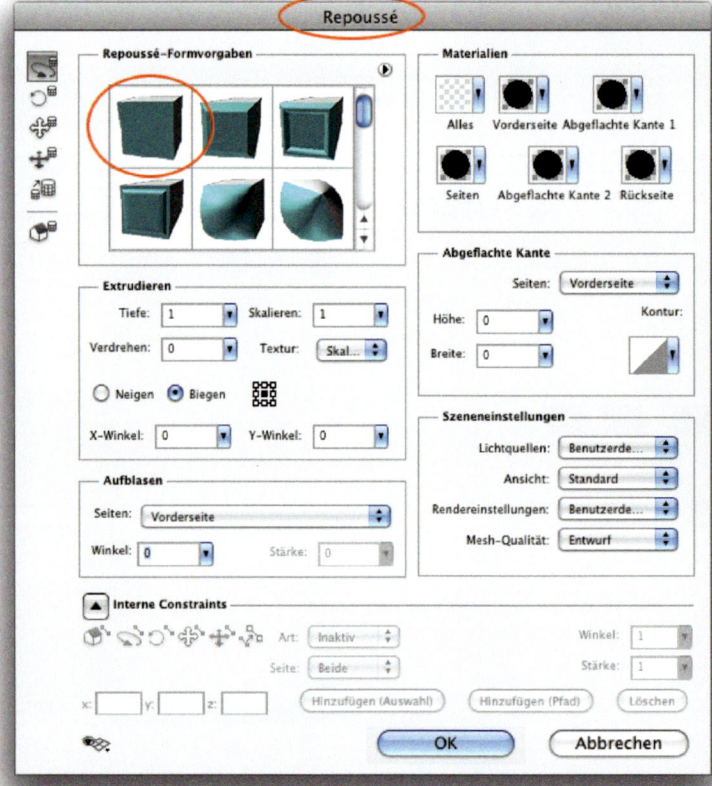

**Abbildung 9.58:** *Dialog Repoussé*

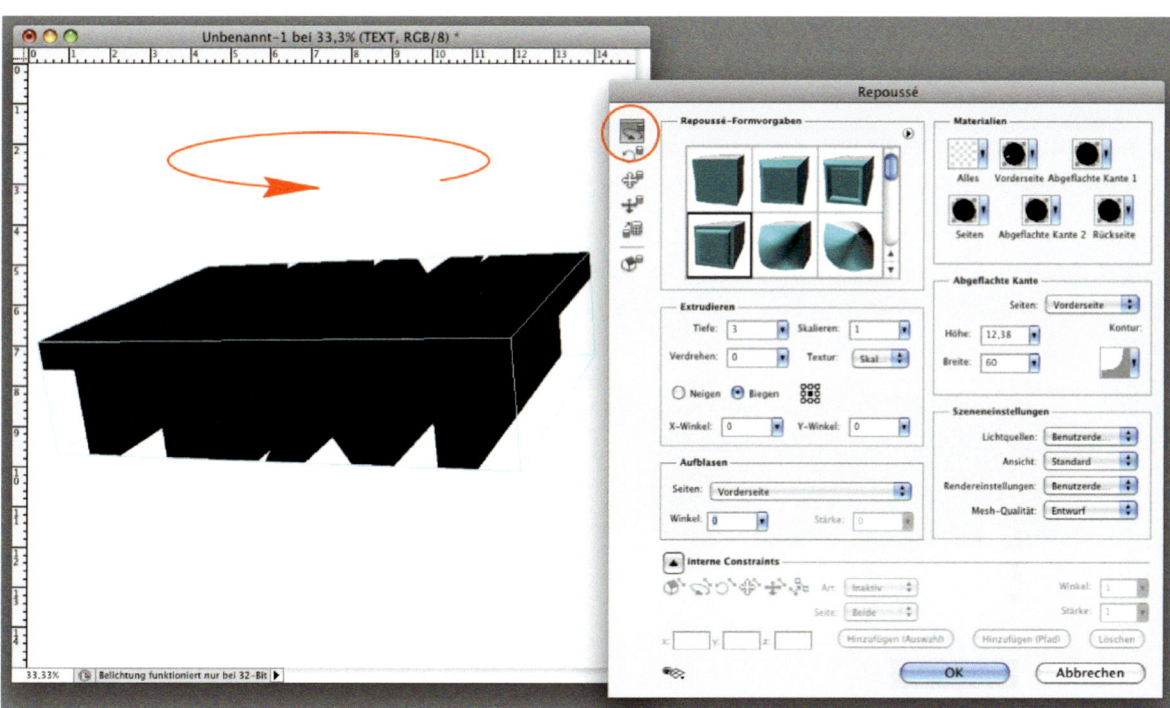

**Abbildung 9.59:** *3-D-Werkzeuge*

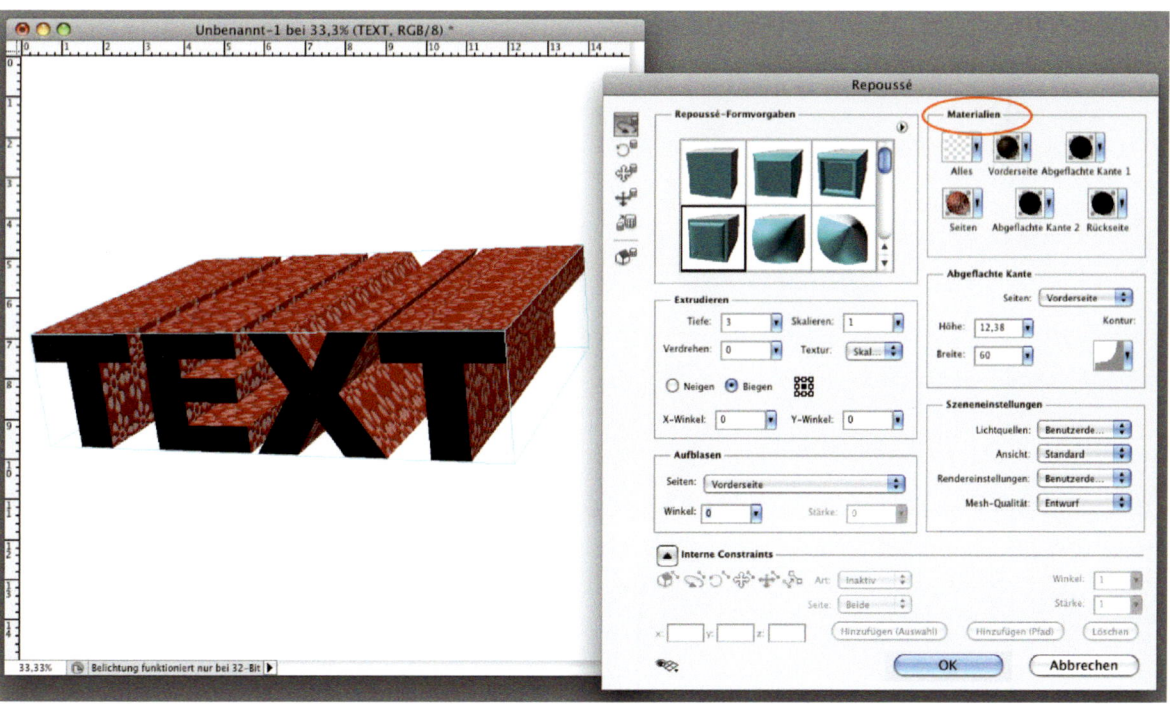

**Abbildung 9.60:** *Material zuweisen*

**7** Im Bereich *Extrudieren* können Sie dem Text einige Eigenschaften zuweisen, wie zum Beispiel die Tiefe. Sie können das Objekt skalieren, verdrehen, neigen oder biegen.

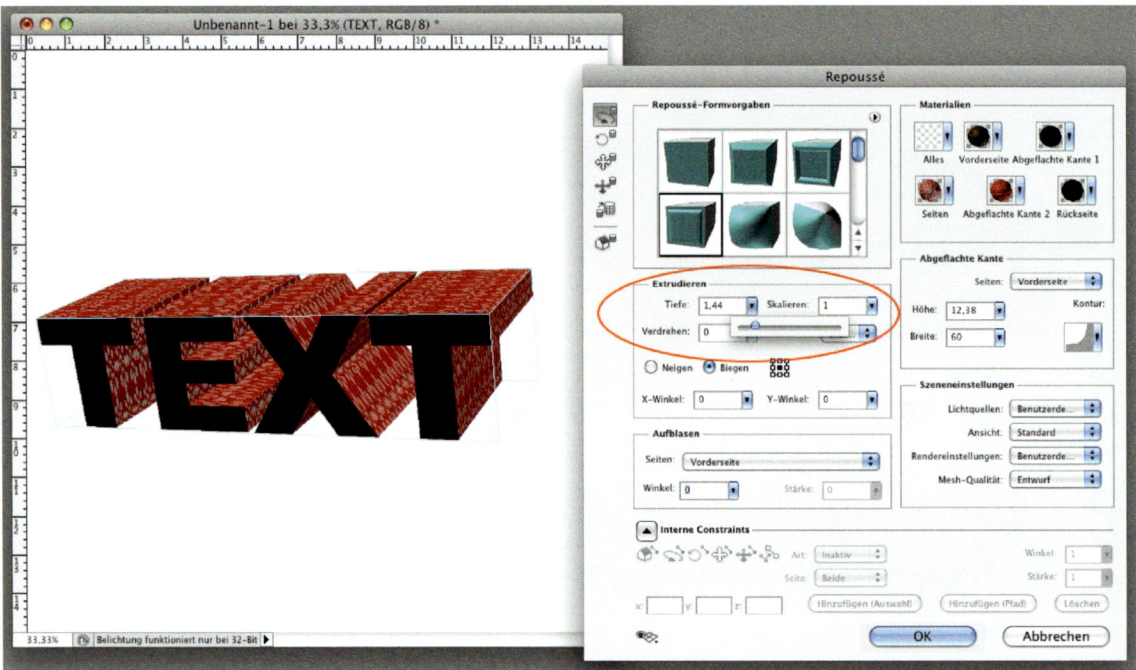

**Abbildung 9.61:** *Extrudieren*

**8** Im Bereich *Szeneneinstellungen* können Sie die *Lichtquellen* definieren. Zwar sind die Beleuchtungs-möglichkeiten in Photoshop nicht so umfangreich wie zum Beispiel in einem 3-D-Programm wie Cinema 4D, Sie können aber trotzdem zwischen einigen Licht-Setups wählen, die durchaus brauchbare Ergebnisse liefern. Außerdem können Sie in diesem Bereich die Optionen für *Ansicht*, *Rendereinstellungen* und *Mesh-Qualität* festlegen.

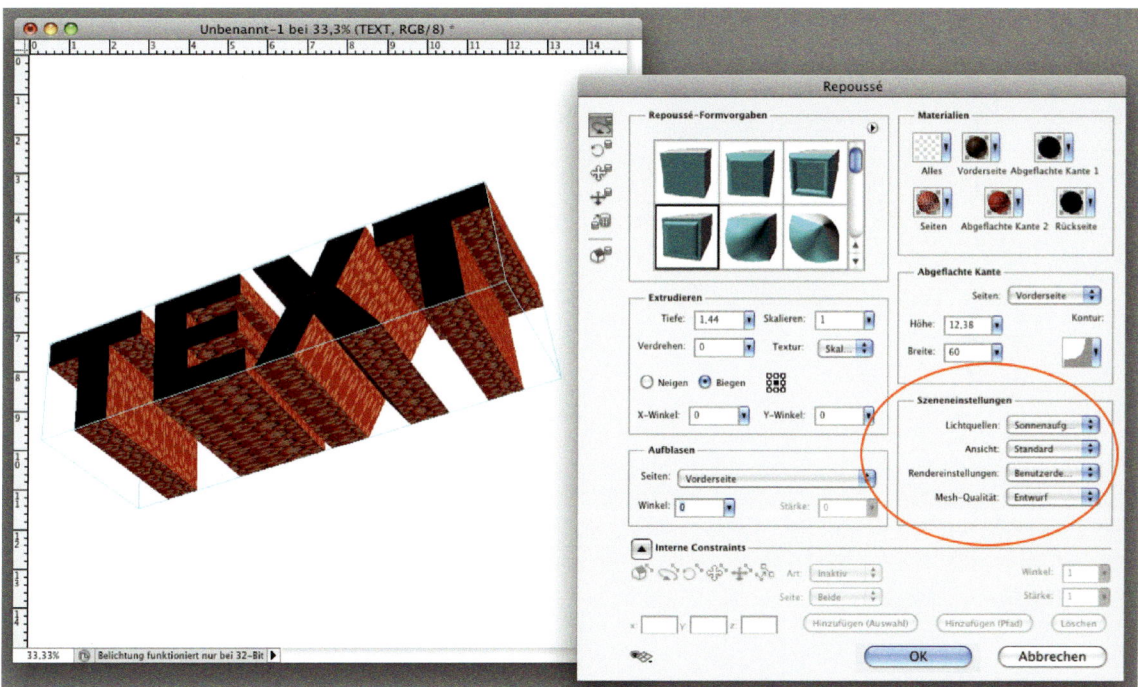

**Abbildung 9.62:** *Szeneneinstellungen*

# 10

# Filter und Effekte

Von vielen werden die Filter und Effekte, die Photoshop ebenfalls im Programm hat, unterschätzt. Neben ganz einfachen Filtern können aber auch ganz raffinierte Effekte mit diesen Werkzeugen erzielt werden. Die flexibelsten und interessantesten Werkzeuge aus dieser Kategorie werden im Folgenden vorgestellt.

## 10.1 Filtersammlungen in Photoshop: Filtergalerie und Korrekturfilter

In Photoshop gibt es viele Filter, mit denen Sie Ihre Fotos korrigieren oder bestimmte Effekte erreichen können. Aus dieser Sicht können Sie die Filter in Korrektur- und Effektfilter unterteilen. Zu den wichtigsten Filtern gehören zum Beispiel Scharf- oder Weichzeichnungsfilter oder Rauschfilter. Filter wie Strukturierungsfilter, Stilisierungsfilter, Mal- und Kunstfilter gehören zu den Effektfiltern, die Sie über die Filtergalerie anwenden können. Einige Effektfilter sowie die Korrekturfilter können Sie über das Menü *Filter* aufrufen.

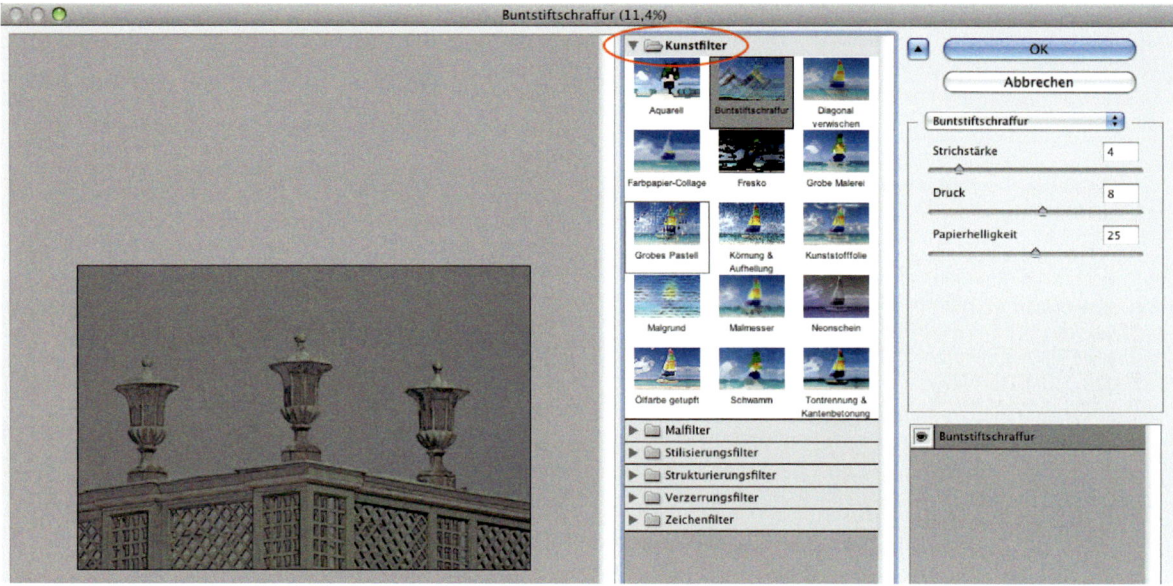

**Abbildung 10.1:** *Effektfilter in der Filtergalerie*

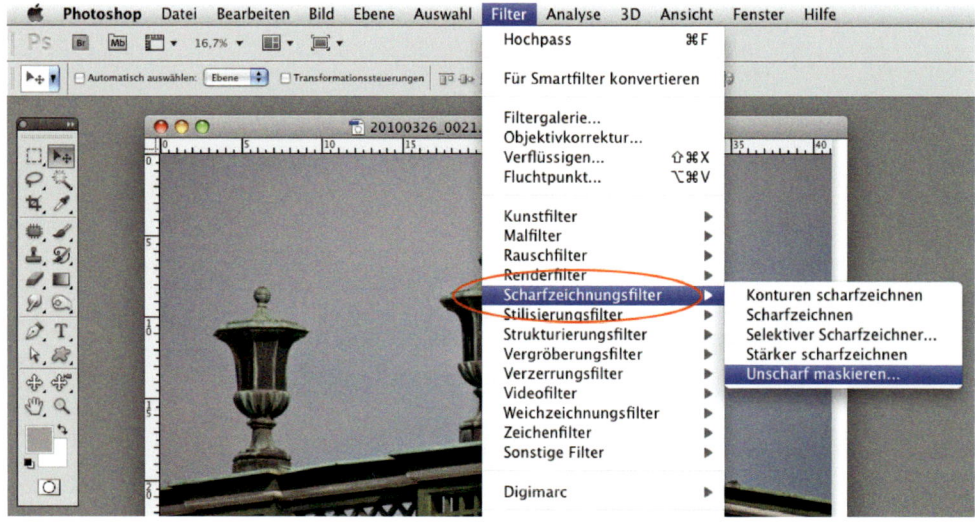

**Abbildung 10.2:**
*Korrekturfilter*

## 10.2 Smartfilter für die nicht destruktive Bearbeitung

Die Verwendung eines Filters in Photoshop ist mit der Veränderung der Pixelstruktur des Bildes verbunden und das hat Nachteile. Denn haben Sie einmal die Pixelstruktur „zerstört" – daher auch die Bezeichnung „pixeldestruktiv" –, ist jede weitere Korrektur mit einer Verschlechterung der Bildqualität und dem Auftreten von Nebenwirkungen wie Rauschen verbunden.

Während Sie die Farb- und Tonwertkorrekturen durch den Einsatz der Einstellungsebenen ohne Veränderung der Pixelstruktur des Bildes durchführen können, besteht diese direkte Möglichkeit für Filter nicht. Seit den beiden letzten Photoshop-Versionen können Sie aber so eine Art Filter-Einstellungsebene nutzen, indem Sie die Filter als Smartfilter einsetzen.

**1** Erstellen Sie mit der Tastenkombination `cmd`+`J` (`Strg`+`J`) zuerst eine Ebenenkopie des Bildes und wählen Sie für die Ebenenkopie mit einem Rechtsklick die Option *In Smart-Objekt konvertieren* aus.

**Abbildung 10.3:** *Ebenenkopie in ein Smart-Objekt umwandeln*

Ein Smart-Objekt können Sie sich als eine Art Container vorstellen, in dem ein Bild immer geschützt bleibt und viele Korrekturen, wie zum Beispiel Filter oder einige Bildkorrekturen, z. B. *Tiefen/Lichter* im Schwebezustand angewandt werden.

**2** Wählen Sie jetzt für das Smart-Objekt zum Beispiel *Filter/Scharfzeichnungsfilter/Unscharf maskieren*.

**Abbildung 10.4:**
*Filter auf Smart-
Objekt anwenden*

**3** Unter der Ebene erscheint eine zusätzliche Ebene – die Smartfilterebene – oder besser gesagt, das ist eine Maske der Smartfilterebene. Darunter ist die Unterebene mit dem angewandten Filter zu sehen.

**Abbildung 10.5:** *Ebene mit dem Smartfilter*

**4** Wie bei einer Einstellungsebene können Sie die Smartfilterebene maskieren, um die Wirkung des Filters auf einen bestimmten Bildbereich zu beschränken. Das ist eine nützliche Eigenschaft, um zum Beispiel die Schärfentiefe zu simulieren.

**Abbildung 10.6:** *Smartfilterebene maskieren*

**5** Wenn Sie die Datei jetzt im PSD-Format sichern, bleiben die Einstellungen des Filters im Schwebezustand gespeichert und können nach dem erneuten Öffnen der Datei durch das Doppelklicken auf den Filtereintrag in der *Ebenen*-Palette abgerufen und angepasst werden. Auf eine Smartebene können Sie mehrere Filter anwenden. Diese werden alle mit dem entsprechenden Eintrag in der *Ebenen*-Palette unter der Ebene aufgelistet.

**Abbildung 10.7:** *Einstellungen des Filters aufrufen und verändern*

## 10.3 Scharfzeichnen mit Unscharf maskieren

Zum Scharfzeichnen gibt es in Photoshop einige Filter, die Sie abhängig von der Schärfesituation gezielt einsetzen können. Einer der populärsten Scharfzeichnungsfilter ist *Unscharf maskieren*. Die Bezeichnung des Filters ist etwas verwirrend, aber wir werden uns nicht auf die Bezeichnung konzentrieren, sondern auf die Funktionen und die typischen Szenarien, wann und mit welchen Einstellungen Sie den Filter effektiv anwenden können. Zuerst eine Erklärung zu den Reglern der Palette *Unscharf maskieren*. In der Palette finden Sie drei Regler:

- *Stärke*: Mit diesem Regler dosieren Sie die Schärfe. Höhere Werte bedeuten mehr Schärfe und umgekehrt.

- *Radius*: Damit definieren Sie die Kantenstärke, die als solche für das Nachschärfen festgelegt wird. Das Nachschärfen ist im Prinzip nichts anderes als die Verstärkung der Kontraste an den Kanten. Wenn Sie zum Beispiel einen Radius von 1–1,5 Pixeln definieren, sprechen Sie Bilddetails an wie zum Beispiel Haare, Fell, kleine Strukturen etc. Mehr Radius bedeutet größere Details und dementsprechend eine gröbere Scharfzeichnung.

- *Schwellenwert*: Mit diesem Regler definieren Sie den Wert, wie stark sich die Pixel, die scharfgezeichnet werden sollen, von der restlichen Umgebung unterscheiden sollen, damit auf sie die Schärfe angewandt werden kann. Beim Schwellenwert 0 werden alle Pixel scharfgezeichnet, je höher der Schwellenwert gestellt wird, umso schwächer wird die Schärfe. Wenn Sie zum Beispiel einen sehr hohen Schwellenwert einsetzen, ca. 120, wird die Wirkung des Filters nicht sichtbar. Deshalb können Sie sich eine einfache Faustregel merken: Arbeiten Sie mit einem Schwellenwert zwischen 1 und 15. Für mehr Schärfe nehmen Sie kleinere Werte, für wenig – höhere.

In den nächsten Beispielen sehen Sie typische Szenarien, bei welchen Motiven welche Werte eingesetzt werden können. Die genannten Werte sind Richtwerte, die von der Pixelgröße des Bildes abhängig sind.

## Tierfotografie

Speziell bei den sogenannten Kuscheltieren konzentrieren Sie sich auf die Scharfzeichnung des Fells. Sie können die Scharfzeichnung auch selektiv anwenden. Die Werte entnehmen Sie dem Screenshot.

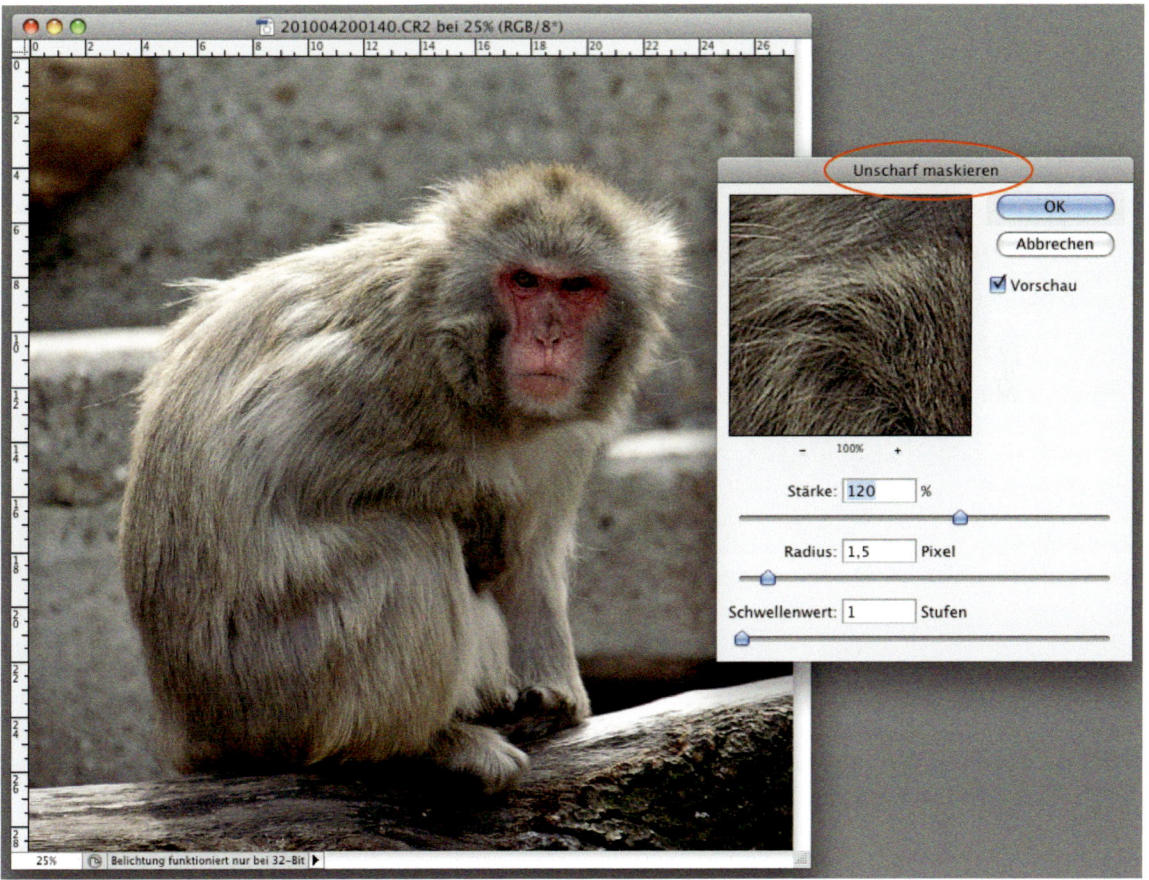

**Abbildung 10.8:** *Einstellungen für die Tierfotografie*

## Porträts

Bei Porträts sollten Sie mit der Schärfe sparsam umgehen. Denn eine zu starke Scharfzeichnung wirkt speziell bei der Haut nicht immer ästhetisch. Wenn Sie das Bild nicht absichtlich überschärfen wollen, können Sie Einstellungen des Filters *Unscharf maskieren* wie folgt vornehmen:

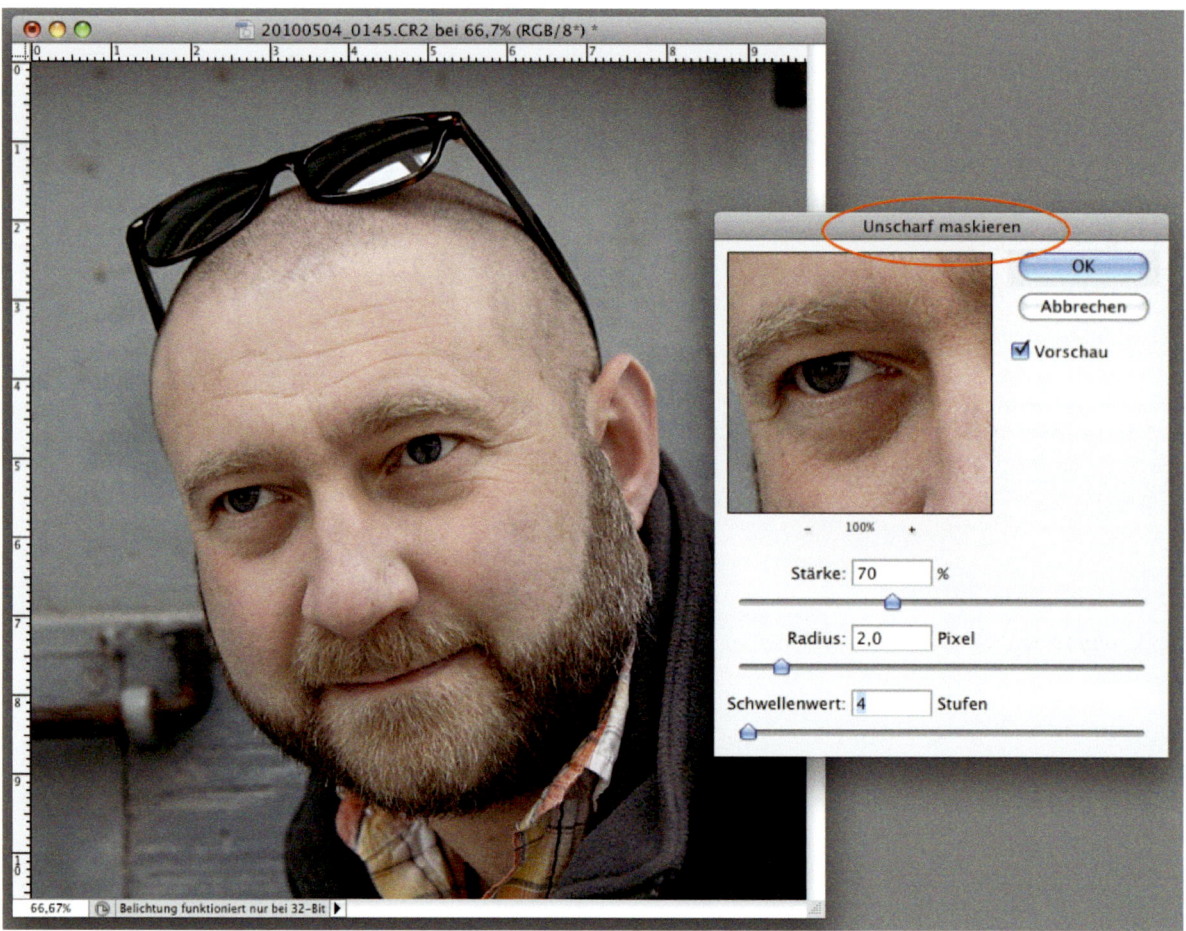

***Abbildung 10.9:*** *Unscharf maskieren bei Porträts*

## Landschaften

In der Landschaftsfotografie gibt es unterschiedliche Aufnahmesituationen, in denen auch die Schärfe verschieden dosiert werden kann. In unserem Beispiel wurde eine stärkere Schärfe eingesetzt, allerdings sollte sie auf gröbere Strukturen wirken. Der höhere Schwellenwert verhindert, dass die feinen Steinstrukturen zu stark nachgeschärft werden.

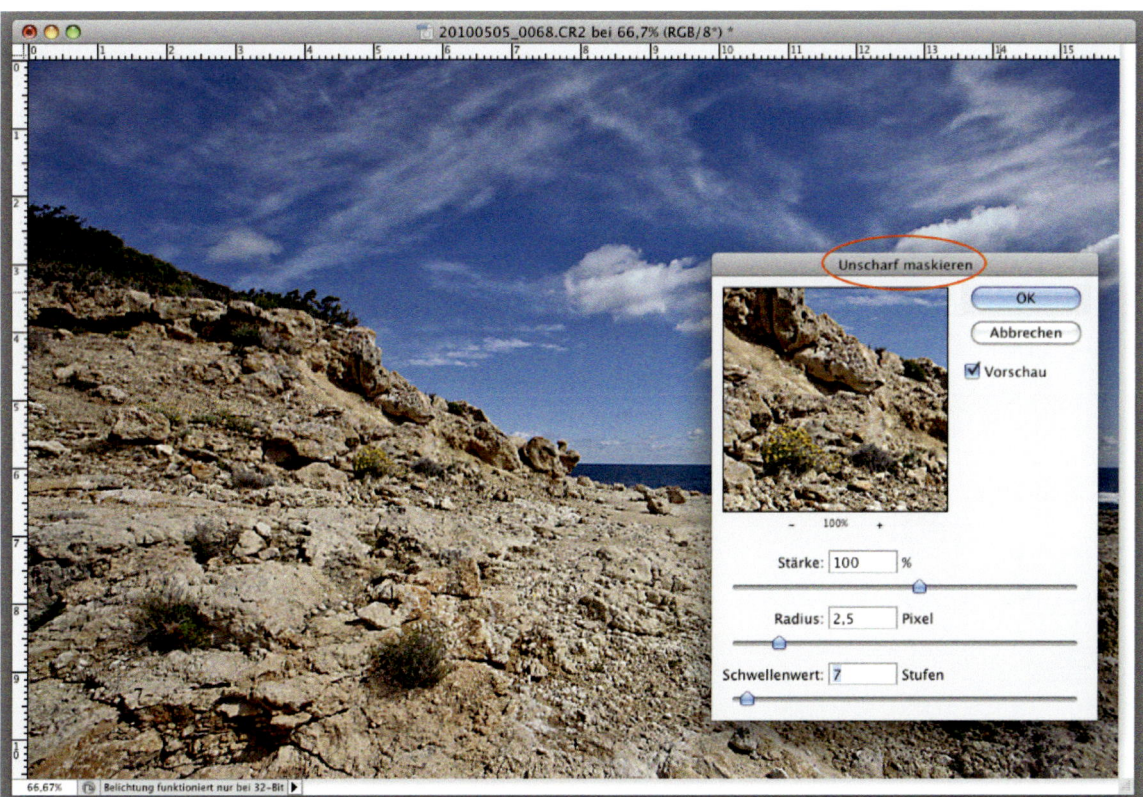

**Abbildung 10.10:** *Landschaftsbilder schärfen*

### Technik, Industrie, Architektur

Bei diesen Motiven können Sie mehr Schärfe anwenden. Die technischen Motive leben von Details und damit sollten Sie auch beim Nachschärfen nicht sparen. Natürlich gilt auch hier die Regel „weniger ist mehr", denn alles, was übertrieben wird, ist nicht mehr schön. Sie können aber die *Stärke* ruhig über 150 % und höher wählen, den *Radius* mit ca. 2–3 Pixeln, und mit dem *Schwellenwert* 1 wird erreicht, dass jedes Detail im Bild scharfgezeichnet wird.

Die Scharfzeichnung mit dem Filter *Unscharf maskieren* ist für fast alle Aufgaben eine gute Wahl. Wie fast alle Korrekturen in Photoshop erfolgt auch die Scharfzeichnung in der Regel selektiv. Egal, welche Methode Sie verwenden, mit selektiver Scharfzeichnung können Sie die wichtigen Details besser hervorheben und damit die nötigen Akzente setzen.

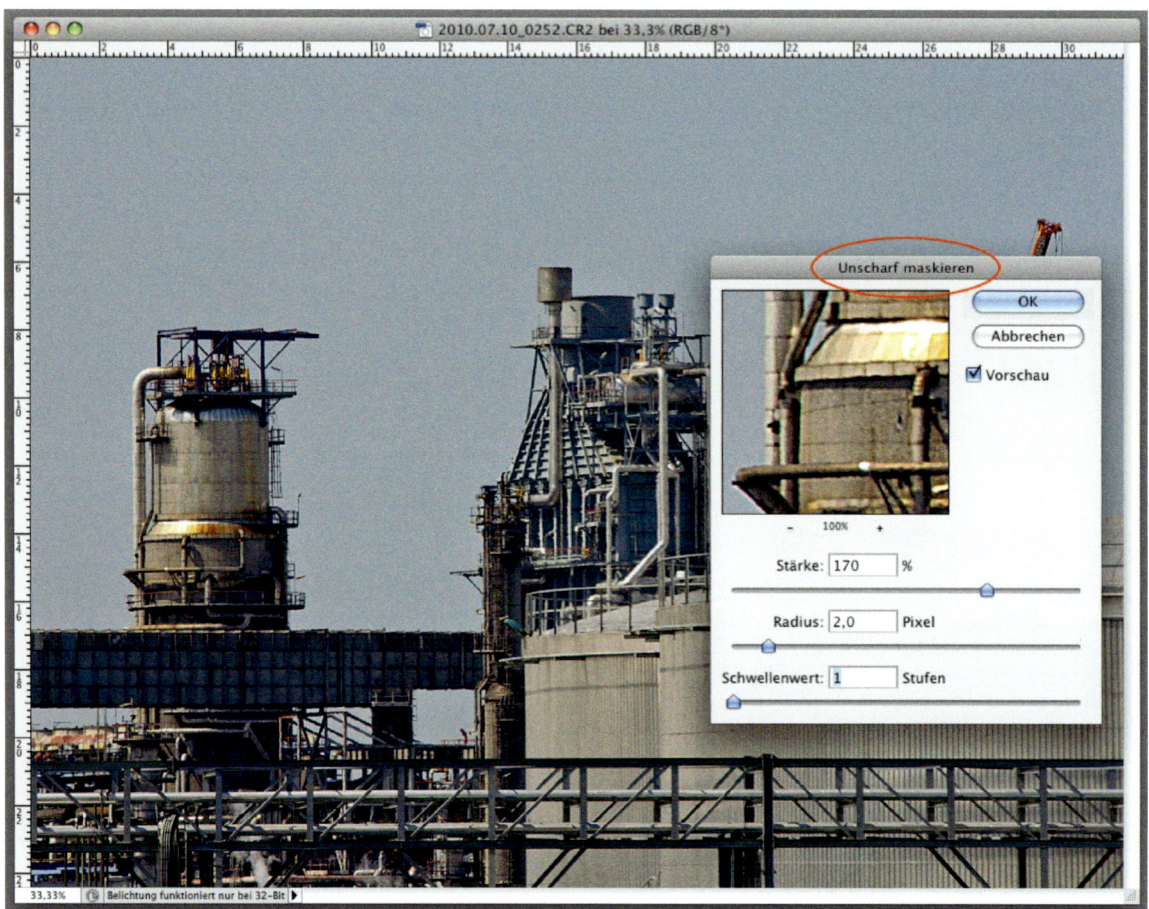

**Abbildung 10.11:** *Technik und Industrie stark nachschärfen*

## 10.4 Selektiver Scharfzeichner

Diesen Begriff sollten Sie nicht mit dem selektiven Anwenden eines der Scharfzeichnungsfilter verwechseln. Denn die Funktion *Selektiver Scharfzeichner* ist ein eigenständiger Filter und basiert auf der Entfernung der Bildunschärfe verschiedener Arten. Es ist sinnvoll, auch diesen Filter als Smartfilter anzuwenden.

Im Dialog *Selektiver Scharfzeichner* finden Sie bei den Standardeinstellungen zwei Regler: *Stärke* und *Radius*. Diese Regler kommen Ihnen bestimmt schon bekannt vor. Auch beim Nachschärfen mit dem Filter *Unscharf maskieren* wurden diese Werte angepasst. Beim selektiven Scharfzeichner haben Sie allerdings noch die Möglichkeit, die Art der Unschärfe auszuwählen, die Sie minimieren wollen, zum Beispiel den Gaußschen Weichzeichner für falsch fokussierte Bilder oder die Bewegungsunschärfe für verwackelte Aufnahmen. Diese Art von Scharfzeichnung weckt bei Ihnen bestimmt große Hoffnungen, denn wie die Optionen heißen, können sie die jeweilige Art der Unschärfe gezielt korrigieren. Allerdings sind deren Möglichkeiten nicht unbegrenzt. Wenn Sie leicht verwackelte Bilder mit der Option *Bewegungsunschärfe* korrigieren wollen, können Sie Einstellungen erreichen, bei denen die Unschärfe tatsächlich minimiert wird.

Bei stärkeren Verwacklungen ist der Filter allerdings nicht so wirkungsvoll. Auch andere Optionen sind nur bis zu einem bestimmten Punkt zu korrigieren.

**1** Für die Anpassung der Werte arbeiten Sie zuerst im schnellen Modus.

**2** Wenn Sie dann die Korrektur mit *OK* bestätigen wollen, aktivieren Sie zuerst die Option *Genauer*.

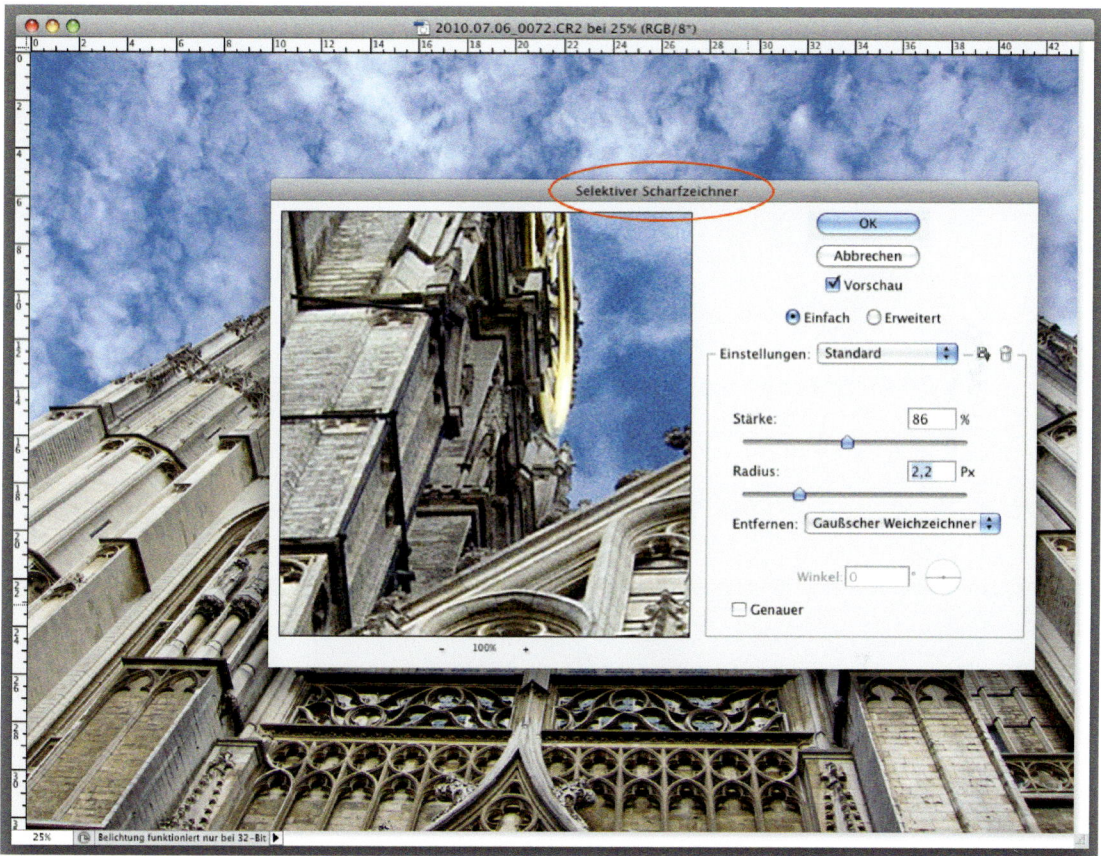

**Abbildung 10.12:** *Selektiver Scharfzeichner*

**3** Wenn Sie die Option *Erweitert* wählen, können Sie die Scharfzeichnung in den Bereichen *Tiefen* und *Lichter* genauer anpassen.

**4** Wählen Sie die Bereiche einzeln an und passen Sie die folgenden Werte an:

- *Verblassen um*: Dieser Regler passt den Umfang des Scharfzeichnens in den Bereichen *Tiefen* und *Lichter* an.

- *Tonbreite*: Legt die Breite in *Tiefen* und *Lichter* fest. Je kleiner der Wert für die Tonbreite ist, umso mehr werden die Korrekturen der Bereiche *Tiefen* und *Lichter* beschränkt.

- *Radius*: Legt fest, welche Bereiche von der Korrektur angesprochen werden sollen. Je kleiner der Radius, umso feinere Strukturen werden von der Scharfzeichnung betroffen.

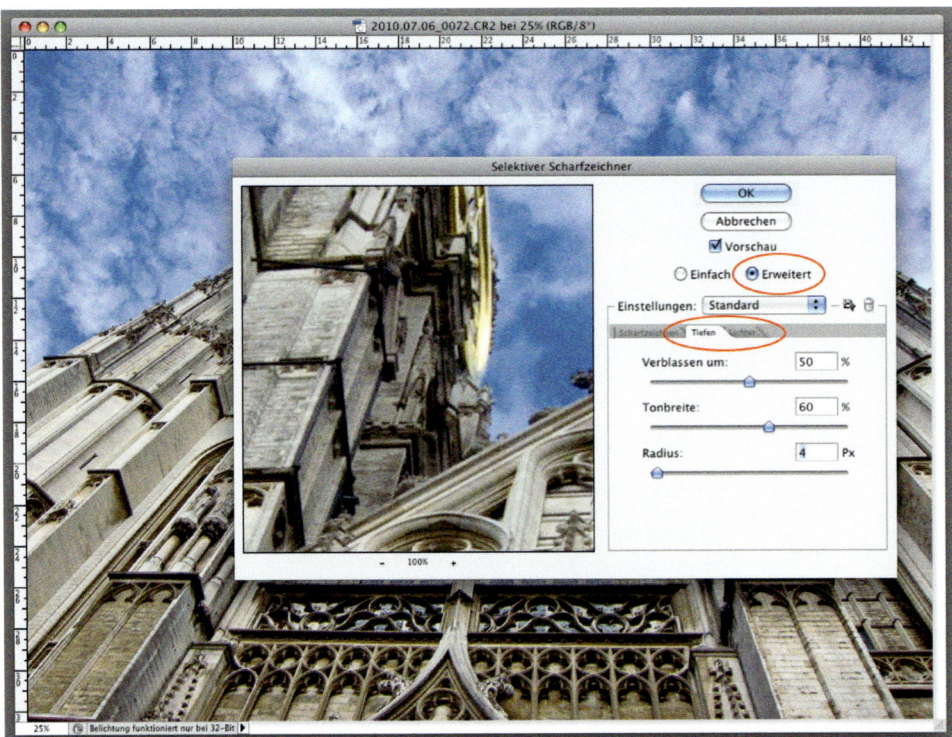

**Abbildung 10.13:**
*Option* Erweitert

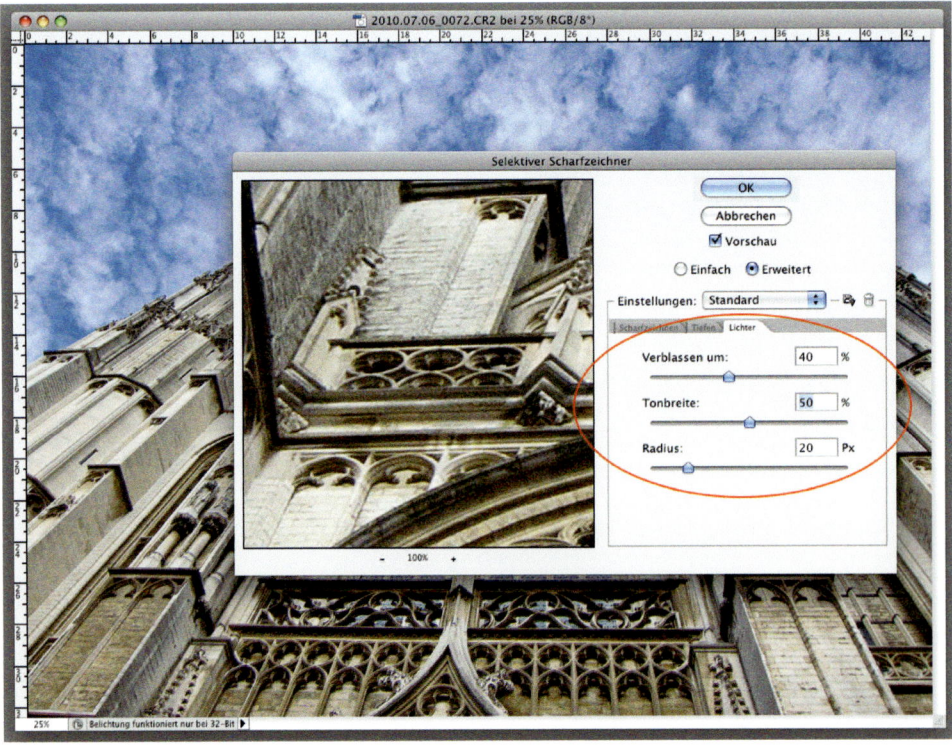

**Abbildung 10.14:**
*Selektive Anpassung*
*in den Bereichen*
Tiefen *und* Lichter

## 10.5 Scharfzeichnen, Konturen scharfzeichnen, stärker scharfzeichnen

Diese Einstellungen besitzen feste Werte und können nicht so angepasst werden wie *Unscharf maskieren* und *Selektiver Scharfzeichner*. Die Filter *Scharfzeichnen*, *Konturen scharfzeichnen* und *Stärker scharfzeichnen* sind aber durchaus brauchbar, wenn es beispielsweise um eine schnelle Korrektur geht. In der genannten Reihenfolge können Sie auch die Stärke dieser Filter einordnen. Ein kleiner Tipp: Probieren Sie diese Filter aus, bevor Sie mit erweiterten Anpassungen beginnen. Es ist durchaus möglich, dass Sie auch mit diesen Festeinstellungen zu guten Ergebnissen gelangen.

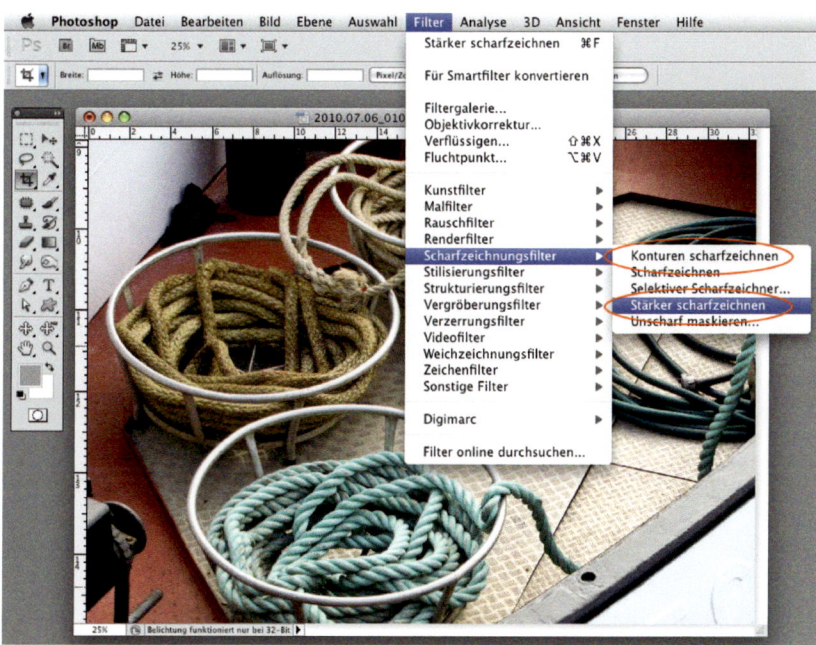

**Abbildung 10.15:** *Feste Filter*

## 10.6 Scharfzeichnung mit Hochpass-Filter und geänderten Ebenenfüllmethoden

Neben den „direkten" Filtern gibt es einige Tricks, bei denen Sie einen Filter in Kombination mit der geänderten Ebenenfüllmethode zum Nachschärfen Ihrer Bilder nutzen können. Einer davon ist die Verwendung des Filters *Hochpass*. Der *Hochpass*-Filter mit kleinem Radius lässt die Konturen im Bild deutlicher hervortreten und das ist im Grunde genau das, was zum Nachschärfen führt – eine interessante Technik mit vielen Möglichkeiten. Hier ist der typische Workflow festgehalten:

**Ebene kopieren**

1 Erstellen Sie mit ⌘+J (Strg+J) eine Kopie der Hauptebene. Hier ist das Kopieren der Ebene, im Gegensatz zu anderen Beispielen, keine einfache Vorsichtsmaßnahme. Ohne zweite Ebene funktioniert die Technik nicht.

**Abbildung 10.16:** *Ebene duplizieren*

## Hochpass

**2** Die duplizierte Ebene können Sie in ein Smart-Objekt umwandeln. Das hat den Vorteil, dass Sie die Einstellungen des Filters nachträglich noch ändern können. Im Fall des *Hochpass*-Filters besonders wichtig, weil Sie nicht sofort sehen können, ob Sie den richtigen Radius gewählt haben.

**3** Wählen Sie jetzt *Filter/Sonstige Filter/Hochpass*. Im Vorschaubild des Dialogs stellen Sie den Radius so ein, dass die Konturen auf dem grauen Hintergrund sehr gut sichtbar sind, in der Regel ist das bei ca. 2 Pixeln der Fall *(siehe Abbildung 10.17)*.

## Ebenenfüllmethode ändern

**4** Für die mit dem *Hochpass*-Filter bearbeitete Ebene ändern Sie die Ebenenfüllmethode auf *Ineinanderkopieren* für eine stärkere Schärfe. Wenn die Schärfe etwas milder ausfallen soll, verwenden Sie die Ebenenfüllmethode *Weiches Licht (siehe Abbildung 10.18)*.

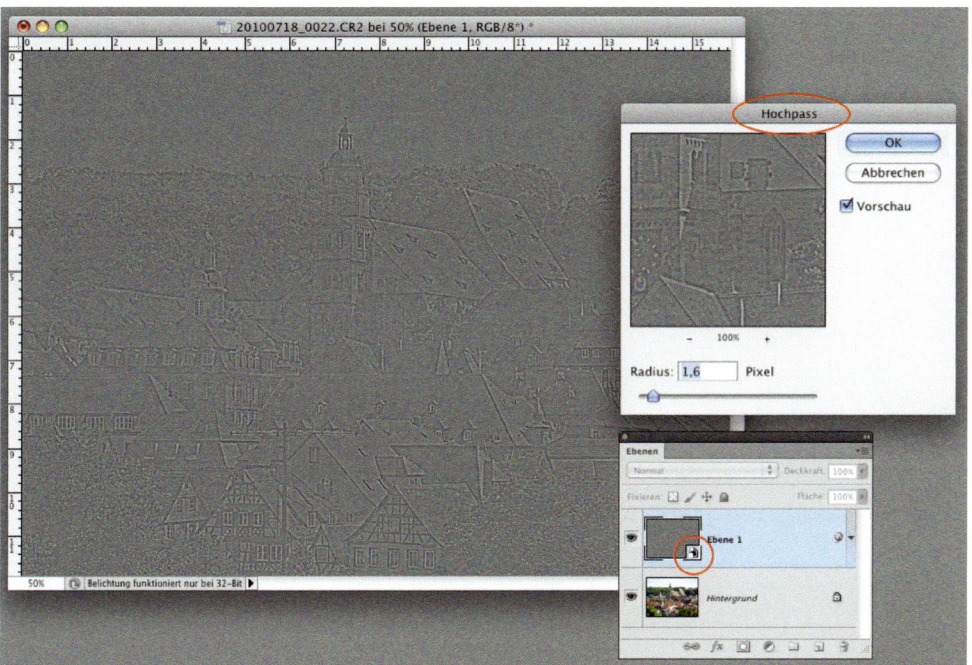

**Abbildung 10.17:** *Radius für Hochpass-Filter einstellen*

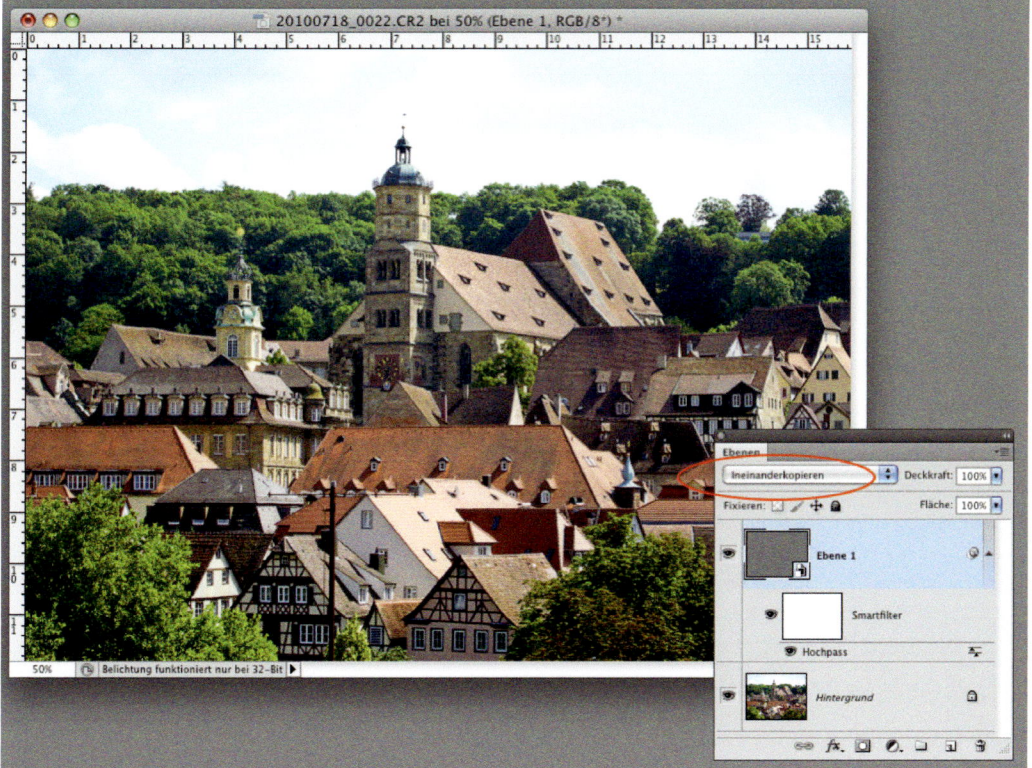

**Abbildung 10.18:** *Ebenenfüllmethode wählen*

### Schärfe kontrollieren und anpassen

**5** Nach dem Nachschärfen können Sie in der Ansichtsvergrößerung überprüfen, ob Sie den Radius korrekt gewählt haben.

**6** Wenn Sie den Radius korrigieren möchten, doppelklicken Sie auf den Filtereintrag in der *Ebenen-* Palette und passen im Dialog *Hochpass* den *Radius* an.

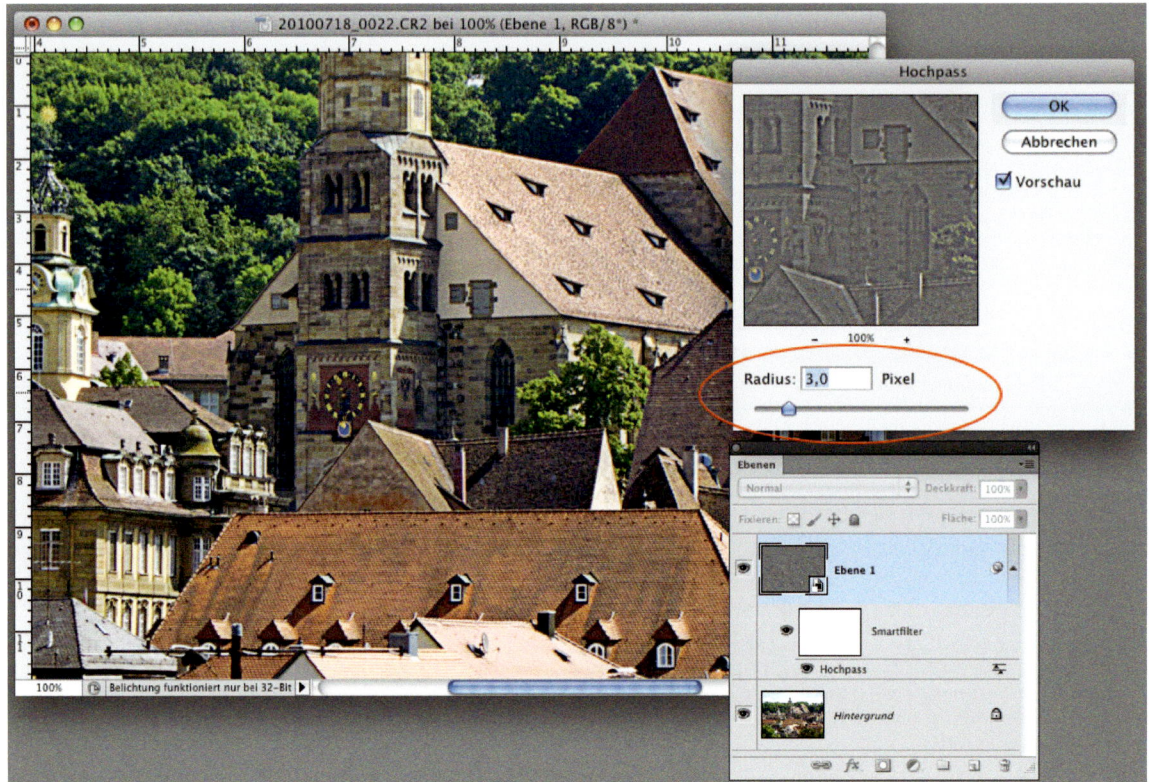

**Abbildung 10.19:** *Radius bei Bedarf anpassen*

> Die beschriebene Technik können Sie sehr gut zum Nachschärfen der Bilder fürs Web verwenden. Bei einem Bild mit einer Größe von ca. 1.000 x 1.000 Pixeln können Sie den Radius von ca. 0,5–0,7 Pixeln verwenden – die Ergebnisse sind sehr gut.

## 10.7 Weichzeichnung mit dem Gaußschen Weichzeichner

Der Gaußsche Weichzeichner ist ein Klassiker und wird gerne für verschiedene Aufgaben eingesetzt, zum Beispiel für die Weichzeichnung der Haut, zum selektiven Weichzeichnen des Hintergrunds etc. Eine einfache Weichzeichnung des ganzen Bildes kommt in der Regel nicht so häufig vor, daher wird im nachfolgenden Beispiel eine typische selektive Weichzeichnung gezeigt. Die Limette soll im Vordergrund scharf bleiben, der Rest des Bildes wird mit dem Gaußschen Weichzeichner bearbeitet.

## Teilbereich selektieren

**1** Den Bereich mit der Limette können Sie jetzt mit dem Werkzeug Ihrer Wahl selektieren. Infrage kommt zum Beispiel das Schnellauswahl-Werkzeug (W).

**2** Nach der Auswahl können Sie die Konturen überprüfen und bei Bedarf mit der Option *Kante verbessern* anpassen.

**Abbildung 10.20:** *Auswahl mit Schnellauswahl-Werkzeug*

## Teilbereich als Kopie auf neue Ebene

**3**   Wenn die Auswahl fertig ist, können Sie die Limette mit der Tastenkombination [cmd]+[J] ([Strg]+[J]) auf eine neue Ebene legen.

**Abbildung 10.21:** *Neue Ebene als Kopie*

## Hintergrund weichzeichnen

**4**   Die Hintergrundebene können Sie jetzt entweder direkt bearbeiten oder zuerst in ein Smart-Objekt konvertieren und dann den Gaußschen Weichzeichner als Smartfilter einsetzen.

**5**   Wählen Sie nun *Filter/Weichzeichnungsfilter/Gaußscher Weichzeichner*. In unserem Beispiel wurde der Hintergrund mit einem Radius von ca. 40–50 Pixeln bearbeitet.

**Abbildung 10.22:** *Gaußscher Weichzeichner*

## 10.8 Dynamische Effekte mit Bewegungsunschärfe erzielen

Für die Darstellung fahrender Autos, rasender Motorräder, Läufer etc. – überall wo Geschwindigkeit im Bild verdeutlicht werden soll – können Sie die Bewegungsunschärfe einsetzen. Auch in diesem Fall kommt die selektive Weichzeichnung zum Einsatz. Doch im Gegensatz zu dem Beispiel des Gaußschen Weichzeichners soll im nachfolgenden Beispiel etwas mehr an Vorbereitungsarbeit geleistet werden.

### Freistellung

1  Stellen Sie zuerst das Auto frei. Dazu können Sie entweder das Lasso-Werkzeug (L) benutzen oder das Schnellauswahl-Werkzeug (W). Achten Sie darauf, dass alle Details sauber freigestellt sind, sonst wirkt das bearbeitete Bild unsauber.

2  Nach dem Erstellen der Auswahl legen Sie das Auto auf eine neue Ebene als Kopie mit cmd+J (Strg+J).

**Abbildung 10.23:**  *Das Auto sauber freistellen*

## Kanten stempeln

**3**   Bei der Bearbeitung mit dem Filter *Bewegungsunschärfe* werden die Pixel des Bildes um den gewünschten Betrag und in die angegebene Richtung verschoben. Das betrifft nicht nur die Pixel des Hintergrunds, sondern auch die des Autos.

Da das Auto schon freigestellt auf der oberen Ebene liegt und darunter die Pixel des Autos verschoben werden, wirkt das nicht sehr ästhetisch. Damit das nicht passiert, können Sie die Kanten des Autos mit den Pixeln aus der Umgebung zustempeln.

**4**   Wählen Sie dazu das Kopierstempel-Werkzeug (S) mit einem ziemlich großen Radius (ca. 100–150 Pixel) und weicher Kante und stempeln Sie die Kanten des Autos auf der Hintergrundebene zu *(siehe Abbildung 10.24)*.

## Bewegungsunschärfe

**5**   Die Hintergrundebene können Sie jetzt mit *Filter/Weichzeichnungsfilter/Bewegungsunschärfe* bearbeiten. Wählen Sie im Dialog *Bewegungsunschärfe* einen ziemlich großen *Abstand* – ca. 200 Pixel – und den passenden *Winkel*. In unserem Beispiel ist die Bewegung des Autos horizontal, deshalb kann der Winkel bei 0° bleiben *(siehe Abbildung 10.25)*.

**Abbildung 10.24:** *Kanten zustempeln*

**Abbildung 10.25:** *Bewegungsunschärfe*

## 10.9 Neue Weichzeichnungsfilter und deren Anwendungsgebiete

Die Palette der Weichzeichnungsfilter wurde um interessante Anwendungen erweitert. Die Filter *Feld weichzeichnen* und *Form weichzeichnen* sind von besonderem Interesse, weil sie sehr interessante Effekte bringen, die besonders bei selektiver Anwendung sehr ästhetisch wirken.

### 10.9.1 Feld weichzeichnen

Mit diesem Filter können Sie eine Weichzeichnung der Pixel des Bildes unter Berücksichtigung der Struktur durchführen. Wenn beim Gaußschen Weichzeichner die Pixel wahllos alle gleich weichgezeichnet werden, ist das beim Filter *Feld weichzeichnen* ganz anders. Die Strukturen werden erkannt, und abhängig von der Strukturenstärke wird der Filter angewendet. Die Strukturen sind dann beim weichgezeichneten Bild immer noch sichtbar, aber entsprechend unscharf. Die Wirkung des Filters kann man mit einem lichtstarken Objektiv vergleichen, das mit offener Blende eingesetzt wird. Im nachfolgenden Beispiel wird der Filter selektiv auf die Umgebung angewandt, das Auto wird damit in den Vordergrund gestellt.

**Ebene duplizieren**

1  Da der Filter selektiv eingesetzt wird, duplizieren Sie die Hintergrundebene mit `cmd`+`J` (`Strg`+`J`) oder erstellen Sie aus der Hintergrundebene ein Smart-Objekt.

***Abbildung 10.26:*** *Ebene duplizieren*

### Filter einsetzen

**2** Die Ebenenkopie wird mit *Filter/Weichzeichnungsfilter/Feld weichzeichnen* bearbeitet. Verwenden Sie einen großen Radius von ca. 90 Pixeln.

**3** Bestätigen Sie den Filter mit *OK* und erstellen Sie auf der oberen Ebene eine Maske.

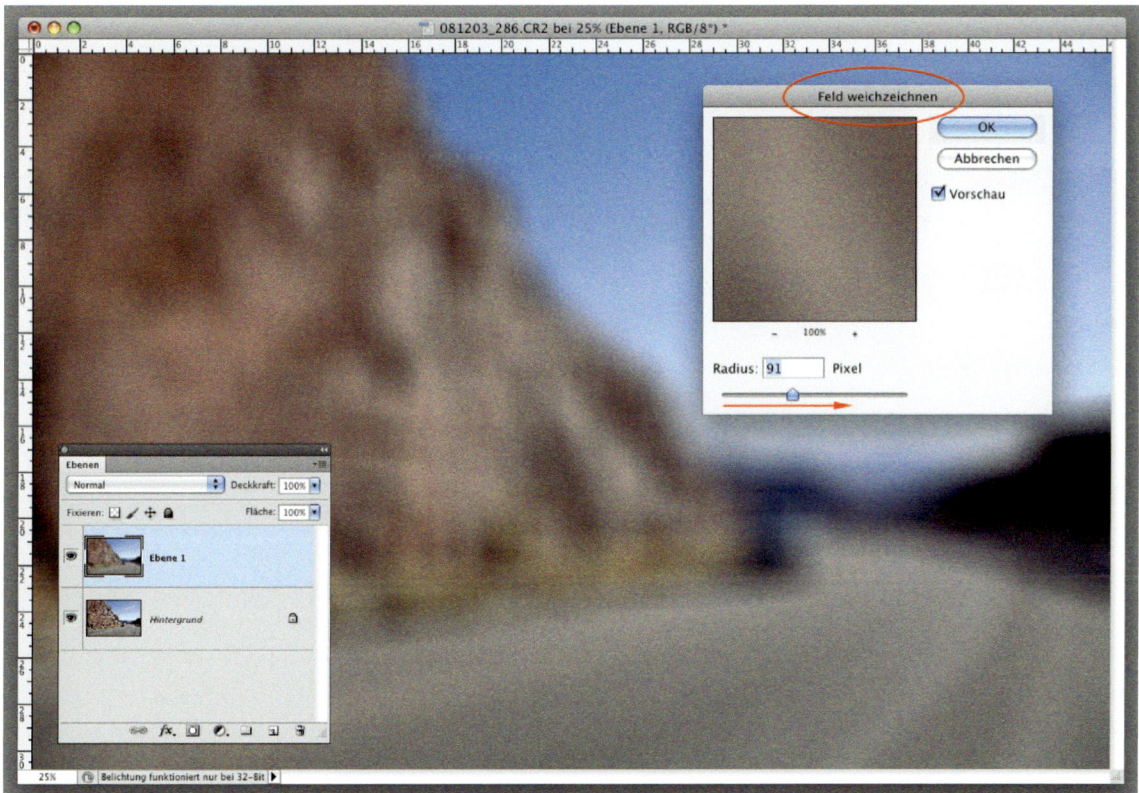

**Abbildung 10.27:** *Filter* Feld weichzeichnen

### Maske bearbeiten

**4** Die erstellte Maske können Sie vorerst mit der schwarzen Farbe füllen. Definieren Sie dazu die Vordergrundfarbe Weiß und die Hintergrundfarbe Schwarz im Farbwähler mit den Tasten [D] und dann [X] und füllen Sie die Maske mit der Tastenkombination [cmd]+[Entf] ([Strg]+[Entf]) *(siehe Abbildung 10.28)*.

**5** Wählen Sie dann das Verlaufswerkzeug ([V]) mit den Optionen Linearer Verlauf, Vordergrund-Transparent, Vordergrundfarbe Weiß und erstellen Sie auf der Maske der Ebene mehrere Verläufe von außen nach innen, wie das auf dem Bild gezeigt wird. Das Auto bleibt scharf und zu den Rändern des Bildes lässt die Schärfe nach. Durch den Filter *Feld weichzeichnen* wirkt die Scharfzeichnung „optisch" – so ähnlich wie bei einem lichtstarken Objektiv *(siehe Abbildung 10.29)*.

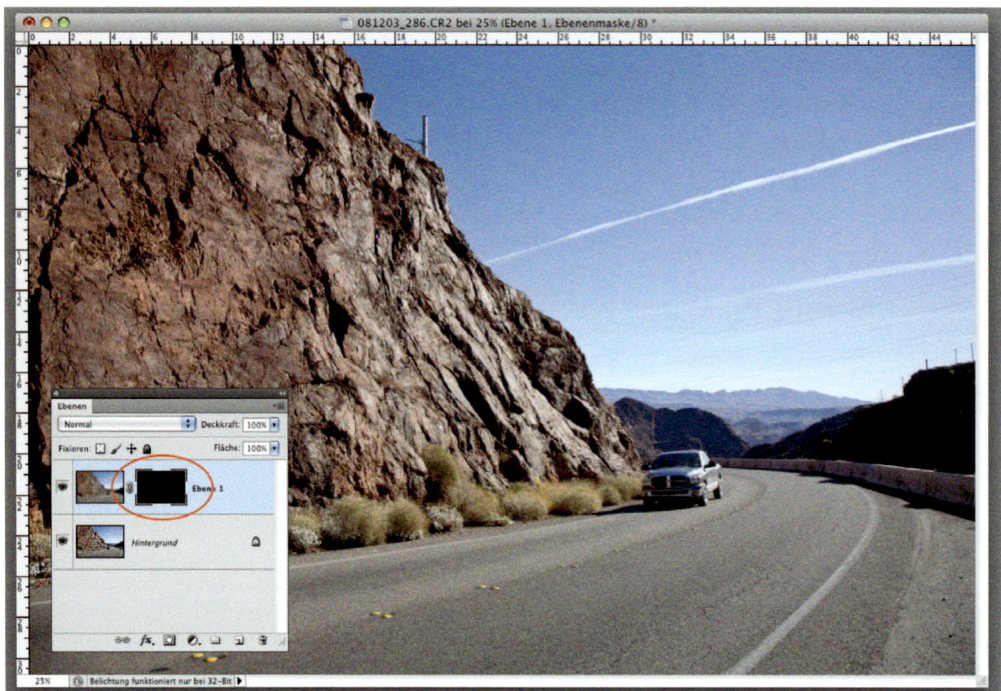

**Abbildung 10.28:** *Maske mit schwarzer Farbe füllen*

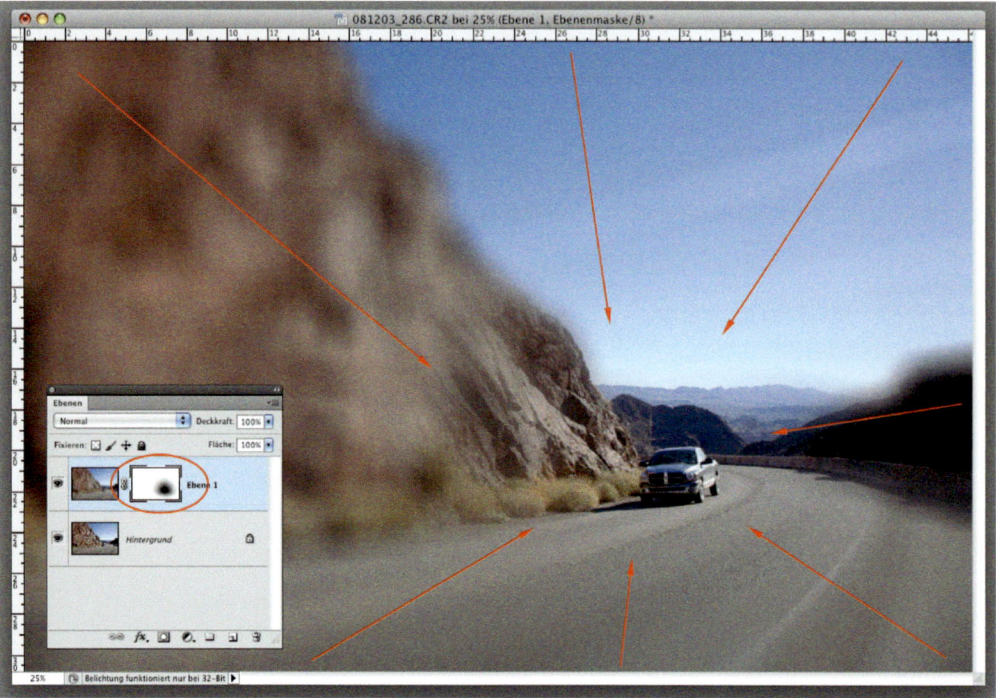

**Abbildung 10.29:** *Maske bearbeiten*

### 10.9.2 Form weichzeichnen

Der Filter *Form weichzeichnen* nimmt ein Muster aus der Bibliothek des Eigene-Form-Werkzeugs (U) als Grundlage für die Weichzeichnung. In der Bibliothek sind verschiedene Formen vorhanden, aber nicht alle Formen eignen sich gut als Weichzeichnungsgrundlage. Optimal wirken zum Beispiel Formen wie Blumen, runde Muster oder Blätter. Die Wirkung des Filters ist erst ab einem stärkeren Radius sichtbar. Vergrößern Sie den Radius auf ca. 150 Pixel. Probieren Sie die Wirkung des Filters als selektive Anwendung aus, um das Hauptmotiv vom Hintergrund zu separieren.

**Abbildung 10.30:** *Filter Form weichzeichnen*

**Abbildung 10.31:**
*Größeren Radius für den Filter einsetzen*

## 10.10 Klassische Effekte mit Filtern

Es gibt beim Einsatz der Filter einige Evergreens, die von Fotografen und Grafikern sehr gerne eingesetzt werden. Diese Effekte werden mit den klassischen Filtern erzeugt und sind für viele Motive eine gute Ergänzung und auch Bereicherung.

### 10.10.1 Radialer Weichzeichner: kreisförmig

Mit dem radialen Weichzeichner können Sie spezielle Bilder mit einem zentrierten Motiv aufpeppen. Damit der Blick des Betrachters auf das Hauptmotiv konzentriert werden kann, wird der Hintergrund in eine Art Strudel gezogen.

**1**  Duplizieren Sie zuerst die Hauptebene mit ⌘+J (Strg+J). Die Ebenenkopie können Sie bei Bedarf in ein Smart-Objekt umwandeln.

**Abbildung 10.32:** *Ebene duplizieren*

**2** Wählen Sie für die Ebenenkopie *Weichzeichnungsfilter/Radialer Weichzeichner*. Im Dialog wählen Sie die Methode *Kreisförmig* und als *Qualität* zunächst mal *Gut*. Die *Stärke* ist standardmäßig auf 10 gesetzt. Probieren Sie diese Optionen aus.

**Abbildung 10.33:** *Radialer Weichzeichner kreisförmig*

**3** Sollte die Stärke nicht ausreichen, können Sie den Smartfilter jederzeit aufrufen und die Einstellungen ändern., Die Wirkung des Filters *Radialer Weichzeichner* können Sie auf einen bestimmten Bildbereich beschränken.

**4** Erstellen Sie die Maske auf der oberen Ebene (falls Sie ohne Smartfilter arbeiten) und füllen Sie die Maske mit schwarzer Farbe. Dann wählen Sie das Verlaufswerkzeug (G) und blenden Sie mit einem Verlauf die Ecken und Seiten der Ebene wieder ein. Die Optionen für das Verlaufswerkzeug sind Vordergrund-Transparent, Vordergrundfarbe Weiß, linearer Verlauf.

**Abbildung 10.34:** *Mit Maske die Wirkung des Filters einschränken*

### 10.10.2 Radialer Weichzeichner: strahlenförmig

Das gleiche Prinzip gilt auch für eine andere Art des radialen Weichzeichners. Der Vorgang ist ähnlich wie der vorherige, wählen Sie nur die Option *Strahlenförmig*. Dieser Filter eignet sich hervorragend für die Bearbeitung von Fotos mit langen Fluren oder zur Simulation von Bewegung bei Frontalaufnahmen von laufenden Personen, fahrenden Autos, Motorrädern etc. Auch hier können Sie die Wirkung des Filters auf einen bestimmten Bereich des Bildes beschränken.

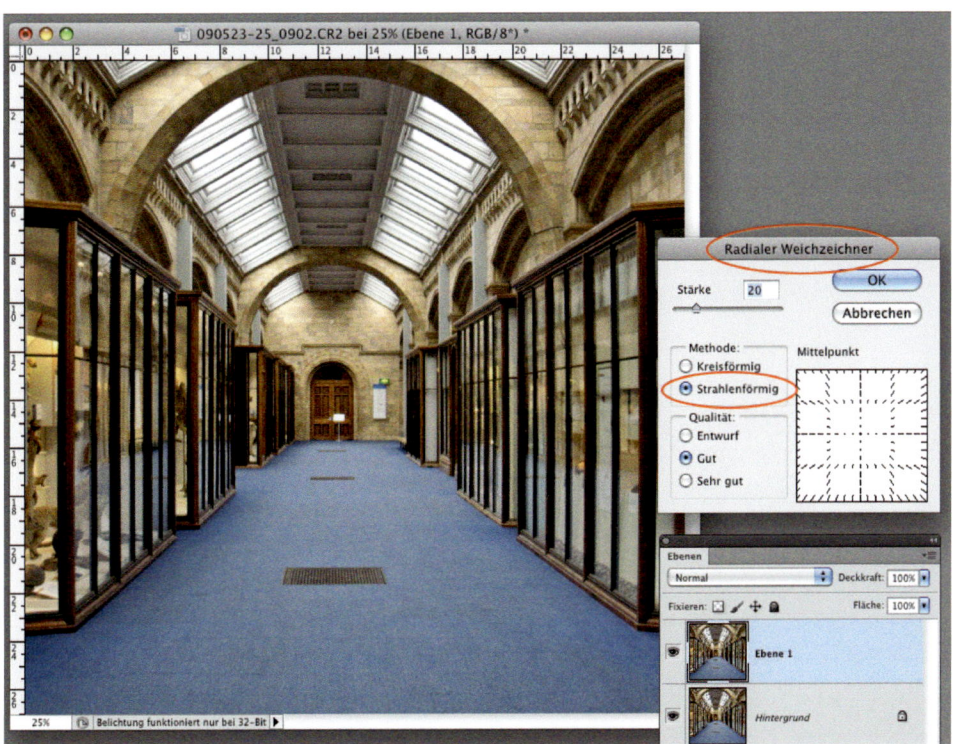

**Abbildung 10.35:**
*Radialer Weich-
zeichner strahlen-
förmig*

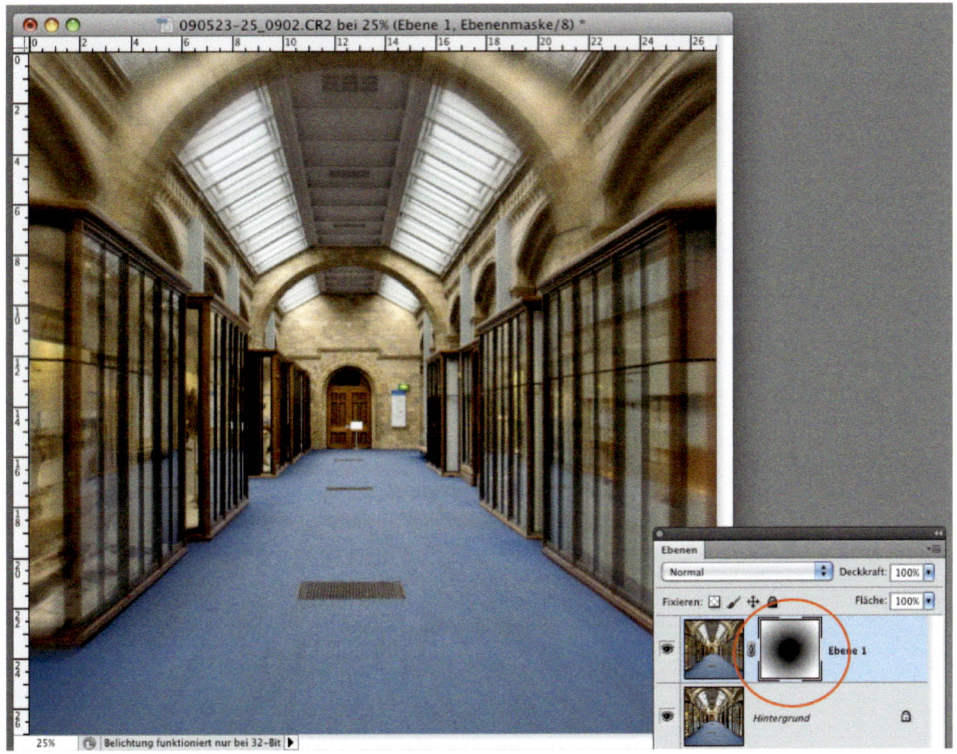

**Abbildung 10.36:**
*Ebene maskieren*

Ganz interessant wirken mit diesem Filter bearbeitete Fotos als monochrome Versionen. In unserem Beispiel wurde die Stimmung des Bildes mysteriös gestaltet, indem eine Einstellungsebene *Schwarzweiß* mit der Option *Farbton* ins Spiel gebracht wurde.

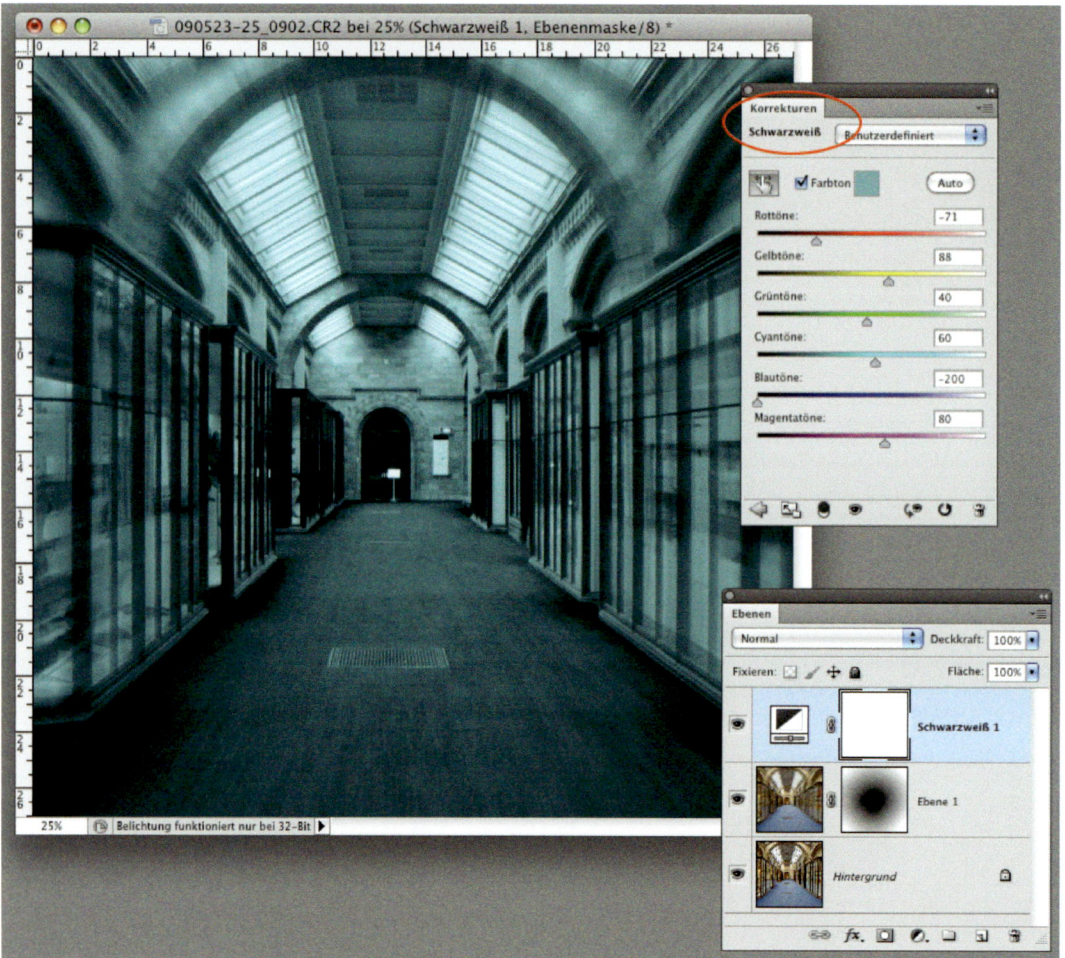

**Abbildung 10.37:** *Stimmung des Bildes durch Farbvariationen verändern*

### 10.10.3 Spannende Effekte mit den Verzerrungsfiltern

Die Filtergalerie bietet Ihnen einige Einstellungen, die bei passenden Motiven eine gewisse Spannung ins Bild bringen. Zwar können diese Filter nicht so häufig verwendet werden, aber dafür sind sie auch nicht gedacht. In dem nachfolgenden Beispiel wurde der Filter *Glas* auf das Bild angewandt *(siehe Abbildung 10.38)*. Wenn der Filter auf das gesamte Bild angewendet wird, wirkt das Motiv wie durch eine Tür mit einer Reliefglasscheibe fotografiert, deshalb ist es auf jeden Fall auch hier sinnvoll, den Filter selektiv zu benutzen. Durch die passende Maskierung wurde der Gecko von der Wirkung des Filters befreit und die Ränder wiederholen scheinbar die Struktur der Haut des Tieres in etwas vergrößerter Form *(siehe Abbildung 10.39)*.

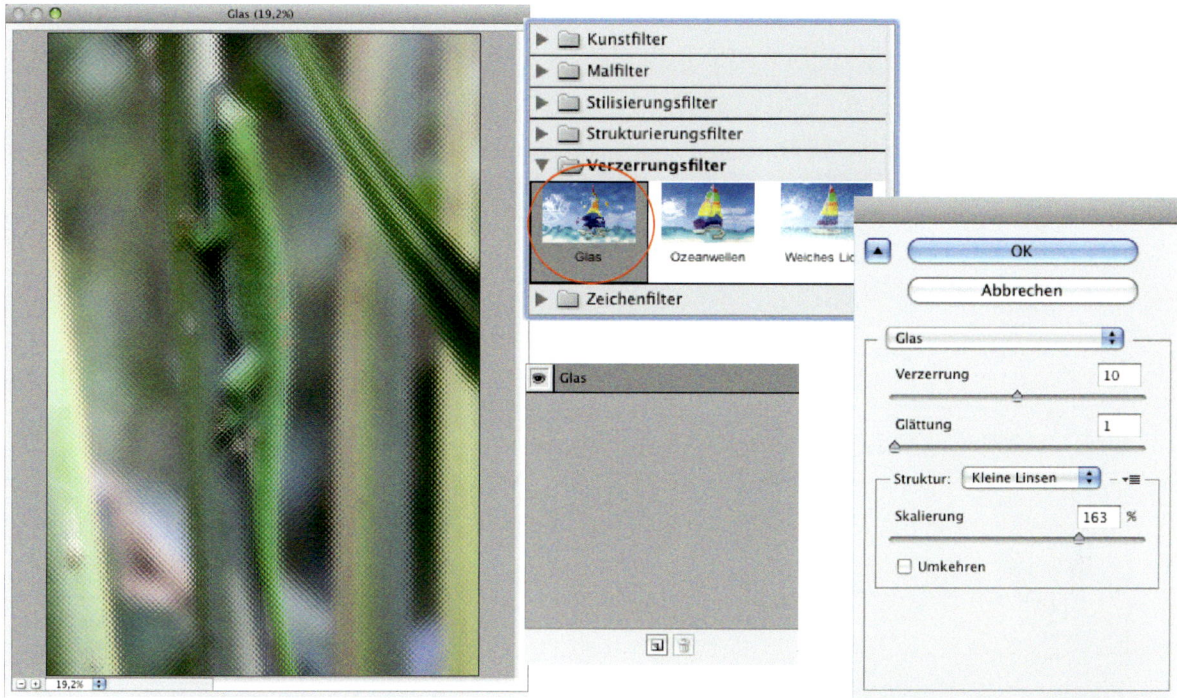

**Abbildung 10.38:** *Der Filter* Glas

**Abbildung 10.39:** *Bearbeitete Ebene wurde mit dem Verlaufswerkzeug maskiert*

## 10.10.4 Mehrere Filter aus der Filtergalerie kombinieren

Die Filtereinstellungen aus der Filtergalerie können Sie nicht nur einzeln einsetzen, sondern auch in Kombination.

**1** Erstellen Sie zuerst den ersten Filter und passen Sie die Einstellungen an. Unten rechts wird der erste Filter aufgelistet. Die Auflistung sieht so ähnlich aus wie eine *Ebenen*-Palette.

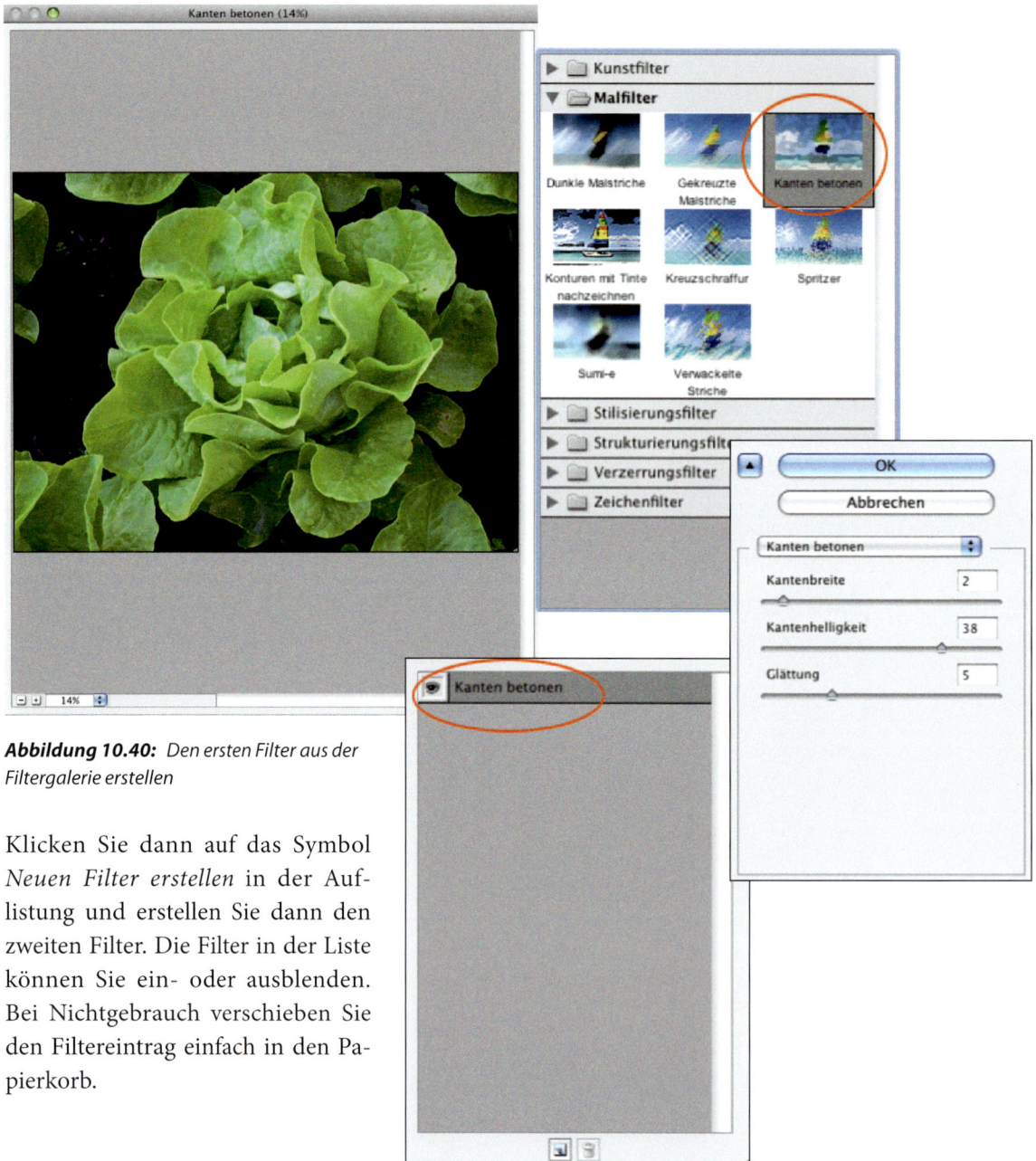

***Abbildung 10.40:*** *Den ersten Filter aus der Filtergalerie erstellen*

**2** Klicken Sie dann auf das Symbol *Neuen Filter erstellen* in der Auflistung und erstellen Sie dann den zweiten Filter. Die Filter in der Liste können Sie ein- oder ausblenden. Bei Nichtgebrauch verschieben Sie den Filtereintrag einfach in den Papierkorb.

**Abbildung 10.41:** *Weitere Filter hinzufügen*

## 10.11 Objektivkorrektur mit Onlineunterstützung

Wie in der Übersicht der neuen Funktionen in Photoshop CS5 bereits erwähnt wurde, hat die Objektivkorrektur jetzt eine Anbindung zur Datenbank mit den Objektivprofilen. Das hat einen großen Vorteil, denn die Korrekturen werden unter Berücksichtigung der optischen Eigenschaften der Linsen durchgeführt. Wenn Sie *Filter/Objektivkorrektur* für ein Bild auswählen, wird bei den meisten Kamera-Objektiv-Kombinationen das vorhandene Objektivprofil angezeigt *(siehe Abbildung 10.42)*.

**Auto-Korrektur**

Wenn Sie in der Palette *Auto-Korrektur* die erste Korrektur *Geometrische Verzerrung* anklicken, werden Sie sehen, dass die Linien auf dem Bild begradigt werden. Das ist speziell bei kürzeren Brennweiten sehr gut erkennbar. Wenn Sie die Option *Vorschau* ein- und ausblenden, können Sie die Veränderungen deutlich beobachten *(siehe Abbildung 10.43)*.

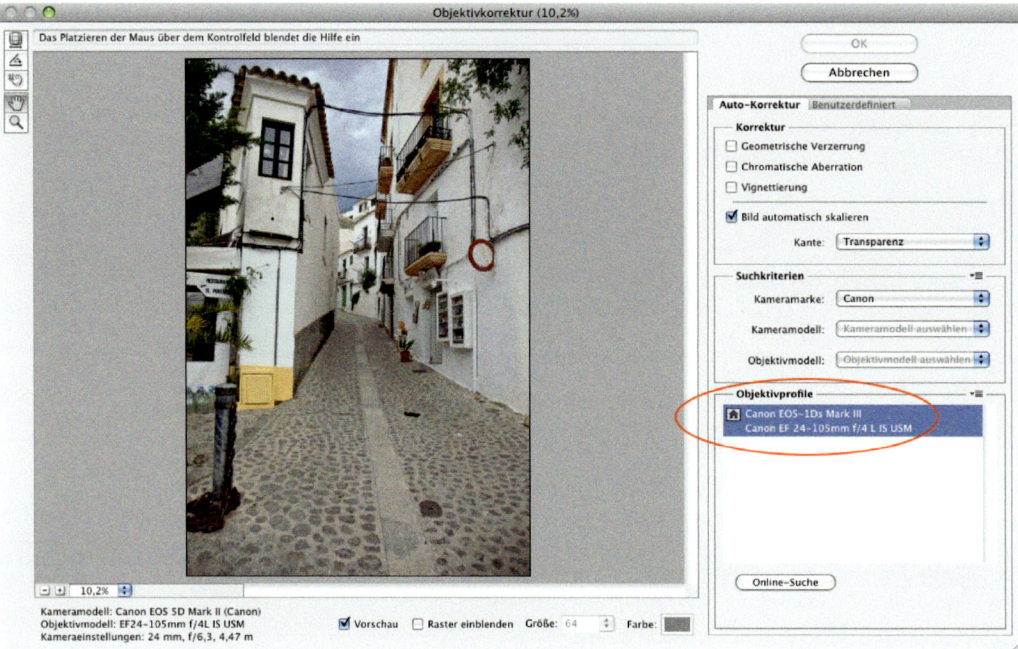

**Abbildung 10.42:** *Objektivprofil aus der Onlinedatenbank*

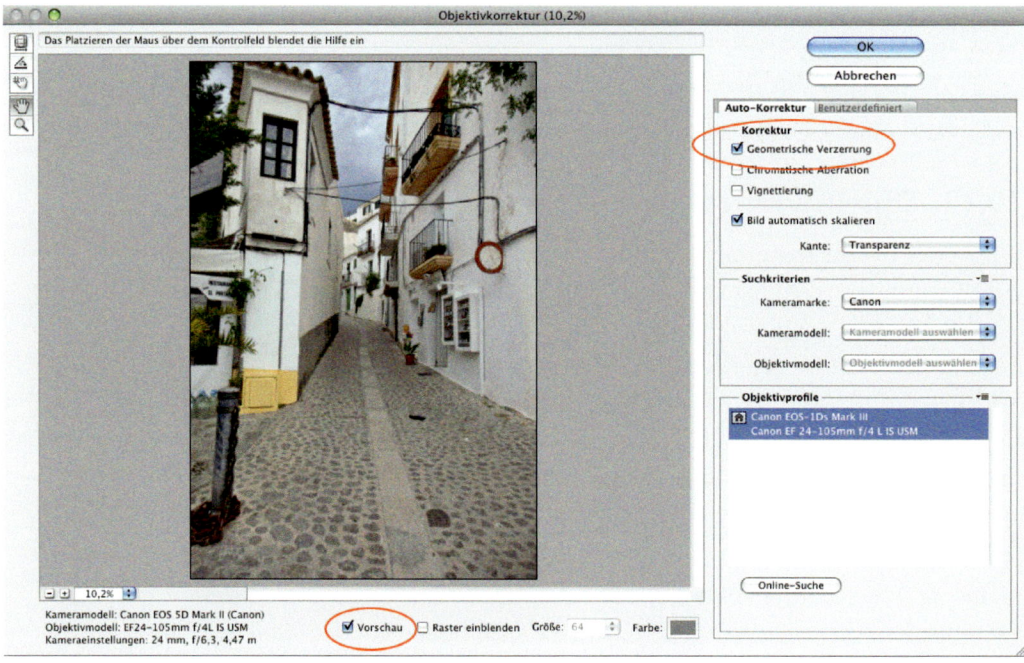

**Abbildung 10.43:** *Geometrische Verzerrung minimieren*

Bei einigen (meistens preiswerteren) Objektiven können Sie auch die Korrektur der chromatischen Aberration einschalten. Chromatische Aberration meint das Auftreten bunter Ränder an den Grenzen zwischen hellen und dunklen Bereichen des Bildes. Auch die Vignettierung (Abdunklung der Bildränder) ist nicht immer erwünscht, deshalb können Sie auch diese Option für die Korrektur aktivieren.

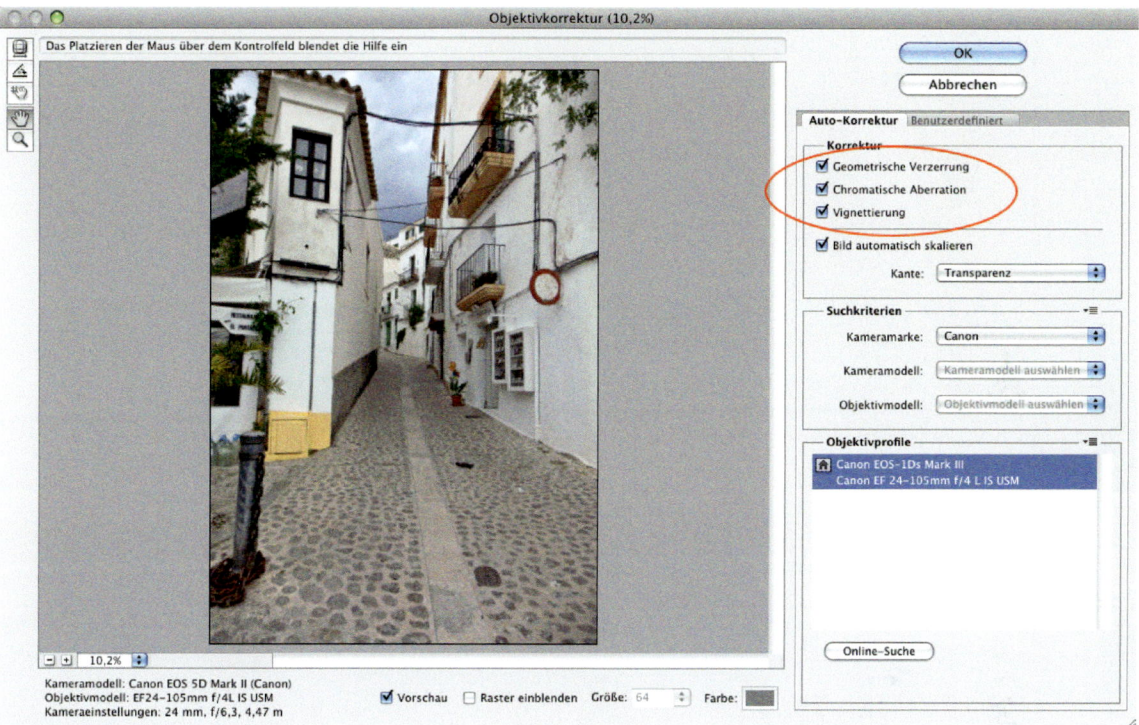

**Abbildung 10.44:** *Chromatische Aberration und Vignettierung korrigieren*

## Benutzerdefiniert

Sollte die Auto-Korrektur noch nicht die Ergebnisse bringen, die Sie erwartet haben, können Sie zusätzlich noch ein paar manuelle Korrekturen hinzufügen. Wechseln Sie dazu zur Palette *Benutzerdefiniert*. Eine starke *Geometrische Verzerrung* können Sie mit dem Regler *Verzerrung entfernen* steuern.

Bei Bildern, die mit einem Weitwinkelobjektiv aufgenommen wurden, kommt es oft dazu, dass das Bild „kippt". Speziell bei Aufnahmen, bei denen viele gerade Linien vorkommen (Architektur), ist das deutlich sichtbar. Im Bereich *Transformieren* der Palette *Benutzerdefiniert* können Sie diese Fehler effektiv beheben, indem Sie den Regler *Vertikale Perspektive* zur Anpassung einsetzen.

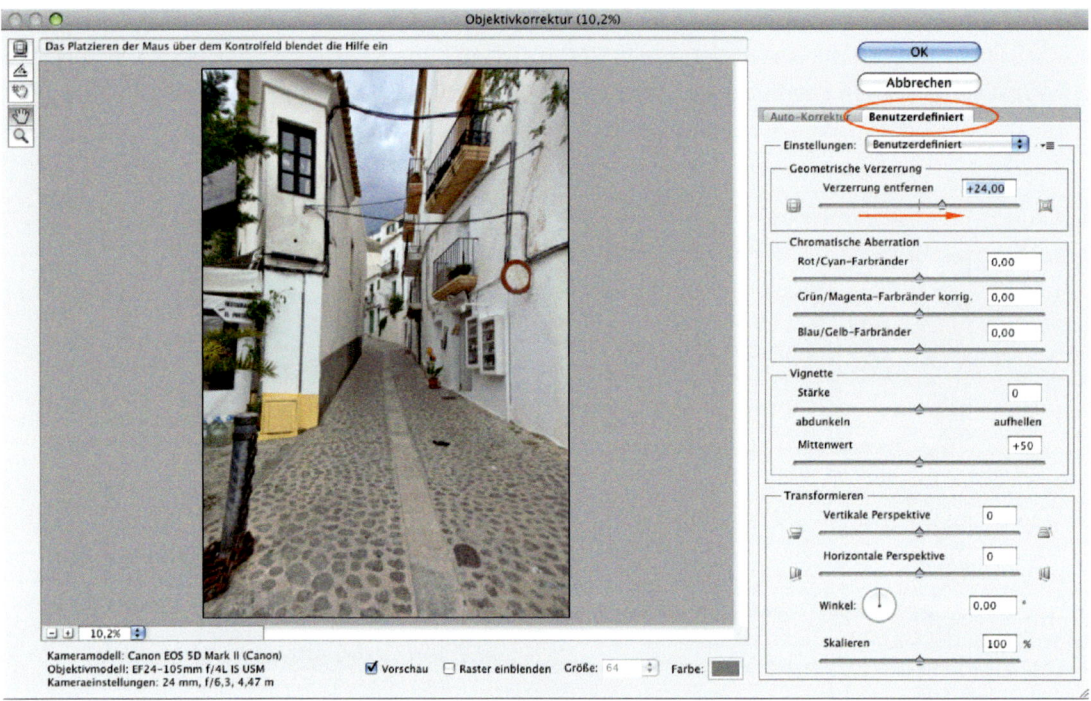

**Abbildung 10.45:** *Geometrische Verzerrung mit manuellen Korrekturen entfernen*

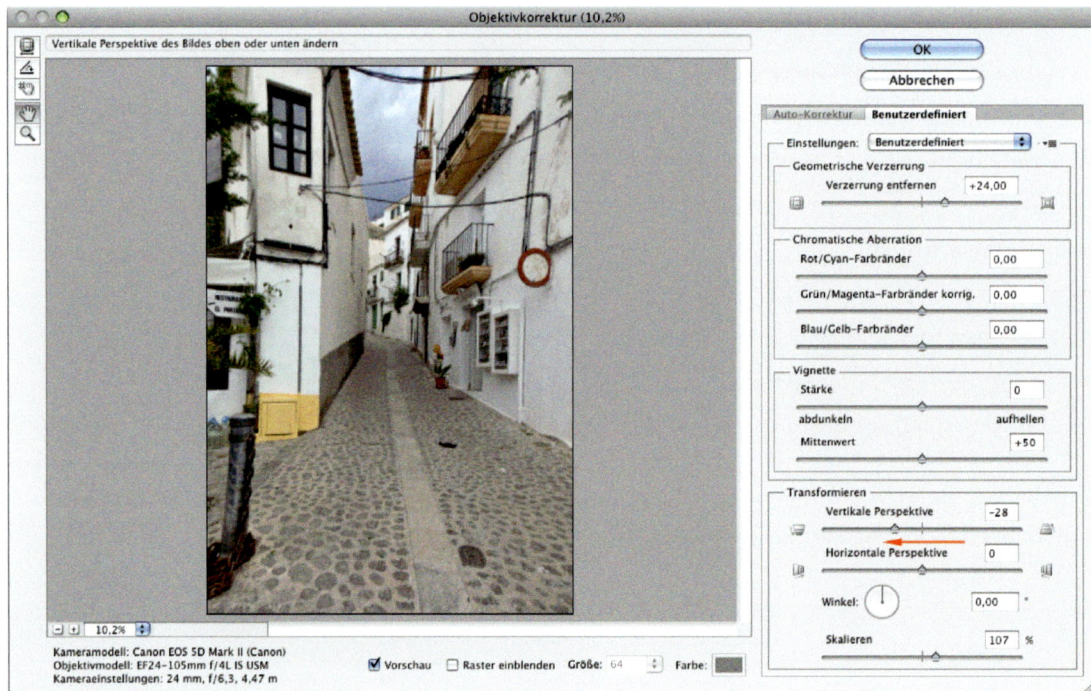

**Abbildung 10.46:** *Vertikale Perspektive korrigieren*

Bei einigen Bildern ist es besser, wenn man sich, statt das ganze Bild zu nehmen, auf einen Bildausschnitt konzentriert. Mit dem Regler *Skalieren* können Sie das Bild innerhalb der Arbeitsfläche vergrößern, damit die vorhandenen Verzerrungen an den Bildrändern außerhalb der Bildfläche bleiben.

## 10.12 Personen schlanker machen mit Verflüssigen-Filter

Dem *Verflüssigen*-Filter von Photoshop verdanken viele Models und auch normale Menschen eine bessere Figur. Dieser Filter ist nicht neu und eine der am meisten benutzten Anwendungen. Die Korrektur ist sehr einfach, die Palette logisch und intuitiv aufgebaut – es macht einfach Spaß, mit diesem Filter zu arbeiten.

**1** Für unser Beispiel (der Autor hat sich freiwillig dieser Korrektur gestellt) öffnen Sie das Bild und wählen *Filter/Verflüssigen*.

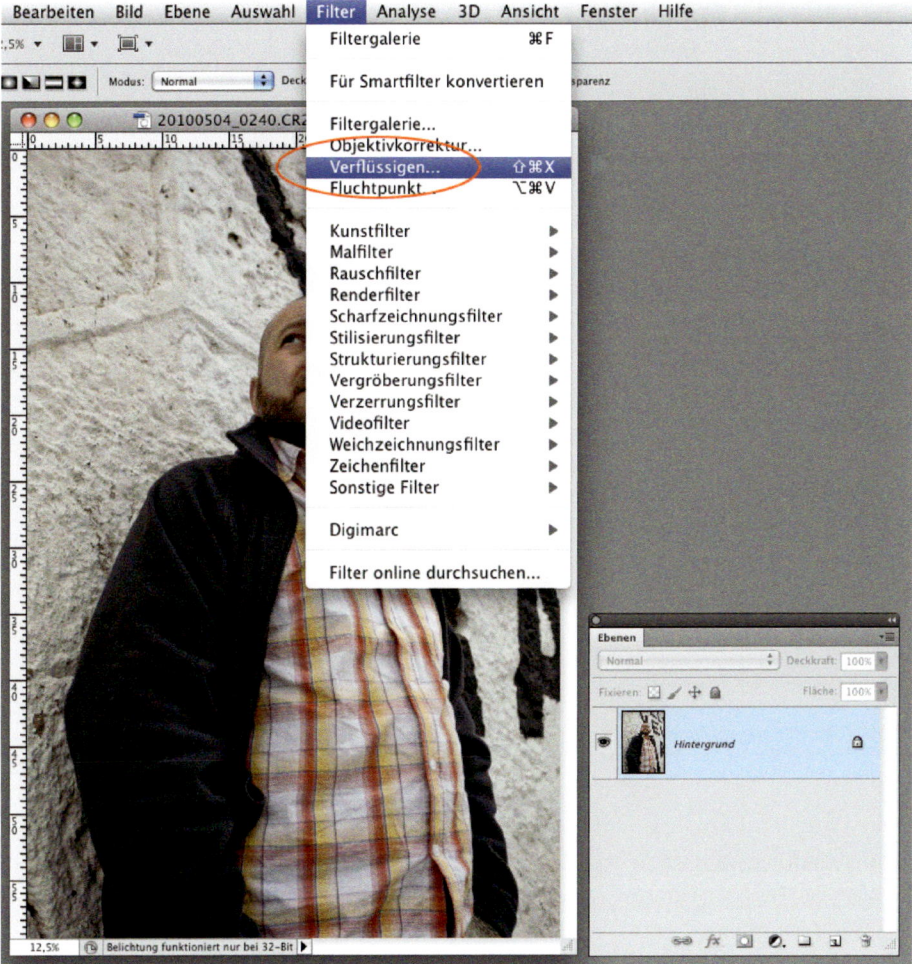

***Abbildung 10.47:*** Verflüssigen-*Filter*

**2** Im Dialog *Verflüssigen* wählen Sie das Vorwärts-krümmen-Werkzeug (W) und passen in den Werkzeugoptionen die Pinseleigenschaften an. Die Größe des Pinsels sollte passend zum zu korrigierenden Bildbereich gewählt werden. Diese ist von der Pixelgröße des Bildes und davon abhängig, wie nah die Person aufgenommen wurde. In unserem Beispiel (die Aufnahme wurde mit einer 21-MP-Kamera gemacht) ist die Pinselgröße auf ca. 1.000 Pixel festgelegt.

**3** Jetzt können Sie die Bereiche nach innen verschieben, die dazu beitragen, dass die abgebildete Person schlanker wirkt.

**Abbildung 10.48:** *Schlanker machen mit Vorwärts-krümmen-Werkzeug*

**4** Achten Sie darauf, dass Sie den Filter sparsam anwenden! Bei einer übertriebenen Verflüssigung sind die Korrekturen dann auffällig und wirken eher komisch.

Vorher

Nachher

**Abbildung 10.49:** *Korrekturen mit* Verflüssigen-*Filter*

# 10.13 Retusche unter Berücksichtigung der Perspektive mit dem Fluchtpunkt-Werkzeug

Zum Thema Retusche werden Sie im nächsten Kapitel einiges erfahren. Einen kleinen Exkurs in die Retusche machen wir aber schon jetzt, weil diese Art von Korrekturen in den Bereich der Filter fällt.

Das, was Sie bei der Retusche mit dem Kopierstempel-Werkzeug (Ⓢ) machen – Sie übertragen die Pixel von einer Stelle auf eine andere, um zum Beispiel einzelne kleinere Bildfehler zu kaschieren oder unerwünschte Objekte zu entfernen –, können Sie mit diesem Werkzeug nur dann machen, wenn das Bild keine stark ausgeprägte Perspektive besitzt. Denn ist eine starke perspektivische Verzerrung vorhanden, wird es schwieriger, die Pixel so zu übertragen, dass die Perspektive berücksichtigt wird. Bei Bildern mit starker Perspektive nehmen Sie daher das Fluchtpunkt-Werkzeug zu Hilfe, das Sie unter *Filter/Fluchtpunkt* finden.

1 Wählen Sie den Filter aus, der sich daraufhin in einem separaten Dialog öffnet. In unserem Beispiel wollen wir eigentlich nichts retuschieren, sondern das Gebäude ein bisschen umbauen. Die Steine werden von unten nach oben kopiert, sodass die Fenster rechts oben verschwinden.

2 Aktivieren Sie daraufhin zuerst die Option *Raster* und konstruieren Sie ein perspektivisches Raster, indem Sie auf die Ecken des Gebäudes klicken, bis ein perspektivisches Raster die Fläche abdeckt, die Sie bearbeiten möchten. Die Feinheit des Rasters können Sie im Bereich *Rastergröße* entsprechend regulieren.

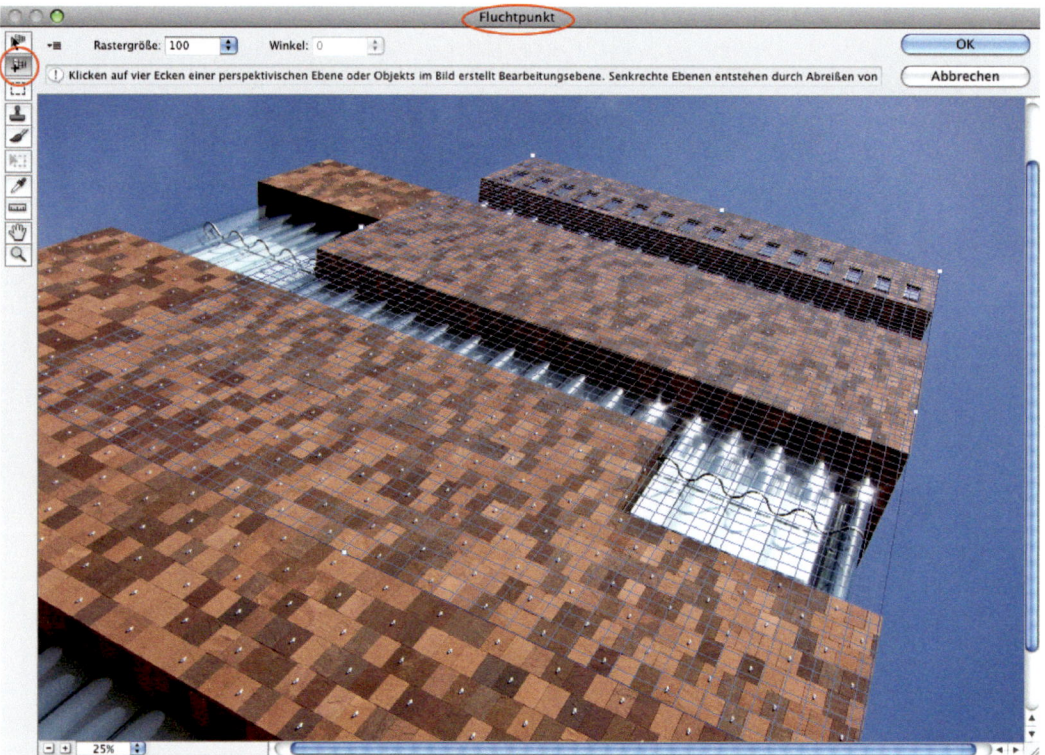

**Abbildung 10.50:** *Gitternetz erstellen*

Wenn Sie die Pixel aufnehmen, achten Sie darauf, dass die Muster mit den aufgenommenen Linien korrekt übertragen werden (die horizontalen Linien sollten berücksichtigt werden), sonst wirken die übertragenen Steine krumm und schief.

**3** Wählen Sie im Anschluss daran das Kopierstempel-Werkzeug aus.

**4** Halten Sie bei der Auswahl die Alt-Taste gedrückt und klicken Sie auf die Pixel, die Sie aufnehmen möchten (Steine), lassen Sie nach der Aufnahme der Quellpunkte dann die Alt-Taste wieder los und übertragen Sie die Steine auf die Fenster. Nach und nach wird die Fensterreihe mit dem aufgenommenen Muster abgedeckt.

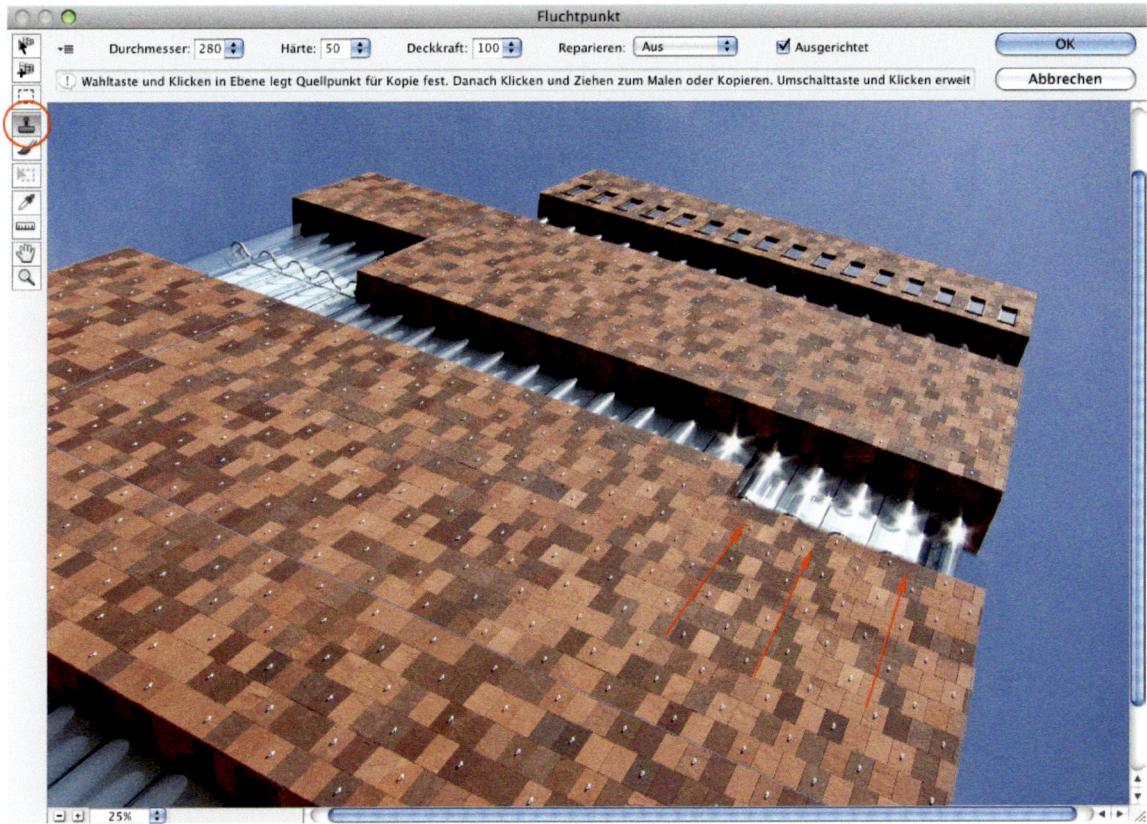

**Abbildung 10.51:** Aufgenommene Muster übertragen

Vorher

Nachher

## 10.14 Rauschen reduzieren

Besonders bei Kompaktkameras ist das Rauschen immer noch ein Problem. Das liegt daran, dass die Bildsensoren der Kompaktkameras entsprechend klein sind und zu viele Pixel besitzen. Dadurch entstehen bei höheren ISO-Zahlen grobe Strukturen (Luminanzrauschen), die sich im Bild störend auswirken. Bei ISO-Zahlen ab 800 und schwachem Licht entstehen zudem noch farbige Pixel im Bild (Farbrauschen). Dagegen können Sie mit einigen Filtern in Photoshop vorgehen.

1 Wählen Sie zuerst *Filter/Rauschfilter/Rauschen entfernen*. Hierbei handelt es sich um eine automatische Einstellung, die aber bereits brauchbare Ergebnisse liefert.

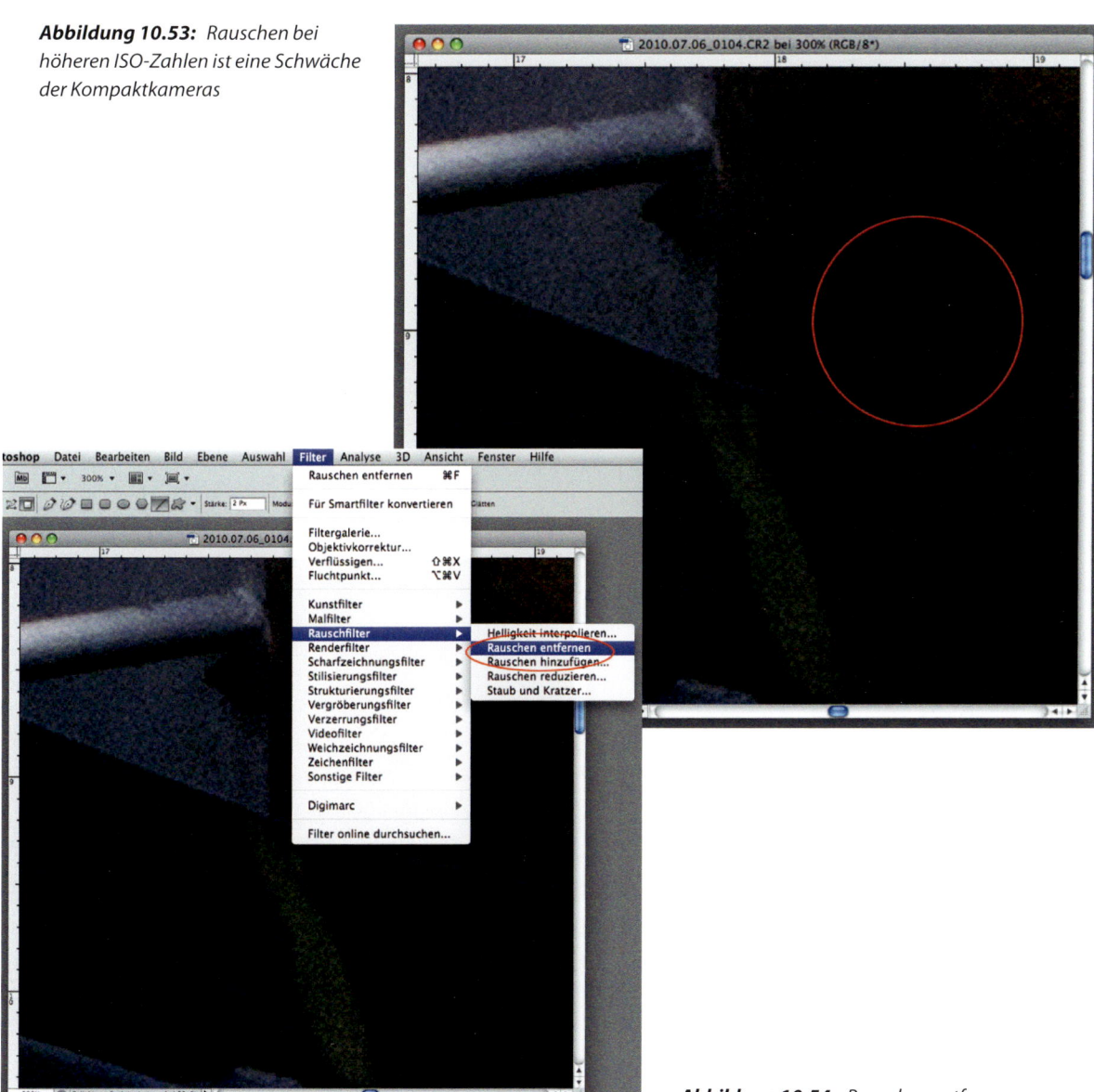

**Abbildung 10.53:** *Rauschen bei höheren ISO-Zahlen ist eine Schwäche der Kompaktkameras*

**Abbildung 10.54:** *Rauschen entfernen*

**2** Sind Sie mit den Ergebnissen aber noch nicht ganz zufrieden, können Sie zu *Filter/Rauschfilter/Rauschen reduzieren* wechseln. Diese Option bietet Ihnen dann zwei Einstellungsmöglichkeiten:

- *Einfach*: Bei dieser Option können Sie das Luminanzrauschen mit zwei Reglern reduzieren. Mit dem Regler *Stärke* reduzieren Sie das Rauschen, dadurch geht aber die Schärfe des Bildes etwas verloren. Dem können Sie dadurch entgegenwirken, dass Sie den Wert für *Details erhalten* entsprechend erhöhen. Finden Sie einen Kompromiss zwischen minimalem Bildrauschen und guter Schärfe.

Beim Farbrauschen passiert das Gleiche. Mit dem Regler *Farbrauschen reduzieren* verringern Sie das Auftreten bunter Pixel, wodurch die Bildschärfe ebenfalls nachlässt. Um die Schärfe zu verbessern, erhöhen Sie den Wert für *Details scharfzeichnen*. Auch hier ist die richtige Balance sehr wichtig.

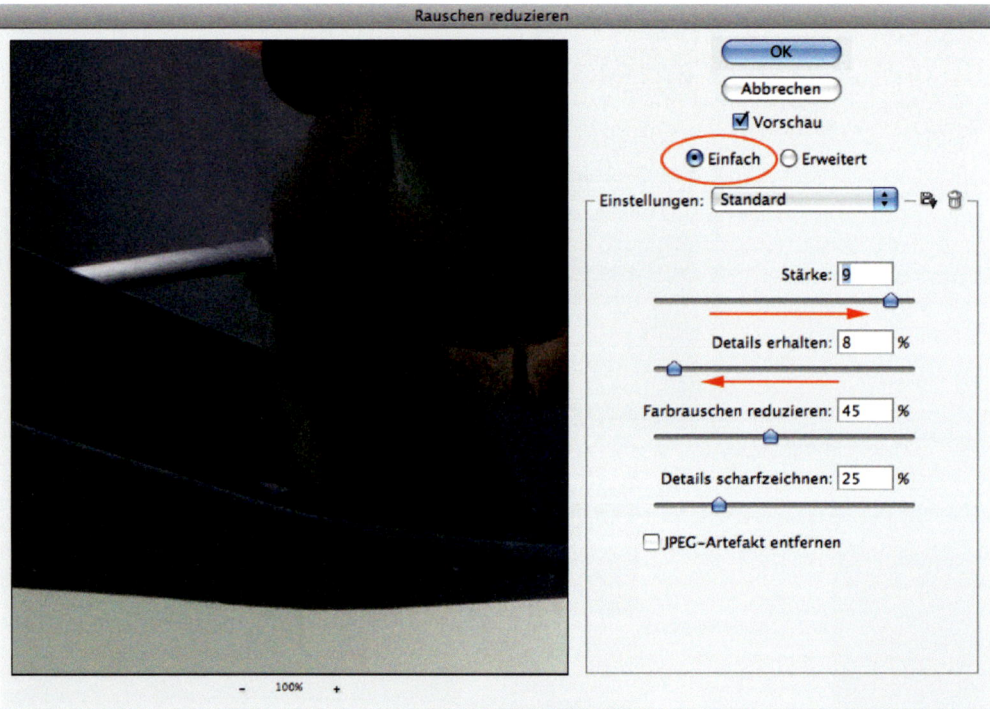

**Abbildung 10.55:** *Rauschen unter Kontrolle mit der Option* Einfach

- *Erweitert*: Mit dieser Option verfügen Sie nach wie vor über die Palette *Gesamt*, in der Sie das Rauschverhalten des ganzen Bildes steuern können, oder Sie kontrollieren das Rauschen kanalweise. Klicken Sie auf den Reiter *Pro Kanal* und überprüfen Sie das Rauschen jedes einzelnen Kanals. In unserem Beispiel ist das Rauschen beim Kanal *Rot* am stärksten. Deshalb werden bei diesem Kanal auch die entsprechenden Korrekturen vorgenommen. Die Regeln für die Korrektur sind die gleichen wie bei der einfachen Rauschreduzierung auch. Mit *Stärke* reduzieren Sie das Rauschen und mit *Details erhalten* kontrollieren Sie die Schärfe.

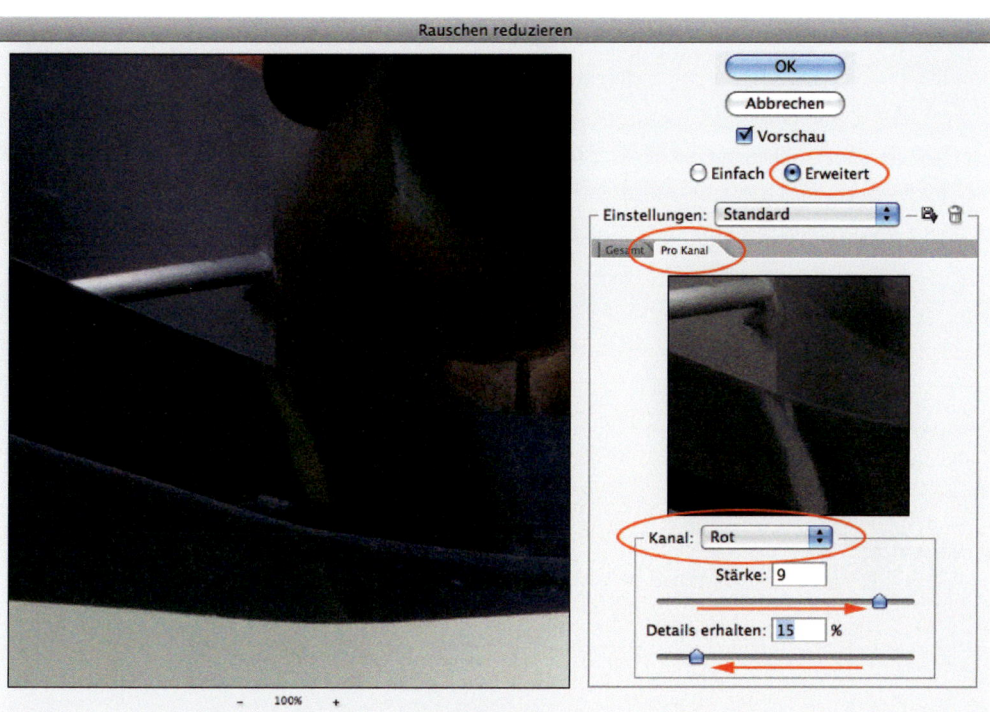

**Abbildung 10.56:** *Das Rauschen kanalweise reduzieren*

# 11

# Retusche in Photoshop

In vielen Bereichen ist eine Retusche am fertigen Bild erforderlich. Sei es bei der Porträtfotografie oder um alte Fotos wieder sehenswert zu machen. Sie haben hier viele Möglichkeiten und Ihrer Fantasie sind nahezu keine Grenzen gesetzt. Im diesem Kapitel erfahren Sie, wie Sie mit den entsprechenden Werkzeugen umgehen können, um zu guten Ergebnissen zu gelangen.

## 11.1 Übersicht der Retuschewerkzeuge

Für die Retusche gibt es in Photoshop eine große Auswahl an Werkzeugen, die kaum Wünsche offenlassen. Einige funktionieren automatisch, andere haben erweiterte Einstellungen. Für jede Aufgabe gibt es das passende Tool. Diese gekonnt zu kombinieren, ist die hohe Kunst der Bildbearbeitung, denn nur die Retusche, die als solche nicht zu erkennen ist, ist eine gute Retusche. Die Retuschewerkzeuge sind in der Werkzeugpalette in mehreren Gruppen untergebracht.

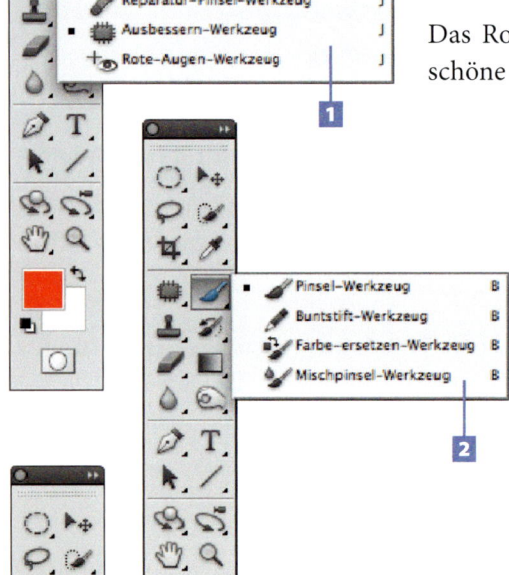

### Reparatur- und Ausbessern-Werkzeuge 1

Bereichsreparatur-Pinsel-, Reparatur-Pinsel- und Ausbessern-Werkzeuge (J) sind die wichtigsten Tools, wenn es darum geht, kleine und große Bildbereiche zu retuschieren.

Diese Werkzeuge funktionieren intelligent und passen die Kanten des retuschierten Bereichs der neuen Umgebung automatisch an.

Das Rote-Augen-Werkzeug korrigiert mit passendem Radius unschöne rote Flecken in der Pupille bei Porträtfotos mit Blitz.

### Pinsel-Werkzeuge 2

Sind nicht nur Mal-, sondern auch Retuschewerkzeuge. Mit dem Pinsel-Werkzeug (B) können Sie auf einer Maske mit schwarzer Farbe malen und so die Kanten einer Ebene an den Rest des Bildes anpassen. Mit dem Farbe-ersetzen-Werkzeug (B) können Sie einige Bildbereiche selektiv umfärben.

### Kopierstempel-Werkzeug 3

Das ist der Klassiker unter den Retuschewerkzeugen. Mit diesem Tool können Sie die Pixel an einer Bildstelle aufnehmen und zum Abdecken der Fehler auf eine andere Stelle übertragen.

Mit dem Musterstempel-Werkzeug (S) können Sie die gespeicherten Muster auf eine bestimmte Stelle im Bild auftragen.

*Abbildung 11.1:*
*Retuschewerkzeuge*

### Weichzeichner-, Scharfzeichner-, Wischfinger-Werkzeug 4

Mit diesen Werkzeugen können Sie die Schärfe eines Bildes selektiv bearbeiten oder die Pixel des Bildes mit einer Pinselspitze Ihrer Wahl verschieben.

### Abwedler-, Nachbelichter-, Schwamm-Werkzeug 5

Mit dem Abwedler- und dem Nachbelichter-Werkzeug können Sie ausgewählte Bildbereiche aufhellen oder abdunkeln. Mit dem Schwamm-Werkzeug können Sie gezielt Bildstellen in der Sättigung erhöhen oder verringern.

## 11.2   Kopierstempel non-destruktiv einsetzen

Das Kopierstempel-Werkzeug (S) können Sie für kleine und große Retuschearbeiten einsetzen, um störende Bildelemente wegzuretuschieren. Die meisten Photoshop-Nutzer arbeiten mit dem Kopierstempel auf einer Ebene und übertragen die Pixel von einer Stelle auf die andere.

Das ist nicht falsch, ist aber nicht so flexibel wie das Stempeln auf verschiedenen Ebenen.

Diese Art der Retusche ist „pixel-non-destruktiv" und bietet Ihnen außerdem mehr Flexibilität bei Korrekturen. In unserem Beispiel wird das Foto eines Hundes, aufgenommen im Studio, von der störenden Leine befreit.

### Neue Ebene erstellen

1   Öffnen Sie das Bild und erstellen Sie in der *Ebenen*-Palette eine neue leere Ebene.

2   Aktivieren Sie das Kopierstempel-Werkzeug (S) und wählen Sie in der Optionsleiste im Bereich *Aufnehmen* die Option *Aktuell und darunter (siehe Abbildung 11.2).*

### Stempeln

3   Klicken Sie nun die obere Ebene an und wählen Sie zur Aufnahme der Quelldaten bei gedrückter Alt-Taste die Pixel seitlich der Leine.

4   Lassen Sie anschließend die Alt-Taste los und beginnen Sie, die Pixel auf die Leine zu übertragen. Die aufgenommenen Pixel landen dabei auf der oberen Ebene, die Hintergrundebene bleibt indessen unverändert *(siehe Abbildung 11.3).*

**Abbildung 11.2:** *Option* Aktuell und darunter *für das Kopierstempel-Werkzeug aktivieren*

**Abbildung 11.3:** Pixel übertragen

## Ebene weichzeichnen

Speziell in unserem Beispiel unterscheiden sich die Pixel auf der neuen Ebene von der Umgebung, weil die Farbe des Hintergrunds nicht überall gleich ist. In unserem Fall können wir diesen Unterschied kaschieren, wenn die obere Ebene etwas weichgezeichnet wird.

**5**  Wählen Sie *Filter/Weichzeichnungsfilter/Gaußscher Weichzeichner* und verwenden Sie einen Radius von ca. 40–50 Pixeln.

**Abbildung 11.4:** *Ebene weichzeichnen*

### Ebene skalieren

Durch die Weichzeichnung wurden die Pixel der Ebene zerstreut und ein Teil der Leine ist wieder sichtbar – das soll geändert werden.

**6** Die obere Ebene können Sie mit ⌘+T (Strg+T) so skalieren, dass diese leicht den Kopf des Hundes überdeckt.

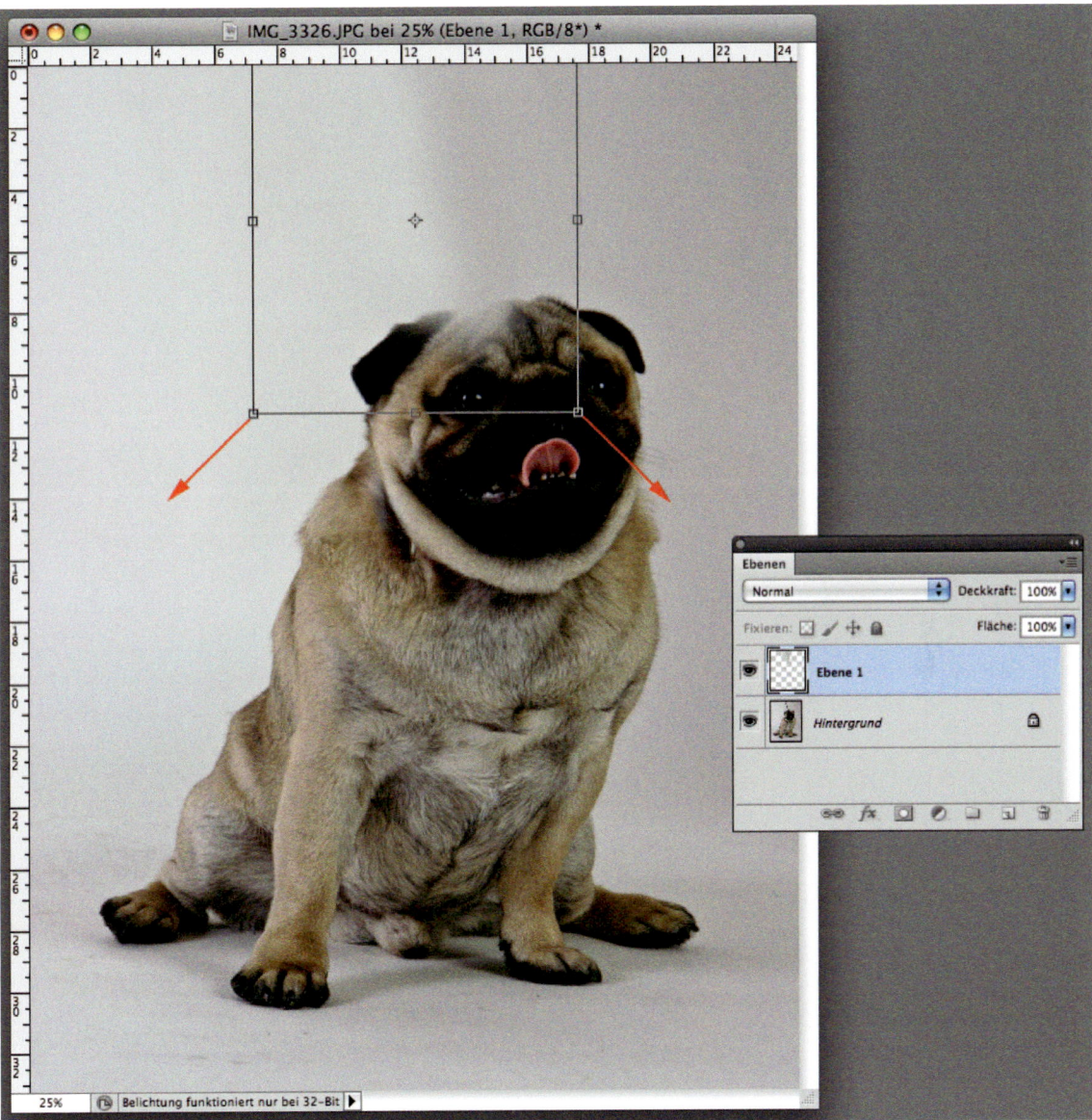

**Abbildung 11.5:** *Ebene skalieren*

## Ebene maskieren

Jetzt soll der Kopf des Hundes von den Pixeln des Hintergrunds befreit werden, aber so, dass die Leine nicht sichtbar ist und die Fellkante gut zur Geltung kommt.

**7**  Erstellen Sie für diese Aufgabe auf der oberen Ebene eine Ebenenmaske und wählen Sie die Pinselspitze *Stern*.

**8**  Maskieren Sie nun die obere Ebene so mit schwarzer Farbe, dass die Fellkante sichtbar wird. Ähnliche Maskierungsmethoden haben Sie bereits im Kapitel über Freistellungstechniken kennengelernt.

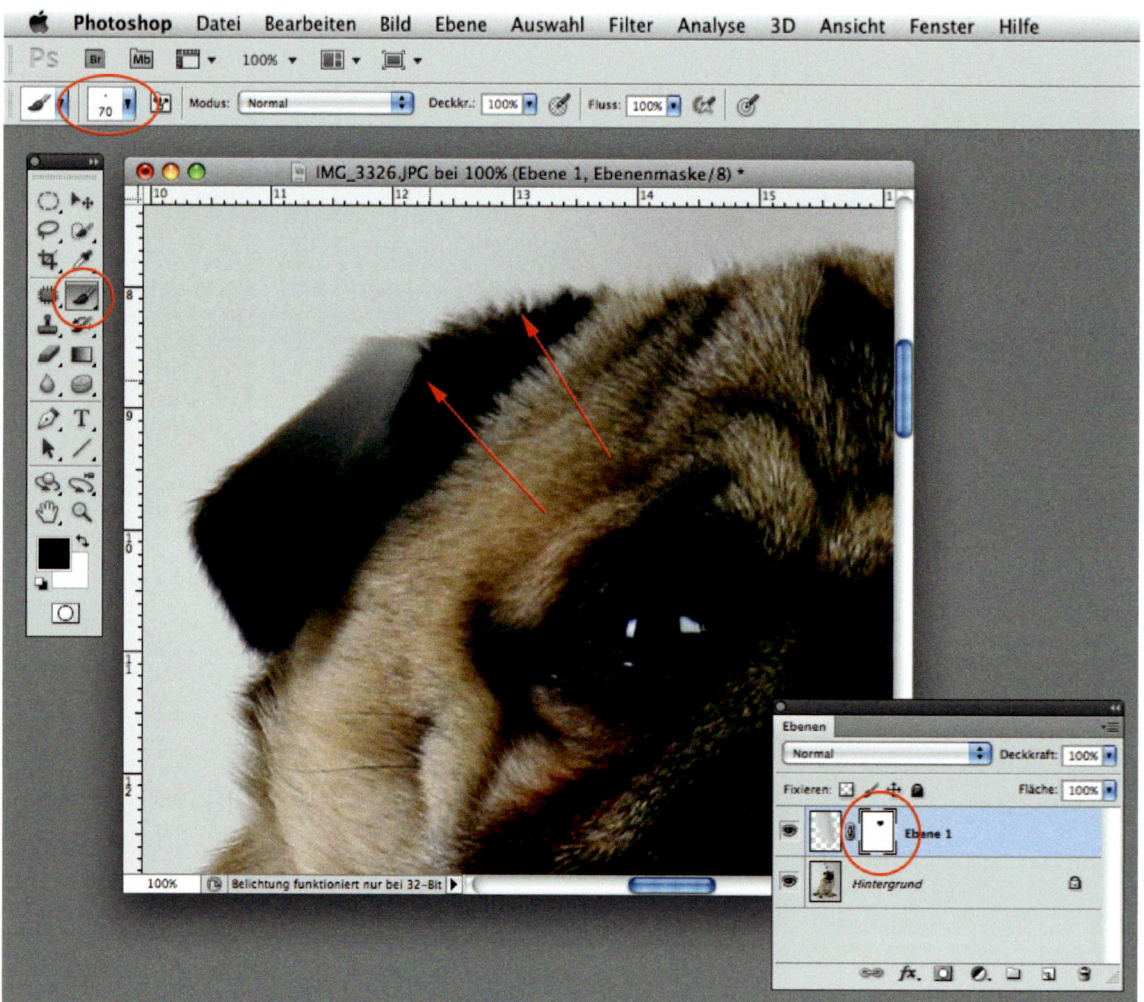

**Abbildung 11.6:** *Obere Ebene maskieren*

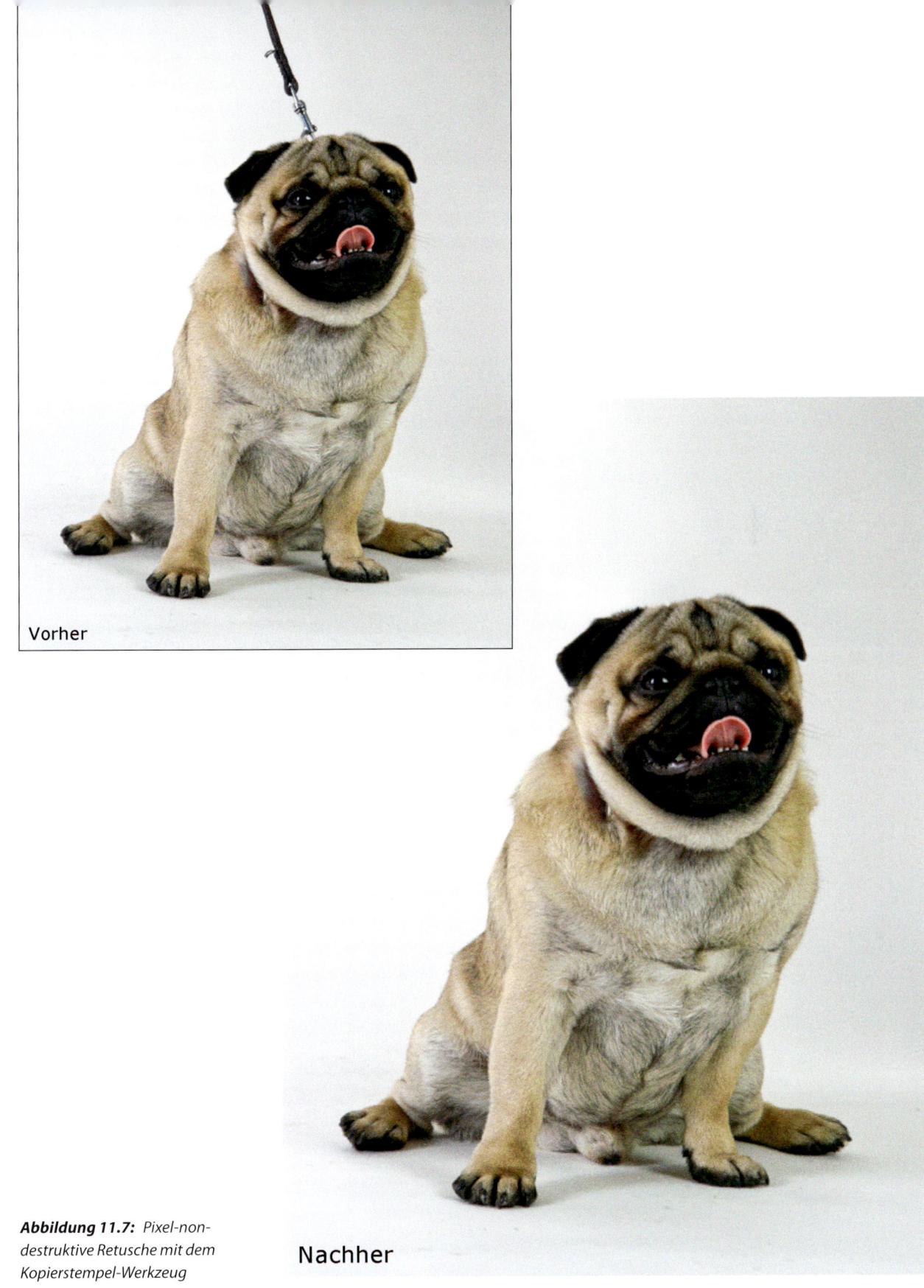

Vorher

Nachher

***Abbildung 11.7:*** *Pixel-non-destruktive Retusche mit dem Kopierstempel-Werkzeug*

## 11.3 Ausbessern-Werkzeug

Mit dem Ausbessern-Werkzeug (J) können Sie größere Flächen retuschieren und entsprechend größere Bilddetails verschwinden lassen – zum Beispiel unerwünschte Personen auf einem Urlaubsfoto. Das Ausbessern-Werkzeug hat zwei Optionen: *Quelle* und *Ziel*. Wenn Sie die Option *Ziel* wählen, dann wählen Sie zuerst die „saubere" Fläche und übertragen diese auf den Fehler.

Bei der Option *Quelle* wählen Sie die Stelle mit dem störenden Objekt aus und ziehen diese auf die Stelle mit der „sauberen" Umgebung. Die Stelle mit dem Fehler wird dann von den Pixeln der Umgebung abgedeckt. Die Kanten der Auswahl werden intelligent unter Berücksichtigung der vorhandenen Bildstruktur angepasst und sind in den meisten Fällen nicht mehr sichtbar. Welche Option – *Quelle* oder *Ziel* – Sie nehmen, ist Geschmackssache.

Die meisten Photoshop-Nutzer bevorzugen die Option *Quelle*, weil diese einfacher zu handhaben ist. Bei der Option *Ziel* müssen Sie sich die Größe des zu „sauberen" Bereichs ganz genau überlegen, bevor Sie diesen an die fehlerhafte Stelle verschieben.

**Abbildung 11.8:** *Ausbessern-Werkzeug mit den Optionen* Quelle *und* Ziel

**1** Wählen Sie nun auf unserem Beispielbild die Person am Strand und ziehen Sie die Auswahl (bei der Option *Quelle*) nach links, auf den Sand und auf das Wasser.

**Abbildung 11.9:** *Ausgewählten Bereich auf eine „saubere" Stelle verschieben*

Beim Verschieben des ausgewählten Bereichs sollten Sie sehr darauf achten, dass die Linien, die im Bild verlaufen, wie zum Beispiel die Grenze zwischen dem Wasser und dem Sand, berücksichtigt werden.

**2** Verschieben Sie den ausgewählten Bereich daher so, dass die Linie nicht versetzt wird, sonst gibt es unschöne Knicke in der Linie.

*Abbildung 11.10:*
*Beim Verschieben*
*der Auswahl auf*
*die Linien im Bild*
*achten*

**3**   Sie können die eventuell noch verbliebenen Reste der retuschierten Stelle im Bild mehrmals mit dem Ausbessern-Werkzeug (J) bearbeiten, bis keine Spuren mehr zu sehen sind.

**Abbildung 11.11:** *Ausbessern-Werkzeug mehrfach einsetzen für bessere Ergebnisse*

## 11.4 Bereichsreparatur- und Reparatur-Pinsel-Werkzeug

Während das Ausbessern-Werkzeug (J) für die Retusche größerer Fehler gedacht ist, können Sie mit dem Bereichsreparatur-Pinsel sowie dem Reparatur-Pinsel (J) kleinere und mittlere störende Elemente entfernen. Der Unterschied in der Vorgehensweise der beiden Werkzeuge wird im Folgenden aufgezeigt:

### Bereichsreparatur-Pinsel-Werkzeug

Der Bereichsreparatur-Pinsel (J) funktioniert völlig automatisch. Sie müssen lediglich eine Pinselspitze auswählen und dann gleich auf dem Fleck, welcher entfernt werden soll, malen – die fehlerhafte Stelle wird von den Pixeln aus der Umgebung automatisch überlagert. Sie haben keinen Einfluss auf die Auswahl der reparierenden Pixel, deshalb ist es ratsam, dieses Werkzeug nur dann anzuwenden, wenn die Umgebung rund um den Fehler ziemlich homogen ist.

### Reparatur-Pinsel-Werkzeug

Der Reparatur-Pinsel (J) unterscheidet sich vom Bereichsreparatur-Pinsel dadurch, dass Sie die reparierenden Pixel auswählen können. Definieren Sie die Reparaturpixel, indem Sie auf diese bei gedrückter Alt-Taste klicken – wie beim Kopierstempel-Werkzeug (S). Lassen Sie dann die Alt-Taste los und übertragen Sie die aufgenommenen Pixel auf die Stelle des störenden Bildelements. Sowohl beim Bereichsreparatur-Pinsel als auch beim Reparatur-Pinsel werden die Kanten automatisch angepasst und sind bei den meisten Korrekturaufgaben nicht sichtbar. Mit beiden Werkzeugen können Sie entweder auf den Fehler klicken oder klicken und ziehen – wie mit dem Pinsel. Erst wenn Sie die Maustaste losgelassen haben, wird die markierte Stelle repariert.

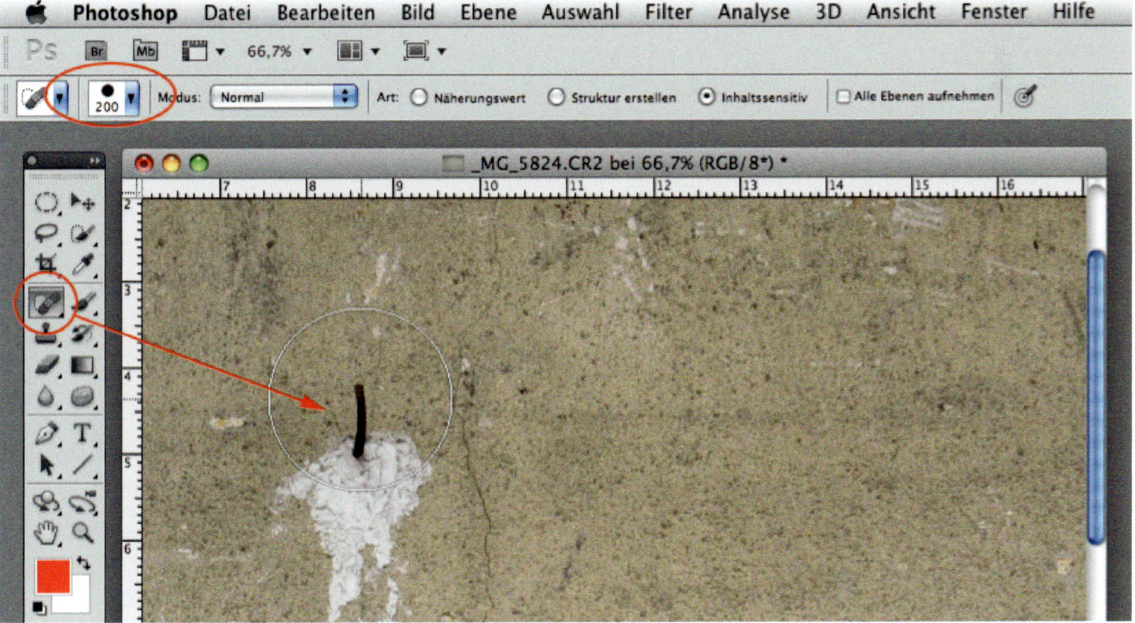

**Abbildung 11.12:** *Bereichsreparatur-Pinsel-Werkzeug*

Ob Sie einen Pinsel mit harten oder weichen Kanten verwenden, es gibt keine sehr großen Unterschiede in den Ergebnissen, die reparierte Stelle zeigt keine Spuren des Fehlers mehr.

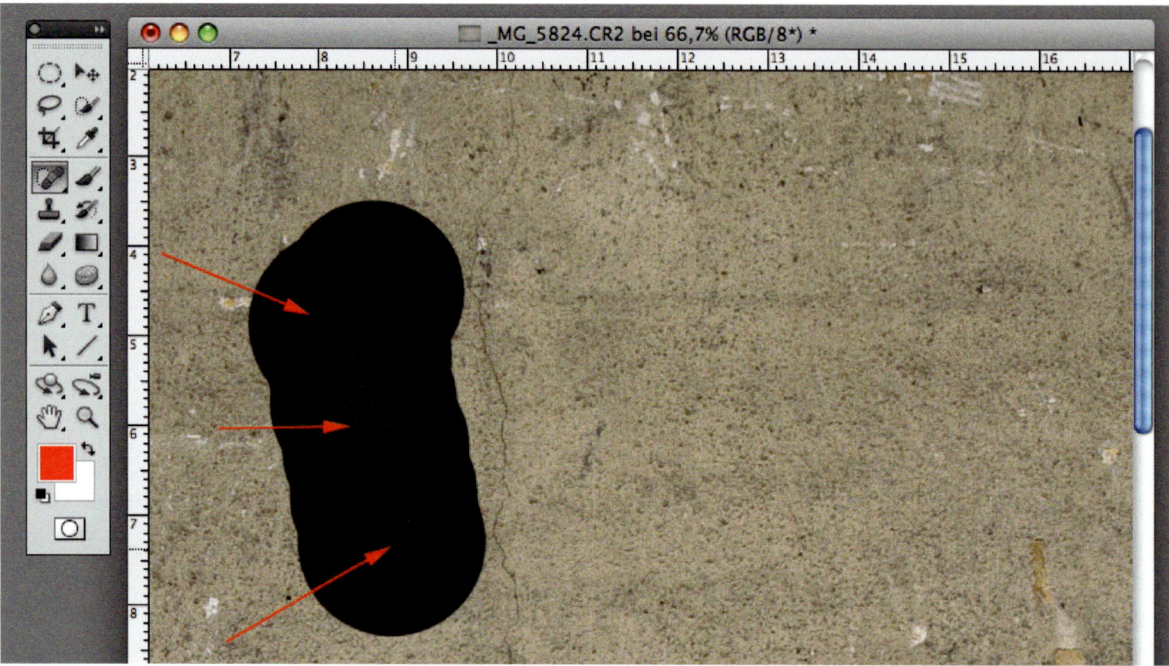

**Abbildung 11.13:** *Über die fehlerhafte Stelle malen*

**Abbildung 11.14:** *Fehler verschwinden spurlos*

Wie bei dem Kopierstempel-Werkzeug (⑤) können Sie auch bei dem Reparatur-Pinsel-Werkzeug (Ⓙ) die Option *Aktuell und darunter* verwenden. Wechseln Sie die Option, erstellen Sie eine neue Ebene in der *Ebenen*-Palette und retuschieren Sie die störenden Bilddetails weg. Bei dieser Art der Retusche arbeiten Sie mit dem Reparatur-Pinsel-Werkzeug (Ⓙ) non-destruktiv, da die Korrekturen auf der oberen Ebene gespeichert werden.

**Abbildung 11.15:** *Option* Aufnehmen *auf* Aktuell und darunter *ändern*

**Abbildung 11.16:** *Korrekturen auf einer neuen Ebene*

## 11.5    Auswahl inhaltssensitiv füllen

Diese Funktion ist neu und bereits jetzt sehr populär. Kein Wunder, denn mit nur wenigen Klicks können Sie größere Bildbereiche einfach ausblenden. Allerdings gibt es auch bei diesem Tool eine Einschränkung. Die Umgebung rund um den zu entfernenden Bildbereich sollte ziemlich homogen sein. Ist das nicht der Fall, können unerwartete (und auch unerwünschte) Effekte auftreten, wenn falsche Objekte auf die Stelle des zu entfernenden Objekts übertragen werden.

In unserem Beispiel wird der Autor spurlos aus dem Foto verschwinden – das funktioniert wunderbar, da die Umgebung ziemlich ruhig ist und eine gewissen Hintergrundunschärfe ebenfalls vorhanden ist.

1   Zum Anwenden des Werkzeugs erstellen Sie zuerst eine Auswahl rund um die Person (oder das Objekt) mit dem Lasso-Werkzeug (L) oder dem Schnellauswahl-Werkzeug (W).

2   Wählen Sie dann *Bearbeiten/Fläche füllen*.

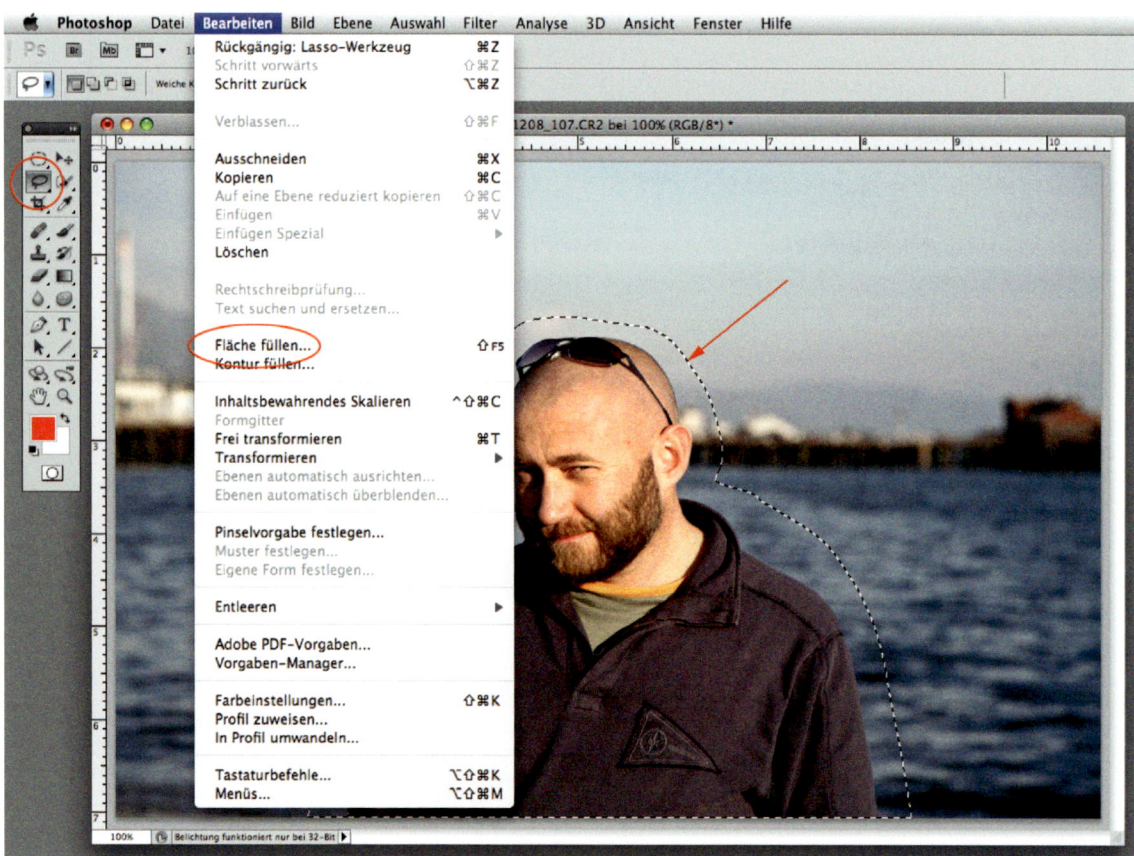

**Abbildung 11.17:** *Auswahl erstellen und Fläche füllen*

3   Im Dialog *Fläche füllen* wählen Sie den Eintrag *Inhaltssensitiv*. Die Pixel der Umgebung werden jetzt auf die markierte Auswahl übertragen.

**Abbildung 11.18:**
Inhaltssensitive
Füllung

**4** Je nach Bildgröße dauert es unterschiedlich lange, bis die Auswahl gefüllt wird. Die Kanten der Auswahl werden bei der Füllung berücksichtigt. Sollten noch minimale Kanten sichtbar sein, können Sie diese dann mit dem Ausbessern-Werkzeug (J) retuschieren.

**Abbildung 11.19:**
Die Person ist spur-
los verschwunden.
Das Beispiel dient
lediglich der De-
monstration des
Werkzeuges, denn
das Ergebnis selbst
ist natürlich zu
unscharf

Vorher

## 11.6 Komplexe Retusche: unerwünschte Bilddetails entfernen

Mit den bereits beschriebenen Techniken können Sie schon einige Retuschearbeiten erledigen. Oft gibt es aber ziemlich knifflige Aufgaben, bei denen Sie mit nur einem Retuschewerkzeug nicht weit kommen.

Da ist Teamarbeit gefragt und vor allem der richtige Workflow – wo und wann Sie welche Werkzeuge einsetzen. In unserem Beispiel wird der Pfosten wegretuschiert und der Wasserhydrant von der Graffiti-Schmiererei gereinigt.

Nachher

**Abbildung 11.20:** *Komplexe Retusche mit verschiedenen Werkzeugen*

Eigentlich könnte man hier die Option *Bearbeiten/Fläche füllen/Inhaltssensitiv* wählen. Sie können das probieren, aber es ist nicht ausgeschlossen, dass anstelle des Pfostens plötzlich einige Fragmente des Wasserhydranten auf der zu retuschierenden Stelle auftauchen, und das möchten Sie bestimmt nicht. Um sich in einer derartigen Situation abzusichern, können Sie den Pfosten an mehreren Stellen trennen.

**1** Benutzen Sie dazu das Kopierstempel-Werkzeug (Ⓢ) – hier gilt die Option mit der non-destruktiven Retusche nicht, alles muss auf einer Ebene gemacht werden.

***Abbildung 11.21:*** *Den Pfosten an mehreren Stellen mit dem Kopierstempel trennen*

**2** Wenn Sie den Pfosten mit dem Kopierstempel-Werkzeug (⑤) in mehrere Teile „zerschnitten" haben, können Sie die einzelnen Pfostenstücke mit dem Ausbessern-Werkzeug (①) auswählen und auf die Fläche mit der Betonwand verschieben.

**Abbildung 11.22:** *Teile des Pfostens mit dem Ausbessern-Werkzeug retuschieren*

**3** Zur Sicherheit können Sie noch die Steine des Kopfsteinpflasters mit dem Kopierstempel-Werkzeug
([S]) oder ebenfalls mit dem Ausbessern-Werkzeug ([J]) hin und her verschieben, damit keine Muster
entstehen, die die Korrekturen dann verraten.

**Abbildung 11.23:** *Struktur des Kopfsteinpflasters verschieben*

**4** Retuschieren Sie anschließend die Graffiti von dem Hydranten weg. Dazu können Sie zum Ausbessern der kleinen Stellen das Bereichsreparatur-Pinsel-Werkzeug (⌐J) und für die größeren Bereiche das Ausbessern-Werkzeug (⌐J) verwenden.

**Abbildung 11.24:** *Bereichsreparatur-Pinsel- und Ausbessern-Werkzeug nutzen*

## 11.7 Staub und Kratzer auf einem alten Foto retuschieren

Alte Fotos restaurieren und retuschieren ist eine spannende und interessante Aufgabe. Viele Fotografen haben das schon mal mithilfe von Photoshop gemacht. Mit den Retuschewerkzeugen klappt die Retusche wunderbar, doch es gilt noch einen Aspekt zu berücksichtigen.

Einige versuchen, das alte Foto so zu restaurieren, dass es wie neu aussieht. Das ist ein Fehler, so weit sollte man doch nicht gehen, denn zu stark restaurierte Fotos verlieren ihren Charme und sind dann nicht mehr so anziehend und geheimnisvoll wie die Originale. Folgen Sie deshalb am besten der Regel „weniger ist mehr" – dann sind Sie auf der sicheren Seite.

1 Beginnen Sie, genauso wie bei anderen Fotos, mit der Korrektur der größeren Fehler. Benutzen Sie dazu das Ausbessern-Werkzeug (J) und achten Sie darauf, dass die Linien und Strukturen des Fotos nicht durcheinandergebracht werden. Beim Verschieben der Auswahl (Option *Quelle*) führen Sie die im Bild vorhandenen Linien fort.

**Abbildung 11.25:** *Alte Fotos sparsam restaurieren*

***Abbildung 11.26:***
*Größere Flächen mit dem Ausbessern-Werkzeug bearbeiten*

**2**   Auch Gruppen kleinerer Fehler auf einem ruhigen Hintergrund können Sie mithilfe des Ausbessern-Werkzeugs (J) retuschieren, so sparen Sie Zeit gegenüber den vielen Klicks zum Beispiel mit dem Bereichsreparatur-Pinsel-Werkzeug (J).

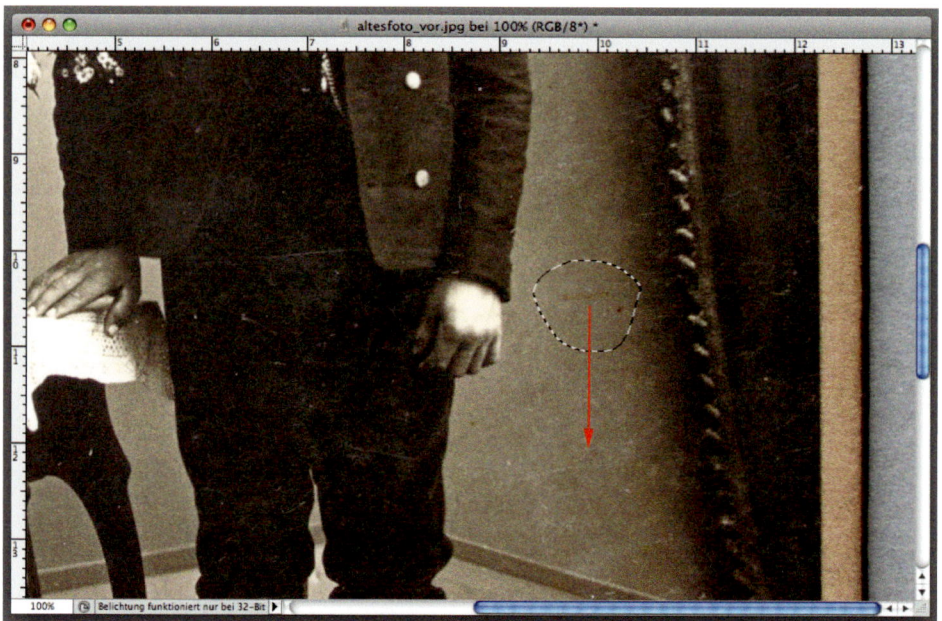

***Abbildung 11.27:***
*Mehrere Flecken auf einmal entfernen*

**3**   Kleinere Stellen können Sie dann entweder mit dem Bereichsreparatur-Pinsel, dem Reparatur-Pinsel oder dem Kopierstempel retuschieren.

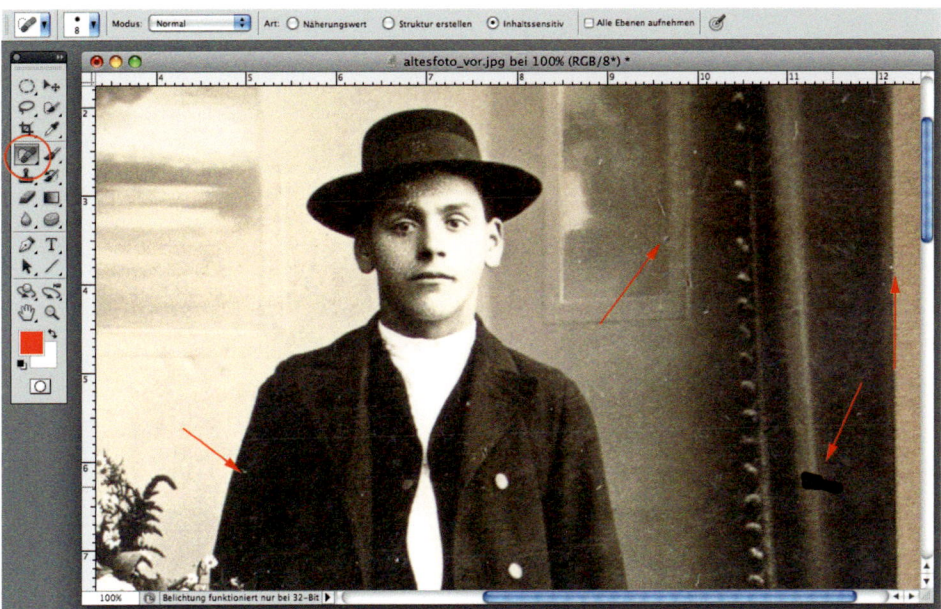

**Abbildung 11.28:** *Kleinere Stellen mit dem Reparatur-Pinsel oder Kopierstempel ausbessern*

**4** Einige Bereiche sind sehr problematisch, besonders wenn es um Flecken im Gesicht geht. Hier gibt es nicht so viel Platz, um die Pixel zu verschieben. Hier können Sie das Weichzeichner-Werkzeug zu Hilfe holen. Wählen Sie eine passende Pinselspitze, sodass Sie die Hautbereiche bequem weichzeichnen können.

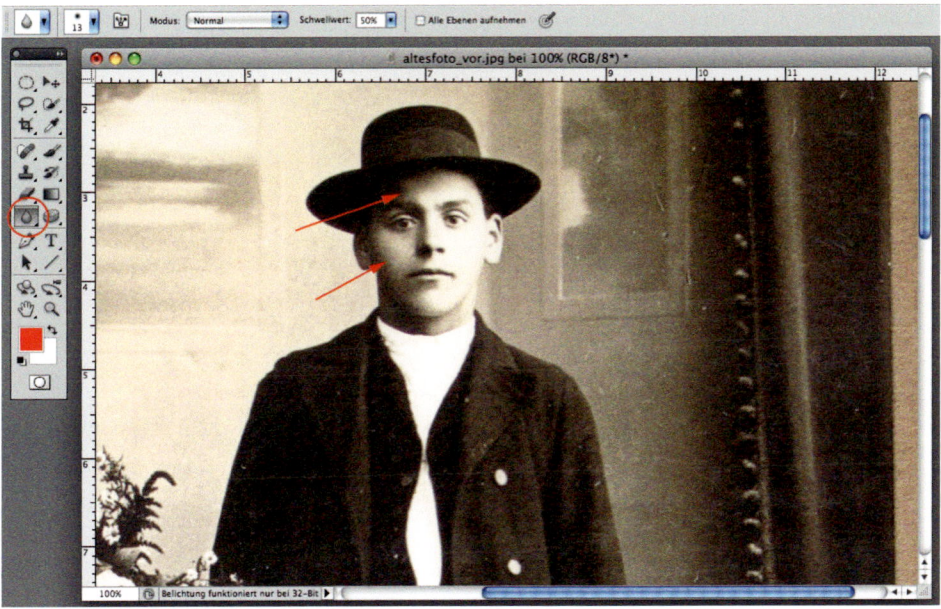

**Abbildung 11.29:** *Hautbereiche mit dem Weichzeichner-Werkzeug bearbeiten*

## 11.8    Beautyretusche

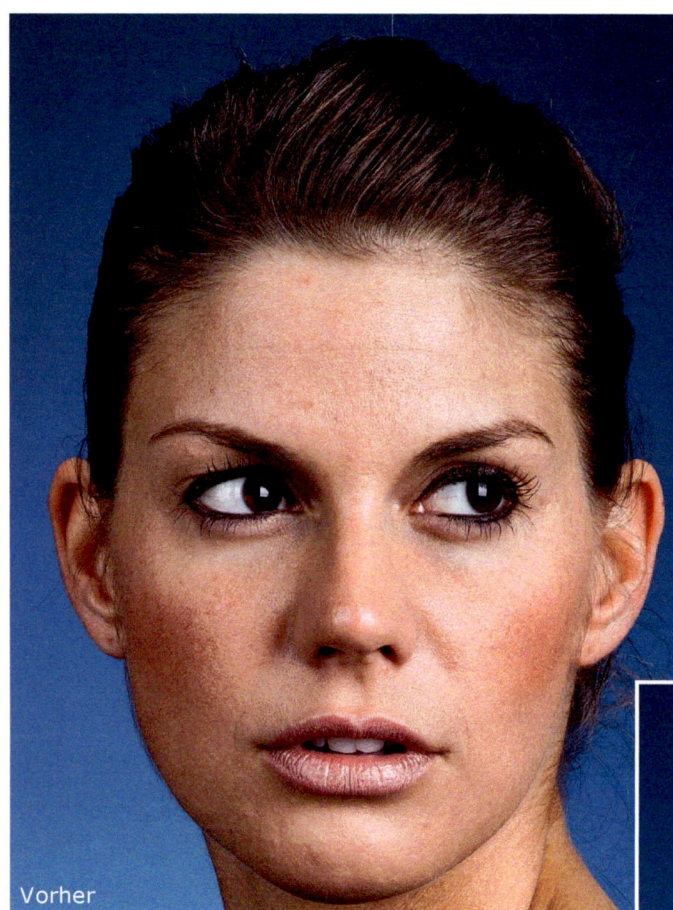

Vorher

Die Porträtretusche – oder auch Beautyretusche genannt – ist ein umfangreicher Prozess. Es gibt keine Rezepte für alle Porträts, denn die Ausgangssituation ist immer verschieden und erfordert unterschiedliche Korrekturen.

In unserem Beispiel beschränken wir uns auf die klassische Beautyretusche. Diese umfasst die Entfernung der kleinen und größeren Hautfehler, Weichzeichnung der Haut und allgemeine „Auffrischung" der Farbe und des Kontrasts.

**Abbildung 11.30:** *Beautyretusche*

Bevor Sie mit der Beautyretusche beginnen, ist es sinnvoll, das Bild zuerst entweder in Camera Raw optimal zu entwickeln (das gilt auch für JPEGs) oder die notwendigen Korrekturen in Photoshop mit entsprechenden Korrekturebenen durchzuführen, damit Helligkeit und Farbe des Porträts schon optimal sind und nicht noch einmal korrigiert werden müssen.

Nachher

### Kleine Fehler retuschieren

1  Beginnen Sie mit der Retusche der kleinen Fehler. Nehmen Sie zuerst das Bereichsreparatur-Pinsel-
   Werkzeug (J) und entfernen Sie kleine Fleckchen, Pickel, Fältchen etc. Damit Sie bequemer arbeiten
   können, vergrößern Sie die Bildansicht auf ca. 100–200 %. Achten Sie auch bei diesen Korrekturen darauf, dass Sie nicht zu viel wegretuschieren.

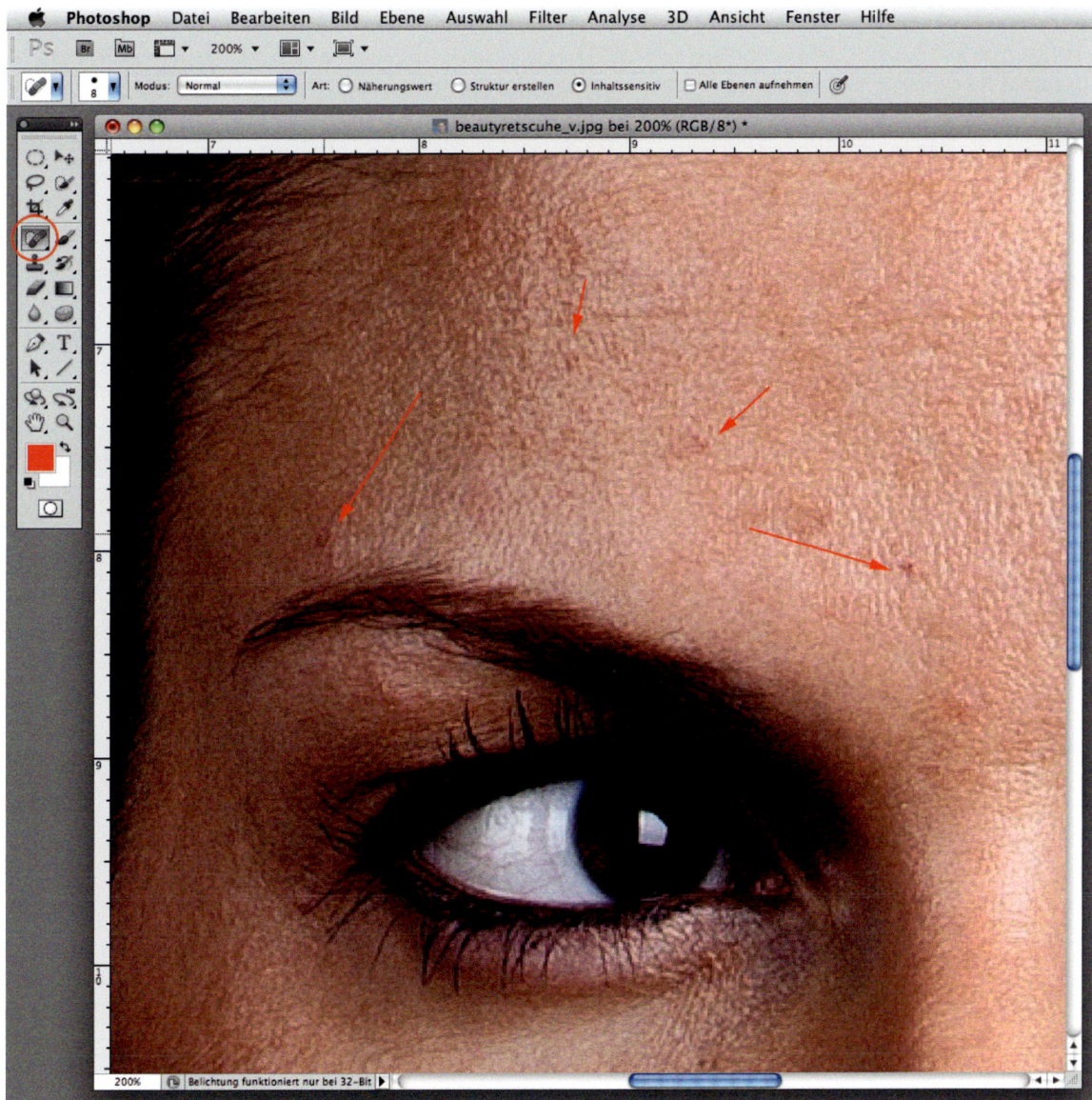

**Abbildung 11.31:** *Kleine Fehler mit dem Bereichsreparatur-Pinsel entfernen*

**Haut weichzeichnen**

**2**  Wenn Sie alle kleinen Fehler retuschiert haben, können Sie mit der Weichzeichnung der Haut beginnen. Zuerst erstellen Sie mit dem Lasso-Werkzeug (⌴) die Auswahl der Haut. Für bequemeres Arbeiten verwenden Sie die Option *Auswahl hinzufügen* und wählen die Haut Stück für Stück aus.

**Abbildung 11.32:** *Hautbereich auswählen*

**3** Erstellen Sie mit der Tastenkombination (cmd)+(J) ((Strg)+(J)) eine Kopie des ausgewählten Bereichs auf einer neuen Ebene.

**Abbildung 11.33:** *Hautbereich als Kopie auf eine neue Ebene legen*

**4** Den ausgewählten Hautbereich können Sie jetzt weichzeichnen. Ratsam ist die Konvertierung der erstellten Ebene in ein Smart-Objekt, damit Sie die Korrekturen später bei Bedarf wieder rückgängig machen können.

**5** Wählen Sie jetzt *Filter/Weichzeichnungsfilter/Gaußscher Weichzeichner*. Alternativ können Sie den Filter *Matter machen* verwenden. Beim Gaußschen Weichzeichner wählen Sie abhängig von der Bildgröße einen Radius von ca. 50 Pixeln.

**Abbildung 11.34:** *Haut weichzeichnen*

Im Moment sieht die Ebene zu weich aus, das bleibt aber nicht so.

**6** Zuerst reduzieren Sie die Deckkraft der weichgezeichneten Ebene auf ca. 50 % (oft ist sogar weniger er-forderlich, je nachdem, wie weit Sie die Weichzeichnung vornehmen möchten).

**Abbildung 11.35:** *Deckkraft der Ebene reduzieren*

Durch die Weichzeichnung der Ebene der Haut wurden die Pixel der Ebene zerstreut und bedecken jetzt an manchen Stellen zum Beispiel Augen, Augenbrauen und Mund. Diese Pixel sollen ausgeblendet werden.

**7** Erstellen Sie auf der Ebene der Haut eine Maske und maskieren Sie mit schwarzer Farbe und einer weichen Pinselspitze die Stellen, an denen sich die Pixel der Haut störend auswirken.

**Abbildung 11.36:** *Kanten der Ebene maskieren*

## Soft Light kreieren

Für die Beautyretusche, besonders bei Frauenporträts, wird häufig ein Trick verwendet, den einige Fotografen Soft Light nennen. Diesen Trick werden wir jetzt auch auf unser Bild anwenden. Durch die Soft-Light-Bearbeitung erscheint das ganze Bild weicher und hat eine angenehmere Ausstrahlung.

**8**  Erstellen Sie mit der Tastenkombination ⌘+⎇Alt+⇧+E (Strg+Alt+⇧+E) zuerst eine Sammelkopie aller in der *Ebenen*-Palette enthaltenen Ebenen und wählen Sie anschließend *Bild/Korrekturen/Sättigung verringern*.

**Abbildung 11.37:** *Sammelebene* Sättigung verringern

**9**   Wählen Sie den Gaußschen Weichzeichner mit einem Radius von ca. 20 Pixeln.

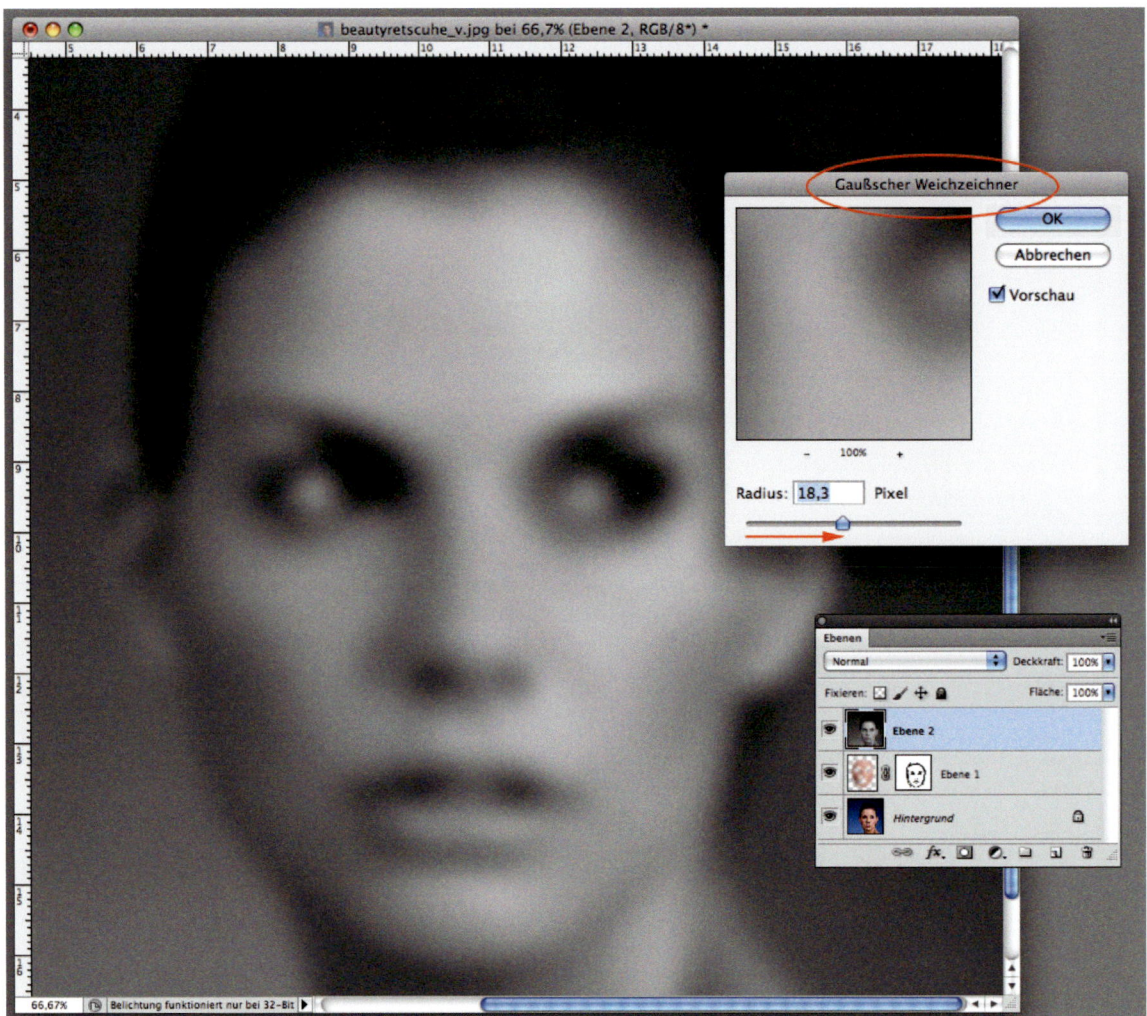

**Abbildung 11.38:**  *Ebene mit Gaußschem Weichzeichner bearbeiten*

**10** Ändern Sie nun die Ebenenfüllmethode für die Sammelebene auf *Negativ multiplizieren*. Das Bild wird heller und bekommt ein angenehmes Licht. In diesem Zustand kann es aber nicht bleiben, es sei denn, Sie möchten extremes Soft Light als Gestaltungsmittel verwenden.

**Abbildung 11.39:** *Negativ multiplizieren*

Um die Beleuchtung ein bisschen zu „dimmen", können Sie Folgendes machen:

**11** Erstellen Sie über der Ebene eine Korrekturebene *Tonwertkorrektur* mit einer Schnittmaske, wählen Sie im Dialog *Tonwertkorrektur* die schwarze Pipette aus und klicken Sie im Bild auf den Bereich mit den Haaren.

Das Kontrastverhältnis des Bildes ändert sich. Jetzt ist das Bild nicht mehr so weich. Probieren Sie verschiedene Varianten aus, bis Sie mit der Beleuchtung zufrieden sind.

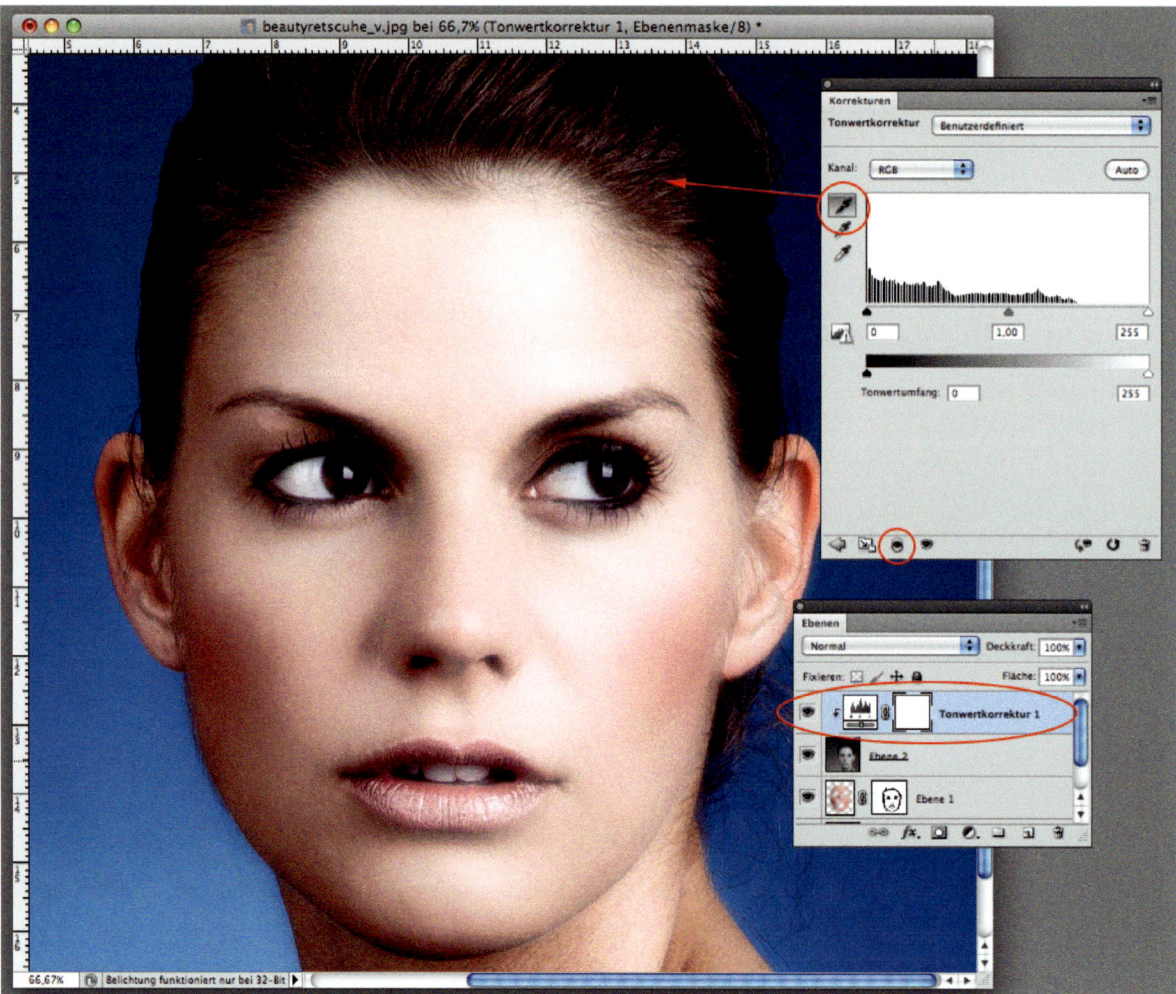

**Abbildung 11.40:** *Mit Tonwertkorrektur Kontrast ändern*

**12** Reduzieren Sie zusätzlich noch die Deckkraft der Sammelebene, um einen moderaten Kontrast zu bekommen. Bei ca. 50–60 % Deckkraft bekommen Sie die optimalen Ergebnisse.

**Abbildung 11.41:** *Deckkraft der Sammelebene reduzieren*

# Vektoren und Pfade in Photoshop

Nicht für jede Vektorgrafik müssen Sie ein entsprechendes Programm wie beispielsweise Illustrator bemühen. Nutzen Sie für diese Zwecke einfach die Möglichkeiten, die Ihnen Photoshop bereits anbietet. Um welche es sich handelt, und wie diese funktionieren, erfahren Sie in diesem Kapitel.

Vorab der wichtigste Unterschied zwischen Vektor- und Pixelgrafiken:

**Vektorgrafiken** werden mit Punkten und Pfaden beschrieben, den sogenannten Vektoren. Eine Form, umschrieben mit Vektoren, kann mit Volltonfarben, Verläufen, aber auch Pixelbildern gefüllt werden. Vektorgrafiken können beliebig groß skaliert werden, ohne dass die Kanten der Grafik unscharf werden, es sei denn, eine Vektorform ist mit einem Pixelbild gefüllt – dann ist die Vergrößerung nicht unendlich möglich, irgendwann wird das Pixelbild unscharf.

**Pixelgrafiken** (auch Bitmaps genannt) sind Grafiken, die aus vielen bunten Pixeln bestehen. Das am meisten verbreitete Beispiel einer Pixelgrafik oder eines Bitmaps ist ein Digitalfoto. Digitalfotos haben eine Endgröße. Zwar können die Pixelgrafiken vergrößert (interpoliert) werden, doch dann besteht ab einer gewissen Größe die Gefahr, dass das Bild unscharf wird. Pixel- und Vektorgrafiken werden in Layouts verwendet. In einem Layoutprogramm, wie zum Beispiel Adobe Illustrator oder Adobe InDesign, werden die Pixel- und Vektorgrafiken (auch Texte sind im Grunde Vektorgrafiken) in einer Gestaltung kombiniert. Für grafische Elemente wie zum Beispiel Logos, Formen oder Linien ist die Anwendung der Vektorgrafiken sinnvoll, denn die Konturen sind dann immer scharf und die Grafiken können beliebig groß transformiert werden. Vektorgrafiken können Sie entweder in Adobe Illustrator oder auch in Photoshop erstellen.

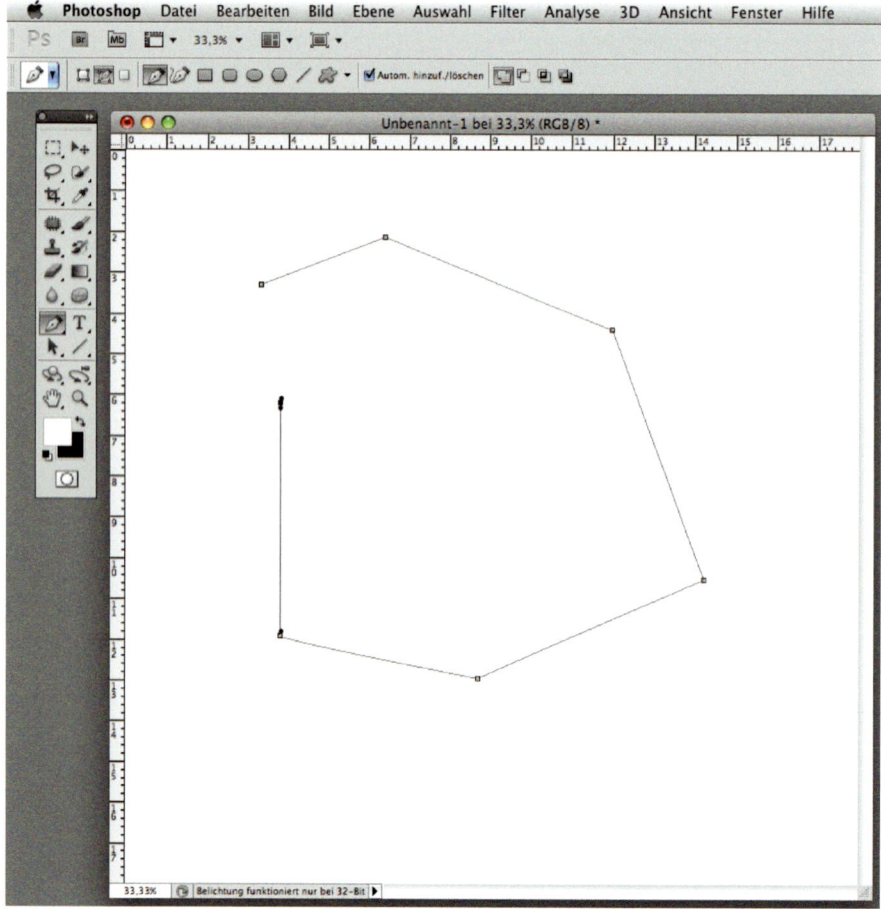

**Abbildung 12.1:**
*Punkte und Pfade –*
*vektorbasierte Grafiken*

## 12.1    Vektoren im Praxiseinsatz

Eine praktische Anwendung von Vektorgrafiken können Sie an einem einfachen Beispiel sehen. In Photoshop wurde die Auswahl einer Gitarre erstellt. Die Gitarre wurde dafür mithilfe des Zeichenstift-Werkzeugs (P) mit einem Pfad ausgewählt. Nachdem der Pfad fertiggestellt war, wurde aus diesem eine Vektormaske erstellt. Die Datei wurde im EPS-Format gespeichert und kann nun in Adobe Illustrator weiterverarbeitet werden. Zu der auf diese Art freigestellten Gitarre können jetzt weitere Vektorformen hinzugefügt werden.

**Abbildung 12.2:** *Auswahl eines Bildes mit einer Vektormaske*

Diese können davor oder dahinter eingesetzt werden, die mit einer Vektormaske ausgestattete Gitarre wird in Illustrator zwar in einem Rahmen angezeigt, sichtbar ist aber nur der im Pfad eingeschlossene Bildbereich.

**Abbildung 12.3:** *Weitere vektorbasierte Formen hinzufügen*

Neben Formen können Sie in Illustrator auch die Texte hinzufügen. Aus einer Kombination von Texten, Formen und mit Pfaden abgegrenzten Bildern werden Layouts für die Gestaltung von Zeitschriften, Büchern oder Plakaten entwickelt.

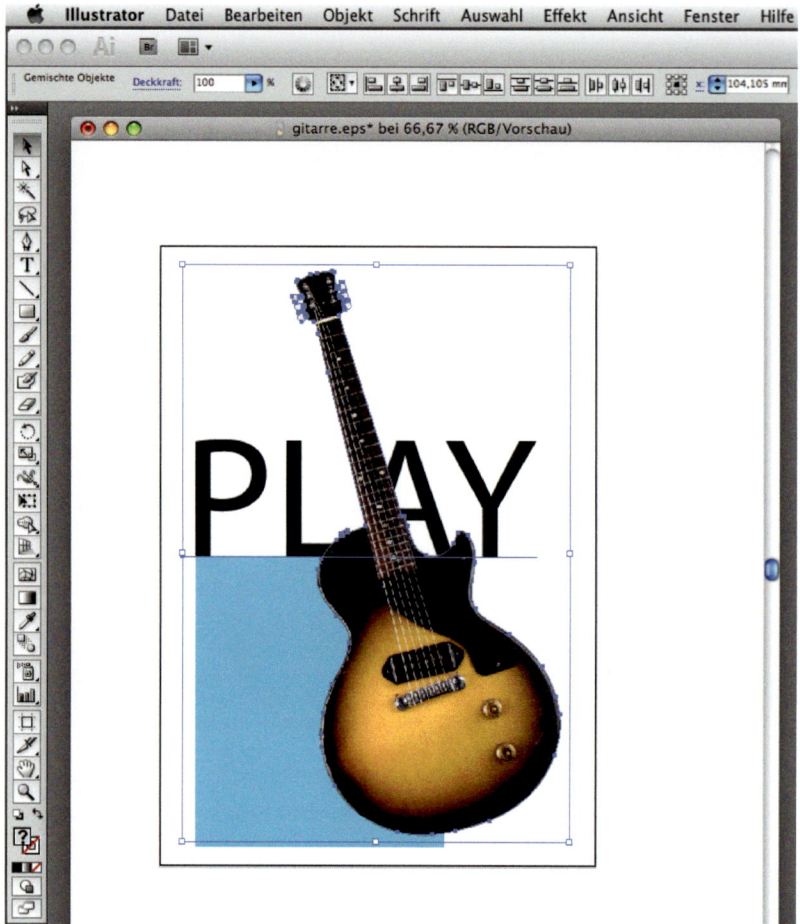

**Abbildung 12.4:** *Texte einfügen*

## 12.2 Formebenen erstellen

Um in Photoshop eine Datei mit einer Vektorgrafik zu erstellen, können Sie die Formwerkzeuge verwenden. Zu der Gruppe der Formwerkzeuge gehören folgende Werkzeuge:

- Rechteck-Werkzeug **1**
- Abgerundetes-Rechteck-Werkzeug **2**
- Ellipse-Werkzeug **3**

- Polygon-Werkzeug **4**
- Linienzeichner-Werkzeug **5**
- Eigene-Form-Werkzeug **6**

Diese Werkzeuge können Sie entweder mit der Option *Mit Pixel füllen* benutzen (wenn Sie die ganze Gestaltung in Photoshop machen wollen, benötigen Sie keine Vektorformen) oder Sie erstellen vektorbasierte Formen.

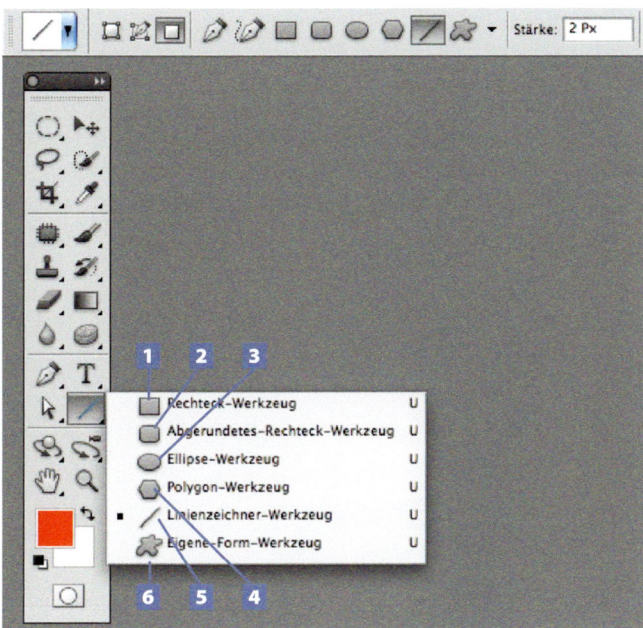

**Abbildung 12.5:** *Gruppe der Formwerkzeuge*

Wenn Sie Formwerkzeuge auf Vektorbasis nutzen möchten, wird beim Erstellen einer Form die Formebene in der *Ebenen*-Palette mit einer entsprechenden Maske angezeigt.

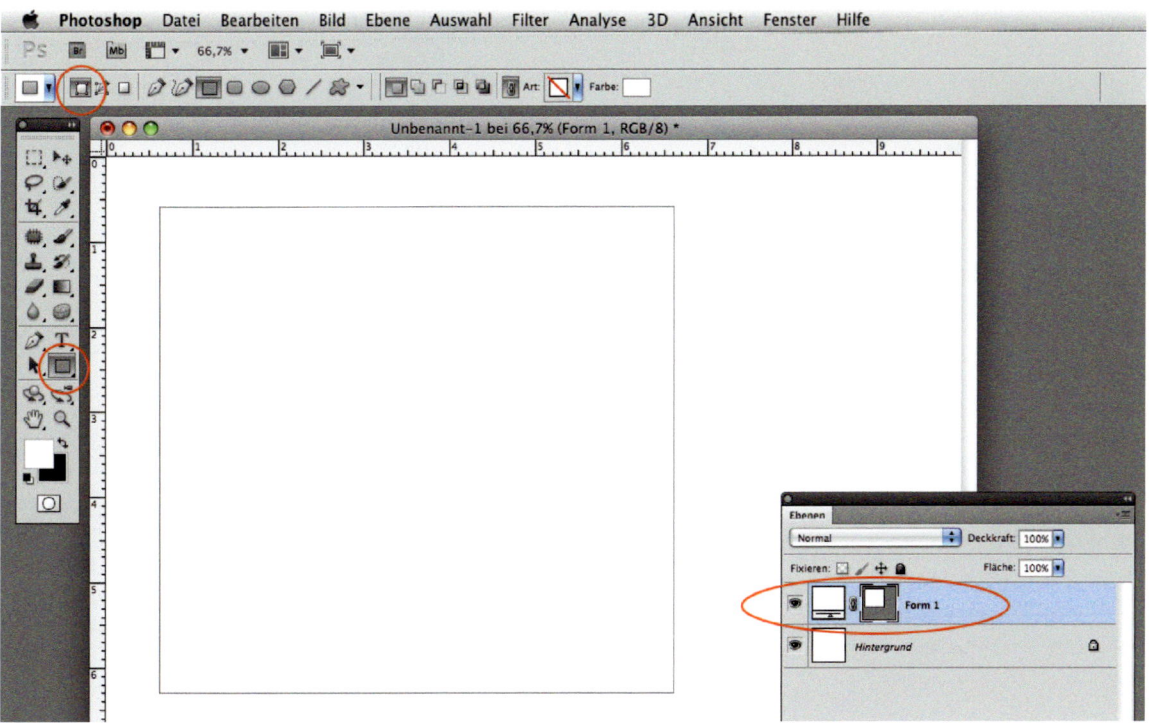

**Abbildung 12.6:** *Formebene*

Bei einem Doppelklick auf die Ebenenminiatur der Formebene (nicht auf die Vektormaske) öffnet sich das Dialogfenster *Grundfarbe aufnehmen*, in dem Sie eine Farbe definieren können.

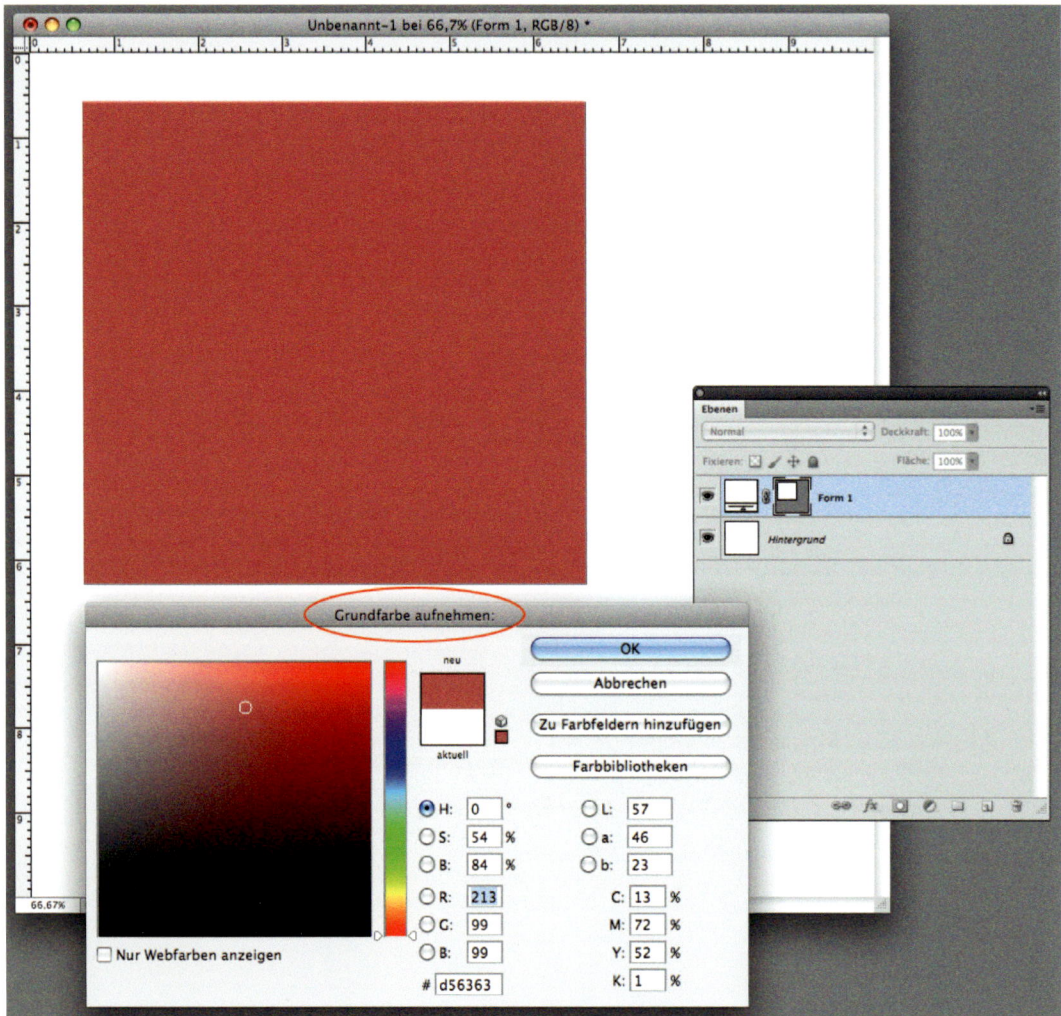

**Abbildung 12.7:** *Farbe der Form ändern*

Wünschen Sie statt einer Farbfüllung eine Verlaufsfüllung für die erstellte Form, können Sie Folgendes machen: Erstellen Sie in der *Ebenen*-Palette eine Füllebene *Verlauf*. Ziehen Sie die Vektormaske von der Ebene mit der Farbfüllung und löschen Sie dann die Ebene *Farbfüllung*.

Jetzt haben Sie eine Form mit einer Verlaufsfüllung. Wenn Sie die Attribute des Verlaufs ändern möchten, doppelklicken Sie auf die Ebenenminiatur des Verlaufs und ändern im Dialog die Verlaufseigenschaften.

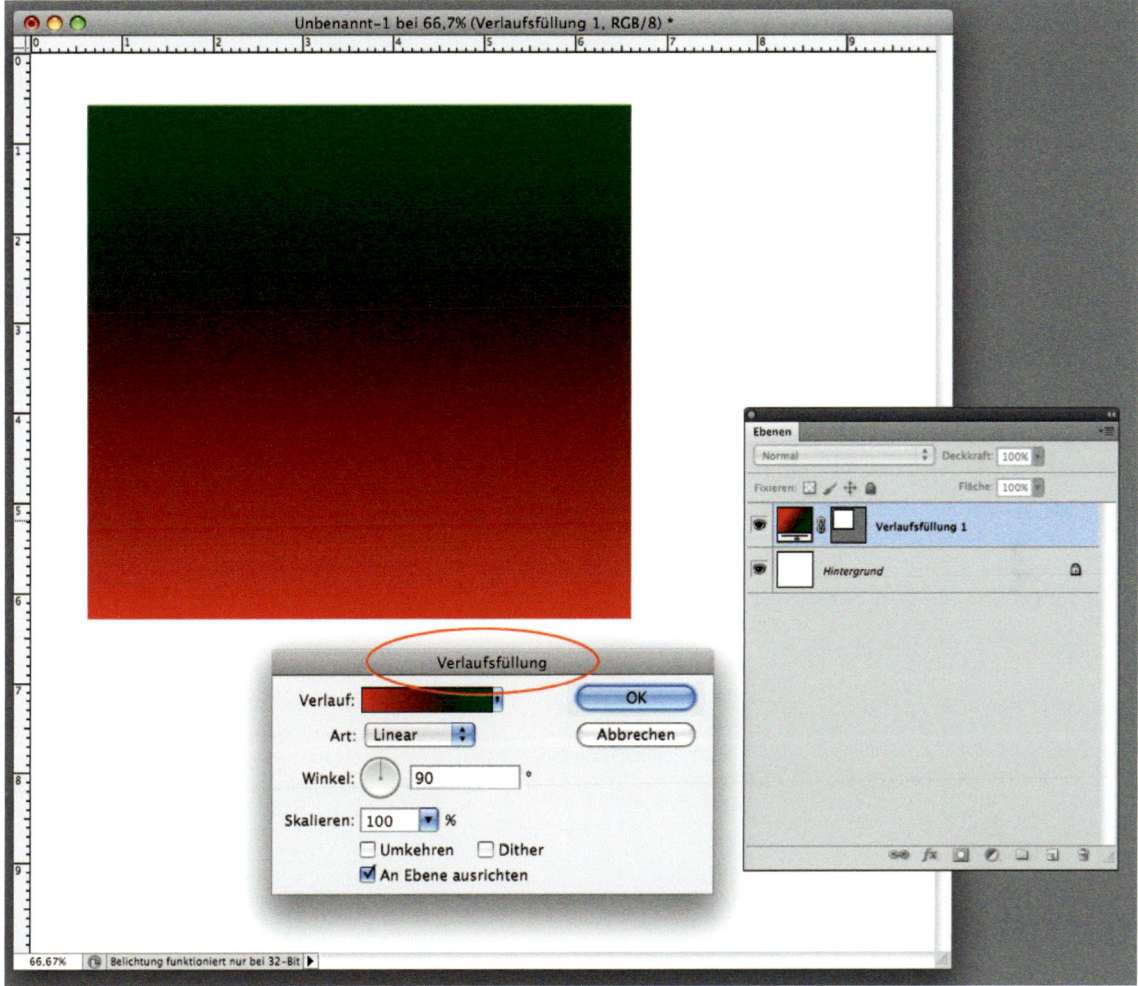

**Abbildung 12.8:** *Eigenschaften der Verlaufsfüllung definieren*

## 12.3 Formen bearbeiten

Die mit den Formwerkzeugen und auf andere Art erstellten Formen – zum Beispiel mit dem Zeichenstift-Werkzeug (P) oder durch Erstellen des Pfades aus einer Auswahl – können Sie mit verschiedenen Werkzeugen bearbeiten. Diese Werkzeuge sind in zwei Gruppen zusammengefasst und haben folgende Aufgaben:

- Zeichenstift- und Freiform-Zeichenstift-Werkzeug **1** : Diese Werkzeuge sind zum Erstellen der Formen vorgesehen. Mit dem Zeichenstift-Werkzeug (P) erstellen Sie eine Form Punkt für Punkt. Das Freiform-Zeichenstift-Werkzeug (P) erlaubt es Ihnen, die Form durch Zeichnen, also frei Hand, zu erstellen.

- Ankerpunkt-hinzufügen-Werkzeug **2**: Haben Sie eine Form erstellt (wie Sie bereits wissen, besteht eine Form aus Punkten und Linien) und möchten Sie der Form weitere Punkte auf den Linien hinzufügen, wählen Sie dieses Werkzeug. Klicken Sie einfach die Stellen auf den Linien an, an denen Sie die Punkte einfügen möchten, und schon wird jeweils ein Punkt gesetzt.

- Ankerpunkt-löschen-Werkzeug **3**: Mit diesem Werkzeug löschen Sie bestehende Punkte aus Ihrer Form.

- Punkt-umwandeln-Werkzeug **4**: Wenn Sie mit diesem Werkzeug auf einen Punkt klicken, verwandeln Sie die Linien neben diesem Punkt in Kurven. Wenn Sie an dem Punkt ziehen, entstehen Anfasser, mit denen Sie die Kurven bequem verbiegen können.

- Pfadauswahl-Werkzeug **5**: Mit diesem Werkzeug können Sie die Punkte einer Form einblenden lassen und die Form verschieben.

- Direktauswahl-Werkzeug **6**: Mit diesem Werkzeug können Sie einzelne Punkte des Pfades auswählen und unabhängig von anderen Punkten verschieben.

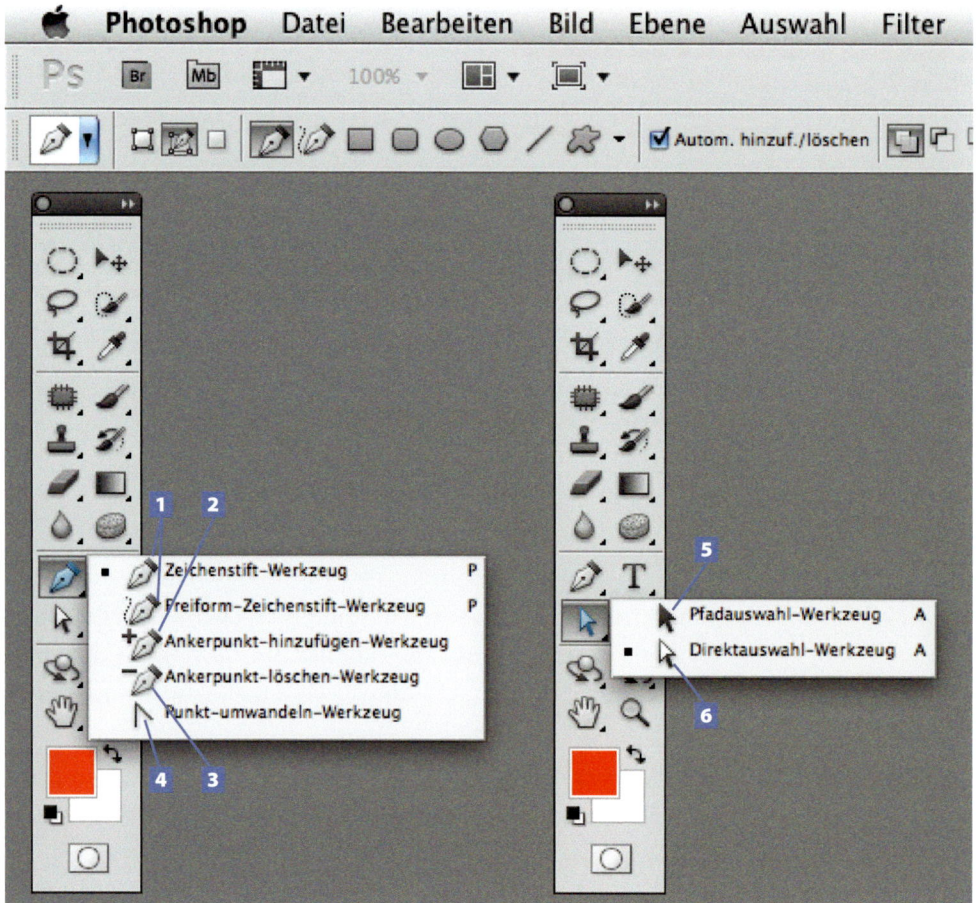

**Abbildung 12.9:** *Werkzeuge zum Bearbeiten der Pfade und Formen*

Nachfolgend ein Beispiel, wie Sie eine Vektormaske mit den Pfadbearbeitungswerkzeugen anpassen können.

1 Klicken und ziehen Sie an einem Punkt – die Ecken verwandeln sich nun in Kurven. Die Füllung, in diesem Fall ein Verlauf, wird automatisch angepasst.

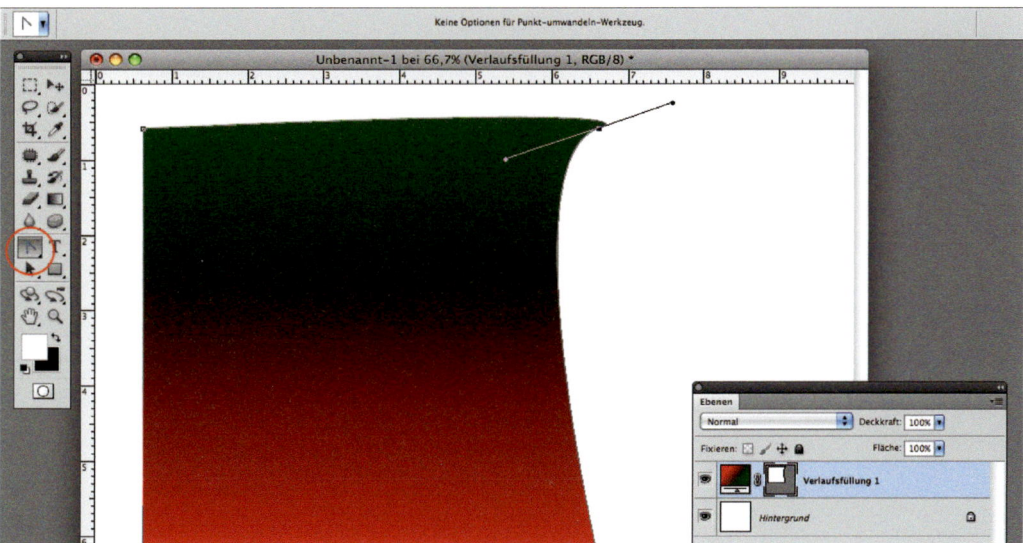

**Abbildung 12.10:** *Punkte bearbeiten*

2 Wählen Sie nun das Ankerpunkt-hinzufügen-Werkzeug und klicken Sie auf die Linie. Der neue Punkt ist sofort da und kann entsprechend bearbeitet werden.

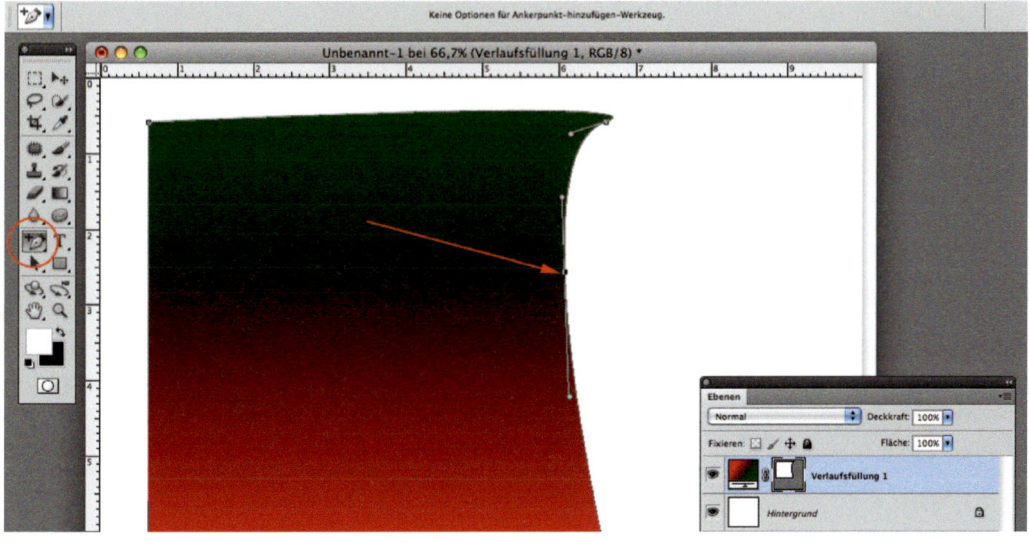

**Abbildung 12.11:** *Punkte hinzufügen*

## 12.4    Vektormasken erstellen und bearbeiten

Wenn Sie für eine Gestaltung in einem Layoutprogramm eine Grafik mit einer ausgefallenen Kontur versehen möchten, können Sie diese mit einer Vektormaske ausstatten.

### Bild laden, Form erstellen

Öffnen Sie das Bild und wählen Sie zum Beispiel das Freiform-Zeichenstift-Werkzeug (P). Erstellen Sie jetzt auf dem Bild eine Form.

**Abbildung 12.12:**  Form auf dem Bild erstellen

## Vektormaske erstellen

Wählen Sie jetzt *Ebene/Vektormaske/Aktueller Pfad*. Das bedeutet, dass die Vektormaske aus dem erstellten Pfad (Form) generiert werden soll. In der *Ebenen*-Palette sehen Sie die Ebene, auf der das Bild mit einer Vektormaske ausgestattet ist. Die Bereiche des Bildes, die sich außerhalb des Pfades befinden, sind unsichtbar (maskiert).

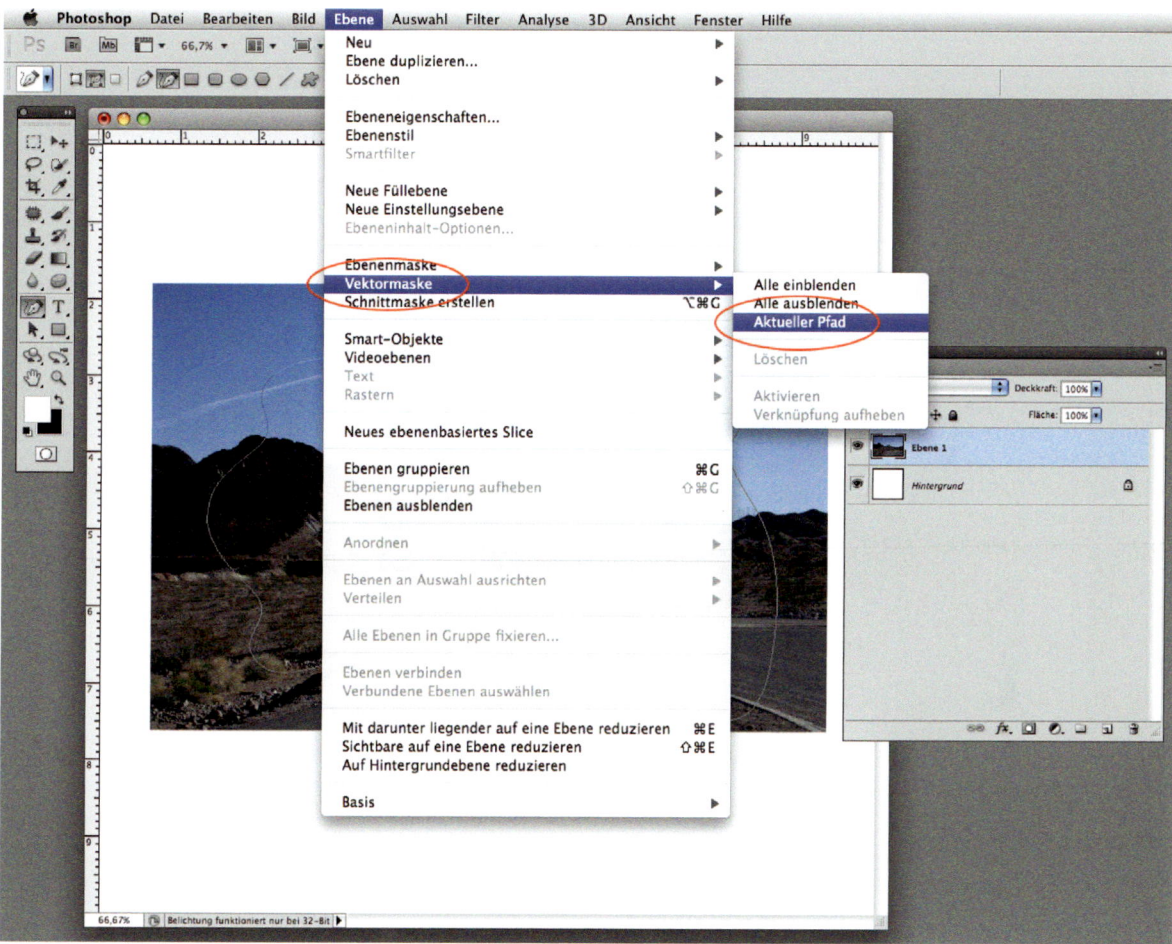

**Abbildung 12.13:** *Vektormaske erstellen*

## Vektormaske bearbeiten

Die Vektormaske können Sie nach dem Erstellen ganz normal mit den Pfadwerkzeugen bearbeiten.

***Abbildung 12.14:*** *Die Vektormaske kann jetzt bearbeitet werden*

## 12.5    Eigene-Form-Werkzeug

Das Eigene-Form-Werkzeug (U) ist eine interessante Möglichkeit, vektorbasierte Grafiken zu erstellen. Speziell für Logogestalter ist dieses Werkzeug sehr spannend, da es nahezu unbegrenzte Möglichkeiten der Gestaltung bietet.

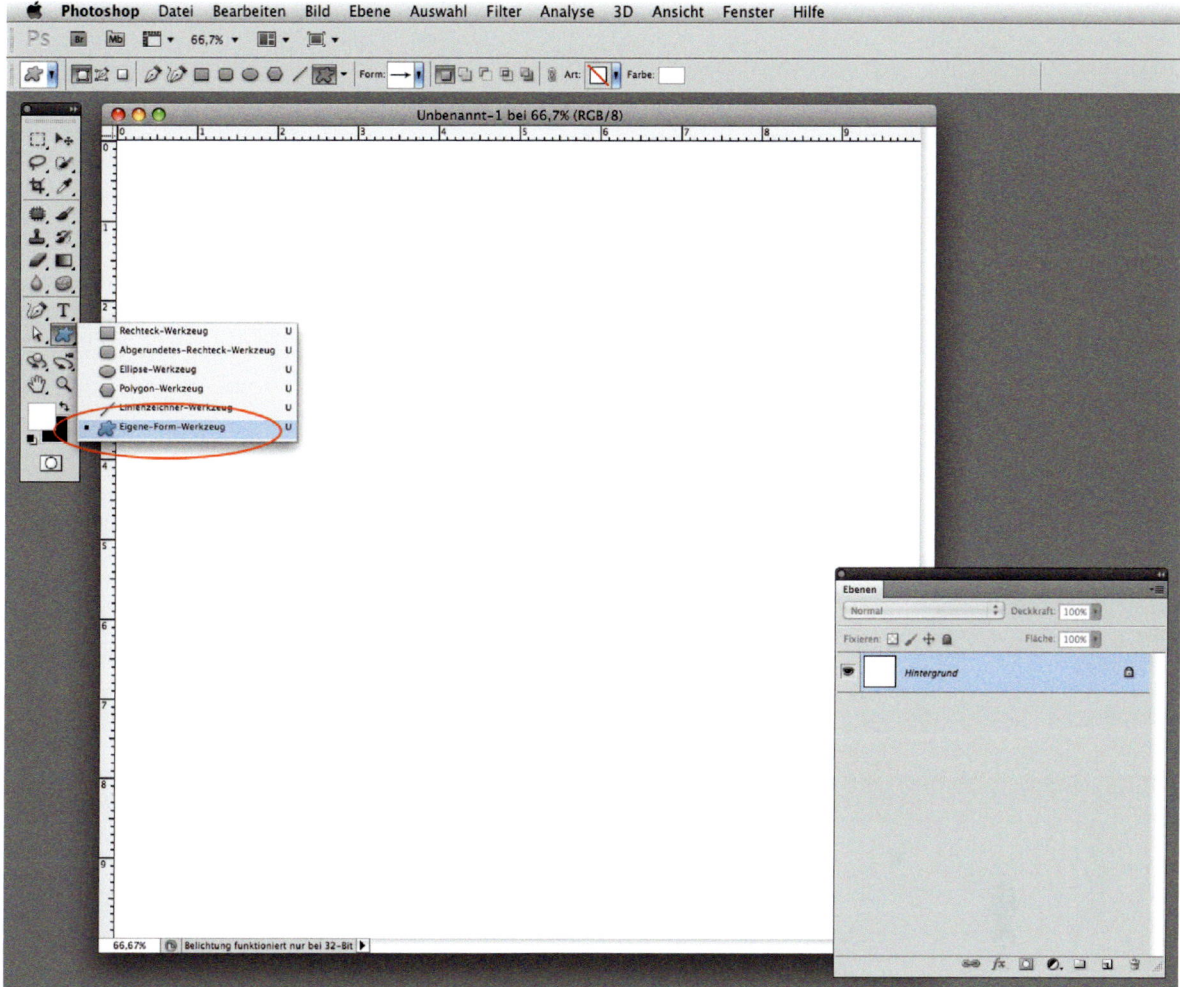

**Abbildung 12.15:** *Eigene-Form-Werkzeug*

1 Zum Erstellen einer Form mit diesem Werkzeug erzeugen Sie eine neue Arbeitsfläche.

2 Definieren Sie in der Optionsleiste die Eigenschaften des Werkzeugs: *Form* und *Art*. Bei der Form können Sie entweder auf eine Bibliothek zugreifen oder ein eigenes Muster für das Werkzeug erstellen *(siehe Abbildung 12.16)*.

3 Jetzt können Sie die Form auf der Arbeitsfläche zeichnen *(siehe Abbildung 12.17)*. Wenn Sie frei Hand zeichnen, werden die Proportionen nicht berücksichtigt. Wollen Sie die Proportionen erhalten, halten Sie beim Zeichnen die ⇧ -Taste gedrückt.

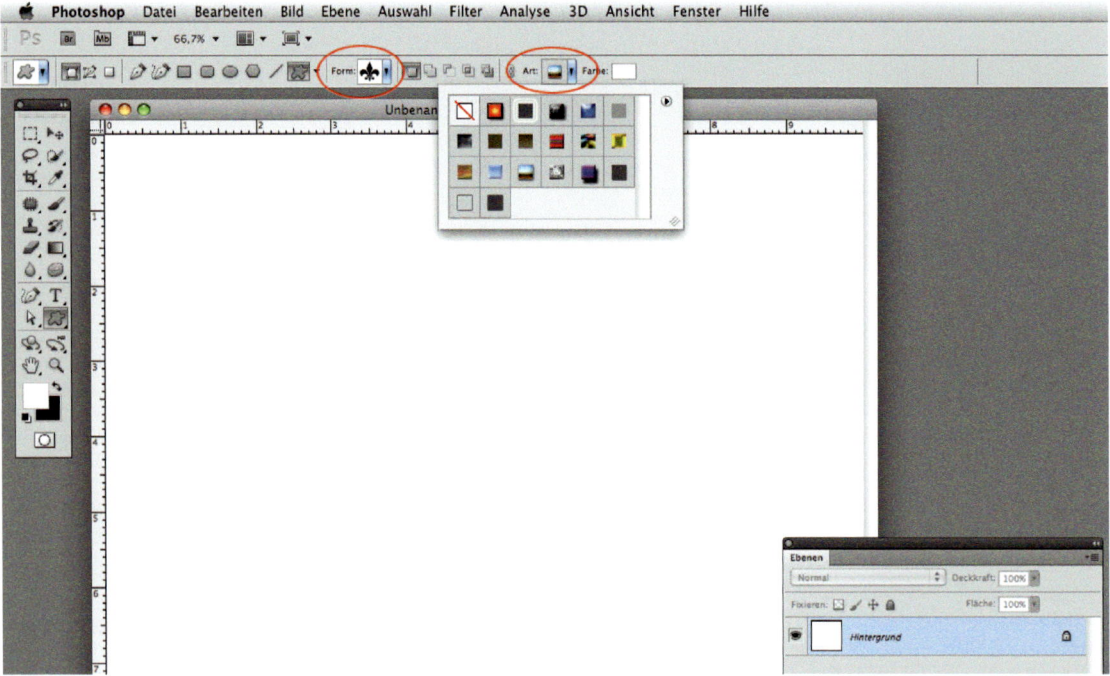

**Abbildung 12.16:** Eigenschaften definieren

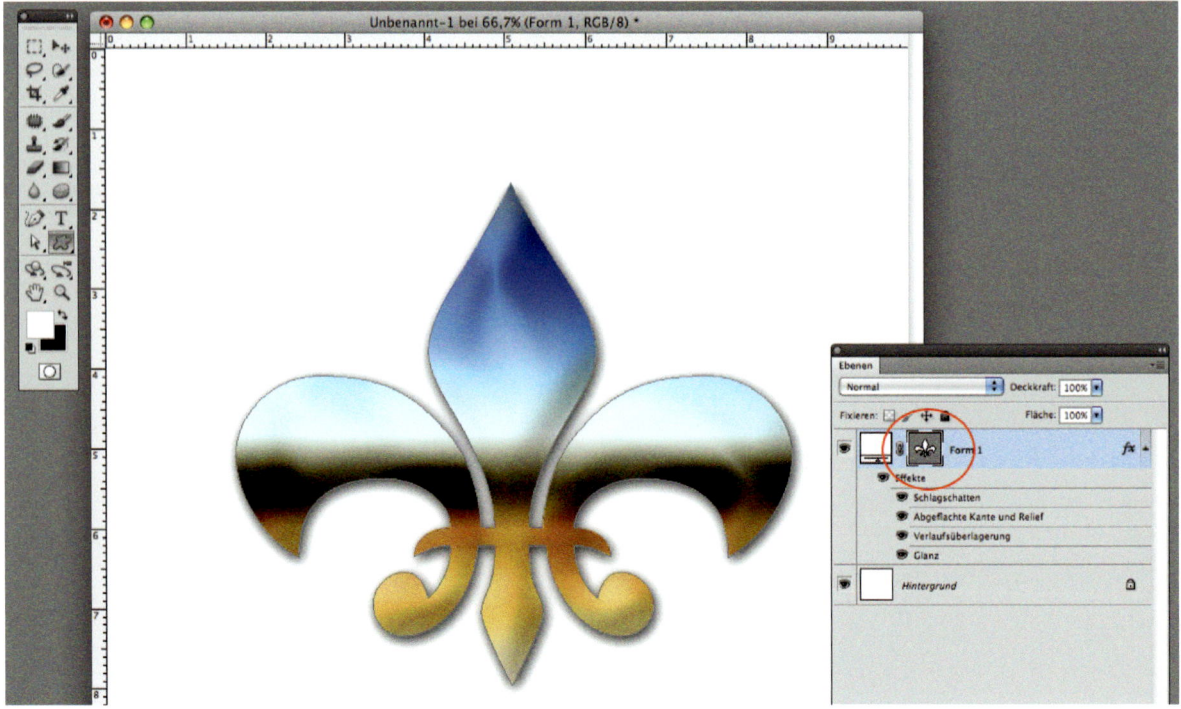

**Abbildung 12.17:** Eigene Form

**4** In unserem Beispiel wurde die Form mit vielen Ebenenstilen ausgestattet, wie zum Beispiel *Schlagschatten*, *Abgeflachte Kante und Relief*, *Verlaufsüberlagerung* und *Glanz*. Wünschen Sie die eine oder andere Eigenschaft nicht, können Sie diese in der *Ebenen*-Palette ausblenden.

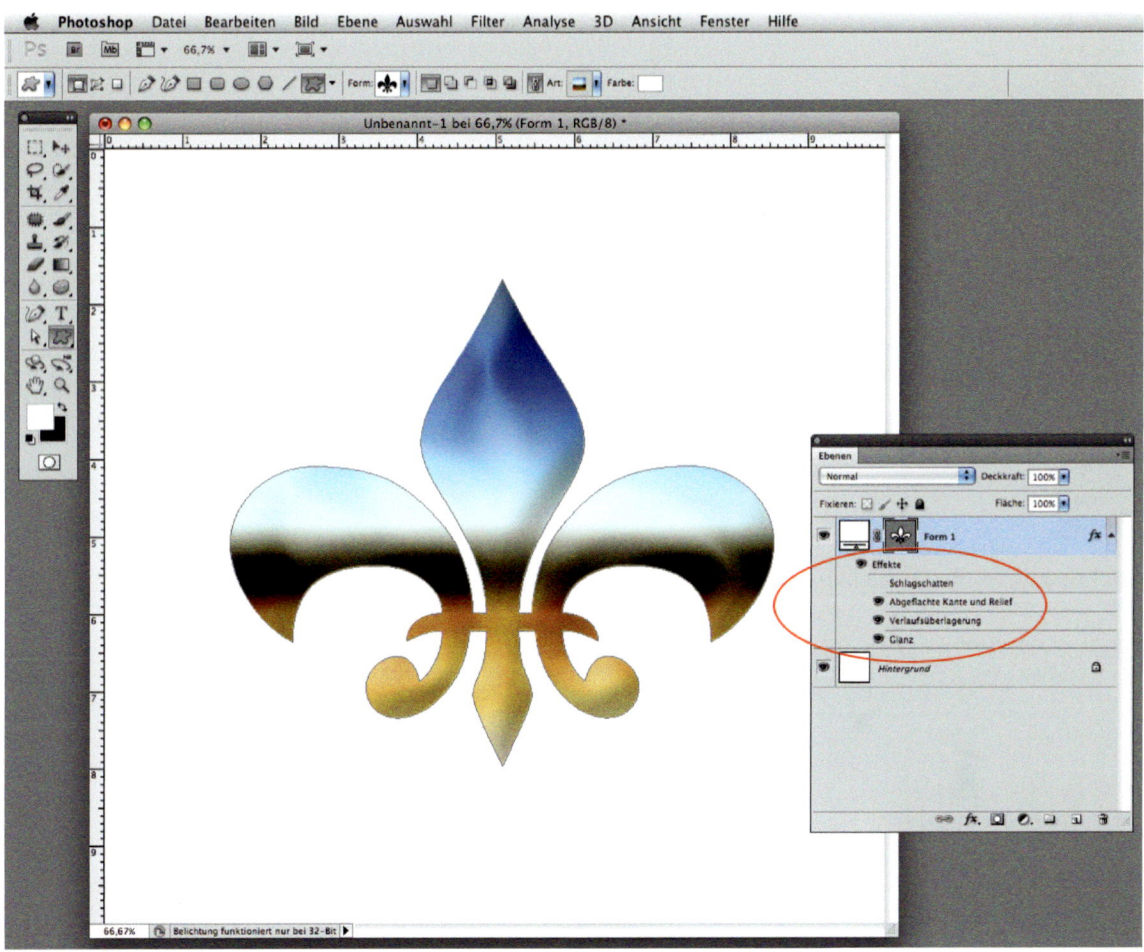

**Abbildung 12.18:** *Eigenschaften ein- oder ausblenden*

**5** Eine Vektormaske, die die Form bestimmt, können Sie in eine Ebenenmaske umwandeln. Mit einem Rechtsklick wählen Sie die Option *Vektormaske rastern (siehe Abbildung 12.19)*.

**6** Die Maske können Sie jetzt auf weitere Pixelebenen übertragen, zum Beispiel auf die Ebenen mit den Fotos. Laden Sie dazu die Maske, indem Sie bei gedrückter cmd-Taste (Strg-Taste) auf die Maskenminiatur klicken, und erstellen Sie die Ebenenmaske für eine weitere Ebene. Die Auswahl wird von der Maske übernommen *(siehe Abbildung 12.20)*.

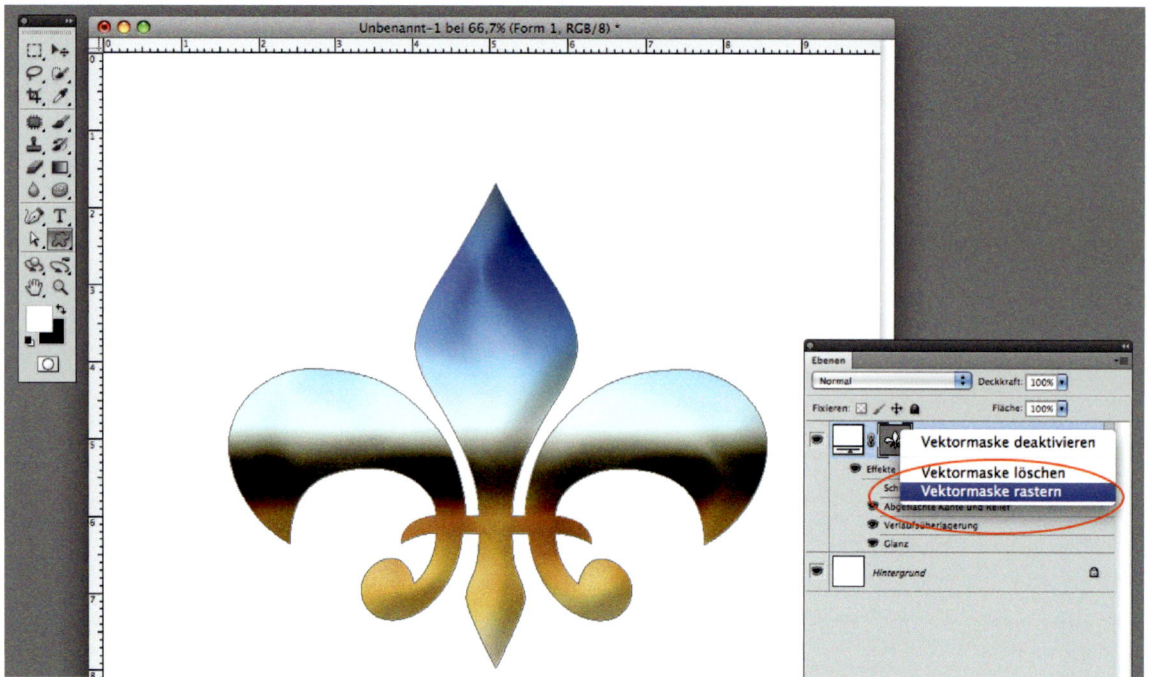

**Abbildung 12.19:** *Vektormaske rastern*

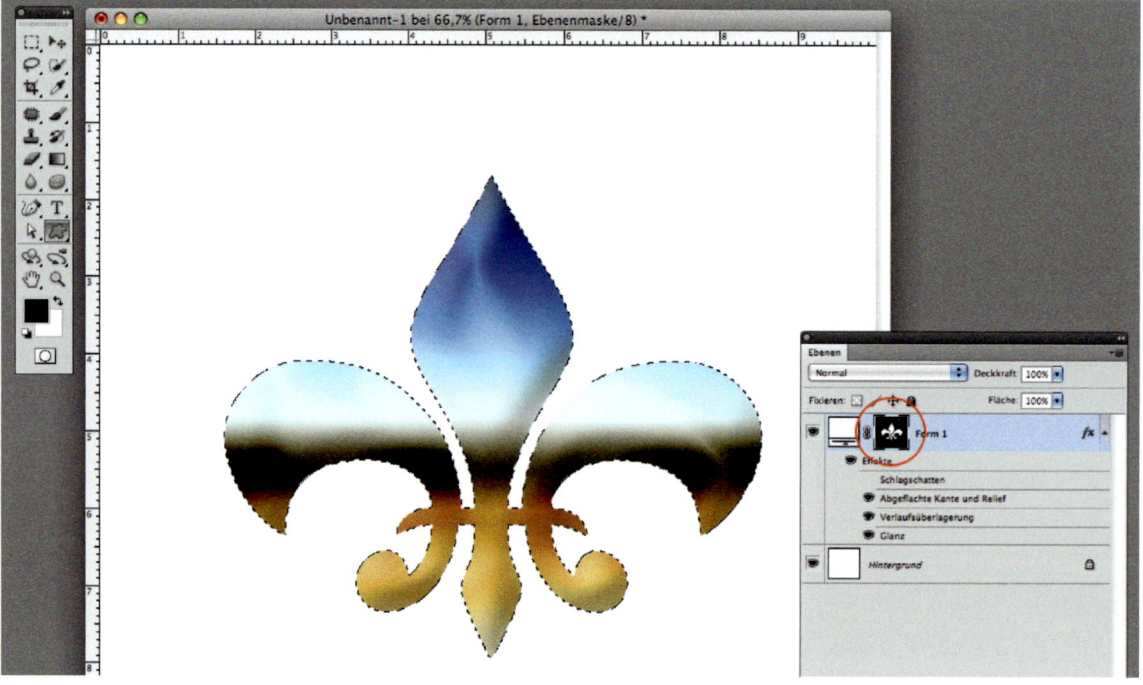

**Abbildung 12.20:** *Maske als Auswahl laden*

## 12.6    Zeichenstift-Werkzeug zum Erstellen von Pfaden

Für die Freistellung einzelner Bildbereiche wird sehr gerne das Zeichenstift-Werkzeug (P) verwendet, darüber haben Sie bereits etwas im Kapitel über die verschiedenen Freistellungsarten gelernt.

**1** Zum Freistellen mit dem Zeichenstift-Werkzeug (P) definieren Sie folgende Optionen: *Pfade, Pfadbereich erweitern, Gummiband.*

**Abbildung 12.21:** *Die wichtigsten Optionen für die Freistellung mit dem Zeichenstift-Werkzeug*

Damit Sie die Kante des Objektes, welches Sie freistellen möchten, besser erkennen können, ist es sinnvoll, die Ansichtsvergrößerung von mindestens 200 % einzustellen. Bei Objekten mit komplizierten Umrissen ist eine Vergrößerung von 300–400 % sogar noch besser.

**2** Erstellen Sie nun den Pfad. Da Sie nur einen kleinen Bildausschnitt im Fenster sehen können, muss die Bildansicht immer wieder verschoben werden. Halten Sie zum Verschieben der Ansicht die Leertaste gedrückt. Beim Loslassen der Leertaste kehren Sie zum Zeichenstift-Werkzeug (P) zurück und können das Erstellen des Pfades fortsetzen.

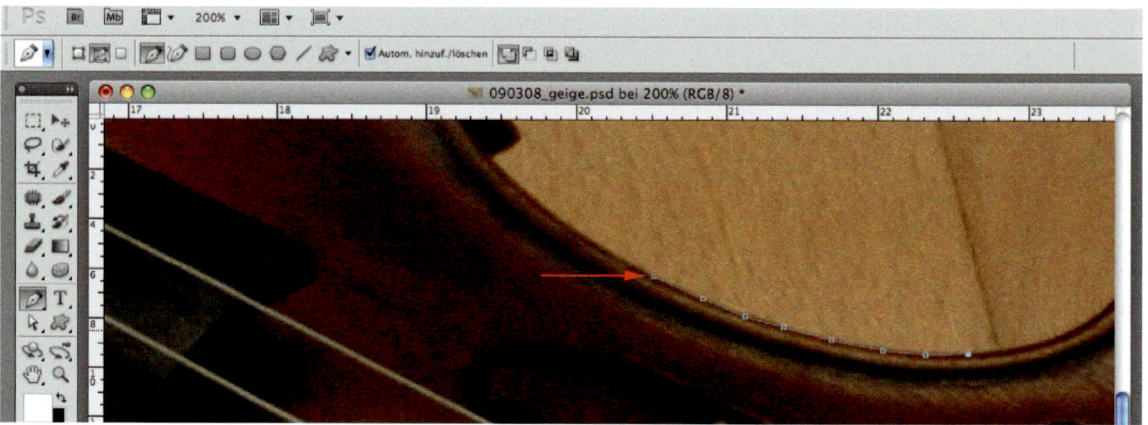

**Abbildung 12.22:** *Pfad erstellen*

3   Haben Sie den Pfad fertiggestellt, können Sie aus dem Pfad eine Auswahl erstellen. Mit einem Rechtsklick in den inneren Bereich des Pfades wählen Sie die Option *Auswahl erstellen.*

4   Definieren Sie eine weiche Kante von ca. 0,5–1,5 Pixeln und legen Sie den ausgewählten Bereich des Bildes mit der Tastenkombination ⌘+J ( Strg +J ) auf eine neue Ebene.

**Abbildung 12.23:** *Auswahl erstellen*

Das freigestellte Objekt können Sie jetzt für Ihre Bildkompositionen in Photoshop verwenden. Die Ebene des freigestellten Objektes ist nun eine Pixelebene.

Wenn Sie das freigestellte Objekt allerdings in einem Layoutprogramm verwenden möchten, sollte der Vorgang etwas anders durchgeführt werden, wie es in der nächsten Lektion beschrieben wird.

## 12.7    Ausgabe der vektorbasierten Dateien für Layoutprogramme

Wenn Sie ein freigestelltes Objekt in eine Layoutdatei, beispielsweise in Adobe Illustrator, einbinden möchten, sollte das Objekt zuerst entsprechend in Photoshop vorbereitet werden.

**1**    Erstellen Sie hierzu zuerst aus dem Pfad eine Vektormaske.

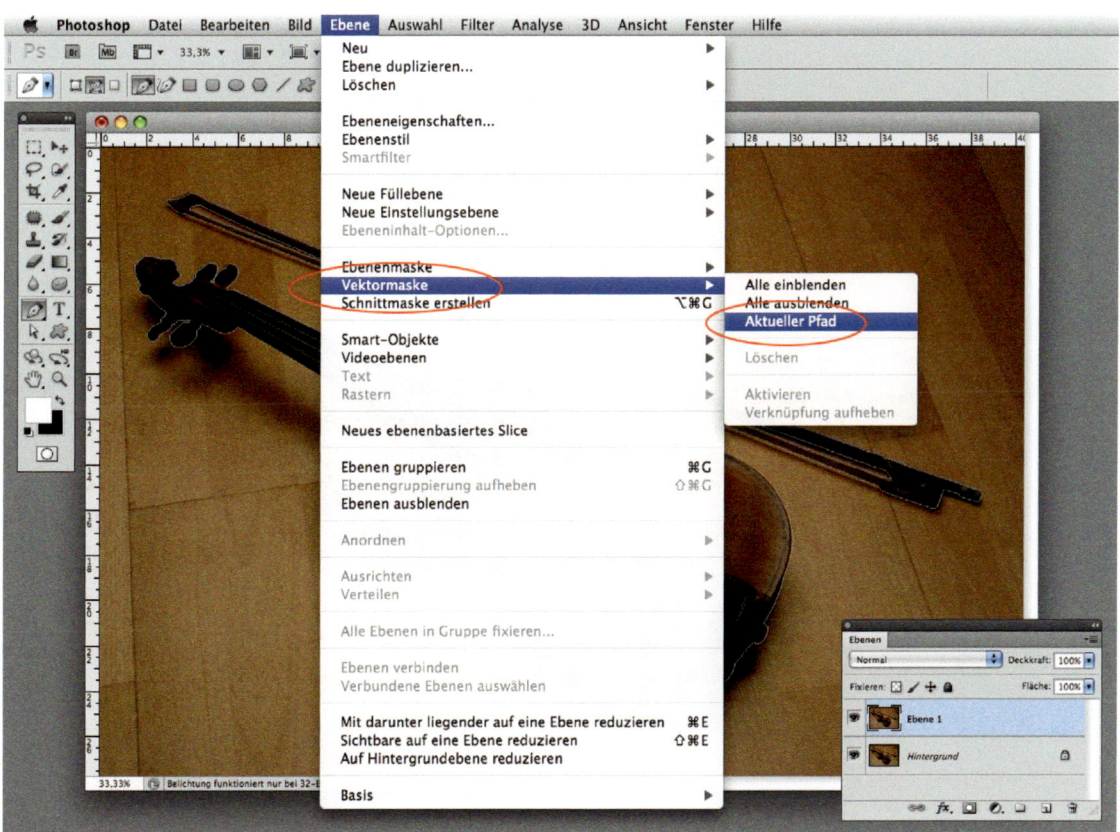

**Abbildung 12.24:** *Vektormaske erstellen*

**2**    Wenn Sie in der *Ebenen*-Palette noch eine Hintergrundebene haben, können Sie diese löschen, denn Sie benötigen lediglich die Ebene der Vektormaske.

**3**    Speichern Sie die Datei jetzt als EPS-Datei ab.

**4**    Für eine Layoutgestaltung sollte die Datei in den CMYK-Farbraum umgewandelt werden. Wählen Sie dazu vor dem Speichern *Bild/Modus/CMYK*.

**Abbildung 12.25:** *Hintergrundebene kann gelöscht werden*

**Abbildung 12.26:** *Datei als EPS speichern*

**5** Öffnen Sie die Datei oder platzieren Sie diese jetzt in einer neu erstellten Arbeitsfläche in Adobe Illustrator. Das mit den Pfaden abgegrenzte Objekt kann jetzt in einem Layout angepasst und mit weiteren Objekten kombiniert werden.

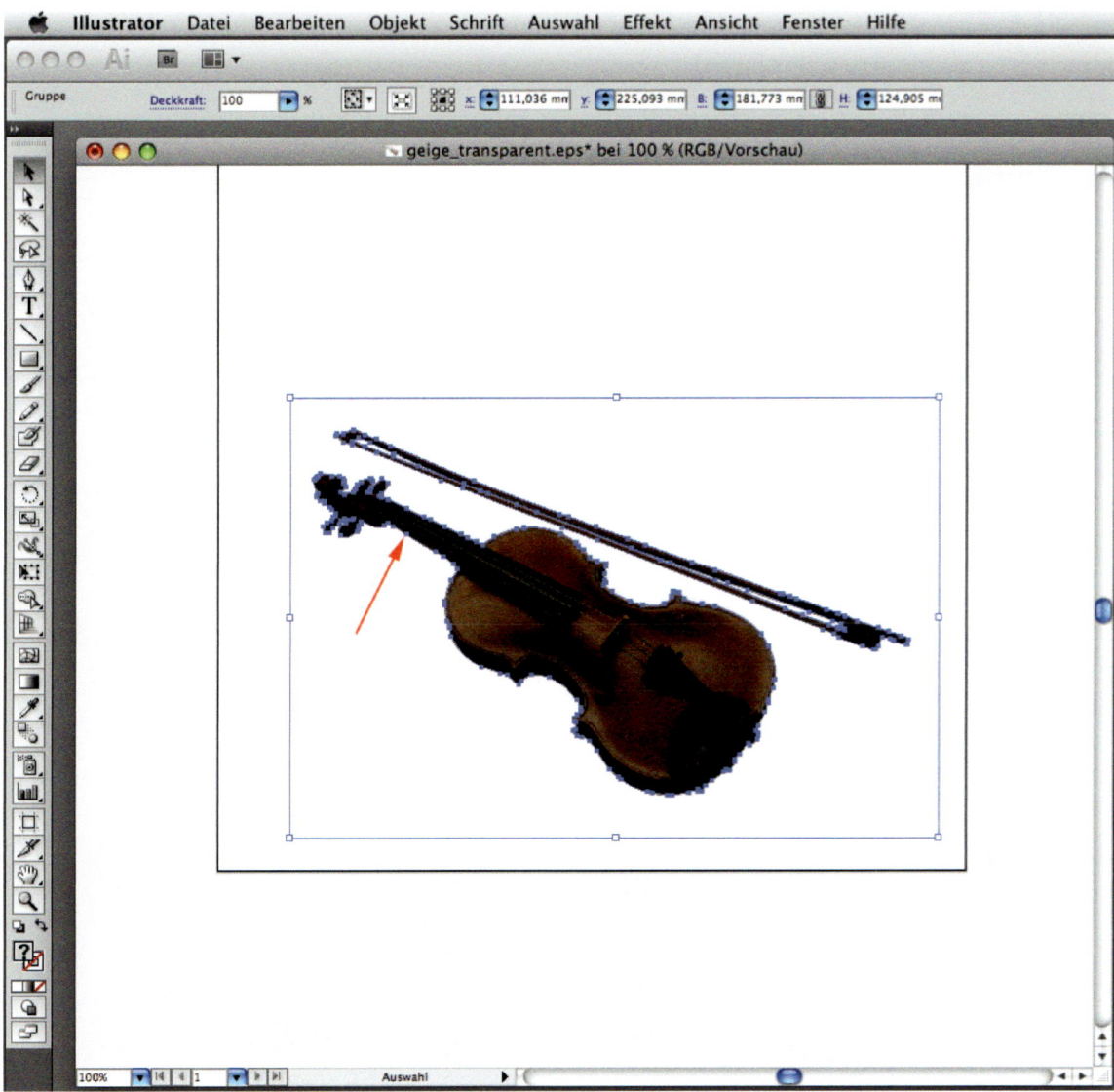

***Abbildung 12.27:*** *Das Objekt in Adobe Illustrator platzieren*

# Bilder für Druck, Web und Präsentationen vorbereiten

Was tun, wenn Sie Ihre Bilder bearbeitet haben? Sie wollen diese drucken, präsentieren oder im Internet veröffentlichen. Für alle diese Anforderungen hat Photoshop ebenfalls die nötigen Werkzeuge im Gepäck. Wie Sie diese Werkzeuge nutzen können, erfahren Sie hier.

Nun haben Sie die wichtigsten Techniken zur Bildbearbeitung gelernt und können die Fotos jetzt für verschiedene Ausgaben vorbereiten. Unter Ausgabe versteht sich die Präsentationsmöglichkeit der Bilder als Druck, im Web oder als eine Präsentation (PDF).

## 13.1 Optimale Auflösung wählen

Die Auflösung ist erst dann wichtig, wenn das Bild gedruckt werden soll. Denn für die Darstellung auf dem Bildschirm spielt die Auflösung keine Rolle – wichtig ist nur die Pixelgröße des Bildes. Wenn ein Bild die Größe 800 x 600 Pixel hat, kann es in der tatsächlichen Pixelgröße auf jedem Bildschirm dargestellt werden. Liegt die Pixelgröße zum Beispiel bei 2.000 x 2.000 Pixeln, sind die meisten Bildschirme für die Darstellung dieses Bildes in voller Größe zu klein.

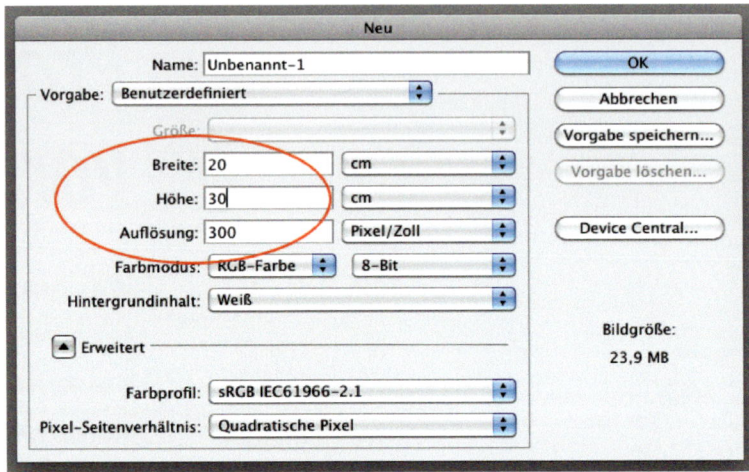

*Abbildung 13.1:* Die optimale Auflösung für den Druck beträgt 300 Pixel/Zoll

Die Auflösung zeigt, wie viele Bildpunkte auf einer Fläche bestimmter Größe dargestellt werden können. In der Regel wird die Auflösung in Pixel/Zoll gemessen (dots per inch oder dpi). In Photoshop gibt es zwar die Möglichkeit, die Bilder auch in Pixel/cm anzeigen zu lassen, aber diese Einheit ist für die Auflösung nicht so geläufig. Die Standardauflösung für den Druck beträgt 300 Pixel/Zoll.

Wenn Sie die Fotos für die Druckvorstufe vorbereiten müssen, erwartet jede Druckerei, dass diese Auflösung eingehalten wird. Einige Druckereien arbeiten sogar mit einer höheren Auflösung von bis zu 450 Pixel/Zoll. Beim Bestellen der Bilder in einem Onlinelabor ist eine Mindestauflösung von 200 Pixel/Zoll erforderlich. Zwar können Sie die Fotos auch mit niedrigerer Auflösung bestellen, diese können aber unscharf werden.

## 13.2 Eine Druckfläche erzeugen und ein Bild platzieren

In dieser Lektion lernen Sie den Workflow kennen, wie Sie Ihre Fotos in eine neue Arbeitsfläche verschieben, die die Größe des Bogens besitzt, auf dem das Bild gedruckt werden soll. In unserem Beispiel wird ein Poster der Größe 40 x 30 cm erstellt.

### Arbeitsfläche einrichten, Foto verschieben

1  Erstellen Sie über *Datei/Neu* eine Arbeitsfläche. Im Dialog *Neu* definieren Sie zuerst die Auflösung von 300 Pixel/Zoll und dann die Größe von 40 x 30 cm. Wählen Sie als *Hintergrundinhalt* Weiß, als *Farbmodus* RGB und eine Bildtiefe von zum Beispiel 8 Bit.

**2**  Öffnen Sie das Foto, welches Sie in die neue Arbeitsfläche einbinden möchten, und ziehen Sie dieses mit dem Verschieben-Werkzeug (V) in die neue Arbeitsfläche. Halten Sie beim Ziehen des Bildes die ⇧-Taste gedrückt, damit das Foto genau mittig auf der neuen Arbeitsfläche positioniert wird.

**Abbildung 13.2:** *Das Bild in die neue Arbeitsfläche verschieben*

### Bildgröße anpassen

Es fällt Ihnen bestimmt gleich auf, dass das Bild in der neuen Arbeitsfläche nicht komplett angezeigt wird. Das hat damit zu tun, dass die Bildauflösung ziemlich groß ist, die Datei stammt aus einer Kamera mit einer Sensorgröße von 21 Megapixeln. Wäre die Kameraauflösung niedriger, wäre auch das verschobene Bild kleiner. Da wir aber keine andere Wahl haben, soll das Bild jetzt an die neue Arbeitsfläche angepasst werden.

**3**  Damit Sie sehen können, wie groß die Ebene mit dem Foto ist, aktivieren Sie mit der Tastenkombination cmd+T (Strg+T) den Transformationsrahmen und blenden dann mit der Tastenkombination cmd+0 (Strg+0) die gesamte Arbeitsfläche ein.

Der außerhalb der Arbeitsfläche angezeigte Transformationsrahmen zeigt die Größe der Ebene mit dem Foto. Wie leicht zu erkennen ist, hat die neue Arbeitsfläche auch ein anderes Seitenverhältnis (3:4) als das Foto (2:3). Das sollte beim Anpassen des Bildes berücksichtigt werden.

**Abbildung 13.3:** *Die Ebene des Fotos ist größer als die neue Arbeitsfläche*

**4** Sie können das Bild jetzt entsprechend skalieren. Dazu gibt es verschiedene Möglichkeiten. Sie können den Inhalt des Bildes an das neue Format anpassen, ohne, dass etwas vom Bild abgeschnitten wird.

## Inhaltsbewahrendes Skalieren

Gerade bei Landschaftsfotos können Sie eine Funktion nutzen, die es in Photoshop seit der Version CS4 gibt: *Bearbeiten/Inhaltsbewahrendes Skalieren*. Das Bild wird dabei so skaliert, dass die Bilddetails wie etwa Personen, Häuser, Autos oder andere Objekte von der Transformation nicht betroffen werden.

Lediglich die Bildflächen mit gleichmäßigen und nicht zu groben Mustern (Wasserfläche, Sand, Himmel) werden zusammengeschoben. Diese Art von Transformation ermöglicht es Ihnen, das Bild an das gewünschte Format anzupassen, ohne dass der Inhalt des Bildes verzerrt wird.

Probieren Sie diese Skalierungsart aus – Sie werden feststellen, dass es bei einigen Bildern wirklich gut aussieht.

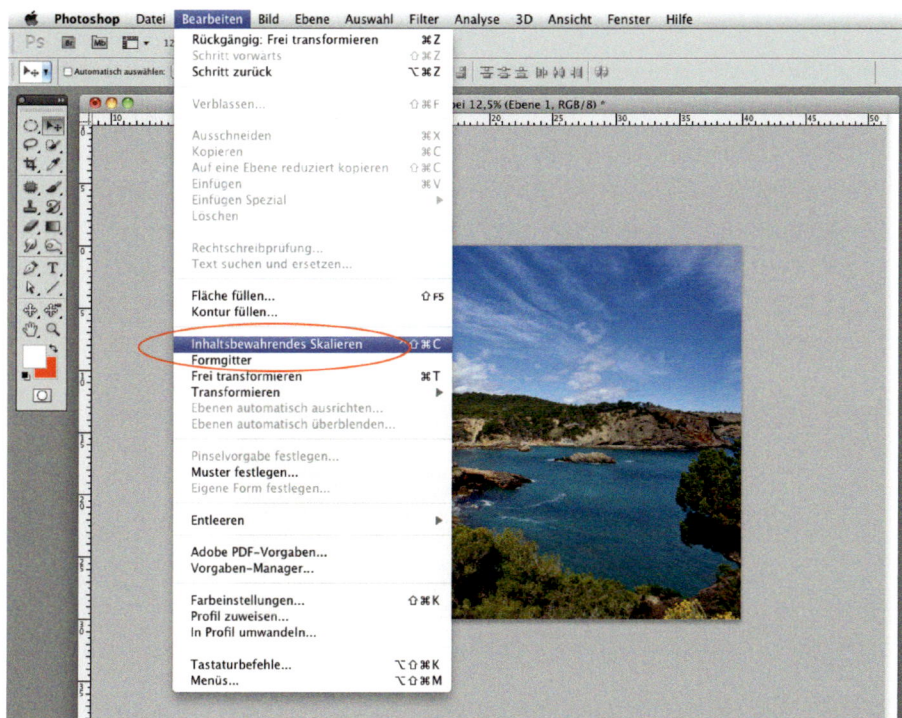

**Abbildung 13.4:**
*Inhaltsbewahrendes Skalieren*

**Abbildung 13.5:**
*Transformieren, ohne den Inhalt zu deformieren*

## Bild mit Passepartout veredeln

Wenn Sie das inhaltsbewahrende Skalieren nicht anwenden möchten und Wert auf die komplette Darstellung des Bildes (mit dem originalen Seitenverhältnis) legen, können Sie das Bild verkleinern und die weißen Ränder der Arbeitsfläche als Gestaltungsmittel nutzen – so eine Art digitales Passepartout.

1  Wählen Sie in diesem Fall die Option *Bearbeiten/Frei transformieren* und skalieren Sie das Bild bei gedrückter ⇧-Taste (damit die Proportionen nicht verloren gehen).

***Abbildung 13.6:*** *Weißen Rand der Arbeitsfläche als Gestaltungsmittel nutzen*

2  Haben Sie das Bild auf die passende Größe gebracht, bestätigen Sie die Transformation mit der ↵-Taste.

Jetzt ist es wichtig, das Bild im weißen Rahmen optimal zu positionieren. Bei Passepartouts soll der Abstand seitlich vom Bild zum Arbeitsflächenrand gleich sein und der Abstand unten etwas größer als oben – sonst entsteht der Eindruck, dass das Bild nach unten „verrutscht" ist.

3  Die vertikale Ausrichtung nehmen Sie nach Augenmaß vor, für die seitliche Ausrichtung können Sie die Ebene mit dem Bild und die Hintergrundebene bei gedrückter ⇧-Taste anklicken, das Verschieben-Werkzeug (V) aktivieren und den Button *Auf horizontaler Mittelachse ausrichten* anklicken.

4  Sie können das Bild auch mit einer oder mehreren Unterschriften veredeln. Einige Beispiele für Beschriftungen haben Sie bereits in Kapitel 9 „Mit Texten in Photoshop arbeiten" kennengelernt.

**Abbildung 13.7:** Bild ausrichten

**Abbildung 13.8:** Text einfügen

**5**    Nachdem Sie die Textebene eingefügt haben, richten Sie alle drei Ebenen noch mal aus. Markieren Sie diese bei gedrückter ⎇-Taste und wählen Sie die Option *Auf horizontaler Mittelachse ausrichten*.

Sehr populär sind schmale Rahmen innerhalb des Passepartouts. So einen Rahmen werden wir auch für unser Beispielbild erstellen.

**6**    Laden Sie dazu die Auswahl der Ebene mit dem Bild, indem Sie bei gedrückter cmd-Taste (Strg-Taste) auf die Ebenenminiatur klicken.

**7**    Wählen Sie dann *Auswahl/Auswahl transformieren*. Skalieren Sie den Rahmen bei gedrückter ⎇-Taste, wenn Sie die gleichen Proportionen für den Rahmen wie für das Bild erreichen möchten, und bestätigen Sie die Transformation mit der ⏎-Taste.

**Abbildung 13.9:** *Auswahl laden und vergrößern*

**8**    Erstellen Sie über der Ebene mit dem Bild eine neue leere Ebene und füllen Sie auf dieser Ebene die Auswahl über *Bearbeiten/Kontur füllen*. Wählen Sie eine *Breite* von ca. 6 Pixeln und aktivieren Sie im Bereich *Position* die Option *Innen*. Als *Farbe* können Sie Schwarz oder Dunkelgrau wählen.

**9**    Jetzt sollen alle vier Ebenen – die Hintergrundebene, das Bild, der Text und der schmale Rahmen – aneinander ausgerichtet werden. Markieren Sie alle vier Ebenen bei gedrückter ⎇-Taste und richten Sie diese mit der Ihnen bekannten Funktion *Auf horizontaler Mittelachse ausrichten* aus.

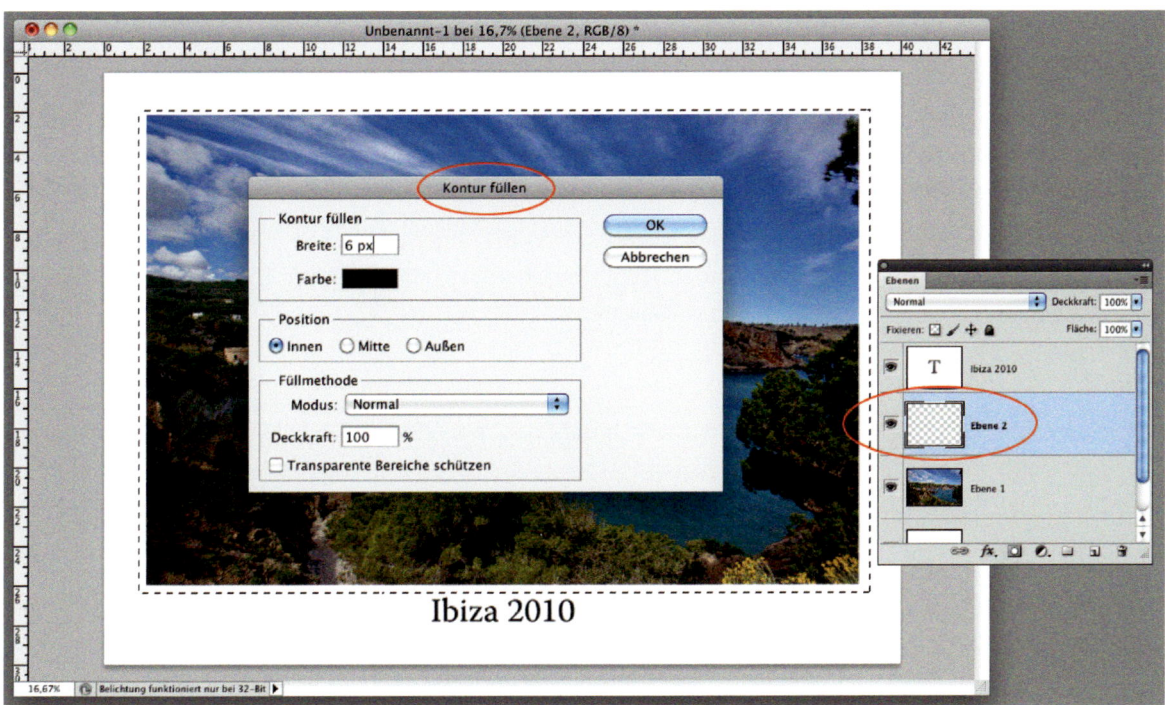

**Abbildung 13.10:** *Kontur füllen*

**Abbildung 13.11:** *Ebenen an horizontaler Mittelachse ausrichten*

## 13.3 Fotos für den Druck nachschärfen

In den meisten Fällen werden die Fotos für den Druck noch zusätzlich nachgeschärft, es sei denn, die Unschärfe des Bildes ist ein Gestaltungsmittel – dann wäre das Nachschärfen eigentlich sinnlos. Im Grunde ist es egal, für welche Ausgabe Sie das Bild nachschärfen möchten. Wenn Sie das Bild bearbeitet und auf die richtige Größe gebracht haben, erfolgt erst dann das Nachschärfen. Diese Regel sollten Sie sich einprägen.

In dieser Lektion wird der Workflow für das Nachschärfen in Camera Raw und in Photoshop gezeigt (Sie wissen bereits, dass Sie mit Camera Raw auch JPEGs bearbeiten können). Wenn Ihnen der nachfolgende Workflow gefällt, können Sie alle Bilder so vorbereiten).

### Nachschärfen in Camera Raw

1   Nachdem Sie das Bild in Camera Raw entwickelt haben, können Sie im nächsten Schritt, falls erforderlich, den passenden Ausschnitt auswählen.

Zur Verfügung stehen einige Voreinstellungen, die gängige Formate (Seitenverhältnisse) unterstützen, zum Beispiel 2:3 oder 3:4. In unserem Beispiel wird das Bild auf das Seitenverhältnis von 3:4 gebracht.

2   Wenn Sie den Freistellungsrahmen über das Bild ziehen, müssen Sie nicht die ⇧-Taste gedrückt halten, um das richtige Seitenverhältnis zu bewahren. Feste Seitenverhältnisse werden automatisch ausgeführt. Wählen Sie nun den passenden Ausschnitt.

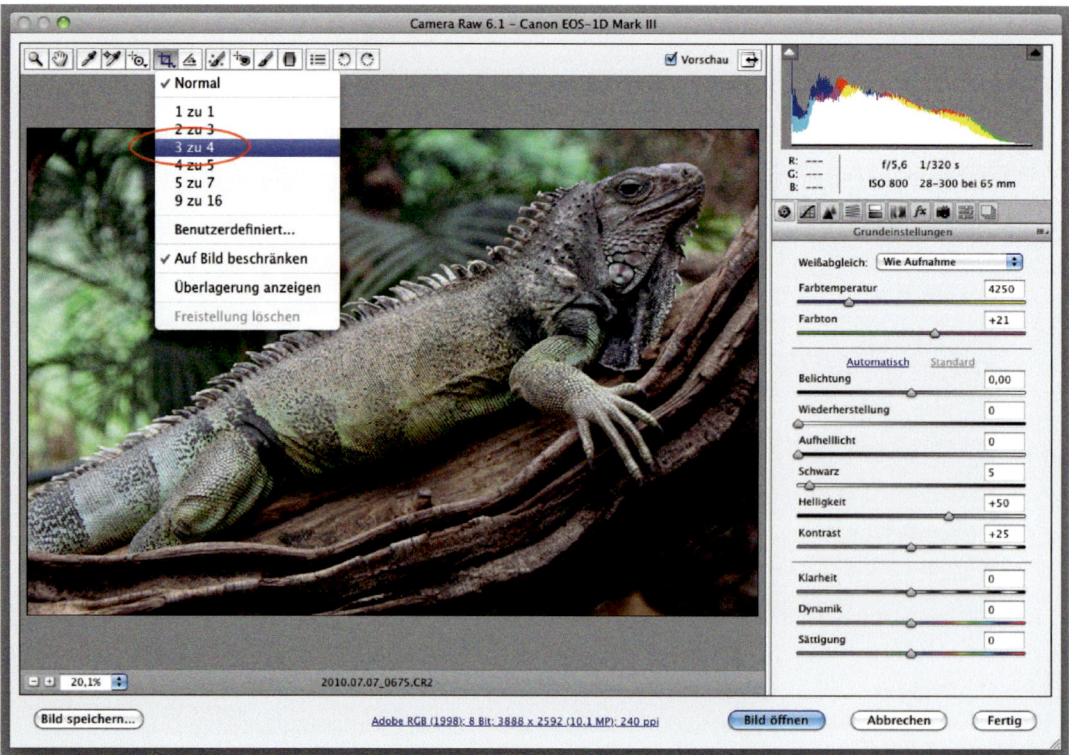

**Abbildung 13.12:** *Seitenverhältnis festlegen*

**Abbildung 13.13:** *Bildausschnitt wählen*

Durch den Bildausschnitt verkleinert sich die tatsächliche Bildfläche, denn einige Pixel werden rund um den Ausschnitt wegfallen – das führt zur Verringerung der Auflösung und der Bildgröße.

**3** Wenn Sie aus dem Ausschnitt doch ein größeres Bild machen möchten, können Sie in Camera Raw auf die *Arbeitsablauf-Optionen* klicken und die Auflösung des Bildes „vergrößern". Dabei handelt es sich um eine Interpolation. Die Vergrößerung sollte nicht zu heftig ausfallen, denn darunter leidet die Bildqualität. Die ersten zwei Pluszeichen im Bereich *Größe* sind unbedenklich, weiter nach oben wird es bei einigen Fotos kritisch *(siehe Abbildung 13.15)*.

**4** Im gleichen Dialog können Sie auch die Auflösung des Bildes definieren. Für den Druck müssen entsprechend 300 Pixel/Zoll eingestellt werden.

**5** Nun kann das Bild nachgeschärft werden. Dazu gibt es in Camera Raw folgende Optionen: Sie können das Nachschärfen abhängig vom Druckmedium steuern. Im Dialog *Arbeitsablauf-*

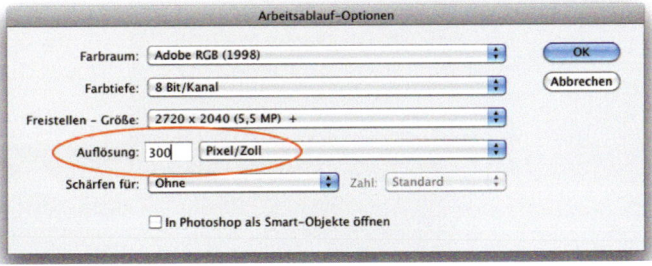

**Abbildung 13.14:** *Auflösung von 300 Pixel/Zoll für den Druck definieren*

*Optionen* können Sie im Bereich *Schärfen für* die Einstellungen für *Bildschirm*, *Glossy-* und *Matt-Papier* definieren.

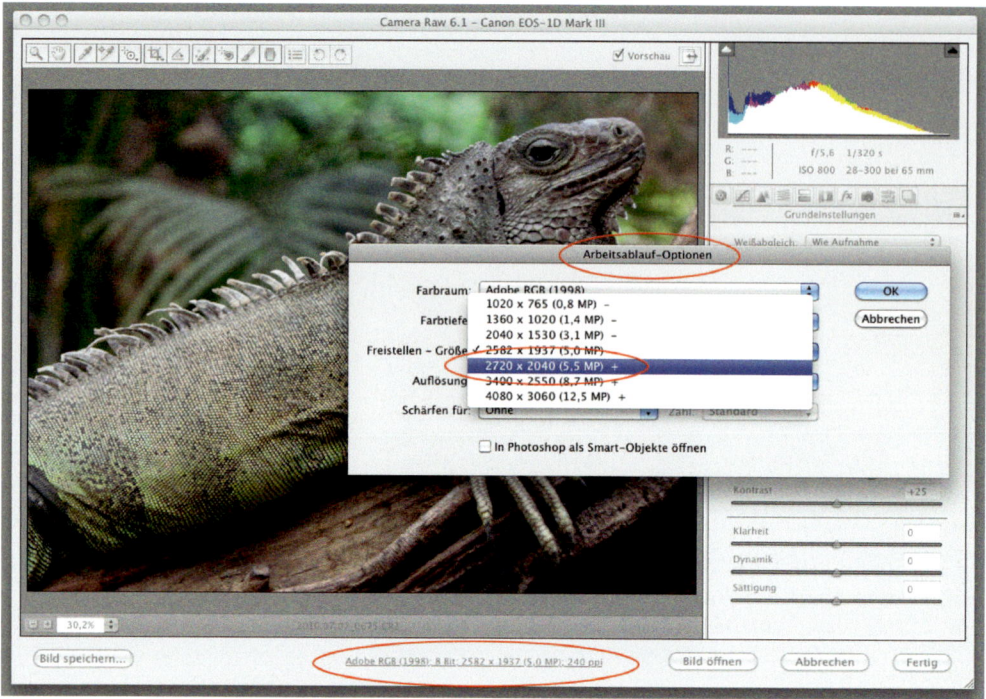

**Abbildung 13.15:** *Interpolation: Bild vergrößern*

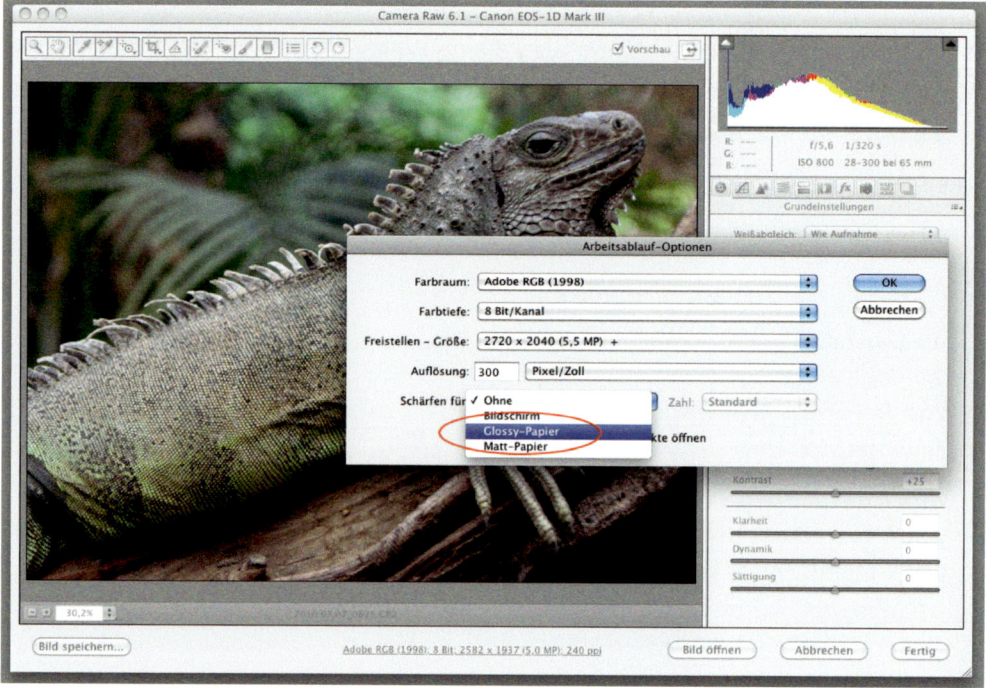

**Abbildung 13.16:** *Papiersorte wählen*

**6** Auch die Stärke für die gewählte Papiersorte können Sie definieren. Wie genau diese Einstellungen sich auf Ihr Bild auswirken, können Sie überprüfen, indem Sie ein paar Einstellungen anwenden.

Legen Sie dazu einige Bilder als Ebenen in Photoshop übereinander und vergleichen Sie anschließend die Ergebnisse, indem Sie immer wieder eine Ebene ausblenden.

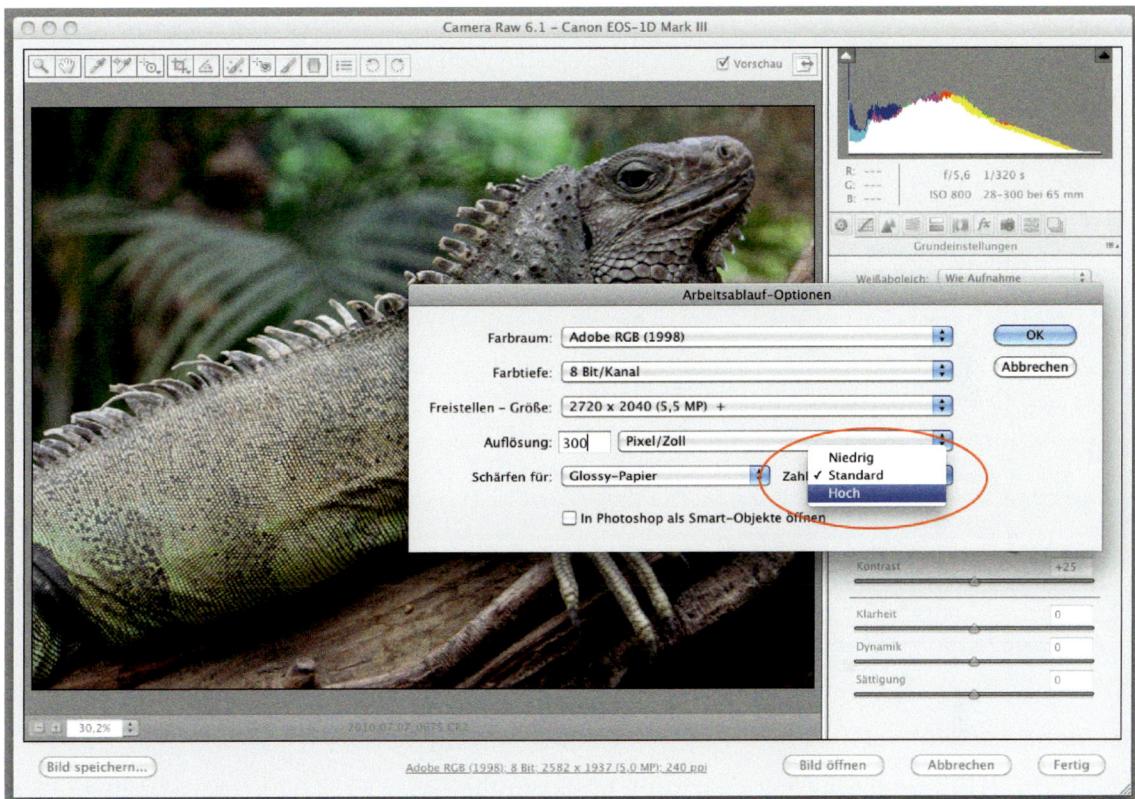

**Abbildung 13.17:** *Intensität der Schärfeeinstellungen wählen*

**7** Selbstverständlich können Sie auch manuelle Einstellungen vornehmen. Diese finden Sie in der Palette *Details*, über die Sie die Werte für *Betrag*, *Radius* und *Detail* festlegen.

Welche Werte für welche Motive infrage kommen, haben Sie bereits in Kapitel 10 „Filter und Effekte" sowie in Kapitel 4 „RAW-Entwicklung" erfahren.

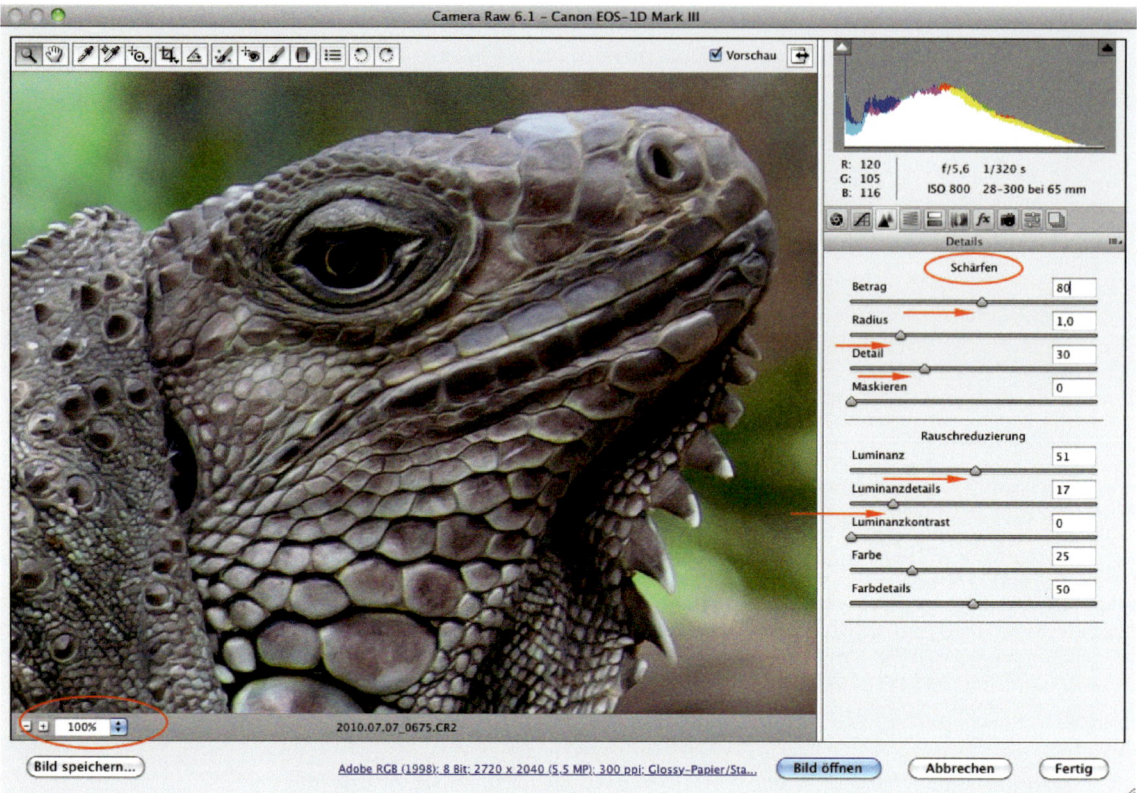

**Abbildung 13.18:** *Manuelle Schärfeeinstellungen in der Palette* Details

### Nachschärfen in Photoshop

Zum Thema Nachschärfen in Photoshop wurde bereits ausführlich in Kapitel 10 berichtet. Wie weit Sie mit dem Nachschärfen gehen, hängt von vielen Faktoren ab. Hier spielt natürlich die Qualität des Ausgangsbildes eine große Rolle, das Motiv und nicht zuletzt Ihr persönlicher Geschmack. Auch die Einstellungen des Druckers, den Sie verwenden, sind zu berücksichtigen.

Die Techniken, die Sie für das Nachschärfen verwenden, sind Ihnen auch bereits bekannt. Sehr populär sind die Filter *Unscharf maskieren* sowie *Selektiver Scharfzeichner* oder auch die Technik, die auf dem Filter *Hochpass* und einer geänderten Ebenenfüllmethode basiert.

## 13.4    Farbraum und Farbtiefe wählen

Den geeigneten Farbraum für Ihre Bilder können Sie entweder bereits in der Kamera definieren, wenn Sie die Aufnahmen im JPEG-Format machen, oder für die RAW-Aufnahmen später in Camera Raw. Bei den Kameraeinstellungen stehen Ihnen in der Regel zwei Farbräume zur Verfügung: Adobe RGB 1998 und sRGB. Ihnen ist bestimmt bekannt, dass Adobe RGB 1998 den größeren Farbraum hat als sRGB.

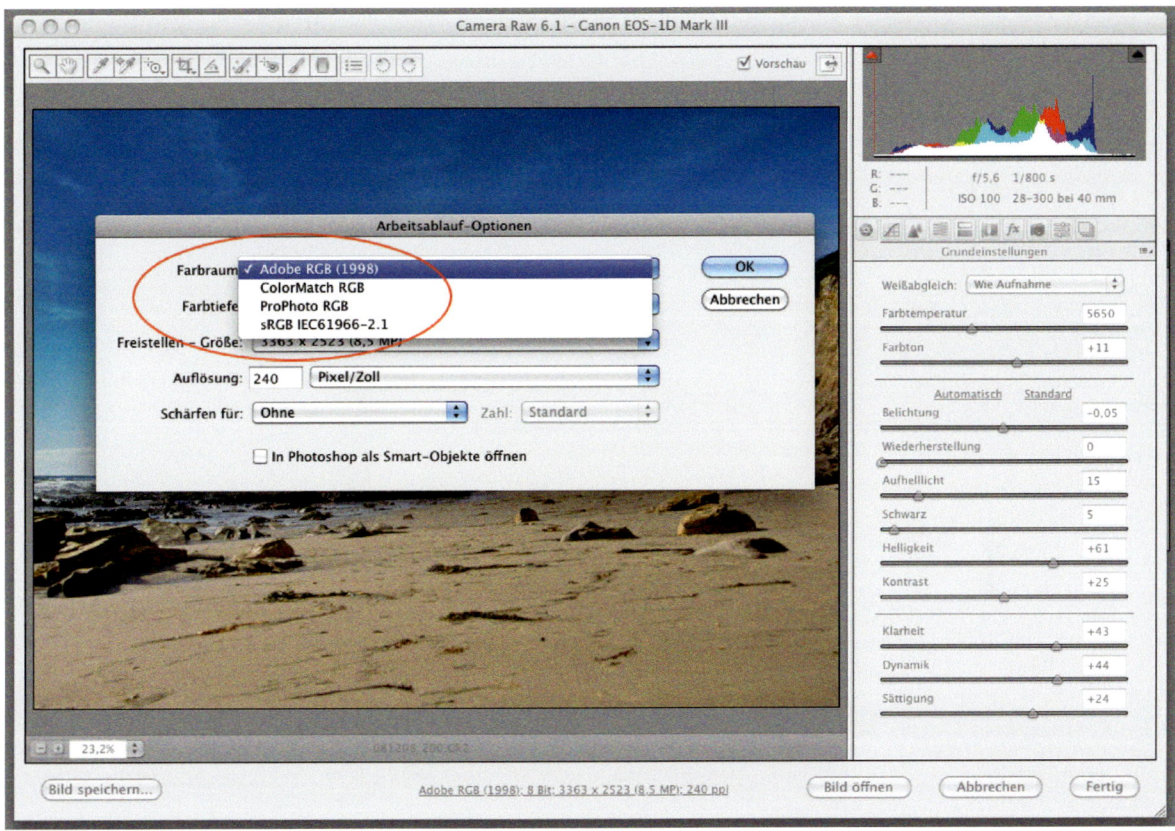

**Abbildung 13.19:** *Farbraum wählen*

Im Grunde haben Sie mit sRGB sehr gute Ergebnisse, die denen von Adobe RGB in nichts nachstehen. Das gilt aber nur für die Fotos, die Sie entweder im Internet veröffentlichen oder auf dem heimischen Drucker bzw. im Onlinelabor ausdrucken wollen.

Arbeiten Sie professionell für die Druckvorstufe, ist es auf jeden Fall zu empfehlen, den Farbraum Adobe RGB 1998 zu wählen, denn die Fotos für die Druckvorstufe werden aus RGB in CMYK umgewandelt, und der Farbraum Adobe RGB 1998 hat dabei wegen des größeren Farbumfangs bessere Karten.

So können Sie in Camera Raw die Einstellungen für den Farbraum schon im Dialog *Arbeitsablauf-Optionen* festlegen.

Im Bereich *Farbraum* sehen Sie noch zwei weitere Einstellungen: *ColorMatch RGB* und *ProPhoto RGB*. Diese Standards sind schon etwas älter und werden nicht mehr so häufig genutzt. Was die Farbtiefe betrifft, so haben Sie in Camera Raw die Möglichkeit, zwischen einer Farbtiefe von 8 oder 16 Bit pro Kanal zu wählen. Definitiv liefert eine Farbtiefe von 16 Bit mehr Farbinformationen und wird für qualitativ hochwertige Ausdrucke, besonders für die Druckvorstufe empfohlen.

Allerdings bedeutet ein Mehr an Farbtiefe auch größere Dateien. Wenn Sie mit aufwendigen Bildkompositionen auf mehreren Ebenen arbeiten, sollten Sie es sich gründlich überlegen, welche Farbtiefe Sie verwenden wollen. Denn bei einer Bildgröße von ca. 30 x 40 cm und einer Farbtiefe von 16 Bit kann es schnell passieren, dass die Datei des Composings bis zu 1 GB groß wird – das ist für fast jeden Computer eine Herausforderung.

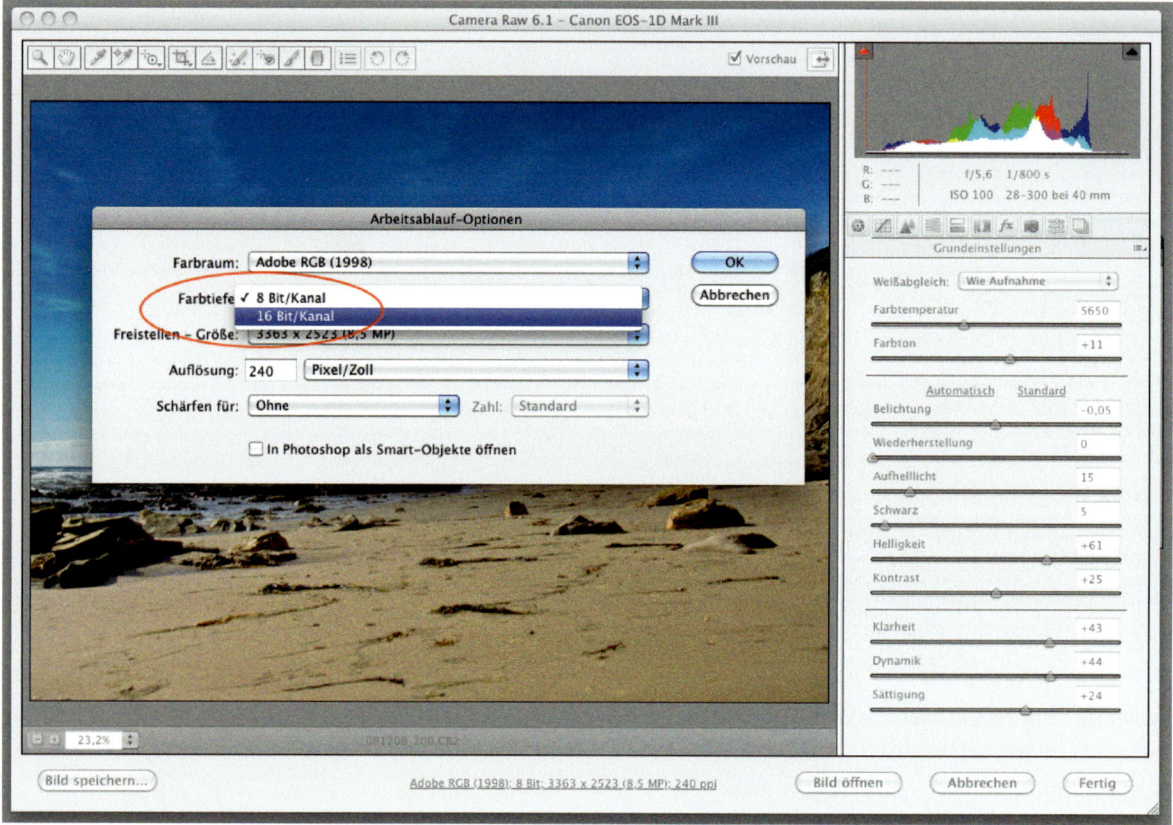

**Abbildung 13.20:** *Farbtiefe definieren*

## 13.5   Bilder vergrößern

Bei der Vergrößerung und Verkleinerung der Bilder für die Ausgabe im Print und Web sollten Sie einige Regeln beachten. Besonders bei der Vergrößerung spielen die Interpolationseinstellungen eine große Rolle. Während Sie beim Verkleinern nicht viel falsch machen können (kleiner geht immer), gibt es bei starker Vergrößerung und falscher Interpolationsmethode mitunter starke Qualitätsverluste.

**1** Öffnen Sie das Bild und wählen Sie dann *Bild/Bildgröße*. Im Dialog *Bildgröße* sehen Sie oben die *Pixelmaße* – das ist die tatsächliche Größe des Bildes. Unten stehen Angaben für die *Dokumentgröße* – damit ist die Ausgabegröße im Print oder Web gemeint.

**Abbildung 13.21:** *Bildgröße*

Weiter unten finden Sie die Einstellungen für das Interpolationsverfahren. Für den fotografischen Bereich sind drei Arten der Interpolation von Interesse:

- Bikubisch (optimal für einen glatten Verlauf)
- Bikubisch glatter (optimal bei Vergrößerungen)
- Bikubisch schärfer (optimal bei Verkleinerungen)

Die ersten beiden Einstellungen können Sie ganz gut für die Vergrößerung nutzen. Wenn Ihr Foto viele kleine Details oder Muster aufweist, können Sie die Einstellung *Bikubisch* verwenden, bei Fotos mit größeren Flächen mit Farbverläufen (wie zum Beispiel Himmel, Wasser etc.) wählen Sie *Bikubisch glatter*.

**2** Nachdem Sie nun das Interpolationsverfahren definiert haben, können Sie im Bereich *Dokumentgröße* zuerst die Auflösung und dann die Bildgröße festlegen.

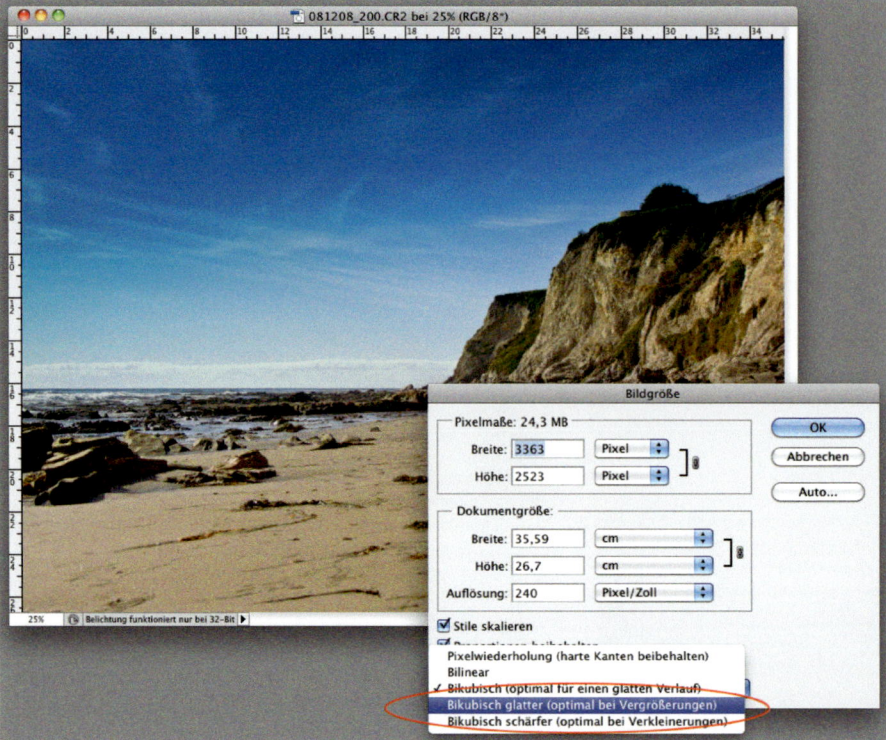

**Abbildung 13.22:**
Interpolationsverfahren wählen

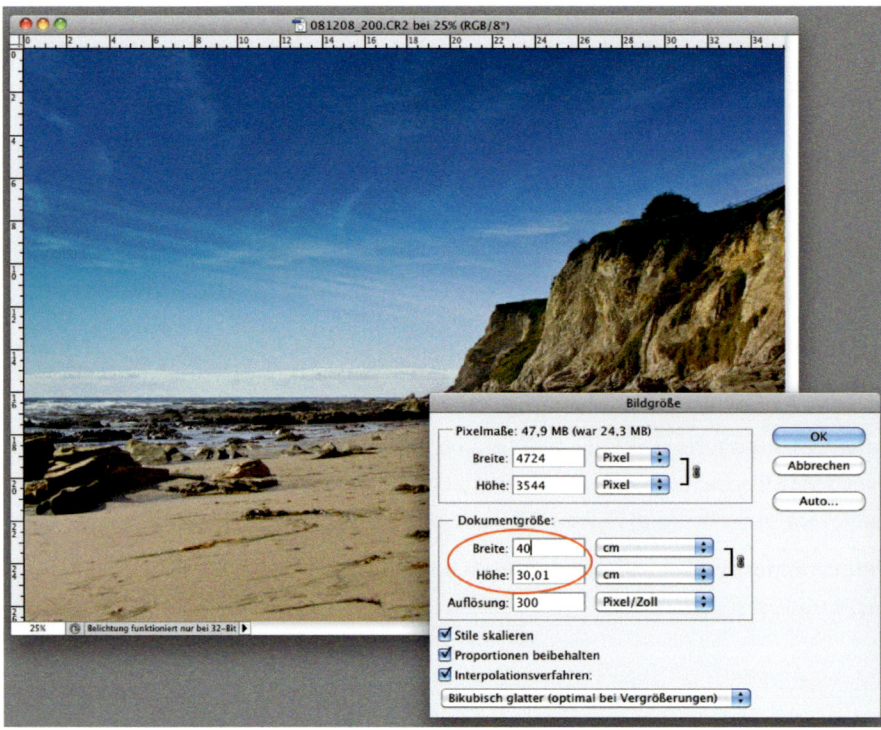

**Abbildung 13.23:**
Bildgröße festlegen

Und nun, nachdem die Bildgröße festgelegt wurde, können Sie das Bild im letzten Schritt nachschärfen.

**3** Wählen Sie zum Nachschärfen *Filter/Scharfzeichnungsfilter/Unscharf maskieren*.

In unserem Beispiel wurde das Bild mit den Werten *Stärke* = 120, *Radius* = 1,5 und *Schwellenwert* = 2 nachgeschärft.

**Abbildung 13.24:** *Immer zuletzt: Unscharf maskieren*

## 13.6   Bilder fürs Web vorbereiten

Bei der Vorbereitung der Bilder für das Web sollten Sie auf jeden Fall Folgendes beachten: Während es beim Druck um hochauflösende Bilder geht – je höher die Auflösung, desto besser –, spielt die Auflösung bei der Bildschirmdarstellung keine Rolle.

Wichtig sind die Pixelmaße des Bildes. Wenn Sie die Größe des nachfolgenden Bildes betrachten, stellen Sie bestimmt fest, dass dieses Bild in voller Größe auf kaum einem Bildschirm dargestellt werden kann.

**Abbildung 13.25:** *Pixelgröße einer Druckdatei*

### Bild verkleinern

In der Regel reicht eine Bildgröße von ca. 1.000 Pixeln der längeren Seite, um das Bild optimal im Internet präsentieren zu können.

Im Dialog *Bild/Bildgröße* können Sie die Bildgröße und Auflösung wie folgt definieren: *Auflösung* 72 Pixel/Zoll (zwar spielt die Auflösung bei der Darstellung auf dem Bildschirm keine Rolle, aber in der Regel werden Bilder fürs Web auf diese Auflösung runtergerechnet), *Breite* 1.000 Pixel (die *Höhe* wird automatisch angepasst). Das Bild können Sie mit dem Interpolationsverfahren *Bikubisch schärfer* verkleinern.

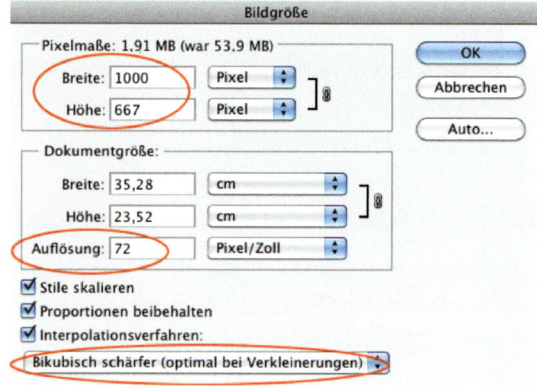

**Abbildung 13.26:** *Bild fürs Web verkleinern*

### Bild nachschärfen

Zum Nachschärfen der Bilder fürs Web wird gerne eine Technik benutzt, die Sie schon in Kapitel 10 „Filter und Effekte" kennengelernt haben. Die Rede ist vom *Hochpass*-Filter in Kombination mit einer geänderten Ebenenfüllmethode.

**1**  Erstellen Sie in der *Ebenen*-Palette mit der Tastenkombination cmd+J (Strg+J) eine Kopie der Hintergrundebene.

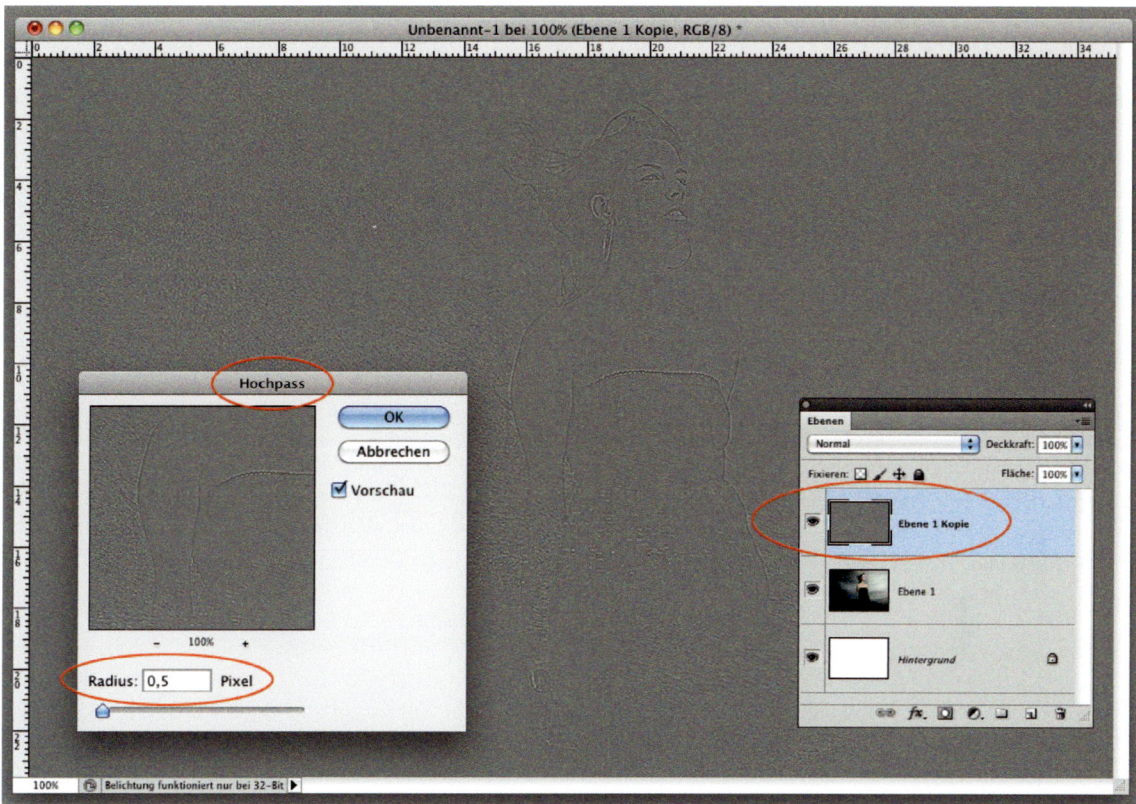

***Abbildung 13.27:*** *Hochpass mit Radius 0,5 Pixel*

**2**  Wählen Sie für die obere Ebene *Filter/Sonstige Filter/Hochpass*. Im Dialog *Hochpass* wählen Sie den Radius 0,5–0,7 Pixel (bei größeren Radien wirkt die Schärfe zu grob). Ändern Sie die Ebenenfüllmethode für die obere Ebene auf *Ineinanderkopieren*.

**Abbildung 13.28:**
Ebenenfüllmethode
Ineinanderkopieren

## Für Web und Geräte speichern

1 Zum Speichern des Bildes wählen Sie *Datei/Für Web und Geräte speichern* oder wahlweise die Tastenkombination cmd + Alt + ⇧ + S ( Strg + Alt + ⇧ + S ). Für diese Prozedur öffnet sich ein separates
Fenster, in dem Sie die Vorschau auf *2fach* setzen können. Bei dieser Option können Sie gleich die Qualität des komprimierten Bildes beurteilen und sehen unter der Vorschau die Dateigröße.

**Abbildung 13.29:** *Dialog* Für Web und Geräte speichern

**2** Im Bereich *Vorgabe* wählen Sie als Speicherformat JPEG, die Qualität *Sehr hoch* (oder 80 %) und aktivieren die Option *Optimiert*.

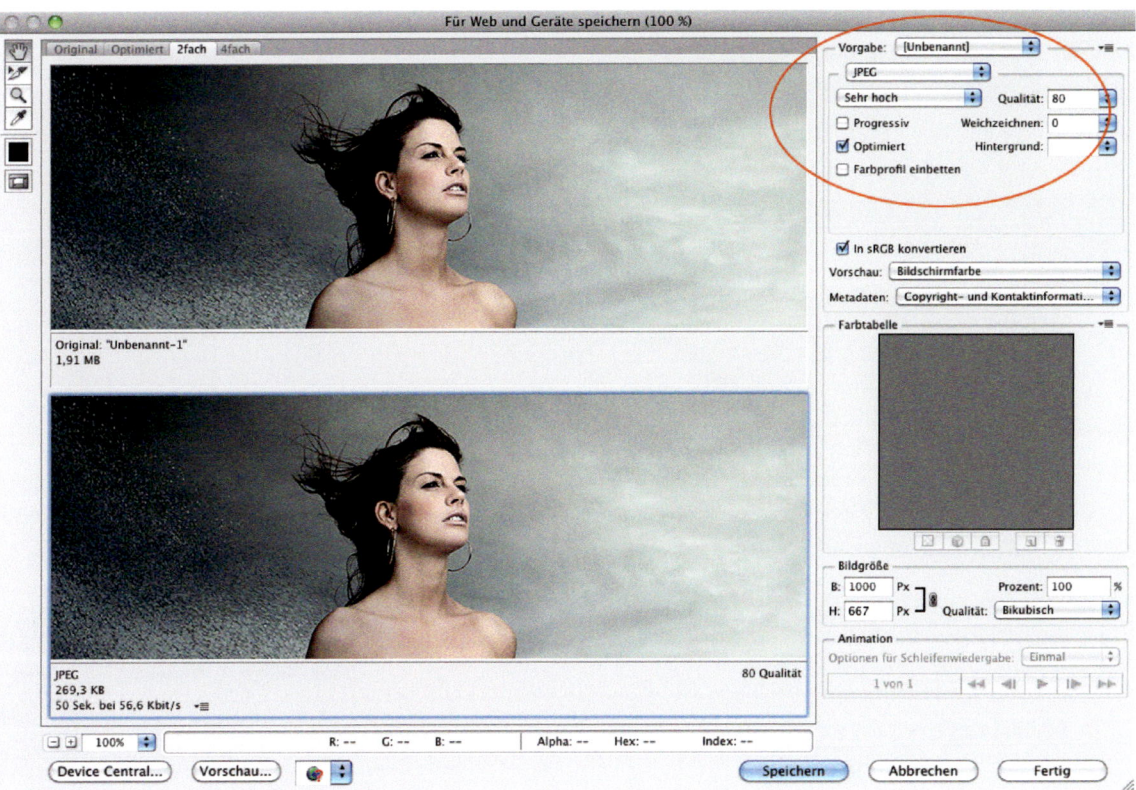

**Abbildung 13.30:** *Dateityp und Qualität festlegen*

**3** Jetzt können Sie das Bild *In sRGB konvertieren* (für die Darstellung im Internet sinnvoll) und die Vorschau *Internet-Standard-RGB* wählen. Diese Einstellung ignoriert das Farbprofil. Im Bereich *Bildgröße* können Sie die Größe des Bildes noch mal anpassen.

Wenn Sie das Bild verkleinern wollen (Vergrößern hat hier keinen Sinn, weil die Ergebnisse bei einer so kleinen Auflösung nicht sehr gut werden), wählen Sie die Option *Bikubisch schärfer*.

Damit Sie sehen können, wie das Foto anschließend im Browser aussieht, klicken Sie auf den Button *Vorschau* und, falls auf Ihrem Rechner mehrere Browser installiert sind, wählen Sie den Browser, mit dem Sie das Bild betrachten möchten.

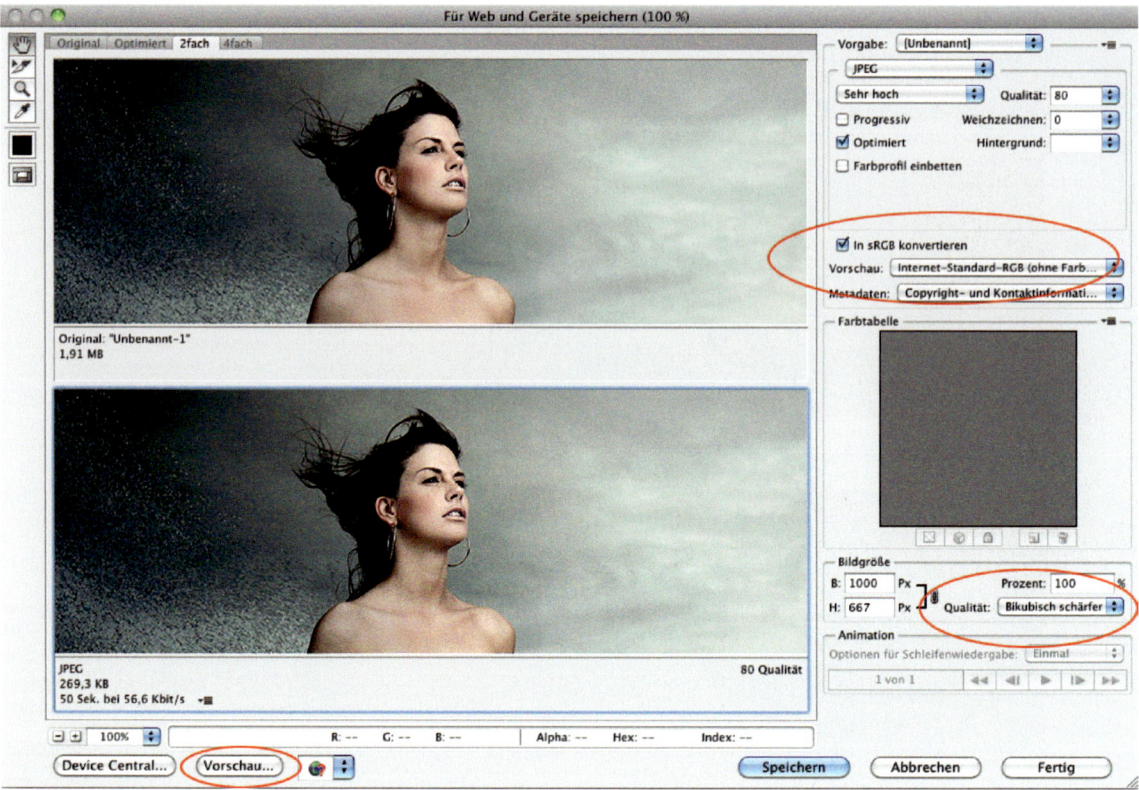

**Abbildung 13.31:** *In sRGB konvertieren*

## 13.7 PDF-Präsentationen aus mehreren Bildern erstellen

In Adobe Bridge gibt es eine sehr hilfreiche Funktion, mit der Sie schnell zu einer Präsentation fürs Internet als Web-Fotogalerie oder zu einer PDF-Präsentation kommen. Zwar ist diese Funktion mit keinen großen Einstellungsmöglichkeiten ausgestattet, aber vor allem für die schnelle Erstellung einfacher Präsentationen ist sie sehr nützlich.

1 Suchen Sie in Adobe Bridge mehrere Fotos aus und wählen Sie die Option *Ausgabe in Web oder PDF*.

2 Im Bereich *Ausgabe* können Sie sich jetzt für eine Web- oder PDF-Präsentation entscheiden und die Eigenschaften der Präsentation festlegen.

Trotz sparsamer Ausstattung (kann man mit den Möglichkeiten von Layoutprogrammen wie InDesign oder Webeditoren wie Dreamweaver nicht vergleichen) bietet das Präsentationsmodul von Adobe Bridge die Möglichkeit, ein oder mehrere Fotos pro Seite zu präsentieren sowie Texte und Überschriften aus Metadaten zu generieren. Auch die Farbgestaltung der Präsentationen hält einige Einstellungsmöglichkeiten bereit.

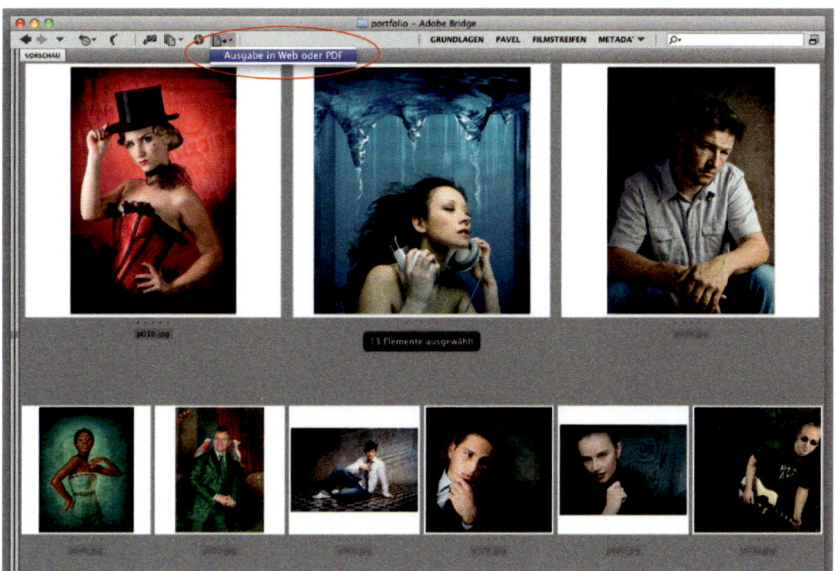

**Abbildung 13.32:** *PDF- oder Webpräsentation aus Adobe Bridge starten*

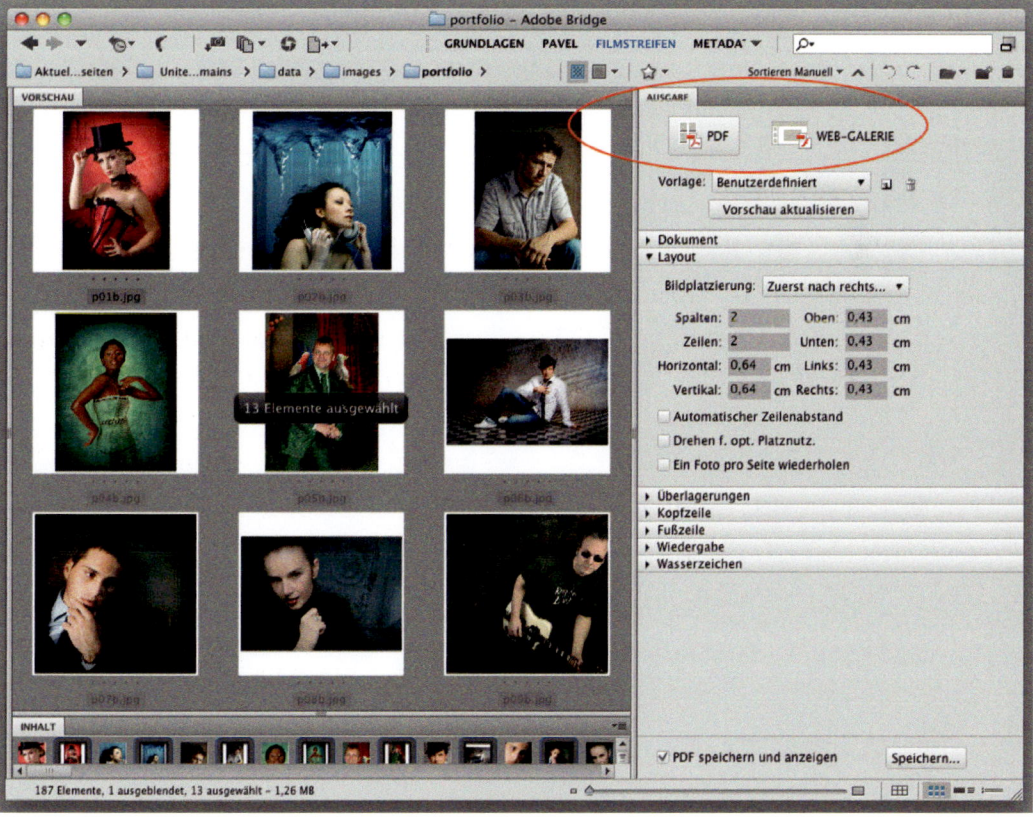

**Abbildung 13.33:** *Ausgabeeinstellungen definieren*

# 14

# Bildcomposing in Photoshop

Die Kür in der Anwendung von Photoshop ist das Composing. Um hierhin zu
gelangen, müssen Sie alle Techniken
beherrschen, die Sie in diesem Buch
kennengelernt haben. Anhand eines
fortgeschrittenen Composings werden
Sie in die Geheimnisse der digitalen
Bildcollage eingeweiht.

Kennen Sie die Geschichte von Gullivers Reisen? Jonathan Swift spielte in diesem spannenden Roman ganz gerne mit falschen Größenverhältnissen, was ihn berühmt und Gulliver zum Publikumsliebling machte. Was hindert uns daran, auch so eine Geschichte – aber als Bild – zu kreieren? Eigentlich nichts. Dazu brauchen wir nur ein paar passende Fotos, ein bisschen Fantasie und gute Photoshop-Kenntnisse.

## 1. Kaffeemaschine fotografieren

Das Foto der Kaffeemaschine wurde im Studio im RAW-Format aufgenommen. Dieses Format bietet Ihnen mehr Möglichkeiten, das Bild optimal zu belichten, als JPEG. Alle Korrekturen beim JPEG-Format verändern die Pixelstruktur des Bildes. Zwar sind die Änderungen minimal, dennoch besteht die Gefahr, dass einige Bereiche (z. B. überbelichtete Stellen) ausgebrannt wirken. Wenn Sie mit RAW-Dateien arbeiten, können Sie die zu hell geratenen Bereiche problemlos retten, indem Sie den Wert für *Reparatur* in der Palette *Grundeinstellungen* auf ca. 20–30 erhöhen.

***Abbildung 14.1:*** *Korrekte Einstellungen sind beim Fotografieren sehr wichtig*

## 2. Fehler retuschieren

Kleine Kratzer, Fingerabdrücke, Lichtreflexe und Schriften können Sie aus dem Bild mithilfe des Ausbessern-Werkzeugs (J) entfernen. Verwenden Sie dazu die Option *Quelle*. Wählen Sie die Stelle mit dem Fehler aus und ziehen Sie diese an eine „saubere" Stelle. So können Sie die Fehler Schritt für Schritt entfernen. Achten Sie bei der Retusche auf die Grenzbereiche. Hier kann es schnell passieren, dass die hellen und dunklen Pixel vermischt werden, was unschöne dunkle Flecken nach sich zieht.

***Abbildung 14.2:*** *Beautyretusche für die Kaffeemaschine*

### 3. Künstliche Lichtreflexe kreieren

Falls nach der Korrektur einige Lichtreflexe nicht mehr gut aussehen, können Sie Folgendes machen. Retuschieren Sie die Lichtreflexe aus dem Bild komplett heraus und erstellen Sie eigene Lichtreflexe, die zu Ihrer Gestaltung besser passen.

Diese können Sie mithilfe von Auswahlformen, die mit weißer Farbe gefüllt sind, auf neuen Ebenen erzeugen. Die Kanten der Formen können Sie dann über *Filter/Weichzeichnungsfilter/Gaußscher Weichzeichner* bearbeiten, damit diese realistischer aussehen. Damit die erzeugten Flächen nicht zu stumpf aussehen, können Sie einige Kanten mit dem Verlaufswerkzeug (G) maskieren. Die Optionen für das Verlaufswerkzeug (G) sind Vordergrund-Transparent, Vordergrundfarbe Schwarz.

**Abbildung 14.3:** *Künstliche Lichtreflexe einbauen*

### 4. Kaffeemaschine freistellen

Nach der umfangreichen Verschönerungskur können Sie die Kaffeemaschine freistellen. Die Auswahl der Werkzeuge zum Freistellen der Bildbereiche in Photoshop ist ziemlich groß. Für diese Aufgabe eignet sich hervorragend das Zeichenstift-Werkzeug (P).

Wählen Sie die Option *Pfade*, *Pfadbereich erweitern*, *Gummiband* und vergrößern Sie die Ansicht auf 200–300 %, damit Sie die Kante gut erkennen können, und erstellen Sie zuerst den Pfad rund um die Kaffeemaschine.

Nachdem der Pfad fertig ist, klicken Sie mit der rechten Maustaste in den Pfad und wählen die Option *Auswahl erstellen*. Im Dialog *Auswahl erstellen* definieren Sie einen Radius von 0,5 Pixeln – das ist die weiche Kante für das freigestellte Objekt. Mit cmd+J (Strg+J) erstellen Sie die Kopie des ausgewählten Bereichs auf einer neuen Ebene.

**Abbildung 14.4:** *Die Kaffeemaschine mit dem Zeichenstift-Werkzeug freistellen*

## 5. Den Arbeiter freistellen

Den Arbeiter können Sie ebenfalls mit dem Zeichenstift-Werkzeug (P) freistellen, allerdings kann es sein, dass einige Bereiche zum Freistellen mit diesem Werkzeug zu fein sind (z. B. Haare). Diese Bereiche können Sie vorerst großzügig auswählen. Erstellen Sie auch hier eine Kopie auf einer neuen Ebene mit cmd+J (Strg+J).

**Abbildung 14.5:** *Den Arbeiter vorerst grob mit dem Zeichenstift-Werkzeug freistellen*

### 6. Maske der Ebene hinzufügen

Nach der Freistellung des Arbeiters können Sie der Ebene eine Maske hinzufügen. Auf dieser Maske können Sie dann die Stellen, an denen die Kante komplizierter ist, mit dem Pinsel-Werkzeug (B) mit schwarzer Farbe ausblenden. Als Pinselspitze eignet sich für diese Aufgabe die Option *Stern*.

*Abbildung 14.6:* *Zum weiteren Bearbeiten der Ebenenkante eine Ebenenmaske hinzufügen*

### 7. Kontrastfläche einfügen

Damit Sie die Kanten der Ebene besser erkennen und mit dem Pinsel-Werkzeug (B) bearbeiten können, ist es sinnvoll, zwischen der Hintergrundebene und der Ebene des freigestellten Arbeiters eine Füllebene *Farbfüllung* zu erzeugen. Diese können Sie in der *Ebenen*-Palette über den Button *Füll- oder Einstellungsebene* hinzufügen.

**Abbildung 14.7:** *Farbfläche für mehr Kontrast beim Freistellen einfügen*

## 8. Hubschrauber freistellen und die Kante verbessern

Das Bild des Hubschraubers gehört zu den „dankbaren" Motiven aus der Sicht eines Freistellers. Hier befindet sich das Objekt vor einem einfarbigen Hintergrund. Wählen Sie für die grobe Freistellung das Zauberstab-Werkzeug ([W]) und klicken Sie den Himmel an.

Da Sie eigentlich den Hubschrauber und nicht den Himmel benötigen, können Sie anschließend die Auswahl mit [cmd]+[⇧]+[I] ([Strg]+[⇧]+[I]) umkehren.

Nach der ersten Freistellung mit dem Zauberstab können Sie die Kante des ausgewählten Motivs noch mit der Funktion *Kante verbessern* optimieren. In der aktuellen Photoshop-Version CS5 können Sie für eine bessere Auswahl der Kante die Funktion *Kantenerkennung* mit *Smart-Radius* nutzen. Diese Funktion ist speziell bei komplexen Umrissen, wie zum Beispiel den drehenden Rotorblättern des Hubschraubers, sehr nützlich. Malen Sie mit dem Pinsel auf den Kanten, bis die Auswahl genauer wird.

**Abbildung 14.8:** Hubschrauber mit dem Zauberstab freistellen

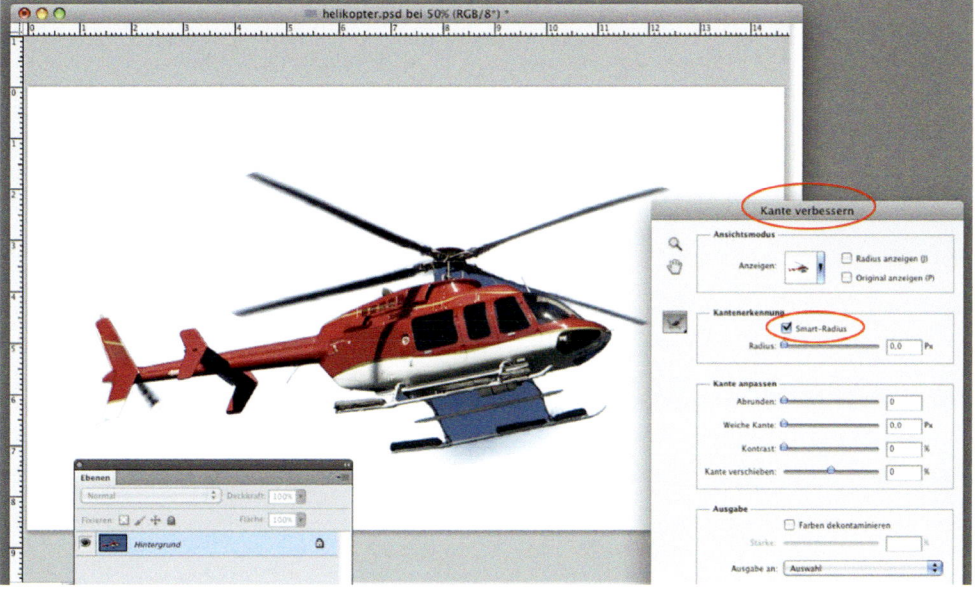

**Abbildung 14.9:** Kante verbessern

### 9. Rauch und Wolken freistellen

„Unfassbare" Dinge wie Rauch oder Wolken können Sie wie folgt freistellen. Über *Auswahl/Farbbereich auswählen* öffnen Sie das Dialogfenster *Farbbereich*.

Klicken Sie mit der Pipette auf den Rauch, erhöhen Sie die *Toleranz* so, dass der Rauch auf dem Vorschaunegativ deutlich zu erkennen ist, und bestätigen Sie Ihre Wahl mit *OK*. Mit cmd+J (Strg+J) können Sie den Rauch anschließend auf eine neue Ebene legen.

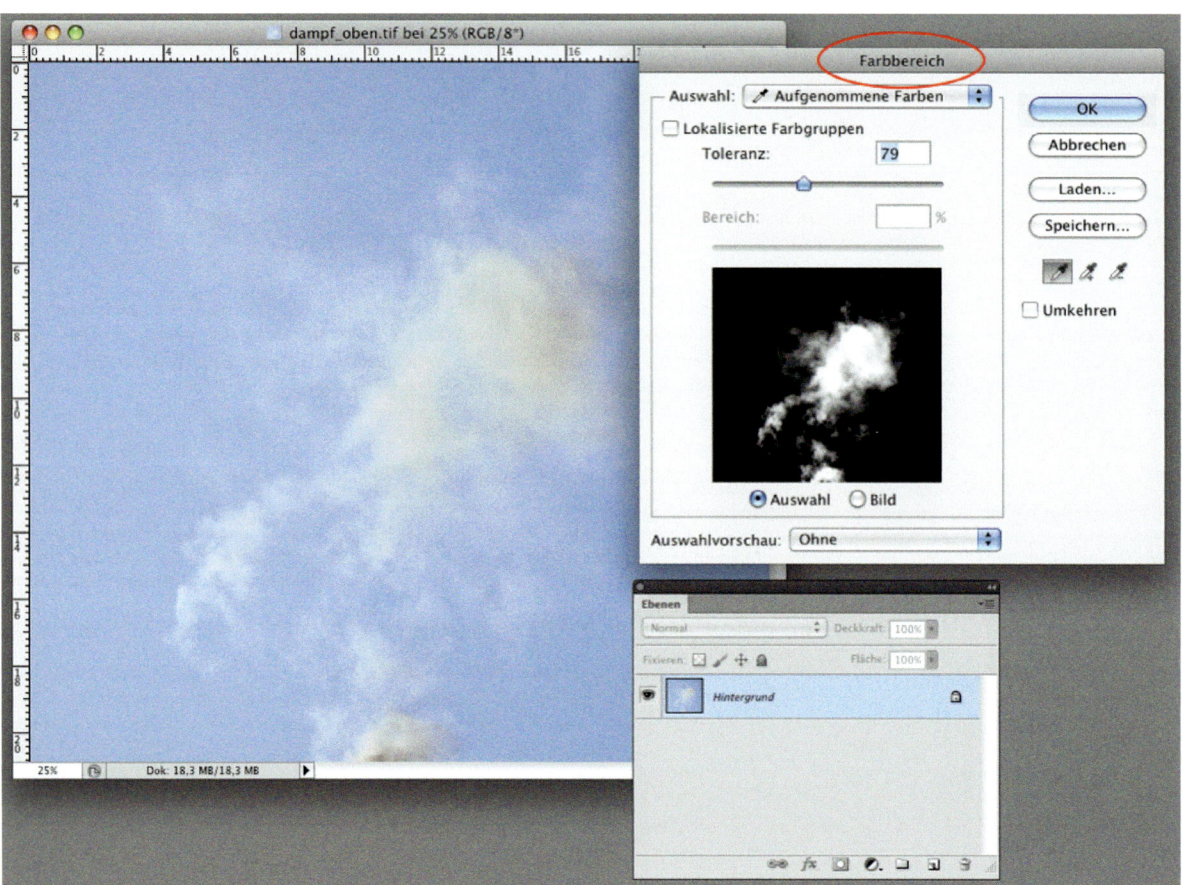

**Abbildung 14.10:** *Rauch und Wolken freistellen*

### 10. Kulisse für die Komposition erstellen

Für die Collage erzeugen Sie eine neue leere Datei mit der Größe 30 x 30 cm und einer Auflösung von 300 Pixel/Zoll. Fügen Sie die Elemente Himmel, Skyline und Fußboden in die Fläche ein und passen Sie die Größe entsprechend an.

Die Übergänge zwischen den Ebenen können Sie mit Maskierungsverläufen bearbeiten, sodass keine harten Kanten mehr zu erkennen sind.

Die Fläche des Fußbodens können Sie mit der Option *Perspektivisch* transformieren – damit die räumliche Wirkung des Bildes echt wirkt.

**Abbildung 14.11:** *Kulisse aus Einzeldetails zusammensetzen*

### 11. Himmel optimieren

Für eine bessere Wirkung des Himmels können Sie die Einstellungsebenen benutzen. Diese können Sie mit den Maskierungsverläufen auf die gewünschten Bereiche beschränken.

In unserem Beispiel wurde der Himmel mit der Einstellungsebene *Farbbalance* etwas blauer gemacht, danach wurde der untere Himmelbereich mit der maskierten Einstellungsebene *Tonwertkorrektur* wieder etwas aufgehellt.

Die obere rechte Ecke des Himmels wurde zusätzlich mit einem Farbverlauf auf einer neuen Ebene abgedunkelt.

**Abbildung 14.12:** Himmel optimieren

### 12. Boden optimieren und mehr Licht am Horizont erzeugen

Der Boden im Bild wurde mit zwei maskierten Einstellungsebenen bearbeitet. Mit der maskierten Ebene *Tonwertkorrektur* (alternativ *Gradationskurven*) wurde der untere Bereich des Bodens abgedunkelt. Die gleiche Maske – Klick bei gedrückter cmd -Taste ( Strg -Taste) auf die Maske – wurde für die Einstellungsebene *Farbbalance* verwendet, mit der Sie dem Boden eine leichte bräunliche Tönung verpassen.

Für eine bessere räumliche Wirkung wurde auf das gesamte Bild eine Einstellungsebene *Tonwertkorrektur* angewandt, mit der Sie das Bild aufhellen können. Damit die Helligkeit des Bildes nur im mittleren Bereich erhöht wird, erzeugen Sie auf der Einstellungsebene zwei Maskierungsverläufe – von unten und von oben.

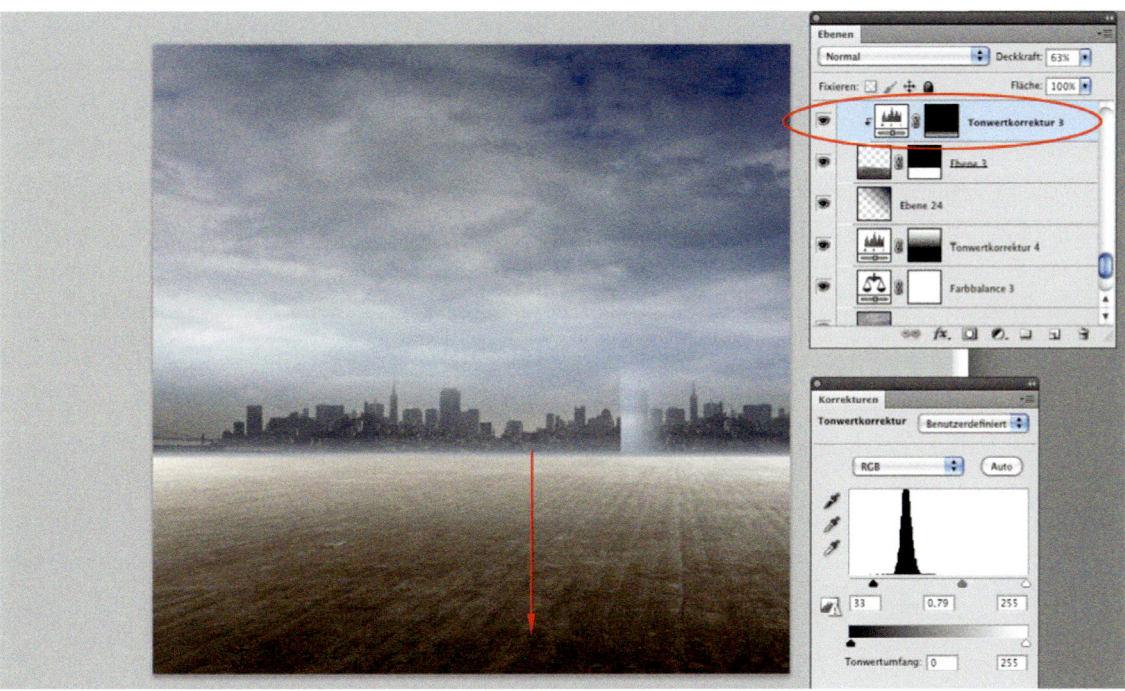

**Abbildung 14.13:** *Boden optimieren*

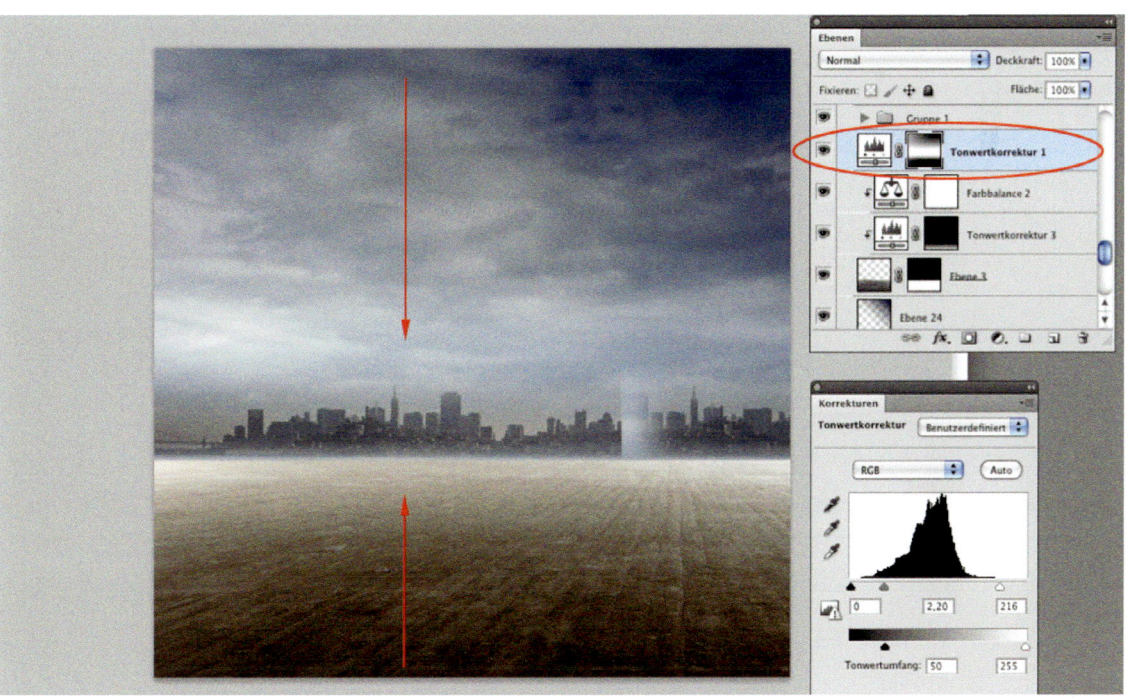

**Abbildung 14.14:** *Mehr Licht am Horizont mit einer maskierten Einstellungsebene*

### 13. Künstlichen Nebel erzeugen

Damit die Stelle zwischen Boden und Himmel nicht zu hart wirkt, können Sie einen leichten Nebel am Horizont erzeugen. Erstellen Sie hierfür eine neue leere Ebene, ziehen Sie mit dem Auswahlrechteck-Werkzeug ([M]) einen Streifen am Horizont und füllen Sie die Auswahl mit weißer Farbe.

Heben Sie die Auswahl dann mit [cmd]+[D] ([Strg]+[D]) auf und bearbeiten Sie die weiße Fläche mit *Filter/ Weichzeichnungsfilter/Gaußscher Weichzeichner*. Die Fläche soll richtig diffus wirken, d. h., verwenden Sie einen großen Radius für die Weichzeichnung. Von links und von rechts können Sie den Streifen maskieren.

Duplizieren Sie die Ebene und kehren Sie die weiße Farbe mit [cmd]+[I] ([Strg]+[I]) in Schwarz um. Reduzieren Sie die Deckkraft der schwarzen Ebene. Jetzt wirkt der Übergang zwischen dem Himmel und dem Boden weicher.

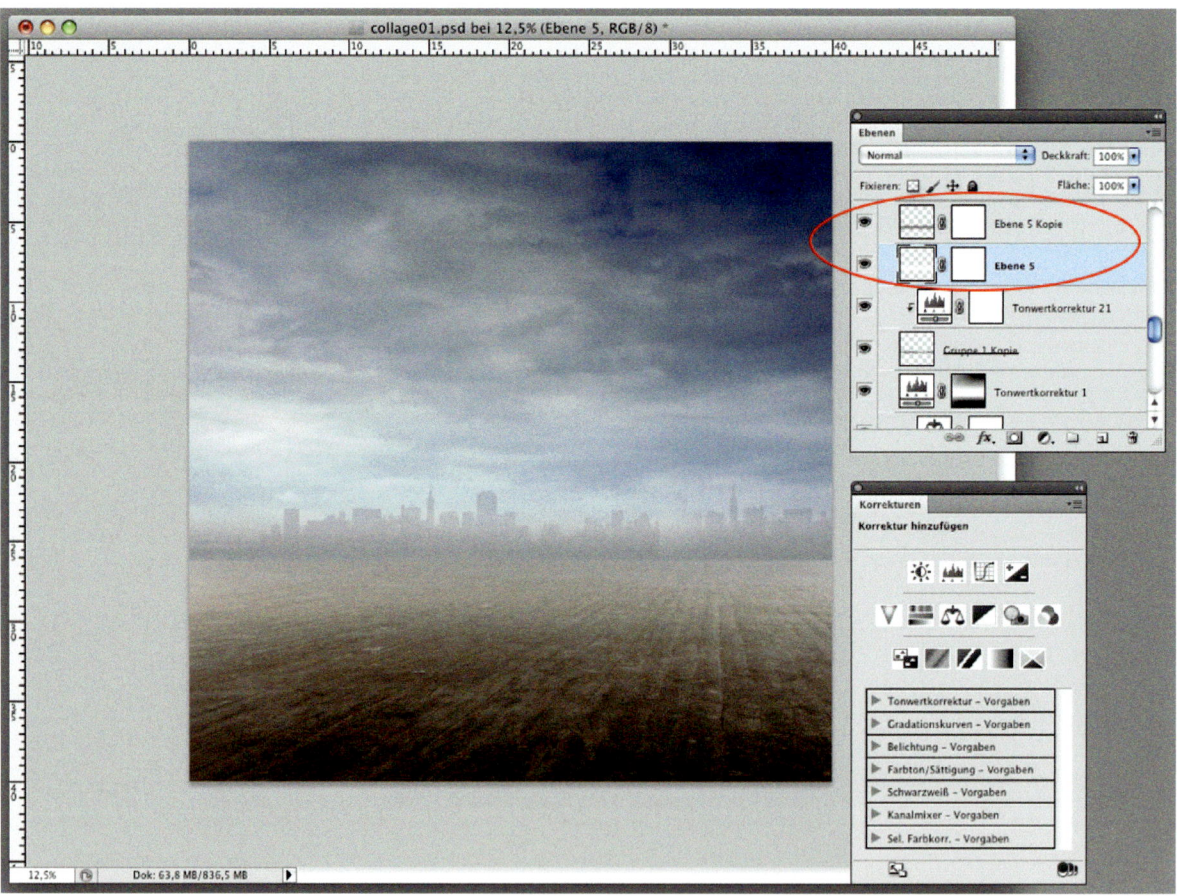

**Abbildung 14.15:** *Künstlichen Nebel erzeugen*

## 14. Freigestellte Bildelemente einfügen

Nun können Sie die freigestellten Bildelemente in die Collage einfügen. Passen Sie die Größe der Bildelemente entsprechend an, indem Sie diese transformieren. Es ist sinnvoll, für jedes einzelne Element eine eigene Ebenengruppe zu erstellen, in der dann später auch die dazugehörigen Einstellungsebenen landen. So haben Sie stets eine gute Übersicht in Ihrer *Ebenen*-Palette.

**Abbildung 14.16:** *Elemente der Collage in die Arbeitsfläche einfügen*

### 15. Schatten mit maskierten Einstellungsebenen erzeugen

Damit das Bild wie eine Einheit wirkt, sind die Schatten unter den einzelnen Bildelementen sehr wichtig. Ein ziemlich einfaches Beispiel zeigt, wie ein Schlagschatten unter der Ampel erzeugt werden kann. Zeichnen Sie einen Auswahlstreifen mit dem Auswahlrechteck-Werkzeug (Ⓜ) und wählen Sie die Einstellungsebene *Tonwertkorrektur* aus. Die Einstellungsebene wirkt nur im ausgewählten Bereich. Hier können Sie die darunterliegenden Ebenen (Fußboden) abdunkeln. Danach kann die Maske der Einstellungsebene weichgezeichnet werden, und mit einem Maskierungsverlauf können Sie einen weichen Übergang erzeugen.

**Abbildung 14.17:** *Künstliche Schatten erzeugen*

### 16. Beleuchtung des Wassertanks sowie den Strommast anpassen

Den Wassertank können Sie in der Beleuchtung so anpassen, dass der Eindruck entsteht, als käme das Licht von links oben. Verwenden Sie für diese Anpassung eine oder mehrere maskierte Einstellungsebenen *Tonwertkorrektur*. Die Maskierung machen Sie mit dem Verlaufswerkzeug.

Die Anpassung der Beleuchtung des Strommastes erfolgt ebenfalls mit maskierten Einstellungsebenen *Tonwertkorrektur*. Dabei ist es wichtig, dass die Stromkabel deutlich dunkler werden als der Rest. Dazu können Sie eine Einstellungsebene mit starker Abdunklung erzeugen, diese vorerst mit schwarzer Farbe füllen und dann mit weißer Farbe mit dem Pinsel-Werkzeug (Ⓑ) nur die Kabel demaskieren.

**Abbildung 14.18:** *Beleuchtung des Wassertanks mit Einstellungsebene Tonwertkorrektur bearbeiten*

**Abbildung 14.19:** *Beleuchtung des Strommastes anpassen*

## 17. Rauch und Wolken optimieren

Damit der freigestellte Rauch in der Collage glaubwürdig wirkt, können Sie folgenden Trick anwenden:

Auf die Ebene des Rauches können Sie die Ebenenfüllmethode *Negativ multiplizieren* anwenden. Zusätzlich können Sie diese Ebene mit der Einstellungsebene *Schwarzweiß* entfärben.

Eine weitere Einstellungsebene *Tonwertkorrektur* bietet Ihnen die Möglichkeit, den Kontrast des Rauches zu erhöhen. Beide Einstellungsebenen sollten mit einer Schnittmaske eingesetzt werden.

**Abbildung 14.20:** *Wolken optimieren*

## 18. Oberfläche der Kaffeemaschine künstlich altern lassen

Wie Sie auf dem Screenshot erkennen können, wurde die Ebene mit der Kaffeemaschine mit mehreren maskierten Einstellungsebenen bearbeitet (*Gradationskurven* oder *Tonwertkorrektur*), um einige dunkle Flecken zu erzeugen.

So wurde die Kaffeemaschine zum Beispiel rund um den Ofen stark abgedunkelt, damit diese Stelle etwas „verraucht" wirkt. Die Maskierung der Einstellungsebenen erfolgte mit einem großen, weichen Pinsel.

**Abbildung 14.21:** *Der Kaffeemaschine einen antiken Look verpassen*

### 19. Wasserstrahl einfärben und die Kaffeefarbe erreichen

Der Wasserstrahl, der zuvor freigestellt wurde, soll die Rolle des fließenden Kaffees übernehmen. Das können Sie mit zwei kleinen Korrekturen erreichen.

Zuerst erstellen Sie die Einstellungsebene *Farbbalance*, mit der Sie den Strahl bräunlich einfärben. Verstärken Sie im Dialog *Farbbalance* anschließend die Werte für Rot, Gelb und Grün.

Da die Helligkeit des Strahls noch zu hoch ist, ist eine Korrekturebene nötig, die den Kaffee etwas dunkler werden lässt, zum Beispiel eine *Tonwertkorrektur*.

**Abbildung 14.22:** *Dem Wasserstrahl eine kaffeebraune Farbe geben*

**Abbildung 14.23:** *Kaffeefarbe abdunkeln*

## 20. Tiefe des Ofens simulieren

Das Feuer im Ofen wirkt schon ziemlich gut, aber ein bisschen mehr Tiefe schadet der Ebene nicht. Erzeugen Sie über der Ebene mit dem Feuer eine Einstellungsebene *Tonwertkorrektur*.

Dunkeln Sie die Ebene stark ab. Füllen Sie dann die Maske mit schwarzer Farbe, die Wirkung der Einstellungsebene wird vorerst aufgehoben. Mit mehreren Verläufen können Sie die Kanten der Ebene demaskieren, sodass die Ränder der Ebene mit dem Feuer dunkler werden.

**Abbildung 14.24:** *Tiefe des Ofens simulieren*

## 21. Ofenrahmen einfärben

Der Rahmen des Ofens hat eine Farbe, die nicht gut zu der Farbrichtung der Gestaltung passt. Färben Sie die Ebene ein, indem Sie die Einstellungsebene *Farbbalance* erzeugen und im Bereich *Mitteltöne* die Werte für *Rot* und *Gelb* erhöhen.

**Abbildung 14.25:** *Rahmenfarbe ändern*

## 22. Hydrant anpassen

Die Ebene mit dem Hydranten können Sie mit mehreren maskierten Einstellungsebenen *Tonwertkorrektur* plastischer gestalten. Die Röhren können so besser zur Geltung kommen *(siehe Abbildung 14.26)*. Beim selektiven Abdunkeln der einzelnen Bereiche der Ebene achten Sie auf den Lichteinfall (in unserem Beispiel von links nach rechts) und dunkeln Sie die entsprechenden Stellen ab.

### Ein Exkurs in die Schattenlehre

Einen Schatten zu erstellen, ist eine Kunst für sich. Wenn Sie im Kunstunterricht in der Schule gut aufgepasst haben, können Sie sich vielleicht daran erinnern, dass ein Schatten aus mehreren Bereichen besteht: Kernschatten (der schwarze Rand unter einem Objekt, welches auf der Fläche steht), Schlagschatten (geht in die dem Lichteinfall entgegengesetzte Richtung) und diffuser Schatten (es können auch mehrere sein, abhängig davon, wie viele Lichtquellen und das Licht reflektierende Flächen vorhanden sind). Alle diese Schattenarten können Sie sehr präzise mit den maskierten Einstellungsebenen *Tonwertkorrektur* erzeugen. Die Maskierung erfolgt abhängig von der Schattenart entweder mit dem Verlaufswerkzeug ($\boxed{G}$) oder mit dem Pinsel-Werkzeug ($\boxed{B}$) mit weicher, runder Pinselspitze *(siehe Abbildung 14.27)*.

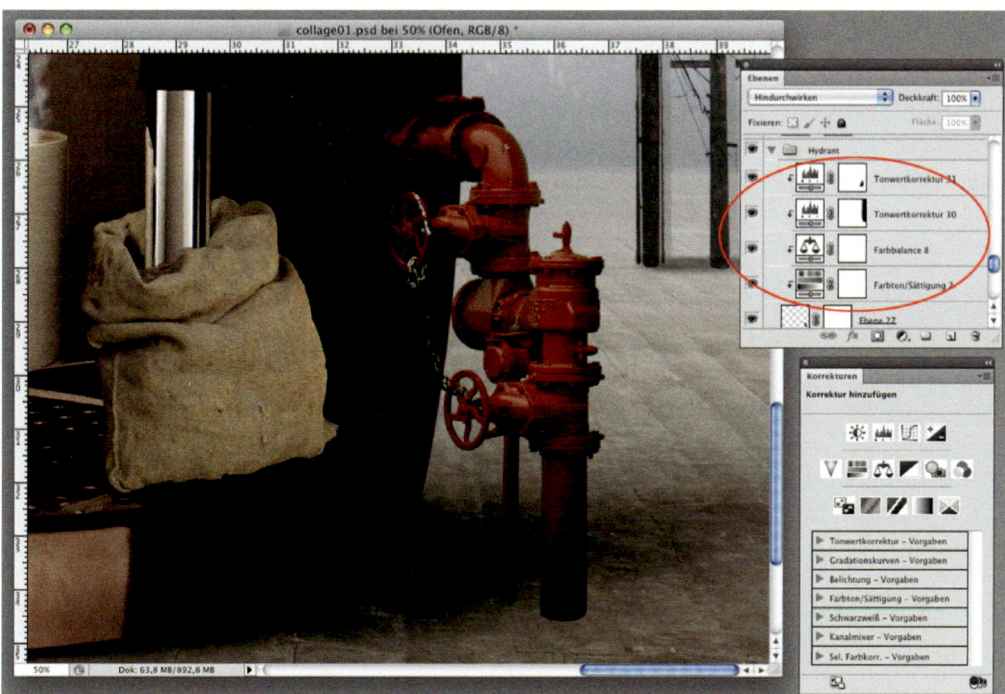

**Abbildung 14.26:** *Hydrant plastischer gestalten*

**Abbildung 14.27:** *Unterschiedliche Schattenarten realistisch nachbauen*

### 23. Kaffeesack ausleuchten

Der Kaffeesack wurde bei ziemlich gleichmäßigem Licht fotografiert. Damit er glaubwürdig in die Kaffeemaschine integriert wirkt, können Sie mit den maskierten Einstellungsebenen *Tonwertkorrektur* den Sack so selektiv abdunkeln, dass die rechte Hälfte heller wirkt als die linke, der untere Bereich sollte auch dunkler wirken.

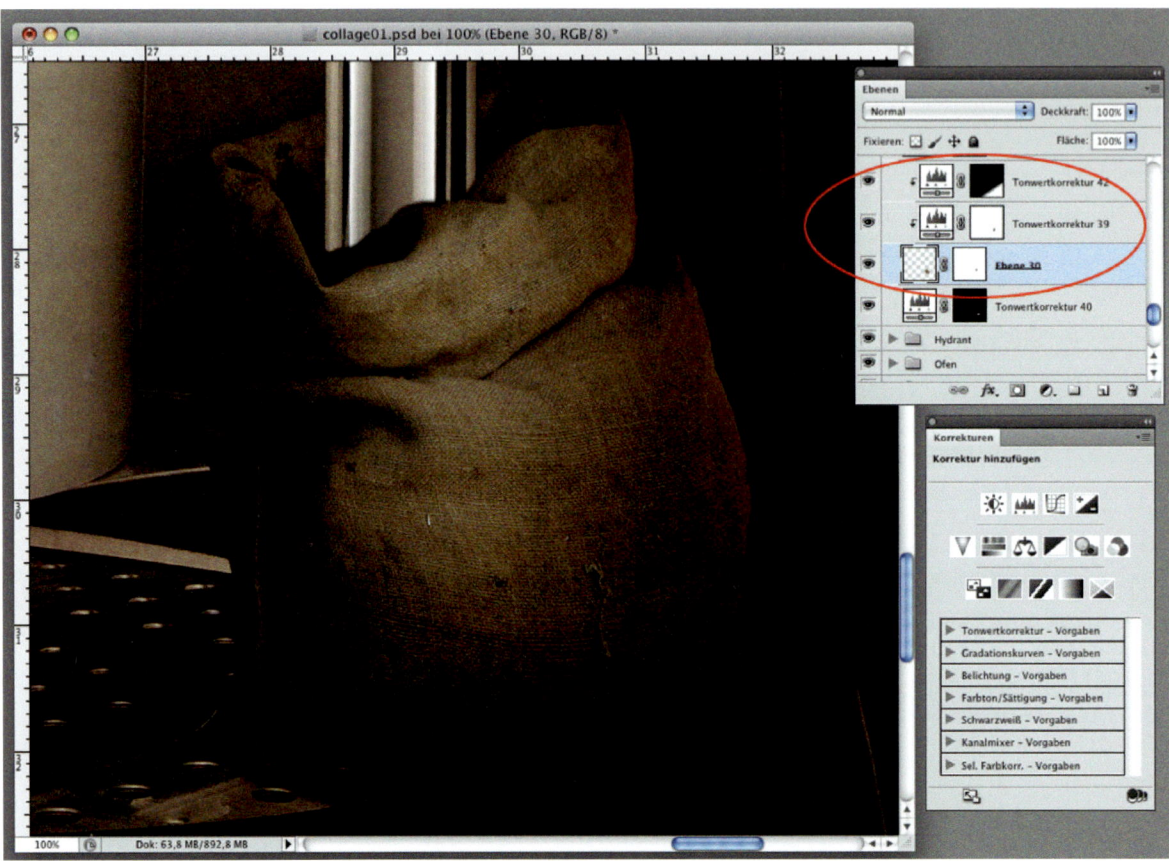

**Abbildung 14.28:** *Kaffeesack abdunkeln*

### 24. Kaffeesack mit Schriften und Logos ausstatten

Auf dem Kaffeesack können Sie den Text und ein Logo erzeugen. Das können Sie natürlich mit dem Text-Werkzeug (T) und dem Eigene-Form-Werkzeug (U) erreichen.

Das Problem ist allerdings, dass die Struktur des Stoffes nicht mehr sichtbar ist. Sinnvoll ist es, die Auswahl des Textes und des Logos zu laden, die Ebenen mit Text und Logo auszublenden und dann eine Einstellungsebene *Tonwertkorrektur* zu erzeugen, auf der Sie durch das Abdunkeln Text und Logo auf den Sack projizieren können.

**Abbildung 14.29:** *Kaffeesack bedrucken*

## 25. Dartbrett anpassen

Die Ebene des Dartbretts wurde ebenfalls der Gesamtfarbgebung des Bildes angepasst. Wie Sie sehen, wurden für die Anpassung der Helligkeit, der Farbe und zur Erstellung des künstlichen Schattens maskierte Einstellungsebenen *Tonwertkorrektur* (oder *Gradationskurven*) erzeugt.

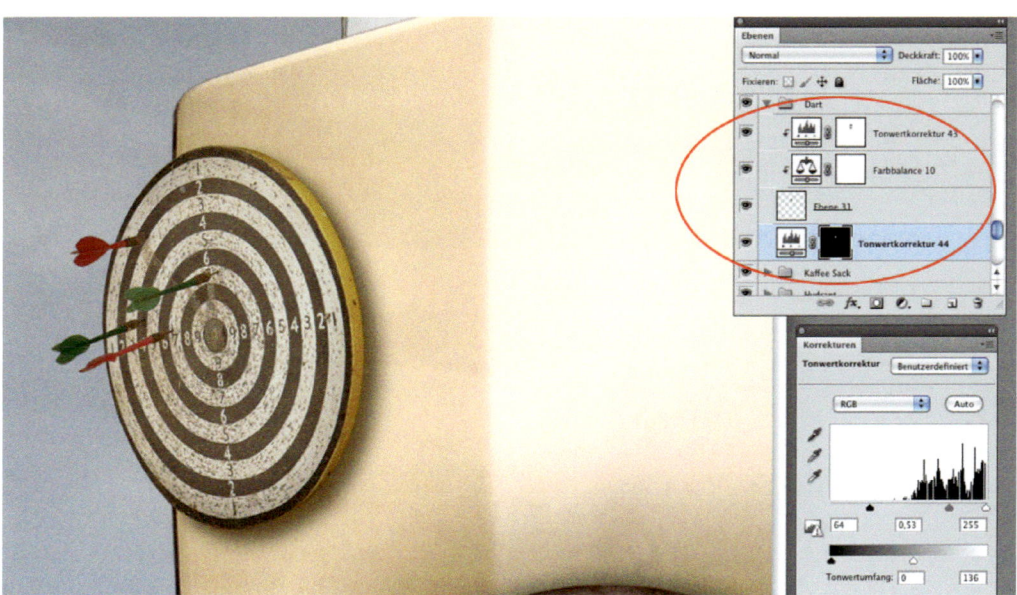

**Abbildung 14.30:** *Dartbrett in der Beleuchtung anpassen und den Schatten hinzufügen*

### 26. Die Ebene des Arbeiters anpassen

Die Ebene des Arbeiters soll selektiv abgedunkelt werden. Dazu verwenden Sie, wie auch bei den anderen Ebenen, eine maskierte Einstellungsebene *Tonwertkorrektur*.

Das Licht kommt in unserem Bild von links oben – dementsprechend werden die Körperbereiche von rechts und von unten selektiv abgedunkelt. Achten Sie auch darauf, dass die Farbe der Ebene leicht in eine gelbrote Richtung angepasst werden sollte.

**Abbildung 14.31:**  *Die Ebene mit dem Arbeiter in der Beleuchtung anpassen*

### 27. Schatten unter dem Arbeiter sowie Abdunklung und Schattierungen für das Holz erstellen

Beim Erstellen der Schattenebenen unter dem Arbeiter beachten Sie die Regeln, die in Schritt 22 beschrieben wurden. Sehr wichtig ist es zu erreichen, dass der Arbeiter tatsächlich auf dem Boden „steht" und nicht in der Luft schwebt.

Bei dem Holzstapel und dem Korb ist es wichtig, dass der Eindruck der Tiefenverteilung perfekt ist. Beachten Sie bei den Korrekturen, dass der Schatten des Arbeiters über der Ebene des Korbs liegt. Der linke Teil des Korbs sollte dann entsprechend abgedunkelt werden.

**Abbildung 14.32:** *Komplexen Schatten unter dem Arbeiter erstellen*

**Abbildung 14.33:** *Das Holz in der Beleuchtung anpassen und Schatten hinzufügen*

## 28. Farbtemperatur der Collage anpassen

Bildkompositionen wie unser Beispiel leben von korrekt gewählten Farben, das haben Sie bereits in jedem Schritt dieses Tutorials festgestellt. Am Ende der Gestaltung können Sie zusätzlich noch eine Farbkorrektur am gesamten Bild durchführen.

Erstellen Sie über allen in der *Ebenen*-Palette enthaltenen Ebenen und Ebenengruppen eine Einstellungsebene *Farbbalance*. Verschieben Sie die Farbtemperatur in eine wärmere Richtung, indem Sie die Werte für rot, grün und gelb leicht erhöhen. Eine interessante Wirkung erhalten Sie auch, wenn Sie einen Teil der Einstellungsebene so maskieren, dass z. B. der linke obere Bereich des Bildes etwas kälter wirkt und der untere rechte wärmer.

**Abbildung 14.34:** *Farbtemperatur des Bildes anpassen*

**Abbildung 14.35:** *Bildcomposing „Das Kaffeehaus"*

# Index

# V

# W

# X

# Z

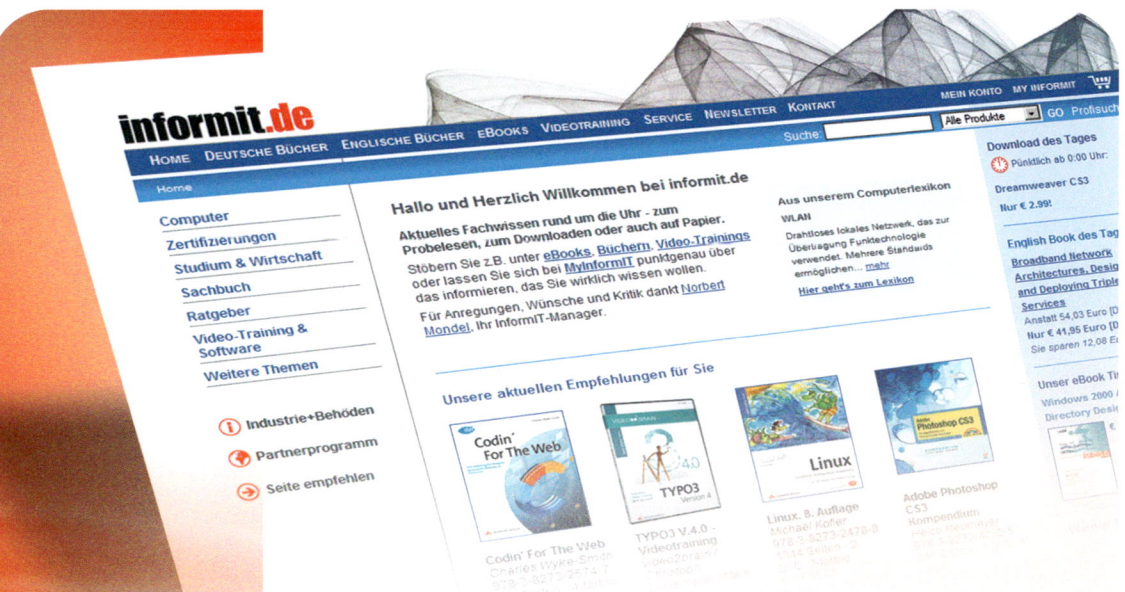